中國近代期刊彙刊·第二輯

新民叢報

六（叁拾壹—叁拾柒號）

中華書局

新民叢報

SEIN MIN CHOONG BOU
P. O. Box 255 YOKOHAMA JAPAN.

第參拾壹號

新民叢報第參拾壹號目錄

●圖畫
●俄國聖彼得堡彼得大帝紀念像
●法國愛國者甘必大紀念碑
●俄國經營旅順口之全景
●德國經營膠州灣之全景

▲論著門

●論說
●說希望……一
●學說
●聖西門（一作西士門）之生活及其學說（佛禮兒之學說附）……君武　九
●時局
●中國興亡一問題論（續三十號）……觀雲　二一
○第四章民習
●歷史
●中國上古舊民族之史影……觀雲　二九
●傳記
●商君傳（續三十號）……蛻庵　四三
○第五節商君之立法○第六節商君之行政

▲批評門

●法律
●法言……蛻菴　五五
○一法律與群治之關係
●政界時評……六五
●廢科舉問題●袁世凱之軍人教育●英人侵略西藏●俄人狡獪●盛京之俄兵●俄人之威脅●德國之對中貲●巴爾幹之戰雲
●人物時評……七三
●英國殖民大臣張伯倫（未完）
●雜評……七七
●港人電逐桂撫●謠言乎事實乎●哀哉亡國之民

▲叢錄門

●談叢……七九
●華年閣雜談……觀雲
●病菌者亡種之一物也●各國人之特性

●譯叢……九五

●歐美公德美談（續三十號） 日本育成會編

（四滊車○五公園及遊覽場○六飲食店及旅館○七公會及私會○八吉凶

●文苑……一〇五

●詩界潮音集

●讀學界風潮有感（烏目山僧）●讀史（醒獅）●題黑奴籲天錄後（同）●去髮感賦（劍嘯生）●孤劍吟（同）●自題乘風破浪圖（同）●粵梅秋敘和友人韻（賀春）●春悶無聊披讀新民叢報感賦（餘不生）

●雜俎……一〇九

●華年閣雜錄

●世界長壽者之日多●醫理發明之一斑●人類與動物●美國前後兩總統之論評●陸軍禮法之起原●光線之療病●煙草有殺菌之力●能變換顏色之少女●船員之急肥●世界有力之通用語●殿最人物之新法●豫算案一語之小歷史●狒之產地

●紀事……一一三

●本國之部●外國之部

●售報價目表

全年廿四册	半年十二册	每册
六元	三元三角	三角

日本各地全年五元半年二元六角每册二角五分日本及日郵已通之地每册加郵費一分全年二角四分其餘各外埠每册加郵費六分全年一元四角四分

●廣告價目表

洋裝一頁	洋裝半頁
十元	六元

惠登廣告至少以半頁起算刊資先惠論前加倍欲登長年半年者價當面議從減

編輯兼發行者　馮紫珊

印刷者　陳侶笙

發行所　橫濱山下町百五十二番　新民叢報社

上海發行所　四馬路老巡捕房對面　新民叢報支店

印刷所　橫濱山下町百五十二番　新民叢報活版部

俄國聖彼得堡彼得大帝紀念像

Peter The Great Monument, St. Petersburg

法國愛國者甘必大紀念碑

Gambetta Monument, Paris

甘必大當拿破侖第三威權最盛之時以一介書生起身草澤鼓醒全國國民之
愛國心推倒專制之帝政而建立共和之政體至今法國得享平權自由之樂者
食其賜焉以千八百三十八年生千八百八十三年生生後法國民追念前勞共
此碑以爲紀云建念

論說

說希望

機埃的之言曰『希望者失意人之第一靈魂也』豈惟失意人而已凡中外古今之聖賢豪傑忠臣烈士與夫宗教家政治家發明家冒險家之所以震撼宇宙創造世界建不朽之偉業以輝耀歷史者殆莫不藉此第一靈魂之希望驅之使上於進取之途故希望者製造英雄之原料而世界進化之導師也

人類者生而有欲者也原人之獉榛狉無知飢則食焉疲則息焉飲食男女之外無他思想而其所謂飲食男女者亦止求一時之飽煖嬉樂而不復知有明日無所謂蓄積無所謂豫備止有肉慾而絕無欲望蠕蠕然無以異於動物也及其漸進漸有思想而將來之觀念始萌於是知爲其飲食男女之肉慾謀前進久長之計斯時也則有所謂

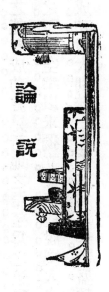

生全之希望思想日益發達希望日益繁多於其肉慾之外知有所謂權力者知有所謂名譽者知有所謂宗敎道德者知有所謂政治法律者由生存之希望進而爲文化之希望其希望愈大而其羣治之進化亦愈彬彬矣

故夫希望者人類之所以異於禽獸文明之所以異於野蠻而亦豪傑之所以異於凡民者也亞歷山大之遠征波斯也盡斥其所有之珍寶以遍賜羣臣羣臣曰然則王更何有乎亞歷山大曰吾有一焉曰『希望』夫亞歷山大之豐功盛烈赫然照爍於今古然其功烈之成立實希望爲之湧泉寧獨亞歷山大而已摩西之出埃及也數十年徘徊於沙漠之中然卒能脫猶太人之羈軛導之於葡萄繁熟蜜乳馥郁之境摩西之能有成功迦南樂土之希望爲之也哥倫布之航海也謀之貴族而貴族譁之謀之葡國政府而政府拒之乃至同行之人困沮悔恨而思殺之然卒能發見美洲爲歐人闢一新世界哥倫布之能有成功發見新地之希望爲之也瑪志尼諸人之建國也突起於帝政敎政壓抑之下張空拳以求獨立然卒能脫墺人之壓制建新羅馬之名邦瑪志尼諸人之能有成功意大利統一之希望爲之也華盛頓之奮起也抗英血戰者八年聯

合諸州者十載然卒能脫離母國建一完備之共和新國以爲天下倡華盛頓之能有成功美國獨立之希望爲之也又寧獨西國前哲而已句踐一降王耳然能以五千之甲士困夫差於甬東也則以有報吳之希望故申包胥一逋臣耳然能卻敗吳寇復已燼之郢都也則以有存楚之希望故班超一書生耳然能開通西域斷匈奴之右臂也則以有立功絕域之希望故范孟博登車攬轡有澄清天下之大志范文正方爲秀才有天下已任之雄心自古之偉人傑士類皆不肯苟安於現在之地位其心中目中別有第二之世界足以饜人類向上求進之心旣懸此第二之世界以爲程則萃精神以謀之竭全力以赴之日夜奔赴於莽莽無極之前途務達其鵠以爲歸宿而功業成就之多寡羣治進化之深淺悉視其希望之大小以爲比例差蓋希望之力其影響於世間者固若是其偉且大也

天下最慘最痛之境未有甚於『絕望』者也信陵之退隱封邑項羽之悲歌垓下亞剌飛之竄身錫蘭拿破侖之見幽厄蔑莫不撫髀悲悒神氣頽唐一若天地雖大蹙蹙無託身之所日月雖長奄奄皆待盡之年醇酒婦人而外無事業束手待死以外無志願

我躬不閱遑恤我後朝不謀夕誰能慮遠彼數子者豈非喑嗚叱咤橫絕一世之英雄哉方其希望遠大之時雖蓋世功名曾不足以當其一盼雖統一寰區曾不足以滿其志願及其希望旣絕則心死志餒氣索才盡頹然沮喪前後迥若兩人然後知英雄之所以爲英雄者固恃希望爲之先導而智慮才略皆隨希望以爲消長者也有希望則常人可以爲英雄無希望則英雄無以異於常人蓋希望之力其影響於人者固若是其偉且大也

天下之境有二一曰現在一曰未來現在之境狹而有限而未來之境廣而無窮英儒頡德之言曰『進化之義專在造出未來其過去及現在不過一過渡之方便法門耳故現在者非爲現在而存實爲未來而存是以高等生物皆能爲未來而多所貢獻代未來而多負責任其勤勞於爲未來者優勝者也怠逸於爲未來者劣敗者也』希望者固以未來的目的而盡勤勞以謀其利益者也然未來之利益往往與現在之利益枘鑿而不能相容二者不可得兼有所取必有所棄彼旣有所希望矣則心中目中必有荼錦爛熳之生涯宇宙昭蘇之事業亘其前途其利益百什倍於現在遂不惜取

其現在者而犧牲之以爲未來之媒介故釋迦棄淨飯太子之貴而苦行窮山路得辭敎皇不貲之賞而甘受廷訊加富爾舍貴族富豪之安而隱耕黎里哥倫布擲鄉里優游之樂而集身遠航以常人之眼觀之則彼好爲自苦非人情所能堪豈不嗤爲大愚百思而不得其解哉然苦樂本無定位彼未來之所得固足償現在之失而有餘則常人所見爲失而苦之者彼固見爲得而有以自樂且攫金於市者止見有金不見有人彼日有無窮之願欲懸於其前則其視線心光咸萃集於其希望之前途而目前之所謂利益者直如蚊虻之過耳曾不足以芥蒂於其胷貪夫殉財烈士殉名夸者殉權哲人殉道其所殉之物雖不同而其所以爲殉者則皆捐棄萬事以專注其希望之大欲而已

且非獨個人之希望爲然也國民之希望亦靡不然英人固不喜急激之民族也然一爲大憲章之抗爭再爲長期國會之更革累數世之紛擾則曰希望自由之故法人三次革命屢仆屢起演大恐怖之慘劇擾亂亘數十年則曰希望民政之故美人崛起抗英糜爛其民於硝烟彈雨之中苦戰八年伏屍百萬則曰希望獨立之故彼所犧牲之

利益固視箇人爲尤慘酷矣然彼既有自由民政獨立之偉大目的在於未來而爲國民共同之希望凡物必有代價則其所犧牲者固亦以現在爲代價而購此未來而已然而希望者常有失望以與之爲緣者也其希望愈大者則其成就也愈難而其失望也亦愈衆譬之操舟泛港汊者微波瀁瀊可以揚帆徑渡也及泛江河則風浪之惡將十倍蓰於港汊矣及航溟渤則風浪之惡又倍蓰於江河矣失望與希望之相爲比例殆猶是也惟豪傑之徒爲能保其希望而使之勿失彼蓋知遠大之希望固在數十百年之後而非可取償於旦夕之間既非旦夕所能取償則所謂拂戾失意之境遇要不過現在與未來利益之衝突實爲事勢所必然吾心中自有所謂第二世界者存必不以目前之區區沮吾心而餒吾志英雄之希望如是偉大國民之希望亦復如是

老子曰『知足不辱知止不殆』此毀滅世界之毒藥戕殺思想之謬言也我中人日奉一足止以爲主義戀戀於過去而絕無未來之觀念眷眷於保守而絕無進取之雄心其下者日營利祿日鶩衣食萃全神於肉慾蜎蜎無異於原人其上者亦惟灰心短氣太息於國事之不可爲志餒神沮慨嘆於前途之無可望不爲李後主之眼淚洗面即

爲信陵君之醇酒婦人人人皆爲絕望之人而國亦遂爲絕望之國嗚呼吾國其果絕望乎則待死以外誠無他策吾國其非絕望乎則吾人之日月方長吾人之心願正大旭日方東曙光熊熊吾其叱咤羲輪放大光明以赫耀寰中乎河出伏流狂濤怒吼吾其乘風揚帆破萬里浪以橫絕五洲乎穆王八駿今方發軔吾其揚鞭絕塵駸駸與驊騮競進乎四百餘州河山重重四億萬人泱泱大風任我飛躍海濶天空美哉前途鬱鬱葱葱誰爲人豪誰爲國雄我國民其有希望乎其各立於所欲立之地又安能鬱鬱以終也

學說

聖西門（一作西士門）之生活及其學說

（佛禮兒之學說附）

君 武

自古立大功名之英雄倡新學派之哲士莫不有一種特別之氣質以爲其一生成功之內鞭策焉曰大希望曰大野心大野心者 Eager ambition 即無界限之大希望也哥命布之尋出亞美利加洲也李西蒲之鑿通蘇彛士河也皆可謂之爲有大希望而不可謂之爲有大野心蓋希望有可慰之日而野心則終無可慰之年有大野心之人當既尋出一美洲之後必思更尋出無量數之美洲既鑿通一蘇彛士河之後必思更鑿通無量數之蘇彛士河有大野心之人常憂夫老之將至身之將死故秦始皇求神仙漢武帝禮方士路易十四求不死藥有大野心之人常嘆歲月之賦閒事業之不成故劉備撫髀肉而流涕桓溫擊唾壺而悲歌有大野心之人其大願終不能償其中心終不

免於憂戚故亞歷山大望安基斯河而痛哭拿破侖幽聖厄勒那而憤死有大野心之人其思想或出乎此世界而別有一世界故佛氏於此身外別有法身耶氏於此世外別有天國屈原之詞曰老冉冉其將至兮恐脩名之不立長太息以掩涕兮哀民生之多艱劉琨之詩曰功業未及見夕陽忽西流時哉不我與去乎若雲浮嗚呼富於野心之人其爲此世界上最多苦惱之人乎其心戚戚其容促促其願望終無滿足之一日也反而言之人而最富於野心也其人必爲世界上最雄偉奇特之人國民而最富於野心也其國必爲世界上最雄偉奇特之國孔子曰君子思不出其位老子曰知足不辱知止不殆其言皆爲萎死國民大野心之毒藥我國民之不能發達進步其根原皆在是矣故中國之平民有良箴曰安分守己中國之官吏有良箴曰持盈保泰是皆非發達進步國民之口吻也今世界最富於野心之國民莫若法蘭西請言法蘭西人聖西門之事

聖西門自幼時已有莫大之野心彼常使其僕人於每晨呼己名而警之曰「孔德（即聖西門）之名而忘而今生所當事之大事乎」夫聖西門之所謂大事者乃野心上之事而非希

望上之事也。希望上之事。常可指名。吳夫差日使人呼己名而警之曰。夫差而忘越人之殺而父乎。此其志在報越仇而已。乃希望上之事也。至野心上之事。則必不可得指而名之。

聖西門之一生。常雄心勃勃。欲使己之聲名如雷之轟。己之光烈如火之燊。初欲於太平洋大西洋之中間。鑿開海峽。使兩大洋通流。後又欲由西班牙京城馬德里掘水道以通於海。皆不成。

聖西門者。即始倡法蘭西社會主義之第一人也。名孔德顯理。Comte Henri de Saint Simon 千七百六十年生於法京巴黎。聖西門之家。故爲法國之有名公爵。列於貴族。聖西門幼受亞龍卑爾 Ale mbert 之教育。亞龍卑爾者。法國有名之哲學及算學家。而修纂法國百科全書之一人也。聖西門年十九時。曾以志願兵注冊。適亞美利加。助美國人之革命。敵不列顛。

聖西門之生活。實人間最辛苦不幸之生活也。聖氏既結不樂之婚姻。比一年即離異。四壁蕭然。極貧家之遭遇。乞作四十鎊金一年之苦工。而終不可得。賴舊僕以爲養。千八百廿三年。萬事失望。至欲自殺。嗚呼。思想高尚之哲人。常覺現社會之穢惡不良子然一身既無勢力以改革之而又不欲同流合污忍與終古屈原曰安能以身之察察受物之汶汶乎安能以皓皓之白而蒙世俗之塵埃乎聖西門之境遇亦可悲矣。聖西門之著論甚多。千八百三年著日內瓦居民之手簡 Letres d'un Habitant de Geneve 著是書之年甚早徒關及科學及政治而已。至千八百十九年始表其社會主義之意見著組織論。L'organisateur 千八百二十一年著工制。Du systeme industrial 千八百二十三年著工義。Batchisme de industriels 至千八百二十五年著新基督教。Nouveau Christianisme 此爲聖西門一生最晚出之著作。亦其一生最重要之著作也。此書既成。不數月而聖氏死。

謂眞理必不可淹沒乎。何以吾國墨翟之學說若彼其美。竟沈沈至今無復有人一問津也。是雖由歷代君主崇儒抑墨乎。亦因儒之後有孟荀董賈之徒。而墨之後求一傑出能發揮師說之人。而寂焉不可得也。大抵首起倡一學派之人。其學說之條理。必不能整齊。而其意義必不能明晰。聖西門首倡之社會主義。固極不整齊明晰之主義也。其所以有今日之盛者。惟其門人後學能救正完補之之故。

聖西門以爲有物產以供人生利用之需。而後有社會。社會之歸旨在合人羣之能力。以開拓地球。此聖氏最精之說也。第聖氏猶以爲工人之首領。有管轄工人之權。其主張破除勞働者及資產家之界限。而一般人羣共和營業者。乃後起社會黨之說。而聖氏初無之。

聖氏之「新基督教」一書。以爲人羣之進步也。固不能不賴夫科學。而亦必不可廢去宗教之單純元質。所謂宗教之單純元質者。曰「世人相待遇彼此當親愛如兄弟」是也。夫社會之人。既相平等。而如兄弟。則社會之中。必不應有貧富懸絕之階級。蓋人人相待遇如兄弟。乃世間良社會組織之要素也。聖氏之徒。常以此數語爲其黨中之金科玉律。不許背犯。

聖西門之從者。初甚寥寥。未幾信者漸衆。此皆聖氏之門人勇於傳道之效也。聖氏最得力之弟子曰巴查兒。Bazard 八百三十年。巴查兒與其同僚翁紛吞 Enfentin 共創立一學校。以傳聖西門之學。後勒魯 Pierre Leroux 亦與之合而入其黨。工藝學校 École Polytechnique 之生徒。皆受其學潮之動力而被感化焉。於是聖西門之學。勢力頓大。

聖西門最有名之二門人。即巴查兒及翁紛吞是也。然二人之性情各不同。巴查兒之爲人也。溫厚純粹。而翁紛吞則務爲誇大虛幻。故二人終不能不分離。而巴查兒一派獨盛。其門人彼此和親。衣服與常人有別。出於巴氏之門者。多爲經濟學者及大技師。有名於時。鑿通蘇彝士河之李西蒲。即巴氏之門人也。

巴查兒實聖西門門下之龍象也。巴氏之講歷史哲學也。以爲歷史世期當分兩類。一曰批評（或曰消極）類。一曰建築（或曰有機）類。批評類之歷史。爲戰爭。爲私利。爲混亂。建築類之歷史。爲有教化。爲相順從。爲相和親。是二類之精神。一爲相敵。一爲相親。社會之成立也。要不能外此二原理。雖然相親者人道也。相親之精神日盛。則相敵之精神日衰。相親之精神。始於家族。漸廣而及於市黨。而及於國民。而及於聯邦。相親之精神。乃未來社會發達之鎖鑰也。由今以往。人類和親之法律。將爲人羣所日拓而日廣。夫人羣既往之階級。則家奴。農僕。雇工。是已。自今以後。則人羣和親。以開拓地球之時代也。今世財產之制。以少數之業主。制馭多數之雇工。雇工之名。雖得自由。其實多窮困餓死者。夫產業嗣續之制。則烏得爲善制也。蓋據產業爲私有之弊。在業主惰廢而無所事事雇工以其產業之非己有也。無愛其產業之心。則自無勤於力作之効。夫以世界之公產業一人竊據以爲私有。自論理上言之固已不合矣。社會烏得有進步乎。欲救斯獘則莫如廢產業嗣續之制。以土地爲公產而合羣力以開拓之。還以社會之土地托諸社會之人民。變家族嗣續爲國家嗣續。若是而社會不發達人民不和親者。未之有也。

聖西門旣死。而其學說極盛。其門人務多立學校。以傳播其主義。凡出於此等學校之生徒。皆實行社會主義。棄絕私產。幼年入學。學成則依其才能而授之以職事。故聖氏之徒。以爲政府者乃司理考校人民之心才及學藝而授之以職業之公府也。

聖氏之徒皆以爲女人之尊貴與男人同。而當得與男人同等之權利。蓋無論男女。皆社會中之一箇人也。至於婚姻之事。則一依宗教之禮式。爲翁紛香則以爲男女婚姻。務極自由。而不須復拘之以禮式。故翁氏一派。多爲世人之所詆毀。雖同黨之人。亦多排斥其說者。

佛禮兒之學說

佛禮兒之倡社會主義也。實在聖西門之先。佛氏當千八百八年之時。已著有名之「四動力論」Théorie des quatre Mouvements（其義見下）惟其書初幾無人讀之。及聖西門及侯盈 Owen（英吉利之社會黨）之社會主義大倡以後。佛禮兒之運動始有效。故語法蘭西社會主義之創始者。必首聖西門而佛禮兒次之。

佛禮兒之社會主義與聖西門之社會主義大不相同。聖西門之社會主義主中央集權。而佛禮兒之社會主義主地方及箇人之自由分治。佛禮兒主義者。非能曲 Phalange 主義也。（非能曲即千數百人同居共產之意）以非能曲占社會中最高尚之地位。握無限之權力。總政府之權力反出於其下。

佛禮兒名法朗西查爾 François M. Charles Fourier 千七百七十二年生於法蘭西國之白上宋。Besançon 其父故為布商。家豐於財。佛禮兒曾在本邑之大學畢業。學問甚優。佛氏少以商業遊於荷蘭德意志諸國。閱歷甚深。佛氏之父死。所得遺產約三千鎊。遂定居於里昂。會法國之大革命興。約各伯黨 Jacobins 圍攻里昂。佛氏以富商故。被捕下獄。雖倖免於死。而資產盡失。為貧所迫。從軍二年。後更漸復故業焉。

佛氏之投身於商場既久。故能盡悉商業之詐僞惡行。方五歲時。曾以說破商業隱情之故。受其父之嚴罰。方二十七歲時。在馬塞經營運米之事。會其地乏食。親見米商以索商價之故。致其米朽腐不可食。故佛氏竊心傷其不德義。慨然以救治其奸惡爲已任矣。

佛氏以爲欲救治社會之罪惡。則莫如先自救治一身之罪惡。救治之道。莫大於克己。

佛氏以爲倡一學說。欲世人行之。則莫如先自行之。千八百二十三年。佛氏於威爾塞Versailles 之近旁。闢一廣地。以實能行其非能曲之制。雖無成功。而佛氏之一生。因欲達其最高目的之故。常固守利他主義。Altruism 篤信人羣進步之本能。慈愛廉讓。盡犧牲其本身之利益而爲人。此其所以爲難能也。

佛禮兒之社會主義。以神理論世界論心靈學三者爲基。

佛氏之神理論。即自然之樂天主義也。Natural optimism 其言曰。上帝創造世間一切事物。本皆美善。人自不知而反逆之。乃見有不美善耳。

自奈端發明吸力之理。人莫不知管制世界之大力曰吸力矣。佛氏以爲吸力之顯於

動者有四曰物質曰機關曰智慧曰交際大自恒星小至微蟲皆有此四動力之作用存焉人之心靈人之社會皆不能出此四動力之外此神律也

佛氏之世界論甚謬誤而不確彼以爲世界存在之期大約不過八萬年八萬年後則世界必毀其間四萬年爲社會進步之期四千年爲社會衰落之期今者方爲世界進步期上帝之意常欲人樂人莫不有欲望既有欲望則當使之滿足焉人類之欲望不能滿足必因其社會之制度未盡美善故也

佛禮兒之心靈學分人類之原欲望爲三種三種共分爲十二類第一種五類曰視曰聽曰嘗曰聞曰觸是五類者皆有背苦向樂之天性第二種四類曰戀愛曰友道曰慾望曰族誼是四性者人羣之所賴以爲結合也第三種三類曰更迭性曰角逐性曰複混性更迭性乃起變異而不連合之因角逐性乃起奸詭嫉忌之因複混性乃起離絕之因前之二種每易爲後一種之所勝欲其不爲所勝也則須以社會之大欲望統制之曰合一性合一性常不爲他性之所雜合如白色之不雜合他色然

佛禮兒曰社會之由草昧以進於文明和親也則人類之欲望由不發達以赴於發達

之現象也佛氏本是說以定非能曲之制其宗旨務使人類之欲望發達至於極點非能曲之制以八百人居一方地成一團體如其所能從其所欲而自由發達焉合羣力以興農工之業而享其樂利依世界吸引之理自由相愛每一非能曲之人同居一宮廣大美麗人人安適無虞政壓制之害惡一般官吏皆由選舉佛氏自謂其制可通行於普世界均分世界爲無數非能曲定君士但丁羅布爲大都而於此設非能曲之總政府非能曲之男女自由戀愛自由合併自由分離盡人之力從事力作聚其產物量人民力作之量而分配之作困難重要之工者受上賞作尋常之工者次之作輕便適意之工者又次之

佛禮兒之制度華嚴界 Utopia, 之類也不可實行也以人類之天性及社會進化之實理言之則其制度之窒礙甚多佛氏蓋全不知人類之有自利性 Egotism 也慾不可縱而自由必不可無界徒務縱慾而自由無界是返人羣於草昧之道也是皆與政治及社會進步之理不合雖然讀佛禮兒之書者則必知專制政府之罪惡而地方及箇人之自由不可不發達此佛氏之所以爲世所重而後之談生計學者皆不可不研究其學說也。

中國興亡一問題論（續第三十號）

觀雲

第四章 民習

第十三節總論民習　凡萬物之能存立於世者非恃其有强武之力能抗禦他物嶄立於競爭之世界中而有特殊之氣概以自存焉則必恃其有狡黠之才依阿淟涊附屬於他物之下而不爲其所絕滅以自全焉此二義者自人類以至庶物莫不皆然是故有猫而鼠之一種類未嘗不繁殖於倉社間有鷹而雀之一種類未嘗不繁殖於林薄間有鯨而鰯（海魚之弱者故曰鰯一名鰮日本以充常食）之一種類未嘗不繁殖於海澨間若夫人則官骸不具而肢體弱小者往往多巧猾之天蓋彼自視其强力不足勝人乃不得不別出於一途爲强力之所不能勝而後有以取便利於其間焉故夫優勝劣敗云者非獨强者能制勝夫他物而後謂之優焉彼弱者之可以生亦自有所謂優者在雖然同一人類

中而彼之民族以强武勝處於能制勝夫人之地位此之民族以柔曲勝處於依屬他人而不爲他人所鏟滅之地位換而言之即所謂彼爲貓而我爲鼠彼爲鷹而我爲雀彼爲鯨而我爲鰯且即以利害之間互相牽掣而有彼此足以竝存之理亦如夫鷄犬牛馬之爲人用而人因而豢養之奴隸之爲主人役而主人乃分利以贍之者無以異也夫所貴乎人者謂其有自力者也能獨立者也若偷安而存隸屬而生則不得復謂之人類可也嗚呼我種族之具劣根性而習與性成積漸而至如今日者其故固由於受異種人之管轄而來者也夫民族之義本於共同之血統而又有共同之土地經數千年來沿其利害相同榮辱相同休戚相同之事而其間又有共同習慣之語言文字與夫敎化制度風俗以聯絡之故一種族之與一種族亦猶個人之與個人個人而失其天賦之權以隸屬於他人之下則謂之奴隸之人牛馬之人可也一種族而隸屬於他種族之下亦謂之奴隸種族牛馬種族可也夫一種族之間其可改良進步而不必拘保守之名者惟在文字語言與夫敎化制度風俗之間可擇其優於已者而用之而不能不保守者則一種族所固有之權利若天之分定以予我者也夫世間惡孽惟在

弱肉强食之間然而此惡孽之本原固不當專責强者何則心思才力人人之所同具者也必人人自完其本能而後彼此交際之間各完界限禮讓生而和平之道出焉若我自謝其能而使强者生其驕傲凌轢之心則是此悲慘之惡劇由我自缺陷其本分之所由致也夫天地間人類物類之相容蓋不外二例一不同等之位置甲爲能使者則乙爲被使者甲爲能殺者則乙爲被殺者一同等之位置互有能則互相用互相用則互相愛焉前者强權世界之例後者平等世界之例也强權世界蓋不獨强者之演惡習焉弱者之演惡習蓋尤甚焉則以其對强者有諂諛心焉有卑鄙心焉有依賴心焉有曲從心焉且一物也彼强者奪於弱者之手而弱者不得有其權久之而弱者之於此物也必淡漠視之雖極之顛頓傾覆而弱者毫不置念慮於其中此固人情視夫非已有物之常態焉且即有重視此物欲不分彼此之界限而欲代爲之圖治者而其權已非我有强聒焉且將不信於其主人而將操鞭撲以從之焉一國之內情如此吾未見其國之猶可爲也然則中國之今情可略溯其原矣方其始之與外種人相遇也未嘗不欲竭其力以抗之也抗之不能勝而遂爲其所壓服焉當其河山已非宗社方

墟之日一二秉英雄豪傑之性者未嘗不并志壹氣焦慮困心欲出萬死不顧一生之計紾之於他人之手而光復我祖宗之舊物而被捕縛遭殺戮徒黨屠醢而家族覆滅者踵相接此皆一一摧傷民族之志氣者也夫既已帖服低首下心而事之矣而學士大夫偶或文字涉及先朝亦可羅織字句之間牽連成獄其摧鋤夷傷之所及要使聞者驚心談者箝口而後强者之位始固然而鳳凰之雛鯨鵬之卵固已不留遺育於民族間矣方是時其能俯仰新朝而災禍不及其身者必其怵於勢慴於力改志易慮蠖屈無聲氣以求苟全其性命者也不然必其入山之深入林之密爲耕傭野老以藏身而不願聞利害治亂當世之事者也不然必其悶悶汶汶塞聽墮明受時勢之大震動而曾不激刺於其腦性但能行尸走肉飲食男女以延祀姓者也不然必其或有大不得已者而遂受其衣冠拜其祿食行其朝廷以示無他而不欲爲之設一謀畫一策行與心違旅進旅退以終其身者也不若是者則必薰心於富貴利祿蠅營狗苟爲虎作倀挾其小知小能一技一長與其媚悅迎合之技以博取功名勢力而不復知天地間有廉恥氣節之事者也夫以一種之人所謂有豪傑英雄之氣骨者既已銷亡不得

延其種類而傳其性質而得意當世子孫蔓延者非黠巧之夫即庸懦之輩則其人種之不能立於世界競爭之場蓋可知也不見夫印度乎挾雪山而貫恒河以地理饒沃物產富備哲學思想最高出之處而屢爲異種人所竄入洎英人之來遂以一公司之力而覆其國吾聞印度諸王每欲假外人之力以自殘其同類何則彼固經異種之蹂躪則其同種之團結力遂散是故地雖大人雖多可取而亡之也若夫中國其於外人則尊之如神明而事之如父母而於同胞則淩之若牛羊而踐之若草木此特性胡爲乎來則亦受異種之蹂躪而同種之團結力已散者也是故今地球之民凡曾受異種之管轄者則其人民未有能自立者也且夫合同種人而建立民族的國家其愛國也不待焦唇敝舌設法而勸誘之也何則彼固天然有血族之關係而非同於以人力強合之國家之所爲也若夫合異種而建國者其間必一種人有權一種人無權而後能相容而又以其利害之不同也則彼此往往無密合之點故非民族集合的國家往往當外患之來則內之離心力漸生因其罅隙而將有決裂之勢且夫一國之中旣集合素無感情之兩民族而徒恃強者之勢力所鳩聚則夫有他種之人其力更強於此者彼弱

民族之不顧而之他而另事一異民族視棄其向事之主人猶敝屣也且其於同胞焉以消散團結力之既久亦一旦不能復合或且欲蹴藉之以爲事異種人之媒焉此皆必至之勢焉以觀今日之中國人而可驗矣當庚子之役聯軍所至之處有高插某國之順民某國之順民旗者有爲洋人作嚮導而假洋人之名以搜殺掠奪各村莊者有能洋語而向洋人謀事或爲之作繙譯爲之作收稅吏者有挽留洋人假定之民政官而送萬民傘德政碑者有誦管韞山之八股以爲洋人侑酒者有以街上與洋兵或印度人之被雇爲兵與爲巡捕而得其握手以爲榮者有以洋人出入其家爲顯赫甚者有出其妻女以獻媚者而不獨此也今通商各埠其爲洋人之細崽通事掮客與夫郵政電報鐵路輪船諸關洋務局所之下等執役人以洋人爲後援其待同胞之中國人也何一非若屍若狠若帝天之面目若上海之某華捕以一華人偶游於西人禁止之界內西捕欲釋之而華捕必欲扭之又某華捕以見日本下等人之攢毆中國人也反扭中國人之髮辮以去而日本人則以服洋服而不之究也詰之則中國人與外國人鬥無論如何必當辦中國人而上海虹口日本郵局所雇用收信之某華人其猙獰之狀

尤爲人所痛惡。若此者悉數之不能終。偶舉其一二人。而中國人無民族之感情可見矣。且也義和團一大事之發原何一非此輩人爲之火線也。初時京津各處鐵道間之執役人。多假洋威。欺客無人理。若購車票。其銀錢之伸縮出入。惟其所欲。無敢與較者。當京保鐵道未燬之前。有鄉民數十人已購車票。適車行而後期。不及乘也。鄉民者以旅費無多。則欲退車票。執役人喻之不以理。鄉民人多而口雜。其中有曰。爾輩之兇惡若是。當屬義和團來以燒鐵路。執役人遂以是言告洋人。謂頃騷擾之一般人皆義和團也。洋人者未解中國語。而不知其情實。執鞭以驅逐之。鄉民既失貲。不得乘車。而又受辱。乃憤而羣訴於義和團。求其雪仇恥。義和團者方躍躍欲燒鐵路。遂以是於一夜間。盡燒京保之鐵道。而禍勢乃不可收拾。星星之火。至于燎原。則皆以無同種之感情而釀之禍也。且夫今日之依附洋人而爲之僕役者。其人大都已富貴矣。或且捐功名。而膺顯秩矣。他日者中國之所謂高門右族。則多此輩人之子孫也。是固以事異種爲遺傳性者也。而洋僕其尤次者也。今中國之所謂仕宦之家閥閱赫濯。而簪纓聯翩者。溯其由來。又何一不若爲洋僕者之所爲。而秉洋僕之性質者也。昔者一異種人之來。其能善事之則得富貴者也今者一異種人之來其能善事之則又得富貴者也其仕宦也猶其爲奴隸其爲奴隸也亦猶之其爲仕宦也吾見今日之逐逐以攢北京之臭肉者轉瞬而瓜分局定則是輩者又將挾其今日逢迎鑽營之伎倆以事夫或英人或法人或俄人或德人或美人或日本人或不知何國人焉而何國之與有而何種之與有若夫一二賢者逢時之哀痛哭流涕冀圖挽回則固言之矣曰物非我有而權之不屬於已必不見信於主人而將受其鞭箠者也故曰一種之人爲異種人所管轄則奴隸之性成而同種之團結遂散未有復能建國者也雖然吾願吾言之不驗而吾種或有復興之一日羣冒吾言爲居于一偏而不當于事理是則至快心之日而不願以吾言爲的而他日之事乃不出如是云云也（未完）

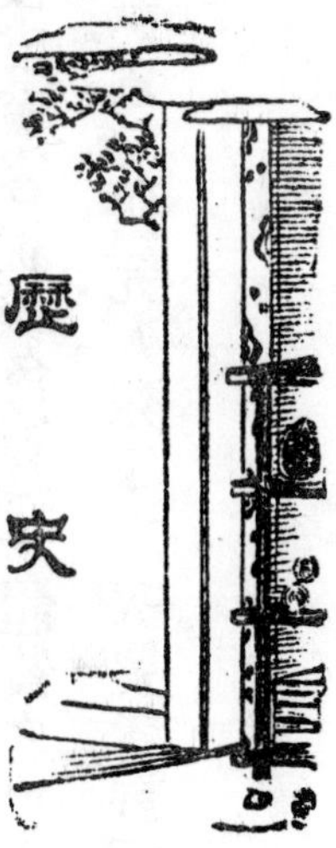

中國上古舊民族之史影

觀雲

先吾種族而爲中國之主人翁者誰乎則苗族是也苗族者始據中國腹地而其後退敗零落棲息於南中國一隅之地者也

苗族之與東南洋各種族有無種類之相關與吾種族有無血統之相混（近時熟苗與華人雜居有通婚姻者）此人類學一研究之問題要之欲攷古民族者必先研究苗族之所由來與其分散遷移之處或因此而得東方人類學上一大發明之事盖未可知也

今之論苗族者或云與在暹羅之泰伊種人及在臺灣北部之生番所謂黥面番者多類似是說而果足徵乎彼苗族者素棲息於南支那其一部分或移徙而入於暹羅及臺灣而別成爲一種族者盖未可知其或他蠻族中尙有苗族之種類亦未可知也

今者歐洲人多喜入苗地而教士尤喜傳教於苗民。久居其地。習其言語。而攷其風俗。尤喜撫育其嬰孩。試驗其性質若何。蓋有欲研明之事理。不憚冒險而爲之者。歐洲人之性質也。

近日本人鳥居龍藏氏。調查揚子江西南之蠻族。其調查之區域。爲湖南之一部分。貴州之全體。雲南之東部。四川之西南部。又與以上接近地方之兩廣地方。及兩廣之猺獞蠻族。又海南島廣東省北部之蠻族。又湖南湘水上流之蠻族。又福建省一殘部之蠻族。

其調查之事項

一體質上之調查　研究人類學之最要者。體質是也。其研究之法。分爲二種。一據生體。一據死體。據死體者。驗其骨格是也。據生體者。又分爲二種。一體質之部面。（例若毛髮皮膚容貌顏色等）一體質之尺度是也。

二言語上之調查　研究人類學之次要者。言語是也。蒐集其各單獨語。及其他語。成書備查。

三十俗上之調查　如風俗習慣之事又蒐集其土俗品。

四考古歷史上之調查　蒐採蠻人之故事及遺物又訪問與華人關涉之古蹟。

五寫眞撮影

此調查非獨可明揚子江西南之蠻族已也其結果或爲安南緬甸暹羅臺灣比律賓馬來諸島民族之必要盖一部分之種族往往與他部分之種族有相關者事之常也苗族之在今日衰殘凋落然在往古佔地布種其勢力或百數倍於今日即其文化之有無及文化之程度若何亦歷史上一疑問之事日本田能村梅士者論上古苗族之亦有文明且其文明之發生早於華人茲述其言亦我學界上所不可不知也

支那之文明濫觴者爲何地乎今之學者羣不待疑問而謂支那之文明則濫觴於黃河之流域是也雖然余不敢苟同其說而欲提議一疑問題即支那文明之濫觴果從何地是也

論羅馬之文明者必謂濫觴於帶伊白河凡一國之文明必由水之源流而發生者此一定之理勢也支那之文明其不能外此理勢無疑雖然謂支那之文明濫觴於黃河

者。其於事實誠不謬。然祇就支那之北部而言之耳。若論支那之全域。則南方文明。實別濫觴於揚子江。且其文明之發生。爲早於北方。試先定爲左言之例。

一支那文明。南北有各別之濫觴。

一南方於江水。北方於河水。

一南方文明之濫觴。早於北方。

此實反從來之定論。雖然、余固有信此獨斷之見爲不謬者。其支那北方之文明。有可信憑之歷史。雖唐堯以前之事不詳。然可以散見諸書者爲徵。且參以各國原始社會之理。則支那民族約距今五千年。有箇箇之部落。分布於河水北岸。沿流而東。遂跨河之南北。而漸次擴張其區域。其間侵奪赴仆。互有消長。部落之數益減。其版圖益大。遂有如三皇五帝之時代。以强大之酋長爲君主。有此北方之情狀也。若南方當日。其狀況若何。與北方關係之事若何。年月事迹。書缺難稽。然吾謂南方之民族。其文明巳早發生。而其後乃爲北方之民族所征服者也。

據支那古史所記載。古代之文明。似專局於北方之一部。而南方一帶。全在野蠻蒙昧之境雖然、泰古之人類從氣候寒冷地味薄瘠之處而漸聚於氣候溫煖地味肥饒之處而文明之趨勢亦必先發生於人口稠密之處雖發生之後欲維持以臻於完成之域南方溫暖渙散之處或不如北方寒冷凝固之處爲適宜然文明最初之發生多在於溫暖炎熱之區如印度如埃及之事例可徵蓋文明之麴糵不依暖熱之空氣則到底有不能發酵者試問江河二水爲孰適於培養文明乎彼河水者以黃河爲名已顯示以常泥濁而不澄淸之意且其河流屈折流勢奔放動則增激氾濫潰決頗不適於利用往往至爲大患者古來蓋不知其幾何若江水者反是水質澄湛流勢穩靜除上流有巉湍之區其餘大致千里一碧汪汪漾漾無氾濫之憂而有易親易狎之狀患害甚稀而適於利用然則無抗敵天然力之智能如上古人類者謂必聚合於黃河者多而聚合於江水者少此吾人所不能信之事實也

又可以地味之關係論之當時記地味之肥瘠者惟尙書禹貢一篇依禹貢所記而案其地味之等級雍州第一徐州第二青州第三豫州第四冀州第五兗州第六梁州第七荊州第八揚州第九其大槩均以北方爲上南方爲下似當日南方之地味反薄瘠

而北方之地味反肥饒者。雖然、禹貢記事。則有可否認者三焉。(甲)禹貢記事。全與近世之實狀相反。夫地味厚薄。容或有因時變遷之故。然全部面積。古今乃大相反。殆無此事理也。(乙)禹以北人。按禹爲黃帝之子昌意之裔孫昌意降居若水若水在蜀故禹生石紐惟禹事業之發端皆在北方故謂之北人亦宜 其視察南方之事。對之冷淡。或有不如北事之親切者。雖大賢或不能免此人情。且南方當日屬要服荒服中。地勢僻遠。爲北方王化所不及。故北人視之。全若夷狄者然。或不免有先入爲主之過誤。又禹貢九州。其地當今支那本土十八省中之十三省。面積廣大。以當日之時勢度之。或有視察不及精密之處。且即欲詳晰視察。而當日視察者之人之智識上。或不能得正確之結果。此亦事理之所或有也。(丙)與當日視察之結果。有一全可反對之事。蓋當日北方之人民。常食黍稷而米非其所用。遂至貴黍稷而賤米。貴旱田而賤水田。南方多水田之處。映於北人當日之眼簾。不免擧置爲劣等。遂至分地味之等級。乃與當日之南人及今人竟至相反。此三者。予於禹貢之記載。爲否認而不敢堅信當日地味北肥南瘠者也。

無論氣候也。水流也。地味也。皆南優而北劣。則支那之文明。謂南方較早於北方者。吾人蓋不憂其乏論據也。

且歷史上之事亦可得左證焉。從來歷史之通病。戰敗者之事迹多湮沒不傳。即傳亦傳其野蠻惡逆之行而已。蓋歷史之成多出於戰勝者之手。支那史蓋亦不免此病。故據其古史。可以攷見北方之事。而不能攷見南方之事。其記南方民族如三苗者。亦祇傳其野蠻惡逆之名而已。彼三苗者。其果爲惡逆之蠻民乎。抑爲有智能之良民也。是實無由懸斷。雖然三苗文明之發生。實有較早於北方者。此尙不乏證明之資。無他。即一部之尙書是也。

尙書者北人所記錄。不僅記載堯舜以下之美德懿行。而兼載文物制度。然其中言法制者。皆在舜攝位以後。而堯以前之事無聞。或者爲孔子之所删削。(近時世界有論孔子之删詩書爲歷史上之大罪人者)然亦因其事或有不可信者。而三苗之有刑法。則已見于尙書。如尙書一二卷周書二九篇呂刑皆是。是實遺珠沙中。而可謂今日之至寶。吾人得此一則可看取當日南方文明之光輝。一則可想見南方法制已具之日。而北方則尙未十分成立也。

是故予於支那之文明。欲定爲南方早於北方。而南方實濫觴於江水之粲。蓋三苗者。支那固有人種之一。而三皇五帝之民族者。屬外國人種。從支那之西北方侵入。展布於北方黃河附近之處。屢與土著人種相衝突。漸次伸張其勢力。故曾有一說。以黃帝爲亞細利亞人者。蓋亦近似之言。三苗人種者。其初或亦局於江水之南。以漸散入中部。至達於黃河附近之處。乃爲北人所摧敗竄蹙。而復歸於江以南歟。

然則南方文明。其後無所表見何也。曰爲北人所征服。而日竄蹙故也。黃帝者以善戰征爲天子。與炎帝戰而勝。與蚩尤戰而勝。遂挾其戰勝之餘威。平定四方。史記稱黃帝「未嘗寧居。東至于海。登丸山及岱宗。西至於空桐。登雞頭。南至于江。登熊湘。北逐葷粥。遷徙往來無常處。以師兵爲營衛。」云云。其四方往來。必非無意味之巡遊。於其所謂逐所謂以師兵爲營衛者。可想見當日往來。無非征伐戰討之事。所謂登熊湘者。熊湘。二山名。在今長沙附近。當日三苗之首府。在洞庭彭蠡之間。距今長沙不遠。黃帝南伐。渡江水。因登二山。以爲用兵之所取道歟。當是時。南方各部。殆已盡爲北方黃帝之所征服也。

由來支那者。用武之事。南方人每爲北方人之所勝。南方之文明雖已發生。而一至以干戈相見。遂不免爲北方之强者所敗。是實累代支那歷史之成案。太古民族。或亦不能異此例也。

至舜即位。而三苗又被竄。蓋三苗者。一經黃帝之征伐。勢不復振。至是稍欲試其跳梁。而其力脆薄。不足以當戰伐。卒罹投竄三危之刑。尚書紀其事曰。四罪而天下咸服。蓋北方統一支那之勢。至是而已略定者也。

田能村梅士之言如是。余嘗讀之而有感焉。夫千古種族之興衰。亦關係於戰爭之事爲最大耳。有黃帝與蚩尤（九黎苗族蚩尤九黎之君）之一戰。而我種獲勝。遂得分布其子孫於大陸。而世世有中國之土地。而彼苗民一敗之餘。盡棄其江淮荆州及北方所已佔有之區域。至於三危之竄。幷棄其在彭蠡洞庭間之根據地。而崎嶇跼促於山谷間。至於今不能自振。觀於古史。蚩尤本其苗族之巫風。作大霧以迷軍士。而我黃帝則造指南車。又使揮作弓。夷牟作矢。雖其事不盡可據。要之彼憑妖妄。我尚器械。則我種人之智能。固自有勝於苗民者在。而後能舉其莽莽一大民族。歐薙禽獮而桎縛之。不得與吾種爭大陸一片土是故涿鹿之師我種之一大紀念事也我乃若披堅執銳受黃帝之命而從應龍之後以與彼種者馳驟衝突于凶黎之谷中冀之野也而一迴憶我今日者甲午喪師庚子喪師土地削奪種姓蹂躪而同胞蚩蚩沈昏若醉昔何英雄今何潦倒乃不覺俯仰沾襟淚盡泣血也

抑夫彼苗族者其於蚩尤我之所謂兇殘彼之所謂英雄也銅鐵額獸身食沙或爲傳聞怪誕之言然懸其形像已足示威天下則當日之勢力可知古史稱其受盧山之金而作五兵此足爲當日製造之徵至言風伯雨師爲五里霧等事雖不脫巫俗然社會原始時代大抵以巫祀爲民智開發之第一期地球各國皆然今日之所謂野蠻者當日亦可謂之文明然而彼苗族者佔有之地如此其廣也人民之生齒雖不可稽以其地面核之不可謂不繁庶也而自蚩尤外若一無人物自崛起於其間而一敗之後又未聞集合其同族奮發砥礪奄奄無氣以至斃亡劣等人種之性質固不能一入競爭之場耶然而今日者歐種闖入而吾種人俯首帖耳受其覊縛而無可爲計是又無暇爲苗族哀而行爲吾種人哀矣

吾友貴州蹇念益曰。苗族之人。其出與中國人交也。當賣買之時。雖道遠。必載錢以來。若銀洋則中國人往往上下其價值以欺之。故彼之不能用也。又曰。若買鹽。其斤兩時價。又往往爲中國人所欺。故彼約錢若干。則必欲得鹽若干。而分量之輕重。以手托之而知其數。頗不爽於毫釐。以其無權衡而習用此技故也。又曰。其織布也。亦有機、以兩人對織。不若中國人所製之布機之靈便。然其成布堅實。勝於中國人布機所出之布。又曰。苗民者。其女子中或亦貌不甚醜。中國人所呼之爲苗姑娘者也。苗民之有洞者。則有酋長管領之。其在平原者。多與中國人交通。有若干區有苗籍之秀才。顧其智識大抵概不及中國人。中國人盖多凌虐之。嗚呼、亡種人之事情。固若是。其可慘耶。然而。今者歐洲人之虐遇我。其殆尤甚。我同胞其亦痛乎否。醒乎否耶。

苗族語言。今揭其二三單語。

一呼倭 A.

二呼嚭 Pi.

三呼叵 Po.

四呼配 P,e.

五呼派 Pa.

六呼馱 To.

七呼伊 I.

八呼意果 Yik.

九呼搖 You.

十呼積 Chit.

男呼凱唔繆 Keng miu 坩唔繆 Tam miu.

女呼削繆 Sh,ʼi miu.

小兒呼矮苦伊夥可唔 Akui ho, k,om.

火呼拖 To.

水呼泥 Ng'ni.

手呼阿普 Ap,u.

足呼阿拖 Atau.

耳呼阿㝷 Abiu.

眼呼買典 Mai teng,

口呼噫蒂 Iti.

以彼者日藏於密菁深谷蠻烟瘴雨之中然而世之研究人類學者以彼爲最好之資料勝於陳列大禽大獸之枯骨而摩挲石器銅器之殘物也彼蚩蚩若苗民者豈知其身不出洞而世界乃買其風土記耶而吾種內地人士鑿井耕田谿異谷別沿其老死不相往來之俗而豈知吾內地鑛產之里數土物之產所河流之長短道路之險夷悉了了於異國人之胸中而已變其輿圖上之顏色各分其區域而認爲己物且將以第二之苗人目我也嗚呼此莽茫大陸者苗民所曾覆轍之途我種人忍再蹈其覆轍也耶。

商君傳（續三十號）

蛻菴

第五節　商君之立法

商君者奉國家主義爲唯一政略者也故其立法也亦務爲嚴重之干涉而必不放任箇人之自由其言曰『力之能制天下者必先制其民者也能勝強敵者必先勝其民者也故因民之本在制民若冶於金陶於土也本不堅則民如飛鳥禽獸其孰能制之民本法也故善治者塞民以法』（畫策篇）夫法者將以保護箇人之權利者也今立法而務先制民勝民法家固民權之蠹乎曰法者隨羣俗之進化而與爲變遷羣俗方在蒙昧其民皆缺於自治之才絕無規矱之可循則橫逸冥行蕩然無復綱紀舉羣蕩然羣將立敗有法家以整齊而撙節之其羣乃有紀律之可遵行而國家乃能成立蓋法律之宗旨固所以保護箇人之權利而尤在於維持羣俗之秩序然則商君之所謂

制民勝民者固亦將謀其秩序而已。

是故商君之立法純乎『命令主義』者也西儒之論法理者其說紛然不一。英儒霍布士乃始倡爲命令主義之說謂法律者以權力命令其屬下令行禁止使悉視法律爲從違豪斯陳起力持斯義而揚其波豪氏之說曰『政治上之優者與政治上之劣者既有劃然之區別優者表發其意思以制裁劣者斯曰法律劣者若不服從優者之命則受懲罰之惡報而可以非常之權力强行之』彼其說偏駁不全遂爲後人所抵擊然當社會之初期則其說固自適於實行商君之立法以法權專總於君主使獨握强行之權力曰『法者君臣所共操也。信者君臣所共立也。權者君之所獨制也。人主失守則危權制獨斷於君則威』（修權）又曰『民之不治者君道卑也。法之不明者君長亂也故明君不道卑不長亂也秉權而立垂法而治』（壹言）彼以法律爲命令固與霍豪二氏之說同且戰國之初方爲貴族時代政出多門不可爲治故增主權者之勢力以君主爲法律之淵源務裁貴族政體進之於君主獨裁政體斯盖人羣進化自然之階級商君殆亦順其時宜而因以爲治者也。墨子曰『一人一義。二人二義十人十義。

各是其義而非人之義。其義滋多。則交相非而至於怨亂離散。故不可不尙同於政長」蓋謀國家之治。安當先求政治之統一。商君之以法權歸之君主。固與墨子同一義已」然權者君主所獨制。而法則上下所同守者也。商君本此意以立法。其大旨約有二端。一曰法律之平等。東西諸國之舊制。類皆分其國民爲數級。其所處之等不同。則治之之法亦異。彼都民之與隸農。其權利已顯殊矣。至於貴族之特權。僧侶之敎規。則更各保其獨立於法律之外。千數百年。釀上下之激爭。演革命之慘劇。皆以此不平之故。中國向無分人爲階級之陋制。然周公之創制定法。猶別勒議親議貴之條。蓋雖不令獨立以遁於法外。而猶別爲解釋以縱之法中。後世國無定法。上下紛紊。無法之世。更無譏矣。商君勒定憲度。擧一國之貴賤賢愚。無不受治於其下。公子虔。貴族也。其犯約則劓之。太子駟。君也。其犯法也。雖神聖不可侵犯。猶行法於其代負責任之師傅。公平而無所私曲。故令雖嶮而易行。法雖覈而民說。嗚呼。彼得立法而先行法於太子。商君立法亦先抗法於駟君。蓋將齊其民於同一之法律。固不能撓於貴族之特權。以歧吾法也。

一曰法律之公布雅典人之立法也編定舊例爲德拉康律羅馬人之立法也亦編定舊例爲十二銅表夫德拉康律之殘忍刻酷十二銅表法之陋略峻刻寧必遂爲良法哉然雅典羅馬人之所要求則不問其法之良惡唯必求編制法典務得一公布之法使吾民得知法律之爲何物蓋既有公布之法律以劃定明確之範圍則治者與被治者將皆受治於範圍之中下既有所憑藉以自固上自不能任意輕重於其間此所謂惡法猶愈於無法也我中國固無法之國也雖律令之文繁如蝟毛則例之書高逾尋尺然其所謂法者類皆私於二三官吏之掌握視爲神秘之物不令民間窺誦而習知於是暴君汙吏因而上下其手而小民益窮而無訴商君立法之宗旨則固先公布法律而使民間咸知法令之爲何物者也

（修權）世之爲治者多釋法而任私議此國之所以亂也先王懸權衡立尺寸而至今法之其分明也夫釋權衡而斷輕重廢尺寸而意長短雖察商賈不用爲其不必也夫倍法度而任私議皆不類者也不以法論智能賢不肖者唯堯而世不盡堯是故先王知自議譽私之不可任也故立法明分中程者賞之毀公者誅之

（定分）故天下之吏民無不知法者吏明知民知法令也故吏不能敢以非理法遇民民不敢犯法以有法官也遇民不修法則問法官法官即以法之罪告之民即以法官之言正告之吏公知其如此故吏不敢以非法遇民民又不敢犯法（中略）故聖人爲法必使之明白易知名正愚知徧能知之爲置法官置主法之吏以爲天下師令萬民無陷於危險（下畧）

夫今日文明諸國之制定法律也其法既已成立然必俟公布之後其法律乃有效力商君之法既具猶必徙木示信然後公布之民而復置主法之官使之宣示法制蓋深得周禮讀法象魏之遺意而與今日文明諸國之制定法律者無以異矣

第六節　商君之行政

（甲）　司法

自三權鼎立之說興司法獨立之制度遂遍行於歐美諸國而百年來之政治遂爲一大進步商君生二千年前而其定制行事固有深合於司法獨立之制者

（定分）一歲受法令天子置三法官殿中置一法官御史置一法官及吏丞相置一

法官。及諸侯郡縣。皆各爲置一法官。及吏。皆此秦一法官。郡縣諸侯。一受齎來之法令學問幷所謂吏民知法令者。皆以問法官。

夫專置主法之吏以執行法務自中央政府以至地方郡縣。莫不置有法官其司法之制固已完密至於貴族犯約則罰之太子犯法則繩之務保其獨立之權得以執法不撓徑行其法乃至天下之吏雖有賢良辯慧不能開一言以枉法蓋彼以法令爲民命爲治本此所以務萃全力以護持之者也孟子曰。『夫舜安得而禁之固有所受之也』一司法獨立之權孟子固倡其理論而商君則更實行此制成績昭然後儒不察其治法徒逐迂論而詬之嗚呼何其傎矣

（乙）施政

英儒斯賓塞之言曰天下之人羣有二一曰殖產之羣一曰尙武之羣二者皆人羣所恃以成立並用之而不可闕一者也商君之治國也日諄諄以農戰爲務故其內治之大體要不出於重農尙武兩大主義斯賓塞又言曰『殖產尙武二者皆爲羣治所不能偏廢然亦相時爲輕重上古蠻野之世戰爭常而和平暫其產業皆所以供武備故

其羣可命爲尙武之羣晚近開明之世和平常而戰爭暫其武備者所以護產業故其羣可命爲殖產之羣』商君當戰國時代其一切內治皆將以實行其帝國政略者也故其重農之政策亦以達其尙武之目的而已今本此意以察商君施政之次序

(一) 農政

商君之爲俗儒所詬病者曰廢井田而開阡陌商君能成彊國之霸政者亦曰廢井田而開阡陌周衰以來井田之法日即弛墜彊界慢亂輕重既失均平地廣人衆還授復極姦弊蓋法弊而勢將窮變矣且均產之法可杜豪强兼幷之患然亦足阻國民競進之心故行之閉關則人心可靜行之戰國則民力必衰阿里士多德駁共產之說曰『人類之有利己性實爲萬事發達之原均產歸公則減殺其自利心而人道將有所大害爲一人計爲一國計皆宜保護其私有之權』商君深明斯義且知循用井田之制則地利不能盡出人力不能盡奮而國富不能增殖也乃盡破均產限制之法而與國民以產業自由聽民占田世爲永業務使地盡爲田田皆出稅太史公之頌之曰爲開阡陌封彊而賦稅平蔡澤之論之也亦曰決裂阡陌靜生民之業而一其俗蓋墾開

棄地不使有尺寸之荒遺獎厲農氓悉使之競爭以趨業墾草之令一下而富國之效。已見矣

中國向守重農主義之國也以農業爲國本故工商諸業皆斥爲玩巧事末謂其足以蠹本而病農漢法商人不得乘車衣繡賤商之律著之法令務擢辱之驅而歸之農業此例之尤著者也彼之勸農抑末。固謂農人出勞力用之土地以產有形之物品可謂。生利而富國者矣商人者轉移物品之位而增其價買賤賣貴逐時射利絕無生產之。力而農本天然之利反爲所分是分利而無益於國者耳以今觀之其偏謬之見。誠乖。於生計之學理然當土地曠荒交通未便之時其重農抑商勢殆有不得不然者商君。者固亦專持此主義以保護農業者也

（墾令）使商無得糴。農無得糶。農無得糶。則窳惰之農勉疾。商不得糴。則多歲不加樂。多歲不加樂。則饑歲無裕利。無裕利則商怯。商怯則欲農。窳惰之農勉疾。商欲農。則草必墾矣。

（外內）民之內事莫善於農。故輕治不可使之。奚謂輕治。其農貧而商富。故其食賤

者錢重食賤則農貧錢重則商富末事不禁則技巧技巧之人利而游食者衆之謂也故農之用力最苦而贏利少不如商賈技巧之人苟能令技巧商賈之人無繁則欲國之無富不可得也故曰欲農富其國者境內之食必貴而不農之徵必多市利之租太重則民不得無田田不得不易其食食貴則田者利田者利則事者衆食貴糴食不利而又加重徵則民不得無去其商賈技巧而事地利矣

且商君非但窘商以護農也凡學問技藝之士亦皆視爲分利不生產之人必斥困之無使得與農爭利

（農戰）今境內之民皆曰農戰可避而官爵可得也是故豪傑皆可變業務學詩書隨從外權要靡事商賈爲技藝皆以避農戰具備國之危也（中略）故曰農戰之民千人而有詩書辯慧者一人焉千人者皆怠於農戰矣農戰之民百人而有技藝者一人焉百人者皆怠於農戰矣（中略）雖有詩書鄉一束家一員獨無益於治也故先王反之於農戰（中略）說者得意道路曲辯輩輩成羣民見其可以取王公大人也而皆學之夫人聚黨與說議於國故其民農者寡而游食者衆衆則農者殆農

者殆則土地荒。學者成俗。則民舍農從事於談說高言僞議。舍農游食。而以言相高也。

此商君之搏民於農所謂利出一空者也。今夫富之所自出者有三。一曰土地。二曰勞力。三曰資本。三者相合而富乃成。雖有土地之饒。勞力不足以出之。則土地亦皆石田。而國終不可以致富。秦國地廣人稀。其人力不足以產地利。商君知人口爲國力之要素。無人力是無地利也。乃利用鄰民之勞力。吸集他國之人口。以增殖內國之富源。

(來民)秦之地方千里者五。而穀土不能處二。田數不滿百萬。此人不稱土也。秦之所與鄰者三晉也。彼土狹而民衆。其宅盡居而并處。此其土之不足以生其民也。(中略)意民之情。其所生者田宅也。晉之無有也。信秦之有餘也。必若此而民不西者。秦士戚而民苦也。今利以田宅而復之三世。此必與其所欲。而不使行其所苦也。然則山東之民無不西者矣。(中畧)夫秦之所患者。興兵而伐則國家貧。安居而農則敵息。此王所以不能兩成也。以故秦事敵。而使新民作本。兵雖百宿於外。境內不失須臾之時。此富强兩成之效也。

嗚呼今日之政略務殖己民於鄰地而當日之政略則務徠鄰民於己國故吸收他國之人民以爲强己損敵之計固當日政治家之無上政略也商君謂以草茅之地來三晉之民弱晉强秦與戰勝等殆以是爲無形之侵略以陰行其帝國主義者乎然其招募外人不以爲客兵而以爲客農但使務本於內專任供給而兵役義務仍必責之國民則又可謂深知國民軍之義而善於謀國者也

（未完）

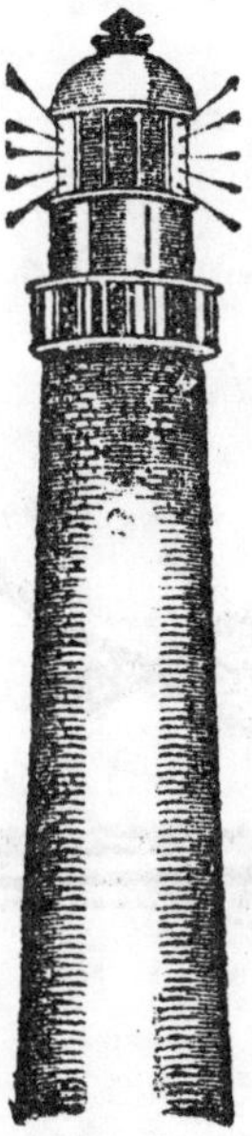

法言

蜺菴

(一) 法律與羣治之關係

孟的斯鳩之言曰「法律者人生所不能須臾離者也凡人類文明野蠻之別一視其有法律無法律以爲差一人亦然一國亦然」故夫法律者人羣所恃以存立舍是則漂蕩橫決錯雜無紀其羣必不能一日立於天壤之間

法律烏乎起其起於人與人相交涉乎其在原人之初期分携散立於深山窮谷之中與木石居與鹿豕遊食果衣薪傀然自保其獨立之生存當此之時人自爲謀蕩然自肆其情欲而必不有分毫之檢束然人者好羣之動物也雖在原人固具有親睦交通之性且以抵拒異類之故不得不集同類以相扶助繼而智識日漸發達知協力分勞

之交相利益於是羣族乃始發生然其動物祖先所遺傳之性質固止有『純粹的利己心』故雖爲羣族之結合亦止自利而不知利他夫既成羣族矣爲共同之生活則必有共同之利害共同之利止有此數我多取之而利有獨盈人必少取而利有所朒牟利自私之慾望人類固所同也各務伸其慾望而莫肯稍朒則利害必相衝突不能不出於腕力之競爭其羣滋衆其爭滋多攫奪無厭日相觝鬩若是謂之人患其羣將不可以久也則謀爲息爭之法均人人之利益各得其平而勿復相侵其有伸張權利而溢於其界者則爲背約犯法爲公衆所不容脅以强力而繩以相當之罰如是則人各守其定分而其羣遂可保其公安迨成爲族部而法加善焉進爲國家而法又加善焉於是所謂民法政法國際法者踵起漸增而法律遂極於完密夫以後者之完備視前者之粗疏其法固有間矣然其立法之大旨則亦以善羣內公私之交涉而維持一羣之秩序者也

是故語法律之效果則曰治安與秩序語法律之作用則曰限制與保護而語法律之宗旨則曰劃人人權利之界限定人人義務之分量務令各得其平不使有所盈朒而

已西儒論法之言紛紛不一其說而要其大旨可區別為二派一則謂法律為限制各人之自由而倡消極論者一則謂法律為增進人民之權利而倡積極論者

(甲)消極論　持此說者不一家而霍布士、康德、沙威尼、其最著者也

霍布士之說曰制定法律之旨固設一界以限制各人天賦之自由者也所以制限之者將使各人相助以防社會之公敵故法律者非命人以當為之事止禁人以勿為之事而已

康德之說曰法律者限制各人固有之自由使勿與他人之自由相抵觸以各立於同等之地以適合於自由之原則者也

沙威尼之說曰法律者使個人自完其運動而示以無形之範圍

(乙)積極論　隸此派者亦不一家而邊沁、阿連士、洛克諸人實為之魁

邊沁下主法之定義曰主法者謀社會全體之最大幸福而規定其必要之條例者也

阿連士之說曰法律之目的在謀人類之最大幸福而使之整理秩序夫謀個人

及社會之幸福安寧則當有制御之之權力因用此制御之權力以制御個人者實爲國家

洛克之說曰法律之眞意與謂爲制限自由寧謂爲增進公益何者法律之宗旨固在培護各人之自由也

之二派者其持論皆畸於偏端要之各明一義其說固足以相成者也西哲不云乎人人各享其自由然必以他人之自由爲界苟其無界則此濫用其自由伸張其權而無所厭彼亦濫用其自由伸張其權而無所厭物固不能兩大此詘然後彼申於是强者兼幷弱者朘縮卒至少數有力之人盡攫衆人之權利而多數者受其蹂躪反無所據以與之抵抗蓋野蠻自由之極其終必成一强權强權生而自由死矣法律者定其界而劃爲鴻溝限制强者使有所坊範而自戢即以保護弱者使有所凴藉以自存務使詘强以申弱抑少數以扶多數然後人人立於平等之地得自保其天賦之人權蓋必有消極派之所謂限制然後能成積極派之所謂增進也法律之精義如是而已限制增進之說亦如是而已

故夫法律者自由之母也無法律之孕育則自由必不能誕生無法律之哺抱則自由且將至立斃故眞愛自由之人民必要求一確定之法律以爲自由之藩楯徵之歐美罔不然矣然而法律之成立也有二一則起於命令主權者制定條律以威力而强行之此霍布士、豪士、陳諸人所主張所謂『命令主義』者也一則原於契約君民結成約束合上下而共守之此盧騷、洛克諸人所主張所謂『民約主義』者也倡命令之說者謂政治上之優者表發其意見以宣示於政治上劣者劣者苟不服從則可脅以强制之權力而加以制裁是說也謂法律實成於主權者之專斷倡民約之說者謂國家者由君民之契約而成立故無論專制國之君主共和國之總統其可以制定法律者非君主總統自有權力可以制定之實爲上之與下訂立合意之條約一人既無獨能訂約之事則一人必無不當守約之理故君民皆立於平等犯約則同受制裁是說也謂法律實成於立約者之公定夫以學理言之則二說皆畸於一偏均不免後儒之攻難然以事實言之則人者固受遠祖動物之遺傳而常有『純粹的自利心』者也既有自利之性則當其立法必求一利已之法以自私故一人專斷之法其法必利於一人衆人公定之法其法亦必利於衆人其自利之心雖無或異然自利而出於多數則私利而實爲公益自利而不啻利他法律者固以「最大多數之最大幸福」爲目的者也則二者之孰爲良法寧待問矣

然而法律者非一人與少數者之發表意見行以强制之力即可制爲定法者也故法律之原於民約者無論矣即其所謂命令者亦必待其羣之默許且有社會無限之權力立其背後擁護之而爲其後楯然後其法律乃有效力適於用而能行於其羣苟徒藉專擅之權力自制法而强行之其法不爲公衆之所容則雖斧鉞在前刀鋸躡後必不能抑多數之頑梗奉吾命而曲意服從故路易拿破侖專制之雄也然其布帝政之法律實承民政失敗之後因用其民厭倦革命想望秩序之心用能建設帝政而法律遂以成立故拿破命之法律非拿破侖所能創制實表發法人之意見者也俄羅斯專制之國也然其施壓制之法令實承累世積威之後因用其民神聖君主服從强力之習用能以王意爲國法而法律遂以成立故俄羅斯之法律非俄皇所能創制實發表俄人之意見者也若夫英人之於愛蘭布發鎭壓條例未得愛人之公認則雖挾帝

者之權力而條例卒不能實行故沙威尼諸人倡爲『人民總意』之說謂法律者表發無形之人民總意雖其說未盡完備然亦可謂深明制法之本釐然有當於人心者矣雖然法律者隨羣治之進化而與爲變遷者也孟的斯鳩之言曰『法律者以適合其國之政體爲主而又當適於其國土之地勢國境之廣狹與其鄰邦相接之位置不寧惟是又當適於壤地之饒瘠遭遇之時勢乃至民智之程度風俗之習慣其國民自由權之廣狹及人民多數之意嚮與性質無不當各當其宜』故法律必當相羣俗爲伸縮然後能宜於治而利其羣且夫盜賊羣蠹也而斯巴達人奬厲之以勸其民德拉康律血書也而雅典人遵用之以治其國奴隸悖理之制也而上古之人以爲人道宜然雖鴻哲且莫之或非置立君主專制君主立憲諸國所謂神聖不可侵犯也而民主之國目爲大逆不道而懸爲厲禁言論結社諸自由立憲國民所日用飲食而視爲第二生命者也而專制之國疾如毒蛇猛虎指爲亂逆同一事耳時勢異而是非乃遂懸絕是故法律之良惡必視其羣治之利害以爲差其羣之文野旣異則其所以爲利害者自異而其治之法律亦不能不隨之而異然人羣者有生機體固非一成而不變者也

羣內智識之發達羣外境遇之遷移昔昔變更日爲進化而未嘗停滯曩日之所謂利者今日而或以爲害矣今日之所謂害者明日則或以爲利矣利害易位則舊法已不宜於羣俗甚者乖謬而不能相容苟或不審其變不察其宜以用之昔日而曾見爲利者遂謂用之於今日而亦利執千百年之舊法以施之屢經變改之新羣是猶體格既達於成人而猶束縛以兒時之裳服豈特不能爲煖將妨礙其身體之發達而體格遂不能完良眞愛自由之人民知法律者固以利吾羣而非以束縛我也羣既感其不便則法已與羣迕必不可以爲安乃盡芟其舊法律而更張之別求適宜之新法律舊法敝則變而新之新法敝則更變而新之故法屢進而羣亦屢進嗚呼讀歐美革命之史其伏屍喋血何一非當新舊法律代嬗之際所以求此利羣之新法律者也

德儒沙威尼之言法律進化也劃爲五大時期(一)人類之朔性法萌芽錯雜離奇是爲胚胎時代(二)神法既起一切法制盡屬神秘是爲幼稚時代(三)法學浸盛法制日與確定立法之權形成法治之國是爲少年時代(四)事事皆範圍於規律人人具自治之才能立法之權普及國民法由公定精善完密是爲壯年時代(五)法制紛更變動失常

制度衰頽法將墜地是爲老耄時代彼歐美諸國固皆由少年時代及歳而漸爲成人矣我中國數千年來未嘗有一立法之舉其國爲無法之國故茫然不知法律之爲何物即其自謂爲法者亦皆孟的斯鳩之所謂例案而已（孟的斯鳩言專制之國君主肆意縱欲絕無一定法律然行之既久積先世相傳之規例漸有相沿成習之法以御其羣衆然其法非因民所欲止能謂爲例案斷不能稱之爲眞法律也）且其例案皆專制所傳故以縛束爲法律之正義其例案皆沿習而成故以不變爲法律之天則坐是之故故其所謂法者二千年來亦尚徬徨於胚胎與幼稚之間嗚呼法律之與羣治互爲因果者也羣治進則法律進法律進則羣治亦進今羣外之境界激刺日以劇烈若不速定法治之制則渙亂無紀之羣其潰萎將可立待我國民其亦有法律思想乎則亦進而自謀立法之事自與立法之權求一良法以自保而無令豎子之敗乃公事也

（未完）

批評門

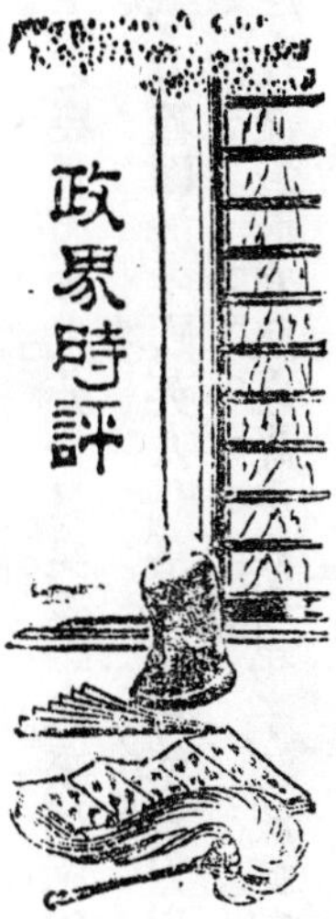

（內國之部）

▲廢科舉問題

南北洋大臣聯銜奏請廢改科舉。政府之意。本欲遞年裁減各省中額。以漸廢之。頃又聞俟恩科之後。決意盡行廢止。不復遞減。此皆傳聞之詞。信否尙未敢遽斷也。

科舉之不足以得人才也。在上之稍知時勢者。夫人而知之矣。科名之無足貴重。在下之稍知時勢者。亦夫人而知之矣。是以數年以來。教育之聲。囂然遍於國中。而上下之精神。咸注集於學堂。學堂既興。科舉愈成贅疣。苟不廢止。徒以分學生之精神。而眩惑其耳目。蓋有科舉以妨學堂。必不能一天下之觀聽。而振其向學之精神也。如曰藉以示恩士林。姑存之以爲維繫人心之舉。則人心所屬者。既不在此。不足輕重之物。得之者亦未必果以爲恩也。嗚呼。日言興利除弊矣。有大利而必無流弊者。莫如是舉。而猶不能決然行之。而尙曰姑爲徐徐。是亦月攘一鷄以待來年之類也。

或曰。政府本有廢之之意矣。然今歲方萬壽恩科。議者乃爲此不祥之言。以觸犯忌諱。於是廢科之議。反易前意而格不得行。噫。是則非所敢知矣。

▲袁世凱之軍人教育

袁世凱督直以來。萃全力於兵事。以向者德操之無成效。乃別聘日人爲敎習。將弁學堂。參謀學堂。師範學堂。測繪學堂。亦皆次第興舉。頃者上諭溫獎。令各省奉以爲法。於是山東山西河南諸省。皆紛紛遣員就學我國練兵三十餘年矣然中國之兵有練而無訓是以練之數十年而曾無一二成績今袁世凱之軍人教育當非曩者之比矣然軍人之教育當先使有愛國之精神袁氏之所謂教育者尚不知其如何然募兵之與徵兵其制度之本源固已大異矣且天下任舉一事必有他事與爲關係且必他事爲之原因遺衆事而徒擧一事則一事必不能獨善若徒以兵事爲惟一政策則土耳其固以陸軍聞天下而我國三十年前固亦專事於練兵者也

(國際之部)

▲英人侵略西藏

英人之經營西藏也非一日矣數年以來列强爭擴其勢力範圍於中國英人恐落人後乃萃全力以謀揚子江流域而窺藏之謀少緩今揚子江流域其勢力日漸鞏固矣於是窺藏之謀復熾

六七年來英人之軍械糧食運入於西藏者不知凡幾今歲之春派工兵二千平治道路頃復調英兵三千印度兵八千與廓爾喀兵數千聯翩入藏

創此謀者實駐哲孟雄之英官某其人素有雄心常欲啓藏以自表印督年少亦有闢地立功之心去年已謀之矣英國總理巴科懼俄人之有實言也馳電阻之事遂暫輟今乘俄人有滿洲之紛議未及西顧復奮然起而謀之

然俄人不能坐視英人之攫奪西藏而專有之者也英人深懼俄人之干涉乃秘密其事其軍械之運入者若糧食者然道絕行人嚴禁論議其有敢私語此事者必即逮捕監禁是以其事甚秘雖經營數月而東西諸國尙莫之知也

西藏者英俄所必爭之地也英人得之則可以固印

度之門戶而爲之屏藩。俄人得之。則可以揃印度之背而扼其吭。以爲高屋建瓴之勢。故五年以前。英人探藏而歸。刊布游記。於是印度某報。倡議謂當速劃藏地。俄人之探藏者。亦復趾錯於途。近者派偵探之大隊。遍游藏中。蓋二國固皆萃全力以圖之。殆如兩軍之爭險特以互相監視。未敢首難先發耳。今英人之悍然爲侵略之舉。殆怵於俄人南下之悍爲印度計。非是不足以自固。利害所迫。不能不爲先發制人之舉乎。

嗚呼。狡焉思啓。何國蔑有。英人之略西藏也。英人所以自衛也。宜也。廓爾喀之謀西藏也。廓爾喀所以自利也。宜也。獨怪西藏之主人。任他人之侵略窺伺。漠然曾無顧慮。寂然曾罔聞知耳。夫英人之用力於西藏也。歷有年矣。去年發兵入藏。擴藏南界印數百里之地。我國不覩不聞。任其攫奪而去。英人在藏之勢力。遂以驟張。及今防之。固已緩不及事。今英人紛紛運械。紛紛調兵。更將大肆蠶食矣。而我國猶熟視無覩。西藏其爲英人之臺灣乎。

或曰。西藏者俄人必爭之地也。利害所關。俄人能坐聽英人之取之乎。英人方慮俄人之干涉。其敢悍然取之而無所顧忌乎。曰、英人雖不自取。英人必資廓人取之。以塞俄人之口。蓋俄人之扇藏以謀之者數矣。辛丑之秋。大喇嘛潛入俄都。謁見俄皇。俄人待以殊禮。迨至去年。俄人復嗾西藏之獨立。喇嘛遣人入藏。俄人竟以公使之禮待之。於是俄藏訂立密約之事。喧傳諸國。蓋俄人固欲扇西藏使生事。然後乘其擾亂。以肆其并吞。然俄力苟伸張於藏中。則印度首蒙其害。英今牽掣於俄。未敢略有其地。然怵俄人之我先也。則寧資廓爾喀以取之。以絕俄人窺伺肘腋之患。且厚廓爾喀之力。而資以防俄。使扼其南下之要衝以固印度之外戶。英固甚爲得計也。廓人涎瞰藏地。久思攫而噬之矣。徒怵於中國之龐然大物。未敢。輕舉妄動。然逐風塵而思逞。未嘗一日忘藏也。今得英人之助。正可償其拓地之雄心。夫英俄衝突。禍固中於中國矣。且廓爾喀名猶我藩也。使果有略藏之舉。則吾國益爲天下所輕侮。割地者將愈蹙至蝟集。我更無以爲一日之安。嗚呼。西藏雖一隅。然牽一髮則全身皆動。火發於積薪之下矣。吾望當國者之且勿安寢也。

▲俄人狡獪

美人抗議滿洲事件。英日二國。亦有違言。俄人乃出其人進我退之政策。爲正式之宣言曰。所謂新要求者。皆揑造而不足信者也。俄人既爲此宣言。復命其駐中代理公使。撤回新要求之密約。曰、「玆事體大。當令駐俄之中國公使。與我國之外部大臣議之。吾今無權以議此。」於是滿洲事件之喧擾。一時暫息。俄國之外交政策從來多爲政府所不與聞。苟有可以利國家者。則閫外之將軍。可以獨行而專斷事果成而有利益也。則政府出而公認之。事或至於失敗。則盬諉其責任於當事者。以謝外人。然未嘗加以黜罰。不過調之使就他任。且陰加獎厲以勸其後。此俄人習用之秘策。外交之所以活動也。今其公使忽撤銷密約。且謂無權議此。俄國之外交官素有專斷之權。何此事而忽獨異。蓋俄人知北京爲萬目共覩之。地。列國監視。密約未易有成議也。乃暫輟之以塞外人之口。而密誘駐俄之洪公使。使訂第二之卡撒尼條約於俄都。然後操縱之以權術。嚇脅之以威力。可以唯我所欲。他國人莫得而置喙也。嗚呼。俄人外交狡如脫兎。嬌若游龍。變幻萬端。不可方物。其視我騃呆之政府。直弄之股掌之上耳。俄人第二之新要求即在旦夕。不知我國公使何以待之。我國政府又將何以待之。

▲盛京之俄兵

增祺之報告於外務部曰。俄兵之屯駐盛京者。其在奉天三百人。其在遼陽者砲兵百餘人騎兵八百餘人。其在鳳凰城者砲兵百餘人步兵騎兵五千餘人。其在鐵嶺者砲兵百餘人步兵騎兵百餘人。其在營口者步兵騎兵二百餘人其在盖平者。兵數不詳。其餘各地之兵。皆已撤退。

嗚呼俄人果實行撤兵之約乎。然所餘者尚七千餘人也。我國兵力之衰弱。器械之朽敝。彼七千餘人已制我之死命而有餘矣。且質而言之。撤兵者直表面名譽之事。藉以保全國體耳。語其實事。則俄人之勢力已深殖於滿洲之中。東三省之爲俄人勢力範圍。且爲各國所公認。我不速求自立。則我直其守土之備。而主權非復我有矣。俄人雖不留一卒不踞一壘。我其能復有此土耶。不問主權之何屬。而徒斷斷於撤兵與否。其無亦放飯流歠而問無齒決之類耶。

▲俄人之威脅

俄人既撤銷要求。宣言於英美二國。然頗修戰備於滿洲。以爲示威運動。日來警電。或謂俄人已占牛莊遼河之諸要地。大集兵艦三十餘艘於旅順口。或謂營口撤退之俄兵。頃大集於遼東半島之南部。其所傳聞之果爲事實與否。雖未可知。然耀兵以恐嚇我政府。則可無疑也。俄人之告增祺也曰『中國決然盡拒俄請。恐非中國之所利也。與其決絕以失俄歡。無寧擇要求中之二三以允諾之。以了此紛爭之局』。噫此直嚇給小兒之言耳。然我政府膽小如鼷。恐終墮其術中。頃聞慶王請假杜門謝客。英日公使求見而謝之矣。國事紛擾。當外交家高臥之時。得無

避第三國之牽掣定謀決策於密室中耶嗚呼外交之道我退彼進俄人之欲其可饜乎吾恐我國雖爲一二讓步亦未足了此紛爭之局也

（外國之部）

▲德國之對中費

德國政府以來年對中費用之豫算提議於議院。外務大臣里耶芬先述上海撤兵之情形。謂軍費之不可減縮。且曰。英國之在中國也。有重兵屯於香港及威海衛。且近鄰印度。一旦有警。立調印兵。朝發可夕至也。法國則有越南之防兵。俄國則有滿洲之根據。至於日本。僅一衣帶水之隔。更占自然之地利。故諸國皆不必別置重兵。而勢力已可鞏固。若我德國。則僅有一千七百駐兵屯於膠州耳。兵力薄弱。實不足保列強之均勢。乃議於上海退撤之兵以六百人撥駐膠州。而要求一千五百三十萬馬克之費用。里提爾則謂占駐上海之無謂。但以砲艦游弋揚子江。以爲充分之警備斯可矣。且曰。費於膠州灣者千萬馬克。費於守備兵者又千萬馬克。而德國之輸出於中國者有限。然則德國在中之利益關係。微特不及英美。且在法人之下。則駐此重兵果何爲耶。反對置永久殖民兵於中國之議。而主張減縮費用。國民自由黨贊成之。雖外務陸軍諸大臣反覆辨論。卒決議減裁三百萬馬克。

嗚呼。今日之中國。實爲白人競爭之中心。各務保持其勢力。此進一寸。彼進一尺。惟恐勢力之不能平均。東洋艦隊之外。更有所謂永駐殖民兵者矣。德國對中之費。議院決定一千二百三十萬馬克。而政府諸公猶怏怏以爲未足。彼列強歲擲無量之巨費於中國。果胡爲邪。

▲巴爾幹之戰雲

俄國機關某報謂俄國今日爲腹背受敵。蓋謂其背部負一滿洲問題之難局。而腹部復擁巴爾幹之戰雲也。

亞巴尼亞者。在巴爾幹半島之西部。而亞特利亞與伊阿尼海南接。門的內哥北近。希臘路美利亞。而瑪塞尼亞之隣也。前月之初。擾亂紛起。圍擊俄國領事而殺之。於是俄墺二國公使。聯合而求見土帝。請其速平亂事。聯合謁見之事。實爲土廷希有之例。但以事方危急。不能不勉徇兩國公使之請。方是時土耳其之鎮撫使。方爲亞巴尼亞所抑留。以爲人質。土廷乃命羅招的巴西爲大將。大集軍隊於腓利遭列。已而意德使臣。亦相繼爲平亂之請。土帝乃更自小亞細亞電徵第二豫備兵二十大隊。當此之時。土兵日與亞人搏戰。亞人已屢敗矣。而瑪塞尼亞人亦大倡革命。農氏千數百人。各執武器以抗虐政。於是半島之風雲日急。

列國使臣方日要求土廷。使負平亂之責任。而勃牙利人復起紛擾。於瑪塞尼亞之西羅尼卡市以炸彈爆焚兩銀行及德人俱樂部。市街商店多被焚毀。土軍馳赴。盡捕亂黨而誅之。其附近卡瑪巴拉百人之軍隊。亦皆爲土人所殲。土軍之殘酷。益激革命黨人之怒。而亂勢愈熾。

德法意墺諸國聞此警報。乃盡調停泊君士但丁之軍艦於西羅尼卡。以爲示威運動。令土廷賠償損失。土廷以西羅尼卡之亂。勃牙利當負其責。乃於五月七日以公文請責勃牙利。謂其監治國境之不職。勃人不服。且謂土廷爲此激言。是實有挑戰之意也。請土廷撤回公文。土廷乃撤回公文。再加修正。表示希望和平之意。

瑪勃二國之人。方日與土軍激戰。而同敎敎徒復乘機而襲殺基督敎徒。於是列國軍艦。星馳雲集法國將官砒涅乃率軍艦三艘自朱倫突入西羅尼卡。土廷恐民心之震駭。乃請列國撤退軍艦而急進兵於瑪都。且頒發保護基督敎民之命令。然後人心漸定。

方西羅尼卡之亂也。勃王方在巴黎。聲言此事勃廷不負責任。且憤土廷之擧動。乃以公文遍告各國公使。謂勃廷頗盡力於平亂。徒以土軍酷虐之故。故亂愈激而不可遏。列國公使亦以土廷之措置失宜。且謂摩拿司法土軍虐待勃牙利人爲非理。乃更移書以詰責土廷。

西羅尼卡之亂漸平。奧匈二國之軍艦。拔錨先去。諸國軍艦亦漸相繼引去。然亞巴尼亞山谷之間。亂黨日尚出沒。土軍雖進兵搜勦。然於伊伯城內受亞人之襲擊。亂事尚未有艾也。

巴爾幹之亂方亟。俄人欲乘間以肆其陰謀。雖有滿洲問題以掣其肘。然其近東問題之關係。固不後於遠東問題也。乃與奧大利協同運動。命阿的西地方第十五師團預爲戰備。且慫慂勃王使解散內閣。罷閣臣之與革命黨有關係者。於是勃王命卑魯輔組新內閣。而土廷亦特派專使於俄廷。以謝擊殺領事之罪。

嗚呼巴爾幹之亂事。何其與我庚子之役相類也。土軍以殘酷之故。釀成亂事。遂致內亂紛紜。外人干涉。種瓜得瓜。種豆得豆。誠不能辭其咎矣。然强鄰窺伺間接以煽動亂機。假平亂之公言。肆狡啓之陰計。藉端干涉。其心亦不可謂不險。蓋白人之亡人國者。類多用此術矣。河上之歌。憐於同病。我泰東病夫。其亦鑑此覆轍而無啓戎心也。

人物時評

○英國殖民大臣張伯倫

今日歐洲人物其最嶄然露頭角一舉一動皆爲世界所注目者一爲德國皇帝威廉第二世一爲英國殖民大臣張伯倫

張伯倫在內閣之地位僅一殖民大臣而已言其黨與亦極少數而已。然英國人民不問其爲議院爲內閣。其心中目中莫不有神妙莫測之巨人張伯倫在。蓋英國人民不以一大臣視彼而視彼爲大英帝國。有無限之權力之統御者也又其甚者且評彼爲英國之查路英人之傾倒崇拜張氏可謂至矣。

方沙士勃雷侯之退隱也。英國多數之人民咸以爲繼沙侯而登內閣總理之席者。舍張伯倫更無他人。蓋英人之性質。不好寡頭政治。專喜獨裁內閣。每欲得一堅毅勇邁之偉才。使爲首相。而託以一國之運命。英人深信張伯倫之才具最適於首相之重任。蓋英人之崇拜張氏者有三事。一則謂彼有活潑之才略宜爲國民之首領一則謂其年雖老然進取敢爲不束縛於過去之思想一則謂其熱心於英語人種統一事業足爲大英帝國之建設者。故張氏苟爲首相。非獨三島英人之首領且直爲海外英人之首領。者也

然沙士勃雷之後任。竟歸巴科之手。此英人之所不能無失望者也。夫沙士勃雷統系之內閣。在英國內閣史中。實爲第一長久之內閣。是非保守主義之成功。實愛蘭自治案之紛擾自由黨分裂之結果。然破壞自治法案者實由張氏之力。蓋彼不反對自治法。

案則格蘭斯頓不至於失敗自由黨之勢力亦不至於墜地是奪格蘭斯頓之人望者非沙士勃雷而張伯倫鼓吹英國統一之思想使自由黨人爲國民之繼子者亦非沙士勃雷而張伯倫也今英國統一黨。藉所謂『帝國主義』之名詞配英國之議院。故欲鞏固英國之內閣指揮此派之黨人不可不待之識見卓絕毅力堅悍之張伯倫英人之意以爲巴科之行政機關無張伯倫則不能轉運自如。是張伯倫者實英國現在內閣之惟一巨人而立彼背後之巴科不過徒擁虛器而已。

張伯倫年已六十有七矣。然精神矍鑠。其容貌亦無異壯年。英人某嘗戲評之曰。若於動物中求可比擬人類容貌者。則張伯倫面形之三角。眼光之敏銳。殆類一狐。然彼之竭盡心力身力以指導英國人民。實一開道之駿馬。其千里之健足。固歷廣漠之戰塲。而未嘗疲倦。蓋彼絕無蹴鞠游獵之嗜好。惟以執掌國務，惟人生快事。故英國政治家動以重交情而輕職務。見誚於人。然張伯倫則自投身政界以來。未嘗以曠廢職務。受議院之彈劾。其强毅之精力。如火之熱心。內閣諸臣殆無能與爭衡者。當南非戰局之告終也。彼爲南非圖永久之和平。謀前途之發達。自奉使命出入於蠻煙瘴雨之中其雄心遠略英人倚若長城。及其歸也倫敦都民之各團體。無不公推首領爲代表。歡迎之於國門之外。乃至其反對黨人亦莫不鼓舞歌泣。釋黨爭之私見。表國民之感謝。甚者乃謂彼非內閣之大使而實英國人民之大使。嗚呼。張伯倫有何神力。顧乃能吸攝國民之愛情。使之謳歌傾倒若斯之甚也。

方南非戰事之決裂也。反對黨人視張伯倫爲一惡魔。肆口謾駡。反對內閣之視線。咸注集於彼之一身。

至有謂「舉內閣之責任悉使一人負之」者。譏罵百端。難議蜂起。及其成功凱旋。則又盡易前議。尊若神明。且有歌頌張氏之功業而非難內閣之政策者。羅士勃雷伯固亦持此論之一人也。伯之言曰。『國民之對殖民大臣。有舉國一致之同情者。非必表證內閣之可以信任。』蓋直以張伯倫置於內閣之上。且直若離張伯倫於內閣。而不能視爲黨員之一人也。首相巴科之頌之也。曰。英國之歷史。赫然照耀於地球矣。偉人崛起。以豐功偉業增歷史之光輝者。亦趾相錯矣。然以極短之時間。而能成極大之事業者。則惟我殖民大臣張伯倫而已。不問同志。不問敵黨。不問都民。不問村愚。千喙一舌。千舌一聲。頌之謳之。頂禮之。馨香之。無貴無賤。無一異詞。嗚呼。使英國而爲羅馬。則彼必可爲再世之該撒。使英人而爲法人。則彼必可爲第二之拿破侖。

彼非如克林威爾之有大志奇勛。彼非如威靈頓之有豐功戰績。彼非如格蘭斯頓之有高尚理想。然其慧眼能洞觀時變。其敏腕能應付時機。實可以應英國人民所要求。而爲一救時之良相。英人雖尊敬議院政治之國民。然尤望得一偉大人物。出其磐磐大才。以善行議院政治。故苟有善察時變。思深慮遠。雄才大略。泛應曲當之政治家。則不問其爲自由黨。保守黨。無不委國以聽。信任服從。殆如臣事專制君主。此張伯倫身預之內閣。英人所以親愛信任。歷久而不厭者也。

雜評

●港人電逐桂撫

王之春借兵法人。大動國民之公憤。上海首倡電爭。廣東繼之。杭州繼之。皆致電力爭此事。旅港士商。大集同志者百餘人。會議於油麻地某學舍。決定二事。（一）先行致電政府及桂撫。聲斥王之春之罪。逐令去職。（二）與東京上海各學生聯義勇隊。以救中國之危難。今錄其電文如左。

（致外務部電）北京外務部鑒。王之春不孚民望。宜即革職。否則國民軍起。代政府誅之。旅港國民電

（致王之春電）王撫鑒。物議沸騰。宜即引退。倘仍戀棧。公憤難容。旅港國民電。

吾聞日本某政客之言曰。『通商口岸之人。類多無愛國心者也』吾頗韙其言之有理。今觀港中諸人之舉動。則又知其言之有不盡然也。各省之電爭此事。類皆侃侃能持正義。而港中諸人之詞為尤厲。夫港中諸人。寧必有怨於王之春哉。徒以王之春。鬻地賊民。我同胞均受其害。政府既庇而縱之矣。若不聲罪致討。則彼以吾民為可欺。謾將更肆無忌憚。為害未知所終。今嚴詞斥之。雖未能遽令去職。然衆怒難犯。王之春或亦少有所懲。

東西諸國之執政。無不以輿論為去留。彼執政者固人民之公僕也。主人有去留其僕之權利。是固理所宜然。我中國主僕易位久矣。民之視官也。如神聖。官之視民也。如奴隸。肆情凌虐。任意壓制。亦惟吞聲飲恨。而莫敢與爭。固謂奴隸之苦。分宜爾也。今忽自知其為主人。起而自當監督之任。雖未能實行其去留。

公僕之權利。然既知有此權利矣。則必能求所以實行之方法。中國民權之發達。當不遠乎。

●謠言乎事實乎

俄人之謀滿洲也。背撤兵之期約。爲七事之要求。明目張膽。無所忌憚。東西之報章電信。證據鑿鑿而言之矣。及受美人之抗詰。則宣言以自釋曰。此無根之言。外人之所揑造者也。王之春之撫廣西也。借法兵以平亂。貸洋債以充餉。明目張膽。無所忌憚。東西之報章電信。證據鑿鑿而言之矣。及聞諸省之抗爭。則欺謾政府以自釋曰。此無根之言。外人所揑造者也。最轇轕之外交。謠言二字可以解釋之。最重大之罪名。謠言二字亦可以出脫之。王之春之狡獪。殊不在俄人下。

然俄人宣言要求諸約爲謠言也。列國信之。非信之也。彼既有此證言。即當撤銷此要求。既可撤銷要求。則謠不淫。非所問也。王之春宣言借兵貸款之爲謠言也。政府信之。其果信與否。不敢知。然彼既有此證言。即可爲之彌縫掩飾。既可彌縫掩飾。則謠不謠。亦非所問也。嗚呼。列國之對俄人。其外交手段固應爾爾。奈何我政府亦欲外交手段施之內政邪。噫。

●哀哉亡國之民

俄國之欽西涅甫地方。忽紛起而排斥猶太人。雖逮捕八百人。而騷亂未已。猶太人洶洶奔走。顚仆道路。商店盡閉。商旅不行。猶太人之被逐也。屢矣。每一被逐。則儽儽道途。顚轉溝壑者。不知凡幾。天地雖寬。曾不能得一託身之所。流離困苦。甚於狗馬。而文明之國。曾不以爲悖於人道者。亡國之人。例當受此慘酷也。嗚呼。秦人不暇自哀。而後人哀之。後人哀之而不鑒之。亦使後人復哀後人也。

叢錄門

改良

小學新讀本

（尋常科用）　全六冊　定價一元

（高等科用）　全六冊　定價一元

曩大同學校發行幼稚新讀本小學新讀本兩書既風行海內外大受教育界之歡迎惟是民智日開而教法當亦日變茲特聘請小學教育專家精心增改重定今名其中刪其原本十之五六而增益之合成六百課可適五年教科之用至十圖畫之精良版本之美善可不俟論誠今日第一善本之小學教科書也不日出書

總代售所　橫濱新民叢報社　上海新民叢報支店

日本科學儀器專售公司

啓者、敝舖創設於明治十五年、閱年甚久、其間專辦各色理化學器械、葯品、博物學標本、薄有虛名、是以遐邇喧傳、上自我帝國大學、陸海軍大學、中學、師範學校、下至鄉校村塾、苟有所用、則未嘗不求諸敝舖也、

大清帝國、輓近孜孜求治、各省新建學堂、銳意講究新學問、以故、各學堂爭購理科器械、敝舖亦被其庇蔭寔多矣、

近時北京大學堂、三江師範學堂、宏道學堂、四川高等學堂、湖北師範學堂、北洋工藝學堂、保定學校司、山西大學堂、西安中學堂、杭州武備學堂、浙江全省營務處、兩廣總督大學堂、江南格致書院、廣東武備學堂、宗室覺羅八旗學堂、山西省農工總局、湖南武備學堂等、求諸敝舖者、前後接踵、

敝舖本不貪利、信義通商、定價無二、仰承照顧、自當分外精選極等、以副台命耳、肅此懇具、

專售品目、列有清單以便選購、貴客欲觀者、請即致函、

日本帝國東京市淺草區七軒町二番地
教育品製造合名會社

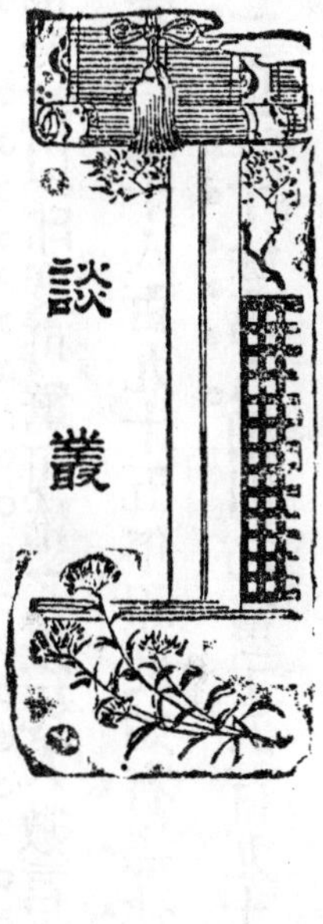

華年閣雜談

觀雲

病菌者亡種之一物也

天地間之至可悲慘者有如亡種者乎大鳥大獸纍纍之骨積於地層之下者昔之已亡其種者也埃及之鰐昔多而今少中國之龍昔有而今無（中國之龍當非古人意想所造太古之世或亦實有是物）吾人試翻六經其禽獸草木多與今時殊異然則植物也動物也皆有亡種之事者彰彰然也夫天地有是例則必不能免是例（如見人有死者則人必有死之例可定）人亦萬物之一也萬物皆然何獨於人乎不然

東南洋之散得維斯羣島者距今百年以前當枯古游歷時稱有人口三十五六萬今惟存四五萬日本北海道之土人其減量亦略相等其餘若亞美利加若澳大利亞若

南洋各羣島凡歐人足跡之所至其土人無不日少此何故耶曰非歐人之盡以巨砲快槍迫而殺之也或曰爲歐人所虐待驅逐窘逼而遁入山谷間是或有之而亦不盡然也蓋嘗思之而得兩原因也一爲歐人製造物之風潮所捲土人無製物之才物用增而財力不增馴至貧富相懸至於不能成立此其一事也姑置不論其二則交通頻繁傳染病亦隨踵而至彼歐人者體力強居住服食皆優而又有公共衞生之事防護之法發見療治之藥劑故其於中病也勢減若夫土人者貧窮勞苦而質劣弱居住服食既不潔而又無公共衞生之事防護之法少發明之藥劑故傳染病一至直若洪水之氾濫其勢不可收拾若中國近來之配斯脫（中國謂黑死病）虎列拉（中國謂霍亂症）腥紅症（中國謂爛喉痧）其死人之數劇烈之鄉村多有不能買棺材者以政治之腐敗無死亡之冊籍可稽要之此凶險之勢實古之所未有若年復一年我四百兆之生命雖多恐不足以恣黴菌（中國譯作微生物）物之啖食也吾試以印度可驚可怖之疫死人數言之

從今八年前當西歷千八百九十五年印度始有黑死病自此病發生後以至今日死亡之數達一百五十餘萬人細別之當千八百九十六年度死者一千七百人翌

九十七年度急增。死者五萬六千人。翌九十八年度更增。死者十一萬八千人。翌九十九年度死者十三萬五千人。翌千九百年度署減死者九萬三千人。翌千九百一年度。又急增死者至二十七萬四千人。翌千九百二年度可驚之增加。死者至五十七萬七千人。今年初三個月間。死者已有三十萬人云。

又西伯利亞之希利耶古 Giliahs 人種（亞細亞古民族居住於黑龍江河口附近）猶咖克利 yuhagiri 人種。（居西伯利亞之東部者。）晚近罹天然痘、癩病、（天刑病即大麻風）花柳病、獨癩罷廝（眼病生白色腫物形似石榴子狀甚則失明光線不明之處多生此病）比斯脫利、（婦人神經病犯者不姙娠）等病者甚多。彼等以文化之程度卑不知豫防衛生之法。病毒傳染日益劇烈。往往舉一村之人。有盡罹天然痘者。希利耶古人種現僅有二三千人。猶咖克利古代人種極盛。現與他種族爭鬥。又罹病氣。人口遂大減少。據俄國政府所調查。現時僅有一千六百八十六人云。

嗚呼。是非至可寒心之事乎。彼希利耶古猶咖克利兩種人者。距絕滅之期。殆不甚遠。若印度者亦世界人王之國也。然而生人之數有限。而病菌之產無窮。以有限之生人而爲無窮之病菌所乘。恐印度人不死於蛇獸。而死於區區一微渺之物。黴菌物乎。乃

爲文明人滅人種之倀鬼而不啻代爲巨砲快銃以埽蕩乎

吾悲他人種吾行悲吾國人夫吾國人足以滋病疫之由不潔一也委之氣運二也不知衛生三也不設豫防法四也醫不進步無發明之治療劑五也噫其危乎殆哉。不見他國者防疫之嚴乎一有發見如遇大敵其防護線所至必執行清潔而後已。又非獨防之於已發之後也尤有禦之於未發之前者。

日本議員山根正次於議會提出防病之事若干條質問其政府。

一肺結核　本病現時有猖獗之勢政府竝未設法豫防。

一癩病　本病現近增劇統計罹病之人各國無此多數政府竝未設何等之畫策。

一花柳病　本病蔓延傳染人民衰頹有亡國之兆政府僅依行政執行法不速厲行豫防之事。

一獨癩罷痲　本病流行檢查壯丁最多政府僅於學校衛生設防遏之方法其餘尚未普及。

一配斯脫　本病雖有傳染病豫防法然當日立法與今日情形互異有甚不完全

之點。政府之意向如何。

一虎列拉　政府厲行豫防注射液（以藥水射入血液中療之又謂之血精療法）療治法。其施行後。成績如何」。

又有論都府衛生事者。其言曰。一便所改良此事一關係於美觀。一關係於公衆衛生。現時市內厠所。爲公衆之便利。多建設於四通八達衢路之衝。其搆造多係舊式。不行掃除。門戶開放。床（坐坑）臺（脚踏）不潔。於附近之一方。惡臭刺衝。夏令尤甚。對公衆身體與無限之損害。又若傳染病患虎列拉腸窒扶斯（中國之傷寒症）赤痢等者。屢續入厠遺毒物於大便中。入厠者皆有何等危險之虞。約計改良之法。便所周圍植常磐木。（長年綠色不凋之木）四時蓊欝。一飾外觀。一防止臭氣之散亂。又仿病院之式。於便器上作烟突形之氣管。導臭氣外出。又令遺便人足踏臺上。大小便隨時運出。不得蓄積。增置人夫。督責掃除。以市中便利水道。供掃除之用。掃除後布石灰水消毒之劑。其搆造方法。命技師合於實際適當之用。此都市衛生最急之事也。一痰壺之設備。據歐羅巴每年統計死亡之數。七分之一。其原因係患結核性病。患結核性病者。其咯痰亦能爲傳染之媒介。昨年東京技師於新橋停車塲。一一檢查咯出之痰。以百分比例。其內含有結核菌發見。是大可寒心之事也。令於道路之咯痰。雖尚無善法禁止。若鐵道馬車中滊車中停車塲等處。宜如學校令設醫生。立一定之規律。令客一般於痰壺中咯痰。不得妄吐他之塲所。并不得爲不隱人之明咯。違則照一定之罰處分。而於人目易見之處。設置痰壺。用赤色磁器。入置消毒藥。其餘各事務室工場等凡聚集人數多者。令悉備痰壺。以執行之律從事。是又都市衛生之一要事也。又有論衛生關係飲食之不潔者。其言曰。清潔者人生之健康法也。非易其塵埃神聖之思想（本於神以塵造人人死復歸於塵之宗說）而代以塵埃即疾病之思想。則人生之健康不能進步。據近者衛生局之報告。罹熱患者若干名中。皆嗜食牡蠣、帆立貝（如船帆形之貝）、淡菜之類。其罹病之數。與不食者比較。多至三十六倍。此等貝類貯藏不潔之水。病毒多竄入其中。若廢止此等貝類不食。熱患之病勢當少衰。又各種食物者蒙一度之塵埃。即恐爲病菌所襲。而寄生於其間。或忽變爲可恐之毒害物。世人往往以食物貯於屋根下之最高層室。是處掃除不到。多積塵埃。是實至危險之事也。又如市上裝飾炫目之飲食店。試一入其廚下。觀其調烹之處。貯藏食物之所。往往令人驚駭。不潔之砧板。塵堆之棚。又野菜生肉之類。常放置於下水（市中所排泄之污水）泥溝之傍。蒙污水之飛沫。心輒作嘔不止。衛生者不可不於此等事注之意也。

今之論者曰。中國之亟應改良者。政治教育一切技藝學術與夫社會風俗之間。若區區衛生。事之小焉者也。雖然、以吾論之。中國人於生命。其所次重者驟而與之言變法其範圍遼闊。爲全國人眼光之所不及。若無關於切己之事者。至衛生之事。其疾苦身受之。其快樂亦身受之。然而此等衛生諸事。大半須從公衆着手於種種變法之事。無不有聯環之關係。彼即不喜變法。獨不愛生命乎。欲愛生命。即不得不言變法也。

中國者。於大致居處飲食衣服等。皆齷齪卑陋。然而富貴之人。其種種奉養。亦在全地球可驚之度。今當正告之曰。居處飲食衣服。求有益於生體者也。非豐富艷美之謂也。是故奢侈者。非衛生也。且衛生者。以一己之財力供養一身。不過能達衛生小部分之事。其大部分悉歸納於國家社會之中（如人民不能組織政治則公衆之事不能立人民無公德則遺矢穢溺等事不能禁各種科學不興則醫學不能進步皆是）是固前言之矣。不變法。則亦不能言衛生也。

中國之所最貪者錢財。錢財者以爲第一之生命。而性命者以爲第二之生命者也。然而錢財者必健康無疾病之人而後能得之今人查美國之富豪其享有巨億萬之家貲者皆有過人之精力無一生而薄弱之人夫天地間一事業一學問一技藝何一非精力之所換而來錢財亦然中國之諺語曰富貴出於精神其言不信然乎然此猶僅就個人所得之錢財而言之若一一總計全國人之錢財今試有一大工廠於此其中工人或數千萬人停工一時則其所損失之價値幾何況一國之人其數直過於大工廠無限倍乎今者各國之所競爭在爭其人民所作爲之事而已爭人民所作爲之事在爭人民健康之度而已

世之詈我者曰病夫國此比似之言也若夫不事衞生疾病滋多小之則人民之身家日貧國家之權力日弱大之則數千年偉大之民族將有衰滅之憂其將實病夫國之名使侮我者得驗其言乎抑我日警醒而圖前途之幸福也

各國人之特性

合一國之宗敎政治風俗習慣而後鑄成國民之性質國民之性質國家盛衰强弱之代表也謀國者必先攷知國民之性質取其優者而保存之葯其短者而改革之又非

特謀國者當如是也凡國民皆不可不懸一鑑察性質之寳鏡以去己之短而師人之長欲徵國人文明之進步者亦徵諸此而已夫文明者何物也固曰改良人民之性質而歸於至善（大學謂之在新民在止於至善）此其至大事也

當中國封建時代齊魯燕趙秦楚宋鄭吳越之民其性質各異大致因其國之地理與其國人所經過之歷史而尤以歷史之釀成爲尤大各自呈其剛柔智愚而短長優劣亦互見于其間至於秦漢而後立於同一政治同一宗敎之下全國民之性質大致統一其稍有參差者惟山盩水厓僻遠之處而已雖然以吾人所讀之詩書想見中國人之性質其在秦漢以前實與秦漢以後殊異試評論而一第其高下則後代之風氣實遠不及古代故秦漢以後直可斷爲中國退化之時代今者積其敝俗頹風一入世界競爭之場驟患退落而不能以自存夫弱思強窮思變者人類之公性情也繼自今我國人其有改變性質之一日乎茲以當世所評論各國人之性質及專關繫於我國者略述一二夫勺一瓢之水可知河海之性粉碎水晶仍不失其爲六方形然則僅此一斑已若攝取我國人之神魄我國人立於秦鏡之下其寒毛膽否也抑有進者願我國

叢錄門

人知而改之則他山之石皆可爲磨礲之資云爾其言撮錄下方。

英國人 勤儉而着實重體面貴規律務宏莊其邸宅急於車馬衣服。其爲賣買抱一定之見識。不爲人言所動依數年之統計。察其物價之地位。一朝價格下落急着手買入。不顧目前之景況及顧客之有無反之雖見如何商況活潑。於其高格之物價。決不買入。即因此而空過一年。亦所不計。要而言之彼者富於守成之國民也。

美國人 活潑而富於敢爲於商界見計甚敏。寓居於旅店下宿出必馬車衣服調度不落人後長於計畫富有企望之心。察來年度之商勢準備不怠物價如何低落。若商況不動。決不買入。一朝商況活潑。則不論價格之高低高則益益買入。此點與英國人性質正大反對。雖至日後或以誤買而招損失。彼惟置之一笑而已。要而言之彼者富於進取之國民也。

德意志人 彼者英國人之勤勉。美國人之企畫心。兼而有之。握世界商業之霸權者。其終德意志人也。彼不顧禮拜日及其他休業日期見有新出貨樣。不惜投巨資買之。破帽泥靴。不以介意。沈毅而寡言。業務外如無何等之快樂。其勤儉則到底不可學。其計算用紙。未嘗見用新者。多用書翰之裏面紙及廢紙而已。其鉛筆至一二寸。尚不棄也。慣巧於射利之事。而不屑守成。要而言之。德意志者商界之麒麟兒也。

法蘭西人　快活而多辯。富意氣。有直置赤心於人胸臆之風。然輕躁而浮華。無計畫。亦不勤勉。其商人無可甚推服之點。惟富於意外之貯蓄心。又能引顧客之歡心。其最優者。爲旅店及美術骨董店之主人。意大利人亦慨如此類。

俄羅斯人　聞之浦鹽斯德之商人云。彼者純朴而率直。其於大賣買之行甚圓滿。又聞之中國人之對俄國人。比之對英美德法人。則稍不存有異邦人之心。蓋由於半同種而民情風俗雅近東洋故也。

中國人　勤勉而正直。其商業上之道德。勝於歐美之人。重其言責。其團結力亦强大。而眼中除金錢之外無一物。爲利益不顧屈辱。無所謂意氣與體面之事。論物價高下之間。至費一日之商談。亦所不惜。彼有意外之大膽。能信任人。然一至利實相反。則棄而不顧。如路傍人。要而言之。彼者大國民。而畢竟一金錢之蟲而已。

印度人　因循而狐疑。輕信人言。言行之間。多不一致。懷陰險。乏果斷。而易激怒。唯忍耐而熱心於業務。所以能成其富。然畢竟爲亡國民之性質而已。

猶太人　彼者優於商務。不失其爲商界之魔王。美國人之果斷敏捷。中國人之勤勉刻苦。德意志人之緻密畫策。英國人之規律自信。兼是等數長而有之者。實猶太人也。世界者彼之邦國也。黃金者彼之耶和華也。不羈獨立。不好交游。睥睨天下之人。而冷然指其一已之財囊。其吝嗇過于支那人。其狐疑陰險過於印度人。其人格無半文之價値。至商界儼然一個拿破崙。可鄙而可畏者。彼猶太人之怪腕哉。

日本東京帝國博物館開特別展覽會。周漢古物。纍纍滿架。據具眼人所評。俱云價値連城。屈十指不勝計。而如此珍寳。十之七八。皆從北清義和團事變以後。從中國渡來。蓋支那人者。不能信其國家之平安。使其再罹兵燹。與瓦礫一同其運命。何如於平時易相當之貨幣。寧非計之得者。此在支那人意中之打算。毫不足怪。夫國家者。國民最後之安全庫也。財產託於此。生命託於此。若國家而失墜國民之信用乎。國家之存在。空名而已。吾人于此。既嗤支那人之無愛國心。而尤不能不責其政府者。彼至此而使其國民斷望。轉生亡國之感。是可異也。支那者猶欲爲獨立之國家。

乎。則信用列國。宜先信用自己。而後國可爲也。猶之個人者有自覺其存在之意義而後肯努力以從事。國民者不可無國家存在之自覺心。此自覺心者造國家之理想。盡國家之天職。立其指標。而爲至向上之精神也。即以此精神稱爲國家之生命而不爲過。若支那人者。泯此理想而徒有虛傲驕矜之心。此實害國家之一大毒物也。

英國詩人之歌曰。『我大英之國兮不要壘柵不要聳險阻之堅城兮波濤如山我所進軍千尋之海我之所家兮』美國詩人之歌曰。『大膽兮大膽兮宜隨處而大膽兮勿爲過分之大膽兮然過則賢于不及多則優於少兮』英美兩國。所以樹勢力於世界者。盖誦此詩而可想見其國人之性質也。

日本人自論其國人之品性曰。日本人者無印度人哲學之天才。又無支那人實利之長。所維能發揮印度支那所不能發揮者軍事上及政治上之才能而已。其國民皆慕貴族之風。而重形式。似英國人。然無盎格魯撒遜人種之長所。平日尚虛誇。而易激動其感情。似法國人。然無高盧人種之天才也。

又曰。日本人者。因循姑息。島國之人民也。其出海外者少。雖由德川時代行鎖國主義之害。然亦因日本風土過好。爲一大原因也。日本者所謂世界之公園也。其愜於居者之心。自不待言。游樂於此公園之中。全家可爲寐臺而卧游之。無大勞働之事。物價賤而生活之程度低。人人偷安樂以自消磨其歲月。豈有振奇之士思割冱寒之地之冰。以醫渴。踏酷熱之地之沙漠。以求食。而一嘗此困難者哉。日本人者皆以闕少養之國情如此。夫是以野心小而安於小成也。夫人之目的高大者。雖蒙大困難之事而不以爲意。目的小者。些小困難之事而亦思退避。島國人之理想小。故貪游逸此公園之樂。而於心爲已足也。中國內地人民聽者恐語語道着下官

其論他國人有曰。噓言八百。貪賄賂。破約束。印度之所以亡國也。國辱兵敗而不知恥。叩頭求活於他人之宇下。唾面自乾。而毫無奮發之情。後生大事。惟黃金是貯。此中國之所以不振也。

又西人論中國人曰。中國人者。辱之袴下。按之泥塗之中。舉左右手撻之。彼亦不以爲意。但思起身時。拾其地下之黃金以去。

以上所言。不必一一具引。要而論之。中國人之性質。一要錢而已。志氣卑鄙。惟要錢故。公德闕乏。惟要錢故。習慣齷齪。惟要錢故。趨附勢燄。惟要錢故。不惜屈辱。惟要錢故。不愛名譽。惟要錢故。知一身而不知一國。惟要錢故。顧一家而不顧一羣。惟要錢。故是卑鄙生活之民也。非高尚生活之民也。是能飲食男女殖產以長子孫之民也。非能建設國家樹立事業於世界上。有榮譽有價值之民也。其終則爲馴順如奴隸而勞働如牛馬之民歟。南洋美洲各處勞苦工作皆中國人爲之而權力則歐洲人享之近時開巴拿馬運河擬用亞細亞人三萬人其中中國人必占其多數然巴拿馬運河之權固毫不能分有之也豈天之生我中國人專爲全地球作工作人歟牛馬不能爲之事則以我種人爲之歟噫種弱而事他人之種以生。國亡而依他人之國以存之民歟。

雖然、以要錢論之。我國人之貪心。亦大小矣。國家者。身家外之一大利藏也。身家之貯蓄銀行也。身家之保險會社也。今以皴手繭足萬苦千辛所得之錢。而無一安穩生息之大銀行。無賠償不測之保險社。一遇盜賊水火意外不虞之事。卽爲千金子暮作窶人兒矣。當甲午以後。戊戌己亥之間。國步動搖。北方尤有岌岌之勢。有勸京津富人出錢立學校。興一切公衆之事業。以救國者。而面團團翁者與此言相水火。惟益事蓄積。以爲保日後計。至遭聯軍與義和團之亂。身遭殺戮。妻子被辱。而窖藏之黃金白鏹。悉爲外人所膺載而去則何如當日者破其慳囊而向國人換一記念物之爲愈也吾人試思之爲中國之富人與爲日本歐美之富人孰爲危險孰爲安穩則毋羨彼人矣彼者固曾出錢且合一國之人出錢以造此第二重身家之一國家也然則吾國人名爲要錢何其計算之不周思慮之不密見識之不遠規模之不大而乃以貪小錢不貪大錢之故留於世界劣等人種也

歐美公德美談（續第三十號）

日本育成會編

（四）瀛草

英美德法諸國。莫不以鐵道爲陸上交通機關之主位。其發達甚速。然在歐洲尤以比利時爲最發達。其他之各國。亦皆以鐵道貫其國境。而各與他國之鐵路相連接。凡國之大小名邑勝地。莫不有之。軌道既廣。速力甚强。故其搬運交通爲極便利也。

乘客既多。則停車塲中老幼男女羣集焉。然無論如何人衆。皆前後相讓。老人婦女兒童之屬。爲衆人之所禮遇。愛待賣車票者依到時之先後爲序。成列齊行。整然不亂。無突然由後面來搶先買票者。賣票處執事之人。異常警敏。銀錢之補償出入授受極速。買票者無久待之煩。雖乘客之數至數百。一瞬間買票之事已了結矣。

乘客入車中之時。多向先乘之客行禮。先乘之客各答以相當之禮。入坐之時。無論地位如何有餘。亦斷無一人占二人份以上之坐席者。放置行李各有專所。各修禮儀、無恣意飲酒食肉以惹起他人之煩厭者。更無妄吐痰液。爲無禮之談話擧動以惹起同乘者不愉快之事。

英國之滊車最便之事。即乘客苟攜有行李者。直交之於滊車搬運行李之人。指定一地。使之送往。彼必送往無誤、決不虞遺失也。大抵每日一處滊車運送所。必運送行李數十萬件。條理井然。無誤失者。英人皆直交行李於滊車運送所。告以運送之處而不取收票以爲證。蓋乘客與滊車營業者之互相信用已深。故直托付之而無所疑也。

曾有日人居英國之時。偶乘滊車於停車塲買票之處。忘失其盛銀之囊。海外萬里爲客。失其銀囊。所關非小。因急向一同乘客英人告其事。英人慰使勿憂。及至次停車塲之時。是英人即詳將此事向驛長言之。驛長即以電信問其事。回電云銀囊故在無恙。次列車到來之時。銀囊亦附在焉。某氏歡喜如更生。深感英人之深切敏捷。其德義之高。爲眞不可及云。

總之滊車營業者能重其業務於乘客貨物取送諸事。丁寧深切。改良車輛。日進於美。乘客莫不感之。無買三等之票。坐二等之車。種種不德之事者。亦可見其社會風俗之良矣。

日本某氏在北美合衆國之時。偶在某所乘滊車時。坐席已充滿無餘地。同乘一美人見某氏之爲異邦人也。乃直起立而以坐位讓之。其厚意可感如此。

（五）公園及遊覽場

歐美之先進國。任一地方。皆有公園。大都會無論矣。甚至田舍之間。亦皆有公園。爲公共遊而樂之。以忘其苦勞。園中有樹木花卉建築几席電燈之屬。入而遊者莫不珍護愛惜而不敢汚損之。園中有天然之動植物及人工之器物。陳設井然。雖無看守人掃除人而自然雅潔。盍遊乎其中者。莫不以是爲公共之行樂場。而莫忍傷毀之也。西國之中。雖最下等之貧民。亦皆有對公共之德義心。其對公園也。亦以爲不僅予一人之行樂地而已。故以爲人人皆有保護公園之責。無論人見或不見。皆不敢折公園一枝之花。不敢拔公園一根之草。雖兒童亦無誤犯者。損公園之一物者。人莫不視之爲大損公德而致公衆於不愉快。即自己之不愉快也。

公園之樹木。苟有小鳥作巢孵卵於其上。則雖至幼之兒童。決無驚其鳥而壞其巢者。嗚呼、西國兒童之對小鳥。亦深切有愛情。何其美也。小鳥亦知兒童之心。故安然育雛而不飛避。常傍兒童之肩而飛翔焉。

明治二十七八年中日之戰役既終。有某氏遊於法國。偕其學友某法人共遊巴黎之公園。某氏見其清潔整頓。風趣高尙不勝歎羨。見夫千紅萬紫之間。鳥歌蝶舞。來集會者幾千百人。莫不愛園中之一切天然物人工物。而莫敢損毀之。不摘一木之葉。不吐一滴之痰。某氏喟然曰。嗚呼、美哉。我日本國民之行狀。未及此也。同行之法人曰貴國今雖戰勝支那。躍升爲强國。而國民之教育程度甚卑。未能十分普及。何能望法國也。法國民之行爲禮儀整頓也。非一日。人莫不知尊重公共之福樂。而不敢以一私人犯褻之者。

公園之池中。水禽甚多。泳游自如。無一人驚擾之者。

公園內附有動物園。觀於西洋之動物園。亦可驗西洋人之公德焉。蓋入動物園之人。

無論大人或兒童。斷無有以一竹木片妄投動物而驚擾之者。猛獸毒蛇之屬。閉置鐵窗之中。以供公衆之考驗。無虐待之事。反有優遇之姿焉。凡西洋著名之大都會中。所設之動物園。莫非壯大宏麗。備有全世界之動物種類。而無所遺餘焉。

公園之中。間日於樂亭奏樂。以爲公衆取悅之助。無論奏如何優美之樂。听者皆秩然有序。集者雖衆。老弱婦女常受衆人之禮讓焉。精神舒揚。形體悅暢。奏樂既終。聽者歡喜讚美之。一時鼓掌之聲盈耳焉。

西洋之戲塲。尤爲整肅。入其塲者皆敦禮儀。而無取厭之舉動。倫敦巴黎伯林之有名劇塲。入觀者常有數千人。接近舞臺之人。身着禮服。肅然不怠。官吏平人既入座者。見有淑女名士入來。即傾身讓之。而當開幕演技之時。數千觀客。一齊沈默。無諠言譁語者。出入之人。謹身局促。惟恐妨他人之視線。擾他人之聽機。演技之時。無敢飲酒談話者。且西國之演劇與日本尤異趣者。即俳優之品位甚高。學殖甚深。技藝甚精巧。莫不受國家之保護焉。演劇之人。皆無卑鄙下流之氣。塲內肅然。終始守禮法不亂。

(六)飲食店及旅館

歐美諸國之人。多有於近傍之飲食店飲食者。飲食店雖各國不同。而莫不敦篤禮儀。無喧囂嘈雜之弊。無論如何羣集。雖至各室已無空席。要皆靜雅不喧。無放歌高吟。爲大聲以驚四鄰者。同伴之談話者。聲音甚低。使同伴者能聞而止。決不發大聲以妨害他人。故雖人客數千。而館中常不失靜雅之態。爲人人知自撿束。飲食之時。不聞啜羹之音打舌之響。以爲食物有聲者。乃下等動物之粗劣狀態。人則不當如是也。兒童有鳴食器致響者。其親必痛戒之。座中或有一高談放歌之人。則衆客齊注目視之。竊笑其爲無教育之人。故無一人敢犯此戒。以蹈無恥之譏者。夫在西國。如音樂唱歌舞蹈之事。可謂盛行矣。而在通常飲食之際。則決無歌舞音樂者。蓋歌舞音樂。固必有一定之場所時日也。飲食未終之時。常有至屋外稍散步者。人既離位而去。必無他人來侵其位者。散步既還。其坐席常依然無少變更。

飲食之償價。日本常拍手呼下女問價幾何而償還之者。西國則食客常依定價單償價不誤。我國之食店。常將客所取之品物記入帳部。若恐食客之逃而不償者。然西國飲食店之食客旣多。不勞登記。食客自了給其食價而後去。無錢者不冐昧取食以欺主人也。

飲食店大都於夜間閉店之時。一算總帳。一面調查此日所賣去之啤酒幾萬瓶。麫包幾萬斤。一面計算當日之入金。品物之價。必與實際之入金相符而無所差誤。

西洋之旅館。與日本頗異。旅人旣入旅館。則有其一定之室焉。入其室一如入自己之家然。一切用具。無所不備。各一旅客。各居其室。安靜無嘩。惟恐發高聲以致妨害他旅客。夜間無飲酒放歌以妨害他人之安眠者。嗚呼、西洋文明國之旅館。旅客。亦與東洋相異如此。文明國之品位。固若是其高尙哉。又旅館之設備最整齊。故賓至如歸焉。

（七）公會及私會

西國之會極多。然無論公會私會。集會之時刻。皆有一定。來會者按時而至。無或先者。無或後者。此亦西國人敦守規律之一證也。人人皆以爲苟自己不按時至。乃使多數之人不便。夫以一己之故。使多數人不便。乃不合於公德之大者。故西國之會甚多。而赴會者則皆按定時開會閉會。無愆時者。

不惟大會爲然也。親族朋友之小會。亦皆約有一定之時刻。談事旣畢。立即分散。蓋莫不知珍惜時刻也。是不惟西國之上流人士惟然。雖下等之細民亦然。按時聚散而不虛費之。西國之人之事業所以活潑能成功者。即此珍惜時刻之力使然也。

又無論公會私會。凡集會之時。皆有秩序。言語動作。絕不粗暴。尊敬長老而幼壯者服其勞。有留學德國之某氏曰。德國之集會也。常長幼順序。秩然不亂。蓋尊敬高年之人。固公德之所需也。

無論如何之大集會。皆無混雜擾亂之象。其入也順序。其出也順序。無爭前擁擠者。前行者稍緩。則後行者立而待之。沈靜恭默。不妄發一言。英國人之集會。尤顯大國民之氣象焉。

集會之時。莫不衣服整齊。無蓬頭垢髮。爲無禮之行狀者。大抵西洋人於理髮修顏甚勤。免以污垢致招同僚之厭也。

集會之人。各知自重其責任。英國男女間之交際尤最嚴重。蓋雖男女之交際極自由。而爲汚穢之品行者極稀。

集會間當飲食之頃。絕無亂飲妄食之象。是不惟紳士淑女爲然。即最下等人之集會。亦無恣酒放浪之狂態焉。啜羹無音。用肉叉等器無抵觸之聲。雖小兒亦然。西國之通例。無强人飲酒食物者。飲食之際。間爲適宜之談話。飲食既終。乃有舞蹈。蓋飲食自飲食。舞蹈自舞蹈。各有其時。立有規律而不相犯。飲食之頃。最爲謹愼。席上不見酒滴。不見麪包屑。雖有之亦甚少。要皆甚整齊而不散亂。蓋飲食之際。須人人快樂。不可有不快樂之現象來前。以傷他人之感情也。

（八） 吉凶

歐美文明。以婚禮爲人生之最大事。由男女以同志自相聯合。以訂其偕老之生涯。親族知友。決不苟且干涉之。情意不相投者。雖既婚亦可相離。然訂婚之時。既已由二人之同意。審愼周詳。則離婚之不幸事自少。世界中離婚之最少者爲英國。據日本自來之統計表。結婚與離婚之比。若三與一之比。比之歐美各國。誠可恥也。

歐美各國之祝生日也。亦與我國異。彼國之祝生日也。皆有懇惻之眞心。如當主婦之誕生日。則主人祝。妻子女祝母。皆有誠虔之贈物。以祝其健康。共相喜樂。有留學普魯士之某氏嘗道其在學校之時。有某教師生日之前一日。生徒若不知也者。依常上課。而已買有祝賀之飾物。送諸其教師之門。翌朝教師見之。不知誰之所贈也。此其所爲。何等高尙。以視日本之僅以名刺祝生日了草塞責者。相去遠矣。

西國之行葬式也。親族知友之來會葬者。皆肅然從柩而行。有某氏在北美合衆國之時。見一有名之紳士出葬。窃歎東洋之儒教。已實行於北美也。其故爲何。蓋儒教曰喪與其奢也寧儉。日本及支那今日之送葬。大都流於驕奢。多有乘車馬以送葬者。北美不然。當會葬之時。無論如何之紳士豪商。皆徒步著喪服以送之。沈默從柩而行。有悲哀死者之色。是非儒教之精神乎。故當送葬之時。彼國無上下貴賤之別。遇者必表敬意。無論知交與不知交。莫不然也。（未完）

詩界潮音集

讀學界風潮有感　　烏目山僧

大塊噫氣久蟠鬱神州萬古蛟龍撐濁浪喧天地柱折雲霧海立天不平忽爾中宵飛
獄瓦突出黑暗覩光明墨水傾翻南洋學。潯溪雷動又匉訇風潮鼓蕩接再厲。氣作星
斗志成成。夜夢跌翻莫斯科。朝從禹穴樹紅旌。粵南燕北相繼起。楚尾吳頭亦喧轟。鐘
山奔瀑激飛雨泉唐鼉鼓隨潮鳴狐兎夜嘷鷹犬泣帝網不得羅長鯨遂見旌幢翻獨
立不換自由寧不生革除奴才製造廠建築新民軍國營起排閶闔叩天帝一醉夢夢
鞭宿酲

讀史三首　　醒獅

秦皇昔馭宇。壓力恣暴亢。爰有張子房。發憤首與抗。搜求力士錐。長嘯赴博浪。ゝ一擊雖

不中心膽自沮喪十日不可得義聲益鼓盪鬧動自由權激起獨立狀勝廣始發揚劉項愈膨脹奴隸終慨慷獨夫卒流放嗟哉驪山宮一炬付炎煬

何來老婢子生性侔妖狐外戚極隆寵秉之奄與巫呂雉爲作俑唐鵡踵其車憂患不足懷遊觀且樂娛靈魂亦何貴挾之臨天衢將作日多事少夜徒空虛孝惠痛自戕廬陵疑有無遂令忼慨士橫刀增悲吁朱虛起宮掖敬業來田閭家居自完好非種終誅鋤可憐淫昏嬃掩袂歸黃壚當時目禍水千載譏下愚

要離不可作專諸今已矣蒼涼國士橋寥寞深井里疇陳荊卿圖莫挾夫人七擊筑不聞聲袖錐渺難企嗟哉老大邦竟無俠烈士安怪棼亂絲千手不能理專制心愈雄壓力譬牛豕蒙難終酣嬉黨禍日興起舉首望中原百非無一是痛哭也徒然狂箋燕丹子。

題黑奴籲天錄後 同

專制心雄壓萬夫自由平等理全無依微黃種前途事豈獨傷心在黑奴

去髮感賦 劍嘯生

此髮非種種。壯志豈無爲。此髮或星星。千鈞亦繫之。胡爲乎草薙禽獮頃刻盡。把鏡自鑒笑我癡。會須持髮圈定三百九十萬方里之界線。更作四萬萬支那國民之朱絲。酒酣冷眼看世界。黃種岌岌吁可危。我欲登高呼醒病夫之睡夢。此髮可斷志不移。英雄貴須脫料縛。刼灰飛淨將有時。

孤劍吟　同

生來鎌鍔不如人。十載消磨誤此生。我亦崆峒山上客。重霄揮手問前津。壁間長作不平鳴。夜雨秋燈太瘦生。莫道豐城星氣暗。一回搔手故人情。

自題乘風破浪圖　同

海上風濤逐雨來。揄關刁斗總成哀。行人不盡乘槎感。忍向遼東話刼灰。筆底翻成舊淚痕。孤舟殘月正黃昏。可憐鬢脰從軍士。曉角寒沙欲斷魂。雲影扶桑路幾千。三山終古峙東天。漢家城闕烟塵裏。一夕秋風繞夢邊。極目河山盡棘荆。漫將長鋏作悲鳴。年來湖海雄飛志。眼底秋毫一葉輕。

粵梅秋放和友人韻（原唱爲女權作也）　賀　春

南國菁華發達先本來天女最雄妍花神自有回天力莫任東風再弄權

南枝先發不知秋開破人間一段愁有好原因好結果美人慧絕早回頭

嶺上由來產異才胚胎新種亦奇哉現身天女說新法喚起百花魂莫哀

奪胎換骨妙文章寄語芳魂莫斷腸頃刻翻新花世界千紅萬紫盡來王

春悶無聊披讀新民叢報感賦　餘不生

禍水狂飛濫九州江山無主鬼神愁乾宮六子流黃血滄海孤鴻叉白頸倉頡造文天欲泣吳剛操斧月能脩鵬摶會看鵾魚化直上扶搖任自由

女媧有石如何鍊隻手難擎已破天鳳鳥不鳴吾已已龍漦流毒自年年朱書五字悲莊烈血淚雙行慟吉田爲國爲民同一死山毛輕重且平權

華年閣雜錄

▲世界長壽者之日多

今世界能保百年以上之壽命者頗多。印度之楞伽島。(中國譯爲錫蘭)長命之人蓋少。據最近之調查。則該島至百歲以上者。亦有百四十五人。其內男子七十一人。女子七十四人。又其內最年長者爲百二十歲。其僅達百歲以上者。男子四十三人。女子五十二人云。

▲醫理發明之一斑

響尾蛇之油。治傳痲質私病特効。美國貯藏此油不少。惟其蛇曾爲他響尾蛇所嚙者。則其油有毒。以油乳上浮。結爲球狀而不沈者。乃可爲藥用云。

又發明實扶的里亞(驚風症)之血清法。轟名於世界之沛林共博士近時研究結核血清法。用其所發明之血清液。注射牛犢有効。以試小兒必有好結果。此不獨刀圭界之幸。亦造人類之福祉也。

▲人類與動物

人與動物。其心之作用無本質上之不同。而在程度上之不同。彼動物者亦有各各之思考力。至於感覺力之銳敏。其程度尤遠過於人類。此事蓋無可疑。如吾人所能聽之聲。一秒鐘之振動數普通在三十以上三萬以下之範圍內。能見之色。自三稜鏡之赤色而至紫色。即一秒間之振動數。三百九十兆以上七百九十兆以下。若動物則感覺力之範圍甚廣大。能聽吾人所不能聽之音。能見吾人所不能見之色。凡人類所視爲寂寞暗黑之境。動物對之。則猶有音樂之振於耳。光彩之接於目者之事也。(如犬之視覺

於黑夜猶能見物之類甚多）

▲美國前後兩總統之論評

美國某雜誌評論其前總統麥堅尼。及現任總統羅斯福二人之性質。曰羅斯福門閥家而生長於富貴快樂之中者也。麥堅尼則生長於貧賤之家者也。羅斯福者育於文學家。麥堅尼養於工場及法律事務所者也。羅斯福者政治學家。麥堅尼者阿懷伊阿州工黨人思想之代表也。羅斯福者易感動有熱心敏活且激烈的性質。麥堅尼有謹愼躊躇遲緩的性質。羅斯福者造輿論者也。麥堅尼爲輿論所動者也。二人者性質大相反。而皆不失爲偉人。然羅斯福者以一日成名。而麥堅尼則由多年之積累而致聲譽云。

▲陸軍禮法之起原

陸軍右手擧帽之禮。蓋起於往古試合（武士相集而試武術）時之遺風。試合畢時。武士列隊而出。過美人之前。擧手及額。以示欽其美麗之意。後遂以爲軍人之相見禮。又軍人以劍爲敬禮者。起於往古十字軍。十字軍時以接吻於附着擺劍劍之十字章。示信厚之意。後遂變爲禮式。又有擧劍之頭下垂。示服從之意以爲禮者。凡此皆無用劍之必要。不過擧以示禮意而已。

▲光線之療病

丁抹某醫學博士。近發明光線療病法。博士者最初驗太陽赤色之光線。於皮膚上無甚關係。驗靑色之光線。於生理上頗有影響。次驗以能通赤色光線之室。使罹痘患人入居之。痘瘢均不留殘痕。曾以患痘者八人實地試驗。其言悉合。次又驗靑色及紺色光線。可爲治狠瘡之用。始用太陽光線。以太陽光線通過空氣時。失其靑色。終用電燈試驗。其成績頗好。

得全數之治療。博士此發明。盡其方法以公於世。未嘗受一特許。得丁抹政府千二百弗之年俸。而前後因研究此事。致負債四萬弗云。

▲煙草有殺菌之力

吸食煙草之人。罹傳染病者較少。其故因煙草有殺菌。(中國譯爲微生物日本譯爲黴菌)之力。如虎列剌(中國稱霍亂症)之病菌物。對煙草而弱。肺病之菌物。逢煙草而死。西洋醫生有勸患肺病者可吸食煙草云。

▲能變換顏色之小女

法國巴黎一少女。能隨時變換顏色。悉依其感情而異。此少女之膚本多黑色。變換之時。如喜則現桃色。憂則稍帶綠色。恐則變紺色。怒則顯黑色。其變色時。不過一部分。或在顏面。或手或頸。全體概不變色。睡眠時亦不變色。現時科學家多研究之。以爲有趣之事。查此女少時。因舟游危險將溺。恐怖殊甚。嗣是遂於膚色間。能隨時變換云。

▲船員之急肥

英國一帆船到港。其船上人。不知何故。悉皆肥滿。有一人其體量至增一貫八百目。總船上人其體量增四十八貫。查船中曾搭載砒石三百箱。航海時。船上人依砒石箱起臥。砒石依太陽光線生蒸發氣。船上人吸收不絕。遂至身體急肥云。

▲世界有力之通用語

今時所稱愛斯拍浪跎之一種萬國語者。次第已得勢力。今世界重要人士。無不贊成。會員之數。已超八萬。目下歐美諸國各首府。有依此語出版之雜誌發行。普通之新聞雜誌。多載此語一段。此語以拉丁語爲基礎。無動字變化之繁。文法極簡單。法蘭西意大利及西班牙人。不學能解。英人德人。亦容易得解云。

▲殿最人物之新法

美國某大學教授欲論定歷史上人物之高下。近得一法。取英美德法之百科全書選其中重要之六種。合計其中傳記以載何人費頁數爲最多。即爲最偉大之人物。揭曉第一爲拿破侖。次之則英國之大詩人沙古士坡獨。（英國常語云可失印度帝國寧勿失沙翁）次之則回教主穆罕默德。次之則法國文豪華爾脫露。至美國之華盛頓則居於第十九之位置云。

▲豫算案一語之小歷史

今英國部籍度（豫算案）之一語。於三百年前由法國輸入。法語音長爲部阿籍度。英國發音訛爲部籍度云。部籍度者。其本義含有囊之意味。最初歲入歲出之計算書。盛於囊中。議會時大藏大臣提出豫算案曰開囊。因有是稱。最奇者此語於前世紀之初。復從英國輸入法國。法國亦效英國之發音。稱爲部籍度云。

▲狒之產地

荷蘭之旅行者。自中央阿非利加歸。云中央阿非利加者。有產狒之谷。羣狒聚集。時時放可怖之聲。泣叫不絕。見人毫不畏懼。若此地移住之人。有携來山羊者。狒每出捕其山羊。其捕之法。令山羊疲倦。則騎之而歸云。

紀事

（內國之部）

◎整頓財政　前奉上諭派慶親王瞿尚書會同戶部整頓財政。於京師設立鑄造廠。應如何妥定章程。即詳晰核議。次第請旨遵行等因。聞慶親王擬派陳玉蒼京兆、徐鞠人司業。瞿尚書擬調派毛實君觀察等。爲戶部銀錢總局提調。不日將具摺奏派。又慶親王瞿尚書公商奏派鑄造總廠提調。先設公所。籌議一切。請鹿大司農酌派司員同參議。聞鹿大司農擬俟振貝子那侍郎差旋。將考查財政商情利弊所在。宜如何推行盡善。妥議章程。再行奏請派員云。

◎學生義憤　京師大學堂仕學師範兩館學生。因東三省之事商之副總教習上堂會議。當蒙允准。鳴鐘上堂。先由范助教演說利害。演畢全班鼓掌。有太息者。有流涕者。次由各學生登台議論。思籌力爭。旋擬辦法四條。

一各省在京官紳電告該省督撫電奏力爭。

二全班學生電致各省督撫請各督撫電奏力爭。

三全班學生電致各省學堂由各省學堂稟請該省督撫電奏力爭。

四大學堂全班學生稟請管學代奏力爭。

會議既畢。滿堂決議。爰繕稟上于管學大臣。管學大臣批示云。竊目時局。憂慮萬端。披閱來書。輒爲三歎。該生等忠憤迫切。自與虛憍囂張妄思干預者有別。至於指陳利害。洞若觀火。具徵覘國之識。迥非無病之呻。本大臣視諸生如子弟。方愛惜之不暇。何忍阻遏生氣。責爲罪言。惟大局之利害。固所必爭。而當局之情形。亦宜備悉本大臣初聞玆事。即思抗疏陳奏。嗣知外務部王大臣於一切思應之方。均有定見。辦法既無偏誤。議論亦大略相同。是以疏稿已具。寢而未上。本大臣受國厚恩。事關大計。斷無自安緘默之理。若交涉要務。艱于措手。有專責者。身處其難。既已仰奉宸謨。悉心區畫。亦不欲涉於激烈。干竊時名。區區此心。總期有益於國而已。嗣後諸生研究國聞。雖有見地。隨事隨時。著為論說。呈候本大臣批答。藉可考見學識。示以準繩。不必聚論紛紛。授人指摘云云。

◎**疑有私通** 近日兩廣會黨及長江一帶會黨。日見發動。政府防之甚密。某大臣疑京師大學堂諸生中有其黨羽。請一抄堂中諸生宿舍所有往來函札。政府諸公皆以為然。已將舉行。經慶邸力持不可。乃止。

◎**電諭補錄** 桂省之亂。蔓延日久。近且猖獗異常。朝廷既有所聞。月前特電責王之春並飭認眞勦辦。其電云。王之春電奏悉。聞該省各屬匪徒。股數甚多。勢尚猖獗。該撫一味招撫。旋撫旋叛。到處蔓延。似此情形。必至養癰成患。着責成該撫督飭各軍。認眞勦辦。無論邊界內地各匪。悉數殲除。務令地方一律肅清。毋得徒顧目前。偷安敷衍。致貽後患云云。

◎**力爭俄約** 兩江總督魏光燾於初十日電致北京政務處及外務部。請其竭力抵抗俄人要挾。且謂若允俄約。則後患正長。恐有亡國之禍云。

◎**索償經費** 庚子一役。俄國嘗向中國要索關內外鐵路修理保護經費三百萬元。奉匪肇亂。牛莊為俄國占領。海關稅欵遂皆移存中俄銀行。迄今所收稅欵約一百二三十萬元。乃俄人近者擅由該行悉數提出。撥償該欵。

◎**俄事彙志** 駐京俄使奉該國電諭。向中政府要求俄國撤兵之後。凡俄人在東三省各項之權利。須與未撤兵之時。毫無所異。方能據約撤兵。此事當由軍機大臣奏聞皇太后。太后笑謂據此要求。不仍毫無撤兵之實。焉能答應。慶王奉諭。遂遣聯芳往謁俄使。謂所請實難應允。俄使聞之。怒形於色。厲聲曰。難固難矣。然余萬不能電請我政府通融。諾否二語。今明見答。無他多言。聯芳慘澹而還。▲中俄新約一事。傳說紛紜。有謂俄國近又擬約數欵。要求中政府承諾。其要旨爲東三省練兵之事。不獨武員須聘用俄人。即文官亦須延聘俄人。又東三省辦理郵政。及其餘一切監督員役。均須聘用俄人。又東三省各項歲入。須悉存中俄銀行。又滿洲不許割讓寸土與他國。又聞俄國所索約中。有關於蒙古伊犂及西藏多欵。又蒙古之兵制學制。及其餘一切制度。中國不得率意改革。列國在蒙古之權利。亦不得再行擴張。▲政府諸大臣將俄約之事。面奏兩宮。皇太后之意。謂滿洲爲祖宗發祥重地。斷不能讓與俄人。至蒙古遠在荒服。地勢又與西伯利亞毗連。尙不妨開爲租界。慶邸極力反對此議。惟皇上未曾助其力爭。王文韶鹿傳霖兩人則莫贊一詞。并無可否。▲俄人自佔據滿洲以來。已於該處開礦數處。并不問中政府允准與否。英日兩國使臣曾向中政府極力反抗對俄政策。中國政府尙未回覆。▲外務部接到沿海沿江各督撫及廣滬十八省紳民電請拒絕俄約。慶邸王相正擬依議商請各國公使調停。而外務部侍郎以次亦同聲回堂請拒俄約。慶邸王相乃決定主意。邀集各國公使在外務部會議。慶邸王相意將密約七條並續添遼河行輪一欵。一一揭出。請各國公使秉公斷決。詎俄國公使託詞渠係代理公使。未奉聖彼得堡政府訓命。即無商議此約之全權云。察俄使之意。仍欲令中國派駐俄京公使向俄國外務部商議也。惟聞慶親王已經拒絕其請。詞頗嚴厲。謂貴國撤兵係應遵前約。此次要求。又是一事。不能相混。如貴國有所要求。必俟踐約撤兵之後。方能開議云云。

又聞俄國第二次向中國要求。其事更爲重大。將蒙古列入。玆將其要索條欵列左。

一蒙古應由俄國兵官中選一總督駐於蒙古。凡招募軍隊。及操練兵制。建造砲臺。並管理收藏兵器等事。若値事變之時。凡軍事行動之一切大權。均歸其主裁。

一爲圖中俄兩國人民親睦起見。設立婚嫁制度。又各地皆設俄語學校。幷希臘教之教士傳教。欲與喇嘛教享同一之特權。

一蒙古地之建造鐵路。開採礦山。及其他營利事業。均歸華俄銀行專有之利。凡營此等事業。應輸入各物品盡行免稅。俄國聲言如承諾此事。方可撤兵。

俄國公使於本月二日謁慶王。又提議三項。

一此後於東三省若允他國以特權。必先經俄國允可

二以後必於俄國人民所已得之權利之事無所損害。

三東三省電線應歸俄國軍隊保護。

以上三項如允可後。於五月二十日方可照期撤退吉林省駐兵。聞慶王尙在躊躇。有可允則允之意。

(外國之部)

半月大事記 西歷四月下半月

▲十六日路透電。此次法總統往非洲遊歷。因英國

水師隊往該處恭迎。故以寶星賞英水師提督及水師各官。

同日電。據梯麗格拉報言。英國水師各官而蒙法總統賞贈官銜。實爲五十年來之第一次云。

同日電、英京太晤士報云。英皇此次赴法京遊歷。既不得俄法兩國之連盟。又可固英法兩國之友誼。

同日電。英皇現已行抵意大利南英屬毛爾塔海島。該島人民接待之禮甚優。

▲十七日路透電。英皇既抵毛爾塔之後。官民紛紛致送頌詞。英皇逐一回答。今晚該島官民幷請英皇觀劇。

同日電。法總統已由非洲法屬阿爾及耳轉往阿廉地方游歷。

同日電。据亞丁訪事電稱。英將美寧在非洲格拉德之西南。與素瑪勒回會之兵交戰。擊死敵兵甚多。奪獲軍粮無算。英兵死者僅一人。

同日倫敦電。非洲摩洛哥國王現在決計親自統兵以勦平叛亂。

▲十八日路透電。德荷兩國由悉律比海島安設至畢留海島之海綫。現已得美國政府之允許。准在錫阿姆地方與美國非律賓海綫相連。

同日柏林電。委內瑞拉國定于七月一號攤還第三次償欵。

同日電。加拿大政府宣布將德國運進貨物再加現行之稅三分之一。

▲十九日路透電。英屬娃閔斯德西報云。福公司及中英合辦路礦公司已經英國各大臣勸令訂立合約同辦。已經奉准之揚子江北屬各鐵路。庶免各國耽耽覬覦、致英國反因而失利云。

同日電。俄奧兩國公使。力請土耳其政府准其一同入覲土皇。蓋欲備陳整頓亞柏尼政策也。

同日電。摩洛哥叛黨首領。已向都城非利司進發。以爲此次用兵。定有成功。可奪王位。及得各國之認許。

▲二十日路透電。此間紛紛議論。謂英皇此次游歷。將往意大利謁見羅馬教皇。官場並未將此消息傳出。但人人以爲實有此事。

同日電。現在土耳其政府。派兵往腓利蘇佛莢。欲將土皇所派往該處勸和亞柏尼之公使救出。因該公使等被亞柏尼覊留。以爲質也。

同日電。駐扎土耳其之俄奧兩公使。對土皇云。如亞柏尼之亂。不立即勸平。則關係甚重。此次統惟土政府是問。德意兩國公使所言。亦復相同。

同日電。英皇曾在毛爾塔閱視英軍八千名。以及英水師。并其他大軍五營操演。

同日柏林電。丹麥太子定期六月往柏林遊歷。

▲二十一日路透電。英國陸軍總會。因現在倫敦聖保羅禮拜堂所定紀念南非洲陣亡兵士之禮式不滿人意。故具稟爭辨。謂行此種禮式。是有忘將國家耶穌教改爲羅馬教。陸軍總宣教師已因此事辭職。

同日電。前禮拜三日。俄奧兩國公使覲見土皇。以設法勸平亞柏尼之亂爲請。以後土皇即電調小亞細亞土軍二十營。幫同勸亂。

同日電。英皇現已行抵地中海西西里海島叙拉古斯城。

▲二十二日路透電。德國亞東鐵路公司。現在德京設立公司。籌備英金五十萬元。爲開辦中國各屬鐵路經費。其餘一切資本。均由德國東亞銀行及

該公司資本家籌措。
同日電。駐扎南非洲零斯忒之營兵中有五名因三月時滋事。現在杜京問定死罪。

▲二十四日路透電。英將壁拉克氏所統之兵計二百二十人。竟被素瑪勒兵圍攻。陣亡兵官十八。兵士一百八十人。英將美寧啓程往援。

同日電。英國首相巴科在下議院宣言。此次德法兩國合辦土屬鐵路。英國不肯合股。

同日電。英國度支表已送往下議院。計出欵一百四十三兆九十五萬四千磅。入欵一百五十四兆七十七萬磅。入息稅每磅減四辨士。即每磅抽十一辨士。如是則政府每年短八兆五十萬磅。米穀稅全免。短收二萬磅。惟糖茶煤炭稅仍舊不動。想亦必照減。通計出欵與入欵比較。入欵多三十七萬磅云。

同日電。英國因南非洲及中國之戰事。用去兵費共二百一十七兆磅。其間由南非洲收回償欵三十四兆磅。由中國收回六兆磅。

▲二十五日路透電。英副將格福之兵。在丹努附近與素瑪勒回酋之兵交戰。英兵官陣亡兩名。兵士陣亡十一名。受傷四名。敵兵陣亡二百名。聞回酋之兵近日加增甚多。現在概算馬兵有三千名。持矛軍有一萬八千名。軍火甚齊備之馬兵三千名。

▲二十六日路透電。英將美甯已將副將壁拉克救援出險。攻敗素瑪勒回酋。回酋之兵陣亡二千名。

同日柏林電。克虜伯砲廠現改爲有限公司。其資本合馬克一百六十兆枚。即英金八百萬磅。

▲二十八日路透電。英將美甯報稱英軍失利。蓋因火藥不足之故。

同日電。英皇現行抵意京羅馬。官民均歡欣接待。

叢錄門

同日電。法總統已行抵非洲法屬突尼斯。

同日倫敦電。羅馬城各報因見英皇至該處游歷。均深贊美此舉所著論說謂英意兩國交情由來已久。教會各報及社會各報。均以英皇此來甚爲緊要。倫敦各報于此事亦論兩國交情之篤。

▲二十九日路透電。俄國兵部大臣現啓行前往遠東游歷。昨日曾在俄京華使館宴飲。

同日電。英皇昨日會晤羅馬教皇。教皇以優禮相待。

同日電。華盛頓日來得官場消長憶度俄人此次所索交還滿洲條約。係姑嘗試而已。如華政府能嚴詞峻拒。吾思俄政府亦必允通融辦理也。

▲三十日路透電。俄京聖彼得堡傳言外間所傳俄人要求滿洲條欵實係謠言云云。至俄人所以捐棄前計者。實各國在俄京力爭之力也。俄人所要求。吾人今可勿容疑慮。現在滿洲之問題。英政府甚爲注意云。

（明治二十一年十二月廿七日第三種郵便物認可）

新民叢報

SEIN MIN CHOONG BOU

P. O. Box 255 YOKOHAMA JAPAN.

每月二回發行　第參拾貳號　十四二十九回

日本專門學校教授松平康國著

新會梁啓勳譯述
飲氷室主人案語

世界近世史

出書廣告

全二冊

定價九角

史也者敍述羣治之原因結果也因果不一而最繁賾者莫如近世史**近世史者十九世紀史之母也**此編起十五世紀末迄十八世紀其中如學問之復興宗教之革命君權之變遷諸大業皆孕育百年來之文化者也故**欲知最近世史之果不可不求其因於近世史**此篇爲專門學校講義**煌煌巨帙**東國史籍中**第一善本**也譯者夙有家學文辭斐然復經飲氷室主人校閱**加案語百餘條**將書中要點逐一剔出以**卓特之學識雄奇之文筆**論斷之而一**以資鑑於我祖國**學者苟讀一過則於史學之常識思過半矣

發行所 上海 **廣智書局** **發賣所** 上海 **新民叢報支店**

新民叢報第三拾二號目錄

◎圖畫
●保定府皇上閱操圖
●廓爾喀王閱操圖
●法國巴黎聖蔑査街
●比利時布勒梭士府滑鐵廬街

▲論著門

◎論說……一
●服從釋義
◎學說……九
●政治學大家伯倫知理之學說　力人
○第一伯倫知理之國家有機體說○第二伯倫知理之主權論○第三伯倫知理之政體論○第四伯倫知理之論司法
◎歷史……一七
●歐美各國立憲史論（續三十號）　佩弦生
○第　編第二章之續○第七節專制政治之中興○第八節非政府黨之發生
◎傳記……二九
●商君傳（完）　蛻庵
○續第六節商君之行政○第七節結論

◎教育……三七
●泰西教育學沿革小史　蛻菴
○敘例○第一期上古教育學史○第一章希臘教育○第一節希臘之教育制度○第二節希臘教育之精神

▲批評門

◎政界時評……四九
●山東機器局之情形●法人干涉滇亂●俄人外交之秘計●俄人駐東三省之陸軍及太平洋之艦隊●償欵用金用銀問題●和平會議之再興●猶太人之慘狀●七大海軍國勢力之比較●資本國
◎人物時評……五九
●英國殖民大臣張伯倫（續三十一號）
◎雜評……六三
●四民公會●呂海寰乃敢與國民宣戰耶●禁報新法●榮祿之末路●王文韶之報國
◎紹介新著……六七
●普通經濟學教科書●國際私法●新广諸譯初篇●支那四千年開化史

▲叢錄門

目錄

◉談叢……六九
●華年閣物語　觀雲
●埃及古代之鱷魚●新骨相學●風土之與人生
◉譯叢……八五
●歐美公德美談（完）　日本育成會編
○九商業及商人○十公共及慈善○十一政治○十二公德之根本
◉文苑……九七
●詩界潮音集
●雜詩二十首（劉光第遺稿）●萬壽山（同）●屯海戍（同）●美酒行（同）
◉雜俎……一〇五
●華年閣雜錄
●大英雄鄭成功之遺墨●美國貧富之不均●世界之大森林●二日間橫過大西洋●美國鋼鐵公司之巨利●續記黴菌燈●殺人之迷信●器之奇用●傳染之疲勞病●蜂之異聞●端午之旗●電氣探礦法●世界黃金之產出量●世界罕有之長壽者●俄國爵位之承襲●倫敦之大霧●俄廉之燃料●尊餓死之宗派●世界各教之人數●太陽之黑斑●輕氣球之速力●利用電線之新法
◉紀事……一一三
●本國之部●外國之部

◉售報價目表

全年廿四冊	半年十二冊	每冊
六元	三元三角	三角

日本各地全年五元半年二元六角每冊二角五分日本及日郵已通之地每冊加郵費一分全年二角四分其餘各外埠每冊加郵費六分全年一元四角四分

◉廣告價目表

洋裝一頁	洋裝半頁
十元	六元

惠登廣告至少以半頁起算刊資先惠論前加倍欲登長年半年者價當面議從減

編輯兼發行者　馮紫珊
印刷者　陳侶笙
發行所　橫濱山下町百五十二番　新民叢報社
上海發行所　四馬路老巡捕房對面　新民叢報支店
印刷所　橫濱山下町百五十二番　新民叢報活版部

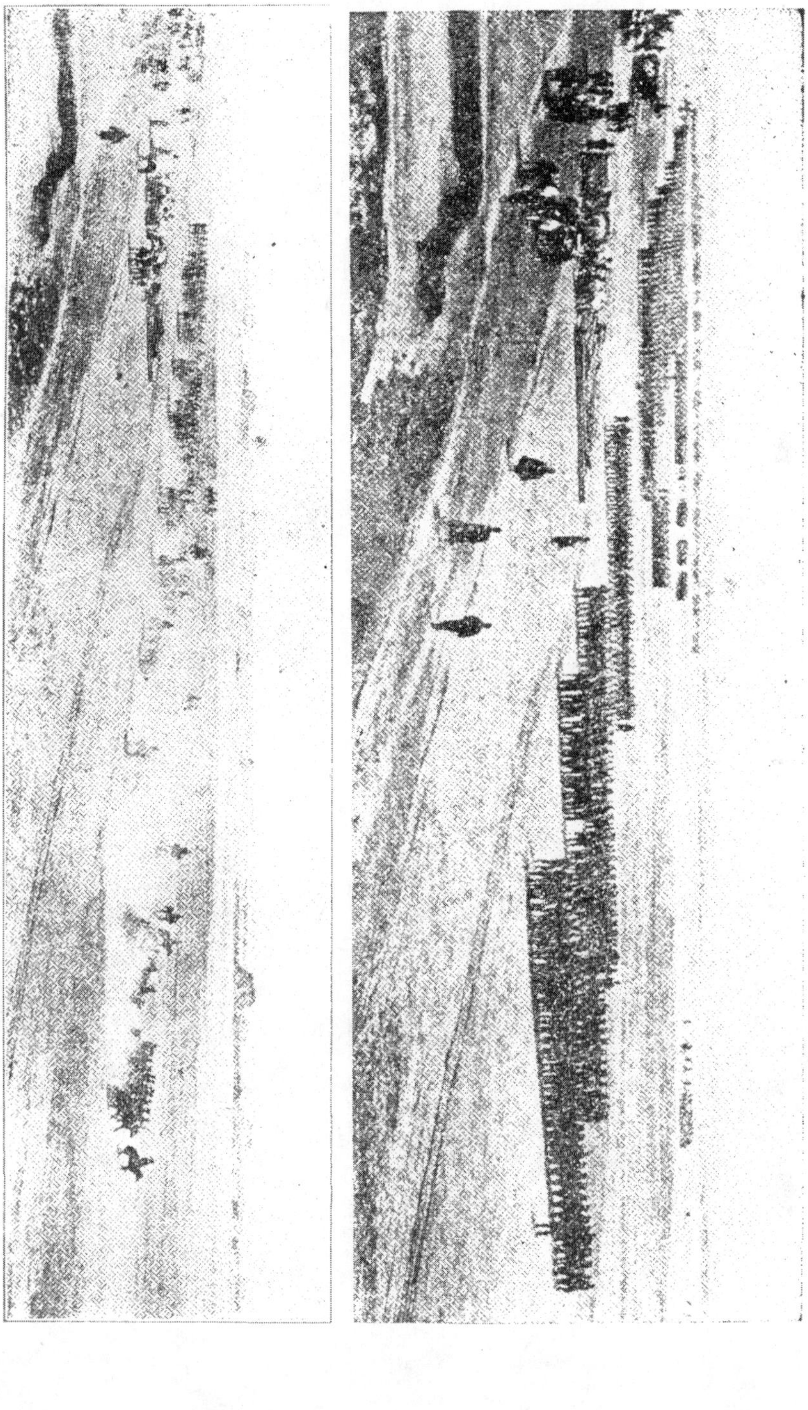

保定府皇上閱操圖

廓爾喀王閱操圖

法國巴黎聖蔑查街

The Street Saint - Michel, Paris.

比利時布勒士府滑鐵盧街

論說

服從釋義

服從者天下最惡之名詞而爲國民必不可有之性質者也服從者亦天下最美之名詞而爲國民必不可缺之性質者也

西儒之言曰『能得良法者上也苟無良法則惡法猶瘉於無法』羅蘭夫人之言曰『嗚呼自由天下幾多之罪惡假汝之名而行』嗚呼何其言之危苦也彼歐人者日用飲食於自由之中以自由爲第二性命自由之所在雖破壞和平以購之捐糜頂踵以赴之毅然曾不少悔寧不深惡法之縛束馳驟而猶必眀眀有所顧惜哉彼深知人與人相處必有法焉檢束而整齊之以維持其秩序然後其羣乃能成立否則人縱其私蕩然無紀自由將爲天下毒而羣且立渙而見隸於他羣與其蕩焉以渙其羣無寧縛焉猶有所維繫以徐謀他日之改良蓋彼非愛惡法而惡自由惡夫假自由以濟其私

者其弊更甚於惡法恣睢暴亂毒自由以毒天下其敗壞將不可收拾也故夫眞愛自由者未有不眞能服從者也人者固非可孤立生存於世界也必有羣然後人格始能立亦必有法然後羣治始能完而法者非得羣內人人之服從則其法終虛懸而無實效惟必人人尊奉其法人人尊重其羣各割其私人一部分之自由貢獻於團體之中以爲全體自由之保障然後團體之自由始張然後個人之自由始固然則服從者實自由之母眞愛自由者固未有不眞能服從者也

然我中國民族固非以服從聞於世界者耶上之君主所奬厲下之聖哲所敎育內之父師所訓勉外之羣俗所摩盪無不以服從爲唯一主義積二千餘年之擺盪刓劘舉國皆習而化之咸以服從爲人生之天職但有挾威權而臨於其上則雖嚮之詆爲叛逆惡爲盜賊敵爲仇讐鄙爲夷狄者亦罔不戢戢於其指揮之下戴爲父母崇爲神聖慄慄焉惟命是從雖極凶虐無理之舉動蹴踏而鞭笞之他人所不能一息忍受者彼乃怡色順受而無忤容俯首瞑目而無抗阻舉國而甘爲奴隷於是外人遂麕至蝟集而爭爲其主人而我國人行將移其事舊主者以從新君無怍容亦無憤氣服從性質

至斯而極嗚呼他人以服從而保自由者我國乃以服從而得奴隸然則服從者固毀腐我民族之毒藥而刈獨我國家之利刄也

然而歐美自由之風潮捲地滔天絕太平洋而蕩撼亞陸憂時愛國之士知此固醫國之聖葯而防腐之神劑也於是攘臂奮起日楬櫫獨立自由之主義奔走呼號於國中務輸入歐美立國之精神以湔拔我國人奴隸之根性於是二千年陰曀之長夜始復有一線之光明然而烈藥之可以起死者有時亦足以殺人必調劑使適其宜而後能全其藥之用故天下最良之主義苟取其半而遺其半則流弊必不可勝言今日人士其能自拔於腐敗舊習之外者固莫競倡獨立自由矣熱誠君子惘人心之萎靡積澌激憤既不免有矯枉過正之言數年以來風潮鼓盪廣袖高髻變而加厲人人有獨立不羈之精神人人有唯我獨尊之氣概夫誠能獨立自尊豈不甚善然徒撫前賢學說之一偏漸至爲虛憍睢恣者藏身之地盡撤藩籬甚囂塵上是以同任一事則必求總攬大權否則以爲服從他人而爲其奴隸也同組一黨則必求自爲黨魁否則以爲服從他人而爲其奴隸也大權黨魁止有此數豈能人人各如所欲我既不能從人人亦

豈能從我於是始則競爭中則衝突終且傾軋寧犧牲公共之利益而必求伸張個人之權利乃至無三人以上之團體無能支一年之黨派今日同志明日仇敵今日結會明日解散遂使反對者聞而快心仇我者藉為口實而旁觀之人亦且引為前車之鑒視此最良之主義乃如蛇蝎疫種動色相戒而不敢復言嗚呼個人者不能離羣以獨立者也必自固其羣然後個人乃有所坿麗故己與羣異其利害則必當絀己以伸羣蓋己固羣中之一分子伸羣固所以自伸也若必各競私利而不相統一各持私見而不相屈服吾恐他羣之耽視其旁者且乘我之散渙而屈服我統一我夫至為他羣所屈服統一則豈獨力所能支吾恐以自由其羣始者行將以奴隸其羣終也

曰服從者固奴隸矣不服從者亦將奴隸吾人其何擇焉曰服從者最劣之根性國民必不可有者也服從者亦最良之根性國民必不可缺者也今請略陳其義

一曰不可服從强權而不可不服從公理人羣之進化也始為酋長政治繼為專制政治洎乎文化漸進然後代議共和政體乃興夫專制不可行於今日而共和亦不能行於蠻世者何哉蓋野蠻之人紛然殽亂知有私而不知有公知有欲而不知有理人人

對抗。不相統屬。人人孤立。不相結合。爭奪相殺。無有已時。惟有雄武强有力者起。挾莫大之權力以鞭撻之。然後屏息歛手慄慄受命於其指揮之下。而其羣始漸能團合。若夫文明之世。則人人皆有制裁。人人皆能自治。不待他人之强制。莫不絀私見而從公義。以維持一羣之秩序。故其時盡人可爲治者。亦盡人可爲被治者。今吾國之改革者。莫不曰代議共和矣。然吾聞共和政體。以道德爲元氣者也。苟脫威力之制裁。而別無道德之制裁以統一之。則人各立於平等之地。人各濫用其無限之權。挾懷私見。相持不下。脫軸之機輪。不羈之野馬。勢必橫決紛亂。其羣不能一日安。亂亦烏可久也。則必有雄武强力者。乘其弊而羈縛之。遂如法國之革命。經恐怖之慘劇。而卒以武人政治終。除專制而復得一專制。則亦何取而多此一擾亂。多此一破壞也。西人之詆我中人。謂爲服從强者之人種。是誠吾國民之恥辱。而我歷史之汚點矣。今日人士。奮起而求雪斯恥。强立不撓。意氣豈不甚盛。然以此之故。至以服從爲一大戒。於是以意氣而梗敗其團體。而曰我能不服從。以子弟而不遜悌於父兄。而亦曰我能不服從。嗚呼。服從云者。寧必卑屈奴隸乎哉。既有人際之交涉。自不能無公義之制裁。而此制裁者。固非壓以勢力脅以威權但出於人人良心所同然爲人道所必不能外若必幷此制裁而抉去之然後能滿其自由獨立之量則是率其羣而退爲孤立狂盪之野蠻吾恐其歷千刼而永無獨立自由之一日也故曰不可服從强權而不可不服從公理

一日不可服從私人之命令而不可不服從公定之法律欲維持國家之秩序必以服從法律爲第一義欲保護個人之自由亦必以服從法律爲第一義蓋法律者所以畫自由之界限裁抑强者之專横即伸張弱者之權利務使人人皆立於平等不令一人屈服於他人者也然法律者紙上之空文必得衆人之服從然後始生效力文明之人知我有服從法律之義務也則莫不强自制裁置其身於規律之內乃至一舉一動一言一事皆若有監督而命令之者懔懔然不敢少越其範圍自其表面觀之則其尺步繩趨以視野蠻人之汗漫恣睢豈不反增束縛哉然而文明之人終不以彼易此者蓋深知法律者人羣之保障故寧絀其一部之自由以護其全體之權利也是故人羣愈進於文明則其法律愈以繁密其人民之遵守法律愈以謹嚴而其自由亦愈以張盛徵之世界之民族服從性質以盎格魯撒遜人爲最富而自由幸福亦以盎格魯撒遜

人爲最優是固其明效大驗矣然而法律有二成於大衆之同意者曰公出於一人之獨斷者曰私夫以私人之意見强大衆以服從以喜怒爲從違以愛憎爲賞罰擧公衆天賦之人權聽其操縱而任其蹂躪是固箝束而奴隸我矣我而不甘爲奴隸要其更定可也起而抵抗可也乃至大蹂大搏摧陷而廓清之滌其舊法而代以新法無不可也若夫公定之法律則固自制而自守之非一人專斷以羈軛我也人人欲保其秩序知法律爲羣治所必需乃制是以樹公衆同守之防閑以謀公衆莫大之幸福故無論其爲國家其爲團體苟有公定之法則必神聖而擁護之尊敬而遵守之然後國家乃興團體乃固若猶必厭其限制苦其束縛不肯俯首聽命而必軼蕩其範圍則是我固未有自治之力尙無以異於野蠻之汗漫恣睢也夫我之大蹂大搏必欲摧陷廓清此舊法者寧非惡其法之惡而不良不足以護此秩序自由哉乃我方抗其惡法而先自陷於無法律之域相率而汗漫恣睢是其羣之秩序自由縛於惡法而尙有生機者蕩於無法而反無萌孽也況夫一羣之內旣無法以相團人皆無所遵守則各逞其私意以爲羣內之競爭一團散沙內亂不暇更安有餘力以競爭於羣外抗此私人之命

令而改革之耶力既不足以建設乃并破壞而亦有所不能則雖意氣激昂仍不能不拳伏於私人命令之下是則誰之咎也故曰不可服從私人之命令而不可不服從公定之法律

（未完）

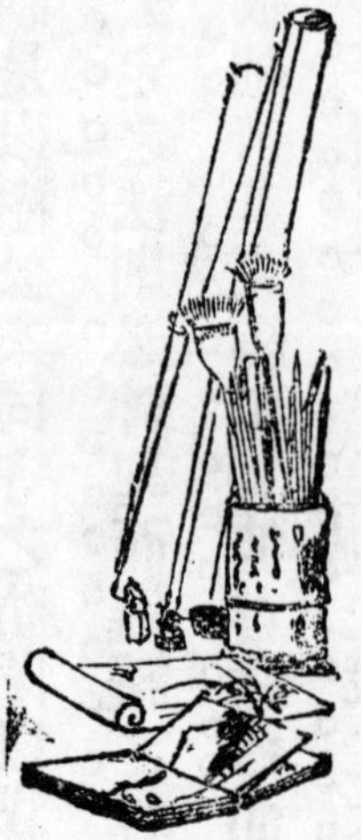

學說

政治學大家伯倫知理之學說

力人

伯倫知理(Bluntschli)名約翰、加斯帕耳。以一千八百零八年。生於瑞士之直里夫國。少遊學德國。修法學。千八百三十六年。舉直里夫大學之法學博士。同三十九年。仕政府。爲高官。尋轉立法官。以所研究之法學。施之實行。殆十數年。至一千八百四十七年。始去官。拜們亨(巴威略之首都)之大學博士。氏之著述頗多。其最著者、爲國法國政沿革史。德意志私法論、國家論(善隣譯書局有漢文譯本。)國法汎論、(日本加藤弘之有和文譯本。前譯書彙編中亦譯有數章。惜未成。)等書。

政治法律之學。其淵源遠出于希臘柏拉圖亞里斯多德諸巨儒。中世以來。碩學輩出。多有創論。然其爲學。屬乎理論。非若物質諸學之可按跡而索也。故其進步。不如形而下諸學之速、且形而下之學。憑乎形質。衆論一致。不有異同。政治法律之學。則甲是乙非全憑理論學者籍籍莫衷一是是以古之學者或偏于天理或泥乎古今之實跡無有參酌而取其善者自伯氏出能明國家之所以然斟酌古說而出以心裁發明前人所未知之說而政法學爲之一新是其特色也

十八世紀以來盧騷氏主張民約之說以社會之理說政治舉世風靡歐洲百餘年之風潮亦因之而起其說矯枉過正偏論社會以之破中世之積論伸民權之風氣則可以之爲國家學至一無二之定理則有不免矣其眞者自伯氏出主張國家主權之說破民約之論百年來最有力之學說遂爲之一變是故十九世紀之風潮根于盧氏民約之論十九世紀以後之風潮或將趨于伯氏之說未可知也今摘伯氏之學說取其最新而適眞理者述于下

第一　伯倫知理之國家有機體說

伯氏之言曰昔人以國民爲社會以國家爲人民聚成之體其說尙矣而近今學者殊不爲然謂國家者有機之組織體也夫徒抹五彩不得謂之圖畫徒積瓦石不得成爲石偶徒聚線緯與血球不得謂之人類國家亦然國家者非徒聚人民之謂也非徒有

府庫制度之謂也亦有其意志焉亦有其行動焉蓋有機體也。然國家之爲有機體又非若動植物之出於天造者比也。實由屢經沿革而成其創造出于人力。蓋人所造之國家與天所造之動植物其造者不同其爲有機體則同也。今舉其相似者如左。

一精神與形體之聯合。

二肢骸各官（即其體中各部）皆具固有之性質及生活職掌等（即官府及議院）。

三宜聯結此等肢骸以構成一全體（即憲法）

四其成長始于內部遂及外部（即國家之沿革）

故據此四者觀之。可知國家之爲物與無機之器械實異。器械雖有樞紐。可以運動。非如國家之有肢體五官也。且器械之動出乎自然毫不自由。國家則自有行動。自以意識決之。毫無可循之軌。故曰國家非成于技工出于意匠也。其長育皆如動植物。所異者動植物出乎天造。此則人造耳。

第二 伯倫知理之主權論

伯倫知理之論主權。其要有五。

一獨立不羈無有居其上以統之者。

二主權即國家之權力也宜歸於國家及元首。如法建選舉會等類。乃隸國家之機關。各奉其職于主權無關也。

三主權即至尊權立于國內所有權力之上。

四國家欲求統一則宜先使主權統一。此乃國家最要之事。設一國有二個主權並立。則各不相下必至紛亂。

五古人以無限獨裁之義釋主權。皆不得其當主權實含有限之性質者也。蓋主權由國法所定宜受國法制限。

國家者國民集合之組織體也既能獨立有威力有至尊權能統一。則即有根本之主權。苟主權不完備不統一。則其國家亦必不完備不統一。蓋國家以主權而存立者也。故曰。有主權則有國家有國家則有主權而主權之爲物則可確定如左。

一主權既不獨屬社會又不必獨屬君主亦不在國家之上又不出國家以外國家。

所定之憲法即主權所從出。

二有謂社會爲一私人之集合體。而主權即爲私人之集合權。其言謬甚。主權即公權也。

三有一族頗能結合。而未具國家之體裁。則其權可謂主權矣乎。是斷不可。蓋主權根于國家。無國家則無主權也。

伯倫知理之所謂主權既如此。于是乃舉前此之主權說者而批評之曰。平丹謂主權者無限無窮之權力也。當時專制主義者。欲使君權尊且重。乃藉平丹之說而鋪張之。謂國家由君主之力而成。君主之於國家。猶天神之於人。任意主宰。無所制限。其於國家主權之關係。可謂顛倒妄用矣。

此種之說。既徒利君主而無益于人民。近世之人。乃倡言詆之。盧騷氏著主權諸論。不於歷史上論國家。而於道理上論國家。舉世靡然從之。而國家及社會之見解。爲之一變。雖然盧氏之說。亦非能得眞相者也。盧氏以爲主權不在于主治者。而在于公民。曰各人既有自由平等之權利。欲合羣以圖安康。乃相約而建國家。由是有共同之意思及權力而主權生。故主權者本公民之所有也云云。是實不知國家之歷史者也。往古數千年國家之起原。實無有起于相約者。不過盧氏之理想耳。而謂主權出于人民。其說亦不爲得當。與主權出于君主之說同爲謬誤。蓋盧氏之意無他。欲排專制君主之主權。而代以專制國民之主權。究之其失一也。伯倫知理之說如此。

第三　伯倫知理之政體論

伯倫知理曰。古代希臘人分政體爲三種。曰君主政體。曰貴族政體。曰民主政體。亞里斯多德復從而分析之。以三種爲正者。而別立其反對者。曰僭主政治。曰寡頭政治。曰僭民政治。謂之爲不正者。共六種。夫政體之別。視其政府之構造何如也。凡天下邦國必有爲最上官者。專當國政。而希臘人則視此最上官之數目。以爲政體之區別耳。此三種之外。又宜加以一種。曰神道政治。蓋世之政體。皆以人爲主政之人。獨此則以天神或人鬼爲國之眞主。故根本與三種政體不同也。至亞里斯多德不以此列入政體者。因亞氏信國家出于人爲。非神所得干預也。亞氏之意。固未可厚非。然歷史實有之矣。

神道政治與君主政治。其外觀頗相類。然以神爲君。與以人爲君者。其間之區別。要自遠甚。而主治被治二者。霄壤懸隔。上下之界。嚴不可犯。則此二種政治。實與貴族政治民主政治異。貴族民主政治之主治者。即可爲被治者。被治者即可爲主治者。毫無間隔。即有之。亦不如神道君主之甚也。

神道政治。有與民主政治相類者。君主政治。有與貴族政治相類者。蓋神道政治之神。與民主政治之民。雖握實權。而不自行之。皆舉人以爲代表。君主政治之君。與貴族政治之貴族。則皆自出行政也。

神道政治之時。其國民之福利。非人力之所能謀。以爲有監臨我上而控御我者。遂藉之以爲國政。而國之興亡存廢。舉歸之神意。其惑亦甚矣。

故觀于此。而伯倫知理之眞諦可知矣。蓋伯氏不好于理論上論國家。而嘗于歷史上論之。神道之政治。彼亦知其惑也。而歷史上既有之。則政體自應存此一種民約之主權。彼亦非辨其謬也。而歷史上既不符。則自不能雷同。故伯氏之說。嘗歸于實際。就歷史以求沿革之跡。而研究國家。是其所長也。

第四　伯倫知理之論司法

伯倫知理曰司法之權所以保全國家之正義公直也故有傷害法制者然後行之除去其傷害而司法之事畢矣司法之職掌可分爲二一認法判定是也（加判定事之虛實曲直。及應當何法之類）一、行法執行是也。（加處罪之類）判定之事有法律之學識者皆可爲之執行之事非法官不能司之也。

法之事務亦可分爲二凡私權有受損者則除去之以圖其安全是私法事務也此時國家唯依法律以保護之使不受損害如甲奪乙之產則使甲償還之即足矣刑法事務則不然人若有暴行破國法者則不獨除其損害追回所奪之權利已也又當加之以刑罰使知所懲是私法刑法相異之處也。

凡犯罪之與刑罰必不可施行失當苟失當則法制之尊嚴不能復正國之紀綱法爲徒法而已凡懲罰罪人不獨欲回復此人之所損害又當使他人見之者皆以法律可畏知所戒心則司法之目的方達。

以上皆伯氏關於司法之言固亦現世之通論無以異於人言要之伯氏之說參酌眞理準乎實際無過高之論無背理之言其可貴之處實在此也其他諸說原書具在茲不贅述。

歷史

歐美各國立憲史論

蛻菴

第一編 英國憲法成立史

第二章 第一改革時代（續三十號）

第七節 專制政治之中興

進化學者之言曰進化之軌道紆回曲折不爲直行線而爲螺旋線故方事物之進步必有反動力以承其後使之擢阻迴盪若甚退步者然及出此反動之時期則進步遂以驟長盖有翕歛則發生愈盛有渟洑則奔流愈迅此殆天下進化之公例矣約爾格王朝以前英國憲政之進步已稱極盛約爾格王朝而後則固英國憲政萎縮之時代也國會監督政府之權藉蘭加士達諸王之力而日以鞏固其時人士固謂足以限制

君主之權力而障護國民之自由然國會制度未及成熟故一有阻力之橫於其前其進運遂以中沮是以赫華四世崛起而大憲章以前之專制政治遂有死灰復然之勢而國會忽失其權能嗚呼王權之與民權二者必不能兩大彼消此長勢有固然然赫華四世固非秦皇漢武之雄主固乃能於累朝限制之下突起而盡脫憲法之覊絆者何也推求其故厥有數因

約爾格諸王所援爲口實以鞏其專制之根據者曰『正統之權利』蘭加士達朝之起也實由國會所擁戴故不能不割讓權利以酬其援立之功且既待國會之選立然後能有承繼王位之權則國會之力已駕出王權之上故立法施令不得國會之確認則必無效力若約爾格朝則系本正統王位其所固有務定其世襲之權以固王室之基礎遂謂前朝閏位之法不足以限制正統之王國會無詞以拒之而權遂稍稍見奪矣此爲第一原因

然藉正統之虛詞尙未足以收專權之實效也夫國會之限制王權足以制專橫君主之死命者以供給租稅爲惟一利器蘭加士達王朝與法國有『百年戰爭』之役日求

軍餉於國會國會脅而要之遂以大張其勢力盖挾稅餉以求權利固自約翰以來屢用而屢效者也赫華四世之狡獪稔知國會之術則務守和平主義不與他國輕啓釁端既無軍餉之需不必復仰國會之鼻息於是國會制王之利器鏽鈍而無所復用且赫華即位之初籍沒敵黨貴族之領地且誘脅國會使允供終身租稅於王家王既有所憑藉遂以國會爲無足輕重而召集之期浸稀脫韝之鷹漸飛揚而不可復制此爲

第二原因

然國會苟不腐敗則合三級人民之力尙足以抵禦王權也然薔薇之戰貴族縱分二黨（屬約爾格公者爲正統派屬蘭加士達者爲國會黨）日從事於戰爭既其終也敗者固熸滅無餘而勝者亦疲弊而不能復振且倍臣分裂於下貴族之勢日衰加以火藥發明兵制一變貴族昔日勇銳之騎兵非復王室步兵之敵於是貴族式微不復爲王所畏憚而其所謂教正教士者則日憂勢力財產之危險欲免人民之嫉惡日求庇於王室俯首屈服惟命是從於是抵制政府之責任咸萃於下院之庶民然庶民院方在稚弱未能以獨力負此大任也且軒利六世之八年新定議員財產之資格以是之故從來都市選舉之權悉移於市

會市長之手彼少數之市長市會素以仰伺王意爲事故一切議員殆皆王黨而下院亦遂爲王所操縱無復餘力以抗爭兩院之勢既衰赫華遂徑行其意而無復掣肘此爲第三原因

以此三因赫華遂騁其野心開專政之新幕故約爾格王朝二十五年之間國會選舉僅及七回而會期復極迫促議事亦極寂寥赫林謂『赫華御宇以來未嘗發一條例以救拯民瘼張護民權』以此徵之其言殆不爲過然而赫華者固非蹂躪國法以破壞立憲政治之形式也彼但吸收大權使國憲徒有其形奄奄無復生氣故當日國會之職權惟執行顧問會頒布之法令記錄顧問會認許之條例受其操縱爲之傀儡以成爲王室之附屬物而已蓋赫華之政治固蒙憲法制度之假面以肆其專制君主之暴行者也」

約爾格王朝既開專制政治之端緒迨至條陀王朝遂達專制政治之極端軒利七世之即位也挾其戰勝之權利以擴其君主之威權二十餘年之國會遂沈墜於曀曀長夜之中軒利八世繼立更易一『利用國會』之政略以別成一條陀之專制政體 Tudor Despotism 置國會於君主指揮之下使成爲王室有力之機關而其時之宰相所謂卡狄

拿爾、倭爾西 Cardinal Wolsey 圖瑪士、格林威爾者 Thomas Cromwell（此格林威爾別是一人非大革命時之格林威爾也）者相繼柄政類皆負梟傑之雄材懷專制之主義奔走先後竭力以增殖王權國會惟唯諾聽從雖有悖理非法之舉動曾不敢爲一言之反抗故王而廢立嫡后也則贊成之王而擅殺宰相也則附和之浸而立嗣悉由宸斷而選立國士之特權移而入於王手矣浸而敕令可爲法律而立法權之大部割而隸於王家矣擅定叛逆之條律干涉議員之選舉而國會遂成爲王室之國會雖確定言論之自由嚴禁議員之逮捕他日國會之特權何嘗不受軒利之賜然原軒利之本意則固以議會方在其掌握曾不憂其梗抗故姑以是餂之以粧飾專制主義之莊嚴而已

嗚呼彼盎格魯撒遜人種固非生長於平民主義之下而以自由爲第二性命者哉顧乃受君主之鞭笞蹴踏曾無憔悴不平之色而黃金時代之頌聲反遍聒於條陀王家之世者何也方中世之末葉文學復興文物日盛東印度航路發見而後航海之業日興舉世人士之精神無不營營於新學之智識生計之問題而權利之屈伸政治之得失反膜視而置爲緩圖且薔薇戰爭以來英人久厭苦內亂亟欲一覩太平之世以得

所息肩苟有人能代謀治安則不憚頂禮而崇拜之神聖而謳歌之必不復抵觸糾繩以議其後盖遠航絕海漂簸於驚風駭浪之中但求達彼岸以保安全必不欲嚴規律以縛束船長彼軒利握國家之大柄有統御之長才英人以爲欲謀治安舍軒利更無所託命於是拱手以聽其措置寧棄自由爲代價以購此渴望之和平盖條陀王朝之專制固能收拾人望而爲英人所甘心而樂受者也

然而自由者非可託之他人者也彼英人盡擧政治之權利奉而呈吾君主而大權遂專集於一人一人而專有大權則濫用之以自肆久蹂之以自私此固人情所不能免者也然英人之放棄自由將以購易和平固謂得足償失也及太平日久不復見和平之可樂則又呻吟歌泣以想望昔日之自由此又勢所必然者也軒利即世其嗣王無先王之才略而襲用先王之威權日益專横浸失人望雖除罷前朝非憲之法律固不足以平庶民之氣而國會與政府始漸有異同及額里查白即位以陰柔之手段行其雄鷙之才略務守祖宗之舊制以恢復軒利之王權積百有餘年之勢力至女皇而結束之而君權遂以達於極點英之有額里查白猶法之有路易十四也且一千五百

八十八年之役。殲滅西班之無敵艦隊。女皇之威望彌赫耀於英人之耳目而咸尊爲扶導英國之一人。然積百餘年之專制。軛縛已極難堪。嚮者外患凴陵。方日在危難之中。遂不復自知其痛苦。今者外患既平。晏然無事。於是軛縛之痛楚漸激刺於英人心腦之間。彼素享自由之民族。豈能久忍此苦。於是呻吟之聲與謳歌之聲間作。而君民激爭之導線已燃於女皇光榮赫耀之時。

第八節　非政府黨之發生

宗教改革以來。英國之新舊教徒日相鬩爭。其勢幾不能兩立。密利女王之世。盡逐新教徒於海外。其逃難於直邪涅巴者。大倡宗教改革之議。急激而趨於極端。標里坦之返英也。齎其精神以俱歸。務欲廣布其宗旨。政府深惡而痛繩之。淸教徒不爲少屈。日標揭人權自由之正義。以大號於國中。竭力以抵抗王家。務行宗教政治之改革。洎額里查白之季世。非政府黨之勢力日以擴張。其組織亦日以完備。一千六百一年之國會。專賣問題之議起。政府黨袒護王權。曲爲之說。非政府黨起而反抗。力詆專賣之非理。倔强而曾不少撓。額里查白知其終不可屈也。乃曲徇其議。撤銷專賣之特權。蓋其時國民憤懣不平之氣已彌漫於國中而非政府黨之勢力殆有不可復遏之勢然顧里査白沓觀時變能用適宜之政策以維繫人心。故國會之激爭終未嘗至於爆裂及占士繼位其威望遠不逮先王。且其時百姓謷謷咸欲回復自由冀新主之釋其羈軛。使占士而審觀時勢授以先王所欲與未與之民權則足以靜方動之人心不至有革命之慘劇也然占士怙其積威以爲條陀王家之王位實由神授所謂神聖不可侵犯者也苟有犯此神聖者即當科以大不敬之罪彼既挾此謬見務擴張累代之君權。於是舉國洶洶君民將不免於衝突。方是時也。議院分爲二派曰政府黨曰非政府黨。而非政府之議員復分爲二。一爲地方選出之有力紳商。一爲地方團體推舉之法律學者彼法律學者之學識。迴出於諸級人民之上。是固足以障護自由。而張非政府黨之勢力者也。

王與國會之衝突第一爲國會特權之問題。此固自前朝已啓其端。經數議而未能決定者也。國會乃草「憲法辨疑」Apology 以確證國會當有之權利。既而國會與王室之紛爭日以益甚。凡所謂英蘇聯合問題。西班牙同盟問題。新舊教徒處分問題無不互相齟齬。一千六百九年。國會否決增加關稅之法案。全院一致。提出議案。以聲王壓抑言論自由干涉國會議事之罪。且臚舉一切弊政。挾租稅之供給以要占士之改革。占士大怒。遂於千六百十一年二月解散議會。

國會既解。占士專制國政。未及三年。財政大困。諸謀臣建議於占士曰。『反對黨之强悍。非可强奪豪取者也。今方選擧之始。當以王室之勢力助政府黨。使之多選議員。復以恩惠籠絡反對黨之領袖。以威脅離散反對黨之黨員。然後割讓一二之權利以餌之。如是則足以間執其口。可惟我所欲爲。此固先王操縱國會之妙術也。』占士深然其言。將於千六百十四年五月。復開議會。然方是時。非政府黨之勢力已脹滿於民間。既而占士之謀復洩。輿論益以沸騰。故選擧之終。政府黨反極少數。國會深惡政府奸邪之不足信用。而痛王之怙權終不可悟也。則益力持前議。謂非改革諸種之秕政。回復臣民之權利。則租稅終不可得。二月之間。未嘗有一通過之議案。是即世所稱爲無爲國會 The Addled Parliament 者也。

國會之倔强。民間之橫議。皆占士所切齒痛恨者也。以爲不痛繩之。他日將不可復制。

乃捕議員四人下之於獄七年之間不復召集國會王意即爲國法舉動日益專橫英國千年之憲法蹂躪幾無萌孼而自由祖國之名譽殆將墜地矣適「三十年戰爭」之役起國費日以浩繁以籌備軍餉之故乃於二十一年復開國會非政府黨幾占議員之全數國會之內遂爲非政府黨之勢力範圍

二十一年國會之成立也國會無抗難王室之意占士既誓守憲法國會亦允供政費王室之與國會固可以和平而調合之矣赫華曲 Sir Edward Coke 首倡異議謂宜置調查弊政之委員赫華曲者曾任判事長官據法理以裁抑王權務竭力以扶植自由主義者也其議一出舉院贊成既而委員報告書發國王之失德政府之秕政國會以爲非大加釐革不足以維持國家於是摘發貴臣之輔導無狀法官之曲法徇私聲其罪而彈劾之國會彈劾之特權自一千四百四十九年彈糾沙科格公以來二百年間久已廢置不用者至今日而始復舉行鳳鳴朝陽觀聽咸聳於是國民之氣一振而國會之權亦大張

然而占士狃於累世之積威以爲挾君主之神權何所求而不得奮其雷霆萬鈞之力

以國會爲王家之隸屬蹴踏而鞭笞之然國會之侃侃持正非復如曩者之國會依庇於國王之肘腋唯諾以爲容悅者也日揭自由神聖爲宗旨苟有犯此主義者必出死力以爭之雖刀鋸躡後斧鉞當前亦毅然抵持必不肯爲不義屈國王之與國會殆有相持不下之勢占士以彈劾之故下令停會旋有與西班牙聯婚之舉國會阻之占士以爲此朕家事非國會所宜與聞乃下敕詔以斥之曰「國會之特權固朕與先王所惠賜非爾臣民承襲之祖先者也今國會越職言事濫侵朕之特權朕可賜國會以權利者朕亦可褫國會之權利」國會奉此敕詔以爲王爲此言不啻與國會宣戰也乃決議抗辨條載之於議事錄今揭其大旨如左。

國會之自由與特典固英國臣民受之先祖世襲而傳守之其權利固與生俱來者也。

故夫制定法律矯救弊政以至一切政事苟有關係於國家者國會皆有商議討論之職權

國會既負此大職膺此重任故下院議員皆有自由演說之權利

議院議事按各事之次序從宜討論不受院外之掣肘議員在下院之中演述己意可免彈劾禁錮以保其自由(國會自加懲罰則不在此例)

議員在國會之中其對於君主之言動苟有違法宜糾劾者待全院之決議允諾則當上聞於君主君主不當寄耳目於私人妄信讒間之言

占士聞其抗議勃然大怒遣敕使於國會令取其抗辯之議事錄致之樞密議會手親裂之捕赫華曲、腓律布、瑪羅里諸人下獄禁錮旋命解散國會於是國會與王室之齟齬益決裂而不可調和而國王不道之怨聲囂然遍於國中矣

(未完)

傳記

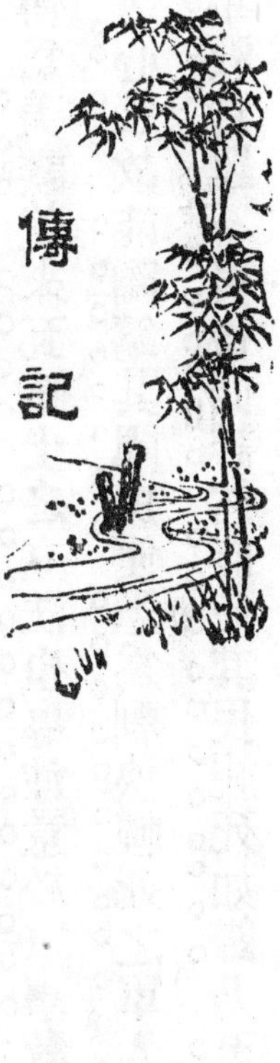

商君傳

蛻庵

第六節之續　商君之行政

(二) 兵政

欲實行帝國之政略必先養成軍國之資格筦仲作內政寄軍令而齊遂定覇中原俾斯麥變兵制修武備而德遂雄視歐陸蓋非有尚武精神必不足以行其鐵血主義也秦俗首功好武自昔已然商君因而用之獎之以賞厲之以威驅而一之於戰故其定法也斬首捕虜者賜爵受賞退怯降敵者誅身沒家有軍功者各以其率受上爵爲私鬬者各以輕重被刑宗室非有軍功論不得爲屬籍務使舉國之人皆有勇悍輕死之精神而各具軍人之資格故其言曰。

（賞刑）故夫當壯者務於戰。老弱者務於守。死者不悔。生者務勸。此臣所謂一教也。民之欲富貴也。共闔棺而後出。而富貴之門。必出於兵。是故民聞戰而相賀也。起居飲食所歌謠者戰也。

（畫策）民勇者戰勝。一民於戰者民勇。不能一民於戰者民不勇。聖王見勇至之於兵也。故舉國而責之於兵。入其國。觀其治。兵用者強。因以知民之見用者也。民之見戰也。如餓狼之見肉。則民用矣。凡戰者民之所惡也。能使民樂戰者王。強國之民。父遺其子。兄遺其弟。妻遺其夫。皆曰不得無返。又曰失法離令。若死我死。鄉治之行間。無所逃遷。徙無所入。行間之治。連以五。辨之以章。束之以令。窮天所處。以此無所生。是以三軍之衆。從令如流水。死而不旋踵。

吾聞斯巴達人之從軍也。其母送之曰『視汝負楯而歸。否則以楯負汝而歸』。其忠勇英悍之氣。至今傳爲美談。蓋來瓦喀士之立法也。專注意於軍事教育。其尚武之精神。既深入於國人之心腦。故能陶鑄其國民。使悉爲剽俠輕死之軍人。雖婦人亦無異於男子。商君之軍事教育。雖不可得而詳。然能使其民視死如歸。乃至起居飲食所謳歌無不以戰爲樂則其所以陶鑄而鼓舞之者固必有道矣斯巴達以彈丸而雄長希臘秦亦起西鄙而統一中原蓋秦固一東方之斯巴達而商君實中國之來瓦喀士也孫卿謂其四世有勝非幸也數也始皇之帝業商君已爲植不拔之基矣

故夫商君之兵制舉國皆兵之制也中國自周以來素行徵兵之法司馬之官本井田以定兵賦方里爲井四井爲邑四邑爲邱邱有戎馬一匹牛三頭四邱爲甸甸有戎馬四匹兵車一乘牛十二頭甲士三人步卒七十二人百里爲同提封萬井戎馬四百匹兵車百乘千里爲畿戎馬四萬匹兵車萬乘戎卒七十萬人此所謂乘馬之制也戰國兼幷有地皆逾千里故雖弱小之國猶備勝兵十數萬人商君因用其制乃更擴而張之使國民皆負兵役之義務故其言曰『四戰之國不能以萬室之邑舍鉅萬之兵者其國危』定三軍之制曰『壯男爲一軍壯女爲一軍老弱爲一軍此之謂三軍也壯男之軍使盛食厲兵陳而待敵壯女之軍使盛食負壘陳而待令』(兵守篇)凡以秦國地廣人稀興兵則國貧務農則敵息其國人不足以兼任耕戰也則務來三晉之民使之務本於內而盡萃秦民之力使之應敵於外析國民之義務而二之客民負其租稅

而主民負其軍役蓋彼固深知捍衛國家之責必當本國國民所擔負而不可託之關係淺薄之募兵及不同利害之客民者也此固商君政略之特色而其舉國皆兵之制則已與今歐美諸强國初無少異矣

(三) 官制

農兵二者固商君內政之犖犖大端所以收富强之實效而奠帝國之基礎者也然商君之制度其影響及於後世使中國由封建時代進而爲一統時代者則曰罷侯置守廢封建爲郡縣封建制度之萌芽我國也由來遠矣塗山之會玉帛萬國孟津之會諸侯八百上古之制茫昧無稽要不過酋長部落紛然雜處而已及周之興大封親賢藩屏王室封建之制遂以完備凌遲及於春秋封建之勢日盛而其弊亦大略可覩矣商君用秦乃盡取封建之制而革之而中國羣治遂爲一大進化試稽其所定之官制固皆以除封建之弊者也商君之官制有二一曰軍爵二曰地方官吏

(A) 軍爵　秦爵共二十等二十　徹侯。（功大者食縣小者食亭得臣其所食吏民）十九關內侯。（雖有侯號留居京畿而無國邑）十八大庶長。十七駟車庶長。十六大上造。十五少上造。十四右更。十三中更。十二左更。十一右庶長。十左庶長。劉昭曰自左庶長以上至大庶長皆將軍也 九五大夫。八公乘。七公大夫。六官大夫。五大夫。四不更。三簪裊。二上造。一公士。劉昭曰自公士以上至五大夫皆軍吏也 凡此二十等者。固皆軍爵以賞戰功者也。夫古之所謂爵者。類皆與以土地。外則公侯伯子男以至附庸。內則公卿大夫。無不世食祿邑。蓋武士立功。錫茅土以爲酬報。彼既世其封邑。勢力浸盛。遂成藩邦。封建制度之所由起。東西諸國靡不然矣。惟秦法自關內侯而下。皆受虛爵而無實封。惟徹侯得有土地。然徹侯之爵。虛懸而不輕授人。始皇使王翦將擊楚翦請美田宅甚衆曰爲大王將有功終不得封侯蓋秦雖定徹侯之爵而受封者極少此其證也 蓋秦之法。不易以土地予人也。後儒論古。謂漢代關內侯之制爲最善。蓋以其有酬庸之典。而無封建之弊耳。後世沿用斯制。千餘年以至於今日。而封建之害遂絕。而此制則實創之商君者也。

(B) 地方官吏 始皇兼滅六國。初并天下。乃分天下爲三十六郡。郡置守尉監。於是昔日封建之天下。一變而爲郡縣之天下。然而郡縣者。非始於始皇。始皇特承用商君之遺制。擴張而推行之者也。李斯議云今海內統一皆爲郡縣易制置諸侯不便是商君而後秦固久定郡縣之制矣 夫秦武之縣杜鄭。楚莊之縣陳。郡縣之制。固已萌芽於商君以前。然彼之所謂縣者。不過略有他國之地割而隷之吾屬耳至商君幷諸小都鄉邑聚定爲四十一縣分國內之土地劃爲政治區域舉國之土地人民無不直隷於中央政府而郡縣之制始完大縣萬戶以上者置一令不及萬戶者則曰長令長之下皆有丞尉其所謂令長丞尉者皆受命於君主而來守此土直隷於政府監督之下對中央政府而負其責任者也蓋至是已無復分土子民之藩侯而中央集權之制遂日趨於鞏固不待李斯之建議而始罷封建矣

凡此三者皆商君行政之偉略而其所以霸國之本源也若其厲行警察則令民爲什伍而相收司連坐修明市政則平斗斛權衡丈尺改良風俗則嚴爲男女之別令民父子兄弟不得同室內息以其總覈之才舉一國之政制教俗靡細靡鉅無不條理而整之齊之行法十年秦民大說道不拾遺山無盜賊家給人足鄉邑大治彼其所以致此者固有由矣

第七節　結論

烏乎商君固法學之巨子而政治家之雄也世人之訴之也曰破壞井田曰慘刻寡恩

曰輕棄禮義。夫井田之積弊不可行。與法治者執法無寬縱。俗儒之論。固不足以置辨矣。獨其闕於德義之教。誠不可謂非商君之缺點。然筦子不云乎『倉廩實而知禮節衣食足而知榮辱』秦民僻處雍西崎嶇山谷商君方內務耕織力擴其生計之源則所謂施教行化者或亦牽於時勢而不能不少有所待。且秦人與西戎錯處素習蠻風獷野蠢蒙固未能遽受高等之教育彼商君之語趙良曰。『始秦戎翟之教父子無別同室而居今我更制其教而爲之男女之別大築冀闕如魯衛矣』由是觀之則商君固非盡棄禮義。徒以野蠻之俗其程度之高下自有所宜文化者積漸而致是固未足盡爲商君病也。嗚呼彼一異國羈旅之人耳動人主於立談之頃。挺身以肩任國事抗羣貴之廷議逆一國之輿論毅然曾不少撓卒以拓霸國之規模。立一統之基礎使其生於今日固建造德國之俾斯麥也權貴之怨睨其旁新主之積怨其後危如朝露商君固慮之熟矣然寧以身殉國不肯屈法以求容忠於謀國勇於任事以視後世之尸竊高位伺權貴之喜怒以媕媚取容者何如矣後人日詆法家謂非儒者所宜道遂使我中國積弊而莫之革衰薾渙靡蕩然無紀以至於今日也悲夫

（完）

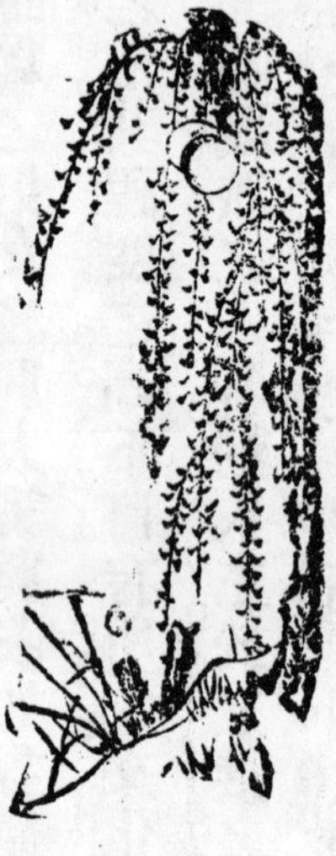

教育

泰西教育學沿革小史

蜺菴

叙例

荷爾瑪之自敍『國民教育』也曰『普之敗於法也何爲而改良其教育制度乎法之敗於德也又何爲而改良其教育制度乎蓋國際之競爭不在於軍備而在於智識故一國最上之資本莫大於發達國民之腦力』是以近日歐美諸國莫不汲汲從事於教育務發育其國民幼稚之身心使日進於完善開明之域且必先發揮教育之精神力謀教育之普及務陶鑄其民族之特性以養成具一特色之國民故歐洲今日荼錦之文化罔非教育界之所孕育歐洲諸國偉大之國民亦罔非教育家之所誕生者也然而天下之事實固未有不導源於理論者也有哥白尼之學說然後新大陸乃出見

於世界有亞丹斯密之學說然後生計界乃揭啓新幕有孟的斯鳩盧騷諸儒之學說然後平民政治乃滋蔓大地盖理論者事實之母凡事固靡不然而教育學固亦其一端也歐美今日之教育其制度之完備其精神之優尙爛然震人耳目矣然推其源之所自出則固非突然發生於一日盖上自梭格拉底柏拉圖諸賢提倡於數千年前上古教育之精神經中古之伏流至近世而始復出地 而門丁 Montaigne 比士達陸治 Pestalozzi 赫拔 Herbert 諸儒接踵繼起闡明學理鼓吹新說合千百年大儒碩學之精神之心血日漸改良日漸進步至今日而始大放光明者也我國今日教育之聲囂然遍於國中矣一切教育制度罔不曰取法泰西然欲採泰西教育之制度則不可不先究其制度之本源欲究其制度之本源不可不詳其學說之沿革用是不辭弇陋輯譯東西人之成書綴述諸家之學說節其繁重擷其綱要以備我國教育家之鑒法雖舛漏知所不免然溯其教育思想之變遷以跡其教育制度之進化儻亦言教育者之所不棄歟

西人歷史類皆劃爲上古中古近世三大時期今循斯例以稽其思想發達之階級自

希臘以至耶穌教徒初代教育爲第一期曰上古教育學史自西羅馬分裂以至東羅馬滅亡爲第二期曰中古教育學史自文學復興以迄今日爲第三期曰近世教育學史。

歐洲一切學問制度皆興盛於百年以來所謂教育學者亦自十八世紀以後始漸完備而成一學科上古之世雖爲今世文化所胚胎然篳路藍縷初啓山林雖有學說不過單詞片語而已中世千年號稱黑闇時代其教育學亦沈滯幽鬱殆無可觀十六世紀以降斯學始復光明洎乎十八世紀而後魁儒輩出肩背相望倡明學理霞蔚雲蒸精義新論盛於時矣是篇敍述上古中古則較簡至近世則獨詳蓋其學漸盛故其詞亦不能殺也。

制度之與學說釐然二事絕不相蒙故教育制度實在學史範圍之外然二者關係本極切密舍教育學固不能見教育制度之精神舍教育制度則亦無以窺教育學之眞相且教育學之發達實自近世以來上古中古之時期不能不徵之制度蓋古代教育制度之結果即爲近代之教育學而近代之教育學實受古代教育制度之影響固自

有不可離之關係也是編雖主詳學說之沿革而不能不涉及於制度之變遷惟十八世紀以來則學理浸昌。但臚諸家之理論則足窺其發達之要領。故於一切制度不復具敘。

是編所據者爲英人布羅瑩之教育學說史。德人格列倮爾之教育哲學史。日人金子馬治之教育學史。有所未備則採綴他書以附益之。學識淺陋。敢云箸述。聊舉諸儒之學說以介紹於我國國民云爾。

第一期　上古教育學史

歐洲今日之文化固匯希臘羅馬耶教之三大原素合一鑪而冶之發揮光大以釀成茶錦炫爛之文明者也西國文物殆無一不發源於三者教育之事何莫不然故自上古以來希臘之文藝教育羅馬之實用教育耶教之宗教教育分流別派遞興代盛各自浸灌於歐人心腦之中而此三代潮流其界線日相接觸其波瀾日相濡潤經中世千餘年之渟蓄遂有一瀉千里之勢至近代而成一總匯彼日耳曼人種之教育殆受衆流之趨匯灌而注之於近世之歐洲者也欲導河流不能不尋源於星宿吾今將

按三者之派別。而次第條述之。

第一章　希臘之教育

第一節　希臘教育之制

希臘教育之制度其課目可區爲二事。一曰體操一曰音樂二者固其制度之大端數百年中分希臘之教育界者也。後世史家類別希臘之教課曰體操曰文學曰音樂實則其教課可約爲體操音樂二種蓋希臘人之所謂音樂者固非但歌曲音律實幷詩學語學文法數學諸類皆歸納其中彼當日所謂音樂直不啻今日之所謂文藝也至於幾何天文醫學諸學則皆屬後起上代之希臘其教育課目實極單純也 體操以鑄成强健之體格。音樂以養成優尙之精神武備文事實劃爲兩大宗旨彼國於希臘之中者有數十之小國。其教育之旨趣各殊其制度之精粗各異。然其國勢强盛雄長希臘而狎主夏盟者則曰雅典與斯巴達。斯巴達者受治於貴族政治之下而爲雄武之市民。故常注重於體操而代表希臘武備之教育雅典者濡育於民政主義之中而爲文學之市民故常注重於音樂而代表希臘文事之教育其他諸國要不過柴立中央而模範二國者也。是以欲考希臘之教育不可不詳雅典斯巴達之制度。

（甲）斯巴達

斯巴達之敎育。一嚴重軍人之敎育。亦一干涉主義之敎育也。嬰兒始生。有官以驗其體格。不及格者棄而勿養。懼弱種也。及格矣。亦必試以種種之方法。非羸弱嬰孩所能堪者。以視其能勝勞苦與否。生及七歲。則取之慈母之懷中。而置之公立養育之幼年隊。粗衣㲉食。跣足裸體。以練成其忍耐飢寒之身體。無事則使之游獵於山林。有過則施以殘酷之鞭撻。以養成其堪任痛苦之習慣。年及十八。卒普通學校之生涯。而編入民籍。然日則會食於公塲。夜則就寢於營帳。猶復練習武事。研究韜略。自七歲以至六十。固無日不受政治之監督。習嚴格之訓練。且非獨男子爲然也。雖在女子。亦必同受敎育。少男操塲之外。別有少女之體操塲。使男女互相臨觀。比較其技術。以使相競爭。專敎以蹴蹹角觝諸技。與男子受同一之操練。蓋一爲斯巴忒阿他。Spartiatoe 人。則靡論男女。其身體皆非己有。日在國家監督之下。而終身受此嚴厲之陶練者也。若夫文學美術。咸視爲蠹翠之蟊賊。唾棄之而不屑爲。惟習以軍舞。授以軍歌。以養其愛國之心。以作其勇敢之氣。蓋斯巴達之敎育。純乎尙武主義。而實爲後世軍國之所模範者也。

（乙）雅典

雅典之政體與斯巴達截然迥殊故其教育也亦與斯巴達釐然各異斯巴達之學校悉爲政府所管轄而箇人之自由常受國家嚴重之縛束若雅典之學校則政府但爲之監督而悉聽民間之私立任個人之自由蓋斯巴達之教育專主干涉而雅典之教育則頗近放任者也雅典之教育制度悉由鎖龍所設施市民年及七歲則編之民籍必令就學其制與斯巴達同惟雅典之教育有特別怪異之制度蓋兒童之就學小學必有巴達科格 Pädagogue 之教僕以爲之監督巴達科格者大抵皆老耄無學之奴隸而非今日歐人之所謂小學教師 Pädagogue 固非以任教授專以監督兒童與之爲優游之談論而已

雅典之教育有二一曰尋常教育尋常教育亦類別爲二一爲體操一爲音樂二者各爲學校兒童及歲而後則必兼就二學一曰高等教育亦兼體操音樂二事兒童年及十六則離教僕之監督而就學於其中

（一）尋常教育

(A) 體操　雅典人未入音樂學校必先入體操學校體操學校雅典人所謂爲拍拉士脫里 Palastra 者也其教師曰拉達特列 Padatrib 其授業約在日晡其課目曰跳躍曰競走曰柔術曰技擊曰游泳雖無斯巴達嚴酷之訓練然直接受政府之監督其規律亦獨爲謹嚴苟爲市內公民之子弟固無一人不受此教育蓋立國於戰國之世雖以文學著名之雅典固亦不能習於文弱偏廢尚武之風也

(B) 音樂　音樂學校强半爲民間之私塾而非國家所設立者也其教師曰格廉瑪提士忒 Grammatistes 其授業約在午前其課目曰音樂讀書習字算術文法古代之初以一人兼授文法與音樂後乃分任以二人其讀書也先教之以綴字稍進即專授以荷馬之史詩其音樂也先教以歌謠稍進則遍授以箏笛諸樂器蓋希臘教育之宗旨務舉其人納之規矩之中以養成其調和整齊之習慣當兒童授業之始固已然矣

(二) 高等教育

高等教育專授之良家子弟者也其學科亦分爲體操與文藝然所謂體操者不過尋常學校之進步非如斯巴達之成爲武事專門而文藝則日漸精深浸而各有專科分

爲辯學哲學神學數學倫理學諸派學徒非必遍受諸學惟各專研一業以爲專門名家所謂學者政治家殆皆出於其中而文學遂以大盛沿及後世體操日以衰息而學術則如日中天遂釀成雅典特色之文明與斯巴達分道揚鑣而幷雄於世方是時也其教育亦分二派梭腓士 Sophist 以辯學教授於世然末流浸有流弊遂至有詭辯學派之名梭格拉底諸賢與之分途角立專以道德修養爲主義開哲學之門戶矯詭辯派之弊害而與之代興舉國少年翕然宗向而雅典之教育遂以日益完成

第二節　希臘教育之精神

一國有一國教育之制度則一國有一國教育之精神精神者所以鼓鑄國民之要具而制度則表發其精神者也英人之教育何以不能同之德德人教育又何以不能同之法蓋精神各有所注則其所以爲教育者自殊苟無精神則學制雖極緻密學課雖極完備要不過如孩童之隨母笑啼嬰武之學人言語徒具形式固未有能成獨立之學問造特色之國民者也希臘教育實以斯巴達雅典爲之代表尙文尙武二者雖各殊趨然務涵養精神肉體之美善以鑄成整齊統一之國民則固二者所向而爲希臘

教育之惟一主義也今請略揭其要旨。

第一美善之教育後世教育家者之言曰「希臘之教育實一審美之教育」斯可謂能揭其重要之特質者矣彼希臘之人生於秀美之風土具有優美之性情故其一切理想無不以美善爲標準其心育也則詩歌音樂務養其高尚之精神其體育也則嚴酷訓練務成一壯健之體格然彼又非截然分離心育體育而有所偏廢也斯巴達尚武而日諷荷馬之詩歌雅典尚文而遍立拍拉士脫里之學校盖其舉國之教育無一非使其精神與肉體盡如今日美術之所謂調和整齊者也雖然其所謂「美育」者固大異今日之「美育」彼之諷誦詩歌非以爲玩味之娛樂而藉爲品性之陶冶其尊崇荷馬亦非視爲文采之詩人而奉爲道德之教師故其所謂美善者直一道德的美善而猶成一特色之教育者也

第二國民之教育今日言教育者莫不曰國民教育矣然此主義二千年前已盛行於希臘之中彼斯巴達之國家教育固以嚴厲之干涉鑄一雄武之國民即雅典之制度固亦以養成公民爲一大宗旨而本是以施其普通教育者也雖然其異於今日之國

民教育者有二一則有市民而無國民故其教育也止及於公民之子弟而下級之人民多見屏於教育之外一則重國家而輕個人故其教育也以個人爲國家之犧牲而個人之自由悉收沒於國家之中此實時勢所使然無足怪者若其精神所專注則固欲養成公民之資格陶鑄一致之團體雖今日歐美諸國其又豈能遠過也

（未完）

論著門

批評門

改正十五小豪傑

洋裝全一冊　定價二角五分

此書爲法國人焦士威爾奴所著原名爲「兩年間學校暑假」英人某譯爲英文日本大文家森田思軒又由英文譯爲日本文名曰「十五少年」今此編即由日本文重譯者也全書寄思深微結構宏偉**示人自治合羣之規則起人獨立冒險之精神**實爲近日譯界說部中不可多得之書而青年輩不可不讀者也去年附印于每號新民報中久爲學界所推許今復由譯者自行改訂一回印成單行本餉世近見外間有翻印此書以欺圖射利者錯悞舛亂在在而有望購讀諸君幸留意焉

發行所　橫濱山下町百五十二番　新民叢報社

政界時評

（內國之部）

▲山東機器局之情形

中國製造工廠。江南製造局、福建船廠而外。則山東機器局獨稱完善。

山東機器局者。在濟南府北八里之新城。二十年前。丁文誠巡撫山東時所創立。而袁世凱所曾加整頓者也。局內分爲九廠。一生鐵廠。二熟鐵廠。三機器廠。四槍廠。五彈廠。亦電氣廠。七火藥廠。八木工廠。九泥工廠。生鐵廠者。溶化礦土而鑄造鐵材。熟鐵廠者。煉生鐵使爲熟鐵。機器廠者。以熟鐵製造諸種機械。其所用之滊機。有三十五匹馬力。二十年前購之英國。局中一切機械。皆該廠所自製者也。彈廠工人八十餘名。月成彈丸十四萬顆。火藥廠則分碾藥、壓葯、成粒、尖葯、篩葯、烘葯六房。日可成葯八百磅。其製造原料之銅鐵硝礦等物。皆購之南方諸省。其所用之煤。則爲淄川縣產。其職工工長皆雇之南省。未嘗聘用一外國人也。

我中國採用西法。首興工藝。朝野上下。孳孳致力於此者三十餘年。然舉國之大。乃止此寥寥數廠。斯已奇矣。二局中規模。未嘗一加擴充。至於今日。固猶是二十年之舊。保守性質。一至於是。抑又可謂異聞者矣。日震驚於西人之製造。而自有之基礎。則不一加擴拓。任其衰頹而至於毀廢。宜乎數十年而無一進步也。

（國際之部）

法人干涉滇亂

廣西之亂。日益猖獗。蘇元春縱之於前。王之春釀之於後。四出擾亂。遂蔓延而及於雲南。頃聞丁振鐸電告外務部。謂法國領事來相要挾。勒十日之嚴限。令中國速行平定臨安之匪徒。否則法國當遣兵至滇。代中國靖此內亂。法國駐京公使亦以臨安之亂。關係重大。亦以調兵平亂之旨。警告我國外部。且馳電本國。請速調重兵於東京境上。以備入滇之舉。嗚呼。王之春旣鬻我廣西矣。其餘禍乃波及雲南。雖食其肉奚補於事。而丁振鐸膺封疆之任。不能定此區區之內亂。一聞領事之要挾。則又倉皇失措。奔告政府而外更無他策。庸臣誤國。可憤可憐。政府得此警告。乃移文以告法使曰。臨安之亂。中國兵力自足平之。無煩貴國之助。嗚呼。是豈徒空言所能擋塞者耶。廣西雲南。旣在法國勢力範圍之內。彼國固不嘗視為屬地。而中國政府固其守土之傭奴耳。然以萬里之沃壤。寄之傭奴之手。其心終不能一日安也。撤兵事起。俄人旣自傭奴之手。取滿洲而自掌握之。各省地主。錯愕驚起。法人乃藉口平亂。欲遥收滇桂。以為法國之滿洲。嗚呼。我中國今不奮起自立。則雖內亂盡平。巳不過治標之下策。乃復晏然坐視任各省之紛擾糜爛。以啓戎心。英德日本。行將繼法而起。有形之瓜分。即可見之實事。亞洲大陸。非復我中人之有矣。政府割國民之財產。以授之外人。慷他人之慨。亦復何所芥蔕。特不知有此財產之四萬萬人。其將何所託命耳。嗚呼。

俄人外交之秘計

撤兵事起。俄人要求七事。英美日起而干涉。我政府旣決然拒之矣。俄人徐申前請。我政府則大變前計。徬徨卻顧。若無所措其手足。雖以英美諸國之詰責。

疆吏士民之力爭。而政府則充耳噤口。必不敢持拒俄之說。今既一月有奇矣。而滿洲問題。尚沈隱於模糊曖昧之中。而終未決定外交之政策。於是『政府畏俄』『政府鬻國』之聲。譁然聒於十八行省。噫嘻。畏俄鬻國之罪。政府寧復能逭。然孰知政府固一木偶一傀儡。其黑幕中別有一赫赫之主權者操縱之而命令之也。

日本朝日新聞之言曰。俄國之與中國交涉也。俄國駐京之公使。不過一名譽之外交官耳。其實行外交之職權。執行外交之政略者。實中俄銀行總理之波科狄羅布。凡有交涉事起。波氏先與中國之中官密議定謀決策。然後授意於公使。使與中國外部為形式之交涉。蓋波氏者。與中官李蓮英為昆弟之親交。日相往來於其邸第。苟有大事。恐或洩漏。則會議於白雲觀中。是以中國軍國重事。中國外部尚未奏聞於兩宮者。波氏已馳電於聖彼德堡。報告其政府矣。中國之外交內政。乃至宮闈秘密至纖極瑣之事。無不瞭然在俄政府之目中。

狡矣夫俄人之謀人國也。彼挾其精密之偵探。以詗吾國之內情。知吾固專制之國。人民咸仰成於政府也。又知吾政府雖握大權。實則待命於權倖也。又知我國政以賄成。權倖之可以貨取也。奮其大外交家之手腕。以市一宮闈嬖昵之人。固自無求不得。於是謀割一土地。謀攘一利權。則但為密室聚謀。已不啻得主權者之畫諾定約。及其表發於外。彼已操必獲之左券。雖列強之紛議。舉國之阻撓。彼但虛與委蛇。不必固爭而力索。而為之奧援者。自能左右其間。卒可為之轉圜。排百難而酬其大欲。且吾國機密之隱謀。政府之舉動。彼無不纖悉周知。豫畫策以為應付。伏我肘腋。以握我喉咽。固已制我之死命矣。且我國政權悉在權倖之手權倖既爲之效死俄人直不啻間接以握我主權我政府但蠕動於其股掌之上我國民但待命於其刀俎之間耳嗚呼載寶而來市國而去俄人固可謂勝算虛言以往實利而歸李蓮英亦未爲失計獨不解我國之尸此高位者何所戀於李蓮英乃不惜捐此萬里膏腴之壤棄其同種至親之人割此祖宗發祥之地供其揮霍以博其歡心也昔英國額里查白女王許其嬖臣專賣膴鹼至受國會之糾劾今乃許李蓮英專賣國土我國民謂視額里查白爲何如

白雲觀者固我國賣官鬻爵之一大市場也數十年來奔走於此終南捷徑者固已如蟻附膻乃至爲經紀之道士亦復炙手可熱政界之臭腐已爲古今萬國所未聞今乃以鬻官之市場擴而爲鬻國之互市李蓮英刑餘賤豎豈能責以人理獨我四萬萬之國民乃甘令刑餘賤豎之李蓮英爲我主權者而鬻我國土也嗚呼則又誰之咎邪

▲俄人駐東三省之陸軍及太平洋之艦隊

四月之間俄國關東總督既有盛京撤兵事竣之告示俄國駐京代理公使以此告示移報各國而我國政府頃復移文俄政府請其踐約撤兵至保護鐵路之事則當照鐵道條約我國代任其責云云撤兵之曖昧不待智者而知矣今將俄人駐防東三省之兵數詳列一表東三省其爲我有乎其爲俄有乎請讀者下一斷語

屯地	步兵	馬兵	砲兵
營口	二〇〇	……	……
大石橋	七〇〇	七〇〇	……
遼陽	二五六〇	二二四〇	三八〇

奉天	四〇〇	一四〇	一四〇
鐵嶺	二〇〇	四〇〇	……
公主陵	六〇〇	九〇〇	一〇〇
長春	八四〇	一四〇	……
吉林	五〇四〇	五六〇	一一八〇
老稍溝	四〇〇	四〇〇	二〇〇
哈爾賓	三〇六〇	二八〇〇	八二〇
烏吉密	四〇〇	三〇〇	……
橫道河子	一三〇〇	一〇〇〇	一〇〇
寧古塔	五六〇	二八〇	……
穆陵	三〇〇	三〇〇	一〇〇
齊齊哈爾	四〇〇	五〇〇	……
布哈特	一二〇〇	一四〇〇	……
海拉爾	四〇〇	三〇〇	……
合計	(一九一六〇)	(一二六二〇	二八八〇)

東三省之兵數。都凡三萬四千六百六十人。若其東洋艦隊。則其今年戰艦航海表其隸於太平洋艦隊者戰鬥艦九艘。一等巡洋艦十二艘。二等巡洋艦五艘。砲艦七艘。水雷巡洋艦二艘。運送艦三艘。攻擊水雷艇三十六艘。其海軍人數。則艦隊司令長官一人。司令官五人。將校五百二十九人。司機者百六十三人。軍醫五十一人。會計八十人。教士十九人。下士二百七十四人。兵卒一萬五千二百九十七人。傭夫若干人。都凡一萬六千四百一十九人。以此觀之。俄人東方之兵力。不可謂不厚矣。巴爾幹半島之風雲。擾擾於俄人之腹部。彼乃竭力與墺人相携挈。不復別展雄圖。而惟是汲汲於東方大陸之經營。暫緩近東問題。而萃全力於遠東問題。其用心寧復待問。邇來諸國之論議。且已公認滿洲爲俄人之所有矣。日本以利害切近。倘聯英以斷斷持之。然日本力薄。豈能

輕與俄人啓釁者。紛議之下。將成協商。俄以朝鮮讓日。日遂以滿洲讓俄耳。國不自立。而冀第三國之出而牽制，已爲非國。況第三國之力不足掣之耶。楚莊既已縣陳。趙幟行將易漢。而我國人猶冀撤兵之後。可以光復舊物也。可憐無定河邊骨。猶是深閨夢裡人。每一念之。輒爲嗚咽。

▲償欵用金用銀問題

償欵之用金用銀。和約中未嘗明言。頃以銀價下落。用金則我國更累。以是與諸國紛議數月未決。今美法諸國。已允用銀幣。英人亦允九年之間。收受銀幣。九年之後。用金用銀。當再議決。日本以諸國均有成議。不能獨異。亦將從衆。嗚呼。以世界堂堂之大國。屢受城下之辱。盟輸賠償之歲幣。大恥奇辱。已極不堪。乃更以用金用銀之故。日自訴其窮苦。以乞憐於戰勝者之前。哀懇累月。始幸得諸大國之哀憐。用銀之議。暫得就緒。吾不知覥顏向人者。作何狀態。但執筆紀之。已不覺汗流被面。嗚呼。此豈獨一二人之恥辱也。

（外國之部）

▲和平會議之再興

邇年以來。各國皆汲汲於擴張軍備。海牙之和平會議。遂無絲毫之影響。然諸國頗苦於擴張軍備之負擔。咸思有以弛之。英皇赫華七世。與德皇威廉二世。行幸於意大利時。始有縮減歐洲海陸軍備之議。羅馬法皇發起之。英皇允諾之。德皇贊成之。是實爲和平會議之第一提議。蓋前者海牙之和平會議。雖俄皇爲發起人。而倡其始者。固亦羅馬法皇也。萬國和平會果能再興。則受其惠者固當不少。雖然。和平者歐洲以內之和平也。歐洲既保其和平。則擾亂之風雲岙移置於歐洲以外。亞東之大陸。固一最適宜之戰場也。西力東侵。萬馬齊首。白人誠和平矣。我中人其枕不安席乎。

猶太人之慘狀

俄國虐害猶太人之事。久已數見不鮮。頃於歙西涅布。復演殘殺之慘劇。歙西涅布之人。素以排斥猶太人為唯一主義。俄中諸報。復唆嗾而激動之。於是排斥之熱。漲至極度。四月十九日其地偶失一童子。而是日適為猶太人祭日。相傳猶太人有用人於社之習俗。則疑其以童子供祭品。俄人則大憤。乃聯合三百餘人。組為一隊。部置既定。於是突然奮起。刼掠家財。破壞廬舍。淫辱婦女。初僅縱掠而已。既而激昂益甚。大肆屠戮。但使其為猶太人。則無男無女。無富無貧。無老無幼。皆視如俎上之肉。任意割切。剜目剖心。斷臗刖足。或縛束四肢。釘之十字之架。或執捕小兒。撲之層樓之下。務使嘗人生未見之痛苦。而歙西涅布遂成一大脩羅塲。猶太人不敢抗抵。亦無所逃死。則惟拳伏觳觫。宛轉哀號於其利及白梃之下。而所謂警察者。熟視無覩。充耳無聞。一任其屠醢斬刈。曾不一為彈壓。乃至上流人士之過之者。亦未嘗有一言以勸阻鎮撫之。或且停車駐馬。一觀其奔仆。一聽其哀鳴。以為娛笑。俄人凶殘。寧復人道。然猶太人則以何因緣而至受此苦痛。且何以無復絲毫之力以自保護。以相報復。我國人亦知之否耶。

嗚呼。我國人而亦哀猶太人耶。彼俄人以馬隊蹙溺三千人於遼河者。其為何國之人耶。庚子之秋。伏屍數十里。津沽之間。至無人烟者。其為何國之人耶。擅香山全埠被燒。數千人觳觫飢仆於白人鐵鞭之下者。又為何國之人耶。因尚有國在也。已不啻為第二之猶太人。苟其國之既亡。恐尚有不止如猶太人之慘痛者。。嗚呼。我國人其且勿哀猶太人也。。

▲七大海軍國勢力之比較

今日列強之競爭。先爭海上權力。故歐美諸國。莫不皇皇然以擴張海軍。此進一寸。彼進一尺。雖竭國帑以從事。重國民之負擔。所不辭也。今比較東西七國之海軍。列表如左。

第一　戰鬥艦

	一等 既成	一等 未成	一等 合計	二等 既成	二等 未成	二等 合計	三等 既成	三等 未成	三等 合計
英	三二	一一	四三	一一	……	一一	八	……	八
法	一一	六	一七	一〇	……	一〇	一五	……	一五
俄	八	七	一五	一〇	……	一〇	四	一	五
德	一二	八	二〇	……	……	……	一五	……	一五
美	一〇	九	一九	……	……	……	七	四	一一
意	二	四	六	八	……	八	二	……	二
日	六	……	六	……	……	……	一	……	一

第二　巡洋艦及水雷砲艦

	一等巡洋艦 既成	一等巡洋艦 未成	一等巡洋艦 合計	二等巡洋艦 既成	二等巡洋艦 未成	二等巡洋艦 合計
英	二〇	一八	三八	三六	二	三八
法	三	一一	一四	一一	四	一五
俄	三	……	三	一〇	三	一三

德	三	三	六	六	⋯⋯	六
美	二	一	三	三	⋯⋯	三
意	二	一	三	三	⋯⋯	三
日	六	⋯⋯	六	四	⋯⋯	四

	三等巡洋艦			水雷砲艦		
	既成	未成	合計	既成	未成	合計
英	五七	八	六五	三一	⋯⋯	三一
法	二七	⋯⋯	二七	二一	⋯⋯	二一
俄	四	四	八	九	⋯⋯	九
德	九	一〇	一九	三	⋯⋯	三
美	一二	六	一八	⋯⋯	⋯⋯	⋯⋯
意	一四	⋯⋯	一四	一五	⋯⋯	一五
日	一一	三	一四	一	一	二

然一等戰鬪艦者。固戰鬥力之中心也。英之海軍。素位第一。諸國固未易與之方駕矣。德國合既成未成之戰鬪艦。亦已及二十艘。進步駸駸。已次英國之下。而他洲自立之美。今亦注力於是。合既成未成之數。則直駕法國而上之。然海軍之競爭。金力之競爭也。以伯勒舍卿之所推測。則諸國之艦數。至明年（一千九百四年）已大有變遷。今列其推測之數如左。

	英	美	德	法	俄	日
既成	三八	一二	一四	一一	一一	六
未成	八	一二	六	六	六	⋯⋯
合計	四六	二四	二〇	一七	一七	六

據此觀之。則美國戰鬥艦數。直突過德國。而位於第二。過此以往。固日增月盛。而未有已也。甲午之役。我國海軍盡熸。今日財力凋敝。寧有餘力足以語此。然日本之興海軍也。後於我。而今日軍艦。且足從五大強國之後。我中國長此頹蕊斯亦已耳。苟能奮然與起。則非伸張海權。豈足立於二十世紀。彼區區三島

批評門

尚能如是況我堂堂四百餘州之大國擁此天府寧至愚貧謀國得人富强立致又烏見不足語此耶又烏見不足語此耶

▲資本國

『英國者世界無上之實業國』今日已成陳言矣英國自採用自由貿易政策以來雖有大益於世界然英國因此之故遂使外國之產物麕至於本國之領內於是資本家之英國至立於『以英國資本擁護英國敵國』之奇妙地位

英國今日之位置可謂爲一大資本國者也英國之資本非但投之各殖民地而已且挾此資本流通暢行於各國世界之中殆無地不拓有土地建立工塲又復布設鐵道開掘鑛山於澳洲加拿大則事畜牧於合衆國印度則事種植於美國印度埃及則事植綿於中國印度墨西哥則事績紡乃至德美之工塲

十

無不仰給於英國之資本其資本之投於大不列顛島外者無慮二百二十億圓蓋英國昔日以實業國而威振萬國者今且以資本國而雄飛世界噫盛矣

○英國殖民大臣張伯倫

（續第三十一號）

張伯倫固起家於微賤者也。其父以製靴爲業。不過倫敦中一小都民。故張伯倫幼時不能從貴族富豪子弟之後。以受完全之教育。且當其少年時代。未嘗嶄然稍露頭角。隨衆俯仰。碌碌無異於常兒。及其叔父創立一製造螺釘公司於巴密咸。令其總司其事。張伯倫乃振奮其沈毅强固之精神。展發其明察總核之才。略部署諸事。井井就緒。蓋偉人之任一事也。無論其事之大小。必能經緯精密。貫徹初終。蓋任小事而不治者。未有負重寄而能勝任者也。張伯倫以其經國之偉才。小試之於市場之商業。措置裕如。商務遂日以繁盛。張氏之才具。遂漸震爍於巴密咸。都民耳目之間。居無何。被選爲都參事會員。彼則奮其明敏之識見。貞固之才力。起而整頓都政。百廢具舉。顯著成績。未及數歲。巴密咸遂爲英國中可爲模範之都。至是而張伯倫之名。漸嘖嘖於彼都人士之口。張伯倫既爲人望所歸。則將乘此時機。以大試飛躍於政界。於是時宜布其激烈之議論。發表其急進之主義。以聳動諸人之聽聞。一千八百七十年。遂自巴密咸被選爲議員。出而參與議會。

張伯倫之出席於議會也。衣服樸陋。舉動疏野。自由黨及保守黨諸人。咸視爲一粗鄙之村夫。夷然不以爲意也。及一親其丰采。則已稍稍驚異。迨一聽其演說。則議論圓妙。詞令嫻雅。遂使滿場之議員動色驚嘆。咸傾倒於張氏之爲人。方其參與議會時。年已垂四十矣。以視當時名望赫耀之政治家。其出世誠不能不謂之稍晚。然彼之才具。嶄然足以自見。遂突出於時流之上。而爲議院中討論巧妙家之一人。蓋彼之辨論。雖非若雄辨家之娓娓動聽。然當爭辨叫囂之際。獨有保持故我之自制力。雍容嫺雅。不改常度。而其舌鋒縱横。應對敏捷。雖奉以第一流討論之名。殆不爲過。

張氏之初入政界也。先受知於格蘭斯頓。彼與查列士支爾。固不啻格蘭斯頓之左右乎。而自由黨中一重要之人物也。格蘭斯頓提議愛爾蘭自治法案。張伯倫大不謂然。彼乃奮然脫黨。與保守黨相聯合。以反對於格蘭斯頓之政策。是非獨格蘭斯頓之不幸。抑亦自由黨之危機。蓋自由黨失此有力之一人。即反對黨多此有力之一人也。彼揮其雄偉之手腕。施其敏悍之政才。竭力奮鬥。遂使格蘭斯頓負不治之重創。而藉格氏以結合鞏固之自由黨。遂漸瓦解。而有不可收拾之勢。張氏既一擊而仆格蘭斯頓之老雄。於是才名雀起。至爲英國政界中萬目共覩之人而與彼提携之沙士勃雷內閣。亦遂爲英國歷史中。得未曾有之强固內閣。

張伯倫既入沙士勃雷之內閣。其黨中累世相傳之保守主義。浸覺旌旗變色。一切政策。殆無不經張伯倫之陶治。而別具一種精神。世人名之爲執急進主義。新外交主義。新帝國主義。蓋彼之主義。實發生於保守自由主義以外之新主義也。英國之有張伯倫。猶俄國之有域特。二人者固皆政治家之雄也。其所藉之國勢雖自由專制。迥不相同。然一則務進英國於統一繁榮。一則務致斯拉夫民族於團合昌盛。其偉大之政策。殆出一轍。張伯倫嘗表發其主義曰。「統治領土之舊思想。不過專護本國之利益。故務吸收。

屬地之權力干涉而操縱之以執行中央集權之政策。統治帝國之新思想。則在調和本國與殖民地之利益。務使渾然融結。一合而不可復離。吾人不可不播此福音。使殖民諸地之人民。人人皆有此思想。以固結此偉大帝國國民之精神』此其所以異於向來之保守主義。亦即所以異於單純之自由主義者歟。彼既抱此新異之思想。故其一切政略。皆有發生於此思想之中。而別有熠燿之異采。彼不許南阿之完全獨立。而於英國國旗之下。則認波亞人之自由。且結殖民地之關稅同盟。務使母國與屬土。多一重親密之聯繫。此固其新主義之表發。而使英國統治廣土之政治。妙於聯合而操縱得宜者也。

張氏之新思想。既適於統御英國今日之人民。而敏捷之手腕。復能應時變而順乎人心。英國人民。亦逆料彼終非內閣中之一大臣。而可爲英國人民之總代表者。故亦委心信任。服從其政略而無所阻撓。是以現內閣日益光榮。而自由黨日益衰弱。反對內閣之黨派。遂若虛無人焉。而自由黨中一二政治家。深觀時勢。知不能不思所變計。則亦時取張伯倫之新主義。注入於自由主義之內。以應時局之新要求。羅士勃雷伯提倡『帝國的自由主義』欲以是革新自由黨。是固亦陰探張伯倫之主義。以拓其舊黨之規摸者也。羅士勃雷伯與張伯倫之政策。英雄所見。大略相同。然羅伯天性溫和。不肯用驚辣之手段。以肆其雄悍之野心。故欲藉羅士勃雷之手。以恢復自由黨昔日之勢力。殆必不可得之數。張伯倫一日尚在英國之內閣。固未容自由黨人蹴足於其間也。嗚呼。俾斯麥格蘭斯頓死矣。沙士勃雷隱矣。天下英雄。晨星寥落。今日政界之梟傑。舍張伯倫其又奚屬哉。

雜評

●四民公會

甲午而後。合羣之聲。囂然遍於中國。强學會倡始於北京。而聖學會南學會保國會紛紛繼起。然類皆士夫爲之。未能合四民而結一大團體也。戊戌而後。稍一頓挫。然內憂外患日戟刺於國民之心腦。故政府雖極力壓抑。而民心愈奮。民氣愈張。洎乎今歲事變益急。廣西滿洲之事相繼並起。各省電爭。舉國喧擾。上海紳商。知非合大羣則不足以應此大變也。於是有四民公會之設。議建一議事廳以爲會議之所。設一中學校以爲儲材之地。簽名入會者。已有一千餘人。而倡其事者則爲馮君鏡如。

俄人之要求憲政也。以學生農民爲中堅。而以衣食於傭工一千餘萬之工人爲之後勁。歐洲諸國之革命。亦莫非都會之新聞記者學生。與夫邑鎮之商人一切中流人士。爲主動力。以彼例此。四民公會者。其或他日改革中國之根據地乎。

然俄人之請求代議政治也。學生之騷擾。農民之暴動。已累百數十年。俄政府擁以兵力。制以警察。撲滅不遺餘力。然屢仆屢起。至今年遂有自由敕諭之宣布。而得俄皇之讓步。蓋壓力者恒視抵力之大小以爲强弱。故外力之壓抑雖强。然內力之團結既固。則外力强而亦弱。外力之壓抑雖弱。苟內力之團結既弛。則外力弱而亦强。彼俄皇者。擁精銳之陸軍。挾完密之警察。以行其專制。其勢力不可謂不强。然卒不能不讓步於學生農民者。則以彼等之驚悍堅忍。足以弱俄皇之勢而屈之也。四民公會。今始發生。他日政府之干涉官吏之阻壓固意中事誠能團合以抵之堅忍以持之則區區之外力寧能摧我民權然吾國人士類多志行薄弱事之始也意氣激昂蜂擁蝟集未及數月則已互持意見爭攬事權齮齕紛紜至相敵視黨爭既潰裂於內壓力遂乘之於外遂一蹶而不可復振一鬨之市奚裨於事哉詩云靡不有初鮮克有終任重道遠終之實難吾祝公會之成立吾更望公會勿蹈前者之覆轍而有以終之也

呂海寰乃敢與國民宣戰耶

廣西滿洲之事起各省皆馳電力爭天下洶洶咸動公憤中朝達官類多不快然無敢嬰衆怒以阻壓之也呂海寰方在上海乃令上海道袁觀海查辦某某六人袁姑諾之而不發呂乃告蘇撫恩壽督促之於是請命於領事許其逮人於租界既得請矣工部局不許赫赫尚書之勢力遂不能於五里以內然彼方且肆鬼蜮事恐尚未已也嗚呼今日之號稱洋務能員外交高手者類皆有二大政策一則鬻權賣地以獻媚外人一則聯絡洋官以摧刈志士而要其唯一之宗旨則曰外媚異族內仇同種而已呂某不知其何許人但知其曾使歐洲又知其會議商約碌碌無所短長曾無一事之表建惟見其數年之間驟躋通顯而已今忽欲逮捕志士奮其大外交家之手段嶄然獨露頭角然後知彼固外媚異族內仇同種之一洋務能員外交高手其驟躋通顯固有由也嗚呼歐洲民權之如何發達諸國民敵之如何失敗彼非彼大外交家所能知然中國數年來之歷史彼固不能獨無聞見戊戌一摧壓而有庚子庚子一摧壓而有今日民心愈抑而愈奮民氣愈壓而愈張風潮之來豈人力所能抵抗呂某以一區區尚書之力顧欲從桀祿張之洞之後爲國民之公敵呂某寧知爲國

計然自爲計，無亦太左耶。且外人要我利權，疆吏羈我土地，我國民不能復忍，請政府拒勿許諾，其義至正，其詞至順，不知所謂罪也。若拒俄拒法而有罪，則羈權賣地者固有功矣。或曰，呂海寰與王之春同一主義，今日此舉，固王之春所授意，將示威以箝天下之口者也。然則賣國者寧獨一王之春乎哉。

禁報新法

張之洞有仇視報館之特性，漢口日報之設，已爲張所嫉視。然以其有洋商爲之擁護，遂怒目而無如之何。其自兩江入京也，取道湖北，往謁端方，一見即首及此事，請其必設法禁止。端方亦頗不以爲然，語屬僚曰，漢口報日頌彼功德，不知彼尙何嫌，而必欲禁之。蓋漢報館主素本腐敗，知報館爲張所惡，久已遜言貢諛以求免也。梁鼎芬者，張之私人，日以媚張爲唯一主義，知此報不禁，則張之心終有所不快，於是日夕焦慮，忽得一豪取巧奪之奇計，突於某日遣一吏傳語漢報曰，漢報不必停報，吾即用此舊名出報，定於明日接辦。館主素本恇怯，驟聞此語，倉卒不知所爲，遽於即日停辦。梁某遂以賤價得之，而漢口日報遂堂堂爲一湖北官報矣。以官價强賣民間器物，實爲中國官吏之習慣，今梁某乃更以官價强賣民間報館，文人舉動，雖同一勒賣，固較俗吏爲風雅耶。獨恨天下之報館甚多，一區區武昌知府之權力，不能以官價勒賣他省之物，且一區區武昌知府之資本，雖官價亦不能盡賣諸省之報館耳。力有未逮，此亦梁鼎芬之恨也吁。

榮祿之末路

榮祿晚年，不知以何事忤西后，其死也，內廷撤樂，西后見之，怫然不悅曰，何故如是，豈榮祿死，我遂不吃飯耶，立命奏樂。噫，炙手可熱之權臣，垂死乃受此冷落。豈十餘年深結之慈眷末路尙不自保而竟中於讒言耶抑西后知榮祿之以已爲傀儡狐假虎威肆極凶暴貽誤家國致於危辱至是乃大徹大悟深痛恨於榮祿之賣已耶榮祿之罪浮於紂桀然而子卯不樂儻使杜蕢揚觶未知酌飮何人。

王文韶之報國

南北洋大臣聯銜請廢科舉內閣會議政府諸公咸贊成之獨王文韶慷慨力爭期期以爲不可語僚屬曰科舉安可廢若會議吾必不與議諸公雖決議吾亦必力爭吾老矣今日力爭此舉即吾之所以報國也科舉之無裨實用今日中朝大老亦頗謂然乃王文韶獨出死力以擁護之其爲維持祖制乎其爲保全國粹乎其爲培植人才乎其用意均難臆測然科舉不廢人才不奮然則王文韶之爭此報國無乃誤國耶夫當羣奸賣國之時王文韶獨有此耿耿報國之熱誠不可謂非鐵中錚錚庸中佼佼然天下多故百廢待興身操政柄報國亦自多術乃獨以此爲報恐吾國不任受德也雖然非是何足爲王文韶非是亦何足爲中國之政府。

紹介新書

普通經濟學教科書　王宰善編著

上海開明書店發行　定價六角

中國財政書無善本。侯官嚴氏譯亞丹斯密之原富。其書洵精美矣。然義博理奧。初學未易領悟。本書條理簡明。類別詳備。以供各學堂普通經濟學教科書。洵可謂一時之善本也。

國際私法　李廣平譯

有國家與國家直接之交際。有個人間接與他國家之交際。前者歸于國際公法。後者歸于國際私法。中國以未明國際私法之故。不能收回治外法權。而本國個人之交涉。又嘗受屈辱于外人。本書指示詳悉。

條理簡明。凡國家與個人欲與外人交接者。皆不可不一覽也。

新广諧譯初編　周樹奎譯

上海清華書局刊　定價三角

感人之深。莊言不如諧語。泰西小說。一年出版之數。殆非我國人意想所及。我國新學萌芽。而于小說界全未發達。近時始有小說報。而周君撮譯泰西諧語輯爲此書。其均有裨于小說之風氣歟。茶前酒後。試取而讀之。誠足以醒人之腦氣也。

支那四千年開化史　支那少年編譯

上海支那翻譯會社刊　定價八角

溯世界文明古國。吾國居一焉。開化之早。較之印度埃及希臘等國。未遑多讓也。徒以羣治不進。有其先者而無其繼。遂使數千年來史界現象。黑暗昏黯。一若逆乎公理。不進化而退化焉。本書据日本市村瀧川南氏所著之支那史。去其廿四姓家乘之事實。而剌取其關于文明之進步者編譯而成。上自太古下迄今玆。凡分九章。第一章曰地理。第二章曰人種。第三章曰太古之開化。第四章曰三代之開化。第五章曰秦漢三國之開化。第六章曰兩晉南北朝之開化。第七章曰隋唐五代之開化。第八章曰宋元之開化。第九章曰明淸之開化。每章復分爲制度學術宗敎技藝產業風俗等類。類別明晰。條理井然。吾國今日無佳史。得此亦庶足供瀏覽。若用以爲敎科書。亦一善本也。

叢錄門

飲冰室主人著

新地理

洋裝全一冊
定價二角正

本書向分載于新民叢報今特抽出印成單行本以供講求地理學者之一助其中所論如中國亞洲歐洲等皆就天然地理而推究其盛衰强弱人種風俗之異同及文明發達之遲早卓然獨具隻眼 **迥非尋常言地理學者可比** 披讀一過則于各國之形勢自可了然即以爲 **學校教科之用** 亦一部絕好之地理學講義也

飲冰室主人著

中西偉人傳

洋裝全一冊
定價四角正

本書向亦分載于新民叢報著者文名夙著其價值久有定評無俟喋述夫振人精神增人智識莫過于讀人物傳記且以著者之文筆縱橫感人尤切父兄之欲其子弟成材者 **最宜以此等書爲讀本** 使之日漸浸漬有所模範有所觀感勝于尋常教科書萬萬也

發行所 上海 **廣智書局**　**發賣所** 上海 **新民叢報支店**

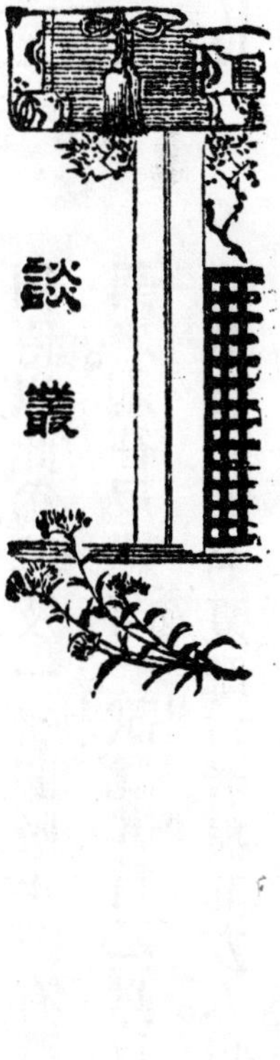

華年閣物語

觀雲

埃及古代之鰐魚

埃及自古多鰐魚而尼羅河沿岸尤爲鰐魚適宜之所。埃及古書盖多記之。其地鰐魚。共分兩種。一者形大。一者形小。近時動物學家所區別。呼其大者爲厦母哺。小者爲撒甲云。

厦母哺者蜥蜴形。頭長橢圓。管嘴者扁壓。尾者延背之水平線而下。與他動物分背筋而爲尾者有異。當從卵孵化時。長約八寸。至成長時。能達至三十三呎。綠青銅色。有黑斑點。性質獰惡。饑則捕牛馬驢等物而啖之。現其兇惡之性。然性怯陸地。從水中出。不敢遠離川岸。鳥獸等避之。無敢近宿川邊者。惟一種蜂雀。與此獰惡之物。爲至好之朋

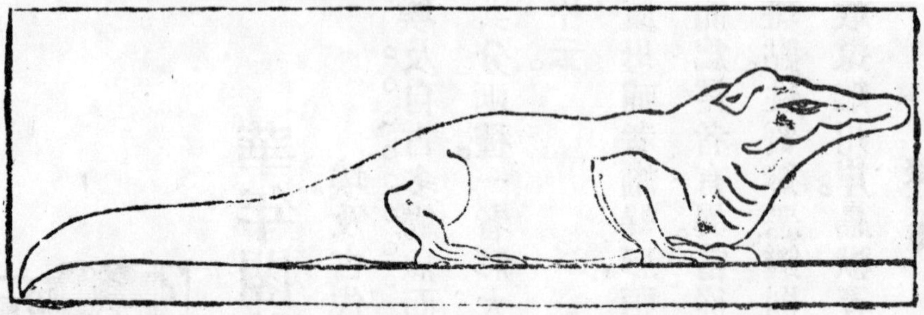

厦母哺鰐魚

友。鰐魚出。則飛入其口中。爲之代除蟲類而喰之。此獰惡之物。亦若深託此鳥之庇蔭。任其出入而不爲害。此種鰐魚。埃及人呼爲回母沙哺。希臘語之厦母哺者。即由其轉變。亞刺比亞人訛爲齊毋沙耶蘇經典之稱爲磊尾阿撒門者即此物也。

附考

埃及人呼爲駝和起和鳥者。當鰐魚上陸。每開其口。則此鳥飛入其口中。爲之代取水蛭。（螞蟥也一種蝶魚之無骨蟲類）若服役者然。鰐魚者亦知其意而感之。故雖出入於可恐之口齶中。而無稍損害。古書中多喜記載其事。稗史小說。尤多附會。遂相傳以此爲埃及一奇聞。數年前有英國二旅客者。聞而異之。親往尼羅河畔。試驗其言之實否。其所見之事如下。

右旅客一人名夏摩古者。與其友人俱赴尼羅河畔。擇鰐魚與鳥最易出顯之處。乃於尼羅河之砂堤在第一瀑布與第二瀑布之間。隱身其中而密偵之。暫至正午時頃有二大鰐魚從水中出。眠於砂上。數羽之鳥。已來其近邊回繞飛翔。其中有一羽者大膽。步行鰐魚之傍。鰐魚見之。忽大開其口。鳥者一無躊躇顧慮之狀。而直飛入其口中少頃聞鰐魚者叹嗟一聲忽閉其齶此鳥者已葬於鰐魚之腹中矣。

不謂經過一二分間。鰐魚者再開其口。不思議間而見向所謂葬於鰐魚腹中之鳥者。一無損害自其口中搏羽而出。下立水邊。鳥之赴水邊者。誠不知其何意。俄頃復來。仍操前役。旅客者既證明其事。遂銃殺此鳥。鳥者有水搔。（爾雅謂之足蹼脚指間有幕蹼屬相著凡游水之禽皆有之如鴨等可見）鳴（水田中小鳥）之一種。解剖其胃中。除穀粒外。無有何物。此鳥爲鰐魚服役之事已得實徵。至取出者。果爲水蛭與否。及鰐魚見鳥飛入之時。何故忽閉其口。則其事尚不能知也。

撒甲之一種。比厦母哺一種頭平且光。體崖薄。尾者田全體所延長。長不過九呎以上。

埃及人呼爲沙苦者。撒甲之原語也。

此兩種類者。今日均漸減少。有將歸于絕滅之趨勢。祇華齊哈路亞地方。尚有生存者。

四

然亦無如征時之多此道當亞歷山大王之將軍蒲路加士率一千餘軍士伐梅門甫基府之普陀來米王朝軛額士家王時由此進兵其途爲鰐魚所盤據士卒經過蓋有非常之困難云

希臘史家海羅陀駄士（紀元前四八四至四〇八年）所記述埃及人之一部分者崇拜此鰐魚其他之一部分則以爲獰惡之動物而欲退治之其崇拜之一部分則多住內地而距尼羅河遠者彼等不僅言不蒙鰐魚之害且稱此鰐魚者爲有豐年之兆原其故內地田圃若無尼羅河氾濫時所擁入之土壤則無處可施耕種之事而此一年一度之氾濫鰐魚者每伴洪水俱來內地人得見此物以爲是送土物使者遂尊敬之而稱爲豐年神也

亞歷希娜尼地方者距尼羅河甚遠若洪水不至直爲茫漠無人境之處其地之有居民者蓋幸託洪水之福蔭而對此件洪水俱來之鰐魚遂不覺生其感謝之心奉爲當地之保護神至羅馬時代有彫刻其形像以爲勳章者又據海羅陀駄士及士陀拉罷（希臘之地學者紀元前六三年歿）所記該地之名卒有麗池者飼養鰐魚以僧侶爲

守役人。善調馴之。此種鰐魚。即呼爲撒甲者。其耳飾以金環。前足懸以手首飾。行人有參觀者。多持鰐魚喜食之物來。守役之僧侶。使鰐魚開其口而給食之。若有死者。鄭重注以香油。於賴庇利所稱爲神聖之地方者。於其奧院之中而安置之。

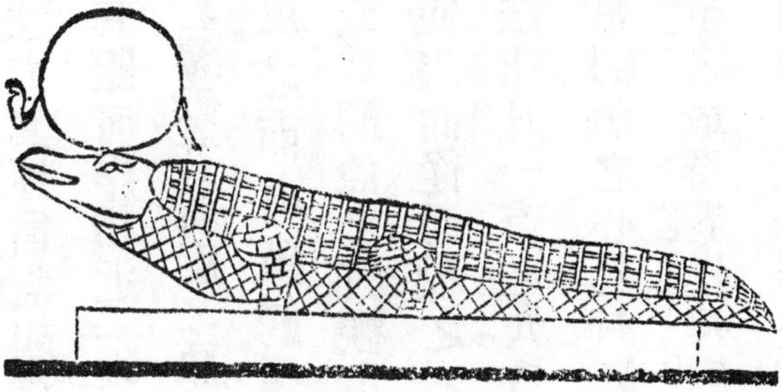

撒甲鰐魚

近亞剌比亞之阿馬婆地方。以距尼羅河遠。極崇奉鰐魚。造岩窟而飼養之。以嬰兒供鰐魚之食。其母者對此以爲神之所御用也。怡然無少悲戚之心。可浦多地方。亦甚崇拜鰐魚。鰐魚死。與亞歷希娜尼地方之人同。行鄭重之喪儀。今日尼羅河右岸馬斯掩地方。尙有鰐魚之一大古墳。蓋不問而知其爲往昔時代崇奉鰐魚之遺迹。與人類鳥類獸類之白骨同零亂而堆積於一處云。

自希臘人與埃及人交通。埃及人崇拜鰐魚之事蹟。多爲希臘人所記載。其中甚多荒誕之言。有以鰐魚爲有預言之靈者。其事之始。原由普陀來米家之某于每日常例持食物以食鰐魚一日者鰐魚忽不喰王所持來之物羣以爲此者王將死之前兆也其臣下皆狼狽果也不待幾時而其王死遂歸于鰐魚有預言之法力其迷信蓋起源於是云

其距河岸相近之地以屢蒙鰐魚之害多生恐懼之心羣念佛而祈禱于神聖冀免鰐魚之襲擊其祈禱之語曰我所敬之神兮來臨於此處兮福吾等兮爲防鰐魚之害兮云云」

反之而有敵鰐魚之一部人者出其種種之手段以退治鰐魚或殺之而啖其肉或爲鰐魚之狩觀古彫刻所傳之形狀或乘獨木之舟有持長鎗以殺之者或有釣之使出而從而殺之者或有以網捕之者阿婆麗市人多用網以捕鰐魚其市中所定之法律凡一市之人皆不可不食鰐魚之肉甚者有不思議之法律可想見此部之人憎惡鰐魚之心其對鰐魚之屍施其殘忍酷薄之技竟有爲思想所不到者

事之最奇者崇拜鰐魚黨與排斥鰐魚黨以衝突而出於戰其事蓋多有可記者或遠河岸之人怒居住河岸者撲殺其所謂神聖之動物或河岸之人憤內地人保護此獰惡兇殘之物其結果則兩地之人遂至決裂惹起一場干戈之事有名之戰史家右惠那記可布度人（崇拜鰐魚人）與台齊士人之衝突台齊士人憤怒之餘喰可布度兵

之屍。其激烈之衝突。于此可見矣。

鰐魚狩

憎惡鰐魚之精神者。埃及人祀爲呵賴斯神。即征服鰐魚者之神也。相傳呵賴斯神即太陽神所化。爲退治鰐魚而出者。有惡神化爲鰐魚。呵賴斯神槍殺之。其所稱爲舍備苦神者。即化爲鰐魚之惡神也。

埃及墓地於河岸。則向大神而禱曰。（依神之力。守護吾等除彼鰐魚。不入此眞理之地）其儀式中。及墓地幽冥界之區所。往往彫刻鰐魚之形。未嘗盡視爲兇惡之物。有時或與有益之物竝列。試舉其一二事。如在葬式之行列中。有鰐魚載木乃伊（埃及使屍體不腐之法）之屍而行之像。舍幾一世之墓。繪阿婆塞苦之鰐魚形。與夥希利之神。其意蓋謂所以護清淨之靈者。至彫刻中有鰐魚與河馬同集於一所之像。是則有視爲惡物之意云。

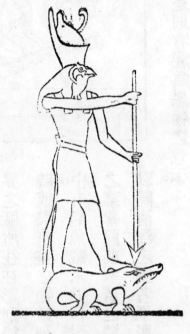

征服鱷魚者呵賴斯神

舍備苦神

埃及人祭鱷魚之神。即所謂舍備苦神。此神者以爲暗黑之神。而呵賴斯神。則以爲光明之美神。然其對舍備苦神也。亦未嘗有絕端之憎惡。如阿頗模人者。安置二神於一堂。其左方爲舍備苦神。右方祀呵賴斯神。又有用舍備苦之語。取以冠人名者。如國王中有名舍備苦之一王。又有一女王。亦用此可恐之名字。而尼羅河讚語中。有賞鱷魚之言。其語云。凡茲衆心。無不滿足喜悅。此舍備苦神之子。尼羅

河神之子。頭戴此神聖之天環兮。其光榮彌有盡云云。

埃及之美術家表顯此動物之形象不少巧思。於可模阿部地方。彫刻厦毋喃之鰐魚形可稱爲精妙品。然模仿其形。除用爲護符外。於建築工藝中則頗少見云。

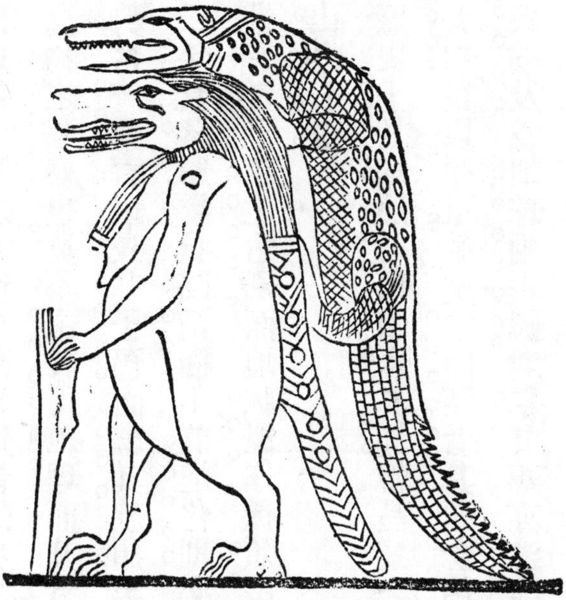

鰐魚與河馬

鰐魚之來羅馬。始於紀元前五十八年。斯加賴人從埃及携五種來此爲鰐魚入羅馬之嚆矢。其後阿額泰又携來數頭。用之於游戲塲。使爲戰鬪之事。要之埃及人之對鰐魚。其一派則崇拜之。一派則憎惡之。其後因時勢之推移。兩派人之思想漸亦混同。右圖者。皆爲古代埃及人之所作云。

記者曰。崇拜之與欲殺。豈非絕對而兩必至之事哉。偶像也。有崇拜者。有欲毀者。君主。

也有崇拜者有欲殺者豈獨偶像君主爲然於世界最有魔力之教主有崇拜者有欲殺者崇拜之與欲殺各抱其宗旨各尊其理想莊子有言此亦一是非彼亦一是非執此以觀天下之人情於萬事類皆然矣

萬物之强盛也莫不由於得地理而其衰也以不能進化之故方鰐魚之得尼羅河地勢含淹卵育以長其子孫而繁其族類至能與埃及之人類爲敵豈不盛哉然曾不數千年衰落彫零日歸消極不能進化則必滅天演之例又豈能逃耶豈獨物類爲然哉世有數千年之古國而地脉優厚種類昌熾者鑒於物以自警彼尼羅河邊之鰐亦他山之石也

歷史上於鰐魚之事多含異趣韓昌黎之祭鰐亦中國一異聞事也彼獰頑之物豈眞有知役以牛豕備文字而祭者其類念佛而祈禱者歟抑爲崇拜鰐魚黨人也中國之與埃及爲地球兩古國對舉其事亦遙遙相輝映云

新骨相學

西洋古代之骨相學驗手形體相與東洋大同小異其蔽也無實驗之基礎無廣大歸

納之結果。遂爲近世科學家所不道。至博士額盧氏出。博考各種動物東西人種之殊異。老年壯年幼年之區別。得夥多實徵之事。立爲骨相學之基本。諸多後學接踵而起。各從事於研究骨相學。遂與實驗心理學相關連。而爲柯德與斯賓塞爾諸大哲人所信用。

昔時區別人之體質。分爲四種。曰淋巴質。多血質。膽汁質。神經質。此爲病理學上適用之名詞。未能盡概康健人之質。至近時則爲三種之分類。依生理學說。人類生理之作用。有三種之機關。此三種機關。各具特別之機能。即運動系。營養系。神經系也。骨相學亦依此說分爲三類。

運動質之人

運動質人。身量高長。骨格亦大。額長且廣而長。或過於廣。顴骨張起。前齒大。顏畔方形。筋肉調和適宜。肩幅廣。胸部發達。與肩幅相應。面色與眼概黑色。毛髮剛而黑且多。質厚密强靱。全體之組織。有剛强勇壯之觀。忍耐力亦强。

屬此質之人者。氣力體力皆旺盛。作事富於才幹。不論何等社會。能操其主動力。入公共事業與軍隊等。常能占其首位。然爲觀察家之人。而不能爲思想家之人。其性質適宜於山野而不適宜於官邸。決行力强。冀望心大。爲愛權力好勝利。常蔑視一己與他人之幸福。直向己之目的而猛進。其言語剛直。不煩多辨。而能使聽者有驚動之心。

若此質過於發達。則頭腦小。項部缺損。或其項者短而大。胸廣而張。筋肉粗大。有逞强暴之象。如此者爲無營養神經二質之人。乏高等之感情。强蠻而魯鈍者居多。不能上達之人也。

營養質之人

營養質人。其全體非細長形。而爲圓大形。有嚴重不動之象。腹部甚發達。常皤皤然。其胸部亦能與之相應。肩廣。四肢圓而尖。手掌足趾。比較全體爲小。顏與頭準其他之各部。有自然圓滿之勢。容色多華美者。

屬此質之人者。心身常快樂。愛新鮮之空氣。遊行山野間。言語勇壯。樂於談論。當事熱心。有活潑敏捷之長。至遇困難之事。多不能爲靜肅之研究。使其爲一時可努力之事易占勝。而不能爲持久之業。不暇探深奧之理。而樂從事於表面之美觀。爲血氣所使。有時易陷於輕佻之行。受一次强度之感情。或致發爲亂暴然。亦能急變亢憤而歸於沈靜之度。

營養吸收系過發達。而循環器之作用緩漫。即病理學上所謂淋巴質之人也。其性懶惰而薄於感觸事物之情。

神經質之人

神經質人偏重於腦髓與神經系。一身之搆造。軟弱而小。惟於頭腦則比較爲大。顔多圓形或橢圓形。項部廣濶。額高而多靑白色。皮膚滑澤。毛柔而美。聲調和而能高。姿勢溫雅。無威權足以壓人之概。富於感動優美風流之情。對天然人工之美物。愛賞不置。其思想力迅速。感覺力銳利。想像力活潑。道德之念特旺盛。病理學上所謂神經質者。即指此質之人以其腦之不熟未齊而又不喜爲快樂之運動故也。

屬此質之人者。多爲文學家與宗敎家。而於金錢上之事業。不能望其成功。若改其途而從事於實業。則違逆其天才。而常有不能噉飯之憂。世之文士。大概多此質之人也。

此三大元素結合而後有人間種種之行品。結合之間分量度數之多少。人性之千差萬別。由此而生。其結合之極適宜者。最完全。最圓滿。最秀絕之人也。

叢錄門

風土之與人生

風土良處之生人

風土良處之生人者。無與外境界爭鬪之事。故無冒險心。無忍耐力。無貯蓄心。無勉强之習慣。土地綺麗。故好美觀物。好始終變化之事。道路交通。故擅應接賓客之長。而奢華之風。亦由玆而起。

風土不良處之生人

風土不良處之生人者。習勞苦。無有愉樂之事。故能勉强。能刻苦。能忍耐。有貯蓄心。雖極儉約之事。不適于意。而心能安之。其所短者。乏進取之氣象。無活潑之致。不能爲一飛驚人之舉。惟營營兀兀。不撓不休。駟而能行千里之遠者。可勉爲之。譬之於馬。非競走之馬。而負重之馬也。

此類之人。若創新而與世人相接戰。其才非所長。不能不讓人爲之。而爲關係內守必要之人物。彼風土良處之人。多誇大之言。嘗自居上位。不能優待其下人。而又不能監督而秩序之。若以風土不良處之人當其職。其待人也。多出於眞心。而有監督秩序之能爲其統屬之人。多滿足於心云。

海岸之生人

海岸之生人者受波之感。波者動物也。因方圓而異其形者也。當堅强之處。則避而改其方向以走於少抵抗力之處者也。彼其映旭日而騰彩絢夕照而爛色渙然呈文章之美觀。而至風起浪湧。又爲泛泛然浮動之象。若無定質者然。故生是處之人。概好動之人稍遇動機彼直驅出然多因其境遇而改易其性格薄於執着力弱於忍耐力而短於自信力者也。

山間之生人

山間之生人者受岩之感。岩者戴土花蒙苔斑。風雨千年。嶷然不動。彼其當春之日鳥鳴花開。涉冬之時。沍寒雪閉。若漠然無所感覺者然。故生是處之人。頑然兀然。守其古初不能伴時世而進步其改變之覺悟性極短。然有執着力有忍耐力不欣羡于世之華衣美食行三里求酒店而不爲遠（諺云山居之人酒店三里）其肉體發達而根氣誠實。與生風土不良處之人多同。

叢錄門

平原之生人

茫茫平野。極目綠翳。無波濤之衝激。無岩巒之崢嶸。其感受波氣也。惟見漾漾之平河。其感受岩氣也。惟見不動之靜林而已。而羣花時鳥。亦足娛人。故生是處之人。得海與山兩方之長。所常能營遠大之規模。而小事或非其所長。彼生海岸之人。乏忍耐持續之心。生山間之人。缺敏活進取之致。惟生於平原者。乃能調和而補其缺乏也。

記者曰。凡人之性質。多以外境界之習慣而成。若夫豪傑則不然。不爲地限。不爲俗囿。是以塵壒城市之中。荒僻山林之處。常有一二人之特出。其性質與其一鄉之人迥異。所謂沛公天授者非耶。若豪傑者。誠加人一等哉。

人之氣質。各有所偏。其偏至之處。長於是乎呈。而短亦於是乎見焉。所貴乎學問之道者。能變化其氣質而已。彼蠻野之人。多任天質。而文明之人。加以陶鎔改變之力。若合衆多之分子而成爲一物。有不易分別其質素者。彼夫華澤之陶器。人豈知其自土坏中來耶。墨子言所染。染於學則非染於風土者比矣。

是故天行之美。常待人治而成。天行之病。亦待人治而滅。人治之進步。世界之所以有完人也。故夫人者。不可不企望爲豪傑。而以學問自造成其天性也。

譯叢

歐美公德美談（續第三十一號）

日本育成會編

（九）商業及商人

歐美諸國以信用二字爲商業之祕訣。不欺買者。不雜僞品。買物者以一紙書相告。約期何日何時送到。則必送到而無背約者。凡洗衣匠裁縫師皆然。

未開化之國。嘗以巧於欺客之手段爲商業之一要件。歐美昔時亦有此弊。今則視之爲最大之惡習。英德諸國之商人與買主。彼此皆以信用相締結。買物者以一紙書與商家。彼即按時將品物送來。而買者償價不誤。如我國已與萬國聯合郵便。則只費十五錢之郵便費。以往他國買物。雖萬里遙隔之國。彼必送貨來而不誤。蓋彼絕無人種言語風俗之異同。惟重信用。信用者。商業最貴重之職務也。

英國倫敦等處商品充塞於商店之中。無論何處。品物既同。則其價必皆同一而不二。其定價一依其品物之精粗而別價。既定矣。則無論外國人本國人。親者踈者。賣價皆同。英國人莫不以二三其價爲莫大之恥辱。不惟英國之商人爲然。德法諸國之商人莫不然。彼等之所以能握全世界之商業者。即因以此貴重之德義爲根柢也。

西洋之營商業者。甚爲其社會之所重。即貴族亦無恥於爲商業者。故貴族中之開旅館及販賣食料品者甚多。世人毫不怪之。蓋商業者。人類之所賴以爲生存需用供給。皆以商業爲媒介。營其業者所得正當之利益。乃受社會正當之報酬。無可鄙賤之理也。

西洋之商人。既莫不重信用。故授受金錢等事。常有不須立字據以爲領收之證。而商人與顧客。自決不相欺。雖巨萬之金。其出納也。只須行員之一言。常不用證書也。

在英國不惟中流之人如是。即下等之細民。亦莫不重信用。而不貪倘來之金錢。如自法國往英國。在海岸上陸之頃。其代旅客持行李者。皆受一定之賃錢。不論國之內外。種之異同。既與以賃錢。則直持之而去。無額外之請求也。反之未開化之貧弱國。其下等之細民。對上流之人士。常貪得多數之賃錢。遂不免有等等之需索訛詐。此風以支那日本爲最盛。可慨也。

英美諸國常有無人看守之商店。如在通行人多之處。陳列多種新聞雜誌。一一揭明其價。通行人之需買者。則取去其新聞雜誌。而自以其所揭明之價置於原所。其取去物品而不與以價銀者甚稀。不惟英美如是。德法諸國皆然。不惟賣新聞雜誌之小商店如是。大商店亦多如是者。

世界各國之來游歐羅巴者。多自法國之馬塞港上陸。以赴德意志瑞士各方。馬塞港有招待旅行者之會社。不論洋之東西種之黑白。旣予以一定之資金。則彼爲旅行者取運行李以送之於滊車或滊船。一一爲旅客計其便宜之法。吾國人或有疑其詐僞者。是大不然。彼會社對普世界之旅客。皆以信用。苟彼對一人失其信用。則其商業必有大害焉。故彼不願以小得移大失也。

總之商人之自利。必須自利他而來。此乃實際上經驗之言也。苟彼妄欺顧客。妄貪金錢。一時雖僥倖得金錢。而已失實際上之信用。夫信用者。商業唯一之大資本也。旣失信用。而妄圖商業之興。此大不可必之事也。

商店任一貨品。必有一見本以任買者之揀擇。其見本與貨品必同一。未有徒飾美觀之見本。而以粗惡之貨品賣諸人者。謂若是乃盜賊之行。非商業也。有如是者。衆皆賤惡之。一切商業。皆以誠實。故能獲利益不少。嗚呼。歐美商業之所以能振興者。决非無根據以致之。其根據之最重要者爲道德。而資本固其次也。

東洋諸國商業所以不能振興之原因。即因不重信用。只顧目前之小利益。而不計算永遠之大利益。故其受害甚大。而資本缺乏之一事。徒其口實而已。夫營商業而無信用。則資本雖多。亦何益乎。

（十）公共及慈善

歐美之人。無論男女。莫不富於公共之念。凡關於公共之設施。必爲公共之所尊重。擲巨金修飾公園。設上水下水以去其汚。道路之旁。列置樹木。無傷殘之者。各處建置學校。投巨金不惜焉。凡此皆自公共之心所發達而來也。

無論都會及田舍間。皆設有圖書館。人民不問貴賤男女。有暇則往圖書館觀書。視爲大樂。其圖書館開放。任人來觀。來者自取圖書而自讀之。閱覽室內設有一定之案几。以待來者。閱覽既終。復納之於元函之中。大圖書館每日來者有幾千人。閱覽者紛至沓來。然圖書決無破損紛失之虞。書中精巧之圖畫。無割取竊去者。閱覽者以爲是乃公共閱覽之物。苟竊取損失之。乃不義之大者。閱覽室中無高聲誦讀。以妨害他人者。皆默讀也。室內出入之人。下氣歛足。不聞囂聲。閱覽者自由出入。不需管理人之囑咐拘束也。

若博物館。若繪畫館。若音樂堂。若動物園。皆與圖書館同樣。入其中者莫不恭靜肅穆。大人固然。即小子亦莫不然。陳設之物器。無妄以手觸摩之者。蓋妄致汚損館內之物品。必致妨礙他人。乃損公德之大者。故西洋之人。對一切公共之建築物。莫不愛之如己所有。而不敢妄汚損之。蓋汚損公共之建築物。乃下等野蠻未開化人之所爲也。

本邦某學生曾遊學於日耳曼之馬爾布爾希。語人曰。其地之人民。對其地之學校。莫不有深愛情焉。凡關於學校之事。本地之有志者。皆可往學校與當事者面會而直陳之。盡其所知。以爲犯顏之忠告。有弊端則直指陳之。一回不已。至三四回。倘當事者仍其獘而不改。則直投書於新聞紙以批評之。彼國之新聞紙記者。凡於他人名譽有關之事。皆不輕爲登載。以重新聞紙之價值。故一旦新聞紙上所批評之事。必大惹起世人之注目。而被批評者之名譽。大有所礙。受其批評者。比之受死罪之宣告。尤恥辱焉。此不獨馬爾布爾希爲然也。凡歐美之文明國。大抵皆有此風。新聞紙之批評極愼。故最爲社會之所重。當事者皆畏憚之。而常兢兢然恐有過失焉。

又馬爾布爾希飲食店之僕人皆男子。無用女人者。蓋學生多往飲食店用膳。是寓有保護學生品行之意焉。

又歐美之人。常有終身孜孜營業。勤勞節儉以貯財。而不妄費之。其苦勞既數十年。除支給自己衣食之外。至將死之時。則一切舉而投諸學校病院。及爲其他公共事業之費用。欣欣然以能達其目的爲樂焉。蓋莫以公共之樂爲樂而共舉行慈善之事業。北美合衆國之大小學校盲啞學校貧民病院養育院孤兒院之類。大抵皆私立也。其資金多爲慈善家之所捐付。故其費用甚充。北美及歐洲皆然。

歐美之大富人所以甚爲人民之所愛者。其故因歐美之大富人。莫不有公共慈善之心。而爲公共慈善之行也。玆舉一例於此。有名之大富豪羅司切爾得者。甚多別莊。彼以其別莊或爲農業實驗所。或爲工業試驗所。聘有力之學者及技術者。供以最優之俸金。學者技術者居於其中。毫不受他人之干涉。專心一意。投其本來之嗜好。注其全力以專攻學術。遂得甚多之大發明焉。其國之人民。受其利益。是以羅司切爾得之名望日隆也。羅司切爾得不惟在法國如是。其在英國德國。亦投莫大之金額。以與公共慈善之舉。

大抵歐美之人。苟生計裕餘。則必投其餘財以爲公共慈善之舉。如甲則表同情於孤兒。乙於盲啞。丙於貧民。丁於圖書館。昔有專門日耳曼之停車塲賣票所。常置箱聚金以助孤兒院之善舉焉。

日耳曼之布累司勞地方。有從事於釀造之一人。在布累司勞之各市內。設甚多之救急療養所。每一所有相當之醫員。以應途上行人乍起疾病之需。爲此之故。每年所費不貲。雖大累其營業而不悔止焉。

西洋人所行博愛慈善之業。不惟對同類之人如是。即對動植物亦然。如御馬者甚愛其馬。而不過勞之。至冬季則防馬之感冒嚴寒。至夏季則防馬之感冒酷暑。

西洋之人。雖小兒亦甚愛禽獸草木。故雖一草一木之微。亦無妄傷之者。公園及野外之小鳥。常見小兒而無畏避之狀。冬日積雪之際。小鳥常飛翔於窗櫓之下。小兒以麪包之屑投之。小鳥皆來就食焉。食既盡又投之。而非借是以誘捕小鳥也。嗚呼西國慈善之風之感人也深矣。

(十一) 政治

歐美各國之人。莫不有政治之思想。雖婦人小子亦莫不知其國家之關係。世界之大勢。本邦之留學於日耳曼之某學生。常道其在日耳曼之時。與一下宿屋之老媼談話。此老媼日操家事。齷齪不堪。及與之語及世事。彼能詳道日德兩國海岸線比較之長短。及軍艦比較之多少。歷歷如數家珍。嗚呼。歐洲人政治思想之發達。至於此極。宜其稱雄於世界而莫與京也。

英國之地方自治最為發達。村市間之自治規模甚備。每一村市。舉其有名譽之人。掌村市之行政。由居民選其村市長及議員。凡此村市間之人。每人腦中皆有企圖此市町村發達繁榮之思想。無受脅迫。或貪金品。而妄定被選人者。蓋其人民之知識既進。道德甚高。各留心自經營其土地之行政。以自治體不完整爲大辱及大不幸。當選舉議員之時。無論爲國會議員州會議員村市會議員其選舉皆不借賄賂之力。蓋選舉議員之人。以是乃國家幸福之所關。雖有賄賂而不敢受也。當選舉之際。各處皆有演說會。反對者互相攻擊。及選舉既定。雖落選者亦莫不心服選舉之公而無異言。當爭論之時。任其如何激烈。然以爲是乃公事固應如是。及至私交。則情好如初。依舊不變。在議塲爭論。雖至面赤手戰。及出議塲。則仍携手同遊。如好兄弟。私交不以公事而妨。此亦國民富於公德之一證也。如己爲自由黨。妻舅爲進步黨。爲政治上之爭論。常有若勢不兩立之勢。而爭論既終。其姻親依然不變也。

議會之例。雖小數必服從多數。然其心常不遂爲多數之所屈。每有自己所主張之一說。每歲逢多數人之反對。而仍於每歲會議時提出其故見者。

各國皆有政黨。自己主張一種政見。而自發表其主義綱領。與反對黨爭論攻擊。或至於大激烈。然所爭者皆爲國政之利害起見。而常不爲私利之心所驅。其國人之有見識德義而有相當之財產者。皆可進入政黨。以助國家之政務。初固不爲私利起見也」。當選舉國會議員之選舉以前各政黨皆圖己黨人之候補者多。常於各處開立演說會以發表自己之政見。反對之黨亦常集會衆開反對之演說會以相競爭焉。不拘政見如何相異。各逞演說各振手腕。而不相妨害焉。

（十二）公德之根本

公德云者。乃對社會公衆之德義也。然公德非無根本者。其根本爲何。即自己一人之自治力是也。人之有自治力者。自己之一家。必可整理。故對社會而不失其秩序。對親兄弟而無僞言者。對社會之公衆乃無僞言。能自愛其妻子者。乃能普及其愛情於他人。能自敬者。乃能敬他人。能重自己一人之名譽財產者。乃能重同國人之名譽財產。大抵野蠻未開化之人。只泥其現在肉體之生活。而不知有亘於過去未來之精神生活。故常以慰其目前肉體之快樂爲已滿足。及文化既進。人知有精神之生活。各人能自治而愛公同幸福之快樂。此公德之所由生也。

歐美人公德之第一要素曰無僞。先對自己之處置上既誠實而不欺。故對他人而亦誠實不欺焉。大抵歐美之人。最恥虛謊。每出一言。皆欲其有信用之價値。其對社會公衆也。以虛謊爲大惡。而社會公衆遂得其利益不少焉。恥虛僞之效益大矣哉。既恥虛僞。故能實行聖賢之教。眞奉國家之法律命令。故國法能實行。而國運亦賴是而大進步焉。

英國人雖甚年穉之兒童。亦不許輕發無責任之言。如英國之小兒出門之時。已告其家人限午後五時歸家。則雖遇有如何可留戀之玩戲。已至所約之時。則必飛奔歸家焉。又如英國之小學生徒。苟教師出問題使之自解釋。則雖如何難解。亦自費苦思而決不受其兄姊之助也。

歐美之人。最重正直。一言一行。必有責任。一商品之廣告。必以眞實而有其廣告之責任。故政治家實業家苟發一言。則負其責任。而不敢輕失其信用焉。

英國有某氏者。任國務大臣之職之時。忽經濟上生激變。股票之價將暴落。某氏之父固富人。有股票甚多。於未暴落之前。問其子以現在經濟之情形。其子素重職務。雖明知股票價之將暴落。而不以告其父。其父因是資產大損。殆將傾產焉。此英國人正直重職務負責任氣質之代表也。

我國諸公私學校會社所雇用英美德法諸國之學者技術者甚多其人莫不重職務。貴忠實其惰於奉職者甚少出入按時而不少誤其熱心供事或至遂忘寢食焉富士製紙會社所用之美人京別爾即其例也。

歐美人公德之發達如此對社會公衆有眞愛情以下推之於草木禽獸此皆教育之功也。歐美之教育實能養成其國人好正直惡虛僞之風又能發育其愛情使其處置己身。常能正直而無虛僞有充足之自治力先愛自己能重名譽能重財產能重權利。重名譽故常防自己品行之墮落重財產故無浪費重權利故選舉議員之時信用自己公正投票此其所以有完全之自治力也。公德云者即其自治之私力所顯出於社會公衆者是也是一德而非二德也究而言之公德之根本實爲私德恰如一樹木然私德者乃其隱於地下之根本公德者乃其顯於空中之枝葉通全體而言之正直者乃其原形質愛情者乃其滋養質嗚呼是乃彼歐美文明國民之人格所由成立也。

（完）

文苑

詩界潮音集

雜詩二十首　　劉光第裴村遺稿

忽然中夜起。開戶玩淸華。飛心入明月。太息仙人家。仙童飽魑魅。心血化靑霞。玉女妙成雙。變爲梟與蛇。陰精雖不老。已蝕衆蝦蟆。姮娥擘白兎。正氣爲咨嗟。桂樹根蠢蠢。漸亦揚其花。我欲扶燭龍。銜火照陰邪。九關逢虎豹。坐歎淚如麻。

東海濶且深。中有一靈蝦。撐天長頭角。非龍亦非蛇。白波涌如山。噴沫驚無牙。靑珠散作塵。吹空爲飛沙。婉戀兩雌龍。海氣開淸華。捧日出扶桑。陽恩周八遐。一龍懽游戲。一龍鬱盤拏。蝦也逆其懽。虵螭無柰何。穉龍腹有雷。殺意通老鼉。裂之於靑邱。乃不異井蛙。

登高望蒙古。言陟五台山。北風徒能勁。立于冰雪間。維昔蕩中國。飲馬長江邊。北失鄴

羅雄東誤蘇奴孱出入五百年勢積以鈍頑弱人自亦弱道豈如循環幃房豈不親隱
貽屛蔽患譬彼黃耇人衣敝背已寒頹陽澹澹下我方悲外藩
天上生奇樹託根極高寒玉色光可鑑奇香吹若蘭招搖絳宮裏旖旎瑤台端上枝抱
神龍下枝棲鳳鸞中枝掛日月嬉戲擲兩丸排雲奉竽籟華葉鏘琅玕音聲一何美天
聽生淸懽裁爲六合柱神工不肯觀罡風忽吹折王母獨心酸
窮陰滿八極天地洩煩寃太行裂石藏倒瀉飛泉源泡泡出雷岫滾滾下天門巖寺怒
飄墮安肯問平村木石隨佛走人馬向蛟翻雨聲挾哭泣中有萬鬼喧神鐙跳紅波懽
喜照老黿妖孽不自作所貴燮陽宣陽剛抱龍德泠氣散乾坤主山遭厄圯五嶽噤不
言嗟予坐危屋神傷命斯存
吾鄉李鴻猷捧檄令赤峰列縣無城郭謠俗雜民蒙蒙漢久蠹孼都統貪且庸扇之以
亂民馬賊起如蜂蠆兵道路斷官兵村落空殺燒所漏遺逃山復巖冬飢火焚人腸哀
哉割面風俱死目猶視坐臥冰雪中輝輝晶玉顏慘慘土木容豈不痛殭路血肉欣完
同躍馬忽見之急馳過鬼叢疾威此上帝民牧亦夢夢幸免於咎責乃內丁鞠凶過都

爲我言。使我淚如凍。

靜坐觀物情。慨然發深羨。一欣鳥驚人。再欣虎上殿。蜩螗爭一鬨。熱風吹怒怨。飲露有寒蟬。空腹亦爲賤。蒼鷹飢着人。搏擊本非願。投軀啄腐鼠。何時縱英盼。六合一梟鸞。鵰子安得見。獬豸獨能神。所食惟苦楝。

孔雀冲天飛。雲日散光采。一朝飢無肉。不凍長呼餒。樊籠一以羈。啄腐甘自給。食蛇知有毒。尙負奇毛在。文章止悅人。品弗登鼎鼐。鸞華果何心。落實稍見悔。所以威鳳翙。九苞度雲海。

漫漫香雪海。楳花千萬枝。天上春獨早。亦猶正逢時。何來蠟楳花。託根暗相移。弄妍雲霞地。拔迹水石湄。玉女燦明月。近玩天人姿。王母閃電眸。一笑雜嗔癡。神仙烟霧中。豈容俗物窺。非種忽鋤去。園客惜其私。

妲己傾有商。褒姒滅宗周。天意信遐邈。女禍亦因由。慨當代國日。獻此美無儔。山川稟精氣。民物含怨愁。併洩於一身。鍾物豈非尤。方寸之禍水。胥溺及九州。顛倒怒笑間。因嬰成仇讐。百物氣相制。弱肉與强謀。誰謂傷人心。十世禍未休。片情累萬族。念之淚交。

流。

神鷹擊惡鳥。靈獸觸邪臣。誰言物性蠢。智過於中人。猛虎戲山間。鱷魚縱奇鱗。磨牙吮人血。鷹獸不敢嗔。鞭撻驅迫之。乃用喪其身。皇天散形質。萬物各得眞。哀哉使錯迕。長短何由伸。

道逢行乞人。自言舊湘軍。衣服醫且冬。皮肉還垢皴。一從勦髮賊。立功救王民。轉戰徧南北。猛氣衝風雲。堂堂錫勇號。歸仍餓一身。諒山復斯警。應募走兼旬。資裝雖無多。親友意已勤。熟知功不酬。志欲淸鬼氛。且圖飽戰飯。捐命答吾君。況聞鬼馬死。鬼妾號長裙。正可威南服。和議成逡巡。故鄉不得歸。又不死沙塵。含血空噴天。忠憤何由伸。且勿歎忠憤。乞錢周爾貧。

國有封將軍。賜名爲□□。龍種異凡子。拔迹金玉中。希聖識攸歸。向方且多通。咸時每浩歎。憂國懷精忠。涕泣有所陳。小人勢已雄。上言皮小李。下言濟寧公。天下久唾棄。胡不忍決癰。內則有權閹。戰安得有功。帝曰汝未知。豈余小子衷。余與汝徐徐。且可爲閎蒙。海雲升朝霞。光映殿角紅。引之跪近前。慘淡親天容。帝曰汝勉哉。匪直光國宗。大廷實乏才。豢養諸疲癃。將軍頓首謝。感激厲匪躬。問年十七八。雛鳳鳴喈喈。何意宗室內。乃覩此奇童。一木千萬葉。靑黃各不同。一水千萬派。淸濁自朝東。

北方有二鳥。乃生在海壖。羽毛各豐滿。一飛皆刺天。同巢刼異夢。啁笑兩不然。一鳥不知老。甘腐借鵄鳶。性復解音聲。歌舞鴝與鸞。竦身傍神霄。日月樂痴頑。飛星激枉矢。尙戀靑雲端。一鳥抱仙骨。所食惟琅玕。八表高一翔。天海知周圜。文采照遐荒。心力徹空淵。羣羽自求穴。但笑猛志偏。倂力掣其飛。又不放使間。終借彼高名。弗與惡鳥便。鳳凰號大聖。臣哉尙愼旃。

臣始悲天下。天下亦悲臣。哀哉劉陶言。退然念其身。一身雖不保。讜議豈空陳。請爲時主吟。願亦聽其眞。帝非人不立。人非帝不寧。譬如頭與足。相須以得行。胡然假利器。妄刈于平民。耳無檀車響。目無鳴條親。天災豈切飢。震食非損神。一朝權去已。不得爲衆人救。亂須得智扶。危貴求仁。吁嗟此激論。允爲後世珍。良葯螫人喉。亦有安苦辛。荒君視熊胆。詰后視猩唇。

文鳳見季世。鳴當不祥時。摧藏鍛毛羽。豈不惜彼私。洛城何嶢嶢。下有數棄屍。一士獨

叢錄門

佯死三日蛆上眉亡命十五年直性損憂悲後來外戚誅徵召復得諧老壽還卒家藉問此爲誰云漢杜伯堅鄧后惡忠規縑囊盛直士殿上撲殺之和熹豈不賢根也實無疵覽書見遺烈千戴感我思

涿州有三坡入山三百里陰磴何險深終古絕塵軌雖乏桑麻秀頗饒桃李柹外來販酒希但換山羊子金錢無所用巧利將焉起差徑所不到鄉老坐已理新婦禮亦苛騎驢色悲喜相傳流賊餘竄茲闢榛杞但聞滿洲興皇間張與李山中生厚善頑氣盪心髓日月照老壽樵牧皆黃綺與世既無爭世亦相棄矣何必桃花源相須武陵水

憂端橫八埌溢心天際想天風吹余夢身騎白雲上白雲如奔馬蹋天空不響下視塵海間日月相磨盪萬國燦可數元氣浮泱泱所嗟目力窮地球過三兩極外還人世星中有天壤誰能造化根攬之證無象

三古聖神國道揆不可變斟酌通天人輔畫盡名獻嗣王廢卒由其敗忽如電奈何後世豪草草爲征禪勢力角羣雄善者安苟便何必待儆刓本始粗纘緒王道久淪亡天難方憲憲雖有老成人由行亦堪賤窮通貴神明豈不在英彥獨傷言和臣變法而府怨」

勢力之所徙。道德之所都。人氣各有持。以保淸淑區。龍德屢易姓。越代賓王無。海內一世家。大與溟岱俱。嬋嫣重繼體。崇飾開蒙愚。薪火續明光。果核傳芳腴。贇茲仁義種。懸的要人趨。奈何教師宗。翻羨伶官奴。桓桓冠劍身。蚩蚩傀儡模。隆汚信有時。行廢道豈殊。日月亦有食。更何在須臾。外邦富學祖。中州論精粗。法守己浮煙。道教須樹扶。可如貴溪張。襲封惟咒符。

萬壽山　同

綿綿萬壽山。園莊枕其麓。宏規豈虛構。頤和祈天福。基扃盤雲霄。原野衣土木。鐵路穿宮門。電燈照崖谷。百戲陳瑤池。萬寶走琛屋。每蒙王母笑。更携上元祝。天上多樂方。奇怪盈萬族。維昔經營日。淫潦迷川陸。海雨吸垂龍。村氓亂浮鶩。鼉頭大如人。出水聽衆哭。偉哉烏府彥。涕泣陳忠牘。膏血爲塗丹。皮骨爲販鬻。請分將作金。用賑災黎穀。天容慘不懽。降調未忍逐。海軍且揚威。嬉此明湖曲。仙人且弄姿。媚此西山綠。

屯海戍　同

鷙鳥久不擊。金睛倦神霄。龍馬縶其足。萬里徒見招。矧玆屯海戍。本自巢雄梟。朘削雖己多。室家且逍遥。軍中有婦人。武事空蕭條。大礮只虛烟。揚旗悍廻飈。一旦飛羽檄。驅之渡韓遼。我友充海軍。鐵艦嬉且遨。獨我迫東行。萬慘聚府焦。況忍訣妻子。中道相牽號。哭聲上干雲。下壓大海潮。入舟屢回盼。不戰心先逃。運船猝被擊。潰亦無由跳。可憐羅練軀。挂胃鯨齒高。空令鰥婦來。想魂祭波濤。大帥心有在。我方悲汝曹。汝曹死自悲。無爲怨聖朝

美酒行　同

美酒樂高會。廣筵開曲房。風雷奮笑謔。山海窮珍芳。歡氣之所流。引以日月長。中有餐霞客。逃席支在床。嗟余不舉酒。天醉形能忘。去我壁上觀。縮我壺中藏。客言乃所苦。酸悽起肝腸。衆賓正懽笑。豈顧一人愴。云今東省旱。不下西省荒。告災有大府。蠲賑來隣疆。涸魚久失水。微雨豈蘇將。殺孩養老親。子婦誠何當。亦有成童兒。不値兩餅償。明知非我子。肉顫心已殭。恩愛彼非人。殘忍爲故常。荒年情景多。一一忍得詳。是孰能致之。天意眞茫茫。在樂爲苦言。當嘬子不詳。漆女隱在中。一擊紆軫彰。後堂進高燭。躧屣來名倡。主人命射覆。還成賭百觴。

華年閣雜錄

▲大英雄鄭成功之遺墨

天南萬古瀟瀟雨銷沈英雄處若明季之鄭成功氏。者。眞我人種中以隻手挽天柱撐地維之一奇男子。大人物也雖事之成。不如其志。而當神州陸沈之後。猶得。據海南一片土又能驅除荷蘭人種。爲黃人勝。白人之始其所建立。亦已足表白於天下矣頃人有見其手書詩一律。字與詩皆佳絕。眞稀世之珍也。其詩如下。

破屋荒畦趂水灣　行人漸少爲聲閑
偶迷沙路曾來處　始踏苔巖常望山
樵戶秋深知露冷　僧扉晝靜任雲關
霜林猶愛新紅好　更入風泉亂壑間

▲歐洲之四大國魂

歐洲之四大國魂者何。曰武士魂也。宗教魂也。貿易魂也。(又名冒險魂)平民魂也。(即自由魂)彼有此四魂也。以雄長歐美。凌轢亞非。日本人差有其一。曰武士魂。吾乃揆是四魂。而合諸我中國。羗上下而求。索兮。嚮四方而招之。靈荃歆其來歸兮結纕佩以芳芷。婉飛龍以傲游兮奕光彩於四洲。曰惟恃子之靈。兮吾獨揾淚以相求

▲美國貧富之不均

統計美國之財。分爲十分。其九分則爲全國中十分之一之人數所得。其餘一分。則爲全國中十分之九之人數所得。(人財共爲十分而分配之。一分人得

九分之財。九分人得一分之財）貧富之不均。已超極等。遂至多數之人。羣趨於社會主義。有異常增加之勢力云。

▲世界之大森林

喜馬拉山之腰。繞泰拉伊之森木。尼泊爾語謂之射大拉拍西。從阿富汗境。東至緬甸之一大森林也。其大部分悉爲猛獸毒蛇之所占領。旅客稱爲喜馬拉之玄關。從印度入尼泊爾者。道經森林之中。引川水爲槽。以療行人之渴。旅店夜宿月明之下。往往聞猛虎之嘯聲。出森林以北。尚可云射大拉拍之一部。一帶高原。到處皆大樹林云。

▲二日間橫過大西洋

美國紐約。有一二千萬圓資本金之公司。據其所發布之趣意書。言欲製造一新發明之瀛船推進器。此推進器。可用於比現世界所有最大二倍之瀛船。一時間能駛走六十哩之速力。用此新推進器。可新造瀛船。開大西洋之新航路。公司中得有此推進器之專有權云云。果如所言。從美國至英國。橫渡大西洋。不過二日間程。新瀛船眞有可驚之速力云。

▲美國鋼鐵公司之巨利

據昨年營業之報告。總收入爲十一億二千萬圓。股東六萬人。執業人員。凡十六萬八千人。開銷除盡淨贏金二億六千六百六十萬圓。此內除去股東分利及其他支出。共剩餘金六千八百四十萬圓。於昨年末。計算總積金。有一億五千五百六十萬圓云。

▲續記黴菌燈

前記奧國大學敎授馬理西所發明之黴菌燈。此等黴菌。其發育之方法極易。以鯡之鮮肉。入於百分溶液而加有食鹽二分或三分者。保有攝氏七度之溫度。二三日後。不獨鯡肉發光。即溶液之全部分。亦俱發光。加以些許之砂糖。其光更强。坑夫用爲安全之燈。最爲適宜云。

▲殺人之迷信

從印度入西藏之路。有北馬拉之住民者。抱一不可思議之迷信。謂凡旅客過者。有智勇富貴之人。若殺其人。則其人之智勇富貴。皆可歸爲我有。常以毒草毒蛇製藥。與行人食之。行者飲藥之後。初無所覺。遲兩三日至五七日後。則能自斃。又有一種卞嘛人者。以殺人爲事。視殺人同殺山羊。其諺語曰。『不殺人兮不得食。不迴寺兮不消罪。即時殺人兮。即時迴寺。快進兮。快進兮。』其惡俗有如是云。

▲磁氣之奇用

磁氣有揭物之力。久爲學術上所說明。其實際應用。至近年始多發明。最初以磁氣取出眼球內所入之鐵片。其後用以碎鐵鑛。又用以分鐵與廢物。最近用爲起重機。起四噸乃至十二噸之鐵板。極爲輕便。又裝置於自動車。則登坂容易。已發明種種之應用云。

▲傳染之疲勞病

凡人疲勞之故。係身體網膜內積聚一種無用之物。不必限己之網膜內。他人網膜內所存在之物。通過不潔之空氣。呼吸之餘。亦令人感同樣之疲勞。如學校生徒。及事務所人員。凡多人聚集之處。雖不爲何等勞働之事。其怠倦亦如勞働之人等。蓋由傳染而成之疲勞病也。又如坐滊車長行之旅客。於己身毫不勞働。亦覺疲勞。蓋因密閉車中。呼吸他人網膜內之廢物故也。

▲蜂之異聞

意大利有一種蜜蜂。形狀與日本蜂無異。而運動規律則大異。其雄蜂者。惟預交尾之事而已。於製蜜則毫無關係。而性尤懶惰。坐食雌蜂所斂捷運動鬭製之物。終交尾之時期。則雌蜂相集。嚙殺雄蜂。棄之倉外。更不少顧。又雌蜂中者有女王。爲總指揮官。其部下者。戴女王。爲必死之運動。蜜倉之入口。常有更番交替之守兵。巡視一切。無少偷惰。出入之際。皆一一接近而檢查之。若有異種侵入倉內之時。直前搏戰。不殺之則不已。同異種之感情。蜂猶如是。可以人而不如蜂乎。

▲端午之旗

日本端午之風俗。於門外樹鯉魚旗。懸鯉魚樣之物於竿上。祝男兒發達之意。門傍樹軍旗。頌男兒生至七歲者。爲禱武運。室內整飭一切軍器。日本尚武之俗。於此可見。副島種臣蒼海伯。爲維新之功臣。現以年老家居。有爲其孫樹軍旗者。伯有詩祝其孫云。五月南風飄畫旗。家家頌禱勇男兒。壯丁二十初服役。尙武風從孩稚時。可想見其老而有勇氣云。

▲電氣探鑛法

試掘鑛脈。須隨分多大之經費。近頃英國技士。發明電氣探鑛法。其法同無線電信。送電波於空氣之理。以誘導器名伊達可泰者。傳送電波于地下。於發電機之傍。備電話聽震器。聽其鳴動。當電波通過地底時。受抵抗力不絕。其鳴動之聲一律。若得逢鑛脈。乍減抵抗力。鳴動漸劇。熟練其術。能探知金鑛之所在。英國現用此法。探求殖民地之金鑛。得大收其效云。

▲世界黃金之產出量

據昨年之調查。世界之金產出量。爲一千二百九十四萬八千二百四十二翁斯。其價值爲二億七千五百萬三千二百五弗。比前年之出量增加四十二萬二千八百六十五翁斯。價值增加八百九十八萬一千〇八十五弗。最多量之金產國爲美國。次澳洲。其次俄國。又其次加拿大。墨西哥。英領印度。吐蘭斯哇。

與羅台西亞等是也。又至昨年止。統計此十年間世界黃金之產出總量爲一億〇八百十二萬四千百二十八翁斯。其價值爲二十二億九千六百四十一萬〇五百十弗云。

▲世界罕有之長壽者

墨西哥有一百五十九歲之長壽人。以西歷一千七百四十五年十一月廿四日生。久爲稅關之執事員。身長五呎。體量九十斤。腰已屈。然能不借人手。散步庭園。其人生平不用烟酒。好食柔物。浴於日光之中。常向有日光處行動。此爲長命之原因云。

▲俄國爵位之承襲

俄國爵位。不獨長子可以承襲。如有男子數人。皆得襲其父之爵位。有某村者。全村皆伯爵。以俱爲伯爵某之子孫也。有爵位之人。亦屬貧民居多。惟於禮節之時。儀式上得着用爵服外。餘則與普通農民不能區別云。

▲倫敦之大霧

英國倫敦之市。終年朦朧。不能仰見日光。全市煙突林立。噴出之煙。不能消散。近於衛生協會。有某博士者倡議設疏通倫敦煙霧之法。其法以各製造場之煙突。通於一中央之大煙突。變其煙爲油煙。或可用電氣以燒燃之云云。

又據科學家說。英國少女色多美艷而柔。其故以英國多霧之故。總空氣中含有多分之水蒸瀛。故能使人皮膚柔軟。肉色鮮麗。若出英國而居於空氣乾燥之處。則有皮膚粗而色艷亦減之結果云。

▲低廉之燃料

有奧國人某者。發明製造最低廉之燃料。其法祇用泥炭精製。而優於英國產之無煙炭。其價值甚廉。將來可壓倒其他之燃料云。

▲尊餓死之宗派

烏拉爾山地方有屬勃顛婆（無僧侶派）宗派。人數多棲息於此。此宗派所尊奉者。住森林或洞窟。厭他人之交際。爲默想祈禱以送生涯。又至人迹不到之處。穿深洞穴而居其中。斷食餓死。則謂其死後身不腐朽。永發清香。可得天堂之樂。迷信之人絕食者甚不少云。

▲世界各教之人數

據德國傳道會所調查。現今世界之人口爲十五億四千四百五十一萬人。其內五億三千四百十四萬人屬基督教。千〇八十六萬人屬猶太教。一億七千五百二十九萬人屬回回教。八億二千三百四十二萬人屬佛教。餘人屬其他之宗教。或則無教徒也。印度於千八百九十一年至千九百一年。此十年間。各教徒之增加。回回教徒。由五千七百三十萬人增至六千二百五十萬人。佛教徒由七百十三萬一千人增至九百四十七萬六千人。基督教徒二百九十二萬三千二百四十一人。更增六十三萬八千八百六十一人。其無宗教之人。則由二億〇七百七十三萬一千人。減至二億〇七百十四萬六千人云。〇又今世界基督教最有力之團體。爲美國之基督教青年會。其會員之數。三十萬人。其資產有六千萬圓云。

▲太陽之黑斑

法國之天文學者摩洛氏。觀察太陽之黑點。曾測其一點。有直徑二萬英哩之長。今歲有出現之一點。其直徑亦與相同。與前時所現之黑點同一狀況。此斑點起。攪亂磁氣電氣。鑛山內恐招煤氣破裂之虞。且地球上大氣有溫度驟增。猝發大風之患。若至太陽現衆多北極紅之時。雖肉眼以玻璃觀之。亦能望見其黑斑云。

▲輕氣球之速力

法國巴里地方。於數月前有四人於夜間同乘一輕氣球。翌朝墜落於法國之馬耳塞港（法國地中海之要港往法國者由此登陸）之北西方四十四哩。方輕氣達一萬呎之高所。其溫度降至攝氏之五度。携帶鑛水凝結。此時俄起烈風。一時間有六十哩之速力。向南方吹流。翌朝天明之頃。眼下見地中海甚有危險之狀。急向地面降下。球已觸地。再翔起三百呎之高。適中於電線而落下。致切斷其電線。而乘者不受微傷。在該地少憩。坐滊車歸巴黎云。

▲利用電線之新法

意大利一技師。發明以電信電話（中國舊譯爲德律風）用同時同一之電線傳達。得告成功。又發明用水或用土地可通電話及達無線之電信。其法裝置機械。以鐵線兩條插入於通信處之地下或水中云。

叢錄門

(內國之部)

◎中俄交涉彙記　俄國前向中國政府要求七款。刻已悉數收回。駐京俄國代理公使聲言此事應由本國外務部大臣與駐俄華使商議。而余實無操縱之權云云。故外間輿論。多謂俄外部必施其籠絡之手段。與駐俄胡星使更訂密約。此則甚爲可虞也。▲又聞俄人屢催外務部將所訂密約簽押。幷云如貴政府於新約內有不以爲然之處。儘可駁之。而日本則力勸慶王不可照准俄人。此次之要求。並云如能拒之。日本必力助一切。如遽許之。則必反對中政府。故政府目下左右爲難。兩宮關念東三省之事。頗形憂慮。聞垂問當道有云。俄之要挾。許之則貽人口實。拒之則有何權力。亟應審時宜而持定論。執兩用中之道。其各抒扼要之見。以策萬全云▲又聞外務部確實消息。俄人於滿洲各約。漸有破除之意。惟撤兵之期。尚不能定。必中國與以東省利權實據。始能決議云。▲又聞俄國近向清國要求蒙古密約。其重要者三款(一)蒙古設置軍務提督。由俄國軍人管理募集軍隊。配置操練。貯藏兵器。建築礮臺壁壘等。如遇事變。一切軍事行動大權。悉歸俄官節制。(二)因圖俄清兩國人民之親睦。須於蒙古一帶地方設立自由婚嫁制度。並於各地設立俄語學堂。並許希臘教在該處傳教。與喇嘛教享同一之權。(三)蒙古一帶地方。所有敷設鐵道。採掘礦山。及其他營利事業。悉許俄清銀行經理。凡於經營此項事業所需各種物品。不得徵收入口稅銀。▲駐京俄國公使又將新要求之約酌改。迫請外務部畫諾。日美兩國駐京公使接該國政府電諭飭令忠告清廷拒絕俄之要求。日美公使得電之下。即趨謁王文韶。謂日美兩國斷不認貴國允許俄之要求。貴國如果允許。是自招各國覬覦權利之心。貴國將何以爲國。王答曰。清廷斷不應允俄之要求。請勿懸念云云。惟俄清銀行總辦平日善能籠絡慶王王相。其勢力直不可侮。故外間傳聞政府實已承允某欵。殆或然歟。又聞東三省之電線權利。政府已允歸俄人。未諗確否。▲又聞英國駐京代理公使得有消息。謂俄使嘗在慶王私邸密議滿洲密約之事。聞係要求蒙古及西藏鐵路礦山之權利。大約列國如不出而力阻此議。大局將益危急也。▲又聞政府已允准俄人以與內外蒙古及後藏等處鐵路鑛山及開墾之權。俄人得此利益。可將滿洲條約收回。政府之意。以爲此等辦法。既可饜俄人之意。復免列國干涉滿洲。自命得計。倘列國不加意防察。則李鴻章與俄訂密約之事。將復見於今日矣。▲又聞外務部已將俄約七條議駁。其滿洲鐵路附近之礦山一事。尤加詳駁。決不曲從。仍催俄國從速撤兵。以免他國窺伺。紛紛探詢云。▲又聞外務部所駁俄約。其最要關鍵。謂須開作萬國通商口岸。並引美日所請爲詞。至整頓蒙古一條。駁文亦力言之。又電囑駐俄華使與俄外部力爭。俄外部答言。所派專使已奉有本國訓令來華。專辦此事。本大臣不預聞此事云。▲又聞俄公使另提三條。(一)不准別國再開通商口岸。(二)不准改設行省制度。(三)不准別國分佔遼河利益。照會外務部。請先將三條從速開議。議妥之後。即議退兵。以及善後事宜。自不難議。外務部當即復函。仍舊不允。執意甚堅。▲又聞外務部擬將內外蒙古及北部西藏路鑛墾荒等權。讓與俄國。俾收回東三省利權。已與俄使在慶邸密議。▲又聞俄國駐紮滿洲之兵。仍未照約撤退。故政府又電致俄政府。略謂據東清鐵路合同第八條載明保護鐵路之役。僅能遣派巡捕。今貴政府竟以駐滿洲防兵充當顯背前約。今敝國願任保護東清鐵路之責。所有貴國駐紮滿洲之兵。請速照約撤退云云。▲又聞外務部接俄京來電。畧謂所訂條約七欵。如不能照准。可將蒙古地方作爲租地。以若干年爲限。否則速將前約議覆云云。

◎爭抗俄約　直督袁世凱因滿洲之事。具摺奏請拒絕俄約。大致謂俄國照約。應於華歷三月十一日將盛京東北地方及吉林所駐俄兵。一律撤退。乃不惟逾期不撤。且有永遠駐兵之設備。或築堅固兵營。或輸銃砲兵器。或傭役中國臣民。或盛爲運儲糧食。臣誠愕然。不勝痛惜。俄國何有所據而敢爲此背約非理之行。嘗閱其致外務部公文有曰。土匪猶未平靖。難保俄國在留商民之安寧。又曰。若將地方全體交還中國。一律撤兵。無如中國軍隊。訓練不精。不足以鎭靜盜賊。又曰。俄兵撤退。必加他國新勢力。轉增中國之一累。又曰。若無俄兵不能從事鐵道工事及採掘礦山。其他一切言詞。皆以牽强附會。眩惑我國當路臣。今不悉辯駁之。一言以蔽之。此等言辭。無非違背條約。遷延而不撤兵也。夫中國自庚子亂後。雖瘡痍未復。國力弱微。猶嶄然獨立宇宙。稱一土廣民衆之邦。祖宗發祥之地。萬不可遺失放棄。任人久占不歸。是宜出以全力以與俄抗。況滿洲地方。與各國通商貿易。最有關繫。今日英兩國以强硬手段。對抗俄人。允爲我援。按諸時局。自宜乘勢以抗俄人。外部諸臣似無所用其躊躇也。伏乞皇太后皇上乾綱獨斷。毅然舉行。內而奬勵羣臣。外借英日兩國之援。上下一心。對抗俄國迫脅之密約。以恢復發祥之地云云。

◎滿洲政策　直督袁世凱擬俄兵撤退後。統治滿洲政策數條。已於月前奏聞。玆揭其要領如下。

一改革行政制度　盛京吉林兩省宜仿照各省建置督撫及府廳州縣各官。

一改革軍隊制度　接代俄兵鎮撫兩省之軍隊。皆宜採用洋式操練。所有鎗砲兵器亦宜一律改用洋式。並宜新設提督一員統轄國防軍隊。兼掌教育衛生等事。

一審理交涉事件　宜於奉天吉林兩省。設置華洋審裁局。審理在留滿洲之外國人與中國人民刑錢詞訟案件。

一宜設重要市府　欲圖商工業之興盛。須於適中之處。開設重要都市。俾中外國人自由貿易。

一新設中國稅關　凡由滿洲陸路入口外國貨物。須徵課稅。宜於國境地方及內地重要之區。新設稅關。

一新設教育機關　欲圖人民知識之發達。宜於各都市廣設學堂。授以外國語言及普通教育。漸次進於高等教育。

◎法兵入粵紀聞　桂撫王之春借法兵一事。外間傳聞不一。玆又聞廣東官場得桂省電稱西亂日亟。現有法兵二千多名。進駐諒山一帶。是否代平亂事。抑或自行保護。尚難逆料云云。▲又聞日前有廷寄廣西問王之春果有聯外兵勦匪等事否。倘果有是事。速爲阻攔外兵前往云云。▲又聞日前廣西同鄉京官接王之春來電。字數頗多。不外分辯並無借外兵外款以勦土匪之語。電中有之春雖愚瞶萬分。尚不致此數字。同鄉官自得其長電後。代爲分辯者有之。置而不問有之。甚至有謂彼實有借外欵之確據。彼尙爲是語。是欺同鄉即以欺天下云云。

◎雲南匪耗　雲南省近有多數土匪揭竿起事。已將臨安府城攻陷。政府得此消息。立即電諭該省地方各官。速將該城克復。又云蒙自通海之間。電桿已爲土匪折斷。總稅務司連日與駐京法使彼此發電。均不相通。刻有法兵二千名。或曰五百名。已由洛克進向蒙自云▲雲貴總督丁振鐸電奏政府。略謂雲南匪亂之起。係因相距臨安府城五六日路程之處。有一銅山。名曰克紐宵。開礦工人。約有十萬人之多。該工素號慓悍。相約抗官之事。無歲無之。且聞若輩有與廣西土匪互通聲息。今旣罷工。勢必潛往廣西聯合匪黨。尙未蠢動之際。法國竟以築造鐵路之故。遣兵來省。致華工法兵時相爭鬥。卒至嘯聚十萬人衆。揭竿起事云云。丁督同日又有密電致外務部云。土匪與法兵互鬥之時。法兵被擄者甚衆。臨安府之教堂亦被轟毀。法國教士數名已遷逃至雲南省城。間有二三名途中爲匪所殺。又云臨安府最占地利。曩日苗匪首領馬如倫率衆二十萬人圍攻。猶未被陷。今竟爲土匪渠魁周雲祥率衆襲陷。其勢之猖獗。從可推知。聞各匪所用軍械皆係新式云▲駐京法使頃向中國政府聲言。南雲匪亂。視廣西爲尤甚。法國不可不速派兵前赴該省以代勦滅云云。

◎賠欵近聞　賠欵用金用銀一事。中國政府前與各國駐京公使。已屢次磋商。頃聞政府又與各國商議。請於九年之內。照銀收納。金磅所差之額。若干俟十年之後再議。英美兩國業經應允。故其餘各國公使亦無異議云。又聞英政府意見與美政府稍異。蓋英政府以中國目下財政艱窘。各國固可體恤。稍事通融。倘異日中國財政漸就裕如。所差之額。仍宜補償各國公使亦犖犖是說。

（外國之部）

半月大事記 西曆五月上半月

▲一日路透電英皇已由意京羅馬啓蹕。同日電英國下議院集議素瑪勒戰事時兵部大臣畢多列嘗謂我英並無欲据該土地之心。我英志願不過保護水師以及愛戴我英之人民而已。同日電英國議減軍費一事亦已投票公議惟反對者甚多。

▲二日路透電英皇蹕駕行抵法京時當由法總統迎見晤談二十分鐘之久。英皇始辭回英國使館駐蹕。英皇嘗在法京英商務院宣言謂英法爭端久息。二國之睦誼。可永保無替矣。

▲同日柏林電。德國皇帝並承統太子外部大臣畢露公爵等現已行抵意京羅馬。同日電土屬西倫尼亞戰事現尚未已。各國均擬遣派兵艦前往平亂。現意國兵艦已駛抵該處。其餘奧國等兵艦。不日亦可相繼而來。

▲四日路透電土耳其屬之薩郎納格城已被亂民圍攻。法意兩國因調兵輪前往。土王嘗告諸駐土俄國公使曰。土政府已設法鎮靜亂民云云。

▲五日路透電據柏林報言英法兩國聯合之事。乃勢所必無。因兩國之相衝突。斷難終免。當此之時。德國且可袖手旁觀。姑以此聯合之事爲和平之凴据也。同日電法總統及其政府諸臣已與英皇行送別之禮。英皇致謝之詞極爲懇至。謂承此接待。永不能忘。并謂巴黎之游。彼實極爲心醉云。

同日電。英皇刻已回至倫敦。國人迎之甚爲歡悅。

▲六日路透電。普魯士商務大臣在麥底卑地方演說時。力主聯合資本之議。謂必如此。然後德國商務。可與合衆國爭衡也。

同日電。英國外務大臣藍斯唐在上議院宣言。英國政府決計設法阻止他國在波斯海灣經營海軍根据之地。惟自予觀之。此事尚未實見施行。又云。英政府在波斯海灣政策。不過爲保護整頓本國商務起見。若各國在彼合例之貿易。政府決無阻止之意也。

同日柏林電。羅馬教皇以珍貴寶器。贈與德皇。幷賜畢露伯爵以禧年金牌。

同日電。法國報聲言。法總統雖與英皇會晤數次。惟此于政治上毫無關係。惟兩國交誼。或從此更形親密也。

同日電。列國現在不再加派兵輪往沙蘭日加地方。土耳其及巴加力亞衅益岌岌。君士但丁堡已戒備一切。外人寓所。已派兵保護矣。

▲七日路透電。英國代杜國擔任借債三千五百萬磅之案。已由下議院允准。此欵專爲修造鐵路。灌漑田畝。建修租界。及清償杜國舊債之用。

同日電。土耳其政府近因沙蘭日加有暴虐之舉動。特照會巴加力亞政府。責其不能保護境土。

同日電。德皇本日已離羅馬城。

同日倫敦電。土耳其兵隊在離沙蘭日加四十里地方。與巴加力亞軍開戰。士兵亡者五人。敵兵則喪六十人。

▲八日路透電。英國借與杜國三千五百萬磅。內三千萬磅已經付出。週息三厘。遞年清償。至一千九百五十三年爲止。因此之故。刻倫敦各銀行門前。

爲之異常擁擠。

同日電。愛爾蘭地方議案。巳通過第二次。議會贊成者四百四十三人。反對者二十六人。

同日電。巴加力亞政府。近請土耳其政府將其前次之照會收回。因其中措詞過于激烈也。

同日電。美國兵部近新選定一種來福槍。其端純用木製。較之現用之器。短四寸。輕一磅。

同日倫敦電。停稅米麥之令。現爲聯邦黨極力反對。太晤士報已勸英政府留意此事。

▲十日路透電。土國朝廷。深欲免于戰禍。已將其前致巴加力亞之照會更改矣。

▲十一日路透電。英國承借杜國之股票。已經停止。計借欵之已經簽名者。數在千五百兆磅之內云。

同日電。巴加力亞政府。近致書于法京巴黎。不認瑪司多尼亞擾亂之事。及沙蘭日加之暴動。幷云。巴國不效前土希開戰時希臘人之所爲。致蹈其覆轍云。

同日電。土耳其官兵勦辦亂黨。甚爲得手。土王待基督敎民亦甚和平。故沙蘭日加幷土京君士但丁堡。巳安堵如恒。

▲十三日路透電。土國大臣近因巴加力亞人民在蒙尼司特地方受禍亂之苦。已勸土政府設法阻止亂事。

同日電。英國殖民大臣張伯倫因澳洲反對郵船僱用土人之事。對衆宣言云。政府不能禁止此事。

同日柏林電。法國艦隊因徇俄人之意。不復駛赴沙蘭日加地方。現將開往希腊所屬之司耳拉海島口岸云。

新民叢報

SEIN MIN CHOONG BOU

P. O. Box 255 YOKOHAMA JAPAN.

每月二回發行　第叁拾叁號　十四二十九日

新民叢報第三拾三號目錄

◉圖畫

●英國懇斯佛大學
●奧國維也納大學
●日本早稻田大學
●日本慶應義塾大學

▲論著門

◉論說……一
●服從釋義（完）

◉學說……九
●華頓斯天文學新論　觀雲
○星之數果無限乎○星於空間之配置

◉歷史……一九
●世界最古之法典　觀雲

◉教育……二三
●泰西教育學沿革小史（續卅二號）　蛻菴
○第一期上古教育學史○續第一章希臘之教育○第三節希臘三哲之教育學說

◉學術……三五
●法蘭西文學說例　貴公

◉哲理……四一
●庫雷唉治懶惰病法　觀雲
○引端○懶惰之失敗○醫學上懶惰病之說明○時間與勤怠○規律習慣之勞動○大科學家達爾文之事○大文學家煙羅之事○人體之潮時○精力充集之二方法○自然精力之充集

▲批評門

◉政界時評……五一
●推廣警察●英人要索之預約●奉天大東溝者何國之奉天大東溝耶●俄兵入藏●滿洲最近之情勢●俄國之極東艦隊●咄！塞爾維亞革命

◉人物時評……五九
●美國大統領羅斯福

◉雜評……六三
●人道與人道之賊●幾與大獄●亦是無法

◉評論之評論……六七
●中國欲與滿洲於俄乎●滿洲問題之解決●滿洲與俄國

▲叢錄門

◉談叢……七一
●華年閣物語　觀雲

●說螢●花之與蟲
◎譯叢……八三
●法國之經營南濟　東邦協會報
◎小說……九一
●竊皇案　法人某著　中國某譯　九九
◎文苑
●詩界潮音集
●東京雜感（悔餘生）●喜高山孝至都遙和蜺菴（櫻田孝東）●瀾溪雜感（晋昌十四郎）
◎專件……一〇三
●墨西哥殖民事宜調查報告書　海外調查會員均歷
◎雜俎……一〇七
●華年閣雜錄
●爆島後始生之植物●埃及風俗與人生之關係●黃金之雨●肺病新療法●氣候與地震●懸賞二萬金之製麵包●空中飛行船與自動車之賽走●西伯利亞鐵道●列國君之年齡●自動車速力之增加●聯鑣利用法●軌條上之走船●歐洲各國之國債●各國之貿易額●西藏之首府●馬與虎之爭鬥●水族館之巨鰐●美國大統領女兒之俠氣●德國人之酒量●美國人之麵包
◎紀事……一一三
●本國之部●外國之部

◎售報價目表

全年廿四冊	半年十二冊	每冊
六元	三元三角	三角

日本各地全年五元半年二元六角每冊二角五分日本及日郵已通之地每冊加郵費一分全年二角四分其餘各外埠每冊加郵費六分全年一元四角四分

◎廣告價目表

洋裝一頁	洋裝半頁
十元	六元

惠登廣告至少以半頁起算刊資先惠論前加倍欲登長年半年者價當面議從減

編輯兼發行者　馮紫珊
印刷者　陳侶笙
發行所　橫濱山下町百五十二番　新民叢報社
上海發行所　四馬路老巡捕房對面　新民叢報支店
印刷所　橫濱山下町百五十二番　新民叢報活版部

英國惡斯佛大學

The Oxford University, England

奧國維也納大學

Vienna University ,Austria.

日本早稻田大學

日本慶應義塾大學

論著門

新小說第四號目錄

圖畫◉法國著名女優巴德●埃嚏士●奧國維也納之景●瑞士諸歷辭之景

▲歷史小說

東歐女豪傑◉第四回赫子連斜乘謀劫獄蘇魯業仗義報危機

▲政治小說

回天綺談◉第一回老母慈悲愛憐幼子新君橫暴强奪艷妻●第二回不幸國民呻吟虐政無量義士禁錮重牢●第三回途中遇美俠客行兇店主失言貞婦遭刼●第四回征外寇內奸構奇謀伏闕陳書忠臣辭職●第五回法王行特權選與僧正法國用巧計大困英王●第六回奸黨奇謀暗殺志士英雄無計逃遁地鄉

▲科學小說

海底旅行◉第十四回巨蟹橫行電鎗命中老魚吹浪偃伏逃生●第十一回話舊事獲沈船消息謀脫縱備出獵行裝

▲冒險小說

二勇少年◉第七回義心冒死●第八回殘忍軍策●第九回被敵虜

▲偵探小說

離魂病（續）

▲游戲文章

祭落卷文●守舊鬼傳

▲廣東戲本

黃蕭養回頭

▲雜記

奇事異聞◉賃孩公司●新婚遊歷●腹有蝦蟆●敎及鱷魚●奇病●怪症●臥遊●高升

射覆叢錄

燈謎叢錄

▲雜歌謠

支那新樂府三十章●燕市吟

發行所　橫濱山下町百五十二番　新小說社

論說

服從釋義（續三十二號）

一可不服從少數之專制而不可不服從多數之議決一團體之成立也必有所以搏合而統一之者然後內之可以整理內治外之可以抗禦他羣故貴族專制之國統一於少數之人立憲民主之國則統一於多數之人其統一之者雖不同然散渙紛亂之不足爲治則固事理所必然者也夫以少數之人盤踞團體之上一人發令萬衆受命挈其羣而左右之生殺賞罰惟余馬首是瞻甚者威刼勢嚇使多數者莫之敢抗俯首以就其範圍伸一人而屈萬夫理勢均有所不順識者憤懣不平務欲抗而屈之均而齊之固其所矣然欲抗屈此專制者固惡其統一之非其道非謂團體當分攜角立人人各行其志各逞其欲不必復相統一也吾觀文明諸國之爲羣也上自一國之國會下

至一事之法團乃至一政黨之組織一地方之議會莫不採用少數服從多數之制立一法議一事必合大衆以討論之人人各抒其意見意見固不能盡同矣則必取決於多數既以多數議決則雖反對之黨有力之人亦皆屈已以從衆遵行其議而莫之違彼蓋知羣之不能無所統一故不惜絀小己以申大羣也夫語人類全體之幸福則以多數而制少數與以少數而制多數要不過彼善於此未足以云大同且或以多數之愚者制少數之智者則多數議決固非必無弊然大同之義既不能實行於今日弊取其輕則多數議決之制固亦可謂治之最善法之最公者矣今日吾國之爲羣者固非不謂結合團體易吾國散漫之弊風也然獨立自尊之癖見久已橫梗於胸中故立一法也議一事也人人各挾一主義人人各懷一意見吾且勿問其主義意見之爲公爲私也一人一義十人十義各非其非而是其是必不肯舍己以從人甚或不問事理但逞意氣以加人不察情勢務標高論以求勝百議沸騰相持不下卒至以一二人而梗撓公議以一二人而武斷羣事雖以寥寥百十之人已水火冰炭而不能相合以此謀國更安能戮力同心合大衆以成大業哉方將犧牲身命以貢獻於其羣顧先不能犧

性此區區之意見其有規以大義者彼且謂吾固不能爲奴隸嗚呼服從多數而亦曰奴隸是文明諸國之國會政黨固皆奴隸之制而亦不足法也則無亦陳義之太高邪故曰可不服從於少數之專制而不可不服從於多數之議決

由是觀之服從者固非必奴隸服從强者之惡性必不可有而服從良心之美性必不可無也故欲合大羣不可不養其服從之美性欲養服從之美性則宜培其美性之根原美性之根原何也

一曰公益心人能自拔於腐敗風氣之外毅然思所以易之則其人必傑出於常人者也其人既傑出於常人則必有馳驟縱橫不可羈勒之雄心必有天上地下惟我獨尊之盛氣必不肯依傍門戶拘守規律屈己見而就人範圍然所貴乎豪傑者非謂其有桀驁驍鷙之才足以推倒他人巋然獨雄於羣上也固謂其能謀團體之幸福以一羣之公益爲目的也夫誠以公益爲目的則必合力以禦羣外之公敵而不肯妄生意見別埒羣內之私敵一志以擴一羣之公利而不肯騁其野心別謀一身之私利兢兢然謹守其羣之法律以維持其羣之秩序務團結以厚其內力以求勝於羣外之競爭雖

有不可羈勒之雄心唯我獨尊之盛氣然一制以公益之主義自能屈服其不馴之性不能下人之氣聯鎖衆傑而使之同出一途蓋彼深知我固團體中之一分子我既以公益爲目的則不能不滅其一部分之獨立以保其團體之獨立割其一部分之自由以增其團體之自由也夫航舟於驚濤駭浪之中則雖妄人暴夫不敢不聽船長之指揮蓋非是則全舟沈沒矣血戰於深陷重圍之際則雖驕將悍卒不能不受軍律之節制蓋非是則全軍覆敗矣若寧沒其全舟而必不可聽指揮寧覆其全軍而必不可受節制則其人必不諳時勢不服公理徒藉獨立自由以肆其恣睢而未嘗有拯溺禦敵之公心者也彼富於共同之觀念者必不忍爲對內之競爭也

一曰裁制力一國民權之盛衰自由之完缺憲法之固否恒視其民族裁制力之大小以爲比例差英人之建設立憲也數百年而無所變動循用至今而日以鞏固美人之建立共和政體也措置一定遂立不拔之基法人自大革命以來變置國體者三更易憲法者十二君政民政置如奕棋王黨民黨屢起屢仆而今日之共和政體識者猶慮其不能持久而民權之偏缺不完更遠不逮於英美蓋拉丁民族裁制力之薄弱遠非條

頓民族之比也今夫喜自由而惡撿束人之天性然矣然自由者固自有其量而不能逾溢者也夫人情既樂於恣睢而嗜欲之驅役外物之誘引血氣之激盪又常能漲其恣睢之熱度使之奮踊而不自持苟順是而不受之以節則横决暴溢必將爲過度之自由兩過度之自由相遇則必利害衝突將觝觸齟齬而無以爲安彼野蠻未開之族與夫年未及歲之人之不能享有自由者固謂其裁制力薄動相觝觸齟齬不能不加以强制而使之受治於他人葢不能服從良心則必至服從外力此固事理所必然者也是故眞能自由者必先嚴於自治務節其恣睢之性置其身於規律之中一舉一動一話一言無不若有金科玉律之範於其前循循然罔敢逾越彼豈好爲自苦哉彼葢知服從者人道所不能免我不以道德法律自制裁人將以權力命令制裁我與其服從於他人之權力命令無寧服從於吾心道德法律之制裁故自由愈盛之國則其人制裁之力癒厚而其服從之性亦癒豊若蕩蕩然縱其野蠻之自由不能自節其情欲則是制裁之力未能癒於蠻人童子曷怪其蹙然苦於縛束自決溢於道德法律之範圍也

彌爾之言曰『惟有制裁規則者然後可言自由無制裁規則而言自由者非愛自由也愛恣睢耳』今之言自由者吾寧敢謂其盡愛恣睢然公益心之缺乏制裁力之薄弱但囂然縱其意氣以自快則吾不知其去恣睢者復幾何矣且世之倡立憲倡共和倡革命者其宗旨所在固非欲出其羣於奴隸而自由之哉然吾聞欲進衆人於自由者則其人必不得享衆人之自由欲脫衆人於奴隸者則其人必先爲衆人之奴隸彼美國大統領之下教令於國中及致書牘於國人其署名也必自稱爲沙芬 Servant 沙芬譯言僕夫也夫既自任爲公僕矣則公衆所命令與論所監督憲法所縛束其服從之態豈有異於私人之奴隸且以一人而服衆人之勞役以一人而受衆人之指揮且舉國人奴隸之勞辱困苦而以一身代任之代嘗之則服從之況味不自由之痛苦當更千百於私人之奴隸而其人必不以爲難堪以爲恥辱者則固以吾欲脫其羣於奴隸而許身以爲其公奴隸則服從公律服從公議是固義務所當然我不入地獄誰入地獄者故不惜委一身爲奴隸以冀代衆人之奴隸蓋眞愛自由者以一群一國之自由爲目的而不以一身一事之自由爲目的也若懲爲私人之奴隸遂幷恥爲公衆之

奴隸將謀一羣之自由乃先爭一己之自由殉私忘公血氣用事乃至觸觝以破壞公團放蕩以蹂躪羣紀是無論其憲法民政之不能成立即與以憲法而吾恐其不一日安授以民政而吾恐其不能朞月守也嗚呼是則誠宜爲彌爾所訶矣

論著門

華頼斯天文學新論

觀雲

英國科學大家華頼斯氏。Alfred Russel Wallace 頃著一論題曰宇宙與人類之位置。一時科學哲學宗教家紛紛評論。起論壇之波瀾。華氏之說以近世天文家學爲根柢。其結論之歸宿則與近世天文學家大異。玆揭其要點如左。

一星界爲有際限之事

二地球位置星界之中央

三地球外無他生物之處

四宇宙最大之目的在造人之靈魂而使之發達。

華氏之言。其可爲定論與否。今尙無可斷言。雖然氏以深遠高尙之思想。該博精確之智識。據其所論。誠可爲天文學家增一進步。世之抱高遠理想之士。其樂取而研究之歟。因譯述以貢諸我國學者。

華頼斯曰。古代天文之説。以爲地者居於中央。而日月星辰。各有其軌道。以環繞地球。自哥白尼之學説出。而古説遂廢。哥白尼者。以爲宇宙間之行星至衆多也。各行星之中。其位置形狀。與吾地球同者。又不知凡幾也。厥後奈端輩及幾多之天文學者。又以强力之望遠鏡。與天文學所用進步之器械。發見億兆無數星羣於星雲之中。大於吾等之太陽者甚多。大於吾等之太陽系吾等太陽系即八行星也者又甚多。吾等之太陽。吾等之太陽系。其在天空間。不過一些小之物。由是意宇宙間或有優於吾等之地球。而可以爲生物存在之處者。在而地球與吾等之人類。非於宇宙間有特别重大之關係。此近代天文家所承認之説也。

一恒星爲一太陽。他之太陽。各有附隨之行星。他之行星。亦可爲生物存在之處。此學説之風潮。漲漫於過半世紀間。而於實事上。皆受其影響。宗教家假是説而歸於神力之廣大。懷疑家謂人類於宇宙。非占特别之位置。未蒙特别之恩惠。且吾等所屬之太陽者。不過在宇宙間爲第二等第三等之恒星。而區區爲其附屬之一地球。爲其附屬地球上之一人類。而謂造物主者。特創造天地以爲人類之用。與所謂犧牲其獨子者。皆屬不可考之言。而宗教之教儀信條。遂爲世所輕蔑。彼神學者對此攻擊無力以防禦之。亦相率而拋棄其從前之觀念者。蓋時有也。

至最近四半世紀間。（百年中之二十五年）積天文學者幾多之觀察。幾多之發見。其智識日益明確。而宇宙與人類之關係。遂亦逗一新光明於人間。此固非爲維持宗教者言也。蓋實見吾等人類。其所占之位地。殊爲特別。且其位地直爲有一無二之處。彼世間抱高尙思想者。謂宇宙之作用。所以發達人類肉體中不可滅之靈魂。此言也。直可以最近之天文學爲强援。而證其說之果不誣也。彼持唯物論者。謂以至小地球之人類爲目的。而以至廣大之宇宙爲方便。其目的過小。其方便過大。失其平均之理。因欲攻破其說。雖然。使果有至大且貴之目的。則雖費無限之空間無限之時間。以求達其目的者。決不得謂之不均平。夫發達人類之靈智。其目的實可謂大且貴。而以宇宙之物質及以太爲其用。余者固深信此宇宙後有一靈能之原因。而造物者不同於無意匠之所爲。

也。人類地位之如何。蓋可據近世天文學證之。雖然以其可證諸事而組織爲一結論。則余尙未之聞也。

星之數果無限乎

今學者謂星數無限。星界之廣無邊。此固尙未有不易之確徵也。若誠有之。則吾今玆之論可以不作矣。何則無邊無限。則無地位相異之處。亦無以何地位屬於何部分之事。而無所謂近於中心亦無所謂遠於中心。以無限之空間。何處皆中心。何處無周邊者。球體之義然也。

當十九世紀之前半時代。台羅倫及海路奢二氏者。以望遠鏡之力。星之被發見者。得增多數。雖然此星數之增多與望遠之力。蓋有比例。而其後用非常强力之望遠鏡所發見之星數。乃不與望遠鏡之力而俱增。以定率之比例相較。甚爲減少。若是者不啻示星界有盡而鏡測之已近其際限也。

今之星界之中。又尙留多數之黑暗。若星之在宇宙者。其數果無限乎。則凡望遠鏡所不達之處。與夫望遠鏡所能達之處。其星之散布者。蓋有同一之密度。而於星所占有之空間。其面積乃益大。若是即星界中必無尙留黑暗之處之理。何則無邊之星界。愈遠愈大。必能照澈此黑暗之處故也。

星界之際涯。則更有可以照像器證明者。今以照像器之乾板裝置於望遠鏡之中心點。以照攝天空諸星之影。而寬其照攝之時間至三時之久。則凡所得照攝之星。比之肉眼從望遠鏡中所得見之星。其數增多。雖然試增加其照攝之時間至三時以上。所費照攝之時間多而被照攝之星不增。與其在三時間可得照攝之數之定率比較有甚減少也者。則明示以星界之有盡。而望遠鏡之已達其際涯也。

天文學者據星之大小。以分星之等級。而一等星之數。則爲二等星之數三分之二。二等星之數。則爲三等星之數三分之一。每進一等。其增數以三倍爲定率。依此推算。自一等星至九等星。其數約二十萬。而自九等星以達於十七等星。依前比例推之。則今日最强之望遠鏡。可得見之星數。約計蓋十四億。然以實際考之。望遠鏡之可得見與夫照像器之可得而照攝者。數乃不超一億。自九等星以下。其比例之數。反從而減少者是又吾人可證明星界有盡之一事也。

則更可以光線爲基而證明星界有盡之事。茲者假天文學大家偶加摩氏之說而指示之以地球爲中心點而以吾人肉眼所得見之星界想像爲一大圜而至有直徑二倍之處。又爲一大圜而又想像此第一圜以至第二圜其周邊之距離等。自第二圜以至第三圜其周邊之距離亦等。如是遞推至于第四第五第六多多無限之圜若星界無限則凡宇宙之各部分其光力所布大概歸於平均地球者得於其第一圜及第二圜之間受其所發同等之光更得於第二圜及第三圜之間受其所發同等之光推而至於第四第五第六多多無限之圜亦然圈之遠者其光力所從來之路遠或不免因而微弱然愈遠者其圜之輪廓愈大其容積之星愈多從其距離所減之光可於容積所增之光補之即距離者以自乘之逆比例而減光力容積者以距離自乘之正比例而增光力也夫各圜與各圜之間光力既爲同等而又圜數之多至於無限即令宇宙間有諸處之防害物而以地球之位置論之於日間可得受於太陽之光量亦可於夜間而得受之於他星何則彼無限之圜俱可向之受光故也然而地球所受之光其實際頗爲少量則第一層之外尚有多圜星球存在之事不可考試以地球所受於星光之總量計之其數僅得月光四十分之一而月光者又僅得日光五十萬分之一據此徵之而星界有際限之事益可無疑也。

以上得諸事之證明可爲星界有際限之結論則更進而論星之配置。

星於空間之配置

以恒星爲不動者往時天文學者之言有然。（往時以不動者爲恒星動者爲行星今知凡星皆動故恒星行星之界釋以能自發光者爲恒星不能自發光而受他星之光以爲光者爲行星）今則發見諸多之恒星無不運動且由是而知凡宇宙間星直無一不運動者特恒星之運動頗爲徵小往往積數年之觀測僅得就其光而認識之其運動之最速者爲北斗星中六等又二分之一之星（過於六等星二分之一尚未至七等星者）然一年間之運動從地球上觀之僅不過一度之三千六百分之七而在他星或須歷數世紀之久方能有若此之運動其一年有一秒之運動者頗爲少數此事已嘗就數千之星而種種研究之至近日又發見有數羣恒星其運動有同一之速力同一之方向於昔涅台士之一羣星尤明示此象其餘星羣亦似有同一之致由是而推天者或於部位上有一定之方向而後諸星皆依之而行。我之太陽。其亦必有一定之方向一定之速力者。可知。特定方向與速力。其事極爲困難。以太陽動。星亦動。故然至太陽與星之距離。測定此困難亦已減少。而星之運動。其速力與方向。亦由是而得知其正確也。

測定星之距離。亦爲至難之事。其位置既屬非常之邃遠。而其星又有自身之動。不能得其一不動之點。以爲根據。又測量距離者。必有通長精密之基線。及其線之兩端。可以測精密之角度。而其爲用。即以有一億八千萬哩以上地球軌道之直徑爲基本。而以之推量他星之距離也。然以天體之動。不易測其精密之角度。至近時天文學者。以種種精巧之方法。過分精密。遂得測量多數之星之距離。而實見各星距離之度。直有可驚之邃遠者。以最近之星計之。從太陽與地球之間。以三角法測其距離之數。不僅僅挾一秒之角度。其餘所測之各星。尙有遠過於此者。從太陽與地球之間而測其角度。殆不足一秒之十分。此距離之大。以何方法比擬之乎。試以相隔一哩之距離而觀察其五厘長之物。（其比例太陽與地球之距五厘恒星與太陽及地球之中間之距一哩從恒星而觀太陽與地球之間猶以相距一哩而望一五厘長之物）從恒星而觀太陽與地球間之距離。其定率蓋如是也。

徃時以光力之最多者。想像以爲最近之星。（以是分星之等級自一等至十七等）然光力之大小。與距離之遠近。殆無何等之相關。今日所知最近之星實亦有一最光輝者。然以光力分之五等六等星中有相距反近者。一等星中。有相距甚遠者。則光力大小。殆不足以定星之遠近也。至運動則實與距離有相關之事。運動最速之星。即可定爲最近之星。如從山上而望海上之船舶。近則見其速駛。遠則見其遲動。於星之理亦然。凡星者。殆皆一律運動。至比較之而或見其速動。或見其靜止者。蓋關於距離遠近之故。此一定之事實也。觀乎此。而吾人於星界之形狀及其組織。亦略可知矣。

（未完）

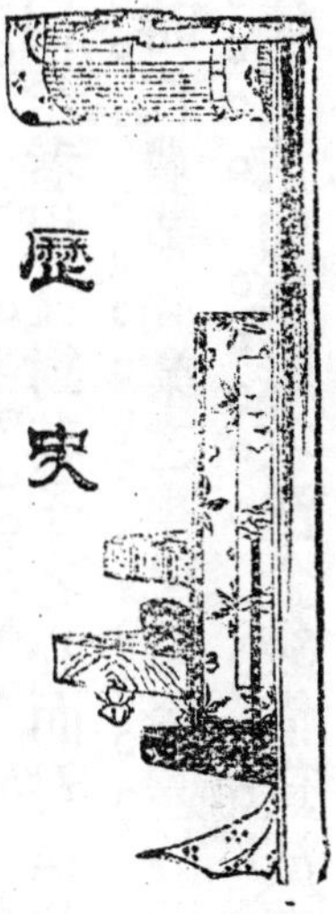

世界最古之法典

觀雲

近時法國古物探險隊。於波斯詩賽地方發見一石柱。所刻者。爲紀元前二千二百年頃巴比倫加摩剌比王之法典。比世間所稱爲法律之父摩西之法律者。更早一千年。是實世間最古之法律也。柱高八尺。其正面刻王與神之像。王立神之前神者坐而口授王以法律。神住山岳而授人間以法律。卽所傳爲陞路之神者是也。摩西法律稱神臨於西柰山而授之。然神在山上。授人法律之事。已早見於此也。

巴比倫古物之被發見者。以此石柱所刻之文字爲最長。總以四十九段三千行成。惟其中有五段。爲後王所鏟鑿抹煞。文字者刻畫形。最美觀品。

石刻之首段。稱自王卽位以來。及以巴比倫爲首府之事。此段於研究法律無甚關係。

而爲研究歷史之要品。據此石刻。當加摩剌比王之時代。亞蘇路（亞西利亞曾以亞蘇路爲都在底格里河邊距呢呢比六十哩）與呢呢比（亞西利亞之舊市建自紀元前二千三百四十年頃後由亞蘇路遷都於此爲巴比倫所滅其地全無遺迹五十年前西人探險於底格里河東岸之地發掘古城址大概均認爲呢呢比之遺址云）者。蓋尚存在無疑。荒古邈漠。久相忘於世人心目之事。一爲此刻石之文所照。幾多戰伐及其他關係歷史上之大事。復收拾而入於人間知識之範圍。來不其然耶。

進此則爲關係法典之文。分爲十九段二百八十條。其首述曰。余立法律及正義於此地於余之時代。余欲使人民得有幸福云云。王者蓋專爲其時代與其人民而立法也。雖然。王之法律。實有永遠感化永遠生存之影響。彼摩西之法律。亦以王之法律爲基礎也。

王何故作此法典而刻石以遺後世乎。其文中有曰。助被壓制之人民。此貴重之法典。書之石。置之巴比倫眉羅吉古之宮殿中。如王者誠富於仁心。而眞心以望人民之幸福者也。王自言曰。余者以父對其子之心而君臨此人民者也。誠爲不欺其言云

巴比倫於太古時代。農業商業之事。已極發達。故關涉于農業商業之法律。甚爲精密。如灌漑法。奴僕使用法。凶年賑救法。金錢借貸法。本店與代理店之關係法等。凡往昔

四千餘年前開化之事今乃得而見之也
觀家族上之法律。其視婦女之地位甚高。若男子有指他人之妻之面者。定以侮辱之罪。烙其額上。惟男子離婚之事。則比之今時爲易。若無子者。若亂家者。皆得離婚。若無正當之理由。則離婚之時。夫不得不給其妻以贍養金。妻之病者。夫得娶第二妻。然第一妻未死以前。夫有保護之義務云。（此法典有一條云旅客酗酒則處旅店主人以死罪可見當時酒禁之嚴云）精查此法律。而後觀希伯來之法律。二者多大相類似。希伯來之法律由受此法律之感化而來。蓋無疑也。又不僅爲希伯來法律所模範。實可爲凡爲國民立法者之原本。巴比倫歷史中。予後世以最大之感化力者。實賴有此立法之偉人。雖然。此偉大人物之事蹟。數年前尚一無人知。埋沒于荒煙破墟之中。覽此文者。又烏能不感人生事業。乃與天地長久無窮期乎。

記者曰。今西洋學者。非獨發明新學理也。於古昔之事。被其發明者甚多。然皆從事迹實驗得來。與我國學者從紙片上打官司。斷斷不休。蓋有異矣。我國人以考古自尊。容詎知考古之事。亦不能不用新法。而後可謂之眞考古。若僅抱一部十三經。仰屋鑽研。

以爲古莫古於是矣則眞河伯之見也

後世之事無不從上世孕育而來自其脫殼而後若與前事截然爲二然細索其從來之迹草蛇灰線之中一一可求且往往於其中得砉然大解之事是故攷古之學亦今日之饒趣樂而有實益者也雖然必先匯通羣學而後於攷古之學其眼光乃自不同若夫以攷古爲攷古其學術之範圍甚隘吾見其攷古之不足觀已

（未完）

泰西教育學沿革小史

峴庵

第一期　上古教育學史

第一章　希臘之教育　（續三十二號）

第三節　希臘三哲之教育學說

希臘之世。固未嘗有教育學之專科也。自比撒哥拉以調和主義講學於斯巴達。梭腓士以雄辯學派教授於雅典。標揭宗旨分別門戶。於是教育專門之學。稍稍萌芽。大哲梭格拉底。與專力以從事於教育。成說緒論爲世所宗。然吉光片羽。未能完整而自成體段也。柏拉圖賡續而光大之。至亞里士多德而集其大成。然後教育學說。始整然具有條理。三賢者。固教育學者之初祖。而表傳希臘古來教育之精神者也。今得比次其

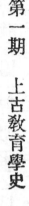

學說而論次之。

第一梭格拉底 Socrates

梭格拉底者西方之聖人也其德行之純粹哲理之精深實爲後世學人所宗仰循循善誘以教育爲天職不治生產食貧茹苦獨勤勤以誘掖後進陶鑄人物爲唯一之目的梭氏者固天性之敎育家也梭氏之母業產婆彼嘗援以爲喻曰『胎兒之誕生也胎兒不能自產出必賴產婆導助之力故產婆非能自生子而常能助人之生子學者之智識也學者亦不能自濬發必藉敎師訓導之力故敎師非能與人以智識而常能導進人之智識余固一智識之產婆也』蓋梭氏者固今日所謂『開發敎授派』之鼻祖而其當日之敎授則世所名爲產婆法 Maieutics 者也

方希臘之紀元前五百年梭腓士之詭辯學派盛行於世末流披猖爭趨利欲舉世之學者咸注意於肉體之希望而不復留意於德性之眞修道德頹落人心腐敗梭氏知非倡言德育則無以挽此頹波也則於舉國若狂之際大聲疾呼抗逆風潮汲汲焉以謀智識之進步道德之改良雖身受誅夷然其敎化之影響遂振希臘靡腐之民

心而流風且沾被於後世

然而梭氏教育之主義固持知行合一之說謂智與德不分二事者也梭氏之言曰人性善善而惡惡雖甚不肖亦必不能拂其本性舍善而惟惡是趨惟其闇於事理斯不能別擇是非野蠻之用人於社盜跖之肝人之肉皆其智不足以及之必非其性生而樂之也故智識者實道德之根原而不道德者即無智識之結果致知然後意誠世固有入德無門者斯必其見道未明者矣是以苟欲深造於道必當勿誤歧途苟欲勿誤歧途必當受教於識途之導師

故夫教育者順導而非外鑠植其本有而非傳以本無者也彼以人之本性非徒具有感覺而實具可爲聖人之德性與能察物理之良知既具有德性與良知則雖甚頑愚固不能屏之教化之外何者既有種子即可灌漑而漸使萌芽教育者固將以瑩其良知之本能以全其德性之作用而已梭氏之訓人曰汝『知汝』乎能深知汝則人間一切事理將由此而無不可知蓋彼以『知己』爲簡易之門徑而亦即爲高遠之工夫苟能明心見性則可因其自家明晰之判斷而導其切於人事之知識也梭氏之自道曰

鄙人文質無底寧敢抗顏爲人師然有樂聞余說者乎則不問其人之貧富長幼但能聽余之言荅余之問即可受余之敎雖然若謂一切事理皆可就學於余則吾豈敢學者之學道也惟自力爲足恃敎師者非能取知識以畀學者惟能助學者以求知識而已梭氏之敎義其大旨略在於是矣

案梭格拉底之道性善也與孟子同其尊德性也與陸子同其言致良知言知行合一也則又與陽明如出一轍蓋彼承懷疑學派之後特倡此論以矯正「吾人本無眞知不能確知眞理」之謬說以闡明倫理之原理者也世人推爲西方聖人殆非過譽矣

梭氏本此主義以爲敎授創爲問答之法以開發學者之眞知此猶嚮者之所謂產婆法也故其爲敎也但語學者以事物之當然而使自深思其所以然初不樹立定義使人有所依據以推究事物務令即事物蕃變之現象推察其永久不動之本體以發明圓全無缺之眞理其授業不立講筵其講習絕無定所但即外境之所與爲緣者使學者即物以窮理學者所見而中理也則更爲之旁通曲證使其理確立而不可復移其

所見而不中理也則亦不徑折其非但循彼所謂是者而演之推而至於極端圖窮而匕首見則學者自恍然其說之謬而對待之眞理自明至於數學理學諸科學則視爲不切事情菲薄而不復措意蓋梭氏承詭辨學派之末流亟尊德性以防道德之腐敗固未遑暇於迂遠之學科也

總梭氏之教義則致良知以止至善而已矣然梭氏既未能確指至善之爲何而勒成完備之學說及其沒也其弟子各尊所聞人人自以爲師說明心盡性大旨雖不謬於本師然或主快樂之說或倡非樂之論各明一義其後學遂分爲四家曰密卡拉學派 megarian 曰伽涅學派 Cynic 曰伽歷涅學派 Cyrenaic 曰柏拉圖學派 Platonic 前三派者各有梭氏之一體其能集其大成紹述師傳而闡明之者則曰柏拉圖

第二柏拉圖 Plato

柏拉圖之言教育也以均勢調和爲第一要義故謂教師之獎厲學者務使身心交養以陶成其健强之肉體與優美之精神而其所謂精神者又可區爲三大部分曰智曰勇曰德三者當保其均平而勿使有所畸輕畸重於智育則道問學者或缺於德性

畸於勇育則尚血氣者或失之粗暴畸於德育則簡者或傲剛者或虐溫恭者或且葸柔惟合智慧勇敢節制三者以劑其平然後可使進於至善之美德蓋柏氏教育之理論固守梭氏止於至善之教義確爲指實妙爲會通而卓然成一家之言者也

然而人類之生存固不能孤生而孑立個人欲達其生存之目的不能不依最高團體之國家然國家不能進個人於美善則仍無以達人類生存之目的國家之與教育實有切密之關係而干預個人教育之事固國家之義務亦即國家之特權也故柏氏之持論實以國家教育爲宗旨而其所謂國家教育者固非若今日國民教育之普及也彼其區分國民略爲三大階級一曰平民一曰軍人一曰官吏其所謂平民者復別爲奴隸與農商奴隸者見屏於羣外教育固非所與聞而農商者亦止受普通之教化僅具尋常日用之知識惟軍人與官吏則爲一羣之主治而爲國家所託命故其教育之被之也自較平民爲獨優蓋階級制度本爲希臘之習俗雖以柏氏之賢卒不能自拔於羣習之外故其所謂國家教育要不過施之上流少數之人而已

柏氏之制定學級也二十以上則使受普通之教育三十以上則使習數理地質高

等之學斯固哲學之豫科也既卒高等之業則以五年專研哲理以陶冶其思想既卒哲理之業則以十五年練習政事以鍛鍊其才能五十而後乃令出其服官施教之制至嚴且備然其所斷斷注意者則尤於幼年教育柏氏之言曰「安全之教育則亦美善其身心而已矣身心之習既成則美善之教格不能入故養正之功首在幼稚蓋幼稚時代實爲作狂作聖之始基誠早教諭而善所染則少成若天性習慣成自然」故其爲教也謂當公立養育之所男女生及六歲咸使就學其中七歲以後始別爲男女之教塲然教塲雖異學課則同至其教授之法則務順孩童喜樂之性使之日長月化以發育其身心而又不當姑息煦嫗以自由賊無知之童子惟必時與愉樂誘導之於向學之途亦必時與苦難養成其耐勞之習時孩童喜惡之天性消息而調劑之是爲教師之任務縛束而馳驟之與姑息而放任之均非教育之能適其宜者也。

柏氏教授之學科曰體操、算術、幾何、天文、修辭、地質、音樂、美術、哲學、哲理爲專修之學課是無論矣。其諸學科之中柏氏之所注意者。曰體操。曰音樂。曰算術。

(一)體操　希臘人之教育以體操與音樂爲入門。柏氏生於希臘之中且素受斯巴達之感化。彼其重視體育。勢所宜然。故其幼稚教育。已令爲田野之運動。郊原之游戲。及其稍長。則凡馳馬弓矢投鎗柔術。以至舞蹈狩獵游泳。無不令就學於其師。蓋雖無斯巴達人之嚴格訓練。然固以是爲壯美肉體之要圖也。

(二)音樂　柏氏之言曰。「教育無他謬巧。治身則習以體操。治心則授之音樂而已。夫音樂之何以要重。則以其聲律之和。毘實深徹靈魂之骨髓。而感化之力最強。人能積久薰染。則可潛移其粗鄙之習慣。易爲高尚之性情。入之既深。自化爲有道之善士」蓋移風易俗。莫善於樂。斯誠精神教育之唯一要具矣。然柏氏之奬厲音樂。亦惟選授神聖之樂章。與夫勇士之鐃曲。以作其雄大之志氣。以養其國家之觀念云爾。若夫柔聲曼辭。有損德性之詩歌。則加以嚴格之限制。故其所著之『共和國』力持排斥詩歌之議。非其持論之自相刺謬。蓋審音諧律。固不能無別擇於其間也。

(三)算術　柏氏之置重於算術。固非以爲商業之目的也。以爲其用廣而其術精。且可易人浮薄之精神。而歸之沈緻。故其『共和政治』之立論。謂算術一業。當爲法律上必治之學科。若他日參知國政之人。尤當委身以肆力於是。蓋柏氏雖篤守性道之旨。而

其所以致知求道者必假道於科學蓋與梭氏之賤斥數理其持論固少有異同矣

第三亞里士多德 Aristoteles

柏拉圖與亞里士多德之言教育也皆導源於梭氏所謂至善之根本思想然柏氏則發爲高尙之理論而亞氏則驗之日用之實際亞氏謂善福者人生最高之目的也然善福之本源在道德而道德之本源則在理性故教育之要義首當涵養其理性涵養理性之法有二一則教授以發其智慧一則訓練以習之實行二者固亞氏教義之大端也亞氏又以爲人之所爲人者基於天性、習慣、學問、之三大原素天性者禀之自然受於天生而未可齊以人力而習慣之濡染學問之陶鎔則後起而出於人爲常視教育之淺深以爲進退且濡染陶鎔之久則變化氣質天生者且隱受其轉移學問者固所以發其智慧而習慣者即習之實行者也

亞氏謂人之發達約可別爲三期首爲體之發達次爲情之發達又次爲性之發達教育之次序不可不準其自然之發達以爲施教之後先亞氏之區定學級也一曰家庭教育柏氏素持國家教育之論謂幼稚之教育不可不置之公共之教場亞氏固亦

主國家教育者然以爲兒童之習於教師必不若其習於父母故以爲家庭者實教育之始基家庭教育之方針亦當區爲二級五歲以前專重體育不當强勞其腦以妨其肢體長成之力七歲以前可兼心育務當觸物引喻以養其是非羞惡之心一曰學校教育男女旣踰七歲則令入公立之學公學學課劃爲四科一曰體操準其長幼之年齡而授以適宜之運動二曰讀書使習古人嘉懿之言行以儲他日端正之知能三曰繪畫養其判別美醜之能力以習其日用必須之常識四曰音樂悅以美妙和諧之音調以調其高尙優美之靈魂蓋亞氏以爲音樂者有淸潔人心之妙用足以盪滌汚穢之情欲而煥發瑰偉之精神固與柏氏同一主義而於學科中最所措意者也

亞氏之教育大旨與柏氏大略從同而其選擇學科則與柏氏不無出入柏氏最重數學以爲自粗淺而入於精微自實跡而進於理想者也而亞氏則以爲無關德性柏氏頗輕視詩人與美術家以爲玩物足以喪志者也而亞氏則以爲增美性情柏氏輕歷史而重鬼神亞氏則抑鬼神而尊歷史柏氏則求宗教於禮式之上亞氏則求宗教於人性之中亞氏者固受師傳而多所補正其教義較切於實用矣

總而論之。梭格拉底者。倡性理道德之學。教育界開山之老祖也。然能發明眞理。而未能勒爲統一之學說。柏氏繼起。集其師所闡發之眞理。引伸而光大之。以成一統合調和之學說。然識想局於希臘之一國。其義隘。則其說偏。亞氏擴而張之。着眼於人類之全體。其學說之完善。實總集二哲之大成。後世比士達陸治諸儒。殆無不祖其教義。匯希臘之文化。以媒介於後世。亞氏之有大勛勞於教育界。洵可爲不祧之祖者矣。

（未完）

法蘭西文學說例

貫公

文體說例 記事 辨論 學說 戲劇 書牘 詩體說例 樂歌 頌贊 戲曲 勸諷 謳謠 雜篇

法蘭西之文學。分爲二類。即散文 La prose 及詩詞 La poésie 是也。散文分爲五種。即記事辯論學說戲劇書牘是也。

記事 genre narratif 又分爲四項。曰歷史曰小說亦曰稗史曰讕言曰報章

歷史者 histoire 所以記社會內一切人事之可記錄者之文也。今世之史家。以爲歷史不徒以記錄社會內之大事。如鈔胥吏所爲而已。每記一事。必遠探其因。窮極其果。而以道德學之大義審決之。

由是言之則歷史固不徒爲記事的而已亦描寫的 Descriptive 及哲學的 Philosophique 也。

所謂記事的者決無意義徒事記錄。如吾嚮者所謂鈔胥吏之所爲者是也。

所謂描寫的者每記一事能描寫其天然之狀態。使讀者勃然心動。如觀圖畫而記中之人活潑如生是也。

所謂哲學的者每記一事。能尋出其事之原因與結果。而說明其理由是也。

歷史又分三種曰世界歷史曰普通歷史曰特別歷史

所謂世界歷史者 L'histoire universelle 記世界一切時代一切人民之圖案。如包需爾 Bossuet 所著之世界歷史是也。

所謂普通歷史者 L'histoire générale 記一國民一社會生存之圖案。如悔知累 mézeray 之法蘭西史是也。

所謂特別歷史者 L'histoire particuliére 所以記一省一州之事。或只記一人之事。記一人之事之歷史。亦謂之傳。Biographil 其在希臘。若布魯特奇之英雄傳。Les vies des hommes illustres de Plutarque 即此類也。(按布魯特奇英雄傳在十六世紀亞苗 amyot 氏始譯之爲法文德來登 John Dryden 氏始譯之爲英文。)

一、箇人自記其平生之行事者謂之自傳 Aautobiographie

其在記錄特別一時之歷史記之者爲此歷史中之一人(或旁觀者)若是者謂之報告書亦曰隨錄 mémoire 若聖西門之累支 Retz (地名) 牧師報告書是也。

歷史之分年記錄者謂之編年史 annalle 若大西特 Tacité 之拉丁編年史是也。

記事之單簡清潔逐時分記以便稽察備遺忘者謂之年表 Chronique 法人著年表之最有名者爲佛羅沙兒 Froissart

歷史中之所謂聖史者即記宗教事實之史也

聖史分爲二種曰記敎民之史曰記敎會之史

歷史中之所謂野史者即記世俗人事之史也

事實之以時代分次者謂之時代史其類有三曰古代史中代史今代史

古代史者自太古以至四七六年東羅馬帝國傾覆之時之史也

中代史者自四七六年以至一四五三年君士但丁羅布爲土耳其所攻破之時之史也。

今代史者自一四五三年以至於今日之史也。

歷史家必要之性質曰眞實事實之舛誤固不可也乃至時日亦不可舛誤爲歷史非荒唐之讕言也歷史家尤必要之性質曰仁德曰正義無所阿諛無所偏私爲歷史非希榮求合報怨逞憤之時文也無此等性質之歷史家其論議無道德其判斷無是非是專制國之所謂史臣史官也其文雖具何足觀乎何足觀乎

小說者 Roman 其所記之事不必徵實而描寫之與實事無異使讀之者有甚深之趣益甚高之理想而終不可不歸本於道德若費納龍所著之退累馬克 Télémaque de Fénelon 沙頭不里昂所著之流血者記 Les martzr de Chateaubriand 皆小說之傑出者也小說中之所謂歷史小說者綴拾遺事而引伸變幻之英人司各脫 Walter Scott 最長此技。

諺言者 Conte 亦小說之類而特荒唐無稽惟小兒最樂讀之卑婁爾氏 Perrault 所著

謾言最有名。

報章 nouvelle 之文所以記時事傳要聞其文以單簡明暢者爲優。

凡辯論 Oratoire 之文皆散文也（記事等類有用詩詞者）

辯論或以口說或以文載。

誠欲辯論之有功也不可以無辯才 L'éloquence

辯才者以言語屈服感動他人之才也辯才有自然生成者有人爲養成者

辯才與修辭學 Rhetorique 不同辯才者心才之一分也有辯才之人或不知修辭學爲何物者。

修辭學者有一定之法例所以指導辯論者使有成功也。

辯才之適用者有三類曰演說 délibératif 曰辯護 Iudiciaire 曰論證 Démonstratif.

演說者說明事理使衆易知若政壇議院市廳及一般普通之演說是也。

辯護者或爲原告或爲被告於裁判所辯論一事之是非曲直是也

論證者證明事理以定毀譽褒貶之價值是也。

以上皆辯才適用之統觀也分析言之則宗教辯論者 L'éloquence Sacrée ou religiense 亦論

證之一分而宗教辯論又分五類曰說教。Sermons 曰教戒。Homelies 曰教訓。Prone 曰教頌。Panegyriques 曰祭文。Oraison funèbre

說教者教會大集會之論說所以培養道德申明定則也教戒者即尋常之說教也教訓者即每七日集會之訓義於每小法區說之教頌者即讚美聖德之詞也祭文者於人死時說之以表示死者生平之性情及奉教之德行也

此外又有學士會之辯論 L'eloquence academique 於有新入會者之時說之或以讚美某某之藝術文學也

學說者 Didactique 凡一切關於教科之文皆是其體例貴眞實而戒無用貴簡潔而戒煩冗若夫道德哲學科學美術等之書皆此類也

戲劇 Dramatique 之文用詩歌者多用散文者少而亦常有用散文者若法國著名之戲劇 Molière 及 Beaumarchais 之類是也

戲劇之文分爲三類曰悲劇 Drame 曰狂劇 Comedie 曰小狂劇 Vandeville

書牘之文 Epistolaire 爲用最廣其文體如普通之說話若遂雨涅 Sevigne 夫人之書牘乃法蘭西國民中書牘之傑作也

（未完）

哲理

庫雷唉治懶惰病法

觀雲

引端

懶惰病者人類中之一大病氣也。患此者十人而九。彼一人者亦非無病。直少也云爾。世界進步懶惰病必日減退。故文明之人其勤奮過於蠻野之人。蓋修養有方則懶惰病之着於其身者寡也。我國人患此病者甚多。衰弱之原因未始不由乎此。然而昔賢古經不留治療之方。美人庫雷唉氏所著論。診察懶惰之原因。開列治療之方。我國人服之未始不足箴膏肓而起廢疾。因撮譯其大意以爲貢獻。昔人有得不龜手之方而勝强敵者。願勿以是藥徒爲絣澼之用也爾。

庫雷唉曰。成功之秘訣無他。有千挫不屈之意志而已。而世之具此天才者甚少。幸逢困心衡慮之事。或於不知不覺之中。而養成此氣質。然而乍有乍無。或竟不能造就者。

蓋不乏人。夫人於志之所向。則勞疲自忘。然而志所向之時甚短。則亦不足以成大事。此世之所以無眞英雄。而多浮薄之士。其失敗之事爲不少也。

彼昏昏夢夢不堪鞭策之徒。吾誠無暇與說法。待他日生理心理學發達。化玆疎慢無賴之人爲有用之人而已。吾今所欲得者。有志願之士。而可促其猛省者是已。其人若何。即深知勤奮之可貴。而欲實行。而徒以生煩倦之故。致違心而入於怠惰之境。然而忸怩之態。時不絕於其懷。來苟有如此之人乎。則足以試予之治療法。使得聞幾多偉人之事實。以矯其天性。而生其感奮之念。則足以掃蕩其惰魔矣。

懶惰之失敗

熟觀世事。幾多可悲可憫失敗之情狀。孰非此懶惰病者爲之乎。當不可懶惰之時。而彼則應之以懶惰。故雖有費一舉手一投足之勞。而可以成大事者。而彼或喞噥自懊曰。可厭哉此事。吾不堪其勞役也。則此可成之事業。已隨此懊厭之一聲而俱去矣。愉惰惡魔神之來襲人也。往往當危急存亡之時。其來也或不久自去。然已足日夜困。有爲之士。使後頭無毛髮之機會神（諺稱機會神後頭無毛髮言机會之事一放過即不可捉獲也）倏忽而逸去。年少氣銳之士。或不解此惡魔之妖力。而至年齒漸壯。企成事業之時。不罹此惡魔之害者蓋希。是不可不從年少之時。留意而備後患也。

醫學上懶惰病之說明

懶惰爲一種神經上之病。近時神經專門家之說。謂由於不規則之勞動及食物之不消化與身體不運動故。據今時醫學家之說。謂腦髓中有特殊之細胞。爲宿任意思之所。此細胞失其勢力。意思衰弱。從而懶惰。遂不能堪勞役之事。

凡意思薄弱者。神經必遲鈍。而消化力亦弱。此法國有名之神經專門醫富羅禮博士。及有名心理學者甲訥。診綮蛭羅、達爾文及其他無數之患懶惰病者研究所得之結果也。

而意思多變遷之人。於一日二十四時內。或亦有集注其意思之一時。而能連日不失其集注之時間。以成爲習慣。則漸次能堪苦勞之事。而胃病及其他神經病皆可得而治云。

時間與勤怠

人生一日中以何時爲意思最强健之時乎。是當從各人之性質而自察之。據富羅禮博士之說、依人類自然法、其强健常在朝時、最易集注其精神。但從前夜勞役或睡眠不足之後、則能銷失此强度。故必前夜安息其身心、則諸神經自敏捷活動、而愛耐盧尼（一種活動力之總名）常充滿其腦中。夫即若何懶惰之人、莫不有愛耐盧尼充滿之時、惟最難者集正當之一點而已。愛耐盧尼集注於腦之外部中灰色部分、留此既久而後可取以爲用。凡解難解之事、下明快之判斷、堪複雜之勞務者、莫不有恃乎此。當睡眠之時、所以養息此意思原動力之細胞、使不疲於運動、則一度取用、其刺擊乃甚有力也。

世間多數人之經驗、意思强健多在朝時。可以臨戰、可以犯若何危險之狀、可以行若何決心之事。即有夜間所能爲者、而不若朝時爲之之尤爲容易。古今之英雄拿破倫者、臨前後千百回之戰爭、深悟此境。惟思想家著作家常待一見燈光、爲集注其愛耐盧尼之時、然反人類之通性、畢竟彼等之誤用而已。

規律習慣之勞動

持續意思之法、則按時間而定正規則之課程是也。

人體上發意思之部分。猶如胃然。全爲習慣所左右。懶惰之人。以懶惰爲習慣。故不可不定規律以改正之。然光陰者易逝之物。而人事之變遷至多。則實行規律之事難。而因此不守規律。其原因又足以致怠惰。蓋其始以習慣之故而致怠惰。而其後又以怠惰之故而成爲習慣。必努力易一規律上之習慣。使勞動休息游戲各有定時。更精而及於分秒之間。亦如胃然。飢則思食而飽則已。各有其正時間。吾人於勞動休息游戲百體中。亦若習慣此命令。不待告戒自知而後可也。

大科學家達爾文之事

怠惰者或視事多輕忽。而耽於妄誕。有時以不正確之思想。直心醉於其中。然一旦矯正其獘。可一變而成爲偉大之思想。而學有統一。且又一無輕忽之心。不觀達爾文乎。彼意思之薄弱。世人所知。然一度立志以適當之時間。而巧用其精力。遂至其意思非常强靭。至發見進化之理。爲近世科學界之革命。徵之達氏之傳。（其子所著）其身體精神之尫弱。殆出意想之外。每朝僅堪一時間之勞役。過此則疲勞實甚。醫師禁其接外人之訪問。其餘二十三時間。讀新聞紙。作書信。或與其知友談話等事。而不以爲研

鑽考究之用夫達氏者非於學術界有不磨之大事業乎而成功之訣無他善用此一時間而眠食起居各依其定例而已

大文學家𣌀羅之事

稱十九世紀後半文壇之花法國之大文學家𣌀羅者亦意思薄弱而世所目爲怠惰之人也其記臆力之弱殆無其比然著述二十五年而創作之才不減精力亦不稍衰彼嘗自憂其一旦意思忍耐力之消盡於其著作中託言賴頟之人物實描出其一己憂慮之弱點賴頟者常起新計劃事未及半而已棄之又從事於他之新計劃𣌀羅者實大類此而其間有一端之不同者則𣌀羅必實行其事而後已然𣌀羅一日之勞動亦祇午前之三時間而已

人體之潮時

意思薄弱之人而成大事無他道也惟乘其意力之潮時而利用之而已即平素嚴定其勞務之時間而日日依此時間而服役之是也

十九世紀前半之大文學家排魯閑庫者亦非常怠惰人也其細君憂之每日押入於

書齋之內而鍵其外戶不絡勞務之事則不使出據一說又謂繫其身於機而鎖之然而氏之著述至九十八部之多若法國之文字不滅則氏之文學永爲人之所仰望也德意志人艾臺者亦怠惰人也多年習練終至能堪勞務然彼之著述必於朝時過此則悉爲交游之用是亦善用其精力之潮時也

以上惟舉其著者而已若地位不及數子其患懶惰病者必更多雖然若一度促其意思之潮時發達而巧用之亦必有成偉大之事業而名留青史者吾輩今日所薄爲放蕩無賴而以廢材目之者若一有立志而不以勤奮之事爲勞從而善用之雖服勞之時間少又未嘗不可期其有驚倒一世之事也

精力充集之二方法

凡事之成功者必待愛耐盧尼充滿於腦中而集注之以用之於一事而充集之法有二一自然之充集法一人爲之充集法人爲之充集法即强制法也然世間懶惰之人不易用自然之充集法其用人爲之充集法即以偉大之思想興味之計劃健全之主義使實而行之不顧其他而已然古來成大功之人又無不守一時一事之規則者必

日日養其最淸新最爽快之精神而行之不怠一事終則更及於一事是也

自然精力之充集

人爲之充集法究不如自然充集法之爲善也如艾臺者慣用人爲之充集法終以歷年修鍊得於何時皆能充集其精神吾人理想上以爲至善之事即此用人爲充集法而歸於自然充集法也諸君若遵而行之必有實獲其益者矣

蔣智由曰人之一生有長育時期有修養時期而其爲用或不過數年耳大抵其用愈大者其長育修養之時期必更長彼禽獸長育之期不過數月或數年而人則長育之期約須十六至二十年是以禽獸之命數短而人之命數長若人類進化則長育完全之期必更遲而人之命數亦愈長（體量早長足之人大概不能成器者多）修養之期亦然太公八旬而遇文王其成功之期衹伐紂數年耳其八十以前皆其修養之時期也孔子之功在著六經然六經爲暮年之作其時不過數年其前之周流列國讀百二十國寶書皆其修養之時期也大抵朝播而暮穫者其事必不足貴吾人立一目的竭終身精力以終事於其間然而事或愈去愈遠忽成忽敗果能始終不變則其成功或在最後之俄頃間如泛

舟大洋沓無涯畔然至着岸不過數時間耳兵家之爭勝負在爭最後之數分鐘吾人一生之事豈不亦若是哉願與天下有心人同參此恉耳

服業之期亦然大抵昏昧之人精力懈弛愉怠而不堪事事者固不足論其餘或鎮日營營而東撓西撮朝令暮改無條理無頭緒無目的無規則此等人不得謂之不勤然必一無所成何也事之所由成就者祇在精神之一分銳入時耳此銳入之時正不須多所謂愛耐盧尼集中之一點爾而此一點之時必賴種種修鍊之方亦猶之人生必待長育修養而後乃有可用之一日此一分之至珍至貴至罕有難逢之時所謂淸明在躬志氣如神候也故曰讀書與靜坐曰動靜交相養曰靜中養出端倪一言以蔽之曰凡靜者皆所以爲動之用也佛老與儒修養之功皆從此下手人之欲爲聖賢者皆不可不從此下手面壁十年蒲團坐破而後成佛彼惰者非也擾擾紛紛腦氣不淸之人又豈有成功之一日哉

雖然凡言之過高者未有不用之而致敝者也世之人見夫勤之時不過一分而養之時乃至數倍又將遁而入於安樂之途淸談游傲以爲吾道固當如是是則又如尼幾

愛氏所謂喰秣安臥牝牛之幸福耳（牝牛以喰秣安臥爲幸福人則不當如是故尼幾愛賤之）亦終成爲無用之人而已」要而論之人之欲爲人物者必先有淸明之心地以爲凡事之根本此淸明之地正如太虛浩然不容浮雲點綴然而收拾此一片乾淨地者大難大難大難

批評門

（內國之部）

▲推廣警察

天津既行警察而北倉楊柳青諸地均屬要隘袁世凱擬於各地遍設警察頃由保定警務學堂挑選畢業生三百人天津警務學堂畢業生百人充當警吏聘日本領事館警務官原田氏計畫一切夫警察為一切政治之基礎昔陳右銘中丞黃公度廉訪創行於湖南而湖南大治此其明效大驗矣庚子而後大吏不敢不言維新於是我國之所謂警察者不及三年而幾遍於十八行省夫易保甲之名而曰警察是猶易書院之名曰學堂收效固不如是之易易也袁督錚錚有聲於時故今日天津之政治自表面觀之幾可為諸省之冠今推行警察於近疆而以警務學生任其事其儻能繼湖南之成績而有以異於今日之所謂警察者乎

（國際之部）

▲英人要索之預約

俄人要求七事英美日三國起而干涉之然俄人堅持前議不肯退讓英人懼密約之遂成也其公使沙特乃復警告於我政府曰貴國若許俄人要索之一事則我國亦有如是之要索請貴國必如許俄者許英斯言也其為嚴詞恐嚇以堅我政府拒俄之心乎抑藉為口實預為他日要求之地乎

其由前之說也則英人之用意良厚矣我國大外交家之手段其與外人交涉應付一國尚非所難何也

彼索路鑛則吾與以路鑛彼索土地則吾與以土地彼索利權則吾與以利權但使勿失其懽勿忤其意則是區區者余何愛惜雖受如何之虧損無不可惟命是從惟與一國交涉而復有他國干涉之則外交家頗有難色矣今俄人曰汝必以權利與我否則汝將有所不利英人又曰汝必勿以權利與俄否則汝亦有所不利利不利誠何足計然從俄命則失英歡從英命則失俄歡英俄之歡皆不可失者也則跋前疐後遂狼狽而不知所爲嗚呼英人之用意良厚然得無重困我政府而使之無所措手足邪

其由後之說也則瓜分之局其實行於今日矣列强之爭利於我國此進一寸彼進一尺雖絲毫不肯相讓日謀擴其勢力諸國固明目張膽而嘗不少諱者也但列國相持莫肯首禍今俄人首發難端諸國正可藉口以償其大欲英人曰汝既以東三省與俄矣其速如與俄者與我他國亦將曰汝既如與俄者與英矣其速如與俄與英者以與我英取揚子江流域日取福建德取山東法取雲貴兩廣美與意荷諸國亦各取其所欲取二十一行省之主權不三月而可盡歸於諸國而諸國且曰吾寧欲侵中國之主權貪中國之土地特俄人如是吾以均勢之故乃不得不如是利益均沾之約載在盟府我政府其將何詞以拒之邪嗚呼戊戌之初德人索取膠州不逾兩月而大連旅順威海廣州灣九龍相繼租割今日之東三省固一戊戌之膠州矣往者不可諫來者猶可追我政府其勿忘前事而勿以英人之警告爲旁觀有激之言也

▲奉天大東溝者何國之奉天大東溝邪

美日兩國之訂議商約委員欲開放奉天大東溝爲

通商口岸。商之我國。我國商約大臣毅然以『俄人不肯不能如命』謝之。美國委員以其不足與語。且俄人嘗有『必不反對開放滿洲』之言也。乃直接與俄人交涉。請闢兩地爲通商地。

兩國通商。開闢口岸。固外交中之常事耳。乙國欲與甲國通商。請甲國多開一二通商之地。則甲國固主邦。欲許之則許之。欲勿許則勿許。甲國自有主權。乙國固不能相强也。乃甲國不能拒之。復不能許之。而諉之第三之丙國。而乙國者。亦遂舍主邦之甲國。而與丙國爲交涉。請丙國開放甲國之地。豎盡千古。橫盡五洲。亦嘗聞此外交之奇局否邪。

苟非他國之藩屬。而爲自主之國。則一切外交。皆有自主之權。此固有國之通例也。奉天大東溝。固非猶我國之地乎。美人請以此地通商。而我國以俄人爲辭。則是我國之外交。當請命於俄人。而我固不啻俄人之藩屬矣。美人以我之言。遂與俄人直接交涉。則美人直以奉天大東溝非復我有。而承認俄人爲奉天大東溝之主權者矣。外交者。我之主權。開放則許之。不開放則拒之。豈第三國所能干預。今俄人曰必不反對開放滿洲。則是俄人顯然以滿洲之主權者自居。而且以藩屬視我矣。昔日本與高麗立約。以高麗爲我藩邦也。來請於我。我國謂『立約之事。高麗自主之。我不與聞』。日本遂宣言高麗非我藩屬。而承認其自主。苦於藩屬之外交。則謂彼有主權。遂使藩屬得以自主。今於己國之外交。則曰我無主權。遂致己國失其自主。抑何顛倒錯謬如是之甚也。

嗚呼。我國官吏。向以推諉爲傳授心法。一切內政。咸用是術。政界遂日以腐敗。今更以是術用之外交。豈知我一推諉。而主權即至盡失邪。一言可以喪邦。我外交家其勿孟浪也。

批評門

▲俄兵入藏

俄人之窺藏也非一日矣。乃者遂有俄兵入藏之警告。

累年以來。俄人入藏者。肩背相望。查勘礦產。測量地勢。舉動至爲叵測。頃復以馬隊數百。闖進藏地。藏吏詰之以游歷。對詰其游歷何以擁此重兵。則曰藉以保護。且已得貴政府之許諾。非貴大臣所宜過問。藏吏畏其驕橫。而又不知政府之果否許諾也。乃馳電告之政府。政府大驚。亟往詰之俄使。且請轉達俄廷。速令撤兵。俄使以未有所聞。漫應之。政府乃電飭駐藏大臣。謂俄人任意欺謾。舉動詭秘。勿惑其言。宜愼防之。

西藏者。俄與英必爭之地。英人得之。可以禦俄。俄人得之。可以制英。其關係至爲重大。故俄人經營藏事。惟恐英人着我先鞭。今英人調兵運械。累月於茲。且陰與廓爾喀相結連。嗾其舉兵而陰爲之助。英人之陰謀秘計。將爲疾雷不及掩耳之舉。使俄人不及措手。俄人亦不能一日忘藏者也。今日之馬數百。其或微聞英人之計。先以是爲偵探隊乎。哥薩克之大軍。行將方軌並進。天津啼鵑。伊川被髮。不出五稔。西藏其爲英俄角逐之戰場矣。嗚呼。大盜伺門。已逾十載。今已入室發篋。主人乃驚顧錯愕。何其見事之晚也。

嗚呼。以數百之軍隊。擅橫行於人國之內地。俄人之視我國。豈復尙有人在耶。我國詰之。則又以含糊曖昧之詞。任意欺紿。互相推諉。是又俄人外交慣用之手段。玩我政府於股掌而戲弄之也。我政府既不嚴詞以詰責俄廷。又不能勒兵以嚴爲之備。而但虛言以敷衍之曰。是宜愼防。吾誠不知其防之者將有何策也。

▲滿洲最近之情勢

滿洲問題。方在紛擾之中。俄人乃乘間經營滿洲。其勢力、日增月盛、今述其布置之近情。大畧如左。

一俄人亟亟於滿洲建築兵營。及一切房舍。以爲長住久居之計。

一俄人竭力整頓自鳳凰城至鴨綠江之道路。及一切交通機關。

一俄人以吉林之屯兵不在撤兵條約之內。頃以一中將率一師團。劄駐吉林。而復以多數之兵隊。遍布要隘諸地。

一俄人於前月中旬。以百輛之糧食。百四十輛之軍械。自遼陽輸入鳳凰城。

一俄人置輪船二艘於遼河。以爲巡防之用。置小輪六艘。以爲自哈爾賓輸運器物之用。其在鴨綠江之措置。亦復如之。

一牛莊稅關。既入俄人之手。撿查一切函件。備極嚴密。

一俄人傭用中國多數之工人。輸送於興安嶺西。於是自哈爾賓至遼河口之鐵路。復有建築之說。

以是觀之。俄人近日之布置。固視滿洲爲其所有物。無論密約之成立與否。滿洲固已在其掌中矣。彼盡握地方之主權。把持地方之政治。勢力日深。基礎日固。則雖盡撤銷要求之七事。滿洲寧尚爲我有哉。人已占有實權。而我尚斷斷爭紙上之空文。而且不可得也。嗚呼。

（外國之部）

▲俄國之極東艦隊

俄國游弋極東之艦隊。向隸於太平洋艦隊司令官士忒少將之下。今以少將之指揮。新加編定。其艦數如左。

一　戰鬪艦二艘

一　一等巡洋艦三艘

一　二等巡洋艦一艘

一　攻擊水雷艇七艘

都凡一十四艘。將校白七十六名。兵士四千人有奇。諸種砲大小三百五十門。頃復以游弋澳洲海岸之二等巡洋艦。編入此隊之中。東方之風雲日急。俄人厚集兵力。方日增而未有已也。而英國之東洋艦隊。嚮僅十四萬噸。劣於俄國四萬噸以上者。今更增派數艦。務使兵力足抵俄人。而日本亦將大集海軍於北海。重為大艦隊之編制。力敵勢均。機牙相錯。其或能以武裝保東方之和平乎。然臥榻之側。摯虎眈眈。彼跼蹐於數大之間者。恐終無以自保耳。

▲咄！塞爾維亞革命

近東問題紛擾以來。歐人之視線。咸注集於巴爾幹半島。今於風雲黯淡之中。塞爾維亞復演革命之慘劇。

六月十一日。塞爾維亞首府拔格拉之陸軍。突起而反抗國王。咄嗟之間。大集徒黨。擁入王宮。衛士披靡。遂執國王亞歷山大及后特拉雅而弒之。并縛殺后族及總理諸大臣。

革命之原因為何。曰以王之廢止憲法解散議會。革命之主動者為何。曰黨俄派之急進黨。

塞爾維亞人者。斯拉夫人種。而奉希臘正教者也。十三世紀之初。始聯合民族。建國於巴爾幹半島之中部。十四世紀之末。為土耳其所攻滅。夷為領屬數百年。為土耳其之一自治州。一千八百七十八年。據柏林條約之第三十四條。確定為獨立王國。當先王密蘭之在位也。已建獨立之基礎。一千八百六十九年。

已發布憲法。其憲法之外形。雖云代議政體。而王室之權利甚大。舉國皆憤懣不平。一千八百八十八年。急進黨起而改正之。於是密蘭讓位去國。而其子亞歷山大第一即位。是即今日被弑之王也。千八百九十四年。密蘭復歸國。恢復保守主義之勢力。廢一千八百八十八年之憲法。而復一千八百六十九年之憲法。至一千九百一年。密蘭死。亞歷山大乃復改正之。是爲一千九百一年憲法。

此憲法之所制定。其行政權則屬於王與內閣大臣。其立法部則屬於上下兩院。下院者組以百三十人之代議員。其議員每及四年。則以普通選舉而推選之。上院則組以五十一人之議員。敕選之終身議員三十人。公選之議員十八人。餘則各寺院之代表者。其政黨有三。一急進黨。一進步黨。一自由黨。急進黨多爲農民。謳歌俄國而推爲盟主。自由黨多爲市民。亦以親俄爲主義者也。惟進步爲親墺派。專倚墺國爲後援。王之母俄人也。王之即位也少。其母攝政。故常爲俄國派所左右。去年王與其妃赴俄。欲謁俄皇。爲俄皇所拒絕。憤然而歸。遂一變其親俄主義。而思有以自固。去年十一月。更易內閣。設置武斷政府。以是之故。與急進黨日相衝突。至四月。遂有廢止憲法解散議會之事。

王既解散國會。一掃急進主義之議員。憲法停止。國人大譁。王弗恤也。前既有弑王之隱謀。至今日遂釀成大變。其出於俄國派之所主謀。殆無異議。王既被弑。國人遂擁立卡拉俄爾伽域治公爲王。恢復舊憲。召集前任之議員。復開國會。

王以排斥俄黨之故。解散國會。乃并廢止憲法。犯不韙以買衆怒。禍由自取。無足惜者。然以親俄之故。乃至見絕於俄。不勝其忿。遂致爲俄黨所戕害。則其愚亦可哀也已。

批評門

○美國大統領羅斯福

美國大統領自華盛頓佛蘭格林林肯諸賢而後其最赫赫照人耳目者曰麥堅尼麥堅尼死羅斯福繼之是亦錚錚有聲者也

大統領勢力之大不待論矣然知其勢力之如何盛大者蓋寡非深知大統領之職權者決不能知其勢力故大統領希士嘗曰大統領勢力之如何盛大苟嘗爲大統領者當知之蓋大統領之權力實兼英國皇帝與總理大臣之權力而有之歐洲各國之君主其勢力皆遠在大統領之下能有大統領之權力者獨德國皇帝而已雖然大統領之勢力決非漫無限制者也議會限制之輿論限制之輿論者實具左右美國之大力麥堅尼者獨有最妙巧之手腕以處應輿論之大統領也襲麥堅尼之遺策而繼起者爲羅斯福

美西戰爭之始羅斯福方爲海軍次官無端辭職自募兵而組織一聯隊率之以赴古巴當是時戚友咸勸止之羅斯福毅然曰今日戰爭之事實余所極力主張者也今戰端既啓深藏不出而坐觀成敗其何以謝天下乎其一往無前之概實足以立懦廉頑而其將才復足以副之故能揚激軍心而使士卒悉忘其身命

羅斯福大佐之兵士人民所最屬望者也方其來紐約時舉國若狂以歡迎之而兵士之愛慕羅斯福亦如親之於子危險之地不使彼立艱難之事不使彼任然羅斯福常身先士卒其號令非云進!!進!!進!!而曰來!!來!!來!!也

羅斯福大佐之名美國人民所最仰望舉國名聲殆無出其右使羅斯福卒爲紐約州知事者實美西戰

事所得之名譽所使然也。古巴之勇將。忽爲紐約州之知事。遂實行其平日所抱負之政策。興利除弊。志氣無前。於是腐敗之徒。咸懷嫉妒。日謀所以妨之。勿使得令再撰。當千九〇〇年撰舉大統領。共和黨謀以羅斯福爲副統領之候補者。蓋副統領者。除爲元老院議長之外。毫無職守。實最閑散之職。固將以是陰奪羅斯福之權者也。後羅斯福果被撰爲副統領。反對之人。咸喜彼之就縛。而無以發揮其膨脹爆裂之精力。豈知暗殺之慘劇。忽使投置閑散之英雄。一躍而登此舞臺之上耶。

美國歷史之中。大統領死而副統領繼之者五。而其三則爲暗殺。大統領之死。既非國民之所豫期。故方其撰舉副統領時。初未嘗熟審其人之可爲大統領與否。故由副統領而爲大統領者。多非才略出衆之人。繼哈里遜之後者則爲泰拉。繼泰拉之後者則爲科摩亞。繼林肯之後者則爲尊遜。繼卡科爾之後者則爲亞西。皆碌碌無所短長。美國建國以來。富政畧。負盛名。而爲副統領者。則爲營標、練摩爾頓、與羅斯福三人而已。

羅斯福既爲統領。其就職之宣言。即謂當以前大統領之政策爲己之政策。夫自麥堅尼死於兇刃後。保守主義之人。頗覺惶惶。國民雖知羅斯福爲樸誠卓絕之政治家。然其爲思審慮周之人物與否。尙非深信也。及聞新大統領最初之宣言。於是疑團乃盡釋。

羅斯福就職後。先求內閣員之留任。國民以此愈信羅斯福之能襲用麥堅尼之政策。而爲共和政治共和黨有所盡力也。夫以國務卿希氏之外交政略。濟之新大統領之精審政策。而美國之外交。遂能守麥堅尼當時之遺策。

雖然。境遇既變。政策亦不得不因而稍異。英美間久纒不解之運河問題。自羅斯福之手而解釋。於是英美兩國。益加親厚。新大統領屢於公私之會塲。表發其親近英國之好意。蓋彼以爲英國者。實爲美國最可親睦之友邦英語民族之間。不可不大增友誼英語民族之交親實將來必有巨大之結果也彼之恒言曰余好英國。余好英國。語雖簡單而其意味非可深長思邪。

論者謂英美將來必至衝突。英國實以加拿大爲質於美若英美衝突。則美國必占領加拿大而併吞之。雖然。此固非今日之所憂。若兩國苟破平和美國襲加拿大。英國則亦略檀香山菲賓律而有之。英國固失加拿大矣美國亦豈能保其海上所有地兩國之衝突兩國俱蒙損害彼才高識卓之羅斯福深窺此旨此其所以常謂「余思英國與美國決無衝突之理彼豫想兩國衝突而畫政策者直杞人之憂天」也。羅斯福固主張們羅主義之人然謂氏之揚言們羅主義將以威嚇英國。眞所謂差之毫釐謬以千里者也自彼爲大統領以來而美洲大陸之英領益保安全。們羅主義雖用之極端然決不及於加拿大亦決不及於美洲中其他之英領羅斯福之所主張者。在此後不許歐洲諸國侵略寸土非欲收回歐洲諸國所固有之領土也然今日之英國未嘗覬覦美洲。大陸稍懷野心。則保持從前領土之事決無碍於羅斯福之政策元老院議員律治氏雖時布極端之言。以們羅主義威嚇列國。然不能以律治之私遽概之於羅斯福之意見也。

自德國欲於美洲求一島嶼以爲貯煤之所大有侵略南美之意故律治時懷排德之意而大吐們羅主義之氣燄然今日之德國已知觸犯美怒之非計其公使曾以其皇帝之名辯明德國非有侵略南美之計畫德國既無侵略之意豈有他國更懷蠶食美洲。大陸之野心者耶。

使無們羅主義又無羅斯福以張之。則德皇必無此宣言德帝之宣言實於世界平和大與有力而足以慰美人愛國之心。羅斯福亦以此宣言爲德帝永不干涉美洲大陸之約誓。故羅斯福之們羅主義寧特非威嚇而已。且可以保證世界之平和蓋們羅主義

得羅斯福之卓絕政治家以發揮之然後能致此偉大之効力也

羅斯福常謂置身於共和政治不可不爲質朴之生活質朴者實爲彼平民主義之一要質也彼之家世固非微賤使美國苟有貴族則彼亦必與列其中然以高貴之地位而爲質朴之生活蓋羅氏固有眞知而復能實行者也

其治紐約州也百廢具舉措置裕如及其統治美國則亦舉而措之蓋對於七百萬人之政治與對七千五百萬人之政治雖自然不同然其大體初無所異也彼嘗以國民公僕自任且謂國民之官吏不可不立於國民信用之上蓋此固羅氏之根本思想而其政治者由此而推者也

羅斯福之質朴則類焦科遜彼常自稱爲天生平民在美國大統領中可謂最平民的之一人也羅斯福之與焦科遜其政見及主義殆判天淵然其質朴平民之生活則極相類焦科遜之爲大統領則在千八百一年羅斯福之爲大統領則在千九百一年相隔百年僅此二老何寥寥若斯之甚羅斯福之冒險則似林肯林肯當降列治們府後敵軍方冐死喋血日求報復乃以數十之護衛兵直入其地置身虎穴撫慰府民羅斯福雖無林肯之戰敵然無政府黨皆氏之敵也彼於巴科魯之慘劇塲中不藉護衛兵從容而受大統領之大任目中直無敵黨其剛毅壯往之氣概固不知世間之所謂危險者爲何物也膽略之雄偉視林肯又何多讓耶

四

雜評

●人道與人道之賊

俄人於歆西涅布虐殺猶太人。殘忍狠酷。殆無人理。猶太人死者四十九人傷者三百五十餘人家屋被刼掠焚毀者一千三百餘家。警報既達於美國。舉國咸憤『俄人殘暴』『俄人人道之賊』之聲遍於新聞演說之中。旅美數百萬之猶太人。更聯合有力之團體。懇同情於美人。請美人主持公義。警告俄廷。華盛頓府民。遂於六月六日開盛大之公會。攻詰俄人之蠻行。尋議決二事。一救濟被難之民。一忠告俄國政府。使勿再加迫害。議既定。遂呈書於太統領及國務卿。

然此事雖野蠻無理。固俄國之國內行政。非他國所能干涉。公然抗議。美國政府不能無所躊躇。然而美國者。輿論最强大之國也。今人心憤竦。衆論沸騰。大統領苟措置失宜。則明年之選舉。恐不能不受其影響。旅美之猶太人。上請願書於俄皇。請其曲加保護俄國之猶人。請美政府轉達俄廷。大統領決然許之。俄人乃於其機關官報。聲言俄國內治。非外人所得容喙。雖有請願書之轉達。俄廷必不受理。然美人若爲不聞也者。依然抗議干涉。必轉達此請願書。俄人堅持內政不容干涉之義。雖傷美國之感情。亦必堅卻其請。使美國苟有退縮。則大違衆欲。太統領必深受輿論之詆排。是以俄美二國之間。此問題之紛議。卒未能決。

嗚呼。猶太人無端而受此荼毒。茹痛吞聲。無所控訴。凡有人心。能勿傷氣。美人感憤不平。激起抗議。有不憚干涉他國之內政至爲國際之交涉何其仗義之勇也然俄人悍戾成性寧能受美人之一言而霽其暴威亡國窮民例受痛苦恐美人雖有仁心固不易爲無告之人捍此淩虐也嗚呼人所依賴者國耳國之衰亡亦復何所逃命彼素持公道之美人亦且有苛逐華工之舉動中國固未亡也而美已如此則素持公道者其亦果可恃邪孟德斯鳩不云乎託事於不同利害之人最危險託事且險況乃託命以此推之吾又烏知美人之果仁於俄人也

●幾興大獄

滿洲事起日本留學生憤俄人之橫暴且以事將決裂北方必有戰事乃義組織一學生軍回國赴敵效死報國以石投水明知無濟然其熱誠愛國固不可誣也學生軍組織既成先遣某某二君赴告北洋大臣且請隸其麾下駐日公使蔡鈞微聞其事乃飛電馳告端方謂學生將借拒俄爲革命端方聞之驚惶無措乃遍電沿海諸省督撫略謂學生名爲拒俄實圖革命請沿海戒嚴嚴拿逆黨電達北洋袁世凱乃令葉祖珪率軍艦巡洋北洋戒嚴某君明達士也宦天津乃往見袁世凱曰二百餘人之學生安能造反其所派回之人亦豈得遽目爲偵探學生此舉誠出忠義正宜獎厲以振人心若橫加摧折則天下將騷然不可收拾而宮保之聲名且掃地矣袁憬然意解乃撤回巡洋之令北洋解嚴

嗚呼國家有急達官坐視區區一留學生乃欲銜身前敵捨一死以報國其愚爲不可及其志亦可哀矣乃不分皂白不辨眞僞强誣之曰革命曰逆黨必欲摧戮鋤獮以爲快肉食者固別有肺腸者耶虹貫荆卿之心而見者疑爲淫氛此卞和之所以刖而屈原之所以沈也

然吾聞風潮之來也但當順而導之不宜逆而激之激則愈涌壓則愈抗理固宜然徵之歐美徵之日本徵之吾國十年來之歷史洵不誣矣今學生明明拒俄而必文致之曰革命則是水本平流而必激之搏之使決溢狂湧也豈尚謂嚴拏足以懼人乎殺戮之嚴宜莫如俄然俄皇之威力卒不能不屈於學生而爲之讓步豈吾國區區之官吏自怙其威力願乃過於俄皇邪多見其不知量也

且使學生而果爲革命果爲逆黨矣然寥寥二百餘人不持寸械徒手來歸則捕之囚之屠之戮之葅之醢之可以惟意所欲乃驚電紛馳沿海戒嚴一若大軍之已至者謠傳革命之廬聲已震悚如是脫果有革命軍起又將何以待之數百學生之歸國已震悚如是脫令俄人決裂則又將何以待之小題大做倉皇失措當局者事後自思當亦啞然失笑

●亦是無法

日本之『日本新聞』得北京消息謂李蓮英奉太后密旨面諭軍機大臣瞿鴻禨謂東三省之事俄人横暴已甚無理要索豈可允從然彼要求不已非於密約中擇二三事許允之則無以了此紛議惟事宜秘密慎勿喧傳於外致招他國之責言俄清銀行總理波科狄羅布之經營此事也非一日矣曲意與中官相結納竭力交驩以重賂彼蓋深知中國之事不能力爭於壇坫之間而可制勝於帷幄之內也今日果有此論波氏洵可謂算無遺策俄國論功行賞波氏固宜首功頃聞波氏將於日內挈眷返國事已大定奏凱旋師波氏可以歸矣

瞿鴻禨既奉密旨出語張之洞張之洞本主拒俄者也驟聞是語沈吟半晌曰太后之意如此亦是無法因相與太息者久之風景不殊舉目有河山之異

批評門

渡江名士對泣新亭殊可憐人然袞袞諸公獨無有謝安石其人者起而勠力王室如許軍國重事而但以無法二字了結耶噫嘻

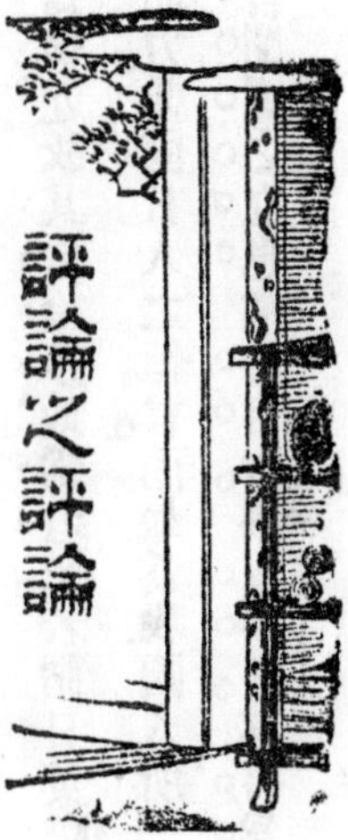

（日本之部）

○中國欲與滿洲於俄乎　日本週報

滿洲之事。果安所決。中國欲與俄。則坦然明白與之。不欲與俄。則毅然正色卻之。既非與之。又非不與。依違曖昧。二三其迹。以賣他友邦諸國。而圖已一日之安乎。是決非中國今日之得策也。

是故以近事言之。德國始踞膠州。俄乃踞旅順。英乃踞威海。其他法意諸國。各有所求。而我日本亦有與中國約以福建不割讓之事矣。向使清國當德國踞膠之時。能明其態度。嚴其操守。繼以舉國一致。不可屈奪。則德國雖强。彼其萬里遠征。懸軍無繼者。或不如今日之甚也。

今俄人之窺滿洲也。其志決非小。而壤地之相接。往來之頻繁。亦非如德之懸絕海外。聲氣不能相通之類。得寸則進寸。得尺則進尺。不盡舉中國而與之。俄人則不肯止。彼其豺狼無厭之求。豈唯區區滿洲而已。

我日本立國東亞。孤懸海中。以地形而論之。則朝鮮與我對馬。屹然相對。爲其門戶。故我之守國。得朝鮮則可。不得朝鮮則危。故甲申天津之盟。以此而爭。甲午馬關之約。亦以此而成。而滿洲又爲朝鮮之藩籬。禦寇者不於藩籬而於門戶。已爲愚策。况藩籬爲寇所侵。門庭何得晏然爲我有哉。

是故中國而欲以滿洲而與俄。則斷然明白與之。我日本英美諸國。亦各有求於中國。而德法其他諸國。又皆各有所望。則二十二省四百餘州瓜分之禍於是乎起愛親覺羅氏十一世三百年之業。於是乎墜。五億萬生靈塗炭流離顛沛爲亡國民者。於是乎見。然後今中國當國者乃快於心乎。即不然而不欲舉滿洲以與俄人。則盍毅然正色拒之也。抑曰我欲卻而力不能邪。我日本與英美願中國常有滿洲者也。盍速撥其忌避。延而與之謀乎。

記者案美國近日新報。多爲中國前途慮。謂『德於山東。法於廣西。乃至如英如日。皆將於其勢力範圍之內。用俄人施於滿洲之手段。而無所忌憚』觀英使曩者警告之言。固已直示其意。今日之滿洲。固一戊戌之膠州。列强咸視之爲進退。一着錯滿盤輸。置棋者宜知惧矣。日人之於滿洲。其利害最爲切近。故其言論亦最爲迫激。若謂日英美可以助力。此固日人之恒言。而最爲我國人所樂聞。然吾聞國之立也。唯恃自力。事齊事楚。其害爲均。未聞倚他力而可以立國者也。彼謂日英美皆願中國常有滿洲。固也。然俄人又何嘗不願中國常有福建。又何嘗不願中國常有揚子江流域。要其所願所助者。皆各國自謀其利害。而非我中國所謂利害。日本今謂可以助我拒俄。然三國干涉之時。俄何嘗不助我拒日。待助於人者。其害亦既可覩。一誤寧容再誤矣。要之我能自立。則諸國皆親我之友邦。寧獨英日美可親。俄亦何嘗不可親。我不自立。則諸國皆謀我之敵國。寧獨俄可畏。助我之日英美。亦何嘗不可畏。以今日之國勢。而紛紛言聯俄聯日聯英。則不獨聯我者皆有求於我。且親甲國則乙國牽掣。聯乙國則甲國競爭。止自速其亡而已。邇來日本諸報。喧然謂我國外交。專視日本爲進退。頃以日本內閣動搖之故。而我國拒俄之意遂沮。其言眞否。吾固未敢深信。使其言果不謬。則我止爲日本之傀儡而已。夫我人冀望於日本者。豈不謂其能與俄戰邪。是徵論其戰事之不易。即日本果與俄戰。戰而日本果勝。則戰勝之權利。亦日本有之。於我何預。日勝則日張。俄勝則俄張。而我之蒙受損害則等耳。等爲不同利害之外國。而獨曰彼能助我。何其癡也。謀國者不自審其利害以爲進退。而徒視鄰國之强弱以爲進退。脫令日英諸國堅守中立。則我將盡割諸地以應俄人之請乎。謀國而專倚外人。又烏見其足以自立也。若謂俄約宜拒。則固忠告之正言。而我當國者所宜採擇者耳。

○滿洲問題之解决　日本人

滿洲問題者。非對俄之問題。而我國國是問題也。故决此問題。實關係於我國之運命。何者。俄國而占有滿洲。非特失我國民發展之地而已。且妨我經略朝鮮之舉動者也。故决此問題之手段。大略如左。

對俄之手段

一詰其撤兵之遷延。勒定期日。責其踐約。

一於鐵道警察之外。不認其留置軍隊。

一俄於占領期內擅取之礦山及一切利權。均不認之。

對中之手段

一使中國於俄國撤兵後。以開放滿洲。宣言於列國。

一請中國以營州至義州之鐵路敷設權。許與我國人。且許我置領事館於滿洲內地之市塲。

一其他俄人於滿洲享有之利權。當使我國人有同等之權利。

使俄人而能從我忠告。則紛議可以了結。使俄人而膜置之。則不可不訴之最後之手段。最後之手段惟何戰而已矣。

此日人處置滿洲問題之理論也。其能實行與否。俄人能從其請與否。固非所知。若其對我之手段。則所謂助我者。如是而已。然今日滿洲之主權。已不在我。日人對我之手段。亦不能不俟對俄手段實行之後也。噫。

（歐美之部）

○滿洲與俄國　十九世紀評論

此阿夫歷司鐵氏論滿洲問題之言。登之十九世紀評論者也。今最錄其大旨。

俄人置重兵於滿洲。非必可懼者也。最可懼者。則俄清銀行及東清鐵路而已。俄之得信用於滿洲。絕非軍隊之力。悉基於銀行之運動。故銀行與鐵路。實俄國征服滿洲之利器。二者固代昔日之火藥白刃而有擴張屬地之力者也。俄人僅費五千萬磅之金錢。遂占有三倍英島之大地。而靈鷲之國旗。且奪黃龍之國旗而代興。一千哩之鐵道。二大市場。以及一切礦山權。悉入俄人之手。若用兵力以奪此富源。則非糜二萬萬磅之金錢不可。乃俄人僅費五千萬磅之金額而坐取之。且絕無戰後善後之費。而遂取莫大之富源。隸之版圖。且能用和平之手段。使滿洲人。深與俄人結託。嗚呼。可不謂巧歟。

記者案。俄人者。虎有狐行者也。以要結柔媚之手段。行其攫奪吞噬之野心。使人惑於其要結柔媚。遂甘為其攫奪吞噬而不自覺。其術抑何神也。然非有倀以導之。則虎之凶暴。誰受其媚而為所噬。誰為倀者。乃以我數十萬里之沃壤。餧人也

叢錄門

華年閣物語

觀雲

說螢

螢之研究。古來極少。西洋學風。無論何等事物。皆以科學之法觀測之。其研究或無所遺漏。然普通人無論學者所研究。亦大都傾向於鳥獸之類。若昆蟲則惟取其形狀美麗。凡其標本易保存者。如蝶蜂等類。則研究之。如螢之體軀小。形狀不美。標本存置。一經萎縮。失其見榮。故全地球中研究到此者。不過數人。日本渡瀨理學博士。專心研究螢之一物。發明其事情。而介紹於世界中者不少。

螢者從古惹人之注意。各國古書中。記螢之事甚多。如中國之禮記月令。腐草化爲螢又格物論。螢是腐草及爛竹根所化。此等見解。以今日科學上之眼觀之。不值一笑。

（古人說物多係想像之詞見螢從腐草中出遂以爲腐草所化）日本小野博氏首言螢者。水蟲所化。夏後生卵。復爲水蟲云云。迺一新發明之說。至螢之以何發光。種種立說。於學術上無有價值之論。

由來東洋人者愛自然景物之天性。過於西洋人。見鳥之美麗而樂。聞蟲之啼音而喜。飼育魚類。以爲娛樂。中國人與日本人（東洋人者兼中國日本言我國俗說指日本爲東洋其說非是）皆同有此風習也。西洋人者愛人工優美之物。於自然景物之美麗者。多不置念。如見螢之光。若毫無所樂於心者然。

翫螢之事。古來不少。如梁元帝詩。（着人疑不然集草訝無煙到來燈下暗翻在雨中然）又隋煬帝驕奢。於夜間散放夥多之螢。以供娛覽。日本之萬葉集又伊勢物語載螢之歌。後選集記捕螢事。和名抄字鏡記翫螢之事。大都在距今千餘年前寧樂朝時。其時爲日本與中國盛交通之時代。中國之文物制度風俗習慣皆輸入於日本。此翫螢之風習。亦隨之而來。然最初翫螢之事。已見於日本書記仁德記載皇后之歌詩。此誠翫螢之最古者。至收籠飼養。則爲極近代之事。

以科學論之。螢者甲蟲也。其體軀之保護。頗不完全。全體柔軟。抵抗外敵之力。甚爲薄弱。可謂甲蟲類中。劣等之蟲而已。

螢之種類甚多。其感覺器之狀態。羽等之模樣。及其發光器等。種種差別。但就能發光者計之。其種類已在數百以上。

不放光之螢。與普通之螢大異。然實螢之一種類也。其種別亦多。茲不具論。惟就能放光之螢而記載之。

螢產於熱帶地方。從熱帶而向南北兩極。數漸減少。其中以印度及南北阿米利加爲最多。種類亦繁。歐洲大陸。到處產螢。而以在地中海方面者爲多。於英國棲息英倫。而不見於蘇格蘭及愛蘭。於極北綠州地方則反有之。西伯利亞一部。日本北方薩哈嗹島亦產螢

日本之螢種類甚多。通常世人所愛翫者。不過二種。一源氏螢。一平家螢也。二種螢產於中部溫帶地方。無產於琉球及臺灣者。

源氏螢者。學名 Luciola Vitticollis 又有一寸螢。宇治螢。石山螢。大螢。虛無僧螢。熊螢等名。爲日本最大之螢。長達七分。此種螢西南從九州。東北至奧羽。清流附近之處無所

不生。

平家螢者。與源氏螢種類習性全異。凡汚水附近之處生之。學名Luciola Parvula。此種螢者體小。

支那之螢。古書有暉夜。丹良。丹鳥。夜光等稱。與日本螢種類全異。爲產於熱帶螢之一種。臺灣琉球八重山羣島等處有之。

又有稱秋螢之一種者。亦支那產。杜甫詩。有（幸因腐草出敢近太陽飛未足臨書卷時能點客衣隨風隔幔小帶雨傍株微十月淸霜重飄零何處歸）蓋詠此也。從秋季發生。中國北方及高麗一帶。至日本對馬島皆有之。學者於支那所產之螢。研究者蓋極少云。

發生狀態。古來多種種之說。於科學上皆無足取。玆略述學者研究之大要。螢者與一般之甲蟲等。分卵。幼蟲。蛹。成蟲。爲四個段落。此四個段落者。螢所陸續經過之時代也。

卵　卵者大如罌粟。形亦類之。五月時成蟲所產。其時亦早有光。卵之初產出者黃色。

漸呈黑色。大約經過四週間。至六月頃。孵化而爲幼蟲。

幼蟲　幼蟲之形爲蛆。當發生時。極微細。漸漸成長。至翌年三四月頃。其大八分乃至一寸。帶黑茶色。斑文如鼈甲。有銳齒。能放氣。有防禦器發光器。池沼或河川水際近邊之土中。或朽樹之幹。穿小穴而棲息。之降雨潤溼溫暖之夜。從穴出。彷徨求食餌。此蟲者與蠶異。肉食。食小蟲類。性質亦强壯。朔風嚴寒。刺人肌膚之時。亦能出地上放光輝。爲活動之事。蛆之生存。約經過十個月間。即可謂螢之生涯。一大部分事也。至四月頃。體中貯夥多之滋養品。甚肥滿。遂廢食。於地下四五寸處作小穴。蟄居其內。最終脫皮。遂化爲蛹。

蛹　蛹者亦有完全之發光器。全身帶極稀薄之黃色。滿身透光。呈玲瓏之美觀。蛹之經過約二週間。體內機關及體外之搆造全發達。出穴至地上。漸次攀草莖而上。即爲成蟲。螢狩（捕螢之戲）時從草中捕螢時。時有體軀柔軟翅尚未乾者。即此蛹也。

成蟲　成蟲即世人所知普通之螢。由蛹出穴至地上。不多時而其翅固。其體堅。遂能飛行者。即此成蟲也。此時期內。無幼蟲時强壯之齒。惟存其形狀。不便取食物。惟能吸收液體。今養螢籠中。放飯粒。即有數多之螢羣集。然日驗之。不過吸食其水分而止。此成蟲之任務。專爲存續其種類。大抵能保三週間內外之生命。既交尾即下叢中生卵。連夜產卵畢。遂全身萎縮。氣力衰弱而歸於死滅。

世人疑螢之發光。若專在夏季以內。實則此蟲者。經四個之變化。卵之時已早有光。蛆則在寒中尚能發光。蛹時亦保有其光輝。至成蟲時。放光飛出。即世人所見普通之螢光也。螢者於何時期以內。其光力竝無缺乏。蓋自世界初有此蟲。子孫相傳以至今日。雖謂無有一瞬時間不放光可也。

螢之性質。最厭光線。晝間不動。或隱叢中及稠葉間。至夜始出。其畏光之性。不僅日光。雖月光與微弱之燈光。亦厭之而自止其發光。當闇黑之夜。見螢火呈最輝明之狀。此不僅由其四圍闇黑之故。亦由螢之趁此時期而盡量發光故也。

發光器之故。古來無人能言之。歐洲學者。唱種種之說。有謂螢火係一種分泌物者。（由體內排洩而出之物如人之大小便等類）有謂晝間吸入太陽之光線於體內。至夜放射之於外界者。有謂螢之尾端。有關節相互摩擦。起電氣之作用而發光者。其後經科學大家法臘臺及麥台

偶幾等諸氏至舒魯載氏始發見螢之發光器有數多毛細氣管其呼吸之間與發光有至大之關係云

螢放光之故決不爲人類之愛翫蓋如雄鶯之啼以呼雌鶯雌雄相招之暗號也（凡動物類中用一種特別器以爲雌雄相招之記號者甚多）若見其光忽然止息即爲此蟲恐怖之時其發光器之呼吸俱依之而停止

日本之源氏螢者最好柳樹其何以好柳樹之故學者尙未發見其理由或者以此樹之水分富而其葉亦柔軟云

發生之時期支那螢於臺灣之地一年中無間斷於琉球除冬期外亦常年有之日本螢皆夏期發生西南鹿兒島及大島四月中旬盛出依次而東北發生其發生先後之故與花卉異於溫度之高低無甚關係梅雨期內發生之地方最多於京阪間則四月於關東則五月於北海道則六月始得見之且此處之螢係平家螢其發生亦不多云

螢之効用漢方醫以爲藥劑治疾病惡氣百鬼虎狼蛇虺及蜂蠆之毒又用以治花柳病或又以代斑猫之用古書載以此蟲集數種之藥品入於囊中携之從軍避刃傷且

平常掛置戶上防盜難。以今人觀之。種種多可笑之言。又支那故事有囊螢讀書之言。今若印度等未開化人種中。有利用此光。以代燈火之用者。

愛翫之當注意者。螢畏光線。當置收養之籠於光線微弱處。而放青草時時噴水。又螢者畏暑熱。當選涼所及空氣流通之處。不僅生長之期得亘長久。亦對此可憐之小蟲不虐待之道也。又若雌雄分籠。其發光最强。雖然不免處置殘酷耳。

又有一餘義於此。我東洋人翫螢之念。比之西洋人為深。此誠優美高尚之事。雖然。勿徒為無意味之玩弄。進而為學術上之研究。以發明事理開啓智識為目的。則不僅供娛樂之懽。亦有益於事實也。

花之與蟲

人所不見處之花。昆蟲亦能見之。此可謂昆蟲獨有之本能。雖窮山深谷中有孤芳自賞之花。而昆蟲亦不遺而訪之。夫昆蟲果以何能力而能知花所在之處所乎。玆就研究之所及者而畧述之。

昆蟲類之目與鼻。非人類所能及。其搆造有特別之靈妙。目與鼻者。直可謂昆蟲之生命其知花之原因亦不外此二事。

昆蟲之目有單眼複眼二種。單眼者三角形。在眉間。其數三個。複眼者僅見二個。而其目實有非常之多。如蜻蛉之目爲一萬六千五百個。蝗虫之目不下一萬八千六百個云。

複眼之効用以數千萬個之眼映物體之一部分即能照見其全體。其能自遠處見花之色而來者實賴有此複眼之故。然至近處則複眼之用又窮。其時也惟用其單眼爲有效。單眼者若一寸之近視眼。於遠處見物糢糊。而至近處乃極明瞭。其巧妙直有不可及者。

眼之作用類此。更進而論鼻。昆蟲之鼻。盖一種之觸角而已。

鼻之銳利。不獨昆蟲爲然。若馬與犬。其鼻之作用亦甚奇。有某醫師於業務之暇。嘗因乘馬爲運動之事。或一日者乘馬而出。馬不服其方向而進。而時時反嚙其手。思之。先時者手曾染有克雷索度之藥氣。歸而洗清其手。再乘馬。馬遂安行。一無異狀。又若南米州之野馬。土人有捕之者。於三哩外能嗅知七人之臭氣而避之云。

姑不具論他動物。而專言昆蟲觸角之功用。如蛾類者。慕雌之香氣。直能從彼方不遠二十英哩而來。自蛾體所發之香。無論如何之佳。而於人類無稍感觸於予等之鼻。又如昆蟲者。有六十本之嗅毛。不少是即有六十個之鼻云。

當花之發時。此昆蟲者如何利用其鼻與目。依學者之實驗。蟲者決不爲慕花之色。而然試觀與葉同綠色之花蒂。而昆蟲之來集者仍不少。由是可知其所重者在香與蜜云。

要之昆蟲之觸角者。被促於花所放散之香。而以複眼之望遠鏡。瞭知花之處所。以單眼之顯微鏡。得窺花之局部云。

花者以香與色招昆蟲之來。而其於昆蟲也。多待遇極善之事。試游百花發放之處。於朝顏開時。見蜂虻之羣集。於月見草開時。見天蛾之飛來。又若蝶與小蜂者。集於菜花。長鬚蜂者。不集於大且美之花。而集於草叢開出之續斷花。續斷花者。又謂之唇形花。若上唇下唇之體裁。長鬚蜂體入其中。適好隱身。又山茶花者。以其花粉花蜜之多。而來繡眼兒之鳥。春蘭者。小蜂集之。豌豆花者其形似蝶。故謂之蝶形花。其花大形之旗瓣一。中形之翼瓣二。小形之龍骨瓣三。最爲蜂適居之塲所云。

蜂類之口部。適於咀嚼。能吸食花粉與蜜。若蝶者僅有一吸收之口。恃其細長之舌片。以巧吸花底之蜜汁云。

花者以昆蟲之來傳送花粉。交接雌雄而能結子。其招致蜂蝶。全爲自分之利益云。

依生物進化之說。花當最初之時。決不待用色與香與蜜。僅需芽胞之事而已。其經如何之階級。變遷進化。而有如今日美觀之事。此非人力。而實賴此小昆蟲之力也。

花與昆蟲。有若何之妙契。不能知。昆蟲者愛甘。而花則生蜜。以是爲搆合之元因。而昆蟲者。以口之搆造不完全。勞苦而不能吸蜜。遂一則有若蝶之生長吻。一則有若蜂之生嚙口云。

太古以前有羊齒（草之小者）之時代。花與蟲兩相提携。遂以成今日爛熳之世界。此不得不歸功於蝶蜂者也。

彼不深究事理之人。視花爲下於人類之生物。若全爲慰藉人類而開。折之散之。無所惜。不知萬物中。以人類爲最後出。花與昆蟲。實可謂人類之先輩。若人類之專橫。花與

叢錄門

昆蟲未嘗不太息之。詆爲兇殘之後生物云。

譯叢

法國之經營南淸

西伯利亞鐵道告竣。俄國之羽翼既成。二十餘萬之鐵騎。縱横於滿洲。三十餘艘之戰艦。游弋於黄海。俄國南下之勢力。已扼北淸之吭而制其命矣。然經略東京之計畫已熟。法國北上之勢。遂足與俄人南下之勢。隱然爲南北之抗衡。

千八百九十八年。安南成泰皇帝應法國之要求。廢東京河内府之布政使。而認法國之政廳。一事固法國殖民政治家中富於政略。大名鼎鼎之前總督都美亞(Doumer)所策畫者也。法國經營南淸之基礎。實成於此。其後法國政廳。以千九百二年一月一日。自西貢移都於河内。置法領印度中國總督。更開海防一港。爲東京灣濱海之重鎮。於海防河内間。布設鐵道。道程約六十哩。以四時間可達。更自河内而經北寧諒山。以達

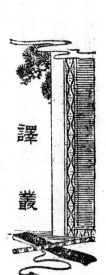

廣西南關險隘之東但。則僅七時間。藉江河航路。則可直抵雲南之思茅蒙自兩港。（以一千九百七十年東京條約而開一以一千八百八十九年中法條約而開）今若以海防爲起點而北進。則一日可達北海、海南海口港、廣州灣之鎭守府。以四十時間而可達香港澳門。自海防轉而南航。則一日有奇而至安南之順化府。四日而達西貢。自海防而北航。則數時間可達亞倫灣之烘崖。自此灣而運輸於廣州灣鎭守府。亦不過二十時間耳。若東但、龍州、太平、南寧、廣州府、北海港之鐵道成。其延長線則橫貫廣州半島。到廣州灣鎭守府。以集合海陸之勢力。又河內與老開。老開與雲南府。南寧與廣東之鐵道成。則雲南之商權。全歸法人之掌握。廣西省全部。悉屬法國之勢力範圍。廣東之南半省。亦歸其掌握。當斯時也。英國香港之主力。其大半亦爲法國之所奪。可斷言也。

近時法國之勢力。日侵入英國之勢力圈內。人人皆知。其欲使廣州灣爲海軍根據地。則不可不使之爲南海商業之首港。前總督都美亞去職時。嘗宣言曰。「廣州灣者。不久當爲法國最大之軍港。亦即可爲繁盛之商港。橫斷廣東廣西兩省之內地。緣西江之上流。而交通之路開。吸集各處之產物。運輸各國之輸入品。其爲南海商業首部之一無疑」云云。其言之果能如願與否。雖仍待之他日。而招討主義之都美亞旣去。平和主義之波總督代之而起。觀其銳意經營。蓋已操左券也。試論廣州灣及其近屬之地。以覘法國之方略。

廣州灣

一千八百九十八年。法國自中國租借廣州灣及其附近三百八十六方哩。以九十九年爲期。其地人口二十餘萬。其港外之東海硇州二島。則以一千八百九十九年而割讓。廣州灣者。實握廉州半島之中堅。灣內平均水深。得二十米者。約十哩。島嶼之間。自爲關隘。誠足集大艦隊之主力。法國於軍事經營之預算。於煤倉船渠砲臺。則百一萬六千圓。爲民政而費者。僅三萬二千圓。至廣州灣之商業。其收支實足以相償。昨年第一期之輸出。（自正月至三月）十九萬五千四百七十六圓。以洋火棉絲、黑砂糖等爲主。其輸入則二十五萬六千五百四十三圓。以洋火、生絲、煤油爲主。今雖未脫幼稚之時代。然其勢固蒸蒸日上。若海陸之機關。大得完成。則廣州灣吸收兩廣雲南之產物必矣。

廣州灣之街市。一如西貢河內。規模宏壯。民政廳郵政局警察署公立學校等。各得其所。無地不見三色之國旗。法人更講求衛生之策。分爲軍政部與民政部。中國街與外國街。豫爲容置繁殖土民之地。斷不至如香港之失策。內外住民。汚潔雜居。致爲疫癘所困也。

廣州灣之政治。實法國治中國人種第一次之經驗也。民政部則置長官一人。副官四人。又行里制。合數村而爲一里。置一里會。使議租稅之徵收。道路之修築。廟寺之保存等事。其土民所納之租稅。比之中國統治時。其額略少。且豫謀公園馬車鐵道之地。以便住民。其殖民政策。比之英國似有過之。無不及也。

海南島

中國政府於一千八百九十八年四月。與法國訂海南島不讓別國之約。法國即視爲本國之勢力範圍。昨年德國之巡洋艦。遊弋海南島。法國即詰而問之。自廣州灣東京灣河內等處而觀。法領全土之安危。全係於海南島。固如脣齒之相關者也。是島屬廣東省。其貿易塲則爲瓊州府。其港則爲海口港。灣水淺。於船舶之出入。雖略不便。然爲東京灣北門之鎖鑰。凡全島豐富之產。皆由此而出。實於廣州灣商業上所必爭之地。其終不歸法國版圖不止。

瓊州府與海口府之人口不過三萬五千。外國人亦僅六十餘人。法國於其中開學校。以法語而授以普通教育。復設病院郵政局。以便人民。於商業障碍之事。皆與以保護。故島民感恩戴德。謳歌不絕。法國之懷柔政略。亦可畏哉。

至海口港之貿易。觀昨年之統計。實逾四百四十二萬九千八百六十六兩以上。比之前年三百七十五萬三千二百三十三兩之額。已增加六十七萬六千六百三十三兩。昨年之輸出輸入畧相平均。觀昨年船舶出入之數。則各國之地位可見矣。列如左表。

一千〇〇年各國船舶出入表

法國	五百五十六艘	三十三萬六千〇七十八噸
德國	二百六十六艘	十九萬〇五百六十二噸
英國	四十六艘	四萬六千二百十二噸

今爲明英法兩領地之關係。更將昨年之輸出入額。一爲比較。

自海口輸入香港額　一百五十九萬五千八百二十三兩

自海口輸入法領印度中國　一萬九千五百九十九兩

自香港澳門入海口銀貨　二萬三千六百十六兩

自印度中國入海口銀貨　一千兩

自商業之關係而觀之。法領之不及英領遠甚。殆不及其百分之一。然以船舶之數觀之。則英國不及法國遠甚。又殆不及十分之一。是法國之前途固大可望也。

廣東與九龍

中國之通商口岸凡三十三。除上海外。其輸出入之最高者。則爲廣東與九龍。九龍之繁盛。雖因近接香港而然。至廣東則自古爲商業繁盛之區。現時香港之商權。仍爲廣東所左右。若英美所企畫之粵漢鐵道告成。則長江貿易。與西江貿易相爲聯絡。且雲南鐵道東京鐵道。集注廣東之日。則廣東商業。當更有出於吾人豫想之外者。廣東法國領事哈頓 Hardouin 氏。聲望日隆。於政治商業上。時占優勢。此領事者。生長此能久。官暹羅。操縱亞細亞人種。實爲巧妙。其至廣東也。即設法語學校。建贈醫之病院。設郵政之局。爲謀商業之便。更設印度中國銀行之支店。爲供香港廣東間之航運。更造新船數艘。比他國尤鉅。其蓄謀積慮。得尺進尺。得寸進寸之心。亦可想矣。

法國於東京鐵道之終點。亦求之廣東。其意蓋以廣東以北則任英國之經營。廣東以南則歸本國之勢力。以廣東爲兩國交涉之首部。今試考廣東與九龍之輸出入。實得如左之結果。

廣東	人口八十五萬人	輸入	一千六百四十九萬二千百十二兩
		輸出	二千一百八十六萬八千二百十二兩
九龍	人口不詳	輸入	一千八百九十五萬六千二百三十一兩
		輸出	二千二百九十一萬九千七百〇八兩

此兩地固爲南淸之輸出港。此後以外人之手。而開通運河鐵道。其出入之額。必數倍於今日。法國他日將效英國占有九龍之例。而染指於廣東。固意中事也。

澳門江門甘竹

以廣東爲其囊中物之法國。向奄奄待斃之葡領澳門。屢有所謀。此地距香港僅四十哩。法國欲於葡領。而行其野心。必爲英國所不許。法國昨年欲於澳門購一旅館以爲海軍病院。且欲得港外之一小島。爲廣州灣海底電線之支局。而與廣東相接。葡萄牙遂以十六餘萬金收買此旅館。然此巨款。非出於葡國。乃出於英國者也。昨年四月法國更與葡國密商。卒爲英國所阻。不能達其目的。至五月法人卒於澳門附近買地若干。雖謂爲教會建設病院之地。然以保護爲名之軍艦。已時出入於澳門矣。

至新會縣之江門。順德縣之甘竹。於一九〇二年九月。開爲通商口岸。其兩地之輸入額。合計二百〇九萬五千三十二兩。輸出額約二十一萬七千七百二十五兩。此兩地者。河流通暢。形勝殊佳。爲他日可臻繁盛之新港。以地理上論之。必歸法國勢力範圍之內。其商權恐亦終歸於廣州灣主權者之手也。（未完）

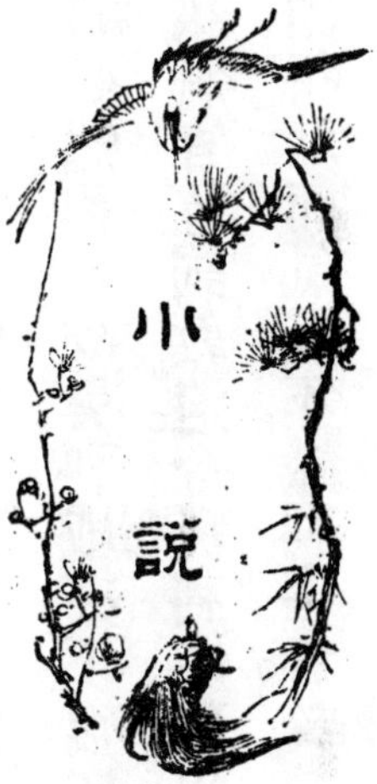

竊皇案

法人某著
中國某譯

二年前某月某日。忽有電報達於歐洲各國之新聞紙館。皆稱西班牙幼王阿豐璜第十三世有疾。不能聽朝。病雖非劇。頗慮傳染。時太后攝政。自率兩侍者與王同居。親視湯藥。又下令禁絕交通。其特許出入王之病室者。侍醫之外。惟師傅與利威暨宰相鵠士他拉兩人。此消息傳播遠近。人莫不信以爲眞。而不知王實非病。蓋被拐耳。有願聞其詳者。余請述之。

卻說某月某日。西班牙首都舉行大閱之典。王當與太后臨觀。治駕將發。忽從郵政局飛一書至。乃遞呈太后者。表題急報二字。太后披閱畢。大驚欲絕。蓋書中稱有凶徒對于幼王。謀爲不軌。將待王出閱兵。乘間行事。書末不署發信者姓名。惟撿封皮。蓋有咸不羅拿局圖章。咸不羅拿者喀爾羅黨根據地也。當先王阿豐瑣第十二薨不諱。以無嗣故。喀爾羅黨欲乘此機會。覦竊王位。乃無幾今王以遺腹子出世。彼黨謀敗失望。而其野心仍未戢。有識者無不懼其將爲後患。今所得詣正從其黨之根據地發來。宜太后之遽以爲信也。太后以書示王之師傅奧利威。且與商定。乃託詞聖躬不豫。留王宮中。太后乃與王妹同行。恐王以不得成行。失意悶損。乃與之約。見給鉛製軍隊偶人一大箱以慰藉之。太后駕發。奧利威導王至書房講授。如恆約踰一小時。忽有馬車一乘。驅至王宮正門而止。則有一戎裝將官及一傳令官匆匆從車中出。與守衛言。自稱少將埃士俾諾沙。乃奉太后勅召王速臨操場者。守衛領至王所。將官向奧利威言。今以王不賜行幸。衆兵大譁。太后恐釀成事變。故勅召王。請必一行。夫西班牙軍人權重。其勢力常足左右政府。兵變之事。數見不鮮。今據將官云云。斷難易視。且以彼儼然戎裝而來。其言必然謬妄。故奧利威亦不復置疑。然當時奧利威若與王偕行。則亦可保無事。而以該將官危詞敦迫。令奧利威狼狽失措。乃不暇他顧。急爲王整衣冠。命與使者俱去。王固年幼而氣盛。不識利害者。於是昂昂然挺身以去矣。

少選。閱兵既畢。太后迴鑾。即遣使至書房召王。與利威乃大驚。怪急趨太后前問狀。太后言固未嘗遣使召王也。相與大驚失色。恐將有國家大變。乃遣急使召宰相鵝士仙拉至。告以故。鵝氏以王位未穩。而外有兩敵。一爲共和黨。一爲喀爾羅黨。今國內人心正洶洶鼎沸。若使知王失所在。恐革命之徒。且將乘間竊發。於是三人決議。暫祕此事不宣。此即幼王有疾之報所由盛傳於外也。於是爲王設一養病所。除心腹老臣二人外。概不許出入。太后亦託言撫視。深居其間。宰相鵝士他拉更與侍醫某訂立誓約。戒勿宣洩。使每日定期入內診脉。而公告王病狀。以掩天下耳目。

又通知警察署。謂有某人被拐。自馬車之形狀。以至乘者之相貌服色。悉言其詳。使派人在各車站及國界要地輪班張守。惟於被拐者之狀貌丰采。不細寫出。蓋恐爲人所臆中。而失王之事遂洩也。以王宮守衛曾見彼馬車來往。乃就訊當時情狀。仍不得頭緒。越四日。警察亦尋無影響。西班牙人雖有長處。而彼辦事往往失於遲鈍。若使當時余不在馬德里。則西班牙王政之運命。正未可知耳。吾當時非奉使命駐紮西都。只爲某事。偶然在此句留者也。余聞王躬不豫。即赴問疾。昔余任大使時。余愛王威儀堂堂。

王亦與余甚相得。以爲王病在牀蓐。正苦無聊。今見余至。必樂引見。不意甫至宮門。竟爲閽人所拒絕。余乃暗罵王公貴人之薄情寡恩。索然而返。雖然余性好强。每幹一事。雖屢經挫折。輒不肯遽屈。余旣以不得見王爲憾。乃卽發電至巴黎某古董鋪。命其就店中所有玩器。選一最精巧者。迅速送來。至第四日。玩器至。披函展視。光采耀目。乃阿非利加輕騎隊之偶人也。其工作之精。出人意表。偶人所穿小靴。一針不苟。俱跨駱駝。駱駝皆藏機器。走動如生。余意此物必中王意。乃卽攜之直趨王宮。而王仍不許余進見。余乃請見太后。閽人見余持意甚堅。不得已爲余通報。余於名刺上書緊急兩字報入。太后果不忍再卻。或以余將能有助於彼也。乃見余於王所養病之鄰室。當時太后雖在痛苦之中。仍自矜持。蓋哈不士巴家之遺傳性使然也。見余至。並不命坐。遽然操法語問胡爲乎來。余素能西班牙語。對曰。外臣亟欲一謁王。王病果何似。外臣不畏傳染。欲於王左右談笑。以舒王疾。陛下能諒外臣區區之忱乎。太后聞吾言。面有難色。答曰。承君厚意。感激倍常。惟王病頗重。侍醫囑勿見客。有負盛愛。俟王疾愈。當謝君也。余曰。王病如此。外臣何敢相擾。雖然。外臣不遠千里。購玩物於巴黎。將親致之王側。王雖病。或尙不至不能戲弄玩物。余言至此。乃從袋中取輕騎隊偶人出。以示太后。太后俯首不應。惟兩淚滂沱而已。余大驚異。謝曰。陛下何乃傷懷至此。豈外臣所言冒昧。有以觸陛下之哀感邪。太后曰。否否。蒙君眷愛。不知所謝。以君至誠。亦不忍復欺君。今者吾兒實不在宮中。不能拜君之賜。言訖。淚如雨下。乃命余坐。復爲余備述王失去之詳。余驟聞斯語。乃驚蹶起立曰。咄咄。果有此事邪。然陛下勿過焦慮。外臣不敏。願爲陛下盡力。期以五日。必能奪王於兇人之手。而還之陛下。太后聞余言。乃問余曰。君與喀爾羅有何交情邪。余答曰。陛下以此事爲喀爾羅所爲。誤矣。外臣素與喀爾羅相識。時有往來。外臣可保其必無此事。太后沈吟良久曰。雖然。是日所得警報。實從咸不羅拿發來。則又何故邪。余曰。此正兇人之計也。彼等欲留王宮中。故僞此函以紿陛下耳。太后乃復從案上取一書曰。此函乃昨日投至首相鴉士他拉處者。君試閱之。其中必有端緒可尋。據余揣擬。必奸人故爲此言以搖惑吾耳目而已。余受函反復細閱。乃滿紙俱擄人勒贖套話。要索以百萬爲率。並索赦罪憑據。然後以王交還。末署黑魔王三字。余讀竟曰。此函似有深意焉。外臣黑兒。拐王者必非無政府黨之所爲。蓋此事非狂激者所能辦。必狡獪奸滑之徒乎。外臣無論如何。極欲一發其覆。以報陛下。而一試外臣之手段。若至萬無可爲之時。再以百萬贖王。未爲晚也。太后聞余言。龍顏大悅。即降諭命予以全權治此事。余拜命便退。自念查探此事。非易裝不可。以英人以好奇聞於天下。余若冒充英人。則將來有時不得已而用非常手段。人亦當莫余怪。又以僞託醫生。則以究王病源爲口實。即或淹留宮中。亦不至招物議。於是決計改英國醫生裝。署其刺曰。倫敦醫學協會員博士哈利不拉翁。即命駕訪王師傅奧利威相會之地。即彼教阿豐瑣第十三讀書處也。奧利威爲人。一見雖似狡黠。其實魯鈍人耳。素與余相識。見余改裝。大驚怪。余告之故。質以數事。且索王最近所影相。奧利威乃出王造像示余曰。此乃兩三禮拜內所撮影者。王狀貌魁梧。氣象萬千。兩目烱烱若電。余問此相已傳布於外。市井中人俱曾得見邪。奧利威曰。然。市上店舖中。莫不有王之影相張掛于壁間。余曰。王之影相。四處皆有。則王之面貌。國人皆識之。倘兇人於白晝刼王同行。甚非容易。當日凡見王乘馬車出宮之人。請悉傳來詢之。奧利威頗覺有躊躇之意。徐徐言曰。彼等以王爲回宮矣。今查究之。不反令彼等生疑心乎。余曰。太后既以全權相委。望師傳許我之請。勿阻撓也。守衛之人。果在何處。願明以示我，奧利威且謝且行。導余外出。予於途中，見行人甚少，以質奧利威。奧利威答曰。此時每日固少人行。皆如是矣。余聞此言。忽有所感觸。乃再問王當日以何時出宮。奧利威答曰。正是此時。予問此何故。得毋與此事有關乎。余曰。然則王出宮時。見之者蓋寡矣。言次已行至門外。見有閽人數輩。迎立於前。奧利威一一代爲介紹。且語之曰。此大博士乃爲究王病源而來者。當日王出宮閱操時。汝輩中誰實親見之邪。有三人應聲而出。余欲令彼輩不遑作僞。卒然問曰。王當日出宮果作何狀乎。彼輩面面相覷。內有一人曰。王之御容雖未得覩。但似略受感冒。以帛覆首。故見不淸楚也。余曰、汝等所見止此。其外別無所見邪。余發此問畢。有一人將有所言。又不欲言。余微睨之。彼遽言曰。我今因大博士言。逈思當日覺王步行且不穩。絕無平日昂昂氣象。惟此略爲可異耳。余得此消息。大喜。便與奧利威復反宮中。

（未完）

叢錄門

詩界潮音集

東京雜感　　悔餘生

水繞城牆柳拂堤。殊方風景最淸淒。飛車過處塵常合。晝角吹時日易低。碧海無塵憐兒冷。女牀有樹待鸞栖。明燈多事撩歸夢。渤澥潮回路恐迷。

文物東方想見之。海雲生處費凝思。儘應月旦歸吾輩。可有風流是我師。大藥果堪能駐景。微波未解爲通詞。祇應飄泊憐鸞鳳。午夜栖栖尙繞枝。

薄遊書劍太匆匆。鉛槧新操媿未工。頗憶古人嗤刻鵠。待求絕技試屠龍。陰符應仗飛鉗學。非種深資易耨功。何日三山歸鳥使。海枯石爛儻相逢。

惱聞故國有啼鵑。塵土東華夢尙牽。紅淚洗愁應萬斛。黑灰揚刼又千年。怕搴珠箔看榆影。易見金風送柳綿。底事能平精衛恨。海波春漲濶無邊。

低簷照眼有榴花，根觸風光又憶家。歸負離支三百顆。來搜竹簡五千車。儘多舊譜翻眉樣。容易流年換鬢華。誰向燈前愁擁髻。香閨春夢隔窗紗。

仙山縹緲有飛樓。獨立蒼茫起百憂。北望神州空極目。東來海水不澆愁。雲霞爛熳扶朔日。風雨淒涼變暮秋。杳杳碧波天際遠。誤人幾度數歸舟。

三千弱水路漫漫。任已無心去亦難。幾輩短衣矜楚製。有人囚服尙南冠。據梧隱几當朝倦。秉燭攤書向夜闌。報道忍飢臣朔慣。錦書休事勸加餐。

懷土心期去國情。滌愁無那碧芳傾。年華錦瑟拋將盡。世界黃金鑄未成。天漢槎來浮博望。上林雁杳悵蘇卿。素衣已任緇塵涴。更擬歸途賦北征。

不成薄醉不成吟。憔悴秋梧半死心。夢裏光陰雙白璧。愁邊情欵一靑琹。漫勞下士憂天圯。會見中原起陸沈。尺紙桃花勸歸去。問余何事負香衾。

茫茫大陸一靑年。披髮狂吟若木邊。人慨滄桑多變幻。佛言世界未周全。幾時海水還成陸。底處星球別有天。風馬雲龍看飄忽。爲余前路着先鞭。

喜高山孝至都遙和蜺菴　　櫻田孝東

荏苒七年嗟此別傷心故國幾滄桑諦觀華色垂垂減各剖離懷絮絮長遼海獨歸人似夢津橋相對月如霜揭來吾黨京華聚風景依稀舊草堂

幾年東海扶搖去天馬行空不可羈斯土縱安仍念蜀素衣不染漫成緇須知成者如麟角莫遣旁人笑虎皮見說山公招束帛絳帷珍重要論思

風雲去去惜前塵清淺蓬萊劫後身化碧久荒柴市月看花無奈薊門春中流汎汎悲王子百草茫茫念遠人風絮滿城飄不定且歌連臂蹋重茵

金門四啓錯離題擾擾黃塵日易西華頂歸雲仍似昨漢皋解佩忍重提三山風急潮俱湧五里天沈霧正迷且結鄉邦尋白社女牀深穩有鸞棲

瀾溪雜感

晉昌十四郎

癸卯元月求事大通留連旬日未克如願將仍鼓軫迫鄂客館蕭條甚覺無俚偶成雜感八章即以留別故鄉諸友

鳥集東郊鎮日喧蒼茫獨立望平原晴光欲閃雲邊樹淑氣徐來雨後郁知己天涯青有眼故人湘水碧無痕消愁祇合盃中物憾不長江一口吞

隔簾人語盡鄉音。人揖頓教客感深。仗劍十年仍故我。封侯一念負香衾。新添蓬絮還盈鬢。舊種桃花應滿林。櫳鎖非關名利事。纍纍喪狗亦何心。

雙流夾渚涙千層。花眼連洲掛碎綾。何處笙謌彈鐵板。隔江鼓角震銅陵。魚書晨到雲山遠。羽檄宵馳燧火驚。已弛金吾三夜禁。又肩巡柝打寒冰。

烽火當年起桂平。南摩銅柱又談兵。跳梁盤踞入藤峽。持節徬徨細柳營。隣國聯章希拜賜。天涯一紙欵深情。建瓶北下憐桑梓。鶴唳風聲到處驚。

無力追回密約刪。天皇北顧禦強蠻。開邊欲斷匈奴臂。欵塞應羞婁敬顏。天使看羊歸漢土。胡兒牧馬避陰山。縱橫對酒譚方畧。有客來從嘉峪關。

大嚼屠門各有涎。強隣振策雪山巔。牢籠設計譚妖夢。碑石何因競界邊。負鉢東來無衲子。鑿空西去誤張騫。望洋惆悵波斯海。萬里雲天一紙箋。

紅曦出海閃東隅。春色微茫辨有無。子弟八千新整隊。童男五百爲誰驅。鳳麟欲攝天驕魄。麒驥長縈老馬途。沿海風潮時起伏。有人天外大聲呼。

世事如棋鬥不休。斧柯已爛局難收。委蛇元老祟專制。去國青年唱自由。山色橫天連楚岫。江聲入海半湘流。中興而後英雄謝。應有昌衡未闡幽。

事件

墨西哥殖民事宜調查報告書

海外調查會員均歷

一墨國百十餘萬方里。人民十三兆，內烟剪野人五兆，西班牙遺種各國僑民三兆餘。土種五兆耳。土人程度極低。貧苦無狀。無衛生之法過于中國，故多生而不能長育。且瀕海之區。疫癘時見此人種之所以不能發達也，

一西班牙遺種驕怠疲緩。眞若中國之舊家子弟。然國中市村之小商店。皆在其手。近亦多自西班牙來者。其智者或遊學而還。皆願得胥吏教習各文業。必不從事于農業。其富擁田地之豪家，其待鄉民之法。與之以田而牛分其所穫。無租批之法。故貧者或有稱貸。則須終身爲農奴。不能清還。不得則往。此農業之所以不能發達也。

一廿年以前國內常多戰爭。人民農業之不能發達。亦一原因也。近十八年來。現在之總統操柄十餘年。（以獨斷之法。行民主之制度。在位五任。未常易人）興利除弊。治匪極嚴。且車路布設。戰亂不作。歐美資本家爲之築路開礦。窮民有業。更不事農。如此雖以三十萬華人來實此土。亦不患人滿，

一美國資本之在墨國者。聞有五百兆元美金。其次爲德爲英爲法。而其君臣甚精明。治外之權極固。則墨國殖民遠勝南美也。南美多亂，朝富而夕敗矣，墨必無此。

一外人資本如此其厚。人數亦多。惟農業不興。食品

甚昂。(皆來自美)故殖吾民之法。莫如農矣。與白人無爭。於墨國有益。莫妙于此。

一荒田無極。萬物皆生。其肥美。荒土而不甚當要路者。每一的架(丁方英畝)價僅四五毫耳。土人工價每日五毫(自食)最愛開荒伐木。有資本可用之爲牛馬。

一土人甚愛華人。稱爲拜散。(譯言鄉親)而最惡西班牙人。且華人來者尚少。醜態未露。及今圖維。利權可操。

一墨政府能許華人入籍。且予以選舉之權。然以華人比之墨人。以現在程度計。已居土人之上。稍能施以教育。必能居其中人以上之位而無疑。

一中華輪船已到第二水。頭水四五百人。二水八百人。然公司辦事人太過草草。殊不週到。且無碼頭。恐不能久。況來期之遲緩。從加拿大轉紐約而來。尙且快之。到步檢疫各種事。船主絕不料理。第一期船人。致上岸之後。每經一省界。尙逗留三四日云。

一輪船如能支持。來者日衆。墨國工業。如廚如洗衣。皆仰于居留白人之身。他日人多。若無田地以安置之。則古巴醜狀見矣。以現時景況觀之。若來萬人。尙可以容。若過萬以外。則必有行乞偷竊者矣此最可爲憂慮者也。

一外人來墨業農。祇小資本家耳。大抵皆徒家攜侶而來。無大資本家開荒。則華人將焉用之。近日南方之人。已有街上赤足賣冰水者數百人云。眞可爲傷心也。

一若爲殖民計。今日莫要于先具資本十萬元。(或五萬亦可)或買地。或批地開荒。一以聚人。一以開風氣。新到者有所依賴。舊客則有所覬覦。可以免其長安洗衣之賤業。乃足以壯吾華之聲勢。

一墨國荒地。可以在政府承墾。例免賦十年。凡工人一切器具衣食。俱免進口之稅。惟須先交稅銀。政府既查確。則將所貯銀交回。日本人曾號地六百萬的架。現墾耕者四百人。他日可來二千餘人云。又請求墨政府給與自開輪船之照。任其向洋邊五十五咪之內。自擇良港爲碼頭。他如美國摩文敎會自立三埠。五千餘人。規模極大。近日非洲杜國將軍某亦來買田三百萬的架云。又有德人在福州招華人二萬五千名到墨南麻園當工。到者五百餘人。此亦一大問題也。

一墨國地產。若以華人之力與之。自開輪運回中國者。亦補救甚大。不暇枚舉。

一墨國大家。最重中國絲物。(稅極貴)其土徧地生桑。且極茂。若解養蠶。必得大利。聞法人有來試辦云。

一墨國商務。能以五六萬元資本。可獲大利。食品雜貨倉爲最好辦之事。如能辦中國絲磁二者。其消流不知如何矣。雖然今日在墨。仍非言商時代也。吾華人才未足故也。則莫如農矣。

一墨國者第二之美國也。美國中人之家。在本國無所用其資本。故來墨者相望于路。然今猶是礦路時代。若遲十年。則又農業時代矣。吾人將何以自處耶。

一白人旅居此土者。與我同受治于墨國法律之下。絕無强暴之事。

叢錄門

四

二
五
八
四

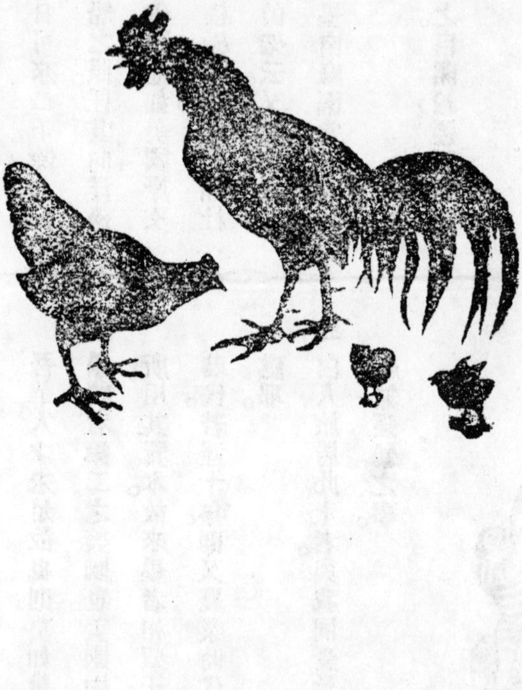

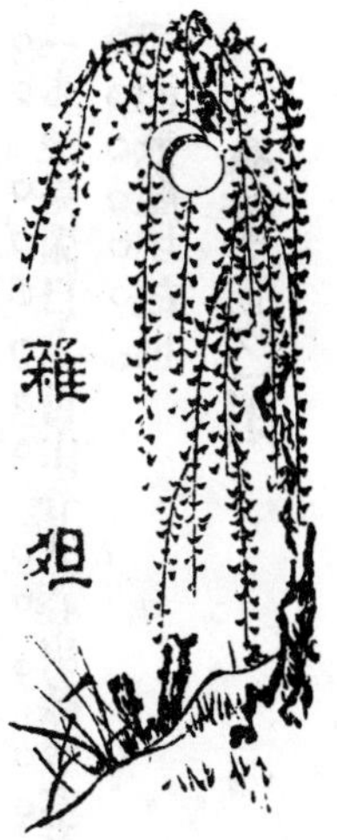

華年閣雜錄

▲爆島後始生之植物

南洋之庫拉卡駝島及其附近諸島爲世界有名火山之所在。島距爪哇及蘇門答臘二十里。距今二十年前。該島曾大噴火一次。全地球之日光因而變色。經此大噴火後該島之植物。全歸銷滅。植物學者攷察該島爆裂後所生之植物。首爲藻之一種。次爲蕨之一種。於千八百八十六年。即爆島後之第四年。凡生十二種蕨類。翌年不再添蕨之新種類。而生草花凡五十種。以屬蘭之一種爲最多云。

▲埃及風俗

埃及市中。所築之屋。皆疊石爲之。有三層者。有四層者。其寺樓中。多以石造高塔。城牆之高數丈。濶數十間。(日本以直距滿六尺爲一間)柱壁皆用大理石。彫刻工細。其他鐘樓鼓樓諸堂。稱是。爲三十年前土耳其之所建云。從城上西望約四里許。有三巨屋形。中空而深數丈。不知爲何王之宮殿。與爲何代之墳墓也。其古則爲二千年以上之遺物云。其地少雨故乏水。穿深井以牛馬迴車而汲水。若從遠處運水者。縫閉羊之肛門。以水注入其口中。縛其口。肩擔而歸。以爲飲料。故甚不潔。又加義雜地方者。其賤民半皆穴居。非穴居者。亦四圍築泥以爲室。如燕窠然。積草其上。以防雨露。　按中國北方之民居。亦有用泥而其上積草者。

▲氣候與人生之關係

氣候之良惡。關係生體之健康與否。久爲世人所認。

近日加以研究。更知其關係有甚大者。常有危篤之病。以氣候佳良。得時時保存其生命。五十歲以上之人。不拘男女。若能一年通常受充量之日光。呼吸新鮮之空氣。雖至非常之老年。能不失其元氣與活力。原夫人之所以有健康之樂者。一種元氣與活力完全狀態之意味也。成就偉大事業之人。多能了解此意味。海水浴及向空氣清佳之處旅行。皆甚有益於牛體云。

日本福澤諭吉云。都會之人。住奇麗之家。纏綾羅。飫膏粱。而每罹病氣。且多短命者。以居紅塵萬丈之中。吸腐敗不潔之空氣故也。反之而田舍間人。衣食住皆粗惡。然而病氣少。且多長壽者。彼出家一步。便見滿目之青山。令人心爽。呼吸空氣皆清淨而無塵埃故也。

▲黃金之雨

美國巨富羅庫勿雷之夫婦。至墨西哥旅行。於途中各停車場。見幾多之乞兒。施與不少。抵墨西哥市。見實際貧民之狀態。心大惻惻。決計為破格之救助。於該地銀行。盡集其所有之金貨。造五弗十弗夥多之包。載之馬車中。堆積如山。至諸所有乞兒處。則投與之。又令人持金貨散布於土民之村落間。自有墨西哥以來。蓋未聞有此事者。人人對羅庫勿雷之夫婦。敬之若神。其所至之處。謂為降黃金之雨云。

▲肺病新療法

德國一醫士。新發明療肺病法。頗關重要。現時於某大醫所教授監督之諸所病院。試驗此法。於六個月間。奏效頗多。其法以一種西加利樹之油。與硫黃木炭混合。此混合物。置於一特別製造酒精燈之上。使之蒸發。患者吸入此蒸氣。（西法有用吸入器治病者。變藥品為蒸氣。使患者用吸入器得吸入之）能殺滅肺患之黴菌物云。

▲蟹與地震

千八百五十七年八月。智利大地震。當地震前數日。雷伊答海岸見無數之蟹攀援爭上。若逃非常可恐之災害者。至地震之後。見一灣之海岸內滿堆蟹之屍骸。有三呎乃至四呎之厚。蟹之爭上海岸者。知其於地震之事有相關云。

▲懸賞二萬金之製麵包

法國陸軍省募有能製造后項之麵包者。予以二萬法郎之賞。其製造法如下。 一製造迅速。 一可爲單簡之裝置。 一兵士納背囊於製造後一月。可供食用。 一價格低廉。 右麵包者備戰時兵士之用。

▲空中飛行船與自動車之賽走

擬戰時輸送通信之空中飛行船。有自動車五輛。擬捕獲之。近頃於英國比賽空中飛行船以非常之速力。達至某處落下。捕獲之自動車。當追至某處時。空中飛行船遁入雲中。自動車不能見其方向之所在。遂至空中飛行船落下時。不能捕獲。此次比賽空中飛行船得勝利云。

▲西伯利亞鐵道

西伯利亞鐵道。據俄國遞信省之報告。共長七千七百八十三俄里。各線路之區別如下。 西伯利線三一四〇俄里。 後貝加爾線一四一八俄里。 烏蘇里線八一二俄里 東清鐵道線二四一三俄里。計七七八三俄里。其間自聖彼得堡至浦鹽間。七千二百十七俄里。自聖彼得堡至旅順間。七千五百三十五俄里。前記之總線路敷設費。迄至今日。共支出七億八千萬留云。

▲列國國君之年齡

現今列國之君。以丁抹國皇帝古利士幾盎年齡爲最長生於一八一八年四月八日。今年已達八十五歲。其在位年數至今年十一月。已滿四十年。而年齒之最少者。爲去年漸達成年行親政式之西班牙皇帝。實生於一八八六年五月十七日云。

▲自動車速力之增加

自動車之發明。在千八百九十五年。當時在巴黎試運轉時。不過四馬力。一時間十五哩之速力。世人尙驚嘆其快速。爾來未滿十年。其速力增至四倍。馬力至七十云。

▲廢鑵利用法

紐約近有一公司。以廢鑵製種種用物。如昇降窗之錘。行李之緣金。昇降機之錘。船之錘等。其製法。以廢鑵置鐵板上。注以粗品之石油。燒去鑵貼紙及其他不潔之物。次入鎔爐。使之鎔解。鎔解後分別其質。造純潔之鑛塊。再入模型。鑄造種種之物云。

▲軌條上之走船

丁抹首府附近地方。有兩湖。中間隔一狹綫之陸地。船從此湖通至彼湖。造有軌條。於船之兩側。附以車輪。用昇降機。一方昇則一方使落下。遂得由此湖渡過彼湖云。 按此可知中國之慣用人力挽索曳船法之拙。

▲歐洲各國之國債

據維也納統計學校之調查。歐洲各國之國債。共千九十四億法郞。其中法國二百六十一億。俄國百六十二億。英國百六十億。德國百五十七億。奧大利百三十九億。意大利百二十九億。嗹馬二十七億。比利時二十三億。荷蘭二十二億。羅馬尼亞十二億。挪威二億云。

▲各國之貿易額

全世界之貿易額。英國占百分之二十分。乃至百分之二十五分。各國均不能及其半。近時德國之貿易額。有百分之十。美國九分有奇。法國九分。而合殖民地之貿易額。英國占世界三分之一云。又世界之諸製造品貿易年額。凡八十億弗。內由英德法美奧大利比利時瑞士之七國所製成而輸出者。占其大部分。英國則占全輸出額四分之一云。

▲西藏之首府

西藏之首府拉薩者，喇嘛之宮殿。高三百呎。中央高樓九層。各窗間插各種色旗。及布片。臨風颺揚。金色之圓頂。及屋蓋。受日光。呈煌煌之色。首府之中央有大寺院。寺院中有政廳，寺院外為四通之大道。築室屋皆用乾日光之煉瓦。豪富之家。有以石造者。壁皆塗白。戶窗則赤色。掩映間頗為美觀。窗多用紙，用玻璃者甚少。市民之家二層或三層至四層。承塵間。多張絹。室內坐蒲團之上。終日飲茶。羊牛肉殆為常食。最普通之食物則為大麥粥云。

▲馬與虎之爭鬬

馬與虎之爭鬬，馬常獲勝利。最狡獪而勇悍者。牡馬也。當虎之搏躍時。全不為意。及其頭抵地。則突然飛進。以足踢之。往往被猛踢而虎有即死者云。

▲水族館之巨鰐

日本淺草公園之水族館內，新到一巨鰐。身長一丈二尺，該館長曾囑託爪哇島長。懸巨賞。募里人生擒所得。連運脚費共須壹千五百金。鰐類本有三種。一名額比亞盧。一名苦羅可大盧。一名埃利額度亞。今次所到者。屬額比亞盧之一種，鰐魚之年久而巨大者。非洲及印度土人。往往奉以為神。有建廟宇。供其赤子以為犧牲者。其迷信之可笑類如此。大者蓋甚不易捕獲云。(額比亞盧一種，嘴尖長式。似龍。古人所稱為龍者。與此種類相近云。)

▲美國大統領女兒之俠氣

歐洲人自謂世界之貴種。不與中國人同居。不與印度人黑人交語。美國近時。憎厭黑奴尤甚。大統領羅斯福者。夙破此陋習。以會見黑奴屢釀物議。大統領之女。尤執行此義。毫不畏世之論評。近日於華盛頓舉行慈善出品會時。手攜一黑奴之小女。濶步場內。於明年選舉大統領之有阻礙。一不顧忌。此等俠氣。洵足以矯時弊云。

▲德國人之酒量

德國一年間。爲酒消費之金額。値十五億圓。國民平均一人酒價之消費。約在廿六圓半以上。釀造啤酒一年七千萬之蓋麗度。以五千六百餘萬之人口割算。一人之飲量。六斗六升餘。又在十數年前。上流社會食事用水者。今則自小兒至下婢。皆用啤酒爲飲料。爲酒犯罪者。每年不下十八萬人。

▲美國人之麪麭

紐約之麪麭大製造所。每日製造麪麭。大形一萬個。中形二萬個。小形七千個。禮拜六之日。大形二萬五千個。中形五萬個。小形三萬個。其用原料品。牛乳千三百料度。麥粉二萬九千四百封度。糖及食鹽數千封度。其製造之竈。得容二百八十個麪包。半時間可燒出。十時間能製成二千八百個麪包。皆用機器。爲之需用人力之處。蓋甚少云。

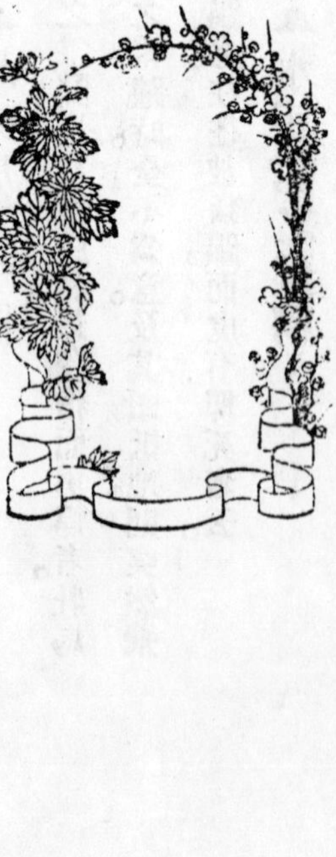

紀事

（內國之部）

◎張督言論　聞張之洞近與政務處諸公會議科舉一事。其確實情形。因之洞召見時。皇太后問其前次奏請裁停科舉一節。究應如何辦理。之洞面奏云。現在改試策論。雖較八股爲有用。然亦究屬空言。譬如臣係以八股得功名者。今日若進場考試。亦非不可以作策論。若問臣以聲光電化諸學。則臣一無所知、可見取士非由學堂不可。但科舉不停、則學堂仍不能大興云云、皇太后云。若廢科舉。又恐失士子之心。如之何。之洞又奏云。科舉之廢。所不便者但三四十歲之老生員耳、其年力富强者。皆可以入學堂也。且學堂大開。此三四十歲之老生員。多可爲小學堂之教習。又爲之寬籌出路。并非科舉一停。無事可作。況臣之請停科舉。亦非當下即行能廢。其所以必待三科減盡者。亦正爲此。蓋此三科中若再不能中式。已皆五六十歲。亦必不願再入場矣。故失士心一層。亦萬不足慮。皇太后聞此說。遂面諭之洞即與政務處妥議具奏。此之洞面奉諭旨會議科舉之事之實在情形也。又聞張之洞某日與管學大臣張百熙晤談。辯論學務至三小時之久。旁觀者惟見之洞縱談利弊。井井有條。張百熙唯唯而已。最後談及科舉爲學堂之阻力。張百熙深以科舉之不廢學堂不能大興爲憂。擬與之洞合力再一請命云。

當張之洞覲見兩宮時。嘗面奏處置滿洲問題之策。略謂俄國撤退東三省之兵。載在去年所訂交還滿洲條約。理應照約撤退。無可猶豫。乃今也逾期多日。

游移觀望。且又無理取鬧。脅迫要求。無所不至。傷我國威。蔑此爲甚。臣等不勝憤懣。竊維東三省爲我朝發祥之地。且關係日英重要商業市場。故宜協商日英。共籌對待俄國之策。且宜妥籌善法。斷然行之。務使該問題有所着落云。

◎請爭利權　北洋大臣袁世凱日前咨請外務部照會德使轉飭膠濟鐵路公司禁止代遞商家電報。以保利權而符定章。茲將咨文錄下。爲咨呈事。據駐滬電政局委員楊道士琦等稟稱。德國租界青島創造膠濟鐵路。在各車站附設電綫。傳遞車站信息。上年四月火車接通濰縣。電綫亦因之接展。初尚守約辦事。嗣經職道等留心考察。並由青島局委員就近查報。德公司於附路電綫。除傳遞火車信息外。確有擅擬章程。攬收華洋商報情事。所定價目。不論隔府同府。每字概收五分。舍貴趨賤。人情之常。沿路中國電局。其利必盡爲所奪。自滬烟沽水綫由東北公司代辦之後。電局成本愈重。出欵愈大。現在鐵路方興。此端一開。凡建造鐵路之處。必致羣起效尤。後患將無底止。請察核等情。到本大臣。據此查中國歷年與大東大北公司訂立合同。於內地官商各報。從不准外人干預。各國電政。亦皆如此辦理。又查關內外鐵路所設電線。禁收商報。其電局尚未設線之處。鐵路代收商報之費。亦悉數還與電局。以淸界限。凡本國鐵路公司所設電線。祗准遞鐵路公事。不准擅遞官商電報各等。因今德國膠濟鐵路附近電線。攬收商報。既於中國電局與大東大北公司歷次嚴定接線章程。劃淸界限之意有悖。亦與中外各國鐵路電線公例不合。除咨請山東撫部院查照禁止外。相應咨呈貴部。謹請查核。照會德國公使。轉飭該處鐵路公司照章禁收商報。以保利權而維電政。須至咨呈者。

◎法使要求　法國前年嘗向中國索得由雲南至蒙自鐵路利權。條約雖經訂定。而詳細章程尚未妥。商頃聞駐京法使已函致外務部。謂前年所定之約。其詳細章程。請將詳細開明。以便照辦云云。蓋法人欲藉滇匪擾亂之際。而欲有所圖也。

◎津鎮鐵路　津鎮鐵路。計分兩起。歸英德兩國分辦。德認其北。英認其南。已簽訂合同。各無異議。

◎追紀東三省事　東報載奉天友人專函云。前年中國拳匪肇亂。啓釁友邦。虎狠之俄。乃利用此時勢而行其侵畧之實。俄兵之調來也。有如巨堤崩潰。洪波下流之勢。未幾而俄兵徧駐東三省全境矣。僅計其至奉天之兵。已逾一萬餘名。奉天城內以及宮城均爲所佔。迨至今年西四月八日。爲俄人應照條約退兵之期。始調駐兵强半之數前往奉天以東之撫順地方。開採煤礦。步兵騎兵僅剩六百餘名。亦均移駐城外及車站左近。斯時內城亦既交還奉天將軍。俄國聲言撤兵之事已畢。然由占領以迄今日。其間顚末繁多。俄人愚弄輕侮之舉。更僕難數。請就所知而略陳之。查奉天內城之宮殿所藏清朝祖宗遺物甚夥。向禁外人之入。當俄兵初至奉天。將軍拒其占領。不聽。無已將貴重之品封藏一處。任其侵入。後俄兵旣至禁地。遂毀其封。就品物中擇其中意者悉數掠去。頃者交還宮城。俄人謂增將軍曰。宮城此時交還矣。其中品物之數。俄軍所未悉。請自檢查可也。夫封印旣毀。則品物之差。不問可知。該禁地唯有俄兵侵入。則所差之物。爲俄人掠去。又不問可知。欲與爭論。情理昭然。乃增將軍庸懦性成。久爲俄人壓伏。竟不敢置一詞。含糊將宮城接收。唯暗地吞聲飲泣而已。夫如彼舉動。俄人爲之。原不足奇。然就中國觀之。

屈辱已甚。殊可憫也。又奉天城外之俄官衙署。設有軍務交涉局。即所謂康米薩者。及領事館聯隊司令部野戰郵便局等。康米薩之長官。爲蒯靳士大佐。兼任聯隊司令官。領事係米林斯侯爵。則兼司衛生警察事務。顧奉天俄領事館之設。不獨未咨照各國。且未聲言於中國政府。未經覆答而已忽焉設置。其橫暴可謂達於極點。又蒯靳士大佐之權力。幾與駐京俄使及俄國旅順關東總督相頡頏。抑城外現尚駐兵數百名。而彼已聲言撤兵完畢。奉天將軍嘗向詢此留駐之兵何時撤退。該大佐答曰。必俟駐奉天全省之兵悉行撤退之後。方可由城內撤退云。又康米薩署內駐有服常服而携軍械者多人。聞皆係由西伯利亞地方調來之期滿罪人。及亡命之徒。又俄人嘗在此地召募馬賊。其募法先說馬賊統領。彼若應允。則由統領率部下前來。由俄武官考驗操槍乘馬等術。合格者任爲將校。不合格者收沒其所携軍械。驅之使去。又此間車站左近所建兵舍大小數十間。皆煉瓦或石所造。堅鞏異常。自來水管頃已運到。其建築之地以車站爲中心點。面積殆與奉天之區城城相埒云。

（外國之部）

半月大事記 西歷五月下半月

▲十五日路透電。英國下議院議員辨論海軍經營之事時。查理斯氏建議云。英法交情日形親密。此後英法俄三國將有合約裁減海軍之舉。海軍大臣亞斯氏則云。海軍之事。須以現今之勢爲斷。不能以將來之事爲衡。現今各國汲汲增加軍費。此即裁減之議所由起。究竟海軍但求可以預防意

外之戰事而已。

同日電。英國有議員多人擬勸戶部大臣將茶稅中之項欵減輕而廢止麥稅之例。則作爲罷論云。

▲十六日路透電。英國首相巴科氏聲言減輕茶稅之舉。不能允准。

同日電。澳洲麻爾傍省罷工之事。刻已平靜。

同日電。巴爾幹政府近行文于其國各地之代表人。令向列國政府申言土耳其在梅司多尼亞之舉動。大有阻碍于巴政府平定該地人民政策云。

同日電。仇視生密忒人之意見。近復大發于俄羅斯所屬驅逐之事。已見于額夫城。在彼之猶太人三萬七千名皆被驅出城外。人情甚爲洶洶云。

同日電。英國殖民大臣張伯倫在卑明咸地方宣言云。自由貿易之策。有碍于英國之扶持其各殖民地。并有碍于英國之報復列國之侵害其得力之殖民地者。此後吾英于各種關係民生之事。自不必拘限于自由貿易主義。各國如侵害英國及其屬地聯合之情。則吾英不可無以報之也。

同日倫敦電。巴爾幹內閣現已辭職。

▲十八日路透電。土耳其兵隊前進至亞邦尼亞砲台時。被敵人迎擊。兩軍死傷甚衆。該處居民多降服土軍者。尚有多數亞邦尼亞人堅守山險。未能即下云。

同日電。英倫泰晤士報及晨報某日報等。均贊成張伯倫在卑明咸地方宣言之國家理財政策。惟某某兩日報反對甚力。斯丹達報則莫贊一辭。德文報頗形危慮。加拿大報則贊美此議云。

同日倫敦電。此間因論及麥稅一事。英京晨報謂政府失其好友之歡心。而意見不定。更貽笑柄。斯丹達報則謂政府此舉所以饜其仇敵之望甚少。

而失朋友之情實甚云。

同日電。巴爾幹國王已有組織新內閣之命。

十九日路透電。英國兵部大臣在下議院宣言云。英政府因轉運艱難之故。已命龐寧將軍屯兵于薄富特地方。如此易與阿卑心捻由南進步之兵聯合政府之政策。決不收回、亦不至更動云。

同日電。巴爾幹內閣大臣辭職之事。于該國無大影響。惟前此搖動無定之情形。爲之加增耳。

同日倫敦電、英將軍龐寧得阿卑心捻之兵進與聯合。聲言倘無缺粮之虞。該軍仍能在加拉特地方暫駐許久。

同日柏林電。英國殖民大臣張伯倫在卑明咸地方所宣之言。雖德國各報頗爲恐懼。然英德兩國當不因此有稅則之爭戰。

同日電、土耳其政府因俄國領事在密吐赤地方被人殺害之事。已遣員往俄京聖彼得堡謝罪。

▲二十日路透電。俄屬有華省巡撫被人刺殺、此亦俄國民情不靖之一徵。俄韻清尼巡撫亦經俄皇諭令罷職、以其不能調和人民。致猶太人之被殺者百名之多也。

同日倫敦電。阿卑心捻之兵。被一千一百名之摩洛哥人襲擊、旋經阿軍擊退。計敵兵死者三百名。阿兵傷亡僅三十名云。

▲二十一日路透電。巴爾幹之新內閣。與土國較形親密。亦不似前內閣之專媚俄人云。

同日電。美國攷察貿易專員。刻已啓行前赴歐洲各國都城。意在合金本位銀本位諸國定一金銀劃一之價。不使有漲落之虞。

同日電。法國議院頗贊成法政府干涉教會一切政策。

同日柏林電。意皇擇于七月內會晤英皇。又英皇數禮拜內將有柏林及聖彼得堡之行。

同日電。德政府反抗加拿大之政策。已通知德意志各聯邦。俾各邦代表人聚議之時。可不以投票決其可否。德國某報勸政府與英政府開衅。惟政府決不輕易生事。

▲二十二日路透電。英國兵部大臣宣言英國現有兵三萬三千五百名前在南美洲地方。計人數過多四千名。刻已陸續調回矣。

同日電。英國殖民大臣張伯倫在下議院演說。杜國薄待亞洲人之律例。須更試行。固欲順該國民情。不得不爾。至有學問之亞洲人。須定以優待之律。其商民亦當切實保護云。

▲二十四日路透電。土耳其政府派往亞邦尼亞勸諭亂黨之專使。行抵該處。竟爲亂黨圍困。土國兵官前往伊比地方救援。該黨復將專使移匿智克尼地方某寺院中。亂黨聲言土兵設若追來。即將該寺焚毀。該寺係與俄人合建。故俄政府已照會土廷。善爲保護云。

同日電。英國北屬刻下瘟疫盛行。聞此疫係由前年南非洲英兵患疫所盖毡氈傳染而來。刻英官已嚴搜此毯焚化。以除疫氣。

同日電。英國前在南非洲所招土兵。近有謀叛之迹。故將馬隊解散。

▲二十六日路透電。英兵部大臣因南非洲毡氈能傳染瘟疫。特在議院宣諭。凡由南非洲販來毡氈概行禁止售賣。嚴查焚燬。

同日電。亞邦尼亞亂黨。昨將土廷所遣勸諭專使圍困。茲已釋放。

同日電。張伯倫在議院宣言。英政府並無允准政

叢錄門

府管轄之亞洲人入口充當礦工。

▲二十七日路透電。意大利王現由本國啓程前往倫敦。謁見英皇。計七月八號可到倫敦。

同日電。近有華人在早形尼士堡集議。勸戒中國人勿阻華人前往南非洲並擬將所議之事。傳播中國內地。

▲二十八日路透電。張伯倫刻尚未將香港衞生法案批准。蓋尚須細加察核也。

▲三十三日路透電。坡口庶來電云。加力基亞地方經已失守。是役士兵甚爲奮勇。有英國某員弁亦受重傷。

同日電。英國首相巴科。殖民大臣張伯倫二氏。演說反對自由貿易之事。德國報館甚信巴科氏不願照行。惟張伯倫氏及英政府以限制自由貿易。極有益於英國云。美國人亦甚留意張伯倫氏之反對自由貿易主義。

同日柏林電。德皇已將貴重寶星一座。贈與日本皇后陛下。另將紅十字寶星一座。贈與小松宮親王妃殿下。此可見日德近來之親交也。

每月二回發行　第參拾肆號　十四二十九日

新民叢報第三拾肆號目錄

◉圖畫
●北京皇宮全景（一、二）
●杭州西湖全景

▲論著門

◉論說……一
●中國社會之原　別士
◉學說……九
●華賴斯天文學新論（續卅三號）　觀雲
○銀河○我等之星羣○地球與生物、星界之中心○星雲說○細塵與氣象之關係
◉歷史……二三
●歐美各國立憲史論（續卅二號）　佩弦生
○第一編第二章之續○第九節權利請願
●世界最古之法典（續卅三號）　觀雲
◉傳記……四一
●鐵血宰相俾斯麥傳　蛻菴
○敘論○第一節俾斯麥前普國之形勢及其前輩之三傑○第二節俾斯麥之家世及其少年時代

▲批評門

◉政界時評……五一
●賭亦果當禁否●春季關稅統計表●粵督初政●洋款果不能不借乎●滿洲問題之近情●俄美兩國東洋艦隊之現勢力●俄得稅權●南非之限制東洋人種●日本航路之擴張●巴爾幹之紛擾
◉教育時評……六一
●北京大學堂之國學問題
◉人物時評……六三
●俄國大藏大臣域提
◉雜評……六七
○八實誑汝●可憐人
◉評論之評論……六九
●白澳洲之反對論●美洲印度人種之消失●新式之萬國通用語

▲叢錄門

◉談叢……七五
●華年閣物語　觀雲
●說夢●說鹽

目錄

●譯叢……八五

法國之經營南清（續卅三號） 東邦協會報

●小說……九三

竊皇案（續卅三號） 法人某著 中國某譯

●文苑……九九

詩界潮音集

●不忍池晚游詩（人境廬主人）●旅居雜詠（觀雲）●默坐有得成詩七章度己度人以當說法（劍公）●讀不可思議解脫經口占五偈（同）●感春（慈石）

●雜俎……一〇五

史界兎塵錄

●死無怍容●生與死●贈棺●打帝王頭●一彈五仙●兵士計畧●賜時辰鐘●暗殺書滿盤●加富爾萬歲●史家長嘆●詩稿與下婢●懷草稿而寢●梭格刺底之宴客紅鼻王●一外套一佩刀●帝賜乞丐●睡八時者爲痴愚●置夫於心中●不念舊惡●感化盜賊●視死如生●死屍能退敵●老兵隊●僞俘虜●善譽●君求臣門●重律殺子●百王中之王

●紀事……一一三

本國之部●外國之部

●售報價目表

全年廿四冊	半年十二冊	每冊
六元	三元三角	三角

日本各地全年五元半年二元六角每冊二角五分日本及日郵已通之地每冊加郵費一分全年二角四分其餘各外埠每冊加郵費六分全年一元四角四分

編輯兼發行者 馮紫珊

印刷者 陳侶笙

發行所 橫濱山下町百六十番 新民叢報社

上海發行所 四馬路老巡捕房對面 新民叢報支店

印刷所 橫濱山下町百六十番 新民叢報活版部

北京皇宮全景（其一）

北京皇宫全景（其二）

接上之左端

論著門

新小說第四號目錄

圖畫◎法國著名女優巴德●埃嚏士●奧國維也納之景●瑞士諸歷辭之景

▲歷史小說

東歐女豪傑◎第四回赫子連斜衆謀劫獄蘇魯業俠義報危機

▲政治小說

回天綺談◎第一回老母慈悲愛憐幼子新君橫暴强奪艷妻●第二回不幸國民呻吟虐政無辜義士禁錮重牢●第三回途中偶美俊擊行兇店主失言貞婦遭劫●第四回征外定內奸相奇謀伏闕陳書忠臣辭職●第五回法王行特權選舉僧正法國用巧計大困英王●第六回奸黨奇謀暗殺志士英雄無計逃遁他鄉

▲科學小說

海底旅行◎第十四回巨蟹橫行電銃命中老魚吹浪假伏逃生●第十一回話舊事遊沉船消息謀脫艦備出獵行裝

▲冒險小說

二勇少年◎第七回義心冒死●第八回殘忍軍策◎第九回被敵虜

▲偵探小說

離魂病（續）

▲游戲文章

祭落卷文◎守舊鬼傳

▲廣東戲本

黃蕭養回頭

▲雜記

奇事異聞◎賣孩公司◎新婚遊歷◎腹有蝦蟆◎放及鰻魚◎奇病◎怪症◎臥遊◎高升

射覆叢錄

燈謎叢錄

▲雜歌謠

支那新樂府三十章◎燕市吟

發行所 橫濱山下町百五十二番 新小說社

論說

中國社會之原

別士

昆侖之東。渤澥之上。江河所縈帶。兩戒所磅礴。此神皋奧區者。其出海面之年。其動植物之跡。其種人之興替。地學未明。金石未出。不能明也。今之所恃以考古者。惟書存耳。然古人之書。以筆點漆。則迻寫難。簡策繁重。則護藏難。篆隸變更。則傳信難。焚坑迭起。則求備難。由不可恃之物。而欲求可信之理。難矣。雖然。此猶用差器以測天。仍可得不差之數。事在人爲之而已。案人類至大之端有二。一曰種。一曰教。而二者常相需。甲定則乙亦定。乙定則甲亦定。中國人種。西人都言自西北來。沿河流而進。謹以此說求之古書。得毋遂信。蓋凡優族入劣族之地而統治之。則國中必有分等之法。中國古人實嘗分等。其優族（即外來之族）謂之百姓。其劣族（即舊有之族）謂之民。百姓之俗尙術數。民之俗尙

鬼神二者愈古則愈分至周漸合然人種與宗教雖已混淆而視民爲異類不復措意禮樂敎化至士而止則習已成而不可改自黃帝至今無異也

書呂刑「苗民勿用靈鄭玄注苗民謂九黎之君也九黎言苗民者(中畧)穆王惡此族三生凶惡故著其氏而謂之民民者冥也言未見仁道」說文「民衆萌也周禮以興耡利萌鄭玄注萌猶懵懵無知皃也」案古文民字作𢀝古文奴字作𡛐然則𢀝者爲屮下加乀竊以爲此人械一足象也山海經「貳負之臣曰危危與貳負殺窫窳帝乃梏之疏屬之山桎其右足反縛兩手與髮繫之山上木」械一足縛兩手與髮於木上與𢀝形正同蓋古者待降人之常法也由是觀之上古民字之義殆如漢唐之稱虜今日之稱匪矣至是百姓之義其徵尤衆說文「姓人所生也古之神聖人母感天而生子故稱天子因生爲姓春秋傳曰天子因生以賜姓」史記五帝紀「黃帝子二十五人其得姓者十四人」書禹貢「錫土姓」蓋姓者乃與天子同族之人之專號表明其本出於天與民絕異也試證以古人百姓與民對擧之文則其理益顯書堯典「平章百姓百姓昭明協和萬邦黎民於變時雍」黎民即苗民九黎之民也後乃爲民之通辭矣又「黎民祖飢百姓不

親五品不遜」一言於變則知其平素之野蠻言徂飢則知其親遜之非望優種人待劣種人之情狀如見矣而文之至明者莫如國語國語「王公之子弟之質能言能聽徹其官者而物賜之姓以監其官是爲百姓姓有徹品十於王謂之千品五物之官陪屬萬爲萬官官有十醜爲億醜天子之田九畡以食兆民王取經入焉以食萬官」此百姓與民之界說也其後民之界說漸寬漸及於貴族蓋一則無制限昏姻之禁種族漸淆二則貴族之人日多其不得官者耕田鑿井與民無異因即以民之名加之而其初固不若是也

種類既殊宗教自不能無異書呂刑「蚩尤惟始作亂延及於平民（中畧）民興胥漸泯泯棼棼罔中于信以覆詛盟虐威庶戮方告無辜于上上帝監民罔有馨香德刑發聞惟腥皇帝哀矜庶戮之不辜報虐以威乃命重黎絕地天通」楚語觀射父說其義曰「少皞之衰九黎亂德民神雜糅不可方物夫人作享家爲巫史無有要質民匱于祀而不知其福烝享無度民神同位民瀆齊盟無有嚴威神狎民則不蠲其爲嘉生不降無物以享禍災荐臻莫盡其氣顓頊受之乃命南正重司天以屬神命火正黎

司地以屬民使復舊常無相侵瀆是謂絕地天通」然則黎民之俗蓋多鬼神者也路史以爲「九黎即玄都氏」案竹書紀年「舜四十年玄都氏來朝」逸周書史記解昔者玄都賢鬼道廢人事天謀臣不用龜策是從神巫用國哲士在外元都以亡蚩尤者彼中之聖人也。百家言蚩尤言人人殊。不可殫舉。今舉其尤要者爲之疏通證明之。孔子三朝記曰。「蚩尤庶人之貪者」史記五帝紀集解引應劭曰。「蚩尤古天子」逸書史記解曰。「蚩尤姜姓炎帝之裔逐帝榆罔而自立號炎帝亦曰阪泉氏」其相歧如此。今案皆是也。蓋自其仇言之則曰庶人猶黎民也自其位言之則曰天子自其逐榆罔號炎帝言之則曰。姜姓。猶日耳曼帝之號該薩也。其實則當從書呂刑鄭玄注九黎之君也逸周書嘗麥解云「赤帝命蚩尤宇少昊」越絕計倪內經云「黃帝使少昊治西方蚩尤佐之主金」管子五行云「蚩尤明於天道黃帝使爲當時」此則蚩尤曾北學於中國猶梅瑟之學於埃及矣史記五帝紀正義引龍魚河圖曰。「蚩尤兄弟八十一人並銅頭鐵額食沙」此語似妄。然非無故。因蚩尤實始作兵。兵有矛戟亦有甲胄其時吾族未有甲胄忽創見蚩尤之甲胄以爲銅頭鐵額矣黃帝遷徙往來無常處其時尚爲遊牧食肉飲湩未有粒食忽創見蚩尤之粒食以爲食沙矣。此必上古之傳聞。後人不會反謂不信也。吾遙度上古之情狀。彼族爲神州之土著。與巫來由人同種。散居江湖之間。其敎巫覡。其食耕稼。方吾族之順黃河而漸進也。生殖未。

繁川原未闢彼此錯居初無所涉各立酋長各成風俗而已泰山封禪七十二家彼族之人必居大半因其名氏非吾族方言也如此者攸攸忽忽不知幾何歲月至黃帝時稍相逼矣而適有鑄金之法以爲之緣而競種之禍遂不可以已山海經「蚩尤作兵伐黃帝」管子地數篇「蚩尤受金作兵」彼族既舍石以用銅遂欲將此實逼處此之客族一日逐去夫以此無限迷信宗教之民奮其新發於硎之器而又得彼中不世出之英雄蚩尤以率之出五湖逾大江越黃河既覆榆罔與黃帝戰於涿鹿之野是已近中國之邊界矣此戰而勝則炎黃之族不得再留於神州之境勢必退入西北宛轉零落於流沙積石之間而此茫茫大陸悉歸於苗民之足下雖此後盛衰文野較今日何如不能懸擬而此二十四朝之往事固無一事同者矣不得不謂此爲黃種人之一大事也乃蚩尤以屢勝之威至此而一蹶不復振至今閱四五千年其戰事尚光怪錯落於古籍中顧百家言者不雅馴史記五帝紀索隱引皇甫謐曰「黃帝使應龍殺蚩尤於凶黎之谷」山海經「黃帝乃令應龍攻之冀州之野應龍畜水蚩尤請風伯雨師從大風雨黃帝乃下天女曰魃雨止遂殺蚩尤」史記五帝紀正義引龍魚河圖曰「黃帝

以行仁義不能禁止蚩尤乃仰天而歎天遣玄女下授黃帝兵符伏蚩尤」黃帝本行記「帝與蚩尤大戰於涿鹿之野帝戰未克（中畧）天大霧冥冥三日三夜天降一婦人人首鳥身帝見稽首再拜而伏婦人曰吾玄女也有疑問之（中畧）玄女傳陰符經三百言帝觀之（中畧）既擒殺蚩尤乃遷其庶類其善者於鄒屠之鄉其惡者以木械之」凡是皆鬼神術數之言也不足以考信若考其實竊以爲此時黃帝亦創一利器故可禦兵也則弓矢是矣御覽三百四十七引世本曰「揮作弓宋衷注黃帝臣也」又玉篇「倕黃帝臣也」書顧命「倕之竹矢在西房」史記孝武紀「墮黃帝之弓」是弓矢作於黃帝書禹貢「礪砥砮丹」是黃帝之弓矢又無待乎金也當時蚩尤率江湖之民深入朔方持短兵以與此控弦游牧之士爭騎射於漁陽上谷之野勝負之數遂不待蓍蔡而決矣蚩尤既死苗族江北之地悉亡仍退處於江湖間於是自少皡至伯禹世爲仇敵書呂刑「皇帝哀矜庶戮之不辜遏絕苗民無世在下皇帝淸問下民鰥寡有辭於苗鄭玄注自皇帝哀矜庶戮之不辜以下皆說顓頊事自皇帝淸問下民以下乃說堯事」呂氏春秋召類篇「堯戰於丹水之浦以服南蠻舜却苗民更易其俗禹攻曹

魏屈驁有扈以行其教」是顓頊堯舜禹四代無不有戰而其戰也實爲爭教之故呂刑楚語既歷數苗民多鬼神之罪矣有扈之戰爲啓庶兄淮南齊族篇注非苗族比屈原天問「該秉季德厥父是臧胡終弊於有扈牧夫牛羊干協時舞何以懷之平脅曼膚何以肥之有扈牧豎云何而逢擊床先出其命何從」案干協時舞。即禹舞干羽於兩階事。疑有扈必與有苗相涉。未詳待考。而當時之恃以號召者仍不離於術數書甘誓「有扈氏威侮五行怠棄三正天用勦絕其命」夫五行三正何以可加以威侮怠棄蓋即不信其說耳不信其說而遽滅之非爭教而何同種如此異種可知矣三苗即九黎後。書鄭注國語韋注並同。而後漢書西羌傳。言三苗姜姓之後。山海經謂顓頊生驩頭。驩頭生苗民。釐姓食肉。淮南子墜形訓有三苗民高誘。注三苗蓋謂帝鴻氏之裔子。殆皆以蚩尤自號炎帝而誤歟。

鬼神派者起於人類思想最單簡之時凡根塵所接舉以爲無因之果必有一神物以司之周禮大宗伯「以禋祀祀昊天上帝以實柴祀日月星辰以槱燎祀司中司命飌師雨師以血祭祭社稷五祀五嶽以貍沈祭山林川澤以副辜祭四方百物以肆獻祼享先王以饋食享先王以祠春享先王以禴夏享先王以嘗秋享先王以烝冬享先王」昊天上帝以下是謂天神社稷以下是謂地祇先王是謂人鬼百物是謂物彪說文彪老物精也是周人分別鬼神有是四類然此已在思想稍進之時在其初則斷不若是古之所謂

泯泯棼棼者殆臆度世間必應有是靈物而已。古之時芒芒禹跡皆苗民舊有之境也。山海經所記之神。殆即周禮所謂神州之神耶。（山海經前五篇爲古書。其六篇以下漢人所增。今所引並前五。）今案山海經。神實徧於大陸而不能分神示鬼鬽之何屬。實凶黎之遺教也。自鵲山至招搖之山。則有鳥身龍首之神。自柜山至漆吾之山。則有龍身鳥首之神。自天虞之山至南禺之山。則有龍身人面之神。自鈐山至萊山則有人面馬身及人面牛身之神。自崇吾之山至翼望之山。則有羊身人面之神。自單狐之山至隄山則有人面蛇身之神。自管涔之山至敦題之山。則有蛇身人面之神。自太行之山至無逢之山則有彘身之神。自樕螽之山至竹山。則有人身龍首之神。自空桑之山至硜山。則有獸身人面之神。自尸胡之山至無皋之山。則有人身羊角之神。自煇諸之山至蔓渠之山則有人面鳥身之神。自鹿蹄之山至元扈之山。則有人面獸身之神。自休與之山至大隗之山。則有豕身人面之神。自景山至鼓琴之山。則有鳥身人面之神。自女几之山至賈超之山。則有馬身龍首之神。自首陽之山至丙山。則有龍身人面之神。自翼望之山至几山。則有彘身人首之神。無名號。無職司。無多寡之數。非初人之理想不若此。其間之有名號者半爲吾族之人鬼。可攷者尚十之五六。此則上古所混合。蓋神人不分者。古史例然矣（未完）

學說

華賴斯天文學新論（續三十三號）

觀雲

銀河

銀河一大星雲環。自古惹世人之注意。而天文學家於此得多少研究之益。此大星雲環。約當黃道六十三度之角。分天爲兩半球。以最强之望遠鏡及照像器觀測之。此星雲環之狀。實爲無數之小星而羣集。而此小星以外。又有多數之小星集於銀河之中及近銀河之處。惟在銀河之兩極則星數最少。從兩極漸近銀河中。來星數亦漸次增多。據海路奢之計算。銀河之兩極。初十五度十五分平方內。計星數平均四個。次十五度增至五個。以後追增有八個。十二個。二十四個。至五十三個之多云。得幾多學者之證明。而海路奢之說益確。部羅古度自一等星至十等星。共測星數三十二萬四十有餘。而斷定銀河中之星數爲最多。意大利天文學者洒排利。以今日最精切之方法測星。偶加摩精查星圖。亦均斷定星數最多之處。在銀河中云。

綜合各事而攷之。銀河者。實大小各種星羣所成之一大圓環也。雖然。銀河者猶多留闇黑之處。而通觀其闇黑之間隙殆皆無星。以是知銀河之底殆不甚深而最關重要者。則爲吾等地位不在銀河之裏。而在銀河一大環表面之中心。即不正當其中心。亦離其中心之點不遠。試從吾等之地位以望銀河。無論當銀河之何部分。其距離大都相等。所見銀河之兩端。其廣狹亦畧相同。設令吾等之地位偏於一方。則必見銀河之一端或廣。而一端或狹。且銀河遠處之一方。所得見之星數亦少。雖今之學者。有謂銀河南廣而北狹。故吾等之位置近南。然銀河兩方時有廣狹之不同。有北廣者。亦有南方狹者。要之從各部分距離之相等觀之。即吾等位其中央之證也。

更有要言於此。銀河者。不僅所見如圓環。其實際爲圓環體。此海路奢研究銀河與黃道之比較。所斷定。而吾人地位。在此圓環之表面。且在其近中心點之處。其可取以爲證之學說者亦多。

我等之星羣

如上所述。星之遠近。不關光力之强弱。而關運動之遲速。依此測星。其最近之星。一體散於太空之中。不專在銀河中及其近傍之處。偶加摩曰。若拭去天空中不見運動之星。其餘各星。仍見其散布於全天。無異於銀河邊無特多亦無特少。教授格布坦及其他天文學者認此一羣近星爲球狀。我等之太陽系者。位於此一羣星之中央。且占地位於銀河環平面之中心。若此星羣不爲球狀。則星之散布不規則。吾等不位其中央。則所見之星。一方多或一方少。而吾人觀星。遂不能見全天同一之狀。由是而有一極大之結論出。即吾等之太陽。實位于宇宙之中心。而吾等者實占物質宇宙中央之地位也。

即有反對論出。據精密之數學。謂吾等之太陽系。不正當宇宙之中心點。然即不正當中心點。而在其近中心點之處。此吾總合諸家之學說。而加以研究。所敢斷言者也。太陽系之地位既定。更進而論太陽系中地球之位置。及地球有關係於生物之事。

地球與生物

宇宙間各行星皆能發達生物與否。此一大疑問之事。余今者先考求關於生物發達必要而不可欠缺之事。而後斷定他行星不能發達生物之故。茲就所見而少述之。

昔時之論。謂他行星與地球。全異其要素而成。於此相異之狀體中他行星亦或有發達生物之事。而溫度與濕氣等。則全置不論。至近時考知他行星與地球且凡遼遠之恒星與星雲無一非同一之元素所成。以同一之物理及化學法所支配。故地球外之各行星如有生物。亦必與地球之生物爲同一元素之所造也。

抑生物發達之事。必賴液體與氣體不斷之循環。而此必先賴有適當之溫度在冰結點以上。沸騰點以下。然實際則溫度適當之範圍。尙有更狹於此者而後方爲適當之用。今考宇宙空間之溫度。在攝氏之冰點下二百七十三度。而太陽之表面約九千度。至適合生物發達之溫度。在從零度迄七十五度。凡高等生物之發生。均在此溫度之內。而此溫度。尤必歷數億萬年之久。他行星雖或有一度適合於此溫度而無此繼續之長日月。則於發達生物之事爲難。請更進而言地球適於發達生物之故。

一得適當之溫度。雲雨河流。得爲蒸發氣與太陽得距離適宜之度。

二以雲霧露等。使水分循環。又以晝夜冬夏平均各帶之溫度。以適當之分量與密度。使空氣常依地球之大小而存在。若行星中如火星者。雖有空氣。而其空氣之分量或多不足。

三海比陸廣。以潮汐潮流循環之不斷。使溫度均平而此合正規則之潮汐。由地球得好伴之衛星（月）也而起。若行星中如金星者。不能有此之好衛星。

四有甚深之海。水之容積。比水上陸地之容積三倍以變化適當之溫度。又使數億年間無一次陸地淹沒之事。

五以空氣中微塵之作用。使生雲霧雨露。而此微塵從火山沙漠中來。不絕而混入于空氣之中。

由是而知地球之能發達生物者在所占宇宙間之地位與其在太陽系中所占之地位適用故也。而他行星或不能如地球位置之適宜。則亦不能有地球間所有之事。且也地球所用為發達生物之事。若於過去或現在有一事之中絕。則亦不能收發達生物之結果。而從其所占之地位及其永久無間絕之事觀之。則地球者全為造高等生

物而設者也

星界之中心

吾等之太陽系在星界之中心。有關係於地球發達生物之用。他之太陽。又何故無發達生物之行星乎。此困難之問題。非有最高之數學物理學與最大思想家之智識。則不能答。余茲者欲就思考之所及而稍述之。

從近世天文學說。證明星界之有際涯。而困難之問題又來。何也。即物質界之涯。物質者能無失其力之事乎。多多之太陽。若同彗星作雙曲線或拋物線之軌道。無飛出星界。永遠消失之事乎。可以氣質分子比較銀河之衆星。若衝突。若有他之理由。離近傍星之攝力。能無出外界。忽冷卻。永遠消失之事乎。如是則星界之各部分常多不定之態。即不能爲同一繼續之事。而不適於發達生物之用者也。

不僅此也。以太之作用於其星界之中央部及星界之盡際。有同一之攝力乎。近時學者所信仰。凡攝力皆由壓力而生。於星界之中央壓力之方面平均。其外部以不平均之故。遂有攝力變化之事否耶。此又待數學與天文學者之解答也。

攝力之差異暫措勿論。茲就近時所發見之發射力即電氣磁氣與拉蓋斯氏所作之X光線可爾若泰伊氏所作之海盧電波（無線電信發射力）勃開路氏所作之光線（用金石發起之一種光力）等是也。電氣爲有機體發達之必要。而他之發射力亦有不可思議之影響及於生理。可謂生物構成之要素。凡高等生物必皆含有此力。至其調合之度過於微妙。尚有未能推測者。而此微妙力適當之調度惟星界之中央部有之。於外部或爲過度之發顯。或全欠乏或甚不規則。不能爲微妙繼續調和之事。則亦不適於發達生物之用也

由是而知地位之結果。可以考物理之事情。而地位與生物發達之關係。不可得而否定也。吾等之地位者。位一大星羣之中央。且位於銀河環平面之中央。此非偶然。而不足玩味之事。蓋得此地位。可推知宇宙所以發達人類之意也。

從無量時以來。宇宙間事。曾不知其幾億萬千而發達靈魂。必爲其中之一大事也。宇宙間萬象森羅。無非其精神所發現。而其作用乃在發達靈魂。而吾等人類者。爲其發達靈魂惟一主要之所在。且除吾人所有之地位外。宇宙間不能再有此發達靈魂之

所吾人者又何可負此宇宙而不存向上主義之理想也。

華年閣主人曰以宇宙爲一大靈個體之靈自大靈中來而復歸于大靈故人者不可。隳落其靈性如泡解之歸水雖塵埃於中則與水不能融洽人之歸性于大靈也亦然此爲幾多學者之所信認雖然理想之事不如實徵理想者非上智不能悟實徵者雖中人亦可語若華賴斯氏之論爲修養靈魂者實下一注脚來不僅於科學上爲新發明之言於人心上亦有莫大之影響雖其言之確否今日尙不能定要之爲最近之學術上之一大希卜梯西（假定是名而後實徵學問上多有須用此者）也。其文揭載始今年西歷三月各國爭先傳譯茲輯述以入之我國學界其亦足起大思想家之研索歟。天文學諸說茲未暇一一備列附述星雲說及細塵與氣象之關係二篇於後學者參攷之資或亦有取於是歟。

星雲說

太陽系中關係太陽行星與月之起原。此學說之發明以來幾將一世紀。當時幾多學者於同時間各爲特別獨立之研究。大思索家康德。大數學家賴菩拉士及大觀測家海路奢。各異其方法。考察天體進化之理。而終同達于星雲論之一歸宿。從類別之考察而得同一之結論。則其結論之關重要于學界上。蓋可知也。

此結論者。頗可以簡短之言說明。即當最初之時。太陽地球及其他之行星。不同今日之狀態。并不如今日有各別之分體。太陽系之全體。爲混沌一大火霧。以不可計之長歲月。此大火霧者。別分爲太陽系之諸天體。其大部分爲太陽。他部分分爲金星木星地球及其他之諸行星等。土星之圓環與月亦同爲此星雲所成。而太陽之本部分。今尙團縮如故。

自三大學家唱星雲說以來。開發世間無窮之智識。今世學者。於考察天文之事。其推廣精密。遠過於三家之學。然此新智識者。不僅不破壞三家之說。而反與以極大證明之事。

英國大學天文學教授坡爾。依熱學之法則立論。謂太陽不斷發散其熱力。不能不時時縮小。依現時最可憑信之計算。太陽之直徑。一日約縮短十六吋。十年約縮短一哩。以太陽之大而論。此縮短誠不過些小之事。蓋依此縮小之定率。至四萬年不過僅減少太陽之大二百分之一。然從天體進化論之。此變化不可謂不急速。蓋天體進化以百萬年或千萬年計。若萬年十萬年者。殆不足計算之時間也。

太陽之縮小。爲無可疑之事實。然則溯之古初太陽。必有大於今日二倍之時。更溯之古初太陽。必有大於今日十倍二十倍或百倍之時。當其時。搆成太陽物質之分量與現時同。分量同而其容積大。則其物質必不能緻密。然則古初時代太陽物質之密度。同於今日天文學所稱之星雲者。必無所異。其當時太陽面積之廣。占領空間。合以今日地球所行之軌道。當盡在其面積包含之中。雖然。昔日地球之狀態。亦不與今日同。從今日之火山考之。可證明地球內部含多量之熱。而此內部之熱。時時洩出。未有斷時。又可知地球於古昔時。內部之熱量。遠過于今日。若更溯之古昔。則地球者。不僅內部甚熱。其表面亦熱。或爲赤色之熱狀。或爲白色之極熱狀。更進而溯之。其熱之異量。或爲液體之狀。或且不能爲液體。而爲氣體。與近日星雲之狀。無以異者。地球如是。他行星如是。凡太陽系之各行星。必皆如是。蓋太陽系者。本爲一大團之星雲體也。不用星雲說以解太陽系。則到底不能解之現象也。賴菩拉士者。測定太陽系中之行。

星以同一之方向迴繞太陽及各行星共太陽皆從自己之軸以同一之方向迴轉。（可參觀華賴斯天文說星於空間之配置項下）各星有同一方向運動之事則爲一體所分出之理無疑賴菩拉士測定行星運動之方向其數不過三十今日已測定五百行星爲同一方向之運動是又不能不歸之星雲說也。

近時望遠鏡之進步星雲之說。遂得幾多實例之證明現今宇宙之中有幾多之星雲。而其進化之程度各異。或爲純粹之雲霧狀。或有中心凝縮者。或有太陽與行星分離者以進化堦級不同之星。於一時間得同見之於空間。康督、賴菩拉士、海路奢、等。恃其天才所唱之理論。不能目見其實狀者。今天文學者假望遠鏡之力。可盡得而考察之也。

最近依科學之事實。以證明星雲說。或全爲百年前之大學者所不及知。即以化學研究之結果。知太陽與地球及其他之行星。爲同一元素之所成是也。（可參觀華斯賴天文說地球與生物項下）由是而推。又可知凡宇宙間之諸天體。（盡宇宙所有一切恒星行星等）其起原實出於一個之星雲云。

細塵與氣象之關係

蒼茫大氣之中野馬（細塵也）之踊躍奔騰者幾疑其無關作用徒變人間世爲不淨之土而已然宇宙間萬事萬物交錯縱橫直無一事不相聯絡之理如吾人所見雲也霧也雨也以爲地體上一種水蒸氣之所發而已而烏知其化成之理乃以此無限飛揚坌涌之細塵爲其搆造之原因使非得科學士之發明則氣象上一不思議之奇事殆無人窺見其底奧矣試略舉愛櫝概氏研究之所得而述其言曰水蒸氣者依細塵而凝結即爲生雲霧雨之本原試以通常之空氣入玻璃管中或通水蒸氣或以排氣器疏之使空氣稀薄漸歸冷卻依是二法皆能使管中生霧若以綿漉之空氣（無細塵在內）如前試驗當通水蒸氣時其管透明而不生霧待其冷時水蒸氣仍不凝結用排氣器疏之之法至於既冷亦無生霧之事氏依此試驗直斷之曰水滴者待細塵而成若地面上無細塵則地面上直無雲霧雨等之現象其事蓋可信也

細塵之起源由於各種物體之燒燃又熱度過足之時隨其熱度之發散亦能生多量之細塵例則燃燒漉之煤氣漉之空氣皆能生霧是亦先成塵而後生霧之證也

古人詩上窗內日光飛野馬當一室之中日光映射觸於吾人之眼簾見其高低上下

騷驛往來之象是亦所謂細塵者是也。然是等細塵僅居少數。雖亦能凝固水蒸氣。而地球上雲霧雨等之象。不僅恃是等細塵。以爲構造之大源因也。細塵多時。水滴輕。而久浮游於空中。細塵少時。水滴重。而雨即由是成焉。英國倫敦之霧。終歲瀰漫。世界最著名之大霧焉。使燃燒得法。大塵減而細塵增。其結果即可使成霧云。

氏自製靈便之測塵器。據其所測定田舍空氣之塵數。一立方柴基中五百。（晴天之時）乃至九千五百。（陰天之時）氏所居之蘇格蘭首府以丁堡四萬五千乃至二十五萬。於一室內最初四十二萬六千。點煤氣燈四個。二時間後。多至四千五百萬。紙卷煙草一回吸入。計有細塵之數四十億。而氣象之變化。如寒暑朝夕陰晴之殊。細塵之數。遂分多少云。

按有人測空氣中細菌之數。屋外空氣一立方米陀路。含二一四八一。風多揚塵之日。三〇一達〇〇〇。甚則有比最小數之時。多至三百倍者。又晴天比陰天之日。含菌數多四倍。起風之日。比不起風之日。含菌數普通多至九倍。雨天能減細菌。於道路上洒水。亦能使細菌之數減少。若塵糞之都。如中國之北京者。含細菌極多。於衛生上大有關礙云。

氏又測定凡塵數同一。而溫度小之時。則空氣透明之度大。溫度同一。而塵數少之時。透明之度亦大。又塵數同一。溫度低下之時。透明之度亦大。而空氣中水蒸氣之作用。於未結露點以前。已能凝結云。

吾人日居此塵界中。每欲得雲霧雨等。一洗濯之。以釀清心豁目之趣。而烏知雲霧雨等之造作。反待細塵而成。萬物之互相為用也。其變化每出於思議之外。洵所謂造物之奇歟。

歷史

歐美各國立憲史論

佩弦生

第一篇 英國憲法成立史

第二章 第一改革時代 （續三十二號）

第九節 權利請願

條陀王朝以來英國之君權日盛蒙立憲之假面以肆專制之淫威而軒利額里查白諸王類皆挾梟傑之雄才足以濟其專恣占士季世日益兇橫英人之蓄怨於王家遂如千鈞之弩引滿而待發激湍之水齧堤而將崩然英人富於保守性質直言破壞固非如法人之躁動憙事者也故雖憤懣不平猶且忍苦持重冀新主之脫其羇軛藉使查爾士審時觀變知衆怒之難犯而威權之不可終怙也則釐正先王之弊政復英人以世襲之自由飢者易爲食渴者易爲飲英人之希望不奢如是固足以平其憤湧

之氣而靖其破壞之動機乃查爾士狃於累世之積威以爲民怨不復足畏於是循用占士之政略而更重之以驕頑英人至是乃決然知新王之不足恃舉國洶洶側目怒視於是僧侶貴族平民鬱積之憤恨百有餘年茹忍之怨毒遂駢萃而洩於查爾士之一身

一千六百二十五年六月。始開第一議會。方是時英國商業驟盛。富族勃興。昔日貴族所懷抱之自由精神漸漬而及於富族。故被選而爲代議士。遂能代貴族而保障自由。且其時之法律大家。習於國憲之掌故。通於政治之原理。類皆侃侃持正嶄然立於議會之中。二者抗抵王權之勁敵也。查爾士下詔國會要求租稅。國會懲於前事。以爲苟允終身之供給。則王將飽而颺去。其獨裁專斷且不可復制也。乃裁節噸稅斤稅之供給。限以一年。其他租稅。請俟之釐革秕政之後。王深憾之。始與國會有隙。既而政府貸軍艦於法人。助之撲滅姚伽訥敎徒。國會聞之。譁然大憤。訟言國王之失德。謂當蔽罪於執政之伯堅格威。王怒。立命解散議會。

及卡忒遠征之大敗也。司農仰屋。軍費無所出。王乃大窘。命召集第二國會。時則民黨諸巨魁皆爲王計所遏。不得被選爲議員。於是約翰耶里喝 Sir John Eliot 崛起而爲民黨領袖。耶氏素主和平。固非意與王室爲難者。然查爾士蔑視議會。專橫日甚。耶氏知王之怙惡不可復悟。而國家之不能長此以終也。於是攘袂奮起。議置查弊之委員。且謂此事不得實行。則必不能議供給租稅之事。衆議僉同。乃選三大委員查察弊政。既而委員報告言政府跋扈縱橫。不軌於法。財政之紊亂。公務之廢弛。輕生邊釁之失計。其咎皆在伯堅格咸。達拏博士提出六大疑問。宣布伯氏之罪狀。遂於五月八日。以正式之彈劾糾伯堅格咸於法廷。會議既開。伯堅格咸盛服臨會。耶里喝乃厲聲抗言數之曰。「大臣者代國王負其責任者也。今執政誤國敗壞朝政。不自引咎而乃曰王命。微特悖於責任內閣之原則。是不啻假王者之神聖爲後楯。可以蹂躪憲法而無復忌憚也。今日之事誰執其咎。」意氣激昂。四座震悚。彈劾委員乃起而條列鬻賣官爵、酷遇教徒、援引朋黨、腐敗海軍、擅貸軍艦之罪。嚴詰伯氏。且謂先王之崩。實遭鴆弒。伯堅格咸身爲執政。不能諉不預聞。直揭其篡弒之陰謀。將以聲罪致討。查爾士以議會之放言無忌。且牽引宮闈秘事。其語頗侵己也。則大怒。逮耶里喝下之獄。旋下解散國會之命。

查爾士既不得志於國會則出其專制之威力不由國會而徑自賦歛於民間或以大璽徵課賦稅或以內璽强募國債藉防邊爲口實以縱其暴歛之私頭會箕歛民不堪命王復與法失歡遂有雷島The Isle of Khe之役師出無功國帑乏絕王計無所出乃開第三議會以籌集軍費查爾士知人心解體乃盡釋前所逮捕者於獄以買議會之歡心而民黨諸人亦以爲今日不乘王之急挾租稅以易此民權則吾人世襲之自由將沈墜於九淵過此以往英人無復仰首伸眉之一日也民黨領袖乃大集於噶頓之家而相與謀曰『國事敗壞其咎不在於一人一伯堅格咸去他伯堅格咸來日事彈劾奚裨於事今王既有求於吾惟今之計莫若暫輟彈劾之舉亟先與王堅明約束恢復條陀累朝侵蝕之權利庶幾可確定吾民世世享有之自由』議既定比開國會查爾士果下敕詔命國會籌備政費國會乃出其『不釐弊政不供政費』之政略力拒王請備臚弊政之宜革者陳奏於王是固後世之所謂權利請願The Petitions of Right者也權利請願之要旨約有四端。

(一)非得國會之允許無論何人不得強募獻金擅徵租稅苟有擅徵強募者則人人皆可拒之被拒者不能加以危害

(二)凡在英人苟不明布其所犯之罪無得濫加禁錮

(三)名隸兵籍之軍人非得主人之允許不得擅宿民家

(四)國家無事之時犯罪者當按律懲治不得設立委員動以軍法從事

查爾士覩此請願意滋不悅然以迫於軍費之故不能不勉徇其請乃先荅以曖昧之敕書以嘗國會之意國會以王以模棱之詞欺衆也則大憤衆議洶洶闔院鼎沸議長以王命禁之衆愈怒狄伽士揮淚大呼曰「今日之事王斷可矣安用國會安用議員」衆譁然和之攘臂奮起勢不可遏議長乃馳奏於王王則大驚遽可其奏賜以正式之敕荅而認爲法律國會喜出望外乃議供五種之賦稅以報於王

然查爾士之譎狡非能堅明約束以實踐其言者也敕墨未乾遽曲解權利請願之文謂噸稅斤稅不在第一條限制之內議院拒之王突令停會方是時伯堅格咸適以刺死然權臣繼位仍擁重權而平民黨人之錚錚者亦多動於富貴背民黨而助王汨國

會之再開也將議定維持國教保障權利之法王謂知之屢命延會四月復開議會耶里喝將有所提議宣布國王之失德訴之國民耶氏方起立致詞議長遽止之曰「余受命於王謂苟有議員之發言令立去議長之席」拂衣而起呵歷士遽引其裾按之使坐議長絕裾奮行議員四起迫之强令就席且曰議長果拒耶氏之提議將科之以極刑百衆蜂湧勢將用武耶氏知事之必無成也遽毀其提議之稿方是時王已令黑笏委員麥士威爾 Maxwell, The Usher Of The Black Rod 奉詔停會院門閉格不得入議員聞有使命逆知其爲停會而來也呵氏乃急出其抗議書於懷而朗誦之曰「苟有傾心於羅馬法王與課國會所不許課之賦稅者與甘納此不正之課稅者皆我國家國民之大罪人也」朗誦既畢擧院贊成乃自決議休會及衛士奉毀門之詔至則議員罷去久矣王大怒立下解會之詔且逮耶里喝呵歷士諸人下之獄

王屢不得逞志於國會則決行專制之政治十一年間未嘗一召集國會以特權徵課租稅以敕令勒成法律王意即爲國法擧國臣民皆俯首拳伏於其鞭笞之下向使查爾士果有才略則席累世之積威累十年之專斷固可盡脫國憲之羈絆爲十七世紀

之路易十四而所謂自由祖國者亦且與歐洲大陸諸國同憔悴呻吟於專制政體之中然而查爾士闒茸無能隨時俯仰惟迫於財政窘難始一奮其專恣之威權以刼制民庶初非懷一專制主義而有陰圖不軌之野心故雖無議會者十年而不能擴張君權爲專制政治植不拔之基礎既而以酷遇教徒之故釀成蘇格蘭之亂軍饟浩繁窮於羅掘乃不得不覥顏抑志復下詔開第四國會而徵集議員

當是時也英人嫉視王室之怨憤積久漸平而昔日民黨之魁豪强半老死其僅存者亦皆衰老頹唐無復少年跋扈飛揚之盛氣且窘於十年之專制今忽復覩漢官威儀莫不感激涕零竊自慰幸而無復他望故其主義之平和舉動之穩重實百年來國會所未聞使查爾士因勢利道稍舉善政以塞其心則詛咒且易爲謳歌前日之嫌怨盡釋而君民激爭之活劇必不再演於大不列顛之舞臺然查爾士怙勢而驕以爲國會無復足畏稍不如命吾將蹴踏而笞榜之威刼勢驅初無調和之意議會失望稍有怨言既而王求政費議會則請除苛法以爲報酬王以下院之敢爲要脅也令上院先決供給之議下院以豫算之事下院有發議之特權今上院越職侵權無禮已甚譁然蜂

起斥上院之無狀將與爲難上院大驚亟厚禮卑詞以自解王知議會之終不可以虛聲脅奪也突命散會會期僅及三旬是則一千六百四十年之短期國會 The Short Parliament 也

王怒國會之屢梗其命將復行獨裁政治然內亂四起國帑空虛且蘇人乘戰勝之餘威挾兵力以請開國會王力屈勢窮更無詞以拒之嗚呼日中則昃亢龍有悔蓋查爾士專制之氣燄已張極而將衰而約爾格王朝以來二百年積累之君權遂岌岌而不可終保矣於是短期國會方解而長期國會繼興

（未完）

世界最古之法典（續三十三號）

觀雲

近頃發見世界最古巴比倫王加拿拉比之法典。已簡單撮述。英國某雜誌中記錄較詳。茲揭左方。當不嫌其駢枝云。

據基督教聖書所示之年代。世界太陽與月與星之造成。在基督降生前四〇〇〇年。於紀元前二三四九年。有挪亞之大洪水。除挪亞一家族外。人類盡滅。又紀元前一九二一年。亞伯拉罕向迦南地而出埃及。及神示十戒於西奈山。其事在紀元前一四九一年。摩西之死。在此後四十年。此皆基督教信徒。以爲確鑿無疑之歷史也。凡古代所尊爲神聖之書者。近時學者分析批評。殆一無所忌憚。而古人信仰之謬點。亦由是破。據學者之說。最初成文之法律。斷在紀元前十世紀時。即摩西死後五百年之時代也。世所稱爲摩西之法律者。決非全出自摩西之手。惟其爲世界最古之法律。則無疑。印度摩拏之法典。婆羅門族所發布者亦不在紀元十世紀以前。於紀元四世紀時。尚無有此法典之確據。古代羅馬造十二銅標。其事在紀元前四百五十年。支那孔子之說教。在紀元前六世紀。按中國文化決非孔子所開觀孔子以前之人物及孔子並世或稍後于孔子之諸子百家証據顯然近人以六經均爲孔子所作遂若孔子以前中國全屬草昧之世

界此迷信宗教者推戴一人而抹煞他人之通病文化進步此等說必不能存

梭倫之立法律於阿善。亦在紀元前六世紀。來喀瓦士立法典於斯巴達。在紀元前八世紀。由是言之。法律之最古者。自必首推希伯來人。稱神降西柰山。而授人間以法律之事也。六經若非孔子所作則中國之有法律實早於希伯來惟比之加摩拉比王之法典則中國爲稍後矣至今日。而摩西之法律。已不能保其最古之名。譬近頃於波斯詩賡地方所發見之法典。直爲紀元前二二〇〇年之物。其時代之先遠。爲西柰山之法律所不能及此法律爲紀元前二十二世紀二十三世紀之時。巴比倫大君主加摩拉比王所蒐集而編制之。其中條項。早於加摩拉比王千年以上之時代者。亦或有之。而世界最古法典之名。遂不得不歸之於是也。

有此發見。神之首授希伯來人以法律者。已不能保其威嚴與價値。而確信聖書爲無謬之敎徒。亦不能不對此而生疑惑之心。

最古制定法典之加摩拉比王者。其名不慣聞於人之耳。創世紀十四章。有唉摩拉培廬者。西奈路之王。征服其近鄰五王國。爲一時有名之英雄。惟其時代則稍異耳。英國百科全書第十版。於巴比倫項下。有簡短記載加摩拉比王之事。茲述如左。

亞拉莫度人之霸權者。終爲寗摩綠之子加摩拉比王所覆。其名有書益摩拉比。亦書加摩拉比。創世紀第十四章一節有唉摩拉培盧王者蓋即王之事也。亞拉莫度人從其王客度爾賴梅士取巴比倫。破壞其神殿。然加摩拉比王者卒恢復其運命。當王之三十年有一大戰爭破亞拉莫度人放逐之。其後二年併吞賴爾賽與陽督排爾以巴比倫爲首府統一巴比倫之全土。巴比倫既獨立後復興文藝。加摩拉比王之權力。迄海中海岸近時發見幾多巴比倫王之契約書及記錄。而以加摩拉比王之時代爲最多云。

鮓爾奇斯密斯氏者。發堀尼內勃及巴比倫之舊墟得見巴比倫太古諸朝之記錄。凡創造天地及大洪水之事。聖書中所有者。巴比倫記錄中皆已有之。聖書中不過變化巴比倫之事而出耳。至一八七四年以後巴比倫王之文庫。亦被發掘與鮓爾奇斯密斯氏所發見者相印證。其事益確然。吾等得讀紀元前最古二十三世紀時代所制定之法典者。則自一九〇一年始。

此法典者。刻於石柱。柱高八尺。石黑色。以一九〇一年之十二月及一九〇二年之一月。於詩賽古市名唉庫羅派斯之小川。法國馬爾庚氏之探險隊。掘土至百尺以下。始發見之。

石柱者以照像器撮影。探險隊屬東洋古學者西露氏翻譯。其文從法國文部之命。歸爾爾及希阿兩氏之出版。石柱之正面有彫刻。神之座前。立加摩拉比王。表神之口授王以法律也。

巴比倫已被發見之古物者。以此石柱之文爲最長。其文字以四十九段三千行成。爲後王唉賴麻他抹撥其五行。其字體用太古彼地王族最美之草書。其文字之開始。載加摩拉比王夥多之稱號。而言神授王位。及以巴比倫爲首府之事。

讀此石刻。多奇怪有興味之法律。得照見太古五千年前阿付臘底斯、底格里士、兩河間文化之光明。且知當日者。女子所處之地位甚高。雖不能至男女同權。而女子可不全爲男子之奴隸。其造母之一字。含有（家庭女神）之意味。可想見當日無輕蔑女子之事。此法典二百八十二項。以六十項（即五分之一以上）定女子之權利。三十項關係土地及加害於人身之事。其主義以目償目齒償齒云。

此法律中有水裁判之制。阿付臘底斯河之聖水。實爲最高之裁判所。人若施魔法於他人。施者與被施者當事實不明之前。被施者當投入聖河。溺則施者得取被溺者之家。反是則施者之命與家皆不得保。爲人之妻者若以姦邪遭夫之疑。當飛入聖水。以一明其邪正之事。

巴比倫之酒家皆婦人爲之。若者比法定之酒價廉而出售。則酒家婦當投入水中以受水之裁判。若有暴民入酒肆中而酗酒者。當先處酒家婦以死刑。若男子指尼及爲人妻而加侮辱者。則烙印男子之額云。

婦人結婚。在未渡契約之證書以前。尚不爲人之妻。爲妻而脫走市外者。可得與他人結婚。其前夫不能有强制復歸之權。若夫被擄。妻無生活之資者。得再婚之自由。有生活之資而欲再婚。不能不受水之裁判。婦若再婚。尚苦乏生活之資。其先夫脫擒而歸。則可呼而還之。其婦以再婚而有子者。亦得棄之而歸於其先夫。按此等法律意多離奇不知太古人之風俗及巴比倫當日之狀態者無從懸擬其當否人若欲去其有子之妻與妾者。返其女之持來金。予以應得享之權利。而子之養育。則爲去女之義務。其子生長後。可以其子所應得財產之一部分與母。而母則得自由他嫁云。

若欲去無子之妻者。不能不悉返其女之持來金。若無持來金者。予以銀貨一米乃。（不能知其正確之價値約當今日之四百圓）若貧而不能予以一米乃者。不能不予以三分之一。妻若紊亂家政。則夫可不返其持來金。亦不予以一物。而逕得離婚云。

若妻於品行家政。無有缺點。以不愛其夫而不願共居者。得與其夫離婚。因離婚之故。或慮生活之困難。妻得取返其持來金。若姦淫之事。不得爲離婚之理由。被捕之時。定例可以其婦與姦夫共縛而投之水。若夫欲赦其妻。可得赦之。夫若有姦淫之事者。則妻不能如之何。

妻若欲淨修如中國之爲尼等而厭與其夫同居者。不能不以代理人代妻而盡對夫之義務。若代理人不能出子者。其夫可得蓄妾之自由云。

妻若以病身之故。夫得娶第二妻。而不得與其病妻離婚。迄其死。得住夫之家。而夫不能不發之。若病妻與第二之妻以不睦故。病妻得取返其持來金。而去其夫之家。人若與其女姦者。處市外放逐之刑。與其母姦者二人共處火刑。

妻得承襲夫之財產。而可讓與其子。不得讓與其兄弟。妻與夫未結婚前之負債。各自負其責任。若結婚後之負債。二人共負擔之。妻之財產。其死亡時。可歸其子與其父所有。而夫不得受之。第一之妻之子。與第二之妻之子。對其父之財產。有同一之權利。有幼子女之寡婦者。如欲再婚。必告其事於裁判官。而待裁判官之認可。若裁判官不許。則婦人不能再婚。

女子嫁時。不取其家之持來金。則父死時。對其父之財產。與息子等同有權利。委託乳母以小兒。使其死而以他之小兒代之者。可切乳母之兩乳房云。

人若打父。切斷其手。若損紳士之眼者。拔彼之眼以償之。損貧人之眼者。可償以一米乃之代價。若毀人之齒者。拔彼之齒。折人之手足者。折彼之手足。若誤失而使人負傷者。當償以醫藥之代價。

竊盜與强盜。共處死刑。搶火之盜。投火焰中而燒殺之。盜人之子者。打死。盜人之家畜與船者償以代價之三十倍即極貧亦不能不以十倍之價償之若不能償之時則處彼以死刑。

爲醫師者以外科治療之誤而使患者死及使患者有失明之事則可切斷醫師之兩手云。

華年閣主人曰法律者人類進化之第一階級也人者自獸來各帶有獸性爭奪嗜慾造世界種種之惡孽聖人者起而患之以一己之理想欲與衆人爲契約而法律之意由是萌芽法律者造人類善根第一之習慣性也

中國有一大患隱伏於人心之中而不可救治者人人不肯守法律是也是故自由獨立主人翁之說輸入中國適足以助其囂張而無補於事蓋以素不知法律之人而投之以是藥則宜其發爲狂欲也

中國人不守法律之故其根原亦從專制政體來專制政體者君主一人獨立於外之外夫以己不守法而欲强人之守法則人人務逃避之而法律之效用遂不得普及於人心此專制國之人民所以必缺法律之意味也

守法律者視法律爲齊人於平等之物務裁判其個人以立於法律之下有法律中之自由無法律外之自由有法律中之主權無法律外之主權雖中國今日無盡善盡美可依奉之法律而人人心中不可不信仰一種法律而遵守之而後進而言自由言獨立也與夫不守法律人之言自由言獨立必有異也蓋自由獨立不難而養成可自由可獨立之道德與資格乃爲難爾

此篇法律取以與今日文明之法律相比其踳駁處不可枚舉然在太古之時亦可謂思想周密而巴比倫古代文化之光明不啻藉是石刻以照耀於今日史稱地球首開化國在巴比倫之墟由巴比倫而東流入中國東化印度南被猶太埃及而依地中海以與希臘今日各國古事中往往有與巴比倫合者羣疑其從巴比倫傳來非無故也使其古蹟不盡銷沈而更得獲發見之物其於太古之事必有日益明了者而全地球開發文化必首推巴比倫者固可爲定論矣

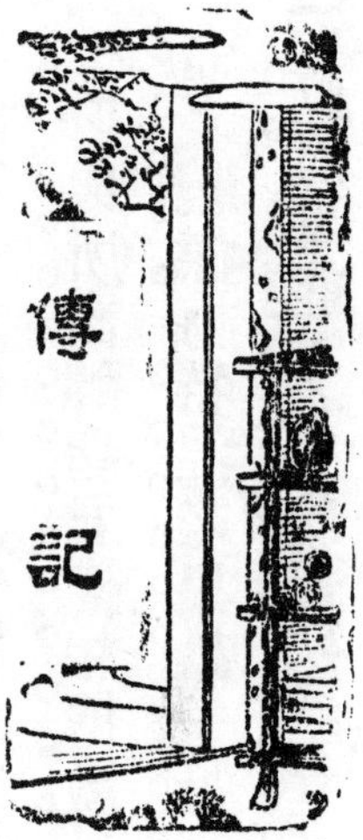

鐵血宰相俾斯麥傳

蛻菴

敍論

十九世紀之末葉以聯邦帝國 Fideral Empire 崛起於歐洲之中原據二十萬八千八百英方里之面積擁五千二百二十餘萬之人口練五十八萬常備之陸軍備二百八十餘艘之軍艦領一百一十三萬方里之屬地龍拏虎跳泱泱乎雄視於歐洲其殖民之事業商務之繁昌駸駸繼英而代起近且欲統合日耳曼民族諸國爲之雄長以張其霸圖於地球者是非德意志帝國乎方一千八百五十年間彼日耳曼聯邦殆如散沙飛塵委靡不足以自立然以一區區普魯士之力執鞭箠以爲之指揮舉十一王國二十八公國四自由都府而統一之執其牛耳握其霸權以新造此日耳曼民族所謳

歌所夢囈所馨香尸祝之神聖帝國遂使闇曶陰翳之日耳曼歷史光輝照耀赫如旭日之在東誰造德人之風雲誰成德人之羽翼乃令不三十年而遽雄飛於大地歟嗚呼微俾斯麥不及此

俾斯麥何人也俾斯麥能利用時勢之英雄而亦能抗逆時勢之英雄也十九世紀以來民族主義之風潮捲地漫天以震盪於歐洲之大陸加富爾乘此風潮拔意大利於淒風陰雨之中而新建羅馬之舊國既成功揮手而去矣於是民族國家之思想益激刺於日耳曼民族之腦筋而驟增其熱度俾斯麥者固抱此主義而與爲生死者也乃牽其熱心統一之民族排奧蹶法遂踵加富爾而奏建國之偉功嗚呼英雄固造時勢時勢亦造英雄雖以橫絕一世之霸才固不能無所憑藉以成此盛業也

然而俾斯麥者固非隨時勢爲俯仰而悍然敢與輿論爲敵者也法國大革命以來歐人日揭其自由民權以與所謂神聖君權相搏激若決黃河而東注其勢湍激鉼悍而不可當雖以拿破侖之驍傑梅特涅之梟雄一牴牾此風潮而無不立廢俾斯麥顧獨抱其『君權神聖』『政府萬能』之主義悍然屹立於風潮獰惡之中乃能談笑從容展

其專斷政略於自由旋渦之間坦然成功而去嗚呼俾斯麥何人有何魔力有何神勇乃能强矯不倚如此

蛻菴曰古來任大事建大業之豪傑未有不豐於自信力者也商君之立法也廷臣爭之貴戚撓之舉國之人譁然議之商君毅然行其自信而不撓而卒以變法王安石之行新法也盈廷之碩輔天下之清流囂然詆其擾誤蒼生變亂祖法甚者詆爲大奸王安石毅然行其自信而不撓而卒以施政克林威爾之摧革王政也舉國詆爲大逆不道其解散國會也舉國憤其專制獰猛克林威爾毅然行其自信而不撓而卒以成功格蘭斯頓之倡議愛爾蘭自治也親信之腹心同志之黨人羣起反對乃若仇敵自由黨至以潰敗格蘭斯頓毅然行其自信而不撓而議案卒以通過彼所謂豪傑者寧意剛愎自用而不知違逆輿論之難以成功哉然以爲輿論者凡人之常識固非必深知國家之大計洞見時勢之眞相其理論雖或無以易而未必能適於實行豪傑之所以可貴者以其能見常人之所不及見能爲常人之所不敢爲也吾內審其才氣智略德量經驗足以爲國家謀公益而外察當世之時勢事變應以吾之才氣智略德量經驗

而確然自信其可以有成深沈詳察內斷之心則奮然排萬難以行之雖泰嶽黃河橫梗其前而不少沮雖震雷怒霆之旋繞其側而不少驚任一世之非笑怒罵醜詆力攻坦然若蚊虻之過耳寧犧牲其名譽身命以為衆矢之鵠的以為衆論之公敵必百折不回以達其目的決不少枉所信以容悅於人嗚呼天下之豐功偉業無一不在羣疑衆謗之中無勝疑謗之大力必不足以任天下之大事者也

嘉勒特吉之論俾斯麥曰『世人咸震悚俾公公亦無以異於人所異者惟有剛毅不撓之一種獨立根性此足為德意志國權之代表耳』嗚呼能建國家獨立不撓之國基必先養一己獨立不撓之根性豈惟俾斯麥如是彼商君王安石克林威爾格蘭斯頓諸豪無不如是寧惟商君王安石克林威爾格蘭斯頓諸豪如是豎盡三古橫盡五洲凡能肩任大業之英雄靡不如是蓋國家公益者英雄之正鵠而剛毅不撓者英雄之資格也彼志行薄弱之徒波靡於風潮之內衆人譽之則若有餘衆人毀之則又若不足曾不能堅持主義惟盲從輿論以為俯仰前卻彼曾不能自立而顧能語立國之宏業耶孟子曰聞伯夷之風者頑夫廉懦夫有立志彼俾斯麥之風力其亦庶幾能立懦

者歟。作俾斯麥傳。

第一節　俾斯麥前普國之形勢及其前輩之三傑

十九世紀初期之普魯士固不啻法蘭西之藩屬也。拿破侖以驟雨飄風之勢橫行於歐洲之中原。鐵鞭一擊。無堅不摧。而普魯士錦繡之河山。亦遂蹂躪於鐵騎縱橫之下。國土分裂。普主蒙塵。拿破侖乃戍以十五萬之雄兵。臥榻之側。遂爲他人所鼾睡。方是時歐洲諸國。威震慴於拿帝之雄威。無敢發一卒費一矢以援普者。外援既絕內勢日窮。佛力特雷大王以來訓練精銳之騎兵。亦爲拿破侖所解散。城壘踵陷。餘息奄奄。普人力竭勢窮。惟相與飲泣茹恨蕉萃呻吟於鞭箠之下。至是而尙無英雄。則破碎山河。行將長沒於零落刼灰而不能自拔。他日雖有命世之英。亦將無復立足之舞場。而英雄無用武之地。然天固欲以普爲俾斯麥之舞臺。不能遽令其沈埋於腥風血雨之中也。天固將使日耳曼民族雄飛於世界。不忍其黯悴以斃於羈軛纍囚之下也。於是篤生三傑。使之篳路籃縷。斬除荊棘。以奠普國霸圖之基礎。以爲俾斯麥執殳之前驅。三傑者誰。曰士坦。曰哈爾丁伯器。曰希阿侖呵爾。

普既屢屈於法勢幾爲之屬邦拿破侖有征俄之役命普王率師以從當是時普力雖屈然愛國之志士義憤之國民怒法人之無禮侮我君主辱我國權寧收合餘燼一戰再戰誓死以爭此主權寧亡其國而不可受法人之辱也莫不泣血椎胸請普王拒法之命普王乃謝法曰大國有命敢不悉索幣賦以應大國之求然普小國也新困於兵傷痍未復征俄之命不敢與聞拿破侖怒將討之適有事於西班牙普遂得不被兵禍普王憤國威之不振亟及此時修明內政乃任士坦以內務任哈爾丁伯器以外交任希阿侖呵爾以兵事三人者皆政治之雄也而士坦之才尤爲傑出

士坦者普之一貴族也少仕佛里特雷大王心醉英國政治常欲移之以改革普國今方受政當國則大展其懷抱之偉略以從事於革新彼知積弊已深非補苴罅漏之所能爲力也乃務解弦更張以行英斷之改革與隸農以自由整地方之自治裁貴族之特權均國民之賦稅整理財政以償一億五千萬之軍費然士坦之雄心偉略以爲欲張普魯士之國威不可不先謀日耳曼帝國之統一彼其偉大之政略與俾斯麥如出一轍是可謂英雄所見略同矣然士坦以民志不一不能遽謀統合則日討國人而訓

之激以國仇之未報國恥之未雪且屢以民族主義激厲其愛國之心於是普人敵愾之憤氣排外之熱度火炎電激風起濤湧鬱勃噴薄且痛且憤而『日耳曼統一』之理想亦復漸茁怒芽士坦生聚教訓未及數年而元氣凋斂之普魯士遂蘇而未來之日耳曼帝國遂遍印於普國國民之腦。

然而士坦之舉動固日刺拿破侖之目而深觸其忌者也。乃下令普王命逐士坦於是熱誠愛國之偉人遂不能終爲祖國盡力賚此無窮之宏願未竟之雄略而客死於俄。

士坦既罷哈爾丁伯器繼之。哈氏雖無士坦之才略固非駑蹇之凡才也。既繼相悉守士坦之前規。善於外交能折衝於樽俎。方是時。希阿侖呵爾爲將軍總治軍政。普國自佛里特雷大王以來久以陸軍聞於天下。希氏乃更創爲舉國皆兵之制。務使國民皆服兵役之義務以振其尚武之精神。此固軍國民之嚆矢而他日俾斯麥所資以擢奧仆法者也。嗟乎。河山再造日月重光完既缺之金甌定中原之覇業彼三傑者寧獨普人身受其賜雖俾斯麥固亦何嘗不蔭其餘烈者哉。

拿破侖既敗沒。日耳曼列諸乃組合聯邦。撰委員以開聯邦會議。而墺大利以異種之國。執牛耳以長諸侯時列國皆苦於戰事各戢兵以保和平自是以還普魯士保持小康者四十餘歲然其時三傑皆久已老死矣英風銷歇金劍沈埋人物淘餘江山寥落天固不肯令普魯士之政治舞臺久寂寥也風雲黯黯乃復誕生此絕世之人豪

第二節 俾斯麥之家世及其少年時代

俾斯麥名阿特伯蘭丁普魯州中貴族之公子也以一千八百十五年四月生於希汪哈文而拿破侖實以是歲遠謫於聖歇里那島一蓋世之英雄去一蓋世之英雄來歐洲之風雲遂隱隱有遞迤接連之勢其曾祖曾事弗里特雷大王歿於王事其父爲近衛太尉以一千八百三年與內閣議官某之女路易撒結婚生六子俾斯麥其三子也其先世世爲王黨世守尊王主義俾斯麥之擁護君權老而彌篤殆其少年受之於家庭教育爲獨深云

俾斯麥者一紈袴無賴縱橫跳盪之惡少年也少與其兄共學年十六卒業於柏林中學十七入厄丁堅大學校治法律學尋轉伯林大學逾年卒業爲法律學士俾斯麥少不好學惟日以縱酒決鬥爲事及入太學亦不肯刻厲以法律爲齷齪常厭苦之嗚呼

『學書不成。去學劍。又不成。其季父怒之。乃曰。書足以記姓名而已。劍一人敵。不足學。學萬人敵。其季父乃教以兵法。籍大喜。略知其意。又不肯竟學』此項羽少年之歷史也。喑嗚叱咤之雄。豈能屑屑於章句。豪宕斫弛。英雄大抵然矣。既卒業。出就吏職。旋輒棄去。二十三。就兵役者二年。歸居於其領地者數歲。折節讀書。大肆力於歷史。縱觀古今成敗興亡之故。與夫豪傑措施之方略。慨然有動於中。復以餘閑涉獵哲學諸書。而尤喜讀士比諸索之著。終身讀之不厭。每當繁劇之際。則輒取而誦之。以養心云。年二十六。與同州宦室之女白琹美爾結婚。旋漫遊於英法諸國。以察視制度文物之實況。學識大進。然躍馬縱獵。其豪放無異於曩時也。

公既日縱於射獵狗馬。落落無以自見。世亦以豪少目之。莫之奇也。一千八百四十七年。始被選為國會議員。於是粗暴放蕩之豪少。始嶄然露頭角於政界之中。

(未完)

批評門

政界時評

（內國之部）

▲賭亦果當禁否

某侍御上一封奏。言廣東賭風太熾。民不聊生。誤國殃民。請下詔禁止。政府亦頗謂然。以爲番攤白鴿票。毒民太甚。是宜停罷。惟闈姓則由來已久。可仍其舊。下其議於粵吏。粵吏謂賭若果禁。餉將何出。某侍御既請禁賭。則將以籌餉之法。質之某侍御。

仁矣哉侍御之言也。賭之賊民。是無待論。自張之洞督粵。始以闈姓承餉。及李鴻章督粵。復以番攤白鴿票承餉。二大名臣。行此二大德政。於是粵人遂以賭爲生涯。自省會以至鄉僻。自黎明以至午夜。無地無賭。無時無賭。廷旨所認許。官吏所督勸。雖父兄無以禁其子弟也。其無賭之地方。懼賭之侵入以賊其鄉族。則集衆醵金。例完賭稅。寧納鹽餉以避賭禍。粵人名之曰「捐免賭博」。蓋賭之戕我粵人。甚於洪水猛獸。吸竭精血。敗壞風俗。擠弱者於溝壑。驅壯者於盜賊。不假兵力。聚我粵民而殲之者也。侍御之言有效。粵人其庶幾少蘇。

然而不殲粵民。不赤粵地。則粵吏固有所不快也。「從廣州城門過。便可得三十萬。」此鄉多賓自昔已然。邇來宦粵者類皆赤手而來。捆載而去。但使朘剝稍緩。則區區之餉。何至以賭取之。今既不能與民利。以開富源。又不肯緩己私以增國課。而乃曰賭者吾餉所從出。然則十七行省皆無賭。十七行省皆不能籌餉乎。言官請禁賭。則以籌餉之法質之言官。脫令皇上詔禁賭。則亦以籌餉之法質之皇上乎。言官。

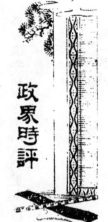

批評門 二

請禁賭而曰苟不開賭國餉無着則以籌餉之法質之言官脫令言官糾其受賄則亦曰苟不受賄官囊無着而以肥飽官囊之法質之言官乎任人封圻而不能爲國籌餉爲民司牧而不能爲民除害而反藉重大題目以箝塞言者之口叔寶全無心肝者更從何處與之言是非耶

▲春季關稅統計表

今年第一期各港稅關所徵收較之去年約增一百二十餘萬兩三十口岸中惟重慶宜昌九江南京汕頭瓊州七港收入稍減其他諸港皆有增進而秦王島膠州及岳州尤甚則以新開港故也今表各港所入之稅而以去年前年春季所入列於其下以爲比較。

	海關兩	壬寅年	辛丑年
牛莊	七四、一四八	一、(〇)五	三、七八八
秦王島	五三、七二四	一九、四七三	……
天津	三〇八、八五七	二五五、二三三	三七、一五五
芝罘	一七五、一一六	一四四、〇九三	一四七、五八三
膠州	七四、七一三	三五、三六八	二一、六二五
重慶	六八、五二五	九三、七一二	一四一、〇一〇
宜昌	三八、一三〇	一四六、三三四	二七一、八三三
沙市	六、一九〇	一、七九〇	二、一四五
岳州	一二、一四七	六九四	一五〇
漢口	四四八、五〇〇	三二〇、六三八	二五四、七四九
九江	一一〇、七七一	一一八、七四七	一一一、七二〇
蕪湖	二七四、〇〇一	九二四、五五	二〇〇、三八三
南京	四九、一二六	五二、四七八	四六、二七二
鎮江	二七九、八六五	二三九、九六三	二三五、二七三
上海	二四、一九、五八二	一八、二一四、五六二	二、二六二、三五八
蘇州	一一、九九四	八、七八六	二三、六一三

杭州	一一〇、二七二	一〇一、〇二	八〇、七七一
寧波	一三八、四八六	一一八、二五一	一四〇、九一五
溫州	一二、〇三四	六、九二九	三、六六六
三都澳	七三	一六三	八九
福州	二〇二、〇四六	一八二、一六一	一五六、〇九六
厦門	二〇三、二八一	一六五、三八二	一四六、七八八
汕頭	三九九、九九七	三八九、四二三	三八〇、三六二
廣州	六八〇、三〇四	五九六、四二五	五〇九、二二七
三水	二六、四五七	二三、六六一	二一、九八三
江門	一〇、二一一	八、八三〇	八、八九八
甘竹	七、九八三	六、七五四	三、二七五
梧州	七二、八四九	六一、六六六	七二、六三三
瓊州	四一、九六一	五七、六二六	三七、五八九
北海	三四、九〇五	三九、七九七	三九、三八八

今更析諸稅之種類。爲表如左。

	輸入稅	輸出稅
癸卯	一、八八〇、七九二	一、九五六、一一八
壬寅	一、五五八、〇六七	一、四〇四、五七四
辛丑	八五一、二五七	一、三四七、九四〇

	沿岸貿易稅	噸稅
癸夘	三三三、五一七	二一九、六二一
壬寅	二七九、九四八	一七三、〇八五
辛丑	一四九、〇六五	一四三、四八二

	通過稅	鴉片稅
癸夘	三八〇、六七八	四六六、〇二六
壬寅	二四七、二九八	五二九、四七八
辛丑	一四三、〇八二	七二七、七四三

	鴉片釐
癸夘	一、一一九、四九五
壬寅	九一八、三三五

辛丑　九五三、七六八

諸稅之中。輸出稅最爲增多。而鴉片稅獨爲減少。今更列鴉片之輸入稅比較如左。

	癸卯年	壬寅年	辛丑年
外國產	八、一二二担	六、四六二担	七、二八九担
中國產	七一一	三、一六一	四、八三五

中國絕無統計。財政紛如亂絲。而關稅獨爲詳信矣。外債日增。司農仰屋。不敢釐整財政。則是區區之增數。其又何裨於事也。

▲粵督初政

兩廣總督岑春萱蒞粵未及旬日。即參辦番禺縣裴景福。岑春萱眞好男子。

裴某何人也。與李家焯楊捷三齊名。而粵人所稱爲粵中三害者也。裴某久宦於粵。巧於迎合。故長官屢易。而終能不失寵任。無惡不作。粵人側目。今岑督毅然去之。猾吏庶少寒膽。粵人庶少快心。

恫哉吾粵之闇無天日也。數十年來。咸以粵中爲財富之藪。墨吏貪人。趨之若渴。至則朘刮削剝。務飽所欲而後去。而民間之利害得失。如秦人之視越人。朝廷有大工大役大慶典大賠欵。則亦無不取給於粵。其朘索恒視諸省爲獨奢。粵中大吏。務得政府之歡心。務了一己之責任。則竭粵人之脂膏。朘粵人之皮骨。竭澤而漁。務盡粵人之所有以供在上之要求。至於興一學堂。派一留學。以至一切地方公事。各行省均已舉行者。粵省必獨向隅。叩其故則概謝曰。『無欵可籌』。遂悉置之不復過問。乃至羣盜滿山。哀鴻遍野。亦漠然不覩不聞。其賢者則亦謂粵人財力已竭。不堪重有徵求。然亦徒以一紙空疏了之。未嘗能爲粵人有所籌畫。嗚呼。絞瀝膏血。毀破家產。日納此絕無報酬之賦稅。而顚流窘苦。則煢煢窮無所訴。嗚呼粵人。其何以堪粵人其何以堪。

岑氏之督粵也。粵人之視線咸注集於岑之一身。以爲積數十年之痛苦庶幾岑督能蘇我也。今下車甸日即能鋤擊奸猾。粵人屬望庶其不虛。雖然今日之事變迥非曩時之比故今之爲治者苟徒蹈襲故常。則雖盡取古今之循吏名臣之治蹟模倣而實行之。其必不足爲循吏名臣而有裨於治也審矣。岑督之識略才氣當能自拔於古來循吏名臣之外。鋤擊一二豪猾區區亦何足道。其庶將繼此而厲行新政以大有造於我粵乎。

粵

（國際之部）

▲洋欵果不能不借乎

疆吏擅借洋債作俑於湖廣總督張之洞。政府恐各省效尤。乃下訓令於各省疆吏。且遍告外使曰。地方

潘

擅借洋債。疆吏自任其責。政府不能認爲國債。開詞嚴峻。聞者足戒矣。乃未及五月。而有王之春借法債之事。輿論譁憤羣起抨擊。聞者足戒矣。乃未及五月。而又有新疆議借俄債之事。

新疆潘撫欲借洋債百萬請命於外部。外部以其事委上海關道。旋怵於洋債之害。恐地方固失利權。否亦外交將生轇轕。議將罷矣。中俄銀行聞之。喜有事機之可乘也。允不取利息以二百萬兩貸之新疆。而要求僱用俄人使任新疆練兵開墾之事以爲酬報。頃外部方與之商議。在交涉中成否尚未決也。

嗚呼。不費一文之息。貸得二百萬兩之巨欵。而所求之酬報亦不過傭俄人練兵開墾區區之事。我政府諸公豈不謂此大便宜事。俄人究能仗義。緩急較爲可恃耶。夫中俄銀行有何親愛於新疆而必不取利息貸以巨欵。俄國之將校農官寧必無謀生瞰飯之。

地而必以二百萬之保證金委曲而求爲我傭外人。居心。寧待鞫訊。既假以多金而不實子錢又令其官。吏助我辦事。天下固有此君子國耶。

俄人之窺新疆也久矣。不能豪奪將爲巧取。彼於庫倫、恰克圖、既有聯通已國之電線。今乘此機。派遣官吏。附帶俄兵。以大增擴其勢力。而遂以練兵握我兵權。開墾以轄我土地。二百萬者。其新疆之代價乎。東望滿洲。風雲淒黯。今又將以新疆爲彼第二之滿洲矣。既東封鄭。又欲啓其西封。俄欲無厭。狡焉思啓。中俄銀行者。俄人侵略中國之機關。我政府其謹爲之備。無貪一時之小利。而貽無窮之大害也。

▲滿洲問題之近情

屢日以來。滿洲密約訂成之說。紛聒於耳。謂慶邸謝病不見英日諸使。惟與俄使及中俄銀行之人。密相往還。其親俄之情。與他日之李鴻章無異。密約行即簽押。俄人將乘此時。速築自遼陽至鴨綠江岸某地之鐵路。其工事委中俄銀行買辦承辦。此殆道路傳聞之辭。固未足信。

然慶邸之語英使曰。『俄人要求之事。固不能盡從其請。然務無損貴國及第三國之權利。敝國將與俄人爲適妥之協商。以了結此事。』頃二十六日。英國外務次官格蘭波侖。於下院宣言中俄交涉之事。謂得中國政府之通告。此次中俄交涉。滿洲依然爲中國之領土。而主權無所損害。列國條約中應享之利權。亦必極意保全云云。嗚呼。密約之事。英美日以全力干涉。豈有愛於中國。惟恐俄人壟斷滿洲。破均勢而失其利權耳。我國之畏英日與畏俄一也。其不敢有損害於第三國權利。固也。俄人之侵略滿洲也。則亦握其主權。奪其財政。踞其要隘。置之勢力範圍之下。而已。固非撤其國旗。逐其官吏。易其地圖之色。宣布滿洲之改隸俄屬也則滿洲之依然名爲中國領土亦固也然則吾中人所懸心注目者惟在權利之損失與否耳彼慶王告英使之書惟兢兢然務保第三國之權利苟第三國無所損害則己國之權利若無所愛惜無足重輕者密約雖未成立大旨已可逆覩其所謂主權無所損失者要不過自欺欺人而已庚子以來俄人之於滿洲既已一摘再摘矣及今力爭或不盡攀折他人之手我政府愼勿三摘四摘徒令抱蔓以歸也

▲俄美兩國東洋艦隊之現勢力

今日極東問題實爲諸國視線所注集俄人以滿洲之事方急則尤增厚東洋艦隊之勢力自去歲冬春以來受命東來之艦列表如左

戰鬭艦　三艘　裝甲巡洋艦　一艘

巡洋艦　六艘　海防砲艦　一艘

驅逐艦　七艘

共一十八艘七萬八千七百六十六噸然諸艦尚未畢集今區其已至未至者復爲一表

(已至) 戰鬭艦　二艘　巡洋艦　四艘

驅逐艦　五艘

共四萬九千六百零一噸

(未至) 戰鬭艦　一艘　裝甲巡洋艦　一艘

巡洋艦　二艘　海防砲艦　一艘

驅逐艦　二艘

共二萬九千一百六十五噸

合之昔日原有之艦隊都凡四十九艘一十九萬二千三百九十四噸頃大集於旅順將大操於渤海灣

美人近日汲汲拓勢於東方且方干涉滿洲之事則亦運動以示威於十九日徵集東洋艦隊大演習於

之衆。其艦數如左。

戰鬥艦 二艘 裝甲砲艦 二艘

巡洋艦 六艘 運送艦 二艘

水雷艦 一艘

其他銜尾而來者。尚復有七八艘。嗚呼。樓船橫海。黃龍不上大旗。艫艨蔽江。白禍已成滋蔓。長江之險。與彼共之。臥榻之側。他人鼾睡。嗚呼。奈之何哉。

▲俄得稅權

達里尼議設稅關有日矣。我國諸地之稅務分司。向由總稅務司所進退。頃聞由政府以特別命令設海關於達里尼。而令旅順之俄國會計官伯羅士德錫夫爲稅務司。不隸總稅務司赫德部下。於是俄人累年營謀競爭之力。至是始告成功。

此稅關以西七月一日啓關。其役員皆用俄人。其單眼皆用俄文。其稅金皆貯存於中俄銀行。名雖曰中國之稅關。實則中俄兩國所共有。質言之。則直可謂俄人之稅關者也。此關既立。俄人更將推行之於牛莊。於滿洲。於天津。於北方諸省。盡奪北方海關之權。握之掌中。遂奪英人三十餘年專有之稅關權。而將與之中分天下。

英人之壟斷稅關也。與中國約。不得易用他國人。特許專利。自以爲無患矣。今俄人出其神力。令中國新立稅關。而特授以權。異軍蒼頭特起。英人能不眙愕失措。雖然英人之權。雖見分於俄人。英人之失。可取償於中國。別索利益以爲抵制。俄固得矣。英亦未爲失也。剸肉食鷹。捨身飼虎。中國慷慨。寧復他國所有。獨恨鷹虎無窮。而身肉有限。慷慨之宏願。終有時而窮耳。噫嘻。

▲南非之限制東洋人種

西人排斥東人之法。日新月異。檀香山之有力者。新結一聯合同盟。不得僱黃人為工役。不得食黃人之飲食。務奪黃人之生計。使足跡絕於歐美之間。而南非之排斥黃人。其法亦日以苛酷。

自東洋以赴南阿非利加。其登陸之地有二。由印度沿岸往者。則為拏達爾。由澳洲往者。則為喜望峰。其間有易士特倫敦及波耶里撒白斯二港。皆南阿東南沿岸之門戶也。各港皆有嚴酷限制黃人之法。而以拏達爾為最苛。此固從來著名之拏達爾法也。其法凡初至者。皆試驗以英國高等教育程度之問題。及格者乃許登陸。今則重加限制。非攜有百磅之旅金者。皆拒不令入。易士特倫敦之法。則凡通衢左右之通行人道。不許東洋人蹈足其間。惟喜望峯向無制限。今亦新定規律。至者試驗以英國初級之教育。其制最寬大。奚喜望峯厭惡中人印人。而遇日人則稍厚。屢有英國議員提議於議院。謂限制東洋人種。不宜并限日本人。然荷蘭人常占議員之多數。彼則以為凡屬黃種。皆當擯斥。英人之議。卒不能勝也。

嗚呼。今日之世界。白人之世界也。彼強我弱。彼智我愚。則彼主我奴。勢所必至。踐踏驅逐。奚所不可。然日人雖同見排斥。然彼尚有國可歸。若我中人。則外既見逐於人。而根據之故鄉。又駸駸為他人所據奪。出入俱窮。進退維谷。不及十年。我四萬萬同胞。其與猶太人轉徙流離於大地矣。我瞻四方。蹙蹙靡騁。側身天地。黯然神傷。

（外國之部）

▲日本航路之擴張

東西諸國。日以鐵路政略輪船政略。大擴勢力於我中國。內河航路之利權。皆為歐美諸國所攫奪。日本以後起之國。於十年間揭力奮爭。務於揚子江流域之中占一航路之席。日本郵船會社大坂商船會社相繼航船於上海漢口之間。頃郵船會社以一百六十萬購長江主要幹線之航路於麥邊洋行。於是日本累年營謀於南方之權力始立確定之基礎其國中諸報歡然互相慶幸又以政府之補助創立湖南汽船會社已有湘江丸竣工於神戶之川崎船廠即已下水航行於漢口長沙與湘潭之間其勢力拓而愈廣而利益線遂益以延長

日人之言曰『支那大陸者一列强攫奪之場也其陸上之路權若粵漢鐵路若漢成鐵路若滬寧鐵路若雲南鐵路若閩漢鐵路皆次第落於英美俄法之掌中已成禁臠然揚子江者實支那富源之中心也列强壟占已久俎上之肉豈能分我盃羹今忽於涎望欲飽之時驟得染指於鼎幸舉航路經營之實立於利便最多之地位以利用此揚子江流域立足之地旣固則我在南清之勢力可日增湖南汽船之發航是即我勢力圈之第一進步也』欣忭歡呼言之尙有餘快然鄰之厚君之薄得者誠宜快意不知失者亦復動心否耳

▲巴爾幹之紛擾

勃加利亞之內閣易人塞爾維亞之新王即位巴爾幹之形勢當可漸復和平然土耳其與勃加利亞之間尙齟齬而不能和合數日之間兩國之危機更迫蓋土國政府常以搜索兵器爲口實以迫脅勃國集大兵於境上勃人不勝其忿直派軍隊三千人駐屯國境移書質詰土廷土廷宣言曰『土國政府之駐大軍於國境者以防革命黨也』勃國政府乃駁之曰『土人誣勃國之計畫揑造革命黨云云之誤報是欺公衆也』於是下令禁馬羊之出口兩國皆嚴整兵備將啓釁端旋以他國之調停戰事遂寢列國復不認土人侵略塞爾維亞之計且謂土人不撤退援軍列國必將伺機干涉復與土約不復酷遇勃人於是土勃之間意氣漸解然勃國革命黨人之在瑪些尼利者尙團集而屯駐山間土兵亦嚴陣以待其戰機之決裂殆旦夕間事俄之經營遠東常恐近東有變以綴其後今巴爾幹之紛爭漸息俄人可專意於滿洲密約而遠東之風雲益劇烈矣

教育時評

◎北京大學堂之國學問題

張之洞奏廢科舉。西后乃令往察視大學堂。旋以張百熙榮慶推薦。請其會辦學堂。遂命其與張榮會議。重訂北京大學堂及頒行各省之學校章程。張之洞深慨經學之衰息。以爲今日更無人竭力提倡。則自玆以往。將無復窮經之士。而經學且將中絕。乃議於北京大學堂內增經學文學二者爲課程。彼意頗決。張榮固未必阻之也。

國學者教育之一大要素也非但保全國粹足以發揚國民愛國之精神且無國學以爲之根基則雖精通外學。亦皆隔閡難通。而不適於己國之用。三十年前留學歐美之學生何嘗不受文明國完全高等之教育。徒以缺於國學之故。其影響之及於祖國者遂爾寥寥。蓋既無國學。則如移一西人於我國其不能有所盡力固其宜也。庚子大創而後。我國亟亟於培養人才。其派遣出洋者趾錯於道。而內地之開學者亦務必求備西國之學科。而於國學之課程恐不能無此重彼輕之慮。而崇拜外人之輩甚且謂中國學問腐敗猥陋。一切掃棄而不足研求風會所趨。恐將遵三十年前歐美學生之覆轍。且夫我國文明之古。國也哲學之精深文學之優美於世界學界中固當占一高上之位。置徒以後儒不能闡發精義浸堙遂闇然沈翳於塵薶而無復精采苟有好學深思之士。撥欃而光晶之再接嫞以西洋之文明合一爐以陶冶。則必爛然放一異彩。且將有突出於西洋學問之外。而別孕一特色之文明者。文學復興時代。其在斯乎其在斯乎。

張之洞之注意國學。言誠是矣。雖然。吾不知其所謂經學者。果爲何種之經學也。我國經學之頹弊也。非無人治此學也。徒以治此學者。務爲支離破碎。無與於大道。而能損人之神智。故承平之世。尚有人焉消耗其無用之精力。以遺有涯之生。及今事變日殷。外學驟盛。一比較而此爲不切於用。則遂爲世所詬。而其學驟衰。蓋優勝劣敗。天演公例。非人力所能強爭者也。今誠能闡明大義。標榜精華。使學者無苦於繁文。而曉然於精義之所在。則漑惠學徒。必有裨補。若仍出其數十年前所鑽嚼之瑣碎斷爛之考據訓詁。而覥然號於衆曰經學。而欲人之糜有用之材力。以從事。則張之洞雖抱經當衢而泣。焦唇敝舌而號。吾恐人之掉頭不顧。雖列之學課。亦必無絲毫之效力也。是則非吾所敢知矣。

人物時評

○俄國大藏大臣域提

德皇威廉第二。羅馬法王列阿十三。俄國大藏大臣域提。三人者皆可左右歐洲之運命者也。而域提之勢力爲尤大。

握一億四千萬人口之大國之財權。俄國之內政與外交。殆無不待決於其手。域提者固得皇帝之信任。而爲掌握政治全權之大宰相。此世人所公認者也。雖然。彼能得專制君主之信任者。以其有强固之志氣。有廉潔之品質。過於大藏大臣之職任而已。固非信其有政治之天才。而能擧國以聽。故其權力。不能溢出於職務範圍之外者也。

俄國財政之紛紊。至今而極。其大藏大臣。固常立於困難之地位者也。彼同僚施政之輕率。屬吏之愚頑。資本家貪欲之浮躁。人民之困窮。四方之饑饉。金價之騰貴。股票之暴跌。北清南非爭亂之影響。與美國商業競爭之失敗。與德國商戰之蹉跌。其困難之情狀。已極窘苦不堪。且報紙之嘲駡。政敵之攻擊。同僚之要求巨費。其境遇之難。固足以試驗域提之才略者也。

域提之血統。實爲荷蘭人種。故其性質與俄人逈異。彼雖卒業於大學。實獨立自修之人物也。起家於鐵道行政官。遂繼威士涅勒司欵之後。而爲大藏大臣。其丰采粗野。其言論拙訥。雖生於名門。而無貴族之習氣。不喜文字。不好美術。惟注集全力於一事。蓋彼固勤於職務之一實行家也。

域提者實具絕人之精力。其勢力與成功。殆無不基。

於此非常之精力者也。彼每爲一事。不爭學說之正否。不爲煩喋之議論。惟傾集全力以達其最終之目的。逆之者能使屈服。阻之者能使辟易。無論同黨與政敵。皆能利用之使爲己用。彼具此懾服他人之魔力。故能行其志而不撓。若夫報紙之掊擊。輿論之怨憎。彼未嘗加以壓抑。坦然絕不介意。惟守其自信之方針。以整理政務而已。

以彼精力之富。智識之明。加以君主信任之厚。彼勢力之溢而橫出。擴大藏大臣勢力之範圍。以侵入他大臣勢力範圍之內。此固勢所不免者也。當同僚大臣要求費用之時。彼以銳敏之眼光。深察其費用之得失。忠告而進退之。不啻爲總理大臣之舉動。世人視爲握攬全權之宰相。殆不爲過。

域提就任而後。俄國之生計界日益紛亂。商業之頹蕤。金貨之缺乏。信用之薄弱。股票之暴跌。產業之衰頹。職工之窮窘。實業家之中落。皆爲俄國向所未有之困境。其生計紛亂之原因。實由於南非北清之亂事。初二年之前。曾議自南非以二億圓之黃金輸入俄國。事雖未行。而影響已及於生計界中。亂事忽起。其豫約遂不能行。於是金價驟騰。物價驟下。北清戰事繼起。以軍費之故。決行移用『準備資本金』之策。於是累年計畫之工程。所謂建築新鐵路擴張舊鐵路者。皆不能不節減經費。而生鐵石炭之購額遂減。其影響之及於產業者。固甚大也。

域提當此難局。以決斷之處置。施其救治之策。俄國者農業國也。一切製造品物。皆由外國輸入。域提以是爲一大漏卮。非國之利。則大興俄國之工業。欲使俄國保生計之獨立。遂決意施行其政略。於是工業盛起。自千八百九十四年至千九百年六載之間。俄國之合資公司。創之俄人之手者七百二十七。創之外人之手者百五十一。其資本共八億羅布。夫以一時而集巨大之資本分配之使適當於用。殊非易易。況俄人消費之力。方在幼稚時期。其消費之最大者。政府耳。然政府雖日擴興事業。卒不敵生產力之驟增。於是生產過多。勢所不免。彼急於近功之資本家。謂驟興無用之工場。致來生計界之恐慌。大藏大臣實執其咎。浮議囂囂。欲藉政府之救助以償其失敗。然域提固預知恐慌之必不能免。曾諄諄警戒其妄動。彼資本家惡其干涉。怒不肯聽。及既失敗。則又故爲浮言以責政府。域提以爲彼有失敗之理由。失敗固當。今爲一時姑息之救助。無裨於事。國家固不能濫棄此金錢也。則屹立而不爲所動。方是時也。生計界方在洪水之中。然政府之信用不失。當此恐慌之際。而政府尚能募集國債者。不可謂非域提政策確當之力也。

俄國今日生計之變動。實由出產之過多。而消費此出產品之大部分者。專恃政府。故俄國生計界之前途。惟視政府之方針爲進退。域提於恐慌之際。既能爲適宜之處置。而善後之策。亦有適當之措施。蓋域提眼光之敏銳。手腕之雄健。非特俄國無雙之政治家。而亦世界第一流之財政家也。俄人生計界之活動。悉懸彼一人之手。彼雖無獨握內治外交之大權。然俄國生計之膨脹。商工之發達。彼之勢力益隨而伸長。是又必然之理。而事勢之復無可疑者也。域提非獨有整理財政之長才而已。彼素受西洋文明之教育。雖爲專制國之執政。固不啻自由國之政治家也。彼深慨俄國政治之壓制。而專制政體之不可久安。素以代議政治爲當務之急。故在下者有要求自由之運動。彼未嘗不力爲援手。千八百九十一年。俄國大飢。租稅不繼。府庫空乏。域提乃乘間建議於俄皇。謂宜招集各地方之諮問會。以講求整頓財政之法。彼固將使國民得議國政。以爲議院之基礎也。內務大臣伯利威沮之。事遂中敗。學生同盟休業之事起。紛然爲政治之運動。域提深表同情。爲之建言於俄皇。謂宜深察學生之隱情。而施以適當之處置。言雖不用。而俄皇讓步之舉。域提固不爲無功。且俄皇欲調查農民之困弊。設委員以謀救濟之法。域提實爲中央爲委員長。彼日務以自由主義。輸入於農業社會之間。既總委員會議之事。遂屆內務大臣伯利威宗教總監呵齒那斯特夫之抗議。而展發其政畧。今年俄皇之下佈敕諭。許宗教之自由及地方之自治。固皆域提之調劑其間者也。域氏果能獨握大權。則俄人憲政之運動。當或較易爲力耳。

今年域氏奉命巡視東部亞細亞。歸而復命俄皇。表發其經營極東之大方針大抱負。讀其東巡復命之書。實可窺見其雄才偉略。域氏之才。具固溢出於大藏大臣職守之外。而足總外交內政之大權者也。嗚呼。是亦可謂政界之雄矣。

雜評

●人實誑汝

政府日憂日本留學生之言革命也。既命監督約束學生之言論。而尚未能深信。旁皇無所爲計。俄人乃說我政府曰。日本立憲之國。是以民權自由之說。靡於國中。士氣囂張。風潮甚惡。遣人留學其地。誠非所宜。若歐美則更革命之出產地也。派往彼邦。尤爲非計。惟我國專制之國。與貴國政體同。國人生息於專制之下。自無敢言革命者。貴國誠派留學。竊以爲莫善於俄。

斯言也。誠能中我政府之意矣。雖然。彼炸彈匕首縱橫鞾轂之下。兩刺俄帝。一擊今皇。之處無黨非俄國之生產物乎。累年暴動。戕殺官吏。卒令俄皇讓步。下許與自由之敕諭之學生。又非俄國之生產物乎。口言自由之士。夫何如實爭民權之學生。累世不一見。之革命軍。何如朝夕狙伺之處無黨。然則專制國產生之革命風潮。較之自由國。其劇烈不啻倍蓰也。誰爲我政府爲此計者。得無欺我政府憒於外事耶。無信人之言。人實誑汝。

然則革命者。非以壓制而息。亦非以無壓制而熾。固與俄人之言成比例矣。日本立憲之國。其民固無壓制者。然國民咸尊敬其萬世一系之天皇。未嘗敢言革命。而聲勢洶洶。狙伏肘腋之處無黨。乃反盛於專制之俄國。然則專制者。固製造革命之材料也。止沸莫如抽薪。憂革命莫如去專制。

●可憐人

批評門

大坂朝日新聞言俄人現方計畫將有要求於中國。謂吉林黑龍江兩地止可置一道員請移吉林黑龍江兩將軍於哈爾賓。又言俄人不喜奉天某道員謂其不善外交請易以楊來昭。又言有自吉林歸者曾見吉林將軍吉林將軍縷訴俄人之橫暴言之悽惻此其言非盡可信要之皆意中事也。

道員者非中國之監司大員耶乃招之即來麾之即去乃如俄人之奴隸也將軍者非中國之封疆大吏耶乃受俄人之凌暴無敢抗拒無所申訴至如失寵之妾受撻之婢惟向背人處擁髻掩泣也小朝廷大臣看者小朝廷大臣看者

嗚呼吾行見遊濟南者聞山東巡撫之泣訴也吾行見遊福州者聞閩浙總督之泣訴也吾行見遊廣州桂林者聞兩廣督撫之泣訴也不知來觀之往他日兩廣雲貴山東福建兩江湖廣之將軍督撫即今日之吉林黑龍江之將軍奉天之道員也袞袞諸公宜早自爲計勿爲張之洞之言所誤也。

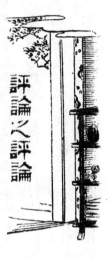

評論之評論

○白澳洲之反對論

時事新報

排斥異色人種之議論。方盛行於澳洲。澳洲有一紳士格爾者。曾著『人類有色之原因』『白澳洲之謬誤』『人種之混合』諸書。竭力以反對是說。今方漫遊日本。其心雖不可得而知。而其言則固能持公道者矣。今擇譯之如左。

格爾之言曰。『世界人類。不問何人。必有從兄弟、從姊妹、之關係者也。吾人若自父母祖父母以次而上溯。父與母之祖先。則祖先之人類。實不可勝數。譬由父母而上溯之。以至三十一代之祖先。則祖先之數。實爲二、十、一、億、四、千、七、百、四、十、八、萬、三、千、六、百、四、十、八人。祖先既如是之繁衆。其必非同一人種可知。祖先既雜。則其子孫自必混合若干之異種。故今日世界之上。斷無純粹惟一之人種。而必自多數人種混合而成者也。即如英國人種。實混勃里頓、腓尼西亞、䛂爾羅馬、撒遜、那爾曼、荷蘭、法蘭西諸外國人之血。統俄國人種。實與土耳其、韃靼、東洋人有密接之血族關係。此外諸國。亦無不滲雜以他國人之血液者。故區別人種。實最謬妄。至於皮膚之異色。亦不過因其民族所住之地。氣候風土。薰炙使然。彼有色民族。實住溫熱而卑濕之地。故有黑色銅色櫻色之分。若使歐洲民族移住於熱帶之地。則皮膚亦必成黝黑。彼亞非利加探險者士丹列、伊文巴蘇、等。固其明效大驗也。今我白人日以排斥有色人種爲事。誠可謂所見不廣。故我白人欲專有澳洲土地之權利。於理

批評門

固有所不順。即微之實事。其勢亦斷不可行。若必强行此無理之舉動。不道德之行爲。則非特悖世界之公理而已。且買東洋各國之怨毒。他日受其報復。蒙其禍害。將有不可勝言者。邇年以來。「白澳洲」之說已成爲澳人之輿論。政府亦因而制定移民法。設極苛至酷之限制。以禁東洋人之移住。彼格爾獨持公平之意見。以敵全國之輿論。其强勇之氣。與公正之心。誠可謂錚錚姣姣。其對我東洋人之盛意。則亦我東洋人所深爲感謝者也。

記者按格爾之言。誠可謂持平之論。然人種者天然不能平之界限也。既有此不能平之界限。則弱肉强食。固爲勢所必至。優勝劣敗。亦復理所宜然。雖有平等博愛之公言。固未易實行於競爭劇烈之天演界中。況民族主義。現方磅礴縱橫於世界。而黃人禍害。實爲白人所深防而惡忌者乎。

二

彼白人日言世界沃腴之地。非愚昧民族所宜有。而闢拓野蠻半化之土地。握收野蠻半化之富源。實爲開明民族之天職。彼日以世界主人翁自待。攘奪幷吞。要不過自盡天職。言之成理。莫之或非。彼格爾之論。亦止爲不識時勢之陳腐迂言而已。今日人種。黑棕諸人。無可言者。其有可與白種爭衡之資格。惟我黃人而已。强者與弱者遇。以勢力爲道理。我黃人苟無勢力。則寧獨澳洲可白。亞洲亦將可白。寧復有道理之可恃。我黃人苟有勢力。則白澳洲又何嘗不可爲黃澳洲也。

美洲印度人種之消失

慶應義塾學報

今日亞美利加最著之現象。莫如印度人種消失一事。其所謂消失者。固非滅絕之謂。蓋美洲印度人種。因白人之移住。蒙白人之感化。漸脫其固有之習俗。

失其本來之特性。而同化於白人之謂也。劣種與優種遇。其同化力有如是邪。

今日所稱爲亞美利加印度人。其最爲開化之種族有五。如(Cherokees)(Creeks)(Choctows)(Chickasaws)及(Seminoles)是也。人數凡八萬五千。此實北美原住土民之餘種。當前世紀之初。挾强硬之抵抗力以拒敵白人者。固此五種族也。敗北之後。退守密士失必河之西岸。自立一國。稍延殘喘者垂數十年。七十年前。美國之政治家。見此印度種人與白人爲隣。錯處於美國中央。謂於美國發達之前途。大有妨礙。日謀所以驅逐而排斥之。不知彼印種人。定居此地。即能自作憲法。僅三十年間。殆有白人之政治組織。試問白色之美人。果能以此短促之歲月。而能爲如斯之發達否耶。

印種人自移住而後。頗樂與白人相結合。故深感白人之教化。以變其舊習。終得與白人婚。至今日則純粹之印度人。殆可屈指而數也。且南北戰爭而後。昔日多數之黑人。以奴隸爲生涯者。悉爲自由公民。與彼等錯伍雜處。於是兩者之間。交換人種的感化。而成一混合人種。故今日之印度人。已非復昔人之印人。而別成一不可名狀之民族。

彼印度人者。固强健之人種也。勤勉而耐勞。强毅而不屈。以完全之體魄。而吸文明之空氣。故勤守職業。研求藝術。壯往勇邁。百折不撓。而其尤所注意者。則尤在於教育。其學校皆建立於公有地。現就學於公立之小學校者。凡二萬七千餘人。授業時間。自午前七時至午後四時。就學年齡。則自六歲乃至十二歲。其教授之課程。非獨普通之學校教育。且授以各種之技術。一日之間。讀有字之書者半。讀無字之書者亦半。除在教室授業外。女子則授以割烹裁縫洗濯及一切家政。男子則授以園藝農作畜牧之術。專以實用爲主。大有英國之風。

此外復有所謂練習學校者。其教授之科目。兼學問及技藝二事。入學之後。雖休日不許還鄉。二年至五年間。必令留校以畢其業。凡機器製造各藝術則隨學者所好而習之。惟以養成實用科學者及技藝師爲目的。驟觀之雖似卑劣。然彼固深知非此無以自存也。此種教育。既自根本上改製印人。於是古印人漸絕其跡。而新印人之受新教育者。接踵而來。他日與白人同負義務。同享幸福。彼等日夜冀望之『亞美利加都民』。將可償其素願矣。

記者按競爭生存之理。豈不然耶。彼印人醜劣之種耳。使其閉匿深山。不與白人相接近。則將蒙昧終古。必爲美人所逼滅。如紅夷之衰萎。而無復子遺。今以錯處美國中央之故。日受美人之文化。知智識蒙陋。必不足以自存。則輸進文明。一洗其獷蠻之陋習。遂以寥寥十萬之衆。昔爲美人所痛疾排斥之者。今乃翻然足以自立。而一切權利。且將與白人立於平等之地矣。以蠻陋之族。能容受他人之文化。猶尚如是。况乎文明素著之民族。顧乃甕然憂其不能自立耶。

◎新式之萬國通用語

太陽報

千八百八十七年。俄人查緬卜氏所創述之伊士卑蘭語(萬國通用語)頗見賞於世。從前千八百七十九年。蕭萊氏曾作威拉科語。以爲萬國通用語。但贊成此語者極少。一則以刷印上須用特別之文字。一則須用一定之格式。一則以其動詞過於單簡之故。今伊士卑蘭語者。即出而代之者也。贊成伊士卑蘭語者。已達八千餘人。如法國學士會之會員。及歐洲大陸之各大學教授。彼有名之德拉斯特及美拉二氏。皆表同情者也。法人路士巴倫曾論伊士卑蘭語曰。

伊士卑蘭語者。使旅行者。修學者。商賈者。與各國人士交處。不藉繙譯之力。而能通彼此之意思者也。

其新式萬國語。雖以現在之言語爲之基礎。然以拉丁語爲之要質。所以於法蘭西西班牙及意大利等國。比之在日耳曼及英國等。特博好評。巴倫氏更引用德拉斯特之意見曰。

威拉科語則甚繁雜。至伊士卑蘭語。則極簡單。欲學此語。則甚容易。余曾學其讀法書法。僅費二時間。便即了解。効果若斯之大。將來不問何人。可使用萬國語。

美拉氏亦曰。

欲以一己之意。而製萬國通用之語。原非易事。余久有志於此。然所創造。苟有所長。即有所短。伊士卑蘭語者。實爲現今萬國語之最優者也。

現法國巴黎某月報。既全用伊士卑蘭語。於倫敦「評論之評論」記者士德氏。亦日唱新式萬國語之不可少。於萬國亦有用伊士卑蘭文字而著書者。蓋伊士卑蘭語非威拉科之混淆綜錯。故易通行也。

記者按邇來諸國之理想家。咸謂天下萬國。必有聯合而成一世界公國之日。茲事體大。固非一二百年間遽能見之實行。然輪船鐵道之交通。日益利便。則五洲諸國。皆有日相接近之勢。前年海牙府之萬國和平會議。已漸萌聯合之機。今萬國通用語。日有新製。倘漸加改良。信能切便於實用。則更促諸國之接近。而導其聯通結合之情矣。五洲大同之黃金世界。或者其期遂不遠乎。

叢錄門

華年閣物語

觀雲

說夢

人間外之人間非人間非非人間於睡眠之中特開此新境界翳古以來無有如夢之不能解者然既有此不能解之事世之人又決不肯以不能解之三字而遂置之上古之人以夢世界爲實在之世界其世界離吾娑婆之世界甚遠吾人於鼾眠之後靈魂拔出始得一旅行其世界中於此得遇已死者之靈魂得遇仙佛得知因緣果報之事其說以爲人軀體內有一種精靈名爲靈魂其靈魂旅行之時即成夢之時也右者無十分理由之說以夢世界爲現實之世界者多人所不能信而又有一說出謂夢者非現實界而爲架空界乃由神之示吾人以事而成者也然幾多哲學家於宇宙

有神說不盡承認其視第二說亦以爲毫無價値之言。第三說。則歸於吾人之自然性（精神及肉體）所發希臘之推摩古里度士及亞利士多託等學者。皆從此方面釋夢之原因。而日本古說。亦謂夢者由五臟之疲所致云。

近世以來。以生理學與心理學之進步。心身之關係日益明瞭。以想像上之事與夢中之事比較研究。於從來不可思議之點。渙然消釋。所謂夢中之世界者。知其於晝間之經歷。固有密接之關係者也。

欲知夢之原由者。先不可不考睡眠之理。今日科學家之言。莫不謂睡眠者所以愈一日之疲勞。而身體上之作用。則於睡眠之中大有差別云。

凡人於睡眠中。其機官之運動。比晝間皆鈍而弱。依台斯泰學者之試驗。脉息之數。減少晝間五分之一。活動度之低下。以夜半爲最甚。夜半以後。漸次復昇。至黎晨時乃得恢復其故初云。

全體機官活動之度既低下。凡血液循環呼吸。皆緩漫而腦髓之作用亦鈍。斯時而欲起腦部之作用者。不可不比晝間與以强大之刺激力而後可。

睡眠中腦之血液。或謂比晝時間多量。或謂少量。其說尚未能定。然腦之作用。決無全然止息之時。腦部以外之機官。亦決無全無反應性之事。夢者即由此而成云。人於晝間以受外界之刺激。起心內之作用。至睡眠時與外界之境隔絕。腦得放縱之自由。而無可循之軌轍。此夢之所以多無條理也。

腦之作用無論若何放任。必不能於一生經驗以外有所作爲。蓋腦之智識。固從人之經驗而來。增一度之經驗。即開一度之智識。若盤之引線然。不能走乎其外。而合衆多之經驗線。合而爲聯想線。當白晝間於無數聯想線中。選其合於條理者以爲作用之規則。至睡眠時不然。前後矛盾。悉無所顧。一任腦細胞之發動。而成爲不規則之一聯想線。夢之成也蓋如是。

夢者又非獨發於其人之經驗也。於其人之性行。亦有聯屬之理。希臘哲學海拉古理度曰「夢世界者自身之世界也」云云。謂夢中之事。全爲自身所造成者。其說亦信。夢之成形。實不過一種之幻像。然幻像之所自來。有於覺醒中受刺激而成者。有於生理上受刺激而成者。前者例如見繩則夢蛇之類。後者例如空間見幽靈之類。其類別有是兩種云。

此兩種之區別。又有全在思想上之作用而成者。有受生理上之刺激而成者。今就後之種類而略言之。

生理上之刺激。又有外部內部之別。外部云者。與五官相接之刺激。內部云者。消化機呼吸血液循環等屬體內之機官者是。

受外部之刺激者。如視覺官。於睡眠中與外界隔絕。而又不全隔絕之時。斯時也。或映燦爛之光線。或月光等則網膜內所起之作用。概作光明之象。宗敎家有因是等之刺激而得見天界者。

當睡眠時。聽覺官之於音響亦然。如懷中時辰錶之音。蟲之音。小鳥之歌等。皆能成夢。而夢之境界。又各因其音響之種類而異。例則聞虫之音則見秋日之景光者是也。

味覺嗅覺之成夢者蓋少。如吾人所經驗。罕聞有嗅芳香而夢。味甘糖而夢者。然此等覺官。亦有因刺激而成夢之理。其成夢也。則於視覺上改換其物體。例則受薔薇花香而夢者。夢見其花。味甘糖者。夢見甘糖之物。如兒童因喰菓子。動感其味覺而夢。則於夢中得見菓子云。

觸覺者概爲悲慘之夢。如心臟肺等各部分受强壓而寢之時。多數機官。皆感其苦痛。則多驚慌悲叫之夢云。

筋肉之伸縮亦有現於夢中之時。或因運動神經力剩餘之故。或欲排除障碍物之故。或由疲勞之故。凡筋肉間之作用均於夢有影響。如襲讀所經驗。夢中從高處飛下則其足之筋肉。或適爲無意識之伸張云。

夢之關於生理上者。其畧如此。其關於思想上者。茲未之及。此一大難解之事。荒誕之說。怪異之論。古今萬國所在多有。茲就科學上可據之理而擧其可解者言之。

說鹽

食物之中。一種最普通而不可少者。鹽是也。

徵之古書。猶太人以初熟之果與鹽二者。皆取以奉神。希臘詩聖和美有鹽爲神物而供勇士之用云云。史家泰希泰士釋日耳曼民族强力之理。以爲由於其本土有鹽泉之故。管子之覇齊國。以鹽爲經濟之一大來源。此鹽之見重於古昔時代之歷史也。

以鹽爲必要之物者雖經若何之苦痛困難而有所不辭徵諸探險者所傳野蠻人之事有因鹽而演戰爭之慘劇者有棄其可愛之子女以易之者近馬來半島露拖羣島中之土人出其拙劣幼稚之技造泥土以爲製鹽之器械蓋皆迫於欲鹽之一念云中央亞非利加以鹽爲物品交換之標準用以定物價之上下且有用以代金錢者又不獨今日之蠻人然也歐洲古世亦有以鹽代金錢與現品之事今日英語中之所謂賽賴利（俸給）之意者其原意有以鹽代價之義羅馬時代其政府供給武士之用者肉油乾酪以外又別給之以鹽云

鹽又非獨爲人類之用物已也獸類中若羊（中國晋代史帝乘羊車出游隨其所至而止息焉宮人多用鹽洒地以引羊車）與馴鹿皆有非常喜鹽之性是亦可異者也

附考 臘付臘陀土人所豢牽橇之馴鹿嘗有一度渴望海水之癖屆時從海岸幾十百里之內一嗅鹽風之香直向其方角而奔若何防禦不能禁止土人知其性癖每見鹿有舉鼻嗅風之事走相警告取日用一切家具寢具屬載車上爲旅行之計馴鹿嗅風之狀態經過一夜能悉感染其部落中之羣鹿舉止騷動遂奔走驅出不能止土人即自牽橇於雪中認其蹄痕之所往而跡之始數日之間鹿隊廣散馳走亦不急有時立止若上亦見其有臥雪之迹至近海處蹄痕漸深湊爲一線更近海處於道上有多處之血痕小鹿之死骸與負傷不能步之鹿慘澹橫臥想見其馳走時强者蹂踏弱者狂奔驀進之狀土人收其死鹿載其傷鹿既達海岸則鹿性與前相反穩馴竚立若歡迎以待土人可不勞而捕獲仍使之牽橇而歸土人知馴鹿之好鹽每一年一度導行海岸使之饜足鹽料以免一度渴走之損失然渴走之事仍時有之其奇癖眞不可解云

人類中以鹽爲必要者。果有若何之理由乎。檢人類之體質。爲生理上所不可少者。鹽以外尚有幾多之分子。而獨認鹽爲必需之物者。是不可不攷其故也。

人類中最初用鹽之時代。不能確知。以今日所推察。則必在從游牧時代。變爲農業之時代。始阿利安人種中有同一之語言者不少。而用鹽之事。及關農業之事。皆無同一之語言。據是攷之。可知阿利安人種當未經分裂以前。無用鹽之事。又全爲游牧之民。而非農業之民。此可本其言語學以爲徵也。

人類之中。亦有憎鹽而全排斥之者。如埃及僧中。皆不用鹽。而獸類之中。嫌鹽者亦不少云。

用鹽不用鹽之原因。多無人能解之。據生理學者馮幾氏積多年研究所得之言。肉食動物者嫌鹽。菜食植物者好鹽。人間社會中。主菜食之人種者好鹽。反之而游牧之民。狩獵之民。漁業之民。概不好鹽。其中專務漁業之人民。處得鹽甚易之地。然不僅不好之。且有從而排斥之者。此研究中之事實。合之前所述用鹽時代之起原。其理蓋歸於一致也。

嫌鹽之民。若俄羅斯本國。及西伯利亞北部之民。皆是。據齊度摩氏探險所記。堪察加及通古斯之土人。其食物均不用鹽。或招土人而與以有鹽氣之食物。祗一口而苦顏皺眉。不能再喰。攷其地人民之所生活。漁業狩獵牧畜而外。從事農業者蓋少。又土耳給斯坦及黠戛斯（亦作吉利吉思即古之堅昆近譯又作幾爾吃斯）人種者。亦爲不用鹽而主肉食之一族。實則亞美利加當初發見之日。其土人亦僅以肉食爲生。各家紀錄中。未嘗記其土人有食鹽之事者。

反之亞非利加內地。如莫可及派庫之人種。視天下之物。無有再過於鹽之切用者。其食物全野菜類。附近之人。均以求鹽爲種種勞苦之事。又或一人種者。以食鹽爲無上奢侈之事。於喰鹽之一語中。即含有富貴人之意味。又或一人種者。其喰鹽恰如文明國兒童之餐糖。得鹽魂則喜。其爲最上之酬謝物云。

由此攷之。牧畜狩獵漁業之民。概不用鹽。且久居其地。與其土人相交際者。（例如探檢者）亦能習慣其生活。而漸有不好鹽之心。而菜食種族。則以鹽爲必要之物。馮幾氏之言。均信而有證也。

人類中以菜食肉食之故而有用鹽不用鹽之別此一大疑問而待研究之事以常人言之莫不謂肉食菜食其中含有鹽量多少之不同故好鹽不好鹽亦因之而異然實際無肉類含多量鹽分菜類含少量鹽分之事其含有之鹽量殆相等且皆不過含少量之鹽分其中或有多量鹽分之物則皆屬於其表面所附着之味而物之本質其含鹽也固甚尠然則以兩種食物之故而生用鹽不用鹽之別者更屬不易解之問題也」兩種食物所含之鹽量既同何故肉食者得肉中小分之鹽量而足菜食者必需多分之鹽量乎據化學者之言由於兩種食物有其他要素相違之故其相違中之最著者爲炭酸加里各種食物中含有之異量殆無有過於炭酸加里者動物植物相違之故即野菜類者概富於炭酸加里而肉物類者概乏此要素也

揭炭酸加里含量之多寡而言之其中尤尠者如動物性食物血液、乳、肉等最多者植物性食物如荳、苺、馬鈴薯、苜蓿等居於例外者獨米之一物而已米之含炭酸加里甚少量殆與肉類無異而馬鈴薯者一啓羅沽賴碼中有二十四沽賴碼其含有量殆可爲總植物性食物之代表又可揭要言之植物含炭酸加里之量倍曹達二十五以上至百五十動物含炭酸加里之量不出於曹達二倍至五倍以上者云然則炭酸加里之多寡。與用鹽之多寡。有若何關係之理乎。據馮幾氏所研究。一炭酸加里之多寡。生用鹽多寡之原因。二依化學之作用。以鹽分之消費而求鹽。三鹽分之消費以炭酸加里之量多消費亦多。此三種理由發明而用鹽不用鹽一奧窔之問題。乃豁然而得確實之證也。

人類社會之進化。至混合動植物爲食物之時代。而尙有用鹽必要之事。此不獨傳菜食時代之習慣。亦難忘食鹽之感覺性故也。

鹽者又有補於血液上之作用。如角力擊劍柔術等事。不能廢鹽。而又有强烈之殺菌力。如有病源起於魚類之食物者用鹽能防止之。又日本風習以鹽爲掃除清潔之用。用鹽之餘義。又如此大海之所漉歟。大地之所藏而碁布星羅。時時發見而爲井爲田歟。此宇宙間自然化學之作用。而有造於人類幸福之一物者非耶。

記者曰。習焉不察者。人之性也。人多食鹽而孜見其理由者蓋寡。雖然。所謂學問者無他道也。事無大小。必推見其眞理而後已。當眞理未明以前。萬事萬物。無不渾渾然沌沌然。在若明若昧之中。及眞理發見。而後能知物性。知物性而後能用物。人類之大能。不在是哉。不在是哉。

譯叢

法國之經營南淸（續三十三號）

東邦協會報

北海

北海港者。在東京灣之北頭。而控廉州府。亦樞要之通商口岸也。當千八百九十八年一月。中國政府。將內地之江河。悉許開放任內外瀛船。自由航運。故得自廣東而溯西江。直達兩廣之南部。於是北海之貿易。煥然改觀。若出海口。沿右岸而航行。數時間即可達北海關。北海之人口。二萬有奇。昨年輸入額。則二百〇九萬三千五百八十六兩。輸出額二百十萬三千九百九十八兩。一出一入。比之前年。實增三十一萬千百十八兩。今爲表英法兩領土之關係。列千九〇〇年之輸出入表如左。

香港輸入額　二百〇二萬九千〇五十三兩

法領印度中國輸入額　一萬三千八百六十七兩

香港星架波輸出額　百七十九萬三千九百〇三兩

法領印度中國輸出額　無

法國非獨以此地爲其勢力範圍。直若視爲占領地。觀其東京灣之防備航運之策畫。可知其概。英國除領事館而外。只有一二普通病院。至法國則於領事館附近之地購以重金開公園。設學校。建郵政局。多立病院。贈醫施藥。使海陸軍醫應公衆之聘請親往診察。其所以買士民之歡心者。亦可謂無微不至矣。更以防海賊爲口實。時駐法兵。即北海關之稅吏。亦服軍裝。以撿查船舶。東京灣中之島嶼。星羅碁布。如大蓬萊、小蓬萊、珠母山、圍州、廣安州、蚊洋山、望瀛山等。皆風景絕佳。娛心悅目。惟港中有所謂「遠淺」不利停泊。法國之不租借北海港。而擇廣州灣。亦此之由。

汕頭　惠州　三水　梧州　龍州　蒙自　思茅

千八百九十八年。法國與中國約。凡廣東廣西雲南三省。與法接境者。不許割讓他國。

條約之範圍。雖劃界限。然法國逐漸擴張。實舉雲南之東半省。廣西全省。廣東之南半省。歸之本國勢力範圍。於雲南所敷設之河內、老開、雲南府間鐵道。實於雲南分劃其勢力範圍。試問蒙自思茅兩港。爲中國所有耶。抑他國所有耶。

蒙自	人口一萬二千人	輸入	三百七十四萬八千三百三十九兩
		輸出	三百〇六萬六千九百三十四兩
思茅	人口一萬四千人	輸入	二十萬九千三百八十一兩
		輸出	三萬五千二百六十八兩

廣西之通商口岸有二。一爲龍州。一爲梧州、實位西省東西之兩極。然此二港。亦在法國南淸鐵道之線路。其爲法國勢力範圍。固無疑義矣。

龍州	人口二萬人	輸入	十五萬六千九百六十五兩
		輸出	七千五百二十九兩
梧州	人口五萬二千人	輸入	五百五十四萬一千〇十七兩
		輸出	百八十萬五千〇八十五兩

廣東之汕頭、惠州。實位東省之北。雖屬英國勢力範圍。然必視英法兩國。在廣東之勢力如何。乃可定其分野。又如三水。雖當法國鐵道之線路。然西江航路之所屬。猶未知鹿死誰手。此後數年間。英法對抗苟於廣東占大勢力者。即足以司南清之運命。

汕頭	人口三萬八千人	輸入	千三百四十二萬一千三百兩
		輸出	五百四十一萬三千八百十六兩
三水	人口五千人	輸入	百五十五萬二千四百七十六兩
		輸出	九十二萬〇三百六十二兩
惠州	不詳		

內地之運河。悉許通商。今除珠江之下流。黃浦之鐵柵不計外。南北橫貫之鐵道。若大開通。則南清之外國貿易全異疇昔。上海貿易之大部。必被奪於香港廣東東海南海。遂異其地位。由是中國商業之中心。因此南移。其爲南清之盟主者。將在保守主義之之英國乎。抑在進取主義之法國乎。

法國之鐵道經略

法之河列安公嘗曰「我國爲求侵入中國之路。可占領東京。」是法國最初之計畫。在占領東京。溯紅河自雲南而入中國。後知紅河上流。水勢湍急。不便航運。千八百九十七年總督都美亞之赴任。直發表其鐵道經略。是自英國之緬甸鐵道。割取其利益。今英國之雲南鐵道大有中止之勢。而法國之經營。方興未艾。今擧印度中國總督府所決議之鐵道經略。列之如左。

(一)安南縱貫鐵道　起點　西貢

主驛　歸仁　朱蘭

順化

淸華

寧平

終點　河內

(二)海防河內鐵道　起點　海防

終點　河內

叢錄門

延長線 老開 蒙自

(三)老撾安南中央鐵道 起點 安南 廣治 終點 湄公沿岸

(四)老撾安南南部鐵道 起點 歸仁 終點 亞德堡 Attopeu

(五)西貢南旺鐵道 起點 西貢 終點 南旺

五線總里數 千九百八十七哩

五線工費總額 一億六千萬圓每哩約七千七百二十九圓

越一年九月十四日。「印度中國政府」更命將印度中國內地之鐵道。及入中國之鐵道。從速布設。其布設之鐵道線如左。

(甲)未設線路(河內博覽會之前尚未建設者)

一河內…老開線（東京）河內英罷間昨千九百〇二年歲杪已開通老開全部百七十六哩鐵路七十八架明年可成

二老開…蒙自線（雲南省）現在敷設中全部二百三十哩

三河內…南定…乂安線（東京、安南）全部二百〇二哩昨年落成客車九十六貨車二百四十機關車二十九

四朱蘭…順化…廣治線（安南）全部百〇八哩長橋一隧道十一既成

五西貢…慶和線（交趾、安南）全部四百〇四哩橋五十七驛十三未成

此線路者延長而爲西貢…歸仁線

六美德…永隆線（交趾）未成

（乙）既設線路（河內博覽會之前已有者）

七海防…河內線昨年六月十六日開通凡六十哩

八河內諒山…東但線昨年開通凡百〇三哩

此線達廣西南關

（丙）從來既有線路

九西貢…美德線凡五十八哩

以上自一至八之線路。千八百九十八年以法律而發布。且前總督於八千萬圓之鐵

道公債。亦許其發行。竣工之期。指日可待。一旦開通。而後日南之新領土。非復昔日所謂瘴癘之地。南海商業之轉機。殆在於此。且法國之鐵道經略。非獨於領內爲然。其間南淸之計畫。更有令人咋舌者。今更將其經營之南淸鐵道詳列如下

一廣州灣…高州…梧州線（於梧州接續西江之航運延長線更達於廣東）

二廣州灣…遂溪…鬱林線（於鬱林接續第三線）

三東但…龍州…南寧…鬱林…梧州線（兩廣橫貫線現已興工其延長線附屬線皆附之）

四南寧…柳州…桂林…衡州…長沙…漢口線…（於漢口與比利時之蘆漢鐵道線接續千八百九十八年南淸鐵道委員所提議）

五雲南…叙州…成都…重慶線（千九〇〇年所測量前總督都美亞所提議）

法國壯心雄圖。觀此可見。在法國掌中之南淸。他日實爲東亞之一大問題。彼英國之南淸經營。止九龍廣東之鐵道。至於緬甸雲南所欲敷設者。亦已中止。其線路遂不能越潞江以北一步。夫今日世界列國。方注視線於北淸。而彼法國。却出全力以固南淸之基礎。豈非所謂人棄我取者耶。廣西之亂匪。平定無期。雲南之警報。絡繹不絕。法國其又有所藉口。而肆其狠呑虎噬歟。

（完）

竊皇案（續三十三號）

法人某著
中國某譯

奧利威頻問余所見何如。剌剌不休。而余弗肯告。行將到書房。見相去不遠之處。門聲一響。突有一人自內出。匆匆與奧利威爲禮。奧利威耳語余。此乃大博士耶拿列。以王之庖人有病。特來診視。吾爲君介紹、何如。余急止之曰。毋爾。彼若舉倫敦醫家之事以相詰。豈難剝吾假面邪。奧利威曰然。吾竟忘君已易裝矣。於是不更交言。令耶拿列自去。彼頻目注余。若有所怪焉。余問奧利威。王之庖人爲法蘭西人否。奧利威答以不然。余驚詫曰。西班牙人豈亦解割烹之事邪。奧笑曰。君自不知耳。吾王賞識此人。他無其比。若王果眞病。則雖謂由此庖人戈滅所致、亦非太過。以王所御食物。悉爲此人所製。故也。余以奧多言無當。乃問之曰。此庖人病幾日矣。奧利威曰。病七八日矣。我輩甚欲此庖人早愈。以俟王回宮。若不然。王雖回宮。亦不懌也。余無暇再答。獨自沈思辦法。甫入室。便傳宮中大總管來。示以太后手諭。且告以辦事次序。因下令曰。第一條。須將皇宮各門之門者。傳集細問。精查前此十日間所有出入者姓名及其來去時刻。作成一詳密報告書。從速送來。第二條。於皇宮各門特置幹員。凡有出入宮中者。無論其人爲何人。其事爲何事。必須入報。待我允許。然後可以放其出入。大總管聽令畢。問曰。謹承命矣。敢問厨房後門。亦當照此辦法邪。余應之曰。然。此門尤當留意。何以故。傳染易者無踰食物。如牛乳之類。尤莫甚焉。大總管又問曰。宮中僕從亦須稽察否。余答曰。西班牙國除太后及宰相外。無論老少男女。皆不許任意出入。大總管唯唯而退。余乃獨坐書房。門者以求出入者之姓名來報。絡繹不絕。全悉許之。少選。大總管持報告書來。凡出入宮中者。自其姓名以至其所以出入之故。無不詳細記入。余閱畢曰。善。余將以此呈太后。余今去矣。有欲入宮者。仍必報余知。如令。余既至太后所。即以報告書呈上。太后周覽一通。似無所措意。余謹進言曰。王失去之前數日。有形迹可疑之人。以甘言來餂王者乎。陛下不復省憶乎。太后怪余言曰。汝言余有所未解。豈或以此等手段賺王去乎。

余曰。陛下試細尋繹。則當日兇人必非以閱兵勸王行。必以他事賺王可知矣。何以故。王年少而慧。乃被擄之時。消息沈沈。無使人得聞其影響。是豈非一奇事乎。太后曰。然則如何。余曰。今余雖不知王赴何所。然必王自願去者。太后愕然掉頭不已。余又曰。陛下試再思之。前此數日。王有不得意於陛下之事否乎。年少者往往有激於一時之氣。不遑遠慮。而貿貿然作驚人事者。或欲倣魯邊遜而從事探險。或且入山蹈海。入夥作強盜。余言至此。太后忽然仰視。似有所思。已而語余。有一事幾忘告卿。前此數日。王與余少有意見。此實因免一庵人職而致。蓋庵人戈滅嘗有不檢之行。後爲大總管所發。遂致革職。彼有一姪。與王同年。王甚痛愛之。及此事起。弋滅託其姪求王。請赦其罪。而余不允。王爲此乃大不平。余不待太后詞畢。遽曰。然則吾知之矣。語未竟。大總管入白現有孩子言欲進宮。許之否乎。余問誰氏子。答曰。庵人之姪。名俾里羅。爲覗問其叔父之疾而來者也。余乃嚴詞曰。毋許彼入。毋許彼入。汝當留之汝室。以俟余後命。大總管大驚怪。不敢發一言而退。太后曰。卿辦此事。毋乃失之太苛乎。余對曰。今來宮中者。必非俾里羅。必僞託者也。太后似疑余自作聰明。問曰。卿何所見而云然。余對曰。陛下不嘗覽此報告書邪。據此報告書。庖人之姪以前禮拜二日上午八句鐘入宮。然見其入。未見其出也。然則今之來者。非僞托而何。太后聞言。慄慄然曰。余未解卿所云云。願明以告我。余曰。外臣今不暇言其詳。唯外臣曾與陛下約限五日內可以尋出王以還陛下。今則但請以五分鐘爲期足矣。夫眞俾里羅隱於庖人之室者四日矣。今外臣將逕往視之。言竟。辭太后出。至往日耶拿列所從出之室。敲門。門內有男子聲應曰。俾里羅來乎。便聞啓鑰聲。已而門半開。余排而直入。至室之中央。見有一狀貌猙獰如虎者。瞋目視余。此庖人戈滅其人也。而不見俾里羅所在。戈滅問余爲誰。余以醫答。聲色甚和。又以兩手揷腰袋。務肖醫生舉動。使彼勿疑。又曰。某人病。召余診治。聞貴體亦失和。太后遂命余來一視君。戈滅性本倔强。當時似甚狼狽。言曰。辱承惠顧。感激無量。惟某已託他醫療治。不敢再煩先生。敬謝厚情。請勿以爲怪。余曰。否否。君雖已覓良醫。然再令余一視。亦豈必有損。况太后有命。不可重違聖意。願以貴脉相示。戈滅知不得强辭。正在旁皇。余已率握彼手。按其脉。亂脉也。余乃妄言曰。君之病。由吸新鮮空氣不足所致。與其鬱鬱守此。何如少出外行。請披帽。余將扶君行。戈滅聞言。倒臥椅上曰。先生。我現覺精神不快。斷難行走。請俟明日。然後奉命。余曰。否否。君言差矣。此室湫隘若是。甚妨養生。君何不一覽此寢室邪。言次。突至前室。取門机一轉。則已下鎖者也。時戈滅閃眼射余。余欲先發制人。乃急拔短鎗擬之。呼曰。汝胡得動。不畏此物邪。戈滅以事出不意。大驚而退。余乃壞鎖開門。則見牀上有無數鉛製偶人。狼藉不可言狀。又有一人蟠坐其中。手積塵垢。如塗漆然。唇點胭脂。如嘔血然。髮蓬蓬如獅子狀。方張口啖菓物。嗚呼。彼何人斯。豈非四日前所失去之西班牙國王阿豐瑣第十三其人乎。余既見王。一言不發。竟抱之走。直至太后御前。乃放下。氣猶喘喘不休。此時太后及王之情狀。可想而知。不待余之詳述矣。

讀者諸君。猶有惑於此事之顛末者乎。余請再言其詳。余初聞奧利威。知王僅戴冠去耳。後聞王以帛覆首而出。而遍詢無一人曾見王之顏色者。又聞王之行狀。亦與平時大異。余於是已有所悟矣。蓋凶人恐偕王同過市。當爲人所覺。故遂藏之於宮中一僻處。而以他孩子代王出宮。以惑人耳目。此計亦甚狡矣。而當時余已覺察。則所待再查者。惟王已曾出宮與否。抑藏在宮中何處。惟此兩事耳。而余當查此之時。已密密布置。

斷不使萬有一失也。創此謀者爲庖人戈滅。彼以革職故。不能平。故借此復仇。其與之並力者。即耶拿列其人。彼自稱醫生。實則與余同科。固儇物也。其謀本甚周密。戈滅自數日以前。已託詞有疾。使其姪有所藉口。得不時出入於宮中。其後又使人自威不羅拿發一警報。以待機會。及其計已行。必竟偕王至戈滅室。而以耶拿列易之。而强置王于室內。欲乘間即挾之出宮。其後乃有勒贖之書者。是其轉計耳。及事既發。欲治兇人以重罪。細思有所未便。未爲得策。乃與兇人約。令勿洩此事於外。不然。當科以重罪。案於是乎結。而西班牙國王病愈之報。不待終日。已達於各國矣。余破此案。所最喜者。能爲吾友喀爾羅雪不白之寃也。其後太后亦屢爲余言。以當時誤疑喀爾羅爲過。余於此事不過少費心力耳。而太后甚德余。臨別時。太后自脫其所帶指環贈余。且勅之曰。卿對于西班牙攝政太后所盡之厚誼。朕當命首相道謝。卿對于阿豊瑣之母之深情。朕願以此永爲紀念。卿其受之。

（完）

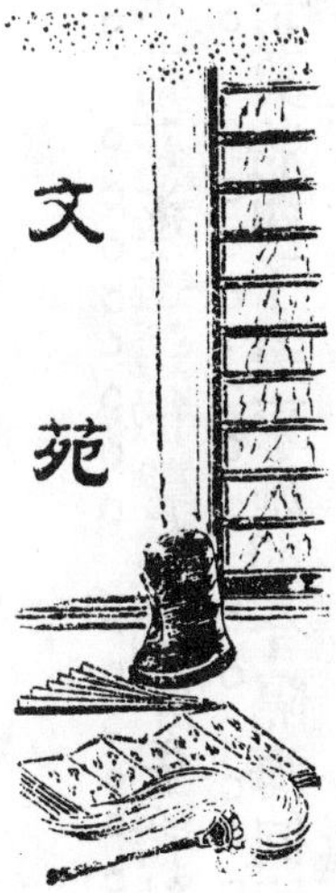

詩界潮音集

不忍池晚游詩 戊寅　　人境廬主人

東京上野有不忍池亦名西湖近郊勝地也余每喜晚游長夏暑熱或夜深始歸得詩十數首

開門看雨夢纔醒一抹斜陽映畫屏隨著西風便飛去弱花無力繫蜻蜓

蜃樓海氣隱重城浩浩風停遠市聲四壁晚鐘齊接應分明不隔一牛鳴

紅板長橋雁柱橫兩頭路接白沙平前導後擁蕭蕭馬猶記將軍警蹕聲

如此江山信可憐驪虞覇政百餘年黃粱飯飽紅燈上小戶家家弄管絃

百千萬樹櫻花紅一十二時僧樓鐘白頭烏哭屋梁月此是侯門彼佛宮王師東下以上野為戰場故近

處公侯第宅梵王宮殿大半荒廢矣

羯鼓鼟鼟舞折腰銀缸銜壁酒波搖鑪香裊處瓶花側不掛當時黑鞘刀東人屋例以隙地爲供鑪挿花之所舊時士夫皆佩雙刀宴飲時則懸於壁今廢此儀矣

薄薄櫻茶一吸餘點心清露浥芙蕖青衣擎出酒波綠徑尺玻璨紙片魚

鴉背斜陽閃閃紅桃花人面薄紗籠銀鞍並坐娓娓語馬不嘶風人食風西人携眷出游者每並轡偕行

萬綠沈沈嘒一蟬迷茫水氣化湖烟無端吹墮豊湖夢不到豊湖已十年

絕遠窮荒海外經風災鬼難渡零丁誰知大地山河影只一微塵水底星

濛濛隔水幾行竹暗暗籠烟併是梅微影糢糊聲犖确是誰携屐踏花來

柳梢斜挂月如丸照水搖搖頗耐看欲寫眞容無此鏡不難捉影捕風難

不耐茫茫對此何花如吉野月須磨如魚邪虎爲鳥武樹底時時人唱歌吉野之櫻須磨之月爲東方名勝之最

三更夜深月上欄荷花遙遙透微馨鑪烟帖妥窗紗靜不解參禪也讀經

山色湖光一例奇莫將西子笑東施即今隔海同明月我亦高吟三笠辭仲麻呂使於唐將還從明州上

舟望月作歌世傳爲絕唱三笠山辭是也

旅居襍詠 時在日本東京

觀雲

偃蹇青山初上日婆娑老樹儘橫雲我來隱几忘天下欲問山中麋鹿羣

不讀離騷讀莊子嗤非愛國亦何言海神河伯空相語去矣雲將道所存

婆娑世界獨婆娑百歲眞同一擲過不厭長命不畏死衆生天倪與之和

蒼蒼明月蔽浮雲雲散天空月復明方識浮雲不長久何緣相合與同行

夢中常現江之島海水盪風澎湃聲曾過懸厓瞰絕壁陡添膽力到平生

萬家沈沒曉靄中朝起風光自不同天埽紅塵開境界華嚴彈指即虛空

婉婉初駕六龍游來至東天一葉洲香草滿山花滿谷欲攜芳種植高邱

茶甌火鉢渾如畫席地清明不染埃多少唐人風俗在翻然看取故鄉來

默坐有得成詩七章度己度人以當說法

劍公

墜地果何似頑痴二十年忽瀅新理想普種好因緣低踏羣芳泣高窺一鏡圓隨心見衆色方寸竟湛然

法界無邊際華嚴我可鄉如如香海水燦燦妙華光法雨潤一切慈雲護十方詩歌挽
厄運此願可能償
如是道無量彌綸此大千最難成正果發願演平權軀殼竟安用靈魂不可傳此時無
一語相對竹娟娟
解脫離文字從知識未差諸天諸刹海一佛一蓮花公理隨心悟凡夫著意誇了然觀
現像三世意無涯
智者了無說焚香默下簾衆生殊苦惱淨土爲莊嚴當識死生故誰教色相兼重囚牛
出獄哀樂一時添
說法本非法忘情總有情度人即度己無滅亦無生養到道心活放將慧眼明萬千都
幻妄無況一浮名
出世復入世斯人信妙人精靈無過腦清淨自由身分別即爲妄是非安有眞倘參平
等果魔眷亦天親

讀不可思議解脫經口占五偈　同

佛說一切法非男亦非女識得此中理其人可與語一一微塵裡重重帝網中能知此方便理想妙無窮衆生悉清淨成佛無先後凡夫自生惱世界原無垢發願度一切我心自怡悅究竟誰覺者所說無所說水上泡影現空中呼聲響當作如是觀當作如是想

感春

慈石

古云天好生以生爲嗜好我謂其好殺誰云非天道生以備殺材殺以資窮討蒼蒼眞無情物各宜自保欣欣枝上花芊芊園中草幾日紅含愁數旬綠煩惱秋風一朝來飄零迹如掃惟彼獨立樹歲歲風霜飽艱苦鍊奇骨閱歷增懷抱應時善變遷得氣先穹昊既不能造天斯爲天所造肆戰大劇塲植根須及早優勝劣敗理確哉洵可寶世界無邊際人生多憂患息息轉如輪相續無時斷狂香襲人來大地春爛漫淙淙水流聲飛花逐片片耳鼓與眼簾窮盡我聞見聞見所難窮我心亦奚戀逝者本如斯光陰疾於電無幻之非眞無眞之非幻笑彼網羅人物一掛礙萬局躋方寸間不能通其

變智慧日以窒衆生日以倦孔故曰不已佛故曰精進眞理貴日新勇者盍振奮登高視　切江山富奇葩膏腴數千里鮮艷如流霞推情發大願憫戀蔑以加吾亦愛吾國吾亦愛吾家要令團體堅黃龍生光華大海塡精衛漏天補女媧如膠無密縫如玉無點瑕基礎苟未立莫得空驕誇秩序一破壞萬端皆舛差列强誠足畏各自磨其牙虎虎注我目厥勢殊騰拏國既不能保家亦化蟲沙吾不用吾愛波印有前車庭花開滿樹春風觸鼻香好鳥語枝頭相對弄笙簧遊魚結隊行誰云江湖忘因之識羣義離羣必受殃民貧無富國民弱國奚强蒸砂以作飯安能充飢腸尤貴通他羣範圍逾擴張兩利爲眞利獨利焉得良綠紅相組織爲色斯成章酸鹹共調和爲味斯可嘗人我一以破幸福乃无疆愛情達極點全球如一鄉文明日交換雲飛五色祥

史界兎塵錄

△死無怍容

英皇查理斯布新教時們魯士爲之佐。屢事鎮撫。後戰敗被囚。守正不屈。就刑之日。夙興理髮。一如平日。約翰斯頓來見。謂之曰。汝首已非汝有。何用此爲。們魯士答曰。此尚屬吾首。苟此首一日屬吾。則吾一日當盡其職分。理髮與否。與汝等何與。及正午。將就戮。肅整衣冠。稽首謝上帝曰。臣今日爲我王殉難。希以此贖生平罪愆。又顧其敵曰。余以余之魂魄。薦之上帝。余之忠義。致之英皇。余之良心。致之朋友故舊。余之名譽。致之千載之人。只以區區之殘骸遺殼。附之汝等。耳語畢。神氣不少沮。從容就義。

▲生與死

拿破崙二世帝多病。不能從事軍旅。鬱鬱不樂。每長歎曰。嗚呼、二豎苦余。奈余赫照後世之功業。他日余傳記中所可記者。唯有死與生二事而已。悲哉。

▲贈棺

亞波爾奇之役。諸爾遜爲彈丸所中。昏絕在地。數分之後。纔得蘇生。其後諸爾遜召畫工某描繪其狀。懸之居室之中。以誇示來客。其部下將校哈羅威者。當亞波爾奇之役。曾顯其驍名者也。聞此事。乃以法將夫魯伊斯所乘之『阿里因』艦之材料。造一棺以贈于諸爾遜曰。近聞將軍繪畫死狀。以懸于居室。固千古之快舉也。余今以法艦之材。製一棺而呈于左右。將軍百年之後。將遺體藏于其中。豈非更增一層之快事乎。諸爾遜大喜。常愛其棺而置于左右云。

▲打帝王頭

撒基瑣王亞魯夫治者。為殘忍暴惡之種族奪其領國。流離于四方。備嘗困苦。或受傭于某麵包店。一日店主婦外出。語王曰。汝代我理爐上麵包。須注意勿怠、王諾之。居坐爐邊。恢復舊業之念。如潮而湧。思國思身。一時萬感交集。而忘理麵包。及店主婦歸。見麵包之焦黑色。怒曰。懶惰漢。汝有食麵包之口。豈無觀麵包之目乎。因以拳打其頭。王不以為意。且厚謝其怠慢曰。願償麥粉若干。幸宥其罪。店主婦益怒曰。咄、無錢豎。汝安得買麥粉之資乎。忽而有叩戶之聲曰。吾王在茲乎。即見有許多忠臣入跪王之前。店主婦始知其為撒基瑣王。乃投身于王之足下。落淚而謝不敬之罪。王止之曰。汝素無罪。何得言謝。遂與麥粉若干。以償其損失。

▲一彈五仙

拿破崙之攻亞格魯時。彈丸闕乏。大為困難。乃訛設一計。應命騎兵及馱馬出巡海濱。向英國砲船挑戰。且令曰。能得一彈丸納于本營者。與以五仙。于是兵士皆爭拾英船射出之銃丸。而送歸本營。一時遂免闕乏之患焉。

▲兵士計略

佛底利治大王。時時服兵卒之服。微行府內。以觀察兵士之舉動。某日至一酒店。見有一兵士飲酒。該兵士不知其為王也。把杯勸之。而強其飲。且呼佳肴多味。頻頻勸之。王心窃怪之。問曰。君以一兵士之身如此豪遊。毋乃過分乎。兵士答曰。誠如君言。雖然、余自有計略。毋勞過慮。王愈怪之。又問曰。其計畧如何。兵士掉頭不答。王多方以甘言餂之。兵士不能耐。乃吐其實曰。君幸毋以語長官。余所謂計略者。不過將物品賣之耳。方今天下太平。無動干戈之慮。與其攜帶無用之長物不如賣之以博一醉也君試觀余所佩之劍乎王因撿視之果一木刀也王乃默記該兵士之容貌隊號歸營之後命該隊兵以明日出場操演。

翌日。王臨操場。驅馬而周巡隊中。于兵隊裏認得昨日之兵士。命之出。而別指一人命之曰。汝宜以汝刀。斬彼之頭。兵士曰。彼得何罪。雖有陛下之命。不忍以余之刀。而加于朋友之頭。王怒曰。汝不用朕命朕斬汝頭。于是兵士熟視帝之顏。爲之翻然。遂拔刀出。乃木刀也。王大笑曰。汝實能知計畧者。

▲賜時辰鐘

德帝維廉第一。一日告近衛大佐某曰。朕欲以明日觀近衛兵之操練。午前九時。必齊整兵士。以待朕之親臨。佐官某謹領聖旨而退。翌朝蹶起。則見日光瑩瑩。輝於屏幃。自鳴鐘已過九時矣。乃匆匆而至操場。則見皇帝已先在。顧大佐某而促其操練。操練既畢。帝偕從者還宮。大佐某恐怠慢之責。深自惶惑。歸家端座一室。戰戰兢兢。以待嚴命之下。忽而接明日陞殿之命。大佐某更爲憂慮。是夜竟不能成眠。詰朝恐恐然整肅衣冠入朝。皇帝不減其龍顏。親手賜以錦纏匣一個。且曰。聊酧卿昨日之勞。大佐某乃拭其冷汗。略得安心。歸家啓視之。乃一時辰鐘也。大佐某乃感聖恩之寬大。爲之失泣。

▲暗殺書滿盤

林肯被選爲大統領之日。接各處威嚇暗殺之書。日凡數起。每置之一鐵盤之上。居然裒然成堆。一日笑語友人曰。此等書信初接之亦略覺有不甚愉快之感。其後視之殆與平常書信無異也。

▲加富爾萬歲

加富爾臨死之日。意皇聞之。潸然淚下。日吾若代加富爾而死。意國之患害當滅其量。加富爾嘗使外國。外交政畧既奏其功。歸朝之日。各地人民沿路歡迎。其中如多靈府民尊敬歡喜之餘。幾至覆其所乘之車。翌朝。加富爾謁意皇。語府民歡迎之盛況。意皇止之曰。勿復語勿復語。吾備知其時之實況。卿之所知者。無如朕之詳細。卿不過在樓上而若衆民之歡呼。朕乃在衆中與群衆共呼加富爾萬歲者也。

▲史家長嘆

史家華爾他。著萬國歷史。第二卷既脫稿。將附印刷。一日閱之。適近隣有事。其戶極騷然。華爾他乃倚窓而熟視之。略知其情節。翌日友人來訪。華爾他語以前日隔鄰之事。且問其事之始末。友人略述其事實。而所語全與華爾他之言相反。盖友人以與其事有關係。故知之較爲詳悉也。既而友人去。華爾他乃手萬國歷史之稿本。喟然而嘆曰。嗚呼。此書中所記虗言妄語。不知幾何。以己所目擊之事。其判斷之誤何且如斯。何况數千百年前之往事。焉能得直筆明論乎。遂將數年來所著之萬國歷史稿。付之一燼。

▲詩稿與下婢

布倫者有名之詩人也。某日下婢某手其多年所作之詩稿入其書齋。突然而謂之曰。君若不與我結婚。吾即將此詩稿投之于火中。布倫此時遇此脅迫。心中雖十分憤恨。惟念若將此詩稿付諸灰燼。則多年之苦辛。全歸水泡。榮名自不能傳于後世。乃呼証人來。與之確定結昏之約。後遂妻此下婢云。

▲懷草稿而寢

日耳曼文學家格斯德。著『斯伊他斯』（書名）費四年之歲月。然後脫稿。珍重愛惜。須臾不忘。一夜深更。雷電大作。格斯德從睡夢中驚醒。倉皇跑入書齋。取『斯伊他斯』置之懷中而後寢。獨自語曰。是最安全。

之地也。是最安全之地也。

▲梭格剌底之宴客

梭格剌底一日招宴賓客。食桌甚閒。友人某見之問曰。君何不張盛宴。來賓恐目君爲吝。梭格剌底笑答曰。君言差矣。今日之賓客。若賢。粗食足矣。若以爲不足也。是爲不賢之士。饗不賢之士。吾以爲此粗食猶過也。其人聞而赧然。

▲紅鼻王

西班牙王希里支布。美姿容。常對鏡自負。及老。不忍覩其髮白面皺之狀。乃留治粧一課。命侍女數人。日與已粧飾。其面常如桃花。侍女嘗欺之。故紅其鼻。及臨朝。朝臣弄之曰。陛下不堪思慕之情。

▲一外套一佩刀

徐世賓未嫁拿破侖之前。一日偕拿破侖訪代書人剌奇頓。旣至。止拿破侖于書記室。獨自入內。向剌奇頓述欲與拿破侖結婚之旨。剌奇頓止之曰。君誤矣。後毋大悔。今君所欲嫁者。惟有一外套一佩刀耳拿破侖密聞之。而故不語。及即帝位。着帝服。命曰。吾欲一見剌奇頓。速召來。比至。拿破侖問之曰。汝猶以吾惟有一外套一佩刀乎。

▲帝賜乞丐

羅馬帝瑪堅米利亞。一日徘徊市中。路上有乞丐求其施與。帝曰。我與汝無異。父子也。以微物與之。乞丐曰。皇帝之賜。一何其少也。帝曰。固不少矣。若汝之兄弟。(總指羅馬人)皆與汝以許多之物。則汝之富。豈不踰于我乎。

▲睡八時者爲痴愚

英王約翰魯治第三世。嘗召鉅商某于維梭爾城而約之曰。以某日之朝八時相見。某後期半時而至。王不見之。又約以明朝八時再來。某次日亦後期而至。

王又不見之。迨至第三日。王延見之。問曰。汝每日睡幾時間。某答曰。臣起居有法。睡眠以八時間爲常。王曰。過多過多。男子睡六時。女子睡七時足矣。睡八時者。痴漢也。愚奴也。

▲匿夫于心中

昔時英國有一夫人。其夫得罪。將處刑。夫人聞之。匿其夫于某所。公然自認曰。我隱匿之。英王聞之。捕夫人而鞫問之曰。汝速告夫之所在。我當赦汝。夫人答曰。我匿吾夫于心中。搜索吾心中即得我夫也。

▲不念舊惡

俄國首相摩利基被人誣告其罪。俄帝信之。流于西伯利亞者二十五年。及彼得第三世立。召還之。復其舊職。誣告者聞之大懼。要于中途。跪伏而哀求謝罪。摩利基曰。我心若如汝心。或圖報怨。雖然。我心實異汝心。汝勿復恐懼。後果置之不問。

▲感化盜賊

波蘭人約翰乾。一夜騎馬過林中。見盜賊羣居。意以爲彼等因貧困之故。故至于此。非好爲此惡業也。忽生哀憐之意。進至其傍。將財囊指環等凡有價值之物。悉授其巨魁而去。行不數武。覺衣帶中尚藏有金貨若干。旋復至前。呼曰。汝盜賊。我衣中尚有金貨。頃忘之。今欲盡與汝等。故再來。乃投金貨而去。賊衆大驚。且感曰。嗚呼。余等爲盜既久。今不圖遇有德之君子。已懺悔其所業之非。願併前所賜之物而奉還之。自今當從事稼穡。不復爲此惡業也。乃將約翰乾所與之物。置諸地上。叩頭謝罪而去。

▲視死如生

撒布士名將伊巴美那、打斯。爲敵人以劍所刺。中創深瀕死。打斯不拔其劍。以待勝敗之決。既而士卒來告曰。我軍克。打斯聞之喜曰。余今日命盡之日。即爲始生之日。身死而名立。豈不榮哉。言已拔劍而斃。

▲屍能退敵

西班牙人路多利哥。用兵如神。戰則勝。攻則取。故人呼之爲『伊哥巴剌夫路』。蓋絕倫之意也。摩路蕃族來侵西國。彊域路多利哥防戰。屢逐敵于境外。摩路人知不可勝。遂退去。後數年。路多利哥卒。摩路人聞之。大舉來侵。西國人乃發路多利哥墓。將其屍立于馬上。使當前敵。敵見而相戒曰。勇將尚未死。遂不戰而潰。

▲老兵隊

昔美國獨立軍中。有八十名之老曼人。組織一兵隊。隊長殆達百歲。投身兵馬之間者四十年。臨戰者十七回。鼓手九十四歲。最年少者七十歲。當時往來于千軍萬馬間者。此老兵隊也。其後移居美國。投劍銃。執耒耜。以送餘年。然獨立戰爭之起。彼等皆曰。余輩托身于虐政苛法之下。今際此危急。若拱手旁觀。其何以立于天地間耶。遂奮然蹶起。而投身于獨立軍云。

▲僞俘虜

羅馬帝多米支亞那士。驕惰而不知兵。然有以武功揚名天下之志。嘗親自將兵而擊加玆頓。（德國民族）兵至其地。不戰而退。乃僞稱大捷。買身材高大之奴隸。服德國之服。塗黃其髮。僞稱德國俘虜。以爲凱旋之儀云。

▲善譬

昔雅典軍征俾路波尼亞。將航海。時恰日蝕。天地晦冥。不辨咫尺。全軍大驚。衆口嘖嘖。士氣頓沮。總督俾利格士在船。頻促解纜。梢手皆恐懼不應命。俾利格士忽生一策。脫其外套以掩梢手之面曰。得見否。梢手曰。外套遮目。不能見也。俾利格士乃言曰。月下之現象亦即如是乃月球遮人目與太陽之間耳又何足驚衆惑立解奮然進軍。

▲君求臣鬬

瑞典王亞德魯夫一日閱兵。佐官智頓偶忤其意。王憤激。舉拳毆打。智頓深恨之。閱兵既畢。托事辭職。王許之。既而怒漸解。悔其前非。甚爲慚愧。翌日智頓往丁抹。王密與從者二三人尾之而行。既抵丁抹。留從者而單身獨入鄰境。與智頓會於一大原野。曰余向辱汝。今欲與汝雪其恥辱。故追至此。此地既非我國境。余與汝共立于同等之地位。今所有者短銃及劍。汝速下馬。以全汝之名譽。銃與劍惟汝所擇。說畢先下馬以待智頓之下。智頓驚出意外。惘然不知所爲。纔即下馬。伏地感泣曰。陛下既有全臣名譽之言。臣焉敢有加于仁君之劍。今陛下賜臣復歸于瑞典。臣得辱陛下恩顧之榮。不勝欣幸矣。遂抱王而起。相携而歸瑞典。

▲重律殺子

他魯加士爲羅馬「哥芝由魯」(官名)時。定軍令曰。將士等單身入敵陣與敵獨鬬者處死刑。其子偶與二三騎兵探偵敵陣。突逢敵兵。敵兵呼求格鬬。某應之。與之鬬而勝。獲其甲冑而歸。示之于父。他魯加士賞其勇。後以犯軍律之故。正其罪以狥衆。

▲百王中之王

昔埃及王剌些士有統一萬國之志。親將騎兵五十二萬發于都城。所到建大理石之大柱以勒其功。其文曰。百王中之王。後石柱破壞。或埋沒土中。事蹟不得而傳焉。

紀事

（內國之部）

◎貝子陳奏　振貝子回京召見覆奏賽會情形。暨考察商律銀行等事後。皇太后詳問留學生情事。貝子力陳各學生學業精進。甚爲可嘉。即日本當道。亦皆稱之。所有學生亦皆能遵守學中規矩。實無結黨立會。倡言革命自由等說。皇太后乃曰。如此甚好。方不負朝廷育才之本意云云。又張之洞召見時。皇太后并將振貝子之言告知之洞。且曰。此係他親目所睹。所言或不至欺我。如此看來。學堂仍宜切實興辦云云。張之洞以皇太后所言告知管學。彼此甚爲慶幸。僉謂學堂之興。皆振貝子之力也。皇太后聞革命之言。甚爲寒心。深恐學堂中染此習氣。故于學堂之事。近日已不甚着意。此乃確實情形。今得貝子之奏。遂立命張之洞整理學堂之事。

◎籌論停科　張之洞十四日看視京師大學堂時。在座中所論。深以學界風潮爲憂。謂庚子時此風尙不過漢滬一隅。乃不過三年。已徧大陸。可畏實甚。又聞嘗將此意告之樞府。謂此時消弭之法。惟有拔擢一二人以塞喁喁者之望。尙可挽回萬一。否則眞無法壓制也。樞府大不謂然。又聞停科一節。張意在必辦。而某大員阻之最力。嘗欲於政務處開議一次。某大員謂如開議。彼必不到。即議成。彼必專摺爭之。以此爲報國第一大事業云。張笑謂力爭停科之議。以學堂究不如科舉之可以得人才也。無如康梁獨非科舉出身乎。康且爲公所取。又何說也。又謂今之阻停科之議者。其數殆盛於義和團。我眞無能爲力矣云云。

◎籌商學務　張之洞與張百熙密談學務。者謂科舉不廢。則學堂不興。之洞建議以為科舉驟難停罷。不如試用兩全之法。其法分理財法律商工天算輿地聲光化電各學為各門。士子所學何學。即註考何門。每門立一同考官。不必拘定十八房十四房十二房之數。似此則考生業專而精。不致有任意鈔襲之弊。房官事有專責。亦可免敷衍草率之譏。庶於學堂科舉兩無妨碍云云」

◎俄兵入藏　軍機處據駐藏大臣寄電咨稱。近來俄人紛紛入藏。測地勘礦」行為叵測。頃者又有俄人若干名及馬隊數百名。忽焉闖入。詰其來意。則曰遊歷。問其遊歷。何以率帶許多馬隊。則曰為護衛之備。且云我等隨帶馬隊。業經貴政府應允。貴大臣未可奈何云云。敝處並接未奉電咨。俄人所言。自不能遽信。然是否仍請即速電示云云。慶王得電。當即照會駐京俄使。詰其俄兵入藏緣由。並請電京俄國政府速命入藏之兵撤回。乃俄使覆文。故作含糊之詞。謂所云各情。向不知悉。今接來文。始知云云。軍機處無奈。遂電覆駐藏大臣。令於俄兵行動須加意偵察。唯不可輕舉妄動。至俄員所云隨帶護兵。業經應允。乃係搪詞。今後務須留意。勿為俄人所惑云云。

◎俄約問答　駐京俄使。日前會晤慶王。商議滿洲事。慶王曰。中俄兩國須敦睦誼。乃貴政府之口頭禪。何乃時時以難題要求。以窘敝政府。是何意乎。誠不得其解。俄使曰。貴政府與各國交涉之事。敝政府無不盡力調劑其間。向無窘貴政府之事。如令日本交還遼東。如庚子議和。敝國亦極盡調停之勞。固久在王爺洞鑑之中。俄國之對於貴國。如斯親切。雖不敢居功。然亦可告無罪。而王爺今出此言。誠本公使所不解也。慶王曰是固然矣。然敝國所以酬貴國者。可謂不薄。且貴國前所要求北清之權利。苟可應允者。莫不應允。至新約之事。則關係重大。敝政府萬難允從。俄使曰。新約乃補前約之未備。亦撤兵以後善後之要策。此勢所應然。何不可之有耶。慶王曰。東三省撤兵之事。本大臣旣與貴公使訂定條約。去年定議之際。本大臣力排衆議。而簽押之。乃未滿一年。主其事者皆在。何得又欲索訂新約。請貴公使易地而思。當可釋然。俄使曰。揣測尊意。不過顧慮他各國抗議而已。要之此次訂約。乃因兩國便益起見。與他國毫無關涉。且敝國前者要求之欵。新約收同。可謂通融辦理。去年兩國改訂之欵。業由道勝銀行總辦璞科第氏送交貴大臣處請爲訂定。如各國有向貴政府詰責者。敝國自有調停之策。無庸貴大臣過慮。慶王曰。璞氏送來酌改之欵。本大臣業已奏聞皇太后皇上均不兪允。內外臣工議論沸騰。各國外部及使臣亦多有抗阻。假令本大臣應允。其奈輿情不洽何。貴大臣須將如此情形。傳達貴政府。力請廢止新約。俄使曰。本公使有議約之權。無廢約之權。貴國即使不允敝國之求。將來可保無匪亂乎。慶王曰。貴國撤兵後。善後事宜。敝國必竭力辦理。萬不致疎忽。請放寬心。俄使又曰。茲送交四欵。皆貴政府不難應允。各國亦必無繁言者。究竟應允與否。請速行咨覆敝國政府。慶王曰。本大臣實無覆答之權。俄使曰。應允與否。在王爺獨斷。請勿飾辭推諉。慶王曰。兪允與否權在朝廷。本大臣有協議之權。無定議之權。又曰。此事最關大局。須徐待熟議。俄使曰。請速議定爲幸。遂辭慶邸而去。聞慶王接見俄使之後。即往頤和園覲見兩宮。

(外國之部)

半月大事記 西歷六月上半月

▲六月一日路透電。亞查利巡撫翰拿氏因恐摩洛哥人越界。特往隣國游歷。以便勘察一切。不料行經某處道經窄狹。早有亂黨六百人由弗近前來埋伏于此。當將巡撫圍攻。幸該撫帶有衛隊。極力拒敵。亂黨大敗。聞衛隊兵數僅二小隊。計受傷者十七人。

▲二日路透電。意與兩國近有齟齬之事。奧國有數城邑已甚鼓噪。其起釁之由。因在唔士柏洛地方之奧國學生與意國學生不睦。致驚動政府。今政府已設法彈壓。

同日電。各國舉賽汽車。日前已由法京巴黎賽至西京馬德力一次。發軔時悞將御者碾斃四人。又傍觀四人亦受重傷。故法政府已立法永遠禁止。

同日柏林電。德皇頃据上海總領事電奏。謂有探險家德人名皮坡士者。乘哥士輪船探尋南極。現已行抵打斑地方。〇又柏林官報言法人征討摩洛哥國人甚合公理。惟英人之干預與否。則尚未知。

同日倫敦電。澳洲首相巴頓氏極贊成殖民大臣張伯倫許各屬地自理財政之政策。互相慶賀。謂各屬地財政從茲可以自行整理。於國家誠大有裨益云。

▲三日路透電。法國現已派兵一隊前往非葛地方。約本月九號可以行抵該處。屆時兩軍相遇。必有一番惡戰也。〇又阿及耳巡撫韓拿氏。已決意以強硬手段鎮靖非葛府之亂黨。無論久暫。必辦到摩人力能自衛而後止。

同日電。加拿大政府將與德國開稅戰之端。德京柏林半官報已將加拿大及德國之稅則表明。意謂德國並非有意別生事端。與大英友邦爲難。實因英國用强迫手段。在其屬地自立稅則。不恤人言。故無論如何。我德必須設法保護云。

▲四日路透電。德國報館每著利害之論說。聳動其國官場。以冀阻撓張伯倫氏所擬加稅政策。

同日電。義華基利氏昨在爹佛地方演說。略謂我英各屬政府。倘能不分畛域。聯同一氣。則航業必能推廣。商務必能發達。財政各項亦無紊亂之虞。

同日倫敦電。斯丹達報訪事由轉爾士地方電稱。荷蘭國人已決意公舉代表人整理杜蘭斯哇政策。惟此代表人須授之以職。不可加以限制。俾得大展其才。而將軍路易士波氏與其同僚于礦務一事。甚爲反對。謂招雇華工。能保南非洲之土地人民。否則亦當招雇南印度之土人云。

同日紐約電。居留俄國澳爹沙地方一帶之猶太人被俄國暴徒之擾害。驚懼異常。前月在基先尼夫地方之猶太人被害者有三百餘人之多。故現在猶太人結成團體。置備軍械。爲自衛之計。謂彼族若再殘我同種。侵我自由。奪我財產。即與極力抵抗云。

▲五日路透電。張伯倫所定稅則。英政府及澳洲各省亦多贊成。惟自由貿易各大商賈反對此議。然間有多數之少年甚韙張氏之策。新西蘭之商務會已簽名願從此例矣。

同日柏林電。此間各報因加拿大議加稅則。是以大發議論。謂美人亦以英人此舉不甚妥洽。英國輕稅行之已久。我德未嘗不蒙其惠。今如英國稍有變更。我德國亦須設法抵制之云。

叢錄門

▲七日路透電。英國首相巴科氏。昨据茶商代表人遞一稟件。稟內簽名者有三百人之多。略云。近日茶商不振。已成江河日下之勢。請將茶葉入口之稅減輕。以維商務云云。巴氏未允所請。

▲八日路透電。張伯倫函致各屬政府。聲言各屬不可加抽五穀粮食各稅。並云如果粮食等物高漲其價。則各項工人亦當比例加給工貲。此舉美德各國皆如是辦理。不僅我英爲然。蓋若此方稱爲文明之國。造福小民也。

▲九日路透電。杜蘭斯哇立法院。近又繼行前例。凡在本國之顏色人及外籍人。均無選舉之權。

▲十日路透電。法國出兵征討摩洛哥之非島地方。摩人自知不敵。已甘心降服。

▲十一日路透。電英內閣所行保全自由貿易之策。頗不洽輿情。

▲十二日路透電。塞爾維亞大舉革命。主謀者爲彼得氏。當昨夜夜半彼得統率兵勇直入巴爾嘎利王宮。重重圍住國王亞力山大及王妃見勢已迫。即爾自戕。王妃一弟二妹並其親屬等概被殺戮。又宮門侍衛六人首相某氏一將軍二大臣及巡捕等十二人亦被殺斃。彼得氏遂自稱爲王。另立新內閣。傳檄布告全國。准于十五日在上議院妥商大事。此次之變。國民皆額手稱慶。懸燈結綵。互相慶賀。民心之向背可見矣。又此次之亂。與歐洲各國無甚關係。惟俄奧二國。或有微言。亦未可知。同日電。塞爾維亞雖定于十五日聚議。選立新君。然必須俄奧二國公認方可。

▲十三日路透電。塞爾維亞國王及王妃之屍。已草草成殮安葬。又塞國事變後。王位已定。衆情允悅。想不至再有更變。至前王及王妃死後。民心大快。

甚且聲明其罪而痛詈之云。

同日電。英國財政策現已定議。並無反對之者。

同日伯林電。奧王聞塞爾維亞亂事。驚惶失措。遽發顛狂。若有人監弒之狀。身匕佩首。由奧京維也納狂奔而去。又云亂首經已拿獲。

同日電。歐洲各國公使于塞爾維亞亂事之結果。多有不滿意。然亦無隙可乘。不能越俎代謀。奧國則甚喜彼得氏認已爲該國國王矣。俄人想亦謂然。惟塞國尚未設立行政各部。此事德國並不偏袒。英人則愛彼得之才智。惟以是日之變亂。不能辞咎。彼得向無仇敵之人。將來似可永保其位。然尚須上議院公允方可。

同日電。意大利首相現已辭職。另簡山拿地利氏爲新內閣大臣。

▲十五日路透電。塞爾維亞此次之變。甚合民心。故得安然無事。前此國事犯之爲暴政所寃抑者。今已一概省釋。並准于下禮拜一日先行選立新君。一俟士高士夫亞氏回國後。再行議置各部大臣。

同日柏林電。塞國現極安謐。彼得告老治滑氏已由議院推立爲王。衆心甚合。

叢錄門

新民叢報

SEIN MIN CHOONG BOU
P. O. Box 255 YOKOHAMA JAPAN.

每月二回發行　第參拾伍號　十四二十九日

日本山本利喜雄著　順德麥鼎華譯

俄羅斯史

洋裝全二册

定價大洋八角

凡欲覘人國者必研究其國之歷史以知其盛衰興亡之故乃始得其眞相此書於俄羅斯之創造與成立改造與勃興皆詳細記述簡括無遺彼俄國斯向爲專制政體之國與我國體正相類似其成敗得失皆可借鑑且西伯利亞鐵道既成勢力駸駸南下我國實首當其衝若懵于國勢民情日言抵禦曷當于事本局特選此佳本急爲譯出以供我國民之稽考

發行所　上海南京路同樂里　廣智書局

新民叢報第三拾五號目錄

◉圖畫
●普法戰役三傑講和會議之圖
●法國馬耳塞港全景
●意國旃那亞港全景

▲論著門

◉論說……一
●中國社會之原（續卅四號）　別士

◉學說……九
●彌勒約翰之學說（續三十號）　君武
○三哲學○四試驗說○五界說○六證據

◉時局……二一
●極東問題之滿洲問題　觀雲
○極東問題與滿洲問題所由來○中國之外交

◉政治……三三
●官制議　明夷
○序

◉歷史……三七
●中國人種攷（一）　觀雲
○人種始原二派之論說○人種之多源一源及其產地種類（附古書之解釋）

◉教育……五三
●泰西教育學沿革小史（續卅三號）　蛻庵
○第一期上古教育學史○第二章羅馬之教育○第四節羅馬教育之精神○第五節羅馬教育之制度○第六節教育家之學說

▲批評門

◉政界時評……六七
●去一凶矣●北洋之常備軍●俄人開放滿洲之宣告●滿洲問題與俄日協商●旅順會議●俄羅斯之陸軍●英法之親交●列國海軍費及東洋艦隊之比較

◉雜評……七七
●南黨獄●北黨獄●特科異聞●俄人北方之新馬隊

◉評論之評論……八一
●滿滿朝鮮交換論●滿洲者俄國之一州也●列國競爭中國鐵道之近情

▲叢錄門

◉談叢……八五
●華年閣雜談　觀雲
●首陽山●天王明聖臣罪當誅●戰敗後之民族

目錄

●歷史之片影 ◉譯叢……九一
●西里但普法戰爭筆記 魯庵譯

●詩界潮音集 ◉文苑……一〇一
●赤穗四十七義士歌(人境廬主人)●旅居日本有懷錢唐碎佛居士(觀雲)●一羽(同)●新遊仙詩(時若)●初夏二新聲(同)●與亡用因明子菊花韻(劍公)●書感步因明子皎然韻(同)●憂羣(同)●讀招魂大招篇(同)●爭存(同)

●華年閣雜錄 ◉雜俎……一〇七
●身之伸長法●將來人類之進化●諸元素之歸一●防皺顏法●休疲眼法●治口吃法●寢時之姿勢●幼兒之睡眠●一日二十分間之運動●人類研究之一斑●偉人少年時之懸錘●火星之住民●鐵體之各種色絲●卵中之含砒素●空中飛行船●滊車隧道內之自動點燈●植物新注射法●人造石●x光線之製革●脫帽之自動器械●大貓嶼之鳥類●蝶蟻激戰●蟻之俳優●檀香山之隕石●拿破崙秘藏之酒

●內國之部 ◉紀事 ●外國之部……一一三

◉售報價目表

全年廿四冊	半年十二冊	每冊
六元	三元三角	三角

日本各地全年五元半年二元六角每冊二角五分日本及日郵已通之地每冊加郵費一分全年二角四分其餘各外埠每冊加郵費六分全年一元四角四分

◉廣告價目表

洋裝一頁	洋裝半頁
十元	六元

惠登廣告至少以半頁起算刊資先惠論前加倍欲登長年半年者價當面議從減

編輯兼發行者 馮紫珊
印刷者 陳侶笙
發行所 橫濱山下町百六十番 新民叢報社
上海發行所 四馬路老巡捕房對面 新民叢報支店
印刷所 橫濱山下町百六十番 新民叢報活版部

普法戰役三傑講和會議之圖（一八七一年）

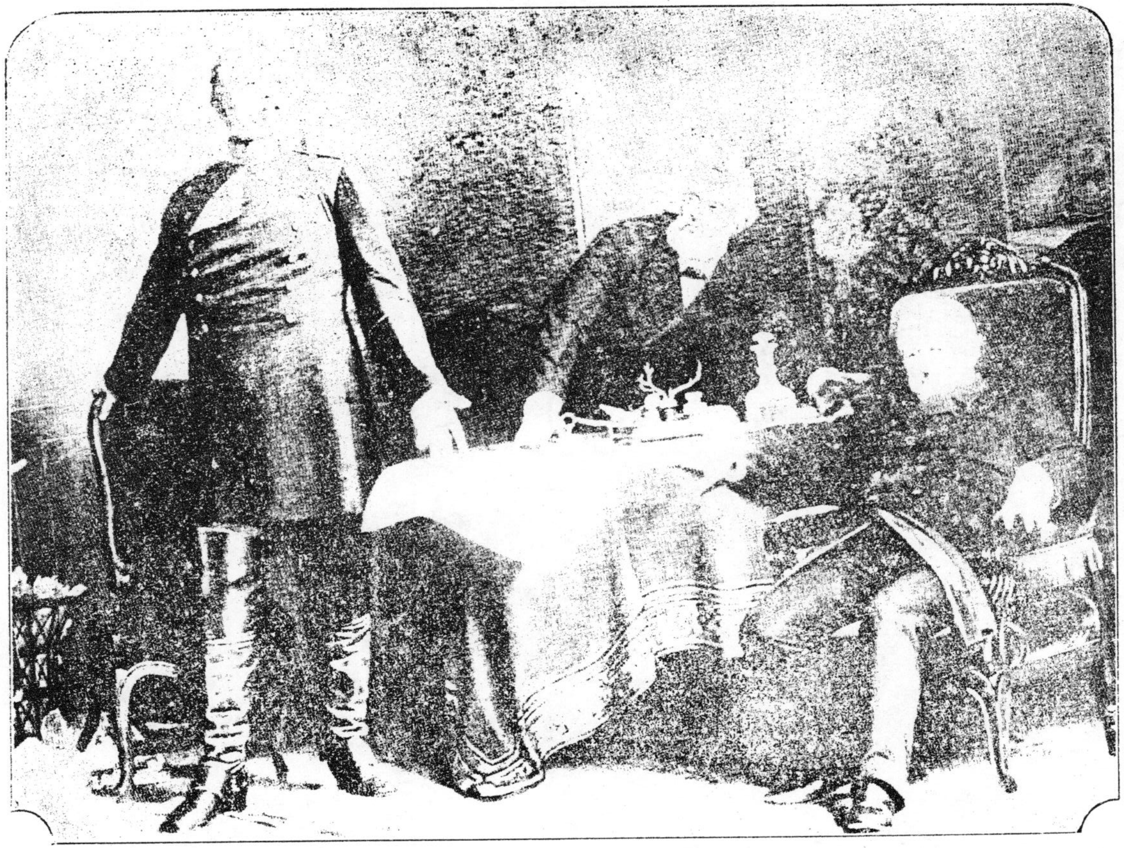

法國國會議長爹亞　法國外務大臣法華　德相俾士麥

南歐之兩大港(其一)

法國馬耳塞港全景

南歐之兩大港（其二）

意國旃那亞港全景

論著門

新小說第五號目錄

◎圖畫

拿破崙與普魯士王后會於的縭薛之圖▲伯林風景▲加拿大奇景

◎歷史小說

東歐女豪傑▲第五回智小五賺烈士回家俠子連到俄都入黨

◎政治小說

回天綺談▲第七回壯士抱不平救人母子美人思義士惹起相思▲第八回無理取鬧與法開戰有寃難訴沈海無蹤▲第九回保國愛民志士蜂起橫征暴歛貴族聯盟▲第十回倉皇失措求援法王兩面受敵大困新黨▲第十一回貴族急公全家慘死名僧愛材挺身刼獄

◎科學小說

海底旅行▲第十二回羈人登岸縱遊獵蠻子犯舟逞兇橫▲第十三回中奇計蠻人殺身命逞雄辯健僕思世間

◎冒險小說

二勇少年▲第十回意外之救助▲第十一回天晴精神

◎偵探小說

毒藥案

◎廣東戲本

黃蕭養回頭

◎雜記

消夏清話▲健鷲▲金銀杯▲三界問答▲善忘▲不自由▲奇癖▲主法者之龜鑑▲雷鳴之後必有暴雨

射覆叢錄

燈謎叢錄

◎雜歌謠

新樂府十一章

警醒歌四章

新小說第一號題詞十首

發行所 橫濱山下町百六十番 新小說社

中國社會之原（續卅四號）

別士

術數派者由於人類思想之漸進有文字有祘數於耳目所接淺近之原理皆能推測見事之皆動於不得已而各有自然之數也驗之一二端而合即以爲驗之千萬端而無不合於是以有官品者所成無法形之事亦指爲與無官品者所成有法形之事其理相同而術數之原以起百家言術數者無不託始於黃帝雖云附會然天下無無因之果何以不附會於他聖人而必附會於黃帝此必有其說矣案術數千差萬別而其至大之原因有二一曰律一曰曆此二者則皆始於黃帝呂氏春秋古樂篇「黃帝命伶倫作爲律」御覽第十六引世本曰「容成作曆宋衷注容成黃帝臣」史記曆書「昔黃帝考定星曆」二者既明則昔之所覺爲至恍惚至紊亂至幽眇之事今皆畫然有

一程度之可考則以爲人事亦當如是亦人情也而大成之者則惟禹書洪範「鯀陻洪水汨陳其五行帝乃不畀洪範九疇彝倫攸斁鯀則殛死禹乃嗣興天乃錫禹洪範九疇彝倫攸叙」五行之說出而術數乃大行於世矣周禮春官「大卜掌三易之法一曰連山二曰歸藏三曰周易杜子春曰連山宓戲歸藏黃帝」又「三兆之法一曰玉兆二曰瓦兆三曰原兆杜子春曰玉兆帝顓頊之兆瓦兆帝堯之兆原兆有周之兆」是卦始於宓戲而卜始於顓頊然左傳禧二十五「卜偃曰遇黃帝戰於阪泉之兆」是黃帝已用之矣史記天官書「昔之傳天數者高辛以前重黎」（古之天官專明占驗與曆有別是惟占驗）稍後於黃帝耳史記五帝紀「順天地之紀幽明之占死生之說存亡之難」蓋指術數言也宜百家言術數者々託始黃帝也

巫風既爲黎民之習吾族所恃以爲口實者也然後亦漸用之但好之則當世詬病以爲不道史記夏本紀「孔甲立好鬼神事淫亂夏后氏德衰諸侯畔之」左傳昭二十九「龍見於絳郊魏獻子問於蔡墨對曰（中略）有夏孔甲擾於有帝帝賜之乘龍河漢各二各有雌雄（後略）是鬼神曾一見於夏中葉其後仍信術數湯誓引桀語「時日

曷喪予及汝偕亡」是仍篤守夏禹五行家法也巫祝重起實於商時竹書紀年「大戊九年桑穀生於庭十一年命巫咸禱於山川」史記封禪書「大戊有桑穀生於庭一暮大拱懼伊陟曰妖不勝德大戊脩德桑穀死伊陟贊巫咸巫咸之興自此始夏本紀同。尸子「湯之救旱也素車白馬布衣身嬰白茅以身爲牲」事甚奇然非巫風鬼道至紂之世二說並存書西伯戡黎「王曰嗚呼我生不有命在天」此信術數而不信鬼神者也微子篇「今殷民乃攘竊神祇之犧牷牲用以容將食無災」此信鬼神而不信術數者也周時卜祝師巫史並領於大宗伯號神官其事始並重矣春秋之季又皆折而又入於史鬼神天道災祥律曆之事若惟史專焉殆人羣文化漸深非讀書多者不得言學術史掌文書故天下古今之學術歸之耶

今老子以前學術變遷之跡尚可攷見。此篇未成

春秋之季天下亦稍稍異矣生殖日繁競爭日烈交通日便知見日新腐敗日深釁漏日見五帝三王之道漸不足以約束人羣然而此時之人史之外無載籍焉史之外無學問焉故蛻化之機其象雖現於全羣而其端必開於史蓋當天下之學皆歸於史

之時。天下固愚。而史不必皆愚也。吾知史之中。必有知鬼神術數之不足以盡造化之原者。特時機未熟。未敢著書。洎乎老子。始有造作耳。（如埃及祭司對人則主多神。而彼輩之心。則以爲一神。）今老子之書具在。討其文義。以反復申明鬼神術數之非者爲多。有物渾成。先天地生。則知五行之非最朔。禍兮福所倚。福兮禍所伏。則知災祥之非定數。萬物芸芸。各歸其根。歸根則靜。是爲復命。則知鬼神之非實有。天地不仁。以萬物爲芻狗。聖人不仁。以百姓爲芻狗。則知文章禮樂之爲陳迹。四者去。而五帝三王之踪盡矣。雖然。老子爲九流之開祖。其生最先。其學也。知舊術之所以腐敗。而不言新理之何以推行。凡所設施。以長生久視而止。故有破壞而無建立。說者病焉。書傳身隱。其以諸神官之惡破其術歟。

孔子者。老子之弟子也。（孔子世家。又老子列傳。）既學於老子。而會微妙通之旨。知其可以爲哲學。而不可以爲教宗也。更博觀夫古代之遺傳。同羣之程度。筆削彌縫。旁皇周浹。而後身自行之。於是反對古人之哲學。一變而爲運用古人之教宗。其爲教也。君子之道。（君子爲有德有位者之通稱。小人爲無德無位者之通稱。蓋孔教之原理。必使富貴貧賤與智愚賢不肖相應也。）造端乎夫婦。夫婦有別。（若曰某甲之夫婦。不能通之某丙也。後儒作男女有別解。非是。）有夫婦然後有父子。（夫婦既確定。人始信某眞爲吾父。某眞爲吾子矣。後儒解。非是。）父子者。宗法之始基也。宗法者。

凡百政事之始基也從人之肉體之萬無可解免者制爲五倫五倫配五德各親其親各長其長族制既明則族各有務而世祿定世祿之法通乎上下其在下者有井田之法以養其身有腊賓鄉飲之事以和其氣其在上者有冠昏喪治之禮以靡之有詩書禮樂之文以馴之民死徙無出鄉守望相助疾病相扶持士大夫物有其官官修其方日夕思之官不失職是謂太平世雖然、農之子常爲農士之子常爲士設有妄人謂爲不甘將若之何則有物以平之是曰命安命則可以不爭矣天下之人如連雞不飛矣苦矣苦則怨怨則亂將若之何則有物以平之是曰名好名則可以忍苦矣故天下之治起於宗法而孝爲其本原天下之的歸於富貴而忠爲其斷限故忠孝者孔教之根據也雖然、孔子既立父君爲全體之綱維而於鬼神之說遂不得不大不便放鬼神之說流別雖繁大類衹二一曰暫設之鬼神二曰永建之鬼神而皆有大害於孔教用暫設鬼神耶則必有輪廻今之君父烏知非過去之臣子也今之臣子烏知非過去之君父也則必有涅槃去來今之君臣父子識浪所轉變也無明所熏染也而忠孝之說窮用永建鬼神耶則必有上帝上帝之尊非君父所能擬也則必有靈魂靈魂之永非君父所能司也而忠孝之說又窮孔子審之兩害取輕與其受用鬼神之害毋寧受不用鬼神之害於是孔教不用鬼神之害積久而著焉一曰畏死二曰重子孫三曰無信有此三根而展轉而生之習俗又不知凡幾此所以成今日之社會也孔子有言知我罪我吾敢自居於智足以知聖人矣

墨子者孔子之弟子也（淮南子要略「墨子學儒者之業受孔子之術」）不然則史角之弟子也（呂氏春秋當染「魯惠公使宰讓請郊廟之禮於天子桓王使史角往其後在於魯墨子學焉」）其學與老子孔子同出於周之史官而其說與孔子相反惟修身親士為宗教所不可無不能不與孔子同其他則孔子親親墨子尚賢孔子等殺墨子兼愛孔子多儀墨子節用孔子重喪墨子節葬孔子統天（文言天且不違）墨子天志孔子無鬼（論語未知生焉知死又敬鬼神而遠之）墨子明鬼孔子脩樂墨子非樂孔子有命（論語道之將行也與命也道之將廢也與命也又不知命無以為君子也）墨子非命孔子尊仁墨子貴義此見之文字者也推之深遠孔子以文墨子以俠（俠為墨子之號。猶孔子之儒。義即兼士也。韓非子以俠字代墨字者。凡數十見。）孔教束身以事上墨教合羣以抗君其反對之處殆未易以更僕數雖然非墨子之好與孔子相戾也宗教者為有機體之物其官骸如橋石然相倚以俱生增損其一則全體皆變其勢然也墨子學於孔子「以為其禮煩擾而不悅厚葬靡財而貧民服傷生而害事」淮南子要略　然則墨子之不悅於孔子由喪禮起然孔敎之喪禮非好爲其文也孔敎以君父爲至尊之人以人死爲一往之事無鬼神則死即已矣。以至尊之人當一往之事而孝又爲萬事之根本喪禮烏能不重故孔子之重喪非靡財也勢不得已也故欲殺喪禮必先明鬼也陳澧東塾讀書記「引論衡曰墨子明鬼而節葬。是怒鬼神陳澧以爲墨子言天下之言卵也、我之言石也。以此間之累子。孰爲卵。孰爲石。」不知惟無鬼故一往不返。必厚葬。有鬼則人死。猶有其不死者存。故薄葬。其理甚明。而王充陳澧不知耳。　既設鬼神則天爲鬼神之大者自不可以不言天此墨子所以屢言天鬼也天鬼立則生死輕有他生也　於是乎可以重然諾犯威嚴以尙賢而貴義天鬼立則五倫廢肉體不足重也　於是乎可以人皆平等而兼愛天鬼立則督責嚴臨上質旁也　於是乎不得不節用非樂蹈大觳以備世之急凡孔敎之流弊皆舉而空之墨子亦人傑矣哉雖然有天志而無天堂之福有明鬼而無地獄之苦是人之從墨子者勞心焦思而無賞非墨子者放辟邪侈而無罰僅僅乎持鉅子之虛名以易湯火之實禍墨子雖能獨任其奈天下何故墨敎之亡不亡於漢武之絀遊俠而亡於墨子之言鬼神若墨子當日有天堂地獄之說則華夏之爲共和也久矣夫孔子之不言鬼神非不知也勢不便也墨子之不言天堂地獄非勢不便也智不及也此

其孔墨之優劣與

老子爲己者也孔子人己並爲墨子爲人者也其宗旨愈改而愈優老子鬼神與術數皆不取者也孔子去鬼神（凡一族人始知文字。其第一書必載其族之古事。此等書。兼經史之用。而其事必人神不分。萬國皆然也。孔子刪詩書。即去其言鬼神者。以墨子所引較之可見。）而留術數（不刪洪範）與黃禹合墨子去術數（非命三篇又貴義墨子北之齊遇日者日者曰帝以今日殺黑龍於北方而先生之色黑不可以北墨子不聽北至淄水不遂而反焉日者曰我謂先生不可以北子墨子曰南之人不得北北之人不得南（中畧）若用子之言則是禁天下之行者也）而留鬼神與苗民合其作用愈改而愈劣夫爲教主者每畧存舊教之一二以利推行一時雖有推行之利而其後即爲其教之大害教莫不然而孔墨其尤矣至秦漢而亂且衰非天禍也人謀之不臧也。

（未完）

學說

彌勒約翰之學說（續三十號）

君武

三　哲學

彌勒誠十九世紀之大政論家也。彼所著「自由原理 On liberty 之價值。與盧騷所著之民約論等。盧騷謂國民之學絕對。彌勒謂箇人之獨立不可制限。彌勒誠十九世紀之大經濟家也。向之論經濟學者。謂人所以爲生產。彌勒反之。謂生產所以爲人。雖然彌勒固不僅爲大政論家大經濟家而已。彼實十九世紀之一大哲學家也。因彌勒約翰爲獨闢蹊徑之大論理學家。故

彌勒之論理學。空諸倚傍而獨標新義。蓋彌勒之論理學重事實。尙證據。故與黑智兒之論理學異。彼夙習近世之新科學。故與波特雷爾 Porte-royal 派之論理學異。雖然。

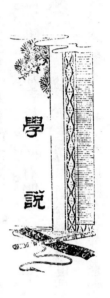

彌勒之學。亦非絕無淵源也。洛克 Locke 康德 comte 謙謨 Hume 奈端 Newton 四先生之學說。皆彌勒之所深愛融匯諸家之名理以立一己之新法積多數之試驗以定一種之原理。故彌勒之學說常能闢人腦之新境界而其所著論理學 System of Logic 者。誠哲學界中不可磨滅之大紀念碑也。今撮其大旨分爲試驗想象二說如下。

四 試驗說

論理學者科學之科學也。若星地日熱吸力化學愛力礦物種類地質變遷草木禽獸人事一切理論莫不賴論理學推解而包括之。蓋各種科學皆須以論理學分析之。查其元素之微明其聚積之故究其連合之因考其組織之序故論理學者實凡百科學之科學也。

人之所以能知物者因其有體 Body 與心 Mind 也。如人知書案之色紫其形長其足三是賴眼之審斷而知者故人必有眼之感覺如人知書案之重爲十磅其所以爲十磅者因其大於九磅小於十一磅而適爲十磅也。是賴筋之審斷而知者故人必有筋之感覺如人知書案之質堅硬亦惟賴有筋之感覺之故。人固不知物也因物自呈其現象於人人於是始知物人亦非因有物之現象而遂知物也因有己身感覺之激動而後知物物固多有出乎人類感覺之外者既無感覺則亦無物哲學家巴克累 Berkeley之言曰物也者人類意想之所創造也故人無感覺則無宇宙人無審斷則無科學

彌勒曰體感心而使之有思心受體之感而思思之才常在而不常顯必賴有知覺線 Thread of conciousness 以喚醒之

心爲內物爲外人之所以能知物者固將賴心然人之所以能知心者亦必賴物如吾所以知吾心之爲歡樂者因有可歡樂之物來感觸我故也故複雜之物質來感遂成複雜之知覺線規則之物質來感遂成規則之知覺線

非因物之有性則人亦不能知物吾所以知雪爲白者因雪之白觸於吾目而使吾有白色之感覺也吾所以知火爲熱者因吾近火而觸其熱而使吾有熱性之感覺也吾所以知一物體爲重爲可分可動者因遺之則彼必墜割之則彼必離搖之則彼必移也當若是之境則彼必能引起吾之眼與筋以起若是之感覺

彌勒曰。以可敬之人爲例。彼其可敬之故。亦惟於現象上見之而已。其存心也。其行事也。皆莫非現象也。存心爲內界意想之屬。行事爲外界形迹之屬。然吾既以若人之可敬而敬之。則已無存心行事二者之差別。而兩現象已聯合爲一矣。

人心其猶熱度表乎。欲斷定天然之物性如何。必以吾心之感觸如何爲斷。欲定水性之沸度如何。必以熱度表之變遷如何爲斷。故知識之元素。無他曰現象而已。科學之效果無他。曰定一切事實與事實之關係而已。

彌勒以爲無論知識之形式與程度如何。皆可以一言蔽之曰「莫非事實之知識。及其關係而已。」

All forms and all degrees of knowledge, he recognized only the knowledge of fact, and of their relations

論理學。非他。即界說 Definition 及證據 Proove 之理論是也。自亞里斯多德以來。雖有無數論理學家。費大力以治此學。而其能道及界說及證據之理論者蓋寡。其中巨子亦僅含糊約畧論之。及至彌勒。乃以絕大之胆。絕大之手。割裂剪裁。以推翻之而重置之於相同位式之下爲。

五 界說

今者言學而斷斷然惟考定界說之是務。得勿爲世人之所笑。不知普世界最重要而有益之事。莫此若者。界說如根本。人羣之一切科學。皆此根本之所發生滋長者。定一物之界說。即所以表出其物之新天性也。有界說而後知其物爲何物。有何原質。因何組織。「哲學家」者。即類次宇宙之事物。而使之有秩序條理之人也。

論理學家曰。動物也。植物也。感情也。圖象也。皆物類也。凡一物必有其特性與特質。其性質之現於外界者。似無界限。然莫非其內界性質所生之結果也。立一命題 Proposition 以定其性質之本然。是謂界說。

人之定食肉哺乳類動物之天性也。惟因其事實也。彼動物有乳以哺其子。其齒銳利。哺生物而食之。因是之故。故定其名曰食肉哺乳類之動物。

彌勒曰。界說者所以解示物之天性也。而謂立一界說。遂能全賅此物之天性。則必不能。不過僅能解示其數小分而已。界說者名類也。然亦止於名而已。除解示字義之外。

無他事也

如人謂網乃線與線相連合所成之物然是不能盡網之全性網之工作必有出乎吾儕今日知識及後日經驗之外者

今舉三角形之界說爲例

三角形之界說有二一曰形之界以三直線者爲三角形其又一曰以三直線爲界之形可以名之曰三角形第一說之意隱第二說之意顯第一說爲眞實第二說爲合宜第一說爲學術之部分第二說爲言語之方法第一說解三直線可以連合之理第二說定一名以名其連合之事

六 證據

證據之理論人多謂之爲無用而無敢謂之爲荒謬者所謂證據者依尋常論理學家之說則三段論法 Syllogism 是也三段論法之式如云

一切人皆不免於死魯侯是一人故魯侯亦不免於死

按三段論法共三句第一句曰大前題 major term 第二句曰小前題 Minor term

三句曰結論 Conclusion

此即證據之式也一切完全之證據皆類此證據之例必先立包括普通全部之命題而後以之斷定特別有定限之命題蓋特別有定限之命題必已包於普通全部命題之中故第一命題須總括全旨而以第二命題舉示一例焉波特雷爾派所謂結論必包於前題之中是也

如上云云皆尋常論理學家之說也彌勒起而盡反對之以爲若如彼等之說則人類之理論Reasoning爲無用矣人事將止有重覆而無進步矣既斷定一切人皆不免於死則魯侯亦不免於死固已不言可知蓋苟舉全體爲言則此全體中之各箇體皆已包於其中魯侯亦各箇體中之一人也故結論於我本絕無所益而無一毫以加於我固有之知識者也人類知物之能初終如一知識之博不過推擴其原知而已人之所以能推擴其原知者賴有理論也如余考定魯侯之不免於死也彼尙生存吾何能斷其必不免於死乎是不能直接觀察之非理論固莫爲功矣有理論而後可發現事實理論者變動不居而世間一切事實之母也

由是吾之普通命題 General proposition 似即特別命題 particulor proposition 之眞實證據而實非也吾之謂魯侯不免於死實非因一切人之不免於死而謂然也普通命題不過一記錄簿而已余自記素所經驗之效實於此以便余之記憶焉不能賴是以更得知識也故普通命題除計量特別命題之用以外無有價値

質而言之吾之所以知魯侯之必不免於死者則因彼與吾之祖先以及與吾同時之人莫不皆以死爲終結者是即吾所持理論之眞實前題也 True Promisses 吾由是自定結論焉愚昧之人民稚弱之小兒下等之動物皆不須普通命題而自知日之將昇又知水可以溺己火可以焚己而謹避之由是觀之彼與吾之理論皆非由普通以之特別惟由特別以知特別耳

彌勒曰推知之事 Inference 必由特別以知特別普通命題惟記錄推知之已得者且引其法式由簡以至繁焉而已即如三段論法之大前題乃人所欲敘述中之一法式而結論者非由此法式所出之推知而與此法式相合之推知也論理學之眞實前題 Real logical premisses 即特別事實也 Particular facts 聚特別事實以爲普通事實此歸納法

Induction 之所以有功歟（歸納法嚴又陵譯之爲內籀）

彌勒又曰如吾人有非常記臆力可以盡記一切經驗之事實則可以無須普通命題。而亦自可以推擴吾之理論。

中世紀之人誤會「名」爲物體之天性又誤會意志之變換爲心思之進步此論理學秩序之必須改正者也。

唯心派之說曰證據之始曰公理 Axiom 公理者一切證據之所從出也二直線不能成一平面甲乙各與丙等則甲乙必各等以等數加等數其和數必等是謂一定之公理而論理學家謂之曰教授命題 Instructive proposition 因是非解字句之意味而解事物之關係者也亦謂之爲豐饒命題 Fertile proposition 因是乃算學代數幾何之一切原理所從出也反而言之則此等公理者皆非試驗之工夫也是皆不待深考而自知者是之謂公理公理者不可駁兩直線斷能不成一平面成平面之二線必非直者公理者自然之理人心之所同會不待試驗自然可知而彼亦固自居於經驗之外其範圍至廣其理普遍無所不在也。

唯心派之言如是。彌勒駁之。以爲是皆不明理論之言也。試驗者人類所由知物之不二法門也。既無試驗。即無公理。世固無不待試驗而知之公理也。如二直線不能相合成一平面。此公理者不待眼觀而自心晤。斯之謂心之試驗。非不待試驗也。是其由移位得之試驗 Displaced Experiment 固已多矣。事實固多有伏於意想中者。意想之線與眞實之線同。以心中之試驗代紙上之試驗。無不可者。因是皆可以引起同樣之感情也。眼適見物乍合其眼。其物仍在。是之謂眼之試驗與心之試驗同等。以心代眼。猶之以千里鏡代眼也。以千里鏡所見之象。猶之以心所會見之象也。彼主張公理不待試驗之說者。不其誤乎。

彌勒於是言曰「歸納法 Induction 者啓示天象之唯一鍵鑰也」發明歸納法一事。彌勒之有功於論理學誠不細。演繹法以一本賅萬殊。歸納法則由萬殊以求一本。而必以試驗爲必要之基址焉。(試驗日本譯經驗英文爲 Experience)

歸納法何謂也。彌勒曰「歸納法者。練習心才而以推知爲用語。既眞知幾種特別之事。則一切事之與此幾種事相似者。皆可類推而眞知之。同類之物。其數箇體如此。則其全箇體必亦如此同樣之理此一時如此則任何時亦必如此舉一反三聞一知十此歸納法之用也」

石可墜炭可焚人可死此人人所知之事實也而問以知此等事實之原因爲何則鮮能答者此莫非由經驗也而考出此等確定事實之法即所謂歸納法也積試驗以爲試驗積歸納以爲歸納則可以窮造化之神祕探天人之奧蘊於宇宙既往未來之事豁然貫通毫無所疑矣

試驗之用無一時一處可以止息者也觸類旁通積智無彊二事繼續常相連台而第一事常爲第二事之原因焉

原因爲歸納法中必要之理論而必賴試驗以得之既知原因則其結果雖千變萬化互相殊異無不可識也

彌勒曰心志能造起身體之行動猶之寒之凍冰火之爆裂火藥也心動爲前因身動爲後果二者相離惟試驗能合之而使人先見於未然前因後果共同一致焉宇宙之現象皆可以二名賅括之曰因果而已

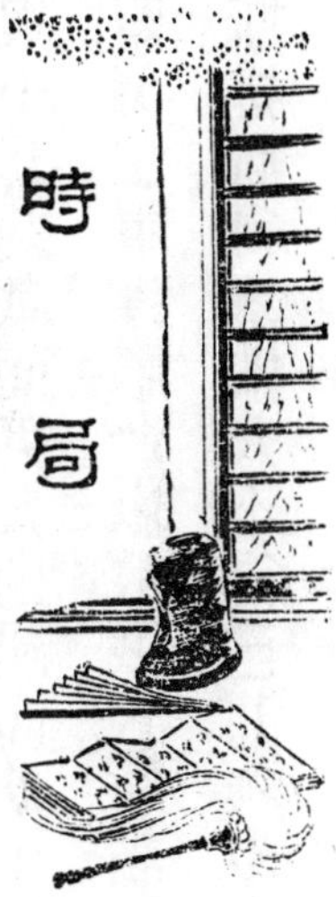

極東問題之滿洲問題

觀雲

極東問題與滿洲問題所由來

二十世紀開幕。一極大問題之待解決者極東問題之滿洲問題也。滿洲問題之原動力。夫人而知爲俄羅斯。雖然使俄羅斯不得不出於滿洲者此則阿利安人種迫之使來。故極東問題云者其根本即人種競爭之問題也

十五世紀以前。丟那尼安人種取攻勢而入歐羅巴之時代。其時直進東歐。取君士但丁堡。占領巴爾幹半島。於聖梭菲亞之塔上。樹半月之旂者。土耳其人實爲丟那尼安人種之代表也。然自塞黎慕以來。迄於柏林之訂約。一片殘陽繪出土耳其衰頹之狀。而丟那尼安人種。羼入於歐洲疆土。自樹立一國若匈才利者。以柯斯陀之義戰卒不

能脫澳地利亞之束縛。於是丟那尼安人種之在歐洲者。遂隸仆於阿利安人種之足下。而西力東漸。亞洲人種均爲白種所吞噬之物矣。

歐洲人勢力一轉而攻入亞洲也。土耳其實首當其衝。然而土耳其反得苟延至今者。其歷史可略言矣。夫土耳其者。固俄人所視爲囊中之物也。彼得大帝之遺言。欲以君士但丁。爲俄羅斯之首府。彼得大帝以後之嗣王。皆繼承此志。其對土耳其也。或全滅之。或置於制令服從之下。以黑海爲俄人海軍之根本地。而展其羽翼於全球。俄皇尼古喇士者。曾告俄國駐劄之英國公使曰。達尼紐浦旣獨立。而歸俄人所保護。嗣後於巴爾幹山北。亦均可歸俄人。而英國可占領埃及克利他島。是即瓜分土耳其之政策也。然英國者。已於東方樹勢力。欲獨擅出入地中海紅海之孔道。不樂俄人與之同出於一途。故反對俄柴（俄稱其皇之名）之議。而取保全土耳其之策。英俄之議旣不合。俄皇尼古喇士。遂乘間獨與土耳其戰。而英人則起而助土。法皇拿破崙三世。方欲一戰以耀威武。求與英國同盟。英法軍遂聯合。以敵俄人。所謂苦里米亞之戰是也。是役也。英法聯合軍。挫俄人於斯排斯得堡。俄人不得已。乃讓步而結巴里之條約以退。然而俄人志固不忘土耳其也。至一八七五年。土耳其有虐殺基督教徒之事件。俄土相衝突。至一八七七年。俄土遂開戰。俄得勝而土耳其幾危。一八七八年三月。結賽推甫阿娜媾和之條約。土許俄人以莫大之利益。蓋已折而入於俄矣。英以賽推甫阿娜條約有害歐洲之和平。唱列國協議。是年六月。列國會議於柏林。七月柏林之條約調印。其中壓制俄人處。又多出于俾斯麥之辣腕。俄於戰勝之餘。無所得利。而南下之道。爲列國所遮斷。然土耳其因是得保餘喘而殘留以至今日。

苦里米亞之戰。柏林之約。於亞洲東方若渺無關聯。有如昔人所謂君處北海。寡人處南海。惟是風馬牛不相及者。然世界交通。雖遼遠之方。一事之起。直受不可思議之影響。柏林之約。若爲土耳其築一堤坊。而其禍水直改道而洩其尾閭於中國。蓋俄人經營巴爾幹之心。自此終。而經營西伯利部之心。自此始。一轉瞬間而從黑海移來之一大低氣壓。已作颶風暴雨於白山黑水之間。世界大勢。其奇幻固有如是者耶。

阿利安人種者。殘置土耳其於歐洲之一隅。而各振其步武。向世界而進。英人既管埃及。領印度。據南非洲之一部。而收拾南洋各島。進而占中國沿海之要地。以扼長江之下流。法人德人追跡而至。而法吏安南。德占膠州。駸駸乎包抄中國之東南面。而俄人橫斷東半球之北部。出黑龍江。及樺太島。以拊中國朝鮮日本之背。於是歐洲各國。舞爪張牙。悉會合於東海。而睒睗以向中國之一片土。此極東問題之所由成。而實由歐洲人種發其膨脹之力。一大加打擊於亞洲人種也。

方俄人之經營西伯利亞也。既無英人之掣肘。得全伸其手足於滿洲之地。蓋已視爲禁臠。而不許他人之染指矣。而其間適有中日戰爭之事。從馬關媾和條約之結果。中國割遼東之半島以與日本。此實不啻從俄人之手中而奪之食也。於是俄人起而抗議。認日本占領遼東半島。危清國之首府。害朝鮮之獨立。不能保持東洋永久之和平。約德法爲一聯國。令日本退讓遼東之半島。復歸中國。而俄人乃向中國以租借旅順大連灣爲名而占有之。英人以俄人之占有旅順。亦占威海衛以相抵制。而對蹠渤海之門戶。俄人既得旅順。經營不遺餘力。又適有義和團之變。俄人以保護鐵道及居留民之名義。送大兵於滿洲之全部。以强力占據之。而又慮爲各國所責問也。則宣言曰。俄國以欲恢復滿洲之秩序及保護鐵道之必要。採用今日之手段。不與列國以障害之事。俟清國事變定後。俄國軍隊。即一律撤退。聲爲是言以申告列國。而一面乃出其威嚇利誘之方法。與清國政府爲幾回之密約。而撤兵延期。俄日戰雲。成靉靆鬱積之狀。此今日極東問題中之滿洲問題也。

俄人之覬覦。巴爾幹半島也。經營數世。臨幾回之戰爭。糜膏血委性命於此。而卒不獲收其成功。反而經營西伯利部也。不出數年。其所欲爲之事。無不如意。失之桑榆。收之東隅。在俄人一回顧其前後間。而成敗利鈍。懸殊若此。亦可以志得而意滿矣。而尤奇者。柏林會議之約。束俄人以戰勝之餘。棄其賽推甫阿挪媾和條約中可從土耳其割與之排耶齊督等地。而轉瞬之間。得令日本以戰勝之餘。亦棄其馬關媾和條約中可從中國割與之遼東半島。以昔日所身受之苦痛。一旦令他人受之。而得收其同樣之報償。天造地設。有此東西兩方一印板之文字。豈眞所謂因果報應之理者耶。雖然彼俄人者。既得志矣。而滿洲之主人翁。在乎則不得不還而問諸中國。

中國之外交

中國之予俄人之覬覦東三省之機也。喀希尼之條約爲之也。而俄人以中國爲可欺。

出其玩弄之手段亦自喀希尼之條約始有條約。而俄人一大鐵道工程之計畫。其後遂得由黑龍州起工。蓋當付與條約時已不啻舉今日敷設滿洲鐵道之權而并贈之矣。易曰履霜堅冰至。霜非冰也。然而爲冰之先者霜也。此則當歸罪於中國之不以土地爲輕重而同於自殺也

繼此則有伊犁之事。方回回教徒之騷動於新疆也。俄人恐其擾邊而害和平。遂起而占領伊犁。宣言事平退還。及左宗棠已定回亂。新疆肅清。於是收回伊犁之議起。以崇厚爲全權公使。至俄廷開議。俄人不肯遵前約。崇厚乃允割讓伊犁南境之一部。訂約而返。廷議大譁。劾崇厚奉使無狀。擅割地訂不法之條約。遂下崇厚於獄。改派曾紀澤爲全權公使赴俄廷再議。是時左宗棠主戰。而李鴻章力主棄地謂宜如初約無改變。而出崇厚於獄。以謝俄人。事或可已。今略採其函牘中所言。可以見李氏之用心曰「俄國臣民。皆不願還我伊犁。其君念兩國之睦誼。專使往議。不得已始允退還。然欲稍分其界。以安插哈薩克及回人之來歸。不如是則不還伊犁。其實即久假不歸。於大局甚無關礙。今徒添蛇足。使進退兩難。左公意在主戰。未免不知彼已。不顧後患。俄使

至總署忿爭。謂中國毀約。顯係破壞和局。即欲回國。云云。總署以此事上奏。廷臣集議。將來不過敷衍了事。徒添痕迹。弄巧成拙而已。』又云。『俄將軍高福萬節制西路各回部。最喜用武。上年地山議約之時。俄君調回與謀。伊欲與左公決戰。不願送還伊犁。其君相因貪通商分界之各便宜。破衆論許之。今廢此約。正合高福萬之意。恐陰嗾所屬哈薩克布魯特安集延之部衆。及白彥虎之叛黨。時相侵擾。左公衰耄。好爲大言。其軍實餉糈。素爲俄人所蔑視。斷非俄之敵也。』又云。『地山以頭等公使甫抵俄。俄廷詢其辦事說話可作算否。磨折旬餘而後得見。今執事謂曾劼剛居二等之班。若僅接見不與議事。將奈之何。總之彼已到口之食。復使吐出。最大難事。竊慮其蓄意用兵。必照原約而後已。或者更恐變本加厲而已。』又云。『不先釋崇公使者。不能議事。結局愈難。俄國必別派使節。以兵要挾我國。至其時。則雖有蘇張之口。不能了此局也。』又云。『俄國傳鈔張氏謂張香濤之奏文。有所決心。特派軍艦。使免崇氏之罪狀。海軍大臣聞已通過上海。從寶謂寶竹坡張二氏之政策。使左公入都主戰。不知左公平生素爲俄人所輕。清議之禍。如明季如出一轍。』又云。『俄在西國爲最強。伊犁乘回亂掠取。本不須歸我。

在我則甌脫極遠之地。亦可不急索還。中朝主國計者。忽爾好大喜功。再三追索。棄已定之約。可謂之理直乎。左相擁重兵巨餉。又在新疆立於人所不爭之地。飾詞欲戰。不顧國家之大局。稍通古今者。皆識其奸僞。』云云。凡李氏所主張者類如此。其對派遣曾氏之改約也。直以爲徒添蛇足。俄人必不許。徒自取辱。而釀後禍。割地之禍小。爭地之禍大。亦惟取割地爲最上上之策耳。而曾氏所見。與李氏相反。逆揣俄人之必不出於戰。其後卒如曾氏所料。得收回伊犂。蓋全出李氏意想之外。而李氏之料敵悉不中。中國於是役。亦幸取對外強硬派之主義。而得占勝利以告成功

俄人之得侵略滿洲也。自喀希尼之條約始。使伊犂之事而果棄地乎。則俄羅斯之鐵騎殆早蹂躪於嘉峪關內外。而緣外蒙古走西伯利亞東偏折而入滿洲之鐵道。或易其方向。而從伊犂之南境。向甘陝直入中國之腹地。而東出天津。海南至漢口。則秦晉北京俱在包抄之中。即蒙古滿洲亦屬其夾鉗中之物。而中原橫斷。南方亦已動搖。今日之局面。或成爲英德法自外闖入。而俄羅斯則自內逸出。窮其禍勢。固百倍於今日。占滿洲一隅。而尚不及十八省尺寸之腹地者比也。然則喀希尼之條約成。而伊犂之

條約不成。固可謂中國不幸中之幸事矣。

當伊犂之役。中國國勢尚强。固非甲申甲午以後之比。而俄人翻然收拾其黑海之志。轉而東向。經營遼濶窵遠西伯利亞之地。而冀收其後效。亦尚無決心。當西伯利亞鐵道布設之案之落於俄國內閣之机上也。大藏大臣拜蕊氏大反對此議。極論其不可爲俄之國是。其後俄人乃出其冒險不顧之計而行之。蓋今日西伯利亞之情形。在爭執伊犂之日。俄人亦幷不作此夢想。而伊犂之事。俄人不堅執初約。得易以就緒者。實以此爲一大原因。然雖微時勢之幸乎。亦幸而不從李氏之言。示以土地非中國所愛惜。而啓其易於侵犯之心。此則通覽前後中國之外交。不得不以此爲差強人意事也。

國何以立。恃有土地而已。然則土地者。直國之本也。土地之不可以尺寸予人。此在中國昔時已有發明此理者。謂所棄者祇尺寸。而不知尺寸雖小。後此且十百千萬億兆無量倍於此。尺寸猶夫刀之切人。其所入者不過寸分。而遂足致人之死命。以尺寸之地而謂無關於大局者。可決其爲闇於謀國之言。試觀古今中外。以得尺寸之地而興。失尺寸之地而亡者。於史不乏其例。然則割地者。惟戰敗亡國。計無復之者而已耳。不

在此限固未可言割地以求無事也

伊犂之事雖不從李氏而其後中國外交之權多執自李氏之手夫外交者以手腕制勝者也試觀俾斯麥之政策陰開陽合提挈各國以供其用而鞏固德國在歐洲之位置其策畫眞有不可及者李氏之執中國外交也固有何等作用値一分價値之手段乎亦曰送地之外交而已而始終尤以依傍俄人取爲惟一之長策夫聯俄亦未始不可然我既以利予人必藉俄人而我亦有可以取利者在而後兩者方相結合斷未有我有利於彼彼無利於我予取予求唯唯聽命而曰此我之朋好國也不可負也遼東半島之得藉俄人之力以返諸日本也旋即俄人自取之此在李氏亦知俄人之久假而不歸矣豈得曰於名詞上再爲中國所有而當感謝俄人耶除此則更無何有然則李氏之親俄其果以此爲中國之利耶抑別有其故耶李氏既親俄俄人遂得間施其陰詭簸弄之手段以樹其勢力於北京而中國全入於其阱井之中而不能自脫蓋今日之時勢固由李氏之政策而造成之當日人之評李氏曰彼者非中國之政治家而俄國之代言人也李氏之爲俄固已至矣

親俄者爲李鴻章氏。而與李氏相反。以排俄名於一時者。則有張之洞氏。然張氏之外交決不得與李氏比。何則李氏猶恃其有軍功。悍然持畫一之宗旨。而張氏則患得患失。以爵祿爲趨向者。其論外交。亦以爲可取爵祿之一道耳。苟與其爵祿有礙。必將一變其方針。而不敢堅持其說。不觀近日所傳聞張氏之言乎。張之言曰。滿洲之地。若得收回。則新疆蒙古之一方面。必被俄人所占領。爲之奈何。一似鄭重於利害之相權者。此直無他。張氏見太后與李蓮英皆向俄人。而倡反對密約者之不可以得志。且將不利於己也。乃爲是轉圜之說。以自解嘲。而掩人之耳目。殆所謂司馬之心。路人皆知者。矣。是則與李氏相較。更爲外交界之下乘。而幷不足置於外交之數者也。

要而言之。人必自侮而後人侮之。今日滿洲問題之困難。與其關聯而起之禍。皆中國自造之而已。不然。而從其朔持嚴正之態度。不予以分毫可乘之隙。塞其竇。閉其門。災乃不生。然而俄人之以術賺中國也。若投餌於魚。然魚固貪餌。而後漁者乃能得魚。人徒見其受俄人之玩弄。以爲可愍可憐。而不知彼固自甘而樂就於此也。是何也。則俄人之用金錢政策也。彼立外交舞臺之上者。一飲俄人黃金之酒。固無不爲其所魘倒。矣。

（未完）

官制議

序

明夷

政治之原起於民紀綱之設成于國設官分職以任庶事此萬國古今之公理也然較其得失凡有四端一曰設官之爲人君與爲國民一曰分職之多與寡一曰中央集權與外藩分權一曰一統之所自由與立國之主干涉書曰『設侯王君公承以大夫師長唯以亂民』則設官以奉民事非以奉君也康有爲曰據亂專制之世君權過尊則官制多爲奉君而設平世則民能自治君長皆以民而立不設多官以事君故爲民事之官制優於爲君事之官制康有爲又曰野蠻之世國治簡略故分職可少文明之世政治繁劇故分職宜多故多職優于少職康有爲又曰據亂之世道路難通故不得不聽

外藩之分權文明之世道路通機尤捷故行中央之合權故合權勝於分權如今日之中國平民治不興政法太略外藩操財兵之權中政府不能運動之幾成多國蓋皆一統之餘弊而與諸國並立之時勢最相反者也夫一統之世不憂虞外患不與人競爭但統大綱以清靜治之一切聽民之自由而無擾之雖不期治而期于不亂此中國秦漢二千年來之政術也其政術如此自蕭何立法曹參隨之曹參者奉老子學者也老子之治術曰『爲者敗之』曰『以無事治天下故曰聞在宥天下未聞治天下也』在宥之說在一切聽民之自由而勿干涉之此在地球一統之時民智大開民德大化則誠可矣而其術又曰『爲治非以明民將以愚之使民安其居樂其業美其服老死不相往來』如放鵝鴨于大澤中聽其飛鳴飲啄而已若施之諸國並立之時窮精角力各視其團體之凝散與提絜之寬嚴以爲强弱之對敵如以一統之漫無提絜團體散渙而與諸國之團體凝結提絜精嚴比較猶驅市人烏合之衆而當百鍊節制之師也鮮不敗矣曹參之言治也曰『愼勿擾吾獄市日飲無何而天下號稱治安』後世稱爲良相以爲法則以爲美談嗚呼中國之以蕭曹爲美談爲法則此中國二千年所以敗壞

而不進也夫其治法在勿擾在日飲無何則純取在宥不治之說專以不干涉而聽民之自由爲義故二千年民頗得自由之樂而百事叢脞疎濶粗略苟且簡陋愚冥喬野但求不亂而不求治之效自致此矣此種瓜得瓜之理也治術之原如此故官制之疎濶粗略亦因之而又無立法之議院以時加修治一朝旣立雖頗鑒前朝之失而小改之則又有祖宗成法以限之務以率由舊章爲主士人以法必不變知此事之不切于用故講求者少以屠龍之技學成無所用也此二千年官制之疎畧而未能臻美備者之由也今旣當諸國競爭之時非復一統臥治之世萬事之治綱擧目張皆在官制則大大更張小小補苴損益從時斟酌合勢今日爲治之始所當有事矣光緒二十九年正月人日康有爲記于大吉嶺

目錄

官制原理第一
中國古官制第二
中國漢魏以後官制第三

論著門

各國官制第四
中國今官制大弊宜改第五
公民自治第六
析疆增吏第七
開議院第八
存舊行政部第九
分增行政部第十
供奉省置第十一
改官爲差以官爲爵第十二
厚祿第十三
選近地本籍人爲官第十四

歷史

中國人種攷（一）

觀雲

人種始原二派之論說

人種始原之說。近日於世界上最占勢力者。約有二派。其一據創世記以大洪水後挪亞爲人類第二之始祖是也。其一據達爾文氏 Darwin 之言萬物進化猿爲人祖之說是也。

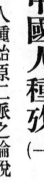

據創世記之說。人類始祖爲亞當。經大洪水後。地球人類。盡歸滅絕。惟挪亞一家得乘方舟以免。挪亞生三子。曰閃、曰含、曰雅弗。是爲萬國人類之祖。是說也。惟奉基督教者深信而不疑。然以其爲全地球有勢力之教。故雖一教之言。而大占勢力於人間。

大洪水之說。不僅於基督教經典中見之。今日發見巴比崙最古之典籍。其所言洪水之事與基督教中所言略同。當時希伯來人實居於幼發拉底河之上流。其後由亞伯拉罕始率其部衆遷徙而居於迦南之地。故希伯來人所傳之古說。實從幼發拉底河流域而來。幼發拉底與底格里士兩河間。爲太古時代最多古國之地。而巴比崙立國早於以色列族。然則基督教經典之言。或從巴比崙所記錄者轉載而來。或則與巴比崙人同記其太古傳說之事而已。且又攷之大洪水之說。不僅基督教經典及巴比崙之古書而已也。希臘神話中亦記洪水之事。與舊約之所記者殆無所異。由是言之。大洪水之說。或者當日從幼發拉底底格里士兩河間迄地中海一帶海岸諸國皆同有此傳說。而後記事之徒。乃各據以載之一國古史中也。茲錄希臘神話一節於左。

非羅密休斯 Prometheus 者。先慮之神。嘗用心於未來。翌日之事。翌週之事。翌年之事。若則百年以後。千年以後。萬年以後之事。慮人間之不知火也。取海岸乾葦燃於太陽。得火而教人間以火。上帝裘彼德 Jupiter 希臘名 Zeus 者。怒而拘之高加索山最高之峯上。繫其身於磐石。命鍛冶之神鑄鋏鎖以鎖之。劇風刮其肌。暴雨淋其膚。烈日灼其體。鋭鷲出入啄其肉。非羅密休斯有子曰第卡倫 Deucalien 行品正直。聲望聞遠邇。惟不爲神而爲人。每年一度。訪其父非羅密休斯於高加索山上。非羅密休斯告之曰。上帝不久。必以洪水降人間。可速自爲備。第卡倫乃豫造箱舟。又時勸人毋行殺戮掠奪。否則滅亡之日立至矣。然是時人類皆日習於惡。不聽其言。而爭鬬益甚。已而上帝命降洪水。其雨如篠如瀧。陸地旣沒。漸浸森林。及小山又淹大山。人類盡滅。惟第卡倫與其妻俾哈 Pyrrha. 當洪水初降之時。載食物同乘箱舟之中。隨洪水之所漂蕩。及數月之後。（一書云九晝夜）雨旋止。洪水漸退。而第卡倫之箱舟止於巴奈斯高山之頂上。第卡倫夫婦循山而下。逢上帝傳令神麥蔻里告之曰。善哉。爾行山下。爾以母骨投於肩後。第卡倫夫婦未解其意。而相謂曰。神云母骨者何物乎。其大地之石乎。於是夫婦。各拾石隨行步而投之於後。已而第卡倫所投之石皆爲男子。俾哈所投之石皆爲女子。遂立海拉斯國。Hellas（希臘之原名）

洪水之事。旣爲古史所皆載。或亦實有之事。然謂人類盡滅。今日之人類。盡爲大洪水後所發生。則固未可措信之事也。據基督教人所攷證。第一始祖亞當居埃田園之附近。生二十三子。二十七女。長曰該隱。次曰亞伯。該隱殺亞伯。上帝罰令離棄本土。其後子孫有東遷者。疑爲蚩尤及三苗之祖。有南徙者。疑爲印度之祖。西南去者。疑爲黑人之祖。而亞當於晚年。又生子設。厥後洪水所淹沒者。爲設子孫所居之地。而挪亞者。亦係設之後裔。是則該隱之子孫。散布各處。當未盡滅。而其餘亞當諸子。其子孫亦未必同罹此浩劫也。且據威耳斯威利亞所推算。挪亞之大洪水。在紀元前三一五五年。而一說則謂紀元前二三四九年。姑且不問其二說之若何。而據今日可信之年代。記幼發拉底底格里士兩河間之古國。多在紀元前四〇〇〇年及三〇〇〇年所建設。而埃及舍排斯古墳中有發見紀元前三千九百年之古文書中國五帝時代。雖未能確實推定。大都亦在紀元前二〇〇〇年至三〇〇〇年。當此時期前後間。而謂地球上有遭洪水人類盡滅之時。此固未可以爲信史也。

基督教中洪水之說。曾有人謂在紀元前二千三百四十九年。而與中國堯時之洪水。爲同一時期之事。其前後相差。僅不過五十餘年。西方洪水。以氾濫瀦蓄之餘。越巴密爾高原。超阿爾泰山。匯合於戈壁沙漠。而從甘肅之低地。進于陝西山西之低地。以出於河南直隸之平原。餘勢橫溢。以及南方。其間或費五十餘年之歲月。而後西方之洪水東方始見其影響。顧是說也以爲太古不知何年代之事。則戈壁一帶曾有人認爲太古時一大海故西藏今日尙有鹹水之湖與有人認阿非利加撒哈拉之大沙漠爲太古時一大海者其說相同如是則由戈壁之水以淹中國之大陸者於地勢爲順若當堯之時代則地殼之縐紋亦已大定山海凹凸之形勢與今日或小有變遷而必無大相異同之事然則據地勢而論中亞洲一帶山脈地脊隆起必無西方洪水超越高地而以東方爲尾閭之事即據一說謂巴喀什湖昔時曾與裏海相通此亦非荒遠時代之事然此正可驗中亞洲山脈以西水皆西流而黃河長江經中國地面以歸海之水其源皆發於崑崙山脈以東且當日西方之洪水既在小亞細亞一隅則西必歸於黑海地中海而東南可由幼發拉底底格里士兩河之下流以出波斯海灣必不至逆流而反越高嶺者勢也且堯時洪水或不過中國一部分之事未必當其時而謂全地球俱浸沒於浩浩滔天之中。即徵之各國古書載洪水之事亦見不一見然多係一方之小洪水而不足以當挪亞之大洪水。若必欲據中國之事以實之乎古史中有云。『共工氏以水乘火頭觸不周山崩天柱折地維缺女媧氏乃鍊五色石以補天斷鼇足以立四極聚蘆灰以止滔水」似明言上古有一大洪水之事。其云天柱折者。猶後世之言天漏地維缺者。猶言大地陸沈。雨息而得再見日月雲霞。則以爲鍊五色石而補之矣。水退而地體奠定。則以爲立鼇足以扶之矣。上古神話之時代。其言多想像附會荒誕。蓋不足怪。要之惟此洪水。其時期爲最古。以吾人始祖亦從幼發拉底底格里士兩河間而來。或者與巴比侖猶太希臘同載其相傳之古說歟。未可知也。而其年代則固未能確定也。

自地球始有人類以來。印度古書謂其數無量無盡。其所言之年齡爲最遠。而基督教所言之年齡爲最近。創造天地僅七日而成。而自亞當至挪亞之大洪水僅二千餘年。自大洪水至基督誕降時僅二千餘年。自基督降誕至今爲二十世紀之初開幕。然則自有人類至今大致不過六七千年耳。縱有一說謂亞當至洪水時實爲一萬四千年。然亦不足二萬年。而據近日推算地球年齡之說。據雅孟羅氏立法。謂地球當初成立之年代。其時海水決爲淡水。而不含些許之鹽分。多歷年所。由地球內之鹽分溶解入海。苟計算海水鹽分之多少。則地球之年齡可知。依此法而推。據英國著名之科學家以稚禮氏所算斷地球之年齡爲八千萬年乃至九千萬年而據和蘭之科學幾夥阿氏所算則斷爲二千四百萬年同一方法而有如此之差異則以一年間自地心中輸入海中之鹽分尙不得精確之比例然據沙頼士所計算爲二千六百萬年與幾夥阿氏僅差二百萬年其差數爲甚少而相近又據嘉祺泰聞氏之說謂月從地球中分出而仍廻繞地軸以來至今蓋不下五千六百萬年而查地質之中發見人類石器之時代實在洪積期中之冰原時代此冰原時代夏時極熱蒸發無限之水蒸瀛冬時極冷遂凝結爲冰雪至翌年之夏未盡消溶層累疊積覆於地上而冰原時代之形勢以成計算地球經此時期實爲二十五萬年乃至三十萬年又有人謂地球昔時從北極向南流來之冰塊歲歲不絕當有九十八萬年於此九十八萬年中其後二十四萬年內已見有人類發生之痕迹此二十四萬年中前經十六萬年仍有北極冰塊向南流來之事至距今以前之八萬年而止然則人類始生以最可實驗之地質學推算大都不離二十四五萬年者近是姑且不論地質學中之事以太古洪荒之時代發明一事一物必須經若干悠久之歲月而當紀元前二千年前後之時代若埃及、巴比崙、迦勒底中國其文明發生已極燦爛而謂距人類始生不過二三千年以短短之時間而安排空間若干人事於其中其位置必不能相容試觀古人所記偉人之年壽或云數百歲或云數千歲或云數萬歲者蓋古人無詳細記年之法自某時代至某時代俱歸之於一著名之人而其人遂若有非常之壽考觀其所記年代愈遠者壽數愈長年代愈近者壽數愈短蓋近時代則能記憶之人多而遠時代則能記憶之人少不解此義而眞以此分古今人壽之短長則夢之夢矣而古時代閱歷之久長則可據此記載而想見之若基督教中所記錄之年齡未敢信以爲然也

基督教經典中所謂埃田囿高原者多當以今之巴密爾然謂人類發生必始於此是又未可爲論定也夫人類發生其年代固已甚遠而欲據今日地球之形勢以推量當日地球之形勢其見又未有不誤者以今日地球之陸地面積而推其餘之水量大東洋重量爲九萬四千八百萬兆噸大西洋重量爲三萬二千五百萬兆噸大東洋面積爲六千八百萬平方哩大西洋面積爲三千萬平方哩印度洋及北冰洋面積爲四千二百萬平方哩然在太古時代則大西洋有大西大陸而英國與美洲古時實連爲一

陸地澳大利亞附近有南洋大陸印度與阿非利加聯屬有印度阿非利加大陸歐羅巴與阿非利加聯屬有歐羅巴阿非利加大陸遂有謂人類發生在印度阿非利加大陸及南洋大陸之說。今雖未可執一說而論定然必指巴密爾高原爲人類始祖誕降之地則亦稍泥於一家之論矣。

以上皆推論基督教之言。而稍貢其疑點如是。若今之科學。則大都傾向於達爾文之說。以萬物皆出一元。漸次遷變。區爲萬殊。而人類者。則由一種類人猿進化。而爲吾人之原祖者也。當達氏發明此學說時。其互相前後。以研究生物學之結果立說。亦多與達氏相同。而達氏之徵引賅備。故言進化論者。羣歸於達氏。

進化說之不可否定者。即宇宙今日之現象。亦孰非由進化而來者乎。當無始之始。太空中未有熱。未有愛耐盧尼以前。曾無從想像。自有熱有愛耐盧尼。而其始爲渾沌一大火霧之時代。由大火霧分析而爲各星體。各星體之中。其熱度未盡凝縮。而尙爲氣體。能自發光者爲恒星。由恒星中所分出之星體。以體小而易凝縮。成爲液體。又成爲質體。而不能自發光者爲行星。而吾地球者。即此等行星體是也。然則此太空之中吾人所見森羅萬象之形相者。曾不知其經若干年代而後有此次序羅列之一日。此所謂星體之進化也。由渾沌之大火霧而析爲各恒星。由恒星而析爲各行星。行星之由來。其初皆熱體也。吾地球亦猶是。以五十六萬七千年減一度熱。漸次冷結而爲地殼。以地殼之縐紋。爲凹凸山海之狀。而又寒暑合度。燥溼合宜。運動規則。曾亦不知其經若干年代而後能如今日者。適於吾人人類之用。此所謂地質之進化也。萬物之初。由一元質化分化合。而後有無机物出見。由無机物而後有机物出見。而漸次由動植不分之物。進而爲有動物有植物。於動物之中有高等獸類。進而爲太古之原人。由太古之原人。次第進化而後有如吾儕之人類。試揭地質而觀。自始原代片麻岩紀之麻內類與步類獨代斯時代。進而爲古生代石炭紀有脊椎動物之時代。又進而爲中生代三疊紀侏羅紀有哺乳類之時代。又進而爲近生代白堊紀有胎盤類之時代。而後於近生代中之第三紀。有猿類人類之發見。試以人類與萬物爲一連鎖。而由今日以追溯其朔。曾又不知其經若干年代。以演其變遷分合之事。而後有世界今日之狀態。此所謂生物之進化也。縱或者謂萬物不當僅以進化論。尙有與進化反對而爲退化之一例。即所謂結集與解散者。似言進化。不如言變遷之爲當。雖然。吾人所想望於宇宙萬物之結果。實欲其以至上殊勝爲歸宿。以一局部言之。可謂之變遷。以究竟言之。似不如言進化之義較爲周匝也。

達爾文說之初出也。排斥之者甚多。而最爲有力之駁擊。莫如碩學寇俾阿氏。寇氏者據法兵從埃及所齎歸之古物。解剖試驗。而認定四千年前動物之遺骸。其官骸構造。如今日一無所異。因是遂否定達爾文氏萬物進化之說。雖然。以達氏進化之例言之。所謂四千年者。誠不過短短之歲月耳。未可據四千年之事。援爲萬物終古之定例。且也。進化之說。謂凡物之變遷。與其外界之狀態多相關聯。若外界之狀態不變。則生物之體質亦不變。美國奈峽卡瀨瀑布之近傍。發見一種魚類之化石。殆三萬年間不生變化。此無他。由於其所處之境界不生變化故也。若變化之最著者。莫如馬蹄之事。吾儕今日所見之馬蹄。僅爲一趾。莫不謂其自古已然。而不知其由進化而成者也。試言之。當哥侖布發見美洲之日。美洲土人見人在馬上。以爲必相連合而生。駭爲自天而降之一種怪物。由是世界知美洲爲從不產馬之地。然其後化石學進步。發見美洲古代之馬類甚多據博士摩巽所研究從第三紀層之始稱新小紀層之古層中發見當時之馬類有四本之趾其第五趾尚留痕迹。（痕迹者由生體所不用漸漸除去而成如人類之尾骶骨以三個乃至六個之尾椎骨而成其椎骨之數如此不定者蓋由長尾減退當留節數之證）又發見有四趾者有三趾者有三趾而中趾甚發達餘二趾皆退小者有中趾甚大而其兩傍尚留二小趾之痕迹者由是進步而成爲今日一趾之馬蹄此即無暇覼列其他之證據即此已足爲進化論之强援而吾儕聞摩氏馬蹄之言亦較之讀莊子之馬蹄篇而更饒興趣矣

今人之初聞達氏之言若驚駴而欲斥其說者此無他理由以爲祖者人之所尊而猿者人之所賤以至賤擬至尊遂覺其心之有所不安因而於其心有所不快雖然此等見地不過囿於習慣之名稱耳若欲研究實事則此等見解必當拋棄而無餘夫一學說之出也其能成立與不能成立初不關於人心之順逆與夫愛憎之間在其立說之根柢能搖動否耳若不能搖動其根柢而徒以不快之感遂惡其說而不欲聞此固毫無足輕重於達氏之論雖然世亦有援據種種之證左以駁斥達氏謂猿與人類其差異之點甚多若能直立而步行爲人類所獨有之事而凡獸類中皆無之猿類中亦無

之然。據此說而攷之猩猩。其後肢之步行。直與人類相近。惟其前肢甚長。故雖當直立步行之時。而前肢即已及地。然其觸地者。不過指尖。與犬貓等全掌着地者迥異。其他以腦量顏面角等種種相證。凡見其與人相異之處。即可反證其與人相近之處。且猿類者尤非一躍而遽進於人類也。於一八九四年蘭國臺花學士發見一種動物之化石。此種動物與他種類迥異。直爲似猿非猿似人非人。介於人猿中間之一種。其足既能直立。而腦量則比之類人猿更多一層之發達。因此得攷見猿類之將進而爲人類。其間尙有一種過渡之動物。而人類與猿類接近之歷史益明。此一種動物。學者即名之爲披鉛羅賽拍來喀斯 Pithecanthropuserectus 是也。

欲否定達氏之說。必先立二例。(一)萬物一定無改變之事。(一)人類爲突出之物。然萬物之不能無政變。已不乏種種論據。達氏書中蓋已實徵之矣。即以人類之胞胎言之。當其最初成孕之形狀。與獸類直無所異。且以其爲蝌蚪形之精虫。故有尾之形狀顯然。此尙不得謂人類與物類截然爲二。而非由其最初之一系所遞嬗而來者也。至欲認人類爲突出。則其說之怪誕益甚。必將如印度書中所言八明之化身。中國書中所言黃土摶人希臘神話中所言擲石化人一入於吾輩今日之眼旣不免驚其說之離奇而又邈無證據置之於學術界中無一毫價値之可言然欲認人類爲突出則雖欲不若是之荒誕而有所不可而試從是等諸說以回顧達氏之所言則所謂由萬物之進化而來者其說實至平易而固毫不足爲怪異也

由是言之人類原始之說他日果有眞正之發明而毫無疑義者在此固可據一說以爲論定之歸若今日而擇其說之合於學理者則達氏之言不能不認爲假定而學者多歸嚮於其途亦固非無故矣

人種之多源一源及其產地種類 附古書之解釋

進是而論人類則又有人種一源論人種多源論之說今日學者大都取一源論之說然據格希氏所研究謂人類者各從其地方分別而生而其產地共有九所是亦可懸其說以待後日之相證也

以產地言之今日所攷類人猿者多產於非洲熱帶之下據千九百年出版之查利士摩利氏 Charles morris 所著之人之元祖論 Man and his ansestor 其中述英國探檢之

斯坦來氏Stanley發見阿非利加一種之野人其狀貌與人之元祖最近然則人類始祖或產於地球當日熱帶之下者盖未可知也

類人猿中其種類有戈利賴、Gorilla（大猩猩）阿蘭斯、Orangs（猩猩）欽綳幾、himpanzee（黑猩猩）之別據海克爾氏Haeckel之說阿非利加欽綳幾及戈利賴之猿頭顱長狹與歐羅巴人及阿非利加人之頭顱形狀相似亞細亞阿蘭斯之猿頭顱短廣與亞細亞人之頭顱形狀相似歐羅巴人及阿非利加人者或與非洲之猿同其遠祖亞細亞人者或與亞細亞之猿同其遠祖是說也雖尚未論定然據骨格之異同以攷種類之異同者固

人猿骨骼圖

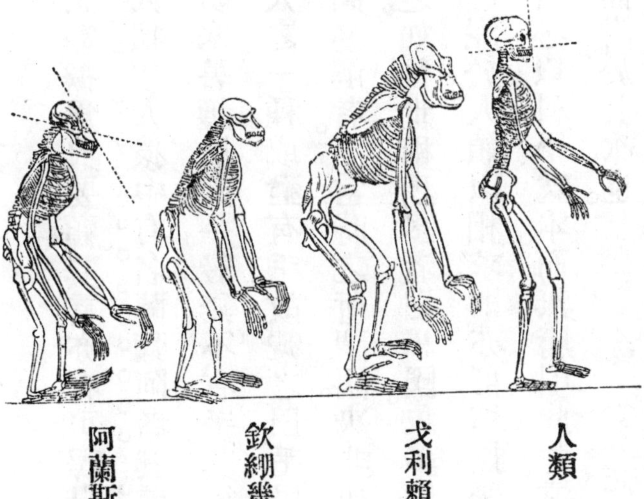

種類學上所認爲必要之事也。

山海經者。中國所傳之古書。眞贋糅雜。未可盡據爲典要。顧其言亦有可釋以今義者。如云長股之民。長臂之民。殆指一種之類人猿。類人猿中有名薩彌阿者。其前肢盖極長。又所謂毛民者。當太古棲息林木中。爲防寒暑護風雨。一般無不有毛。其後以無用毛之必要。漸次淘汰而至於盡。而其時原人之一種。或猶有毛。故號之曰毛民耳。又黑齒爲文身之俗。今日蠻民中尙多有之。是固易解者。至當時之所謂國。決非如今日之狀態。或於一方之間。取其有特異者而言之。如後世稱馬多者曰馬國。象多者曰象國。其所指者或爲類人猿。或爲獸類。而不必專泥於人類以相求。則亦可稍無疑於其言之怪誕矣。夫今日學問中可據爲論點者。自必以科學爲本。而無庸引此荒遠之書。雖然既爲我國流傳之古籍。故亦畧舉一二而附於其次也。

（未完）

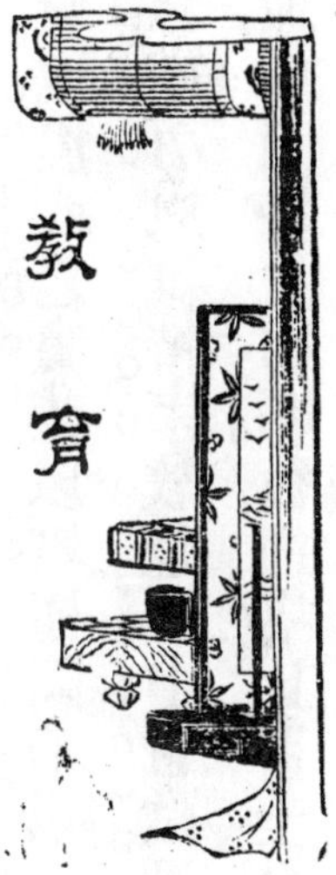

泰西教育學沿革小史

蛻菴

第一期　上古教育學史（續三十三號）

第二章　羅馬之教育

教育史中之位置。羅馬不足望希臘之後塵也。然羅馬承希臘文美之餘風。獨標一實用主義。闢新國土於教育界中。且綜萃希臘及東方諸國之教育。郵遞於歐洲諸國。以釀成今日之文明。彼其教育史中。固翹然有不可掩之特色者。

第四節　羅馬教育之精神

羅馬國民之特性。固與希臘迥然絕異者也。希臘國於半島之中。其所謂雅典斯巴達。諸名邦。光譽赫然於世界者。要不過區區一都市。略當吾國一大縣。國小易治。其民皆安居樂業故皆競於文藝美術而特豐於優美之感情若羅馬則以一都府爲中心遂征服四鄰之意大利全部且漸擴其屬地遍及於希臘小亞細亞亞非利加以成一古所未有之世界大帝國夫以一羅馬之都府制馭四方之屬國苟非富於實力則必不能鞏此國家是以羅馬國民咸注意於政治法律殖產實業而獨富於實行之常識蓋歷史之遺傳建國之形勢社會自然之勢力固造成民族之特性而羅馬所以絕殊於希臘者也而二者之教育亦遂不能不釐然各出於一途

承林拉士之大業立法定制以創造羅馬之國風者曰奴馬堪比留士 Numa pompilius 羅馬之有堪比留士猶斯巴達之有來瓦喀士雅典之有鎖龍也堪比留士當戰亂之餘日謀所以進其國於繁盛故其設施之政策汲汲焉維持和平振興實業而其宗旨之所在則尤務激發國民愛國之精神以愛國心爲中心結合舉國之人心使凝集於國家之下然後獎厲農商之實業以培植國基以宗教爲統攝之方厚增國民結合之力乃至用政府之權力以維持宗教是固中古歐洲諸國國教精神之所由胚胎者也羅馬族民既受地理國勢之影響復經堪比留士之薰陶故其教育之精神咸以實利

國家爲唯一之目的。希沙羅之言曰。『羅馬之所以教育兒童者固欲他日之有利國家而已』故外則營生活上必需之職業內則施實用道德之訓練務養成忠義堅樸之人格以維持國家之富强一切優美高尚之理想精深玄妙之理論皆羅馬人所輕視而不屑措意盖以爲徵之教說之迂遠固不如證之實例之深切著明也彼其富於常識切於實行其教育之精神誠適於偉大國民之性質然洎其末流遂至競利益而忘公義盖實利主義之流弊勢有必然者也

溯羅馬教育之沿革其精神所趨向亦不能無所變遷故述其教育可區劃爲二期第一爲共和時代此則純粹羅馬之精神者也第二爲帝政時代此則感受希臘之文化者也共和時代之教育後智育而先武德羅馬人之特質固一質樸强健之國民也非如雅典之市民徒逍遙於理想而尙武之性反類似於斯巴達人故其教育亦頗與斯巴達同以嚴肅之教規務養其敬神愛國節操廉恥之美性洎乎帝政時代以征服希臘之故挾其文化以俱歸於是希臘之學風遂靡然波盪於國內莫不競聘希臘之教師願受業爲弟子奬厲文學崇尙藝術日務調和心身以謀其發達希人之文美主義

遂代向者之實用主義而迭興。蓋羅馬之武力。雖踩躪希臘而隸之版圖。而希人之文明。實不啻征服羅馬而導之同化矣。然希人頹腐之習俗。隱雜於其優尙之文藝。以滲入羅馬而腐敗其國風。故昔日嚴肅勤樸之人心。漸習爲奢侈柔惰之風俗。卒使道德頹敗。帝國解紐。羅馬末路之衰頹。固自破壞其國粹。以適希人之覆轍者也。

第五節　羅馬教育之制度

羅馬人之教育。固無一不與希臘絕殊者也。希臘之教育事業。類皆隸屬於國家。斯巴達之干涉。雅典之放任。其主義不無異同。然莫不監督而經理之。以學校爲國家之事業。若羅馬則舉學校之事。委之一私人或一團體之中。而國家殆不過問。雖復世間有一二雄辨學校之設立。然求所謂官立學校以施普通教育者。則幾舉國無之。故欲察羅馬之教育制度。求之於學校。無寧求之於家庭。

自帝政時代之初期。未嘗有立學之事。一切教育。無不施之於家庭。家庭者。羅馬人之學校也。羅馬之家族。其父雖握家長之權。而整理家政。訓養子女。實爲母者之天職。普魯他之言曰。女子者。與男子同負教養子弟之責任者也。故夫父之教子也。授以歷史語以國體導其敬神之念授以營生之業但以智育培其常識而已若夫德育體育則委之女子之手溫良之德性正直之舉動愛國之思想尚武之精神殆無非得之母訓後世習於侈靡浸失初代之美風遂以教子之職委之保姆然當羅馬之盛時其母無不自兼教養之義務者彼既以家庭爲教育之本故舉國女子咸與男子受同等之教育習同一之學科務使其智識之程度足備教師之資格其家庭教育女子教育之盛固前此希臘所未有而導今日文明諸國之先河者也

然而智識日開程課浸繁家庭之間必不能施完備之教育學校之制稍稍萌芽然亦不過陋略不完之私塾而已歟格士他士大帝而後希臘之文學風靡國中而學校亦日以繁盛揭其學制約爲三等

(甲)初等學校　羅馬兒童少受母訓年及七歲則離阿保之手而就學其間其課目則授以讀書習字算術體操諸課其所謂讀書者則又專授以昔賢之詩歌以涵養其德性德育者固羅馬人所畸重而以是端蒙養之基者也

(乙)中等學校　年十二歲既卒業於初學則進入中學其課目爲詩歌文法數學

哲學是固他日高等教育之豫備學科也上流之子弟無不就學於其間。

（丙）高等學校　此類皆有名雄辯家所立之私塾以專授雄辯法者也凡政治法律文學哲學實用道德學均使習之以養其實際之智識學者年十五六既卒業於中學則自定其他日所欲就之職業入就此學各選一學以爲專門向者特奬厲農學武術逮文學大昌世咸推重教育之方針一變而農業武術遂稍陵替矣

羅馬人之教育皆務培其高尙之德性養其武士之美德者也故其管理學校之法皆勒嚴密之規律端其身體潔其衣冠起居話言無不蹈嚴格之紀律令其謙恭從順恂恂有子弟之容其有粗野暴慢之舉動則繩以體罰夏楚之施固不能少有假借雖不如斯巴達之嚴重干涉然整齊嚴謹固未嘗稍涉放任蓋筦理學校之法固當如是矣」然羅馬之教育非國家之事業徒委任於私人故其制度缺陋而不完其施教亦偏隘而不能普及所謂教師者惟於奴隸之中選其通解文義者使當其任其學行既不孚輿論其職位遂爲世所輕淸流之士羞與噲伍卑比之席乃爲落魄無賴者所濫竽於是富豪者別延師以課其子弟而貧困者且無力而無所就學此其敎育之所以不振。

而風俗所以頽弊也歟。

第六節　教育家之學說

羅馬人者固重實用而輕理論之國民也。求一詳備之學說足以繼希臘三賢之軌者殆寥落如晨星。然其時教育大家著書多傳於後世。雖吉光片羽論議固可具徵。華羅Uarro諸賢尚矣。然書缺有間其說不可得而詳。今始自希沙羅。略述帝政初期諸家之論旨。嘗鼎一臠固亦足見羅馬學風之大較也。

(A)　希沙羅 Cicero

希沙羅者羅馬人也。生於紀元前百〇六年。幼治法律哲學辯說諸學。稍長游於希臘。受業於修辭大家阿波羅尼亞之門。遂傳希臘之學。學成而歸爲評議官。備著勳勞。國人尊爲國父。四十三年死於刺客。

希沙羅者非專門之教育家也。然罕於哲學雄於文詞兼通希臘羅馬之學。雖不著教育之專書。然其議論之散見於著述中者固皆足爲後世教育家之模範者也。

氏之言曰。人各具有官骸之覺動。天即賦以聖哲之知能。教育者固扶植其天賦之知能使臻完全之發達者也雖然素絲之緇赤視其所染歧路之東西視其舉足必早教諭於幼稚之始斯言易入而教易行蓋孩童之心虛無所有而神經銳敏感動最神故言談游戲乃至一切外事之激刺苟相機利導皆能促其品行知識之發達而爲進德開智之資故其教人也剌取古賢之嘉言懿行使之日夕諷誦旣練習其記憶之力即薰濡之德行之中蓋希氏之主義以宗教端其道德以政法哲學濬其神智而尤以慎習正其蒙養若夫營生實業則希氏斥爲奴隸之事鄙夷而不屑措意者也

希氏述教授之法以爲教育者當深知學者之性質然後授以性情相近才力相當之學業循循善誘使師弟有篤摯不斷之感情非甚乖謬必不宜濫加責罰快一已恚憤之意加他人以醜酷之罰善教者必不如是蓋醜罰者非徒萎縮學者之神智且將汚屈學者之品行者也加人以罰而使受罰者仍感善誘之意教授其庶幾爾

希沙羅者結束共和時代教育之後勁而提倡帝政時代教育之先登者也希沙羅死羅馬亦移於帝政文學浸盛教育浸昌第一世紀之間教育大家接踵繼起其最著者則沙涅卡昆提命普魯他

(B) 沙涅卡 Seneca

沙涅卡。西班牙人。少學數學文法歷史於羅馬。長游希臘埃及。旋歸羅馬。爲涅羅帝之師傅。未幾罷職。退而從事於哲學。不容於世。以紀元六十五年下獄死。

沙氏持性惡之說。謂人生而有欲。有欲則不能無求。欲既無厭。則求必出於爭奪。苟從其自然之性。則必將暴戾恣睢。以縱於無等之慾。教育者以天理節其人慾之私。實以人治補其天性之闕者也。故沙氏之教育主義。知行並進。德智雙修。蓋以爲見聞不廣則無別擇是非之力。知之艱矣。然苟非踐履篤實。其所知者必非眞知。故其爲教也。身心交養。培其活潑之精神。亦保其健强之身體。然後能勉强學問。知識愈明。勉强行道。日起有功。蓋其持論頗近於荀子。而尤斷斷於實行者也。

沙氏以當世之教育。徒致重於記誦。而無裨補於德性、曰。吾人之教育。非爲學校而教授。固將教人以『爲人』者也。故務減裁科目。而猶示以修養人格之要道。雖道之以論理。而必證之於實例。其言曰。由論理以求道者。取徑紆而收效寡。由實例以求道者。用力少而成功多。其施教之方。以身率先。使學者有所模範。婉言獎勸。絕不以聲色加人。

沙氏者奉士圖亞派Stoicism（士圖亞學派當紀元前三百四十年時爲希臘人直農所創立以克己修省爲主義以其常於士圖亞之地敎授弟子故名）嚴正之道義故其敎旨亦專養士圖亞派端謹之人物也

(C) 昆提倫

昆提倫者羅馬之著名雄辨家也本西班牙人長於羅馬素習法律後就評議官之職受政府之俸給從事敎育之職敎授於羅馬者垂二十年其著書曰雄辨法規即表發其普通敎育之意見者也

幼稚敎育昆氏之所最注意者也彼以爲人有能學之性猶鳥有能飛之性無不可敎之孺子惟在敎者端其蒙養而已矯其已成之習則强而難從染其天然之質則順而易入故方在孩提即當傳以語言溫良擧止端重之婦人以爲其保姆使之耳目染濡少成若性年及七歲乃令就學於學校因其尋常之游戲日用之玩物而示以文字之名稱事物之形狀務使適意悅學不以爲苦然後漸進以理解漸進以記誦齒已加長既能讀書習字矣則進之以文法作文音樂幾何高等之學科以養成其雄辨之資格蓋昆氏敎育之要旨固以完成之雄辨爲完全之人物也

昆氏又以爲教師之職務莫要於詳審學童特別之性質奬勸而利導之以激發其志氣其筦理學校之法謂必不可施用體罰其言曰筦理法之第一拙劣者莫如體罰何者此因譴責奴隸之醜具也以譴責奴隸者譴責學童徵諭不能矯正其過舉且將沮喪其意氣摧盪其廉恥導之於爲惡之路而已

家庭教育羅馬人所尊重者也昆氏深不謂然以爲羣治之複雜人事之繁賾區區家庭之內必不足備天下之事物而擴其見聞且徒在家庭則將薄其自治之力與制裁之性故學校教育之制必宜擴張且斥私立學校之非謂宜公立此皆足矯羅馬教育之失而獨明一義者也

(D) 普魯他 Plutarch

普魯他者希臘人也長乃移居於羅馬德密尼安帝時創立學校以哲學文學歷史授業於羅馬之都蓋終其身委身於教育界中者也

普氏之言曰教育之宗旨欲養完善之人才然欲達此目的則有必不可缺之三事曰天性曰習慣曰教授譬之於農天性者其種子習慣者其肥料而教授則其農夫也欲

營耕作之業固待精良之種子需饒沃之肥料而培養壅溉其責則專在於農夫去其害苗之物善其培灌之法教授者所宜有事矣

按普氏此論祖述亞里士多德之說而稍爲更易蓋亞氏之教義專切於日用之實行實開羅馬實用道德之學派普氏其他學說亦多祖亞氏之論者普氏本受希臘之教育蒙其感化移而殖之羅馬者也

普氏素持家庭教育之說其所著（兒童教育論）The Essays on the Training of Children後世教育家所謂最良之古籍也彼謂兒童之德行學業無不成立於家庭保其身體導之教訓傅之德行父母皆當負其責任故庭訓既嫻基礎畢具則出就外傅一受雄辨家道德家學哲者之薰化即可涵養德性蔚成完才故謂高等學校而外不必別立中小諸學此其說最與昆提倫相刺謬而不免畸於一偏者耳

普氏既以教育專委之家庭卽婦人者固家庭之主位故於其所著『夫婦教師』(Conju-gat- Preepts 之中力張女權謂治家訓子婦人與男子平權婦人異於男子獨哺乳一事而已然既負教師之職任則當備教師之資格故謂宜授女子以數學哲學與男子習

同一之學科若夫養其溫恭之舉動和婉之性情以爲薰德善良之效用則普氏尤反覆致意云

普氏教義之要莫切於德育一事普氏素治希臘之哲學善爲玄妙之倫理學說然氏固言行一致之躬行君子也故其教學者也亦以反躬內省克己實行爲第一義曰學者入德之方莫亟於養成自治之習慣養此虛明不昧之良心使常惺惺然後本此以裁制行爲變化氣質此待反己修省而非師友所能爲力者也若徒受精義妙道於其師而不復躬行實踐則是猶取煖於鄰家之爐火己室終以不溫是豈計之得哉爲治不在多言顧力行何如耳爲學之道何莫不然彼學問記誦雖爲智識之泉源然知而不行與不知等出入口耳徒梗此不能消化之物料於胸中耳曷足貴邪曷足貴邪」

此數賢者皆代表羅馬之教育者也其持論雖間有出入其立法雖亙有異同而其根本之主義則無不以實用道德之修養爲歸墟於戲斯固羅馬教育之特色而造成羅馬民族之特性者歟

（未完）

批評門

政界時評

（內國之部）

▲去一凶矣

閏五月十三日廣西巡撫王之春。提督蘇元春及湯壽銘。希賢均奉旨革職。逾數日復有蘇元春交刑部治罪之諭。皆兩廣總督岑春萱所糾劾者也。數月來所見聞。唯此事差強人意。

王之春之媚外鬻國。蘇元春之縱匪殃民。久爲輿論所不容。然彼內有奥援。且虛報肅清。謾爲大言以欺政府。政府亦陽爲不聞也者。任其肆惡流毒於粵西。不生慶。又魯難未已。粵西其非復吾有矣。岑督涖事。首鋤凶蠹。西難其有豸乎。

嗚呼。數年以來。政府以鋤刈民間志士爲惟一政略。草薙禽獮。不遺餘力。而於疆吏之賊民誤國者。則不覩不聞。甚且視爲職務所宜然而爲之隱忍袒護。務摧國民愛國之精神。而長奸賊鬻國之凶燄。嗚呼。我國之王之春蘇元春多矣。去一王蘇。寧遂有裨於治。然奮然一擊。或亦少奪奸賊之氣。而麻木不仁之官吏。或有所戟刺於腦筋。

王蘇褫職而後。西歷七月二十一日。法國公使移文外部。謂『王之春雖免官。然其任內與敝國所訂立之條約。所許與之利權。當照原議辦理』外部謂『王之春與貴國所訂之約。未知其詳。當俟審議酌量辦理』。含糊荅之。（大阪朝日新聞電報）其所謂條約利權。即爲借款借兵之事。或二事之外。別有他端。皆不能臆測。然以一省疆吏。不待政府之命令而遽與外人訂約。擅以利權許人。其舉動之狂悖。雖食其肉。

寧足蔽辜外部所職何事乃任王某擅侵定約之權而聵然罔覺果不知耶則何必設此聾聵朽廢之外部其果知而放任之耶則以庇護王某之私不惜擲一省之土地利權以完私人之情好外部之罪固浮於王某而爲罪之魁矣嗚呼以一總部之羈地羈權爲不足而必多設羈地羈權之分部於各行省豈謂二萬萬里之絕大帝國非如是不足以廣其銷場耶噫

▲北洋之常備軍

袁世凱總督直隸以來最留意於練兵一事其新練之北洋常備兵步兵十二營騎兵八營砲兵三營工兵一營輜重兵一營統計二十五營頃復奏請裁汰綠營兵而於順直善後局撥軍費一百萬兩以爲募練新兵之用

今日列國競爭之世各國皆擴張兵備以維持武裝之和平我以積弱之國逼處於羣虎眈眈之下苟非改革兵制亟從事於軍事教育則奄奄一息寧復足以圖存北洋之練軍其足以抗衡列國具有一戰之資格與否尚不敢知然訓練經年著有成效固卓然冠於諸省而可爲北方之重鎮者也

然吾聞人述袁氏之言曰『吾擁此勝兵其有革命軍起豈足當吾之一砲』斯言果出袁氏之口則可謂一言以爲不智者矣德相俾斯麥之語李鴻章曰鋤戮同種以爲功吾歐人所不貴俾斯麥固擁護君權者而其言如是蓋練兵者將對外以揚國威非對內以防國民也洵如袁氏之言則其日夜所皇皇者固非欲對外競爭報復大仇以雪彌天之國恥而其處心積慮則固欲反對俾公之言仇戮同種制禦國民以實行剛毅榮祿『防家賊』之宗旨也袁氏明於大勢吾度其未必出此下策且此以理言之耳若以

勢言則俄皇擁八十餘萬之陸軍而不能不讓步舉生宣布自由之敕諭袁氏威力寧及俄皇之萬一則區區二十五營之兵竊恐其無濟於事爾

（國際之部）

▲俄人開放滿洲之宣告

美人請開放奉天大通溝爲商埠我政府以俄故謝之美人知主權之不在我也則徑與俄國政府交涉俄政府謂已有訓令與駐中公使請與公使商議而俄公使則以未得政府訓令爲辭美人怒俄之謾已也持前議益堅旅順會議而後俄人乃以滿洲可以開放宣告各國而獨不告我政府故政府於此事猶旁皇無所爲計也

俄人不敢失美英之歡而必鎖閉滿洲俄人又不肯任他人侵入其勢力圈中而遽開放滿洲其百端推宕俄人外交狡獪之態無足異者獨美人請通商於滿洲而我乃待俄人之許可我豈復獨立國乎我不允美人通商而美人乃徑與俄人交涉滿洲猶我土地而俄乃擅以開放宣告各國外人豈復以獨立國待我乎是不但滿洲非復我有且國權盡失不啻俄人之隸屬矣既爲俄人隸屬則何事不當待其命令奈何諸國猶親俄責我政府也毋也天只不諒人只

▲滿洲問題與俄日協商

滿洲之事日亟英美諸國雖懼俄人專有滿洲致破均勢之局然關係淺薄爭之不甚力也惟日本與俄其關係最相切近其利害亦最相衝突二國之間不出於戰爭則必出於協商勢固無可避也俄國陸軍大臣格羅巴堅奉政府命東游日本旬留旬日而去於是滿韓交換之協約囂然喧傳於道路今據所傳聞畧述其協約之大要

俄日欲避滿韓政治上及商業上利害之衝突。以均平兩國之權利。維持東洋之和平。權定條欵如左。

（一）俄國應踐守對淸條約實行第二次撤兵。然以保護鐵道及現所獲得之正當利權。可設置適宜之警察兵隊。

（一）俄國於開放奉天營口大東溝之議。決無異詞。日本若欲於此三港設置領事。俄國亦決不阻撓。日本人民旅行於滿洲內地。倘有危險。俄國警察兵隊可盡力何護。

（一）滿洲之行政組織者。仍舊貫。不能變更。但不得因此侵害日本人民享有之自由權利。

（一）俄國公認日本在朝鮮勢力之發達。苟無害於俄人。於日本左所護有之利益。決無異議。

一日本獲有京義鐵路之敷設權。

一日本人得爲韓廷高等顧問官。

一鬱陵島伐木權。俄國讓與日本。

一此約約定之後。應由俄國外務大臣及日本全權公使在聖彼得堡簽押。定爲條約。惟未經簽押以前兩國儻有他事商議同意者。可以加入改正。

此其大凡也。其條約之果盡於此與否。其協議之果能實行與否。是固未易逆覩。然戰端一啓。所損實多。勝負難知。故各國皆憚於兵事。然則相持不下。協議之外。寧有他途。寧獨俄日而已。英德法美。行將循用。此策以實行和平之瓜分。嗚呼。三國協商而埃及墟。五國協商而波蘭分。六國協商而土耳其就軛。今日俄日協議。實瓜分之發軔。我國爲埃及波蘭之日。其不遠乎。

▲旅順會議

俄國陸軍大臣格羅巴坚東遊日本。歸至旅順。開大會議。敕使伯佐普拉佐夫。駐中國公使歷沙。駐朝鮮公使巴烏羅夫。關東總督亞力些夫大將。某軍團長治查科佛中將等。咸馳往旅會。頃會議既畢。歷沙已歸北京。數日以來。若從容無事者然。未嘗提議密約事。其內情之詭秘。外人固未易臆測也。

或曰。旅順會議。前後既及五回。然其中分强硬和平二派。强硬派則敕使主之。彼傳本國之意見。必求盡伸前議。雖戰爭有所不避。和平派則陸軍大臣主之。寧堅忍以達其目的。必不肯輕於一擲。冒險以破裂和平。二者相持不下。故五議而計卒不決。陸軍大臣旋奉政府急電。倉皇歸國。將再開會議於俄都。滿洲問題之決定。當俟俄都會議而後。道路紛紜。此說差爲可信。

要之所謂强硬者。肆其蠻行。强奪豪取。第三國干涉則以鐵血決之。然兵者危事。當國者寧肯輕於一試。況俄日二國。有互相畏憚之心。故雖機牙極迫。必不敢遽發難端。所謂和平云者。則開奉天大東溝爲商埠。以塞英美之口。交換滿洲朝鮮。不相干涉。以滿日本之心。而俄人遂晏然坐有滿洲數萬里之地。二者之利害且勿問。但滿洲者吾國土地。我與俄人交涉。我固主國也。我爲主國。乃無分毫之主動力。徒左右於俄日英美。日被動於他力。跋前疐後於兩大之間。而俄人日議强硬。日議平和。皆不過待彼自決定外交之方針。足以應付第三國。則滿洲之地。即可予取予攜。不必復過問於主人。主權已失之國。無事不當聽命於他人。人爲刀俎。我爲魚肉。外交之權。亦且不能自主。尙復何利害之可言耶。尙復何利害之可言耶。

(外國之部)

俄羅斯之陸軍

今日以金翅遮天之勢。駸駸南下。拊我背而扼我吭者。豈非俄羅斯乎。忽而踞奪滿洲。忽而規畫西藏。忽而謀圖蒙古。忽而攫利權於新疆。忽而拓鐵路於揚子江流域。神鷹度漠。縱橫莫當。彼既挾此席捲東亞之雄圖。故其兵力之擴張。有加無已。今略述其陸軍之軍制。以備我國人之觀覽焉。

俄國舉國之軍事。無不統一於陸軍省。陸軍省內。分別部居。而最有權力者。則曰陸軍會議。議員二十二人。皆由俄皇敕選。而陸軍大臣爲其議長。其中議員。復各自組織委員會。精審豫算軍法設備諸事。有宜損益者。則進言於陸軍大臣。使之改良。其次有權力者。曰參謀本部。專司軍隊之組織演習。野營築壘。武器軍馬。及論功行賞諸事。蓋俄國之參謀本部。隸屬於陸軍省。而非純乎獨立者也。

六

俄國男子。二十一歲以上。則服兵役之義務。其服役年限。在歐俄則爲常備軍者五年。（內許一年歸休。實則四年。）爲豫備軍者十三年。（每年必赴操二次。約四十日。）餘五年則爲後備。至四十三歲始免兵役。其在亞俄。則充常備者七年。充豫備者六年。在高加索。則充常備者三年。充豫備者十五年。苟有要務。則陸軍大臣尙可命其展期六月。其陸軍人數。比較於全國人口。人中可得六人。哥薩克兵之兵役。則自十八歲始。服役者二十年。亦分劃爲三期。第一期三年。常於殖民地習受訓練。第二期十二年。雖可出而謀生。然當常習騎馬技擊。以備非常之召集。第三期。則爲後備兵。

俄國每年有兵役義務之人數。約百二十萬人。而充常備兵者。常不過八十餘萬人。其他則常編入國民軍中。故概算俄人平時之兵力。將校約三萬六千人。

兵卒約八十六萬人。戰時之兵力約及四百萬人。若戰事持久。不敷調遣之際。則更可召集多數之兵。其駐屯之地。則畫俄國爲十四軍區。詳列如左。

聖彼得堡　荷蘭　阿德沙　土耳其斯坦

華爾疎　伽佛　頓　西伯利亞

木斯科　卡張　關東州　黑龍江

高加索　威爾拿

其陸軍分爲二十一軍團。其中近衛兵一軍團。格力拏治亞兵一軍團。高加索二軍團。土耳其斯坦二軍團。西伯利亞二軍團。騎兵二軍團。其他二十二軍團。每一軍團。皆坿屬以砲兵、工兵、築城兵、電信隊、架橋隊、鐵道隊、馬匹補給隊。其平時兵力。士官千三十名。兵卒四萬七千六百五十三人。馬一萬六千九百六十五匹。砲百二十四門。哥薩克兵則別分爲十一區云。

俄國之陸軍大略如此。其紀律之嚴明、訓練之精能。以視歐洲英德諸國。其優劣誠未知如何。然其國民固有堅忍服從之性質。最適宜於軍隊。其兵數則冠絕東西諸國。而獨擁無雙之大兵者也。嗚呼以堅樸驁悍之民族。踞上游勝絕之地形。懷混一區宇之野心。濟以士衆勢雄之軍隊。而又當不得逞志於西歐之時。西伯利亞鐵道告成之日。不求逞於東亞。其將何所用武耶。茫茫禹域。行爲斯拉夫人牧馬之場。而我國國人。猶復晏然鼾臥。嗚呼。吾誠不知其何所恃而不恐也。

▲美國之新法律

美國新定法律。凡無政府黨員。不許入美國籍。故凡他國人欲入籍於美國者。必當於入籍文憑中聲明非無政府黨人。美人自麥堅尼被刺而後。深惡無政府黨人之紊亂秩序。前數月時。已嚴定法律。以保護總統及政府官吏。凡刺總統副總統及公使官吏者。雖謀殺不遂。亦抵死罪。或科以數十年之監禁。今更嚴定拒絕無政府黨人之限制自由之祖國。顧乃收縮自由之範圍。是無亦饜芻豢而思螺蛤耶。

▲英法之親交

法國大統領盧拔。報英皇往法之禮。於七月六日。親赴英倫謁見英皇。英國官民皆竭誠致敬備禮歡迎。盧氏留英五日。十一日乃返法。兩國人士無不額手歡欣。謂兩國情好款洽。國際上之關係實有重大之轉移。而德奧意俄諸國之報。亦咸謂英法兩主權者之互相訪問。雖無正式同盟之關係。然邦交親固。是不可徒視為國際酬應之虛儀云。

英國邇年以來。幾成孤立之勢。數月以前。英國有識之士。多謂英國宜於歐洲諸強之中。與一國締結同盟。以聯邦交而睦鄰好。議論騰播。煽動民心。然聯三國同盟之德奧意乎。抑結兩國親好之法俄乎。二者固不能無所選擇於其間。今先與法合。互相聘問。蓋阿爾塞利亞摩洛哥之疆土。暹羅越南之近狀。及雲南四川之利權諸種問題。二國皆有關切之利害。非互相提携互相協議。則必轇轕而未易實行。且自華梭達事件以來。法人頗失望於俄國。遂決然改計與英人握手訂交。二國之親交。殆亦邇來國際關係必然之結果也。法與英親。則俄人亦不能不從其後。於是道路紛傳。謂俄皇亦有往訪英皇之意。三國接近。不特歐洲之國際大生變動。即極東問題。固不能不受其影響。而將有變置於其間也。

▲列國海軍費及東洋艦隊之比較

今日列強之政策。無不注重於海軍。而列強之海軍。尤莫不注重於東洋艦隊。勢所迫。蓋有不得不然。

者。

今世界海軍之有力者。曰英美俄法德墺日意此八國海軍之費當千八百九十二年。爲四千七百二十五萬磅至今日則爲九千二百二十五萬磅其增加幾及二倍而十年中增加之數。前五年間僅增一千七百萬後五間年則增二千八百萬。

英國以海軍立國者也其兵備之擴張最力故軍費增數亦獨多今日英國之海軍費己及三千二百萬磅。較之八國之總額實居三分之一有奇較之十年以前殆增一倍矣

美國海軍費今實一千五百七十二萬十年以前美國之海軍當英國三分之一今則當英國二分之一蓋增費之數雖不及英而十年間之比較殆增三倍則其增額殆逾英國矣

德之海軍則於五年之間爲突飛之進步者也五年以前不過四百二十萬磅今則一千萬磅强俄之進步亦不後德五年以前僅增百餘萬磅五年以來則忽自六百十六萬磅驟增至一千四十八萬磅。德國之驟增海軍咸謂其懷雄飛世界之野心固欲與英人爭雄長若俄則固一陸國非有延長之海岸線亦非有德人之海運業而每年海軍費之增加必出德國五十萬磅而上俄人財政方艱寧擲黃金於虛牝者固將雄飛海上輔其雄盛之陸軍以馳突於歐亞之中原也

法之增加海軍遠不逮此四國故十年以前於海軍國中位第二者今乃降置第三行且降在德俄而下至於意墺更同自鄶日本雖日懷擴張海軍之雄志然長沙地小不足廻旋舉鼎而有絕臏之患故雖日謀擴張而尙遠在意墺之下以視英美諸國眇乎小矣

故總核五年以來諸國海軍增加之費英九百萬磅美八百八十萬磅德五百七十萬磅俄四百三十二

批評門

萬磅。法二百四萬磅。意九十四萬磅。墺八十三萬磅。日本十年以前僅八十餘萬磅者。今則增至三百六十餘萬磅云。

歐人雖競增海軍。而務保歐洲以內之和平。移其戰爭於歐洲以外。極東問題日迫。於是列國海軍咸趨集於極東海上。今總核最近之東洋艦隊。而國別詳之。

俄國軍艦之翔集亞東者。現共五十二艘。其中戰鬥艦六。鋼甲巡洋艦三。裝甲大巡洋艦五。鋼甲砲艦二。裝甲小巡洋艦二。小巡洋艦四。砲艦三。水雷艇三十一。實十四萬四千三百三十噸。其續派赴東而未至者。戰鬥艦三。鋼甲巡洋艦二。裝甲大巡洋艦一。裝甲小巡洋艦一。水雷艇二十四。共六萬四百十噸。都凡二十萬四千六百四十噸。

英國東洋艦隊五十五艘。其中戰鬥艦四。鋼甲巡洋艦一。其最有戰鬥力者也。他則裝甲大巡洋艦六。餘爲水雷等艇。共十一萬三千二百二十噸。

日本艦隊共一百二十八艘。其中戰鬥艦七。鋼甲大巡洋艦六。鋼甲砲艦三。裝甲小巡洋艦十五。小巡洋艦八。砲艦六。餘則水雷艇八十三。共十六萬三千百八十噸。

法國東洋艦隊三十九艘。然中止戰鬥艦一。鋼甲巡洋艦二。裝甲大巡洋艦一。共三萬六千八百九十噸。

由是觀之。俄人東洋艦隊之勢力。固可雄視諸國。英日均非其敵也。假令縱衡之局成。則日合於英。法合於俄。則日英之力。固自優於俄法。然法人方議大增東洋艦隊。二者苟有衝突。則勢均力敵。固未知鹿死誰手耳。

至於美國軍艦。其游弋東洋者共十五艘。四萬二千噸。德則十六艘。二萬二千二百四十噸。蓋二國均無直接之利害。兩同盟國。果有戰事。則惟堅守局外。保護己國之商民而已。

雜評

南黨獄

中國政府以上海蘇報倡言革命請命於各國領事。逮捕六人下獄其鄒章二人爲蘇報記者其三人爲蘇報館員其龍氏一人知以他事嫌疑牽連而被逮者也。

六人既被逮政府欲提此案歸內地辦理將受而甘心焉請命於領事工部局持不可曰此租界事當於租界治之以維持吾外人之治外法權政府知不可得則又請命於公使公使以此事領事主之吾人不能侵其權限謝之政府乃廢然而止。

六人既就訊於會審公堂其辯護人詰會審官曰有被告而無原告則獄不具此案原告爲何人其爲中國政府乎其爲兩江總督乎其爲上海道乎會審官倉皇無以對也則謾應之曰中國政府辯護人曰以堂堂中國之政府而訟私人於屬下區區下級之法廷而受其裁判乎會審官語塞而退。

嗚呼政府亦既知其權力之不能及於租界矣不勝其憤怒之私必欲獮刈數人以爲快乃不惜低首下心請命求援於外人外人不從其請而其權力遂幷不能及於己國之臣民夫竭師子搏兔之全力以求一洩其區區之忿卒之損失國權汚辱國體重自取辱而小忿卒不可得而洩噫是亦不可以已乎。

北黨獄

蘇報事起都中僉人微窺朝意之所在將乘此大興黨禍於是有捕殺沈藎一事。

已革翰林吳某者。素不嗛於沈。知朝廷有再興黨獄之意。乃與慶寬謀。謂可捕黨人以自效。因慶寬以通內監。傳內旨發警兵四十人捕沈下獄。政府固尚未知。既下獄。訊以毒刑。沈知必不免。於所訊事。無不自承。侃侃不屈。意氣自若。訊不得實。欲亟殺之。適萬壽期內。不能行刑。乃杖之數百。不死。卒縊殺之。野蠻慘酷。無復人理。蓋至是而極矣。嗚呼。以小人之私怨。假內監之威權。而可擅行此野蠻慘酷之事。橫恣於輦轂之下。且聞內旨嘉獎。開復吳某原官。嗚呼。天地闇黑。狐魅晝行。尚復成何政體。竊恐宵人求官。仇家報怨。緹騎將遍天下。而人心憤激。天下洶洶。恐非復死所能懼也。聞沈氏之就逮也。其素與交游之日本人。謀營救之。沈氏曰。『公何得衛此。吾國國權非外人所宜干預者也。』嗚呼。自蒙奇禍。有可以脫而出之者。以外人干我國權之故。毅然正色以却之。寧犧牲身命。甘受枉死。而必不肯稍屈國權以自活。嗚呼。可不謂之烈士歟。可不謂爲愛國者歟。捕人者不惜損辱國權以求快私忿。被捕者乃寧糜碎身首而保護國權。吾不知政府諸公。聞此。其亦少有怍容否也。

●特科異聞

庚子事定。重舉經濟特科。倣康熙乾隆兩朝博學鴻詞科故事。禮羅賢俊。天子親試之廷。甚盛典也。榜既發。且覆試矣。忽有逮捕之耗。於是有株累之嫌疑者。紛紛輕騎襆被。微服出都門。且聞條列數十人。雖素有頑固腐敗之名者。亦廁其列。雖未竟其獄。然風聲鶴唳。京師皇皇矣。噫嘻。明詔徵之。大臣薦之。使之鱗萃闕下。英雄盡入彀中。然後爲一網打盡之計。計則巧矣。得無兒戲耶。年來科第。本若摘髭。如許頭顱。險些流血。世路險巇。不謂考試亦是一大冒險事。

特科閱卷。皆張之洞總持其事。覆命召見。太后詢其人才若何張之洞以佳士對且請破格擢用政府惡其專擅而不與己商也乃力與爲難盡掀翻其所評定而拔其抹勒棄黜者置之甲第適樊增祥至京力指其中多革命黨人列名請辦太后以其居首者粵人而復梁姓也則亦大疑於是疑獄遂起張之洞頓足憤恨然卒不能白其誣波瀾翻覆風雲百幻朝方下第夕忽登科夕方拜官朝忽亡命朝政顛倒當局者安得不痛心然張之洞素惡新黨稍有嫌疑者動行用其兩湖總督赫赫之威權行文逮捕今其手拔之士偶以嫌疑逮捕要亦師公慣技耳何遽憤憤無亦少所見而多所怪耶然張之洞亦中朝大官老於事者乃竟觸犯忌諱貿然以粵省梁姓者褎然居首也作官數十年何不解事乃爾

●俄人北方之新馬隊

俄人北方之新馬隊中國北方之舊馬賊也俄人利用馬賊之勢力將以中國人殺中國人馬賊亦利用俄人之勢力將以中國人殺中國人

馬賊之縱橫於北方也久矣焚掠刦奪困苦居民中國官固不能勦捕之也然彼猶有畏官勦撫之心惕然尚有所畏憚庚子之役經白人之草薙禽獮慄慄然心膽皆寒於是舉國上下莫不畏外人如神鬼敬外人如帝天而向之所謂官者則尤持媚外爲外交秘訣但使有短衣楚製禿襟髡髮者入於其境則不問其果爲外人與否無不送迎宴饗致敬盡禮婉容下氣如孝子之事報民怵於外人之足以生死我也又習見乎吾官吏之畏之如彼彼外人之勢力乃遠在吾官吏之上也則盡易其向者仇外滅洋之宗旨投命託庇於外人彼馬賊知俄者吾北方官吏所至畏假其餘燄則勦捕不復足慮可肆其剽掠於白晝大都之中俄人亦以其可代白人之勞以執屠戮華

批評門

人之役則亦撫而有之以行其侵畧主義於北方於是向者之馬賊一易其名號而其勢大熾而官吏果莫敢誰何

嗚呼痛哉我華人之無愛國心乃一至於此極也各奉一利己主義苟有可以便吾身者則遑知有國家遑知有種族向者尙有排外之客氣爲可恃耳乃爲國者不知養其氣而善用之遽使摧頹沮喪而復横加種種非理之魚肉使之鋌走以爲淵敺魚身演種種媚外之醜態示之榜樣以敎猱升木吾恐數年而後德法英日之馬隊繼東三省而起行將遍於山東兩廣福建揚子江流域也嗚呼毫無敎育之愚民亦復何所知識吾見夫士夫紳宦有假外人之勢力以凌其鄉族者矣吾見夫中朝大官有假外人之勢力以保其祿位者矣吾見夫封疆大吏有假外人之勢力以鋤其同種者矣舉中國人皆爲狐爲倀於馬賊

獨何責焉於馬賊獨何責焉

（日本之部）

○滿洲朝鮮交換論　外交報時

俄國陸軍大臣游日本後。日俄協議之說喧動一時。而滿韓交換之議亦頗騰於日人之口。此戶水寬人評論此議之意見也。今節錄其大要於左。

世人所謂『滿韓交換論』者。謂以滿洲委之俄人。我不復干涉其事。而我則專於朝鮮擴張勢力。俄人亦不復阻撓。彼此協商交易而退。既可使兩國利益。不至互相牽掣。兩敗俱傷。且日俄對抗之勢一變而為和親。可保和平之局。其大旨固如是云云也。

以余觀之。則此論固大謬不然者也。何則。日本今日固不可不張勢力於朝鮮。尤不可不植勢力於滿洲。滿洲苟無勢力。則雖得朝鮮。不能安寢也。

日本人口驟增。不能不行殖民政略。諸國多排斥黃人。則可容吾殖民者。惟有南美。然亦少數則可耳。若果移殖衆多之人口。則必至與彼土民相衝突。彼美國挾其們羅主義相干涉。吾必不能與爭。然則吾殖民最宜之地。無逾朝鮮與亞洲大陸。然朝鮮小國。僅能容吾數百萬之人耳。殖民者百年大計。豈容開此狹隘之規模。故滿洲之地。吾人所亟宜經營。然滿洲果入俄手。則果能容吾移民之殖產興業乎。是滿韓交換。自塞其國力伸張之路而已。昔日千島樺太之交換。已為天下笑。一誤豈容再誤耶。

且俄人既有滿洲。則必進略朝鮮。得隴望蜀。固俄人之常態。且我據朝鮮。不啻以利及向滿洲之胷腹。彼俄人既有浦鹽斯德旅順及達爾尼。豈容我據朝鮮。

橫梗其兩地海上之聯絡。其席滿洲以略朝鮮。殆亦勢所必至。雖有協約。俄人視之。直一故紙而已。且朝鮮者『事大主義』之國民也。日本今雖有勢力於朝鮮。而韓人心不忘俄。常欲楯俄以排日。俄人之野心勃勃。苟舉措自以術數搖動朝鮮之人心。則日本之殖民。果遂能安然以殖產興業耶。吾故曰滿韓交換。是塞國力伸張之路。而大謬不然者也。

記者案、朝鮮者日本之門戶。而滿洲者又朝鮮之門戶。禦賊者必禦之戶外。使俄人據有滿洲。則朝鮮勢固岌岌。而臥榻之側。他人鼾睡。日本亦不能無實偪處此之憂。故欲固日本。必謀朝鮮。欲謀朝鮮。必爭滿洲。此必然之勢。後此之勝負。實決定於今日者也。然日俄各謀侵略。競伸張勢力於我北方。是猶兩虎跳擲於中庭。眈眈以爭攫吾肉。而我當國者乃曰此外國與外國交涉。吾不過問。惟是日伺兩國之勢力消長。以定倚賴之計。烏乎事大主義。寧獨朝鮮人也歟哉。

（歐美之部）

○滿洲者俄國之一州也

時事評論

此六月間刊行於英國雜誌中關於滿洲問題有力之論文也。今擇譯其一節如左。我國人覽之。其生如何之感情乎。

自名義上言之。則滿洲仍中國之滿洲。自事實言之。則滿洲直俄人之一州。與芬蘭毫無以異也。五年以前。滿洲不潔之村落。變為俄屬繁昌之市府。蒙人游牧之荒地。變為俄商貿易之市場。俄人公設浴場。廣通郵便。建築商店。凡俄人所至之地。必造庭園。開種植。拓市場。興商業。而中國之兵士。咸佩俄人之徽章。中國之官吏。止供俄官之頤使。舉滿洲之人。類皆化於俄人之風習。用其變體之俄語。受其迅速之裁判。俄幣通用於全洲。鐵道橫貫其腹地。而保護鐵路之俄兵。且永遠屯駐於其地。光緒二十八年之滿洲約欵。且明定俄國正兵撤退而後。中國屯駐東三省之兵數。必先與俄國商定。不得擅自調兵。欲築鐵道於滿洲南方。亦必先待俄國之允許。觀此則滿洲之地。隸中隸俄。讀者可以自斷矣。夫以俄國之貧窘。而擲億萬之巨資。營千五百五十五哩之鐵路。以公其工商利益於諸國。俄人果能行此利他主義乎。彼其懷抱之野心。數年以前。實爲諸國所共見。乃各國袖手旁觀。曾無一言之抗議。今日羽翼已成。勢力已厚。乃呼號以責其狡悍。則何益矣。

記者按。外人之謀人國也。亦多術矣。欲謀一地。則先調查其地勢。移殖以人民。經營其土地。收攬其人心。興諸種之事業。以握其利權。布鐵道於要害。以制其死命。然後以條約確定其利益。以政策攘奪其主權。不費一鏃。大事已集。而主者固猶熟視無覩。誠所謂亡人國而人不知之妙術也。今日密約之紛爭。撤兵之抗議。要皆不過表面之虛文。俄雖能曲意從我。而實權究握於何人之手。我國人其可不深思遠慮也。嗚呼。俄人野心。必非僅以滿洲能饜其欲。彼土耳其斯坦、喀什噶爾、蒙古西藏、殆無不爲彼所眈視。前車覆後車鑒。我國人其早爲之所。勿使爲滿洲之續也。

○列國競爭中國鐵道之近情

北京泰晤士通信員

北京泰晤士通信員。深慨英國勢力之不振。以深憂失意之語。報列國競爭之近情。其大意曰。

俄人於中國政府保證之下。得正定（蘆漢鐵路幹

批評門 四

線經此）太原線路之敷設權矣。其線路雖狹軌而非廣軌。然可延長於太原以西。德人既專有山東鐵道。今又欲延長二線。一自德州至正定。接續膠濟線路。一自兗州至開封。接續比利時所欲新築之線路。已要求於北京政府矣。比利時則由有名技師路科之手。得開封至河南府之敷設權。且欲延長以及於漢中西安。此雖出於比人之手。然竊恐有立於其後而操縱之者也。

諸國各得所欲而去矣。回視吾英之地位。則不能不貽聘自失也。請略舉數事以證之。

（一）『北京信用聯合公司』自河南煤礦至剛河之鐵路。竣工者僅九十里。

（一）中英公司與北京信用聯合公司相結。要求信陽成都之線路。中國政府謂己許己國人。英國遂有『若借資本當先向英借取』之請。中國尚未回答。

（一）中英公司於五年前己得信陽浦口之敷設權。然至今尚未興工。頃盛宣懷告中英公司。謂六個月內不實行約中之言。則一切權利。即當註銷。

（一）北京信用聯合公司要求自山西礦山至浦口之敷設權。事本平允。然法國出而反對。謂此路若成。則盡奪蘆漢鐵路之利益云。

由此觀之。以揚子江爲勢力圈之英國。其勢力日縮。苟非得山西至揚子江之線路。則雖有豐盛煤礦。無所用之。山西浦口線路之要求。苟爲他國所阻。則是中國政府明背一八九八年總理衙門與英使之誓約。及去年慶王致英使之公文也。英國其可默忍耶。

記者按。列强以鐵道政略行其侵略。其勢力視鐵道之長短爲伸縮。故萬手攫奪。爭先恐後。務不使有尺寸之遺。我政府於己國商民。平昔百端欺凌。致失其信用。而不敢與官交涉。而今日之請承礦路者。猶且多方挑剔。多方阻撓。廣田自荒。寧拱手奉之外人。以自亡其國。肉食者固當別有肺腸。

叢錄門

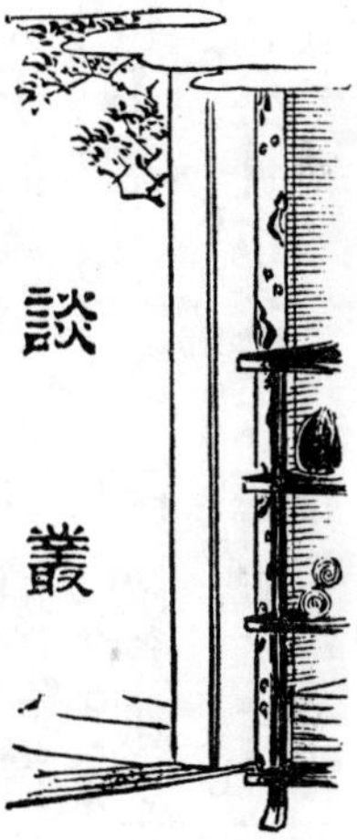

華年閣雜談

觀雲

首陽山

伯夷叔齊不義周之伐殷。隱於首陽山。採薇而食之。一婦人謂之曰。子義不食周粟。此亦周之草木也。伯夷叔齊遂餓而死。甚矣伯夷叔齊之不思也。果如婦人之言。豈獨草木即首陽之一土一石。亦孰非周家之有者。胡爲而登之。即不食而死。死而仍委白骨於首陽之下。而設有詰之曰。是亦周之土地也。伯夷叔齊其又何說。甚矣伯夷叔齊之不思也。夫天子者不得以一國之土地草木爲其私有者也。彼婦人何知大義。其所言誠所謂婦女子之見耳。於伯夷叔齊乎何傷。仍坦坦然出入于首陽之崗巒。放歌肆志可也。即不然而伯夷叔齊者亦介然以一國之土地草木爲一國之君所有之物。然武王之伐殷而有天下固伯夷叔齊所不承認者也是則在他人視之以爲周家之土地周家之草木而在伯夷叔齊視之固商家之土地商家之草木也何不義之有此二義者必居其一而後生而陟首陽之山食首陽之薇死而葬首陽之地無不可也不然爲一婦人之所辭而死死而仍不免有可議者在而大義轉不得表白於天下吾爲伯夷叔齊惜之

天王明聖臣罪當誅

甚矣韓昌黎之誣文王也夫所謂善惡者必當以平等法論之於庶民無所加於天子無所宥如是而後善惡之義可定紂之殺九侯女而醢九侯脯鄂侯此在昌黎視之以爲善耶惡耶如以爲善則是昌黎之祖天子也否則昌黎之所謂善惡者非如吾輩之所謂善惡也如以爲惡則文王之歎是也羑里之囚於臣爲無罪於君爲暴行使文王而非聖人也則已文王而爲聖人也吾道固是自信亦已有素雖置之囹圄仍堅守其初志不變不撓可也不當因一震之威懼斧鉞之將及翻然改易其心而爲頌揚諛悅之言是小人之所爲矣且也文王之有罪必待入犴獄之後而始自知則前之竊竊

私歎憂懷國是直無意識之舉動而後之伐戎征崇戡黎敗密胥可謂之一脫罪囚而即爲怙惡不悛之舉何文王之前後不相顧也夫臣之事君不能正直自矢而至舉功罪之案惟以君之刑賞爲衡則凡爲君之所斥逐所戮辱者必無寃屈之夫而爲君者可立於神聖無過之地長君之惡枉己之道而亂天下者必此言也夫吾觀昌黎謫潮而後屢爲乞憐之文字彼其憑一時之氣而諫迎佛骨及風霜瘴癘之迫身其氣已懾而欲人之赦其罪耶其不剛亦已甚矣世以揚雄事莽著劇秦美新之文鄙其爲人若對無道之紂而至奉以明聖之尊號甚矣其不擇言悲哉其不知道也

戰敗後之民族

中國有兩大惡根性一藐人病一恐人病也

天之下惟有地地之上惟中國居中央有文教其餘皆夷狄無教化者此數千年來所抱之謬想也此種根性之養成由於自黃帝堯舜至於漢唐皆爲東方一統之大國而以其觀象印於人心之間卒之時勢進步而舊印象仍未脫於腦中其弊則於近日之變法見之凡所謂頑固守舊恥學於人即不然而於他人之文明終有斜睨不滿之情

皆此種根性之產物也反是者則又一變而爲恐人之病原此根性之所由成蓋自宋後屢與異種人相衝突以受創痍之故全部爲其所壓服匐匍稽首於其足下由是一般人心所計算以爲抗拒而死之凶毋寧服從而生之吉故經一次戰爭一次殺戮即低減一度民氣而漸入于委苶之境卒之剛强英武之氣全消而柔順巽滑之習以成斯時即有反種之剛性人出必不合於全社會之人心羣以爲招禍不祥之物不待異種人鋤之而本種人亦必欲殺之矣合是兩種性質鑄爲社會而後有今日疲敝癃病無知覺無變動之中國

民族之以戰敗而變性質者固有可證之例在日本人研究蝦夷人性質謂其先實爲勇健善鬭之人種當日遍布於日本全國而日本人嘗屢爲其所苦今檢古史有若神武天皇之東征有若日本武尊之東征有若四道將軍之派遣有若阿部比羅夫之遠征皆爲制服蝦夷之事當日蝦夷人力能與日本人相抗不易屈服然以今攷蝦夷人之狀態其祖宗之膽勇全歸消失一變而爲從順溫和蓋經數次挫敗之後其腦裏有日本人到底不能勝之印象而毋寧服從以謀安寧之念起此其所以變爲今日之現

象也。當維新前。松前侯領蝦夷地。其時蝦夷人猶有首長。而歲貢方物於松前侯。若自立國而歸保護者然。及維新後。改稱其地爲北海道。因地勢劃區域。設郡町村。蝦夷人之部落。與日本人之村閭。同一受統治於日本國家之下。其舊日首長。予以稱總代人之職。有事則下其命令於首長。蝦夷人以彼之首長猶聽官吏之命。猶列强用滿洲政府以治中國之民所謂奴隸之奴隸也視官吏爲至高無上之人。見時除恐惶之外。無有何物。有時出其奇態之捧手以表敬禮。今日凡日本人所爲之事。蝦夷人俱不能染手。其生齒有逐年減少之勢。僅於北海道。猶殘其面影而已。嗟乎、觀于蝦夷人由戰敗而改變其性質。以性質改變之故。志氣頹廢。權利盡失。而漸趨於滅亡。吾未暇爲蝦夷人哀。而欲洒一掬之淚。爲吾種人道矣。

則且以我國之近事徵之。庚子之役。義和團之在北方。亦極一時囂張凌轢之概。其後經聯軍之挫傷。京津一帶。至凡着西衣冠者。皆可以橫行於一時。而敬禮之惟恐不至。鄉間老媼。提洋人二字。猶發一寒噤。北方之風氣。遂一改排外爲媚外。堅强獨立之志爲列低砲所轟散。而添一種柔媚滑黠之點於氣質中。爲保護其生命之用。其變易亦已甚矣蓋嘗聞之民族之被征服於他民族也猶婦人之失身婦人一失身而節操二字全消失於其性質之間一民族而爲他民族所摧傷其志氣亦全消失於無何有之鄉而不能再振甚矣萬物之不可不自强而生存競爭其淘汰之禍爲至烈也

嗟乎風氣已成雖英雄不能爲力習俗俱化即賢者無如之何以祖宗有勝人之資格而爲之子孫者乃爲他人之所勝此四百兆不肖之胄裔黃帝有知能無痛哭乎

譯叢

歷史之片影

魯庵譯

西里但普法戰爭筆記

此篇爲美國西里但將軍之筆記。將軍於南北戰爭時。爲北軍名將。格蘭頓大統領最所親信之人也。後舉爲美國陸軍總督。大改軍政。以光緒十三年終於其職。其筆記即普法戰爭時。將軍出入普王麾下。身親目擊之實錄也。文雖簡短。而當日威廉老帝、俾斯麥公、毛奇將軍等。君臣魚水風雲際會。馳驅於鎗林彈雨中。以成一世雄圖之狀況。活現紙上。近刊於美國某雜誌。特譯以國文。俾供參考。

余曾爲美遭利軍之司令官。正欲於北天打及們拉拿之管轄地。蒐撿軍實。千八百七十年五月。乘太平洋鐵道西行。於克林停車場下車。更乘馬車而向們拉拿首都希列拿。余當發於芝加高時。普法戰爭風說已宣傳於報紙。是時余謂果有戰事。當往觀戰。及抵希列拿。聞兩國已宣戰。遊興勃發。遂請之大統領。大統領慨然相許。余即撿行裝。乘瀛船而出發。

余將發。大統領格蘭頓招余於倫格蘭。詢余將往何國。余時早料法必不能敵德。欲往觀戰。當在勝者。遂以往德對。彼大喜。別時與余一紹介書。使致於駐德之美國公使。其略曰。

余向各州之都民各州政府之代表者。紹介西里但將軍。將軍者最富於材略膽量。而於南北大戰爭幾經磨練者也。將軍此行。當有所得。裨我軍事。一切望善爲照拂。余爲國民。特鳴感謝。

余得遂此壯志。而出入普王麾下。以觀斯戰者。皆藉此紹介書之力也。

七月二十七日。與副官科施士自紐約解纜。八月六日抵英國里巴勃港。九日赴比利時首都勃律西。在勃律西時。聞普國陸軍大臣。命鐵道軍事員。要余等於克林。直送之本營。然自勃律西至克林後。渺無消息。軍事員遂送余等於柏林。

抵柏林後。訪我國公使邦格輔。有名歷史家彼以俾斯麥公之電報示余。大要囑余即來本營。公使且言明吾等迂道柏林之故。蓋普國陸軍大臣曾命駐比之普國公使自克林直送余等於本營。然余等至勃律西。及出發時。公使不之知也。是時普國皇后。延見余等。適俾斯麥公再次電報於邦格輔。謂將合戰。促余等來。邦格輔遂爲余等辭皇后之請。即發於柏林。是余在普魯士首都。僅二十四時間也。

余所乘瀛車車房八十餘。蜿蜒幾亘一里。雖牽以三機關車。然行仍極緩。余心苦悶。實不可言。至列美里下車。乘馬車至波忽摩遜。是時八月十七日午后三時三十分也。此地本屬法境。今爲德軍所領。軍馬倥傯。闤闠溢巷。初無寄足之地。搜索良久。始得一旅店。方丈之室。仍容六人。飯後送一名刺往俾斯麥公。約是夕九時相見。

俾斯麥公之接余時。憂形於色。蓋是日即格羅忽之戰前一夕也。然與公接談。公頻問我國人於普法戰爭感情如何。復請余一覽明日戰事。約翌朝四時同車。往普王行營。翌朝四時至公所。俾斯麥公及博士勃希俾斯麥之甥同往。馬車直指戰地。途中普兵。絡繹不絕。一見我等。皆立鎗歡呼。蓋俾公與我等同行也。

經克爾打。未幾下車。即有一副官來歡迎余等。延余謁普魯士王。遂與偕行。王方立馬於森林之陰。謁見之禮。雖極簡約。却甚優渥。王親握余手。殷勤備至。藹然可親。當時威廉第一。年已七十有三。身披近衛總督之軍服。眼光炯炯。鬚髯如戟。一望而知其爲深謀遠慮之人。王親囑余當戰爭中可集其麾下。余深謝其厚情。辭出而至俾斯麥公之處。公已備馬相待。遂向王行在。馳馬前進。

王行在地在高丘上。下瞰瑪士拉戰地中心之列遜威及格羅忽村落。即法國東美朱之地。皆在目前。二日前所屠之貧民。死骸枕籍。荒涼滿目。遍地瓦礫。是時普魯士王王弟風烈。鐵騎查路士。參謀長毛奇。陸軍大將龍。及俾斯麥公。羣集斯地。法國若投以一爆裂彈。即足以破德國而有餘。後余亦繼至。余識毛奇將軍。實始於此時也。將軍解英語。爲余說軍勢之位置。及運動之方略。指示地勢。瞭若指掌。所謂與君一夕話。勝讀十年書。非此謂耶。

法軍陣於美朱。陣若長蛇。少延於北。中軍面西。以向普軍。法之左軍。去摩士爾頗近。與普軍相隔。只一樹林。蒼翠之峻坂。右軍則略斜傾。普之右軍。爲士但滅將軍之所率。即普魯士之第一軍。中軍左軍。則爲第二軍。王弟風烈鐵騎查路士將之。普軍戰略。則欲以右翼第一軍壓敵陣。第二軍北進而要擊法軍於西倫也。交戰後。普軍左右翼。各始運動。右軍奮進。已入余等之視線。於格羅忽村前屯一師團。其左方雖樹林陰翳。目力不及。然爲法軍屯駐之地。可想而知。普之中軍及左軍。頻放克虜伯砲、以迫法軍。法軍出死力以相抗。驚雷動地。炎烟漲天。誠巨觀也。參謀部之將校。屢將余等所不能見之戰況。詳細報告。呈普王後。即示余等。毛奇將軍。常案圖相告。每得一報告後、彼必離其參謀長之席。拱手垂後。徘徊沈思。彼年雖七十。然蒼顏白髮。氣象森嚴。覩其外貌。謂爲身經百戰之勁將。不如謂爲名山古寺之高僧也。

日方中。普之左軍及中軍。益迫法軍。攀斷崖、躋石壁。踰溝越谷。血薄美朱。至其右軍。則僅越峻坂。以陷格羅忽之村。時法軍一中隊、忽現於魯遭流士之谷頭。蓋以蔽左軍之退於美朱者。以必死之勢。而遮普軍。普軍一鼓前進。法軍偃旗息鼓。普將士但減以敵將潰。遂指揮其右翼之騎兵。急乘其後。騎兵突踰窪地。競登峻坂。前後軍相逼。能進不能退。遂深入敵地。不料法軍殊非潰散。却沿窪路。大張兵線。石垣爲壘。以待普軍。普軍正以如潮之勢。捲地而來。爆彈一聲。山崩川裂。普軍前有勁敵。後無退路。進退維谷。不知所爲。法軍乘勢奮進。殺戮無算。是役得生還者。僅十中之二云。

普軍放右軍之騎兵時。王已決移其行在於格羅忽。敗報之至。正在移於格羅忽之後。接此敗耗後。咸憤士但滅之失策。欲得而甘心。余亦竊爲士但滅危。少間士但滅偕一參謀官。徑赴行在。進立王前。鞠躬爲禮。余觀其威嚴步履。雖似矍鑠。尙復可用。然時患咳疾。恐不永年矣。彼所奏對。以相隔頗遠。不可聞辨。然王禮貌尙甚殷勤。蓋敗軍之罪。措而弗問也、

時王出巡視於村之東北。擇地稍高者。以定行在、登高而望。普軍步兵之右翼東進窪地。皆瞭然在目。其進行雖極緩。然普軍之兵線。益爲擴張。法軍苦戰。以拒其進。既而法軍寂然。普之砲隊。咸喜克虜伯礮之可用。以爲大破法軍砲臺。喜不自勝。然余心頗不謂然。蓋以余之精巧望遠鏡。見法軍正欲以右翼而激戰。頻向右而轉移也。

普軍匍匐而進。漸登高丘。正揚揚得意。謂攻守之異勢。豈知寂然之法軍。大砲二百門。

一時齊發掩擊。其右。小銃如雨。山谷震動。普軍失望。各鳥獸散。法軍乘勝。正欲逼格羅忽村。以衝普軍本營。會波摩林之軍。知急來援。反敗爲勝。此軍者即毛奇將軍自將而指揮之者也。當法軍鎗砲齊發時。爆裂彈幾如雨下。王之行在。實頗危險。侍臣親軍。苦勸王退避。王岸然不顧。若不覩不聞者。後俾斯麥公親進。勸王。王始領其意。退於列遜威。余遂與王別。留待俾公。蓋俾公爲巡視近衛之傷卒。而留於格羅忽也。後與俾公追赴王所。王正立馬於西倫街上。環王左右者。則敗兵亡卒也。王溫語撫循。後更大聲疾呼。勵以國恥。士卒皆零涕感激。莫敢仰視。始知英雄之所以得人死力者。仍不外操縱之一術也。

隨王出巡。下馬於列遜威村外。供王及王弟之坐者。除破車殘軌所造之椅子外。別無長物。白楊衰草。馬鳴蕭蕭。且敗軍之後。咸有戒心。上自將校。下至士卒。皆穆然有所思。引頸延佇。以待戰地之報告。捷報至。後人始安堵。

戰爭者。興奮劑也。觀戰者。本無得失勝敗之心。然千軍雷動。萬馬奔騰。被驅於大勢。亦覺熱血坌湧。東奔西逐。至忘早餐。及至正午。腹若雷鳴。少覺疲倦。然一切果腹之物。已供軍兵之大嚼。井泉皆涸。幾無可飲之水。少憩有一輜重兵。携酒數瓶。獻之參謀部。參謀部將校。分惠余等。久渴得此。直等甘露。此酒實北法蘭西農民之所釀。極非所宜。然渴者易爲飲。固不暇計也。時皇太弟招余於其傍。自袖中出黑麵包一片。分半與余。侈談其子風烈鐵騎查路士之事。余唯有唯唯諾諾。以俟其語畢而已。

當時本營事極忙劇。日發捷報。第一之報。則送皇后。其次則發之各官省。余正欲飲馬而入某街。忽一小隊。以鎗擬余。蓋彼等見余之舉動與德人殊。疑余爲法人也。彼等不解英語。余又不通德語。余手指口畫。倉皇萬狀。彼等益麕至雜來。際此危急。余遂談一二發音不正間非所答之德語。彼等愕然。絕不會意。其中一人。探余帽子。逐一檢察。及於帽內發見三點之星章。益羣呼余爲法人。勢將用武。是時余亦擬爲異域之鬼。下馬就縛。忽本營一將校來。與余識面者。始救余於萬死中。余歸語此事。滿座發笑。王遂與余以一特別通行票。縱余所之。此時本營决於今夜移於列遜威。知夜深難得宿所。遂與俾公外出搜索。忽見一殘破小屋。正擬投宿。然已爲負傷者之病院。後遇一役兵。謂已爲余等治榻。特來禀告。遂導余等往德國及北法蘭西。皆好用毛褥。余不堪其苦。俾公特飭人覓一氈來。余固感俾公之殷勤。然亦甚悔已之見輕於人也。
天甫明。已見俾公正服立於階下。余正欲下樓。俾公手持鷄卵二枚。誇以示余。呼余喫朝餐。且云王自本營送珈琲來。然余與俾公一飲一食。皆有兼人之量。二枚雞卵。固不足以療饑。且益增食慾。遂分道遠征。幸遇一貨車。尚餘牛肉四罐。余大喜。以倍價購歸。歸時俾公已俟余於門外。彼所携歸者則沸蘭地酒二瓶也。

（未完）

詩界潮音集

人境廬主人

赤穗四十七義士歌 有序 庚辰

四十七士人同仇四十七士心同謀一盤中供仇人頭哀哀燕雀鳴啁啾泥首泣訴圍松楸臣等無狀恐爲當世羞君雖有臣不能爲君持干櫓君實有弟不獲傳國如共球君亦有國民不敢興師修戈矛猶復靦顏視息日日偷臣等非敢國法讎伏念國亡君死實惟仇人由當時天使來奉命同會酬環門觀禮千人稠彼名高家實下流罵我衣冠如沐猴笑我朝會啼禿鶖我君怒如鯁在喉拔劍一發不可收烏知仇人不死翻貽家國憂臣等聞變行嘆復坐愁或言死拒或言死請無能運一籌同官臭味殊薰蕕一國蒙戎如狐裘最後決意報讎同力勠灑血書誓無悔尤四十七人相綢繆蹈間伺隙忽忽歲一周昨夜四更月黑嗚鵂鶹衆皆衷甲撐鋏兜長梯大錐兼利鏃或踰高墉或

踰牆開門先双鈴下翳大呼轉門如貔貅彼仇人者巧藏遁如椽銀燭徧宅搜神惆鬼怒人焉瘦闞然首出霜鋒抽彼盤之中血髑髏先公猶識傖父面目不此一匕首先公所賜繞指柔請公含笑試吳鉤勿復齎恨埋九幽臣等事畢無所求願從先君地下游國家明刑有臯繇定知四十七士同作檻車囚不願四十七士戴頭如贅疣唯願四十七士駢死同首邱將軍有令付管勾網車分致四諸侯明年賜劍如杜郵四十七士性命同日休一時驚嘆爭歌謳觀者拜者弔者賀者萬花繞冢每日香烟浮一裙一屐一甲一胄一刀一矛一杖一笠一歌一畫手澤珍寶如天球自從天孫開國首重天瓊鉾和魂一傳千千秋況復五百年來武門尙武國多賁育儔到今赤穗義士某某某某四十七人一一名字留內足光輝大八州外亦聲明五大洲

旅居日本有懷錢唐碎佛居士　觀雲

別離湖海幾回圓明月天涯思黯然每爲清談勞別夢可能愛酒似當年亞歐捭闔謀空壯耶佛評論語更鮮長恨蓬萊三島水文波末影皖山前

一羽　同

風日光中一羽輝。片音偶向世間遺。紅塵十丈無棲所。自揀雲天遼濶飛。

新游仙詩

時若

昔人所作遊僊詩。如唐曹堯賓及國朝龔定广。彭湘涵舒鐵雲已似較遜其他非吾所心折者不列及吾亡友顧靈石諸人。均能抽思緜渺。擲筆芬芳。余每愛讀之。以爲此亦足以剷除鈍根而解杞憂之欝結也。然此皆爲舊思想而非新思想。皆爲虛誕思想而非眞實思想。因作新遊仙詩數章。而緯以今事焉。

乘球禦氣破空翔。任意飛騰到上方。三十三天遊歷遍。玉皇更詔許通商。

龍宮夜下水晶簾。晏罷羣妃擁被眠。報道一船來海底。夢中叱起怒流涎。

踏將水上自由車。四面滄波畫不如。月白風淸謌一曲。成連指點我其魚。

上淸前輩推王母。聞說今年壽萬春。下界新傳無線電。也須遠達祝良辰。

織罷流黃不復聊。銀河淸淺思迢迢。離騷譜入留聲器。持似天孫伴寂寥。

昨夜嫦娥偶出遊。廣寒宮怱暗雲浮。電燈高掛明如月。幾誤歸途笑不休。

初夏二新聲

同

井底可憐徒取鬧年年歲歲意何云不辭舌敝唇焦怨鼓吹文明唱合羣（蛙）

暫依玆土發聲悲自作呻吟敢恨誰聊洩奇情訶當哭多哀怨者亦如斯（蚓）

興亡用因明子菊花韻　劍公

興亡皆有責愛國我尤深楊柳佳人怨風雲壯士心血澆大樹活戈返夕陽沈獨上崑崙頂胸羅萬怪森

書感步因明子皎然韻　同

爲守四方思猛士登臺高唱大風歌投身五濁犧牲少吮血中原豺虎多萬姓分離無國史一家籠絡有儒科遠東共產敎誰管江自長流山自峨

憂羣　同

孟夏何滔滔草木何莽莽我行將安之詎作出世想仗策指前途紛挐恣魍魎妖雲織怪電迺山森萬狀覧玆惡現像風物安能賞神州不陸沈端賴巨靈掌陶鑄無量佛香花齊供養烱烱曙光閃爭看一線放戸祝泥犂獄日月重開朗廿紀少年人泰山北斗仰吾華於世界豈絕無影響念專制爲虐慘慘憂心長歐美大革命所賴實政黨支那

今何如。尚在幼稚時。政黨始芽蘖。無堪摧刈之。而況黨中人。攻擊日以滋。入主而出奴。言論卮復卮。所言亦有公。其心已至私。匈奴尚未滅。男兒何家爲。而乃自樹敵。痛哉祖國危。鬱邑余侘傺。此理莫或察。屈己以衛羣。羣己兩發達。屈羣以利己。羣敗己亦撥。遠望登高山。長歌寄天末。酌酒舒我憂。酒竭憂難遏。

讀招魂大招篇　同

招魂大招篇。定是屈原作。所招爲國魂。愛國心以託。衆人皆醉倒。傷哉楚氛惡。行吟湘水畔。血淚繽紛落。昂頭發大聲。同仇冀踴躍。壯志卒不遂。乃與彭咸約。嗤嗤危幕燕。啾啾焚堂雀。不若江魚腹。反得稱安宅。誰無亡國痛。義俠照顏色。我爲表同情。身死安足惜。浮雲半空過。慘慘一片黑。國魂兮歸來。招之不可得。

爭存　同

西儒貴進取。我獨重保守。種禍日以棘。煢煢余在疚。生物有公例。萬彙當遷就。最適宜者繁。不適宜者仆。物種能變異。即爲天所佑。新式日以新。舊式日以舊。種不滋植。意者太鄙陋。一成而不變。斯義實大謬。終爲新種滅。無道以自救。何生此原因。不善于造搆。欲知爭存理。盡視此內籀。

華年閣雜錄

▲身之伸長法

據醫學上之發明。人之脊梁伸直。於健康上有必要之關係。步行之時。正體之姿勢者。能助背之發育。成年之人。一日二回。以五分時乃至十分時。戴書本或其他之輕物於頭上。不使墮落。漸能姿勢正而脊梁直。寢與起時。均要伸長脊梁。又有一法。不曲足而屈體。伸兩手。以手之先端能觸足之先端爲度。更又一法者。體直立而伸其一足。畫地爲圓形狀。兩足相代互用。屢行之。能發達足部筋肉之作用。可得身長之自由云。

▲將來人類之進化

法國有名之生理學者梅西尼可甫教授。頃著一書。論人類今後之進化。其大要云。人類者自猿之進化來。至今日尙多帶有獸類之性質。肉體中之機關。頗不完全。有待於將來之大進化者不少。其最不完全者爲眼。又若口中之二大門牙。殆屬無用。腸則有過大之患。種種疾病因之而起。又最爲人類之大害者。在存有獸類時之慾情。往往因肉慾之故。投入危險。如夏蟲之繞火。卒至燒死而後已。雖然。此等肉體及精神上之缺點。依科學之發達。人類有自然進化之時。漸能除去。其第二事之有礙於人類者。爲疾病衰老與死。疾病則至黴菌學及病理學進步。亦能消滅。衰老實亦係一種疾病。以種種原因。使網膜變硬質而起。如有可避之方法。則人類壽命。可至百年或百五十年。當其死時。亦無苦痛之情云。

▲諸元素之歸一

萬國化學會議。據英國化學者淵羅可斯關係物質現時之解釋論。謂物質之諸元素。更分解之。當歸於最後之一元素。即愛耐盧尼是也。引述台徽依及法臘底諸家之言。以證其說。又言近時x光線及勃開路光線發明。於此事增幾分之證據。舉寇利及其他諸人之實驗。以說明其理云。

按德國學者安世懷爾。獨著有「愛耐盧尼學」一書。其意即「唯力論」。破從來科學者物與力不可離之說。其說明天地萬物之理。無物惟有一愛耐盧尼而已。物者不過愛耐盧尼之表見者云云。此最新之學說。略誌於此。可資參攷。

▲防皺顏法

顏部皺紋。年老者漸多。其皺紋。有甚多而且深者。最爲婦人所心惡。近頃據某醫士之發明。防皺之法。惟在不笑。近來婦人中。多實行此方法。無論何時。忍住苦痛。禁止發笑。往往有不能制之時。洩爲奇妙之聲云。

▲休疲眼法

法國一著作者。或時草多頁之原稿。感眼之疲勞。以數分時凝視美麗之絹布。輒覺稍愈。由是考察。知眺玩美色之物。能慰眼之勞倦云。

▲治口吃法

口吃之人。當耳語之時。無甚障礙。因此得發見一治療法。其法於先十日間。禁吃者之談話。休養聲力。次十日間。僅許耳語。以後徐徐爲普通之談話。用此法得治療者已不少云。

▲寢時之姿勢

人寢時之姿勢。最有利於健康者。於體之右方。全伸其手足。手者决不可置於頭部以上。手置頭部以上者。體內之血液下集頭部。起不眠之症。口則宜閉之云。

▲幼兒之睡眠

幼兒者决不可與生長之人同一寢所而臥。又不可與罹病之人同臥一室。其感染病症極易。最適當之臥褥當用馬毛所造者云。

▲一日二十分間之運動

德國一醫師云。人若一生。每日以二十分時爲規則之運動。能不罹疾病。可保七十歲以上之壽命。延至百歲。亦非難事云。

▲人類研究之一斑

兒童身量。至最高發達之度。男子比女子遲二年。就學時期之女子。其發育比男兒爲大。就學時期因多坐之故。上端筋肉之發達。速於下端筋肉。夏時出產之兒。比冬時出產者身高頭大身短。而胸膈狹者。以血液循環之不完全。精神多鈍。遲鈍之兒比普通之兒輕。早熟之兒比普通之兒重。發育不完全之兒身量體量。或有過長過大不合常格之處。

▲偉人少年時之愚鈍

世界偉人。不必少年時盡屬伶悧。如拿破侖與惠靈吞者。其在幼時均非俊秀之少年。克雷飛者在小學校時代。常爲學友所輕蔑。以無望之愚物視之。其餘若立大功業大美術家大詩文家等。溯其年少之時。多有非常之愚魯者。其例盖不少云。

按日本之西鄉隆盛。人稱其少年時質極魯鈍。絕無才幹機智云云。盖器量大者腦之修養期愈緩。非若小慧之人早發而易衰云。

▲火星之住民

今年西五月二十六日。火星上投一大影。現幾多之天文學者。認此投影。爲火星之雲。火星上果如有雲。則必有空氣。有空氣即可有人類居住之事。美國之哈派獨大學天文臺長富賴庫斯泰者。最早唱火星上有住民之說。此番之投影。可得少頃之確證。此投影長凡三百哩。高二十哩。依火星之迴轉次第銷滅。此影常現於火星之表面。確非在火星之山峯。觀測之時。此投影向火星表面之北方而動云。

▲蠶體之各種色絲

法國里昂之絹絲業者。近頃研究從蚕體出之各種色絲。不須再染。其法以消毒性之淡赤色美喜路之青色。又別可立可酸等。使桑葉吸入。而以此等之桑葉養蚕。則能造同色之繭云。

▲卵中之含砒素

法國一科學者。近頃發見卵中含有毒性之砒素。惟其分量極少。非集百七十八萬九千二百五十個之雞卵。則不能害人之生命云。

▲空中飛行船

近頃美國於桑港製造極大之空中飛行船。長二百二十八呎。兩端尖式。如葉捲煙形。扛重力二萬一千磅。船體之重一萬三千磅。乘員共貨物食料。至少能容三十人云。

▲滊車隧道內之自動點燈

近頃巴黎發明鐵道線路隧道內之輕便點燈法。其法以具反射鏡之電燈。裝置隧道內。滊車入隧道內時。依其動力自能點燈。滊車離隧道時。燈亦自然消滅云。

▲植物新注射法

俄國昆蟲學者古路寫箕。新發明短期植物成育法。其法用注射機器。以鐵鹽類之溶液。注入梨與蘋果樹之幹中。不僅能除病害。其成育之期極速。又萎縮之樹用注射法。全能復活。又以硫化銅注入果樹。其果實極大。且味美。能不受虫害云。

▲人造石

人造石之製造法。用煤燒屑六分。砂二分。粘土二分。鹽苦(鹽精)適宜。右材料者。煤燒屑碎爲極細之末。篩過。投入砂與粘土。以鹽苦練合成石。質極堅固。無龜裂及破壞之慮。且有耐火之力。此法係日本小林浦司所發明云。

▲X光線之製革

近頃美國利用X光線製革。舊式須用四月手工者。新法僅四日可成。製造費可減去四分之三。製革所設立費可減去四分之一。從來x光線止應用於醫學界。用於產業界者。此爲嚆矢。發明者積四月之潛心度驗。得有是結果云。

▲脫帽之自動器械

近頃英國爲懶惰者發明自動脫帽之器械。其器械裝置於帽子之中。如鐘錶發條之捲置。至途上遇有相識之人。須脫帽爲禮者。不勞以手除帽。但以頭向前方稍垂。帽自落下。頭直如水平線。則帽仍復歸於原處云。

▲大貓嶼之鳥類

距澎湖島首部媽公城南洋面三十哩。有稱爲大貓嶼之無人島者。全爲水禽之所棲息。以數十萬羽計。爲南洋諸島鳥族之一種。孵卵時期一年數回。近日本人有至此島專爲剝製鳥之事業者。島中雨水之貯溜池。能足二十八六十日間之飲用。若水涸時。距一哩半之小貓嶼。可取應用之水云。

▲蝶蟻激戰

美國某記者。述一目擊之奇觀。一日者。見一羽之蝶。激鬥之餘。翅翼既破。不能再飛。乍俯乍仰。爲踉蹌遁走之狀。其後有數百之蟻軍隊逐北甚急。先鋒之蟻。已追及之。一躍而登蝶之背上。蝶迴首咬殺之。棄屍不遑。而第二蟻第三蟻陸續皆至。蝶迴首咬殺之如前。橫屍十二三。蝶頗疲。蟻軍齊進而迫之。蝶疾走達一莖之草。攀長葉據險以守。有迫而進者咬殺如前。途險。僅許通一騎。蝶既無後顧之憂。又無馳走之勞。勇氣十倍。蟻軍死者頗多而無如蝶何。既而見蟻軍齊退。集合一處。若議事之狀。議畢分散。即大舉集於草根。協力咬斷之。葉倒。蝶落。蟻軍雲集。不一分時已殺蝶。曳蝶之屍而凱旋云。

▲蟻之俳優

德國柏林有人訓練多數之蟻。教以種種技藝。携至市上以備戲術之一種。其中蟻之技術。能踊能舞能打筋斗。能挽貨車。能爲戰爭眞似之狀。甚爲巧妙云。

▲檀香山之隕石

宇宙間流星之數。其多殆無可計算。有時行近地球。爲地球之攝力所攝。遂至墜地。中國古書所謂隕石者是也。頃檀香山有一流星。從希羅市地方經過。自南向北。帶鋼鐵之青色光。鋩丈餘。現於空中者凡二時間。其聞其響如遠雷。墜下一森林。爲土人所發見。其時熱燄尚未銷滅。不可逼近。計有四呎之高。直徑則有五呎云。

拿破侖祕藏之酒

近美國某以一千七百六十七年製造之酒一樽。付競賣（一人評價而客競其高者買之中國亦謂之拍賣然不如競賣二字之切）場。一富豪投四千元買之。此古酒爲法國拿破侖所秘藏。拿破侖於滑鐵盧戰敗之後。不知被何人所盜。經數人手渡入美國。爲美國所保存。直至今日云。

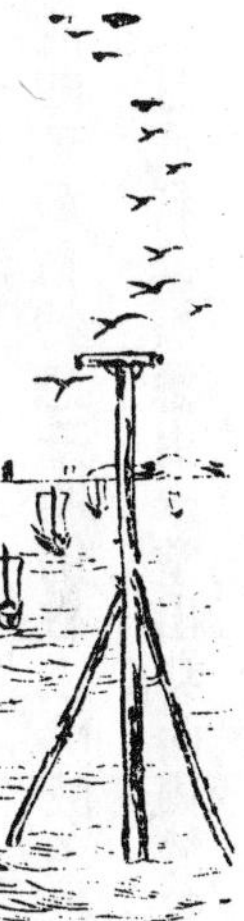

紀事

（內國之部）

◎詳誌考試特科事　此次經濟特科。太后本徇張之洞之請。概許從寛取錄。俾多士歡忻鼓舞。以收得人之效。比至覆試閱卷之日。樊增祥正在引見之時。召對之際。痛詆此次經濟特科。多係新黨。萬不可收用。以爲異日之患云云。太后深以爲然。即傳口諭命閱卷者只取一等十名。二等二十名。閱卷官方冀多收弟子。以爲門下之光。一時聞此諭旨。無不相顧失色。遂定張取第一名。以下各依次分派一名。惟曾寶華陳邦瑞得多派二名。及至試卷呈上。太后復命軍機校閱。軍機者引嫌謝病。太后遂自評閱。復抽出三名。遂留二十七名名數。又吳逢甲亦具摺奏參梁士詒楊度等十八名爲革命。並指梁爲梁啓超胞姪。亦可笑也。又魏光燾疊電奏兩次歷指所取之某某等爲革命黨。與上海通同一氣。故此次拆封。太后親自拆閱。即將所有被參之名概行撤去。

◎擬保張督　袁世凱前嘗告諸軍機各大臣云。張香帥熟諳外交。一切機要。宜與諳商。王文韶頗爲反對。而鹿瞿則均將袁督之言奏知太后。慈意亦殊不悅。然袁仍擬再行力保。已與軍機各大臣商議具奏。惟張之洞因滿洲問題。與慶王意見大相逕庭。殊不願與議此事。而太后亦僅願慶王與俄國協商。不欲張之洞參預。故張之洞前者所奏意見。一無採用云。

◎陳奏俄事大略　張之洞奏陳于皇太后皇上。謂滿洲之事。共有六條。」一中國宜連英美日三國。

以阻俄國應至聖彼得堡議定退兵之日。」二退兵以後。以吉林與京開爲通商口岸。將此意知照英美日三國。請其助力。」三在滿洲地方之滿洲政府。應加以更改。與別省相同。」四與京地方之滿洲將軍。應即廢去。將此一省併于直隸。由直隸總督兼轄。」五由直督袁制軍自行派兵至滿洲保護俄人。俄兵則應減少至六千名。」六設俄國以後行事有礙中國利益。及傷中國體面者。或再向中國索地方利權而立密約者。中國應照會三國。與彼等商酌。而求其助力。

◎奏廢科舉　日前有某侍御上封奏。力請廢科舉。摺略云。廢科舉事。湖廣總督及直隸總督已會銜條陳。似勿庸小臣瀆奏。乃爾來傳聞仍有學堂科舉幷行之說。雖不敢信。特恐聖明仍有未決。故不得不據實上陳。且武科既廢。悉由學堂出身。而獨於五洲詬病之科甲。猶有所靳惜留戀。恐將來士林終於窮荒槁餓之鄉。絕無一才可爲國家効奔走之用云云。聞摺已留中。大約俟張之洞議此事時。再行發抄。

◎沈藎被殺詳誌　據字林西報云。沈藎爲八極守禮法。在北京時。其所交往。類多上流社會中人。此等人中與之爲友者亦甚多。容或庚子年漢口富有票一案。彼亦與聞。因有人言彼於此時曾在湖廣督署中充當文案。彼後即遁往日本。在日本地方。彼亦新交數友。故於一年前即歸北京。爲報館之訪事。惟彼自歸國至今。未曾干與國政。或有人以爲彼過於偏向日本。而抵拒俄國。故彼發電至日本。日本所傳各新聞。每多不實。所以此次中政府拘彼時。彼自言日本報中各新聞。皆由彼告知。中國於俄國所索各欵中有兩欵。已經應允。彼以爲此欵即係中國與俄國所立之密約。或彼之此言。亦係誤會。惟由此各消息可知。

俄人實在其中設法。欲得中國之利權也。後中國各官員即至宮中奏聞沈某所爲各事。乃卽奉上諭將彼拏問。交於刑部。彼之如何被拘。及在刑部監中所受各苦。余等不必言。及因此等之事。雖不合理。然在中國乃尋常之事。不足奇也。至前月廿九號卽有審問之事。問官係太后所特派。亦不問其干與富有票一案有何憑証。又不言明何人告彼之情節。彼等本欲用大刑。惟因沈藎自行供認。故未曾用刑。照中國法律。問官亦不能卽行定罪。後卽將所審各情覆奏於太后。沈藎之友人以爲後一日卽將有諭旨將其正法。惟其中又有人盼望時正盛暑。不能行刑。或可延至秋後處决。得以暫時不死也。惟審判以後卽覆奏朝廷。請諭知作何辦法。後太后卽降懿旨。謂沈藎之罪。無須凌遲。亦無用正法。祇須在監中杖斃。所最奇者。此極惡之刑。刑部之官吏。竟肯奉上諭而照辦。用竹板笞撻四肢與背。共計兩時之久。以致肌肉全行腐爛。而人仍不死。沈藎受苦難當。願求賜以絞斃。後竟照其言而絞斃之。彼氣絕時。爲時已晚。從此可知中國之文化如何。太后之性情如何。此事乃出於太后之意。親降明諭施行。則毫無疑義。卽据中國之法律。如此辦罪。亦係逾分。惟現在能行此刑。卽可知太后之權。爲不小矣。照中法卽係叛逆之罪。亦無如此之非刑。此種刑罰。惟宮內奄寺身犯重罪者。乃得施之。不得施諸平民也。此事甚爲可惜。倘刑部中之官員。旣奉諭旨以後。不肯照行。願自請死而不願奉行此令。與謀斃平人無殊。則中國大有可望。因由此卽可顯出中國有新世界。許人樂其自由。沐其文化。不願受行無道之暴虐也。

◎俄兵入藏　駐藏大臣電咨外務部。謂有俄國武員隨帶少數兵馬。侵入西藏。據該武員復答。僅只入游藏歷。並無他意。惟該武員並無貴部護照。不無可疑。合請照會俄使查明情由。以便照約保護云云。旋經外部照詢俄使。復稱敝政府並無派員入藏之事。故外部已電飭該大臣斥逐矣。

◎法國要求　駐京法國公使照會外務部。略謂桂撫王之春今雖革職。前與敝國所訂各約。須照原議辦理。外務部旋即照覆。謂王與貴國所訂何約。本部未經與聞。須俟查核商酌辦理云云。

（外國之部）

半月大事記　西歷六月下半月

▲十六日路透電。英首相巴科在下議院宣言。謂塞國彼得氏今已公推爲王。民心雖服。於理實有未順。此後各國駐剳該國公使。應時常留意。勿使再有殘殺之事。

同日倫敦電。英國殖民大臣張伯倫近致信各屬。書中之意。顧慮英國將來商權損失。及與外國自由交易紊亂無序之故也。夫德美各國立法保商。實過於英。且美國顧卹勞工。更無微不至。

同日電。英上議院議員歌順氏在上議院力駁張伯倫氏所擬粮稅。謂張氏所擬粮稅若行。吾儕不知受如何之困苦。似此聯絡各屬地粮稅。無異束縛吾儕手足。張氏實欲使吾儕居危險之地云云。又云張氏之政策。直以平民之糧食爲賭博之具云。

同日伯林電。塞國彼得氏已登王位。各國雖然無所異議。然彼之殺戮殘酷。必盡法懲治。方合於理。此事各國或且不願干預。亦未可知。

同日電。德國所舉上議院之議員。近查知間有一人從中舞弊。暗增投票。此人已在巴利文地方拿獲矣。又云伯林新設德華銀行。今又在印度京城加剌吉打及香港各設一分行。

▲十七日路透電。英議員藍斯當氏在上議院對衆宣言。謂中國待我英人。雖云不薄。然我英不啻費盡九牛二虎之力。僅得鐵路等數項利權。未免不無遺憾云。又前駐中國公使薩道義氏現已遄返英京。謂當將中國情形詳告政府。以爲對清政策之一助云。

同日電。英理藩院近接澳洲屬地函述。凡與澳洲往來郵船。刻均不准雇用色種之人在船執役。業已刊發廣告。定於西歷五月十三日實行。此專指郵船而言。其他輪船不在此例。殖民大臣張伯倫氏甚慮澳洲人此舉。乃欲自相聯絡。而爲成其帝國主義計也。

同日倫敦電。塞爾維亞國此次殺害前王及王妃各大臣之兇手。已經議院議准全行赦宥云。又云塞國新王嘗表明此次殺君之事。與己並無關涉。且並未嘗蓄意謀篡云云。又云澳國國王已認塞國新立之王。並電賀即位之喜。

▲十八日路透電。英政府以素瑪勒地方亂事日加危迫。非大增兵力。不易撲滅。故已飭駐亞頓埠之英兵一隊。並土兵三百名拔隊赴敵。

同日電。俄皇已認塞國新立之王。惟謂前在王宮行弒之罪犯。新王須自行盡法懲治。方爲合理。

同日倫敦電。德國此次選舉上議院議員。民政黨最得多數。次爲保守黨。再次爲宗教黨。惟將來新成議院。或且小有更變。未可知也。

▲十九日路透電。杜蘭工哇之立法院昨日公議本國寶石礦務章程。法部大臣蘇路門對衆宣言。杜

叢錄門

國之鑽石礦塲近日所發見者不少。為南非洲各處所不能及也。報告此事者乃里查氏。該氏熟識礦務。且任欽巴利地方甚久云。

同日電英皇現在亞打雪地方因事躭擱。故照會法總統羅卑氏定於七月八號相見。立法院已預備一切。

同日紐約電此間各日報論及俄人之大欲云。俄既經營於高麗。又垂涎於西藏。然高麗為自立之國。且係日本權力所及之地。西藏乃中國藩屬。俄人雖極强橫。亦不能不開闢商塲也。

同日電俄人之外交手段極為巧妙。此次塞國之變。俄國首先公認彼得氏為塞國之王。所有兇犯。僅責塞王自行懲罰。陽為詰責。陰實市恩。一起一伏。真不如愿以償云。

同日倫敦電。英國已將駐紮塞國公使更調。意德法各國對待塞國之政策。一依英人。無所差異。又云俄國已命各衙門服孝二十四天。以弔塞前王之喪云。

▲廿二日路透電。有印兵廿七旗。英兵二百五十名。土兵二百五十名。已預備起程。由印度前赴素瑪勒。此外尚有其他兵隊。亦已預備。不日起程。

同日電塞國前幫同行兇弒殺國王者數人。今已獲升官職。

同日倫敦電。塞國新政府。恐不能安然無事。蓋各國駐塞公使均已稟明各本國政府。謂此次塞國之亂。原與行兇之人不相關涉。蓋彼等亦應盡之義務。故欲其國自行懲罰。亦至難之事也。我等各國雖不必興問罪之師。然亦必須令其新王彼得氏退位。或變易其政府云。

同日伯林電。德皇於本禮拜六日啓蹕前往咸北埠。恭謁前王威廉第一之陵寢。併順道至九華大地方舉行開埠之禮。按該港名曰德王威廉港。此次官民赴會甚衆。均承德皇獎諭。並云我國人須由直道而行。遵循基督宗教。如是則國民國家永享太平。使列國不敢正視云云。

▲廿三日路透電。百路沙士地方各糖商聚議澳國糖稅問題。因該國定章不公。有碍丹國日本俄國糖商云。

同日電。英提督麥寗氏會同副將汲舁氏。共率兵一千二百人向布河度地方進發。今將行抵打務地方。又云該處守城兵隊不能移動。蓋因回人勢頗猖獗故也。然尙無大碍云。又云副將軍衣治頓氏。已奉命由印度起程前往素瑪勒。總統該處兵隊。此舉甚合衆心。因衣將軍辦事極爲精細也。

同日倫敦電。駐塞國之各國公使分爲二黨。各行其是。英法和美士等公使今已調離塞京。惟俄澳二國使臣則仍留該處。以待新王回國舉行加冕之禮。

▲廿四日路透電。素瑪勒有回人一黨。皆有學問。嘗在英國兵船充當通事之職。熟知英國軍情。今爲敵人所用。佈置甚有條理云。敵人近在租巴與他埠聯絡。共有快鎗隊一千五百人。及刀兵一隊。英國則有快槍隊六千人。較諸敵人實勝多數。所慽者英軍轉運不甚靈捷。故未得早日奏凱。故今宜留心考究。統籌全局。若徒多調兵隊至彼。不惟無功。恐反增禍難。致蹈南非之覆轍也。

同日倫敦電。塞國新王現已回京。既至。即往禮拜堂行禮。俄澳二國使臣嘗往車站恭迎。新王舉止大方。威嚴頗重。各首相均承賞賚有差。前行兇爲首之馬春氏。曾蒙新王召見云。

▲廿五日路透電。英國財政新章。已在公議院宣讀三次。

叢錄門

▲廿六日路透電。英國殖民大臣張伯倫對憲政黨宣言曰。余與巴科氏均鄙薄反對黨等之不自量。蓋該黨暗中煽惑。甚爲不合也。又云巴氏乃共和黨至要之領袖」

同日電。德國已於第二次選舉議員。所舉人數。仍係民政公產黨得占多數。餘則全屬昔順族云。

同日電。德王電賀塞王登極之喜。並謂甚望自後兩國邦交永遠親睦云云。塞王彼得氏則誓志盡職。以謀塞國之太平。與夫各項利益之進步。

同日倫敦電。塞國新王嘗降諭旨。言已往之事。是非難定。付之史冊。以待批評可也。

同日電。德皇已電致美國總統羅斯福氏。謂貴國水師艦隊在此。朕以最優之禮接待。以報亨利親王千九百零二年時承美國厚遇之忱云。

同日電。紐約太晤士報訪事人電致英京。言俄人已與美國訂一密約。約中頗藏深意。俄人明言儻允英日二國在滿洲通商。亦允美人同沾利益。惟彼二國須開誠布公。庶彼此均有裨益云云。蓋暗指不能獨准美國在滿洲通商也。

▲廿八日路透電。俄國近已告知美國。不願美總統干涉居留俄國猶太人之事。聞美國將寄信慰問猶太人在歇川尼夫被害之事。故俄政府謂若果有此。必將原信擲還云云。蓋俄人甚惡外人干預內事也。

▲廿九日路透電。素瑪勒回兵隊。現已衝越打幕布霍都地方。而侵入英屬厤諾省境。又亞比先尼人已由南前進。觀其舉動。似欲開通一路。聯絡兵隊。以便從布霍都而過。

▲三十日路透電。英國財政新章。已經上議院核准施行。幷無反對之者。

同日電。英屬南非洲政府。已會議批准改正南非洲稅關則例。以期統歸一律。

八

五一三八

每月二回發行　第參拾陸號　十四二十九日

日本山本利喜雄著　順德麥鼎華譯

俄羅斯史

洋裝全二冊

定價大洋八角

凡欲覘人國者必研究其國之歷史以知其盛衰興亡之故乃始得其眞相此書於俄羅斯之創造與成立改造與勃興皆詳細記述簡括無遺彼俄羅斯向爲專制政體之國與我國體正相類似其成敗得失皆可借鑑且西伯利亞鐵道既成勢力駸駸南下我國實首當其衝若稽于國勢民情日言抵禦曷當于事本局特選此佳本急爲譯出以供我國民之稽考

發行所　上海南京路同樂里　廣智書局

新民叢報第參拾陸號目錄

◉圖畫

●蒸汽機發明家占士瓦德之像

●X光線撮影發明家陸近之像

▲論著門

◉論說……一

●中國社會之原(完) 別士

◉時局……九

●極東問題之滿洲問題(續卅五號) 觀雲

◉政治……二一

○黑龍江清俄交涉之開始

●官制原理篇 明夷

◉歷史……二九

●歐美各國立憲史論(續卅四號) 佩弦生

○第一篇英國憲法成立史○第三章第二改革時代○第一節長期國會

◉傳記……四一

●鐵血宰相俾斯麥傳(續卅四號) 蛻菴

○第三節俾斯麥之政畧及其閱歷○第四節俾斯麥之初政

◉地理……五一

●五洲高原平原比較物產說 力菴

◉法律……五五

●論法律與道德之關係 蛻菴

▲批評門

●政界時評……六三

●商務部之設立●成漢鐵道問題●俄人改革滿洲之地方官制●英使權限之伸張與其鐵道計畫●俄人要求之新提議●俄人東方之兵力●朝鮮之外交●俄國內亂近聞

◉人物時評……七三

●英國前總理大臣沙士勃雷

◉雜評……七七

●張之洞之狠狽●華人在暹羅之勢力●學校之自治政府

◉評論之評論……八一

●銀行與鐵道之侵畧●俄美之帝國主義

◉紹介新書……八五

●人羣進化論●政治汎論●世界通史上卷●生

目錄

▲叢錄門

◎談叢……八七

●華年閣雜談　觀雲

●神話歷史養成之人物●四岳荐舜之失辭●託爾斯泰伯之論人法

◎小說……九三

●美人手　法國某著　香葉閣鳳仙女史譯述

●第一回　捕黨人分頭派偵探　盜金庫失手露機關

◎文苑……一〇一

●詩界潮音集

●鳥之珠歌（入境廬主人）●城南行（劉光第遺稿）●感事二首（出雲館主人）●預言一首（同）●論學詩四首（同）●式微二十四章（惺菴）蛻菴（瑟齋）

◎雜俎……一〇七

●華年閣雜錄

●十九世紀戰爭之軍費●蘇彝士河近況●美國游客之金額●美國購阿斯拉喀地之利益●變光星●丫髻星●地球燬滅之豫言●人體之磁氣●瘧之原因●朝氣爽人之理●虫造風船●奏樂辟蚊●帖木兒陵墓之崩壞

◎紀事……一一三

●內國之部●外國之部

全年廿四冊	半年十二冊	每冊
六元	三元三角	三角

日本各地全年五元半年二元六角每冊二角五分日本及日郵已通之地每冊加郵費一分全年二角四分其餘各外埠每冊加郵費六分全年一元四角四分

編輯兼發行者　馮紫珊

印刷者　陳侶笙

發行所　橫濱山下町百六十番　新民叢報社

上海發行所　四馬路老巡捕房對面　新民叢報支店

印刷所　橫濱山下町百六十番　新民叢報活版部

蒸滊機發明家占士瓦德銅像

James Matt

X光線撮影發明家陸近

Prof. Roentgen. The Discoverer of X Ray Photography.

中國社會之原（續卅五號）

別士

鬼神術數。自古分流。至春秋之季。而有老孔墨三家。同時各有所發明。其賢於古說遠矣。然於古說未能盡去也。至秦乃皆與古說和合。非諸家子弟之不克負荷也。蓋其初祖創教之初。即不能無瑕釁。其力自難與舊俗戰而勝之。而彼鬼神術數者。行之之年若是其久也。信之之人若是其衆也。故諸家之子弟。不欲保存其教則已。欲保存焉。非兼采鬼神術數之說不可也。一既采之。則堤坊已潰。曾不逾時。已反客而爲主。所存者老孔墨之名稱而已。觀秦漢之時。學派有四。一儒生。二方士。三黃老。四游俠。今以儒生爲質幹。一一疏通證明之。

方士之說內丹出於屈原外丹出於鄒衍而後皆併入孔教屈原遠遊「聞赤松之清

塵兮願承風乎遺則貴眞人之休德兮美往世之登僊與化去而不見兮名聲著而日延奇傅說之託辰星兮羨韓衆之得一（中略）飡六氣而飲沆瀣兮漱正陽而含朝霞保神明之清澄兮精氣入而麤穢除（中略）道可受兮不可傳其小無內兮其大無垠無滑而魂兮彼將自然壹氣孔神兮於中夜存虛以待之兮無爲之先」其後則言周歷五行與丹經無異至魏伯陽則言「火記不虛作演易以明之」是鉛汞之說與儒相雜也史記以鄒子與孟荀同傳殆儒家者流也而封禪書曰「鄒子之徒論著始終五德之運及秦帝而齊人奏之故始皇采用之而宋毋忌正伯僑充尙羨門子高最後皆燕人爲方僊道形解銷化依於鬼神之事鄒衍以陰陽主運顯於諸侯而燕齊海上之方士傳其術不能通然則怪迂阿諛苟合之徒自此興不可勝數也」是服食之說與儒相雜也秦本紀三十二年「始皇使燕人盧生求羨門高誓」三十五年「盧生說始皇曰臣等求芝奇藥常勿遇類物以害之者方中人主時爲微行以辟惡鬼惡鬼辟眞人至人主所居毋令人知然後不死之藥殆可得也（中畧）盧生相與謀曰始皇爲人天性剛戾自用（中略）未可爲求僊藥於是乃亡去始皇聞亡乃大怒曰吾前收天

下書不中用者盡去之悉召文學方術士甚衆欲以興太平方士欲練以求奇藥今聞韓衆去不報徐市等費以鉅萬計終不得徒姦利相告日聞盧生等吾尊賜之甚厚今乃誹謗我以重吾不德也諸生在咸陽者吾使人廉問或爲訞言以亂黔首於是使御史悉案問諸生諸生傳相告引乃自除犯禁者四百六十餘人皆阬之咸陽使天下知之以懲後益發謫徙邊始皇長子扶蘇諫曰天下初定遠方黔首未集諸生皆誦法孔子今上皆以重法繩之臣恐天下不安（後略）此諸生與方士合一也三十六年「使博士爲僊眞人詩及行所游天下傳令樂人絃謌之」此諸生與方士合二也三十七年「博士曰水神不可見以大魚蛟龍爲候」此諸生與方士合三也雖然此猶得曰附會耳再以西漢各經師之說證之說文「鬾鬼服也韓詩傳曰鄭交甫逢二女鬾服」文選江賦注引韓詩內傳曰「鄭交甫漢皋臺下遇二女請其佩二女與佩交甫懷之循探之即亡矣」南都賦注引韓詩外傳「詩鄭交甫遇二女佩兩珠大如荊雞之卵」七發注韓詩序曰「漢廣悅人也漢有游女不可求思薛君曰謂漢神也」韓詩外傳又載子夏之言曰「黃帝學乎大墳顓頊學乎綠圖帝嚳學乎赤松子堯學乎務成子附

舜學乎尹壽禹學乎西王國湯學乎貸乎相文王學乎錫疇子」此治詩者合方士之說也。史記孝武紀「齊人公孫卿曰今年得寶鼎其冬辛巳朔旦冬至與黃帝時等卿有札書曰黃帝得寶鼎宛候問鬼與區區對曰黃帝得寶鼎神策是歲己酉朔旦冬至得天之紀終而復始於是黃帝迎日推策後率二十歲得朔旦冬至凡二十推三百八十年黃帝僊登於天卿因所忠欲奏之忠視其書不經疑其妄書謝之曰寶鼎事已決矣尙何以爲卿因嬖人奏之上大悅召問卿對曰受此書申公申公已死上曰申公何人也卿曰申公齊人也與安期生通受黃帝言無書獨有此鼎書曰漢興復當黃帝之時漢之聖者在高帝之孫且曾孫也寶鼎出而與神通封禪封禪七十二王唯黃帝得上泰山封申公曰漢主亦當上封上封則能登僊登天矣」(後畧)案申公疑即傳魯詩之申公也惟作齊人異耳　漢書李尋傳「治尙書獨好洪範災異齊人甘忠可詐造天官歷包太平經十二卷以言漢家逢天地之大終當更受命於天天帝使眞人赤精子下教我此道以敎重平夏賀良容丘丁廣世(中畧)而李尋亦好之(中畧)陳說漢曆中衰當更受命(中畧)哀帝爲改建平二年爲太初元年號曰陳聖劉太平皇帝」是治書者合方士之說也劉向傳「淮南有枕中鴻寶苑祕書書言神僊使鬼物爲金之術及鄒衍重道延命方世人莫見而更生父德武帝時治淮南獄得其書更生讀之以爲奇獻之言黃金可成」是治穀梁春秋者合方士之說也春秋繁露求雨「春則植蒼繒八生魚八以祭共工暴巫聚蛇埋蝦蟇燒雄雞老豬取死人骨燔之夏則植赤繒七赤雄雞七以祭蚩尤餘如春季夏則植黃繒五毋飽五以祭后稷餘如夏秋則植白繒九桐木魚九以祭少昊餘如季夏冬則植黑繒六黑狗子六以祭玄冥餘如秋止雨賻朱絲縈社十周赤衣赤幘」是治公羊春秋者有巫風鬼道也易道陰陽更與方士爲近而道人之名即起於京房之自號（漢書京房傳）然諸生方士之至糾結不分者猶有二焉一曰封禪一曰讖緯此二者尋其合點無慮數百不勝言也蓋儒者重君權人主所喜也方士保長生亦人主所喜也人主兩喜之而儒生與方士則兩相妬各欲盜敵之長以歸己乃不期然而合并也不甯惟是諸儒皆出荀子漢書申公傳「事齊人浮邱伯受詩」鹽鐵論「包邱子與李斯俱事荀卿」是魯詩荀子之傳也韓詩僅存外傳源流不可考然引荀子以說詩者四十四是韓詩荀子之別子也儒林傳「瑕邱江公受穀梁春秋傳及詩於魯申公」是穀梁春秋荀子之傳也（以上采汪中說。）書出於伏生伏生故秦博士李斯既焚詩書禁異說（李斯之焚書。如今敎皇之禁讀新舊約。以吏爲師。即書必經總會解定。始頒行耳。）必不容有非荀派者廁其間是亦可臆度其爲荀子之傳也既同爲荀子之傳荀子法後王拒五行（非十二子）而諸人法黃帝和方士何相反若是繼而思之此非相反也實承荀子之意也荀子仲尼篇「持寵處位終身不厭之術（中略）求善處大重理任大事擅寵於萬乘之國必無後患之術莫若好同之援賢博施除怨而無妨害人能耐任之則愼行此道也能而不耐任且恐失寵則莫若早同之推賢讓能而隨其後如是有寵則必榮失則必無罪是事君之寶而必無後患之術也」又臣道篇「事暴亂君有補削無撟拂迫脅於亂時窮居於暴國而無所避之則崇其美揚其善違其惡隱其敗言其所長不言其所短」夫爲經師者以守死善道敎後生尙恐其不聽矣旣以固寵無患崇美諱敗爲六經之微旨則流弊胡所不至荀子死於秦前天耳荀子而生秦皇漢武之世有不爲文成五利者乎然此亦孔子尊君重生之極致有以致之也於漢儒何尤於荀子何尤（五行災異之說。是孔子本有。不爲流失。）

黃老之名始見史記。申不害傳。韓非傳。曹相國世家。陳丞相世家。並言治黃老術。曹陳無書。申不害書僅存。韓非書則完然俱在。中有解老喻老。其學誠深於老者。然絕無所謂黃。（揚榷黃帝有言上下一日百戰。餘引黃帝數條。不足爲師承之證。韓非不信時日卜筮長生不死藥。是謂老子正傳。）然則黃老之名何從而起吾意此名必起於文景之際其時必有以黃帝老子之書合而成一學說者學旣盛行謂之黃老日久習慣成爲名辭乃於古人之單治老子術者亦擧謂之黃老史記孝武紀

「竇太后治黃老言不好儒術」封禪書同儒林傳序「竇太后好黃老之術」申公傳「竇太后好老子言不說儒術」轅固生傳「竇太后好老子書」漢書郊祀志「竇太后不好儒學」轅固傳「竇太后好老子書」外戚傳「竇太后好黃帝老子言景帝及諸竇不得不讀老子書尊其術」竇太后者其黃老學之開祖耶孝文本治老子術代王之獨幸竇姬非以色進也學術同也惟其學說不傳僅於史記漢書之儒林傳載轅固生與黃生爭湯武受命之事夫以兩教之大師爭其宗教於帝者之前則所爭宜必爲其宗之鉅旨今觀黃生所言「冠雖敝必加於首履雖新必貫於足」二語直以湯武受命爲不然而黃帝固親滅炎帝者黃生之言已與黃帝不合而天地不仁萬物芻狗更何冠履之足云黃生之言又豈與老子有合也且又何以謂之家人言也史記自序「太史公學道論於黃子」是司馬談者黃生之弟子也今觀談所述六家指要歸本道家此老學也而其將死則執遷手而泣曰其命也夫其命也夫此黃學也黃生者貴無而又信命者也故曰黃老也漢時民間盛行壬禽占驗之術皆謂之黃帝書今所傳黃帝龍首經黃帝金匱玉衡經黃帝元女經（名見於抱扑子書在道藏）備列占歲利月利嫁娶祠祀

天倉天府日遊婦人產吏遷否盜賊亡命六畜囚繫遠行築屋宅舍田蠶市買馬牛豬犬奴婢製新衣子弟事師怪祟惡夢死人魂魄出否葬風雨入水渡江往來信諸家庭瑣屑事而其書弟十法云功曹廷掾爲土官外部吏及內不屬五曹者皆屬功曹弟四十九法占諸吏謀對計簿當見上官又云欲見王者以天一諸侯以太常將軍以勾陳卿相二千石以青龍令長以朱雀皆漢時官制是必漢時民間日用之書也黃老學者即以此等書而合之老子書別爲一種因循詭隨之言其與轅固所爭湯武事直以此阿諛君主以求其勝耳及遭轅固之詰而詞窮則口辯亦非所擅故固曰此家人言耳師古注家人言僮隸屬猶今之常語云此奴隸之語耳太后怒曰安得司空城旦書乎猶今之常語云安得清議報新民叢報之說乎惟使轅固入圈擊豕窘人之法未免太奇或占書云此日不宜擊豕故太后有此命及豕應手而倒而太后乃默然耶其後黃巾五斗米諸說起自漢及今遂以老子爲鬼神之魁其諸黃生之溝而合之於黃帝歟○案黃老之學至哀平即亡無君主即不能自立也

（已完）

極東問題之滿洲問題（續卅五號）

觀雲

黑龍江清俄交涉之開始

清俄滿洲之交涉也以黑龍江之一隅爲關鍵而溯其朔實在今三百年前當時清之祖先。自滿洲起黑龍江地域接近。自必爲其所掩取之物。而適逢遠在歐洲之俄羅斯。斯時亦從西伯利亞。窺見東方之一部。遂有東向畧地之勢。而兩國之交合點乃湊集於黑龍江吾人追憶往事不獨言清俄交涉史者必溯其源於黑龍江而兩國强弱之度不出數百年一消一長懸殊若是撫河山之依然感人事之遷變又烏能不動人欷噓之情焉茲畧述清俄於黑龍江開始之事。

黑龍江者。土名薩哈連烏喇。薩哈連云黑。烏喇云江。西名恩爾。Amur 中國歷世稱黑水。遼初始有黑龍江之名。（道宗本紀太康三年四月泛舟黑龍江）後魏時。水濱有勿吉部。唐之時有靺鞨部。

又有室韋部。唐書大室韋者瀕室建河河出俱倫泊室建河者蓋謂黑龍江俱倫泊者呼倫池也 其居民之人種。概爲通古斯族。間有蒙古種。然非其重要者。通古斯族中分爲通古斯、鄂倫春、瑪涅克爾、索倫、達瑚爾、呼爾喀、滿琿、費牙喀、奇勒爾諸部。與清朝人同種族。而日本蝦夷人種因與黑龍江附近從滿洲延朝鮮一帶之方面。多有血屬相混者。當日本與俄人交換千島樺太亦作薩哈連中國作庫葉或作庫頁時。樺太島多蝦夷人。從日本政府之命有轉移北海道者。樺太島與黑龍江地勢切近。故人種接觸。而血族亦易相混也。然其重要部分。爲通古斯族。

(一)通古斯人　通古斯爲一種之統名。然西人有特稱尼布楚附近及松花江岸居住之人爲通古斯人者。茲所言者指此尼布楚附近之人。其後於千六百五十三年。順治一〇 其酋長根特木爾率以移居於滿洲。於千六百六十七年。復去滿洲而轉遷至因古塔流域。爲清俄交涉上之一事。

(二)鄂倫春人　又作鄂倫奇、鄂倫古、俄倫春、鄂魯春、等名。以狹義言之。爲黑龍江上流及河口左岸住居之人。以廣義言之。包有瑪涅克爾滿琿之人種。

(三)瑪涅克爾人　鄂倫春之東隣。從黑龍江上流至精吉里里淨溪江居住者。

（四）索倫人　住精吉里、額爾古納、兩河間索倫之人。驍勇善騎射。江岸之民。多假用其名。又時兼達瑚爾、鄂倫春之人民而言。其部族分多科、喝勒達遜、穆丹、都孫、烏爾堪、德篤勒、博木博果爾、喀木尼堪、海倫、郭博勒、額爾圖、額蘇哩、瑚爾布爾、沃埒烏魯蘇、塞布奇、阿里岱克、音裕爾根、固濃、昆都倫、烏蘭諸屯、及鐸陳、阿薩津、雅克薩、多金等城居住者是。

（五）達瑚爾人　又作達呼爾、打虎兒、達瑚哩、達呼等名。住於亞布羅尼山之東。額爾古納、精吉里、及黑龍江岸。至十七世紀之下半。移松花江岸及其近傍之黑龍江流域居住。

（六）呼爾喀人　又作虎爾喀。一稱諾雷。俄人稱爲阿彊人。或稱鄂格斯人。此種人與近朝鮮國境居住之瓦爾喀人不同。其住處在松花、烏蘇里、黑龍三江匯流之地。博和哩、諾爾喝勒、都里、達蘇、大小噶里、達蘇綽庫禪、能吉勒、赫哲喀喇諸屯者。皆呼爾喀之別也。

（七）滿琿人　住於黑龍江下流及松花江沿岸。

(八)費牙喀人　又作費雅喀、飛牙喀、斐牙喀等名。住黑龍江下流左岸。

(九)奇勒爾人　居住費牙喀之東北濱海。

以上揭其居住之大要。然逐水草而轉移或不免時有變動之事。而中國人則以各部族日常所使用之動物而區別其名如左

一使犬部　呼爾喀、滿琿、黑龍江下流之鄂倫春。

二使鹿部　費雅喀、奇勒爾、上流之鄂倫春中東部。

三使馬部　上流西部之鄂倫春。

四魚皮部　指呼爾喀之赫哲喀喇屯。其民以魚皮製衣服。俗謂之魚皮韃子。

清之取混同江也。於太祖天命元年。一六一八七月起兵征東海薩哈連地方。八月濟混同江。陷土民之十一塞。招服使犬東海諸路。天聰八年。一六三五又征呼爾喀。收一萬餘口。是時諸路震慴。或率部屬來歸。或貢貂狐之皮。朝貢不絕。是為清征服黑龍江支流混同江之事。

清之取索倫也。先是於千五百八十三年。及千五百八十六年。已攻取尼堪外蘭之圖

倫嘉班六鄂勒歡諸城。然未嘗爲占領之計。至崇德元年。一六三六鄂爾春部盜蒙古科爾沁占巴拉及秉圖王部下之馬發寧古塔卦勒察之兵討平之。是年十二月朔宴朝貢諸外藩。黑龍江諸部列其班者六十屯。然索倫俗慓悍饒勇冠諸部。雖於崇德二年一六三七閏四月朝貢滿洲。翌年十月復獻貂皮。已而索倫部之博木博果爾謀自立。江岸諸屯城多附之。又據雅克薩以下五城。勢頗振。崇德四年一六三九十一月。滿洲以索倫人之不服也。大發兵。五年一六四〇三月。攻喇里闥地方之鐸陳、阿薩津、雅克薩、多金、四城。城堅不拔。以火燒雅克薩城陷之。又陷烏庫勒城。博木博果爾率衆來援。中伏敗走。滿洲兵遂陷鐸陳、阿薩津、攻桂喇爾屯。擒六千六百餘人。於是諸屯望風潰。博木博果爾奔蒙古。滿洲兵追躡之於齊洛臺地方。擒之。并獲其家口千餘人。索倫由是遂平。是爲清征服索倫部之事

清之征呼爾喀也。於崇德七年。一六四二三月。取博和哩、諾爾噶勒、都里達蘇、三屯。降大小噶爾達蘇、綽庫禪、能吉勒、俘獲二千七百餘人。八年一六四三正月。又略呼爾勒。至翌世祖順治元年。一六四四五月師旋。黑龍江全境悉定。是爲清征服黑龍江之事

方清人之用兵於黑龍江也其土人無强部無堅城一再掃蕩攻取無遺亦已撫有其地可以高枕無憂矣而不謂一線之禍水已伴此奏凱旋師志得意滿之一日而俱來則無他俄人越西伯利亞大漠而啓其東封而其先鋒軍之嚆矢已着於黑龍江之一隅也當日滿洲之聖祖有言云久後爲吾子孫患者其俄羅斯乎以今日滿人而全匍匐于斯拉夫人之足下蓋在當日固已露其端倪矣

俄人之由西伯利亞而東向也於千五百八十七年於烏拉嶺山麓之東建設德波爾斯科是爲東方殖民地第一之基礎嗣於千六百四年建多木斯科於千六百十九年建烟尼塞斯科於千六百三十二年建亞古德斯科於千六百三十八年建疴哥德斯科等諸府不越五六十年間而諸府次第出現其東方進步之速率可驚然而當其始蓋尙不知有黑龍江也於千六百三十六年（天聰一〇）從多木斯科派遣往阿爾坦河遠征軍之一隊於途中初得聞黑龍江之名此一隊者仍東進於千六百三十九年其一部隊達疴哥德海詳細報告河岸通古斯族之情形而於同年從烟尼塞斯科派往非文提母河之探險隊於途中發見什耳喀河竝報告其下流注黑龍江之事而黑龍江居民

產物。漸次傳播。於千六百四十三年（崇德八年）七月。亞古德斯科知事。遂派巴爾可夫。率百三十人爲黑龍江之探險。是役也。從勒拿河溯阿爾坦河。越斯塔諾威山。（黑龍江直走東北之一大山脈）達精吉里江。至達瑚爾部落。又至費牙喀。徵其村落之貢。至千六百四十五年。（順治二年）之秋。航痾哥德海。從烏底河口上陸。翌年還亞古德斯科。此爲俄人探黑龍江之事。

巴爾可夫之探險也。已喚起俄人之好奇心。而於千六百四十六年。發見一至黑龍江之捷徑。後三年。遂有哈巴羅夫遠征之事。哈巴羅夫者。一冒險人。嘗至西伯利亞。業耕農及製鹽。乘時機。致富巨萬。聞黑龍江之饒沃。雄心勃勃。不能禁。請於亞古德斯科知事。自往畧地。以私產辦遠征費。且以納貢爲約。知事許之。於一千六百四十九年（順治六年）發程。一行僅七十人。翌年達黑龍江。於下流什耳喀額爾古納兩河交匯之處。與索倫人戰。進逼雅克薩城。於十一月十一日陷之。是戰也。俄雖不折一兵。而傷者三十人。哈氏乃留部隊於雅克薩。而自往亞古德斯科。請於知事。借兵千六百名。知事不許。切請。得狙擊兵二十一名。大砲二門。彈葯若干。又募義勇兵百數十名。翌年春。再往黑龍江。於雅克薩河口。建設新雅克薩塞。沿流東進。畧索倫部。燒多金城。遂達松花江之合點。攻呼爾喀人。於其地築呼爾喀塞。更分派百人溯黑龍江。掠奪糧食。呼爾喀人乘虛襲之。哈巴羅夫督兵七十邀擊破之。呼爾喀人以不能敵。請援於滿洲。翌千六百五十二年（順治九年）四月。滿洲發兵二千。攻哈巴羅夫所築之塞。塞兵雖少。殊死鬭。反戰敗滿洲兵。而奪其兵器糧食無算。是年哈巴羅夫再溯黑龍江。於庫倫奇山邊。得與其從莫斯科來之應援兵百八十三人會。即併兵。更上進精吉里江。是時俄羅斯政府頗聞遠征隊橫暴。既得地。慮不能治。乃決議發大軍鎮撫之。於千六百五十二年。命親王爲遠征軍總督。率兵三千人。而鎋米阿夫率一隊先發。鎋氏以三月發莫斯科。翌年八月。於精吉里河口。與哈巴羅夫會。授以所齎之金牌。且傳勅命。令還本國。奏聞探險之狀。於是哈巴羅夫留軍。而自與鎋米阿夫歸莫斯科。哈巴羅夫既至。以功列貴族。任勒拿河上村落之監督。現時於格雷斯科附近。有哈巴羅夫村。蓋傳其功業也。嗟乎若哈巴羅夫者。以一匹夫。其所率不過數十百人。而爲其國家拓絕域之疆土。非獨其秉有卓特之志。抑其屢勝他種人。其才勇亦已不可及矣。歐洲人多冒險家。彼其初皆由一二傑士抱好奇邁往之性質。及其成事顯赫赫之功。其風氣遂傳播於全社會間。而繼踵併起。然則謂歐洲今日得握全地球之霸權者皆食其初一二冒險家之福罔未始不可也其與吾中國以毋動爲大安居不出鄉爲上福馴至頹靡不振其習俗固已異矣人心有強弱而後國勢乃因之以分強弱歟以上爲哈巴羅夫在黑龍江之事

當哈巴羅夫之在黑龍江上也於千六百五十二年之冬馳使莫斯科請援兵使者行行揚言曰黑龍江之地金銀鑛山碁布牛馬羊貂爲羣居民饒裕衣服宮室皆鏤黃金天下之無盡藏寶富國也其言散播於沿道傳及遠近訛以成訛國內紛紛皆思徼奇利結黨組隊千百爲羣以東向西伯利部然其中多雜無賴子沿道剽掠傷害人民既三年俄政府乃於阿來古莫河上置關監查出入其事稍平而遠征軍之在黑龍江者恣掠奪殺戮土民苦之爭避難赴他鄉江畔至不見人烟通古斯酋長根特木爾於此時率其所屬逃滿洲住於諸銘江邊哈薩克兵惟長虜殺之事不堪耕作爲平和之勞働既失土人遠征軍遂苦飢乏而不能支有分散者方是時哈巴羅夫已去繼其後者爲斯台排那夫。豫備大遠征軍到着之事。於精吉里額爾古納地方築城壘。課耕稼。以貯糧食。又先是於千六百五十二年六月。灼尼寨斯科知事。泒勃開陀夫。率哈薩克百人。爲色楞格河之探險。翌春溯色楞格入希羅克河進而達當時通該河之伊爾凱湖。此冬復入什耳喀河於下流河岸築砦。然以土人逃亡糧食不給其背而投斯台排那夫之軍者三十人。勃開陀夫遂率其殘卒二十四人同赴斯台排那夫軍。於途遇斯台排那夫從黑龍江逆航而來。遂會合併兵進而於呼瑪爾河口。築一塞據之兵數總五百人。塞內建寺院。爲持久計。翌千六百五十五年。順治一二三月。滿洲泒尚書明安達哩率兵一萬攻之。塞兵善防。斷食禱神以鼓舞志氣。死守不降。會滿洲兵亦以餉匱而去。圍乃解。斯台排那夫亦棄其後塞。至松花江口。其時又有於一千六百五十四年春自烟尼塞斯科泒遣至額爾古納河探險之一隊。亦以苦糧來會。即併兵下黑龍江。徵費牙喀人貢貂狐。當此時。糧益乏。江畔罕人迹。荒草莽莽。掩蔽破屋。雞犬聲稀。無炊煙之影既無所掠奪得食。而又日懼滿洲兵之來襲。斯時斯台排那夫之所希望。惟日待大遠征軍之來。不啻大旱之望雲霓。而忽也一紙之詔書。從俄都傳來。遠征軍暫罷派遣。斯臺排那夫軍可力役以足食。毋惹滿人而與之戰。嚴禁剽掠。撫慰土人。斯臺排那夫捧此失望之詔書。其傷心爲何如。嗣後一年。杳不聞斯臺排那夫之事。至千六百五十八年。順治一五滿洲派寧古塔章京沙爾瑚達發大兵。率船四十五艘。溯江。與斯臺排那夫之兵。遇於松花庫爾哈兩江口之間。俄兵以衆寡不敵。大狼狽。棄船陸遁者百八十人。惟斯臺排那夫率殘兵三百二十人。殊死鬬。而滿洲兵多三百二十人者。多被殺被捕。以身免者僅四十餘人。而斯臺排那夫亦戰死。是爲斯臺排那夫在黑龍江之事。

先是斯臺排那夫之在松花江口苦饑饉也。烟尼塞斯科知事白來哥夫者。夙抱雄略。組織遠征隊。屢派遣於什耳喀、色楞格、額爾古納河諸處。其後又屢派人視察黑龍江形勢。欲於江源建設一根據地。而後爲着着進步之勢。請於政府。求自往實行宿計。政府許之。遂帶黑龍江總督之印。一行五百六十六人。於千六百五十六年順治十三七月。發烟尼塞斯科。翌年夏。渡伊爾凱湖。又翌年達什耳喀河。於尼布楚河口建一砦據之。是爲有尼布楚城之始。又命其部下率兵三十人。下黑龍江。與斯臺排那夫會。於途中逢斯臺排那夫之遁兵百八十名。初知斯臺排那夫之敗。遂引還。至千六百六十年。順治十七與寧古塔將軍戰於古法檀村而敗。遂於千六百六十一年。不得已移營而去。僕以少許守備兵留尼布楚砦。未幾。亦復逃去。爾後至千六百六十五年。康熙四年黑龍江上無俄

兵江畔居民暫得高枕而臥此俄人建設尼布楚城之事也（未完）

政治

官制原理篇

官制議篇一

明夷

夫國之所以爲國者。合多民數積結而成一體。雖非有約。而不能無政治以維持之。振興之。分以保民生。合以强國體。任此政法。是爲官司。國以民爲本。則以治民事爲先。民事之先。莫若民身。民身之事。一曰戶籍。二曰衛生。三曰救卹。戶籍者。凡民之生。皆綮焉。既有生矣。則當保衛。不能自養者。則救卹之。此國家之責任也。在吾中國。古屬司徒。漢魏以來。屬之民曹民部。但分職不清耳。今各國立內部以司其政焉。

民身既保。則當育民德而教民智。既使人能成才自立。亦使國得人才以自立。各國則有文部教部美術部立焉。吾中國則有司徒禮部樂正國子之官。

民身既保。則民生當厚。民生之業。曰農工商礦。及一切生財分財諸業也。務阜其生財

之源而去其分財之事則農工商礦部立焉我中國教稼共工司市井人既極其古而司農工部之設久矣

民身既成當保護之凡民之身命財產權利皆公立之國所當力爲保護勿使喪失者也保護之官有六一曰司法以防奸宄一曰警察以防盜賊中國在古既有司寇而後世大理司隸法曹賊曹皆分設二官而各國以司法當爲獨立俾其不撓而警察必付地方官令其便于行政也故警察無專部而隸于內部焉

凡此生民教民阜民保民四官皆民政之必須者也達此者謂之不能保民不能愛民大體不備何以爲國古今各國之政可以是斷其得失矣唐虞九官無一國官皆民官也眞太平之政哉

多民既結合爲國矣夫行一國之政有事必須財于是有府藏度支之官有地當設防于是有陸軍海軍之職足食足兵國政之大故財兵二司立國所重古今中外各國所必不可乏者也

既有己國又有人國兩國相際則有交涉之事於是有外務部焉古者只有聘問只有

主客之司而今則競爭更熾小則通商爭利大則覬國思啓更爲重大之司矣

凡此財兵外交三官皆國政之必須者也

又有下之便民之交通上之便國之呼吸可以便民興利可以爲國殖財者則郵政鐵路電信銀行是也此則爲國爲民爲兼兩者而便利之政各國或立專司。或隸財政或屬內部。而要不可少者也。總謂之交通部。德國蓋四官並立矣。

以上八職。皆立國長民之政。其職不可缺其序不可紊者也。八職之中每職分爲數部。如阜民之農工商礦虞可分爲五部理財之度支收稅鐵道銀行公債會計可分爲六部兵之有陸軍海軍參謀部可分爲三部教之有文部敎部美術部亦可分爲三法之有司法行政裁判可分而爲二民政之有內部與地方事務專講衞生恤貧亦可分爲二。又一內務之中。若英分爲英倫阿爾蘭蘇格蘭印度殖民五部矣。故一職之中。愈分詳則職彌舉若幷八職而不能分明又將八職而統合之則必粗疏紊亂而不能舉矣今中國只有戶禮兵刑四官。合八爲四。立國只有財兵。爲民只有敎刑。粗疏甚矣粗疏甚矣何以爲民何以爲國行政之本必先資議論而後能討定蓋有知而後有行有慮論而後有實事有立法而後有行政乃理之自然也且出自衆議則公而可久大出自獨斷則私而難周詳各國未立憲法未有議院之先。則英先有樞密院數十大臣議政。而各國從之。即俄亦有元老院。以七十大臣議政。及百數十年來憲法大行。各國皆有上下議院。其先僅爲議財政。以便公民擔荷民權。日盛則兼及庶政。民出其利。君畀以權。于是遂爲立法之司一國政事之本焉中國古者謀及卿士。謀及庶人。即上下議院也。漢時大夫議郎諸郎有千人。皆備顧問議論。其後之御史臺學士院皆百數十。亦皆備謀議供顧問職。獻納彈劾。亦議院之比也。雖中國民權不昌議官選於上不能行其志立法非出國民之公意然此職之不能缺則一也但議員舉於民而數多有立法大權者則法良而國昌議員不舉于民而數少無立法大權者則法拙而國弱耳中國行政之官分職本多設職本詳遠在數千年之前先出於歐洲遠甚所最闕乏者在議政一司。不特無民舉百數之議員乃至無樞密元老之數十議員惟君相一二人獨謀獨斷而施行之故謬誤百出不協事理不中人心即或有大事大疑謀及大臣者亦不過仰體重臣權相之意旨與

一君一相之密謀獨斷無異中國官制之大敗在此中國政化之退縮不進亦在此不可不以爲大戒也

故憲法當用亟亟立議院當亟亟開若民智未闢議院未開議員未立之前亦當先立一院招聚四方百數十名士以議庶政且備顧問即名以議大夫議郎比之日本變法之初立法制院而俄羅斯之元老院英之樞密院亦不得已權宜之法哉

供奉之官民主之國無之非大地必然之公義也而今各國有君主者皆有宮內省以供奉之亦有若必需矣惟各國皆僅設一司不如中國設十數司以爲供奉之繁夥也外朝官自禮部司朝會祭祀賓喪之禮工部供百膳之事此外則有太常司儀光祿司膳太僕司駕宗正司族鴻臚司朝通政司奏太醫司醫凡九司內廷官自領侍衛大臣司護衛內務府司起居服食鑾儀衛司仗奉宸院司苑上駟院司馬五司共十三司而諸營衛諸內侍諸苑囿諸陵盛京諸司不預焉甚者名爲海軍巨要之職而實爲頤和園供奉之官尤中外所駭聞而無道不可解者矣夫以百司之設國民僅得其四而供奉之司乃至十四而不止焉夫以二萬里之國四萬萬之民此其政事之繁倍于各國者

何啻以十倍而爲國爲民之職僅得供奉畸零之數不過四分之一焉欲治職而舉事民盛而國强豈非欲南行而北其轍哉夫治國民之職多而治供事之官少者其國强歐美是也治國民之職少而治供奉之官多者其國弱突厥波斯及吾國是也

政則自國張治則從民起故內設羣司以總大綱外有疆吏以振樞紐皆萬國必然之理也而疆吏官大地廣而級數多者治必疎疆吏官小地狹級數不多者治必密漢宋之守令二級。地小官適。氣疎以達是也。各國略同之。今之中國有督撫司道府縣四級。則疎濶壅塞甚矣。古者有鄉遂之官。皆鄉官自治。故能纖悉皆舉。各國同之。英國則大至縣官。亦民舉而自治。而中國則隋後盡去鄉官。相反甚矣。凡自下起者自治之制盛則民治昌自治之制不行則民生瘁

總行政之權立最高之位則君主亦官也故孟子曰。『天子一位。』白虎通曰。『天子者爵也』各共和國大總統實總萬機爲官之一。若君主之國則宰相實總政權或一相執政或數相秉鈞或以近臣贊樞機或以親藩受衡鼎或以羣司贊政或以元老謀議其體不同皆宰相之任也。中外各國不出此途。近英國有合議內閣之法。始由樞院議

員小數爲之。既分領羣司。又合謀大政。猶以軍機大臣六人分筦六部也。今各國以其便于行政。從之。雖俄土波之專制。亦行其法。若立憲之國。則有政黨合議內閣。而總理大臣執其政焉。中國已有樞臣領部之制。正可行合議內閣之法也。

歷史

歐美各國立憲史論

佩弦生

第一編　英國憲法成立史（續卅四號）

第三章　第二改革時代

第一節　長期國會

英人恒自誇於天下曰。『吾英國之民權由自然而發達。』徵之大革命時之歷史乃知其言之不盡然也。強權派之言權利競爭曰。『人莫不欲得權利。然強者恒挾其權力攫奪而專有之。弱者不能抵抗。遂不得已而公認其權力爲法律上之實權。然強者雖已專踞。苟弱者奮死抗競。則成爲兩強相遇之勢。互相衝突。互相平均。甲之強者至不能不分讓其權利於乙之強者。而亦認爲法律上之實權。君主之專制。平民之政治。其權利無不得之競爭。苟權利不由此出。則其權利必有名無實。不能確守而享用者。

也」英人之民權雖發生於建國之初然句萌方茁其權利尙在曖昧之中經大憲章之搏激其植根稍稍固矣然焦陀王朝以來疾風暴雨所凌盪繁霜嚴雹所摧殘森林中之自由根株且將搖拔脫非英人出死力以爭之濺頸血以護之則自由之祖國安在其能異於十九世紀前之歐陸諸邦然則英人憲政之完成非英人獨有天幸不過英人勇於競爭能以多數之强者壓服少數之强者張其權力以確保其權利云爾

一千六百四十年十一月召集之國會固英人兩强權利之衝突而歷史上有名之長期國會 Long Parliament 也英人突起於積威之下憤氣坌涌雷轟電激其舉動必不能如短期國會之和平然改革派之首領固皆審慎持重非預懷破壞主義以務快一時之意氣也亦非務倡共和政治以更張千年循用之政體也其手段則曰改革其性質固依然保守惟欲變革焦陀以來秕政之積弊裁抑羅特釀成跋扈之宗教一言以蔽之則曰確定憲政以恢復數百年來冒死竭力所獲得之權利而已然當時之所謂清教徒者類皆堅悍嚴厲務欲大搏勍革以張教會之特權故改革黨中自分劃爲二派一曰政治改革者一曰宗教改革者二者祈嚮雖異意見互殊然實聯合提携同爲

對外之競爭以張民黨之勢

查路士狃於累世之積威置國會於鞭笞之下故其視國會也不過一徵收租稅之官衙藉以支辦蘇人之軍費然民黨之勢力浸盛必不肯俯首唯諾坐聽王室之指揮卑謨追咎厲階首議劾士特勒科伯士伯者昔日民黨之首領其後趨坿王黨班貴族而握大權者也彈劾議決上院亦不敢抵抗遂得王之裁可下之倫敦獄中當是時改革黨中之政治宗教二派固互相提挈以共事政治之罪人亦既伏其辜矣宗教之罪人豈能逍遙於法外於是彈劾羅德之議繼起二人者固皆王黨之巨魁今既翩聯顛墜殲厥渠魁矣國會之意猶未足則復科認許船稅之罪糾彈判官六人旋令黑笏差官奉國會之命令逮捕判官於法廷且嚴勒法令凡法吏之黜陟不視君主之喜怒爲進退唯視其在職之功罪爲去留凡高等法院The Court of High Commission星院The Court of Star Chamber（星院者大審法衙以其繪星爲飾故名）及一切法衙專恣之法權悉行裁廢撤違憲稅金之慣例關稅民租非得國會之允許不得濫徵重申舊制規律嚴整以强硬之手段奮其其重大之權力於是國會之勢大張

開會未及一年。舉凡非法之關稅。專擅之法律。占士諸王所恃以擁護專制之具。一旦皆鋤盪無餘。然其所以能限制王權而制其死命。得從容以竟其釐弊之功者。則莫要於三年法 The Triennial Act 三年法之所規定曰。『國會開會之期限可延而及於三年。而閉會之期。必不可踰於三年而外。召集國會之事。大法官實負其責。大法官苟踰期爽約。則科以重刑。而貴族院代發召集之令。貴族院若不受命。則庶民可自發議。不待政府之命令。可逕選舉議員。』彼其裁制君主徵集國會之特權。可謂至嚴且悍。蓋彼懲於已事。以爲查路士十年閉會二旬散會。浸將蹂躪國會。不如是不足以障護民權也。既而軍隊陰謀之報至。謂北方軍變。謀襲倫敦以助王。國會大驚。議員皆錯愕狼顧。風聲鶴唳。道路紛紜。咸相驚以火葯陰謀之再發。國會諸人。密室聚議。深疑王之狡譎變詐。向之釐弊革政。唯唯而不吾撓者。固將以退爲進。行將抵瑕伺隙。藉兵力以制我之命也。先發制人。後發則爲人所制。乃擴三年法之限制而伸張之。勒爲永久條例 Permanency Act 謂國王不得議會之同意。不得散解國會。以盡奪國王啓會閉會之權。蓋查路士之信用。墜地不復能保其神聖威權。而國會舉動之專橫。亦脫軌而溢出憲

法範圍而外矣

初改革黨之抗王革弊也互爲聲援同心戮力雖祈嚮殊趨而黨派未嘗分裂旣而國教問題起二者各持意見稍形牴牾之端矣軍隊陰謀之報至外憂方亟未暇內爭知非聯合則勢孤將爲王黨所摧敗則暫抑其軋轢之私相與黽勉從事及議宗教立法之議案甲黨則謂僧正不當爲貴族院議員甚者謂宜奪其參政之權乙黨大譁爭之瘉疾於是改革黨縱裂爲二伊丕士科帕蘭黨與非伊丕士科帕蘭黨各標一幟幾如水火之不相容始而教爭繼而政鬨他日保守改革之黨派固分源於是者也

且夫查路士之屈心抑志以曲從國會之要求也固謂割一部之權利以保他部權利之安全旣以國會之求索無厭且陷其處士特勒科以死刑也則深悔向者之柔懦寡斷倒持太阿以授人乃幡然變計陰謀乘間以奪其權知蘇人之能爲我效死則幸其首都撫循諸豪以爲我用國會素畏王之陰狠防之隱若敵國今王無故巡幸察其必有異志於是委員扈蹕實陰詗其擧動以預爲之防王旣氐蘇果捕赫密爾頓及阿歆路二公下獄二公訟之國會國會嫉王之濫用權力輿論譁然愛蘭之亂事適起則以

爲王所嗾使愈疑王之陰圖不軌也遂議草布告書歷數查路士違憲之罪狀與夫國會累年舉措之中理聲罪致討以公訴之國民議既決乃遣人齎奏於王且刊爲成書遍布之於都市是不可謂非國會違憲之舉動而改革派中亦以其操之過蹙多不謂然者也王深懟國會之播揚其惡不復爲留餘地乃宣言曰『朕固憲法及教會之保護人今固不見有宜更宜革之事』卻返其奏嚴斥其不敬越權之罪且命近侍之武健者使任倫敦獄官當是時國會與王猜忌日深常恐王挾兵威以相迫脅咸有戒心藉口於防禦凶暴請以護衛親軍隸之國會今聞王言行之抗悍則又思親兵之袓王而爲內應復請以耶色斯伯爲司令官王嚴詞峻拒曰『朕負君主之責自可保議員無危險之憂』下院乃撫無賴之游民以備非常之變而王黨之壯士亦復睅目挺刃日與尋讐騎兵黨（Cavaliers）圓顱黨（Roundheads）之名實始於此都下洶洶朝不謀夕革命危機已如弦上之箭雖有善者固無以制其將發之動機矣

方是時也王與國會皆以爲權力之消長盛衰在此一舉意氣搏激於其匈皆不免有非憲之舉動然國會則曰吾非有他望吾固將恢復數百年平民世襲之特權王亦曰

吾非有他望吾固將擁護數百年王室世襲之特權兩雄相厄勢固不能並立查路士以謂不及此一挫其鋒則國會縱橫不可復制乃奮其狎用之淫威論民黨之領袖六人以叛逆之罪（下院議員五人上院議員一人）國會驚懼將與貴族院協議而王已命警吏逮五人於議塲國會大譁謂王實踩躪憲法而刼我以暴威也乃峻拒其請而婉詞以謝王曰『玆事體大願寬假時日俾臣等熟計之』貴族院亦憾王之愎橫無理則盡變其輔翼王室之宗旨與下院合謀抵制之方既而國會集議將抗疏訟寃以明五人之無罪忽警報疊至謂王親率禁旅圍捕議員下院倉皇失措亟令五人亡命王既至大索卒無所得怏怏失望拂衣遽行王之方臨議塲議員怵於王威側目怒視莫敢支梧王既出則莫不奮髯抵几攘袂起立『特權』！『特權』‼之聲囂然四起乃決議曰『王倚挾兵力陵犯國會之特權是可忍也孰不可忍今日之事理爭不獲惟當以死決之』王以人心洶洶遂去倫敦而出幸王行逾日向所逮捕之五人遂率練軍數營凱旋議院至是而王與國會終不可以復合和平已無可望額里查白死後之洪水遂軒然起一大波查路士既不得逞於國會以爲國會之飛揚跋扈非訴以兵力必不能令其就我範圍

而富於權利思想之英人則以爲權利者吾祖若宗出生入死銖積寸累而得之今王紾吾臂而奪之懷苟不毅然抗爭是神聖之人權行將掃地以盡於是決議力抗組立行政委員會選有力之民黨代王攝行主權方是時王駐蹕約格兩院王黨之議員奔赴行在者且及百人王乃置兵部委員徵兵郡國。國會亦下徵發民兵之令以組織國會軍。西北荒寒之地凡威勒士、毗鄰之境響應王師而附近倫敦東南繁盛之都市咸受國會之令征調紛繁舉國大擾千六百四十二年八月二十二日王軍大集舉兵直趨倫敦。議會令伊薛格士伯爵爲將軍督步騎二萬四千以拒之二百年來鬱積之怒機至是轟然爆烈遂爲赫赫炎炎之大革命騎兵黨勢旣勁健王亦能軍與國會軍遇於耶直斯爾屢戰皆捷軍威大振國會乃建英蘇宗教和合之議募蘇格蘭北方之勁兵蘇師南下使蒙遮士達卿將兵會之當是時格林威爾以異軍特起隷蒙卿之部下格林威爾者一堅鷙刻厲之耶教徒雖爲議員樸默嚴重不爲世人所知戰事旣起乃赴堪比列治招募素所訓鑄之市民率三千之子弟投袂從軍號令嚴明精銳無敵他日世所驚悚號爲鐵騎軍者也格林威爾提此精騎轥王軍於瑪斯頓謨王師敗績民軍之勢稍振逾年國會奪蒙卿諸帥之兵權以腓亞華格士爲總統而格林威爾副之改定兵制部勒諸將六月大破王師於涅士比盡奪其輜重文報鼓行而西略定諸地王勢日蹙遂投於蘇格蘭軍蘇人幽之旋以四十萬磅賣之英國國會

當是時也清教徒縱分爲二一曰獨立派一曰保守派保守派之議員方占國會之多數欲奉其宗派爲國教獨立派力拒之二黨交輸欵於王欲少得其助力已而保守派議撤遣獨立黨人之軍隊而自募新軍將以己黨之將官軍士謂不得宗教自由則不肯撤遣於是昔日宗教黨派之轇轕忽釀爲國會軍隊之紛爭腓亞華格士之部下奪王而去王尋逃於威島旋復見捕被幽然蘇格蘭人通欵於王得保守派弘布之密約乃率兵二萬南下王黨之勢復振民黨大驚格林威爾乃倍道兼行襲破蘇軍於華靈頓遂長驅直入蘇都是所謂第二內亂者也亂事大定議會深忌軍隊之强横難制陰與王謀欲圖格林威爾以王之反覆無常也議卒不就格林威爾自蘇歸亟捕王囚之赫爾旋以兵圍國會盡逐保守派之議員獨立黨人遂專踞議院之席世人名之曰蘭布國會 Rump Parliament 蘭布者譯言尻尾盖固謂長期國會之末路也

獨立派既握議院之權。遂以全員議決王罪。旋以五十九人之議決判王大逆賊國罪。當死。四十九年正月三十日遂誠查爾士於呵威呵爾之刑場。嗟乎以保守持重之英人。寧必樂爲撞破壞以快一時之意氣。然卒不免於弑君革命演此歐洲稀有之慘劇者。蓋積二百餘年之怨毒蓄之愈久爆之愈烈而性弱柔脆之查路士適當其衝也。王死五日。復廢貴族議院建立共和政治。然長期議會未嘗解散。政府組織亦無更革。政費省約。租賦輕簡。是以英人幸不如他國革命之擾攘。至受亂後之慘禍。既而國會與格林威爾及其軍隊互相齟齬。格林威爾率騎兵小隊徑入議院。盡逐議員而解散之。十三年之長期國會至是告終。格林威爾威名日盛權力日張。英人遂舉共和國之全權捧而呈之格林威爾之掌握。千六百五十四年。格氏遂爲英國之守護者。既秉國權。創立新憲。乃令英蘭選議員四百人。蘇格蘭愛蘭各選三十人。召集國會。使之議定憲法。奪都市之選舉權。而以州代之。且均一選者與被選者之資格。既而議多不合。格林威爾復解國會。英人浸忌其專斷之獰猛。人心日以搖動。王黨抵隙伺瑕。遍伏草莽。五十六年。復開國會。雖援引黨人以自張。而民望浸衰。勢益不固。格氏復解散之。民間浸憤。陰謀日熾。匕首爆彈。縱橫輦轂之間。格林威爾至以衷甲自衛。鬱鬱不樂。五十八年九月遂卒。

格林威爾既死。其子繼職嗣立。爲昏庸愚懦。固不足承此堂構。且人心洶洶。朝不保夕。逾年。遂辭職去位。諸將互爭政權。國內大亂。於是思慕王政之心。遂湧激於英人之腦。嗚呼。以格林威爾之霸才。建此共和之政治。熱誠殉國。曾無分毫私利於其間。竭畢世之力。所經營而功業不終。新國之基。乃至與身同盡。豈格林威爾之才智。無以善其後耶。然格林威爾之政府雖覆。而改革之精神。自由之思想。已震撼灌輸於英人之心腦。而大不烈顛之憲法。遂蒂固根深。而不可復動。已不啻爲彼千年承襲之憲政。別開新紀元也。噫嘻。可謂盛已。

（未完）

論著門

鐵血宰相俾斯麥傳（續卅四號）

蛻菴

第三節　俾斯麥之政略及其閱歷

變立法制獎厲農戰驅魏東徙據關河之險外連衡以鬥諸侯此商君霸秦之政略也其後一統之偉業卒不出其前席之所規謀跨有荊益和撫夷越東結好於孫吳乘變以北圖中原此諸葛策蜀之政略也其後蜀漢之霸圖卒不出其隆中所畫策謀意大利之統一以撒的尼亞爲藉手善其外交掣仆强敵此加富爾謀意之政略也其後意大利建國之大勛卒不出其躬耕時所規畫自來偉人之謀國任事也固非遭際事會倉卒僥倖以成功也內之默審立國之形勢民族之智力與夫國力之所憑藉民心之所祈嚮外之詳察當世政治之實況敵國勢力之强弱與夫與國縱衡之大勢情誼之親疎統籌內外之情形守一主義以爲歸墟而後豫審其致力之緩急先後廓在目中指揮若定則雖任萬衆之疑謗阻撓必曲折紆廻以達其所志偉大人物之成功固非

成於凱旋策勛之日而實成於就職受事之初也吾乃以是驗之粗暴豪放之俾斯麥「『今日所恃以決勝者赤血耳黑鐵耳』此所謂鐵血主義俾斯麥所挾以龍跳虎躑於中原者也然而鐵血主義云者質言之則曰戰爭政略而已則曰武斷政治而已古來絕世之英雄若亞力山大若該撒若拿破侖叱咤喑嗚千人皆廢類無不藉此主義騁雄心而宏霸業然拿破侖敗竄以來列國皆厭倦干戈各國均勢互保和平之聲騰溢於歐人之口且法國革命而後歐人皆心醉人權民約之說洶洶以爭個人之自由既爭人權以亟謀內治自無餘暇張國權以競外交俾斯麥顧乃欲驅此方競自由倦苦戰事之人民以突起於均勢和平之世界以行其戰爭武斷之政略斯亦捍逆時勢而可謂至難之業也

然而俾斯麥計之稔矣彼自元髮方燥以來即竊怪我可愛可戀之祖國如荼如錦之山河何以遽蹂躪於拿破侖馬蹄之下無亦侯國割據競內鬨以召外戎不及今統而一之必無以揚我國威以與別强相馳騁於是民族主義之思想遂凝成舍利於胷中蓋以爲日爾曼統一問題固我同胞所晨謳而夕夢而昔賢士坦賫志未竟之事業待

我以負其重任。當今之世。非我莫能爲也。當其游獵於瑞士南方。嘗從容語其友曰。「今日籌日爾曼聯邦。舍統一更無他策。僕雖不敏。竊願爲國民有所盡力。會當建一新國以張我祖國國光。他日得所藉手。必不貽知己羞耳」。嗟乎。外揆時勢。碻乎自信其策之無以復易。內量知畧。復坦然自信其才之必能有成。英雄之厚於自負。固如是耶。

彼既抱此主義以爲生死。默計所憑藉以成大業者。惟我普魯士宗邦。然非搏結國民。擴張軍備。則無以摧仆强敵而控制羣侯。小民者可與樂成。難與慮始。朝畫一策而議院咈之。夕運一籌而報章譁之。築室道謀。事機將逸。是非擁神聖之君權。猶未足以行吾之志。蓋俾斯麥之尊護王權。雖種姓遺傳之天性。然不握重權。固不足以舉大事。斯亦其政略之不得不然者矣。雖然。民權之怒潮方洶湧而波盪國中。誰能挽黃河使西流。以攖其新發於硎之鋩刄。然俾斯麥以爲是易與耳。人權自由。固國民之所甚欲。然統一大業。則尤彼祖若父累世以來所歌泣懷思而未得者也。吾稍奪其人權自由。而償以累世所歌泣懷思之大欲。彼且驚喜過望。豈肯梗吾事而敗其成。故當其初就相位也。怨言紛起。彼坦然曾不爲意。嘗語人曰。『吾今日之舉動。雖謂吾於斷頭臺上固

不足以快國民之心雖然吾將使彼之怒罵易爲謳歌吾將使彼之詛咒易爲頌禱一

嗚呼俾斯麥之政略固欲操縱輿論能爲輿論之母而不肯爲輿論之僕者也

俾斯麥者十九世紀中歐洲第一流之外交家也然而人才以磨練而成固非悉由天授其所陶養者不預則其所成就也不閎故雖有器識英邁之才苟非深察政治之實況以拓其見聞投身政治之劇塲以習其手腕飽更交涉之事變以練其智略則雖學識高遠措之實事必將捍格而不能行俾斯麥一粗豪鷙悍之紈袴子耳何以手柄大權遂能神智煥發肆應不窮捭闔縱橫操縱列强於掌握然後知一十二年之公使生涯固俾斯麥之實驗學校而勃發其鞭笞宇宙之雄心鑄成其龍象蹴踏之霸才者也

方一千八百五十一年日爾曼之聯邦會議再興聯邦政府皆派遣委員開會議於佛蘭克富爾普廷命羅侯將軍爲公使而以俾斯麥副之既而羅侯辭職俾斯麥遂繼其任當是時聯邦會議之使臣固非代表人民之議員也其密室聚謀亦非欲謀日爾曼聯邦之公益也各務肆其陰謀以圖因利乘便之舉機詐百出以術相傾普廷乃以粗豪樸訥之俾斯麥置之於機牙肆應之間人咸竊議普王之委任非人而深慮俾斯麥

之顛蹶辱命墮人術中以誤大事也。衆議沸騰。王亦惑之。羅侯乃力言於王曰『俾斯麥雄才大略天下才也其才勝臣十倍願王委任勿疑』嗟乎。人固不易知。知人亦復不易。非鮑叔蕭何之明達。固未易拔夷吾於囚虜。將韓信於庸衆之中也。俾斯麥既就使職。奮其絕人之精力。從事於精密之調查。遍交當世之政治名流。深悉捭闔之權謀。與夫列國縱橫之形勢。當是時。墺大利方爲盟主。執聯邦會議之牛耳。俾斯麥深窺墺國之外强中乾。其執政者之無能爲役。普國取威定霸。不可後時。乃密請普廷屯兵於路卑康之南野。以張普國之霸權。深結科查噶夫。以交驩於俄。誘說拿破侖第三。間俄墺之親交。以孤墺大利外援之勢。於是俾斯麥之才略。已藉藉於歐洲外交界中。

一千八百五十九年。被命爲駐俄公使。俄固俾斯麥夙所交驩。恒思結爲親交。以携俄法同盟之局者也。受命駐俄。深與其士夫相結納。俾斯麥才氣縱橫。不可一世。然其舉動之坦直。意氣之磊落。固宜於樸直質素之俄人。故駐俄四年。俄國人士無不傾心敬服。既而普國政府爲自由黨所攻窘。內閣日以動搖。普王乃召俾斯麥於俄都。將命爲大臣。使之操縱議會。俾斯麥猶恐識見未擴。閱歷未深。且悚於威震一世之拿破侖第三。

欲一覘其舉動乃請使巴黎以詳察其世仇之法之內政以俾斯麥蓋世之霸才誰足當其一盼駐法數月遍觀法國之朝野夷然知法之無復足畏乃漫遊英國察視英人之民族政體以淬厲其政才時普國民黨之勢燄日張。議案屢遭否決。政府岌岌。束手無策普王遍觀時流非俾斯麥無能扛此重任也乃飛詔促歸命其組織內閣噫俾斯麥委身外交十有餘年更事既多備知情僞鵬翼之培風厚矣鷙鳥之戢翼久矣萬里扶搖遂躍然有一飛沖天之勢

第四節　俾斯麥之初政

初一千八百六十一年一月二日。普王腓列特雷威廉四世崩攝政大弟威廉即位。是固他日戴德意志帝國之帝冠英名赫然照人耳目而後世所稱爲威廉第一世者也威廉自攝政以來神聖憲法而不敢侵犯盡革前朝干涉選舉之弊政憲政之實以張民威安之欣然謳歌其明聖然而威廉固勇氣咆勃之野心家也入承大統以來常思建一偉大鞏固之國家以張腓列特雷大王之遺業茶火蓬勃之雄心彪綳而不可復遏首倡改革兵制之議亟先擴張軍備庶有憑席以拓其霸圖然憲法新定民黨之氣

餤鴟張務欲裁抑君權以奠憲政之基於不拔且以爲王即位而首增重兵徒重吾民之負擔而未必有利於國家議屢下而屢否之威廉鬱鬱不得逞私念俾斯麥膽略絕人可共大事乃拔而屬以重權當是時也帷幄之所籌策堂陛之所咨嗟宮中府中之所仰思俯計無一非統一聯邦之事業即無一非擴張軍備之問題烏乎。以神武不世之君王濟以霸才軼倫之才相如魚得水如虎傅翼一心併命以殉功名雖更有什佰議會寧能縶神鷹脫韝之翼哉蓋不待一千八百七十一年巴黎威爾賽王宮加冕之日而德意志帝國之大業定矣

然俾斯麥素以擁護君權聞於國中當其爲議員時久爲世人所側目及其躡足相位民黨逆策其必申前請。則務竭死抵抗以挫其鋒。然俾斯麥早挾一鐵血主義以登政治之舞臺矣則亦毅然再提擴張軍備之議案且求增常備軍二倍議院大譁以爲「國家幸保和平乃皇皇日議增兵意胡爲者且累世以來元氣凋弊家鮮蓋藏民不堪命今乃曰增常備軍二倍是絞吾民之膏血而擲之虛牝張皇不急之務以重苦吾民也』堅卻其議俾斯麥深憤議員之闇於時勢狃近安而無遠慮然軍國大計未可邑

言於衆有謀人之心而先露其迹使敵有備以敗吾謀也更無說以釋其惑乃憤然厲聲應之曰『諸君遂以爲可保和平耶余以爲爲計尚早』議院以彼之無辭以自解則力持前議益堅俾斯麥雖奇悍無倫終未敢蹂憲法而攖衆怒與議會相持不下者延及四年、初威廉以豫算案之屢遭否決也悒悒不勝其忿決議禪位於太子俾斯麥力以去就爭之。且謂別有操縱議會之妙術。王議乃寢。今累年而議卒不就。王尤憤懣不可爲懷。君臣相對計無所出。俾斯麥乃奮然曰。衆議爲梗待無可待今不專斷行之是志終不伸而業終不就也乃奏請於王解散議會逕採上院議決之議以實行徵兵之制且揚言憲法之有損無益反不如君主專制之易於舉事猶能强國利民前後解散議會者且及四回於是『俾斯麥不道』『俾斯麥違犯憲法』之聲洋溢道途日聒於耳俾斯麥屹立於楚歌四面之中夷然曾不少動更抑制言論之自由束縛出版之權利脫去一切羈縛悍然行其所自信而不疑羣情洶洶怨聲載道。腓列特雷親王亦不謂然上書於王力言解散國會抑制自由之背逆大憲激成衆怒期期以爲不可王笑置、之不以爲意。嗟乎。君臣之相得雖以父子之親不能間阻非有英斷之威廉固未易信任鷙悍之俾斯麥而竟其才也雖然英雄固有幸有不幸俾斯麥幸而老壽得以有大勛勞饜塞衆望間執國民之口耳脫俾斯麥未及統一聯邦而前死則其愎橫之舉動固亦與英之士特拉科（英查路士一世相臣爲議院彈劾處死者也）奧之梅特涅同蒙民賊公敵之醜謚供後人之所唾罵而又奚所擇耶嗚呼是不可謂非俾斯麥之獨有天幸也（未完）

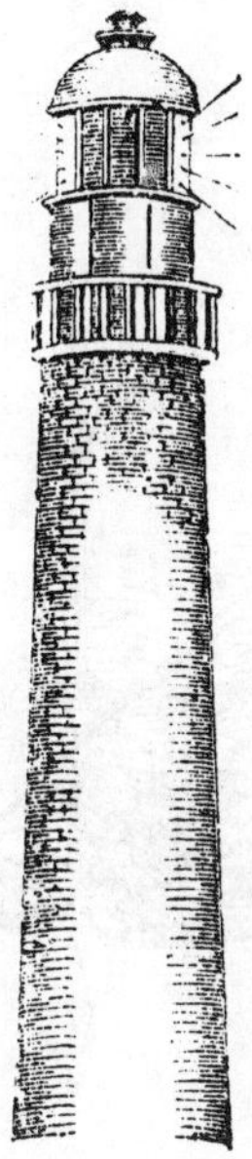

論著門

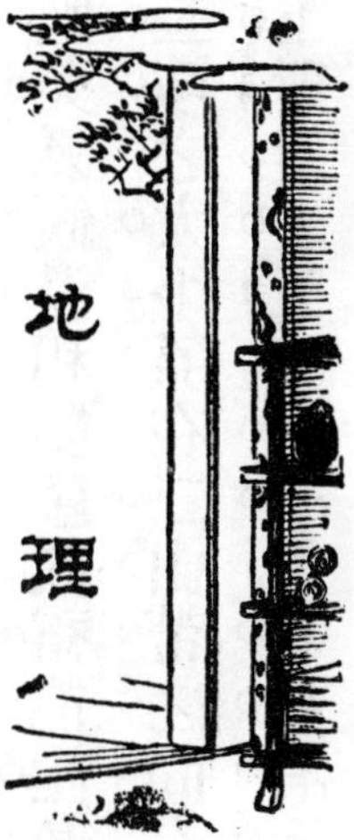

五洲高原平原比較物產說

湘鄉力菴

地球高原。其最著於史者。亞洲則有西藏 Thibet. 帕米爾 Pamir. 瀚海 Gobi 波斯 Persia 亞拉比亞 Arabia。歐洲則有奧斯馬加 Austria 日斯巴尼亞 Spain。南美洲則有波利斐亞 Bolivia。北美洲則有美國大高原及墨西哥 Mexico。非洲半屬高原。澳洲高原最少。而西藏與波利斐亞為最高。西藏在喜馬拉 Himalaya 與崑崙二山之間。面積一百四十四萬方里。高一千一百至一千二百五十丈。波利斐亞在安第斯 Andes 二山嶺之間。面積一百零八萬方里。高一千二百至一千三百丈。此外則數百丈高而已。高原土壤不及平原肥沃。然礦產多在高原。以五洲高原比較。則西藏帕米爾奧斯馬加日斯巴尼亞墨西哥為上。波利斐亞美利堅 United States of North America 次之。非洲澳洲東西二方又次之以其均近熱帶也瀚海則近寒帶波斯亞拉比亞雖在溫帶然亦不及焉高原而外所餘之陸地即爲平原察其地勢原由可分二類一爲泥沙淤積而成乃江河自山下流含帶泥沙至緩流之處漸而淤積如中國本部之平原滿洲之平原印度斯Indus之平原與非洲臨近尼羅河Nile三比西河Zambezi之平原澳洲臨近末雷Murray大令Darling二河之平原南北美洲臨近密西西比河Mississippi阿瑪森河Amazon拉伯拉達河Rio de la Plata之平原皆是也二爲洋海所成乃海底漸漸凸起高過水面嘎斯卞海西名待考週圍之平原與歐洲波勒的海Baltic Sea週圍之平原俄羅斯Russia西比利亞Siberia北段之平原并美國密西西比平原之北段皆是也大抵土地太高其地必極乾如沙漠河水不能浸至近洋多係沙土必極磽薄故於人身之最大關繫者惟淤積之泥沙地則適當焉故以五洲平原比較惟亞洲東南西南二境之平原土地肥美氣候溫和農產饒裕能生長五穀百果五洲無有出其右者其次則北美洲中南二境之大平原在二山帶之間高處多有茂林中境與南境所產之麥并玉米約有天下所產之三分之一棉花約有天下所產之半惟北境磽薄不產一

物即密西西比河北段平原之地也南美洲之平原亦在二山帶之間臨近阿瑪森河之平原有極密之樹林內無人徑可得各類物料或爲妝飾或作染料臨近拉伯拉達河之平原土地肥美蒭草茂盛其次則非洲之平原非洲本無寬大之平原惟撒哈拉沙漠 Sahara 之地有數處小平原皆爲泥沙淤積而成而依近尼羅河者最爲著名幷有新泥淤積田間使地尤爲肥美生長五穀極其華盛其次則澳洲臨近末雷河大令河之平原乃泥沙淤積而成故甚肥美多有出產其次則歐洲奧國匈牙利 Hungary 平原羅馬尼 Roumania 平原賴有丹牛波河 Danube 灌溉氣候亦溫和故物產亦饒裕德意志 Deutschland 北部大平原地頗寒冷雖極力講求農業然尚不及奧地之燠至西比利亞之平原半皆沙積其依近北冰洋者地勢最低氣候最寒有所謂凍土帶者森林帶者凍土帶者係北緯六十五度以北之地約半年有餘冰結甚深一物不能生長至乾季地面微化而北方仍有堅冰堵塞河水不能通流入洋凡淹沒者皆成下濕之地不過微小之植物生長如靑苔之類森林帶者包括北緯六十五度南亘於五十五度喬木鬱蒼猛獸羣集夏季炎熱殊甚蚊虻蔓延雖在猛獸亦不能堪焉故俄羅

斯全國平原雖有五分之四然膏腴之地最少其現在經營滿洲者蓋以此也嗚呼我中國二十二行省及西藏蒙古諸地土壤之美物產之富甲於五洲而蕪穢不治轉不及歐美各國之富是誰之過歟願以質之比較國事者

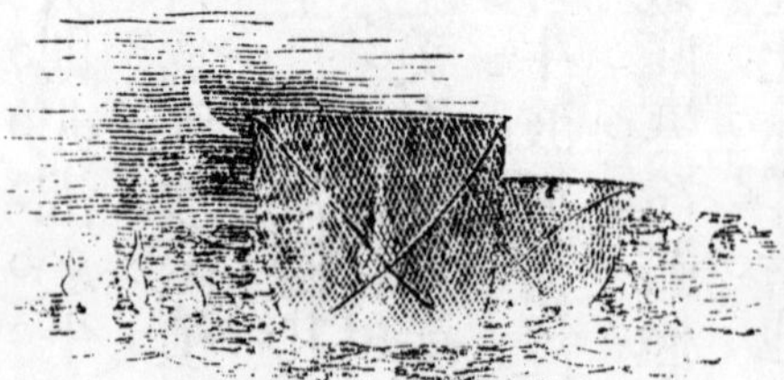

法律

論法律與道德之關係

蛻菴

萃圓顱方趾之儔。錯處一羣之內。其流品互異。其才智絕殊。其勢力權位之崇卑。尤釐然或相懸絕。然而智不侵愚。勇不威怯。强者不敢攘權利以自肆。弱者得保自由而有以自存。若是者何也。曰。懼法治。故顧法律一紙上空文耳。然一羣之內。無智愚强弱治者被治者。罔不戢戢然自保其民直。雖有驍桀卒不敢横決踶躪。怵然於法令之大防若是者何也。曰。懼有公力之制裁。故顧公力羣所同有。然法治之效。何以僅行於文化較深之國。文化諸國之憲章法典。釐然具在。何以淺化之羣卒莫之能移殖因用。即移殖因用矣。何以齟齬動搖守之不固。乃悟法治之制固以道德爲元氣。有公力之制裁以確定外行之規律。必當有自力之制裁。以嚴樹其內意之規律楯其後。而植其基。然後有以相維於不敝。苟無公益之良心。自治之懿行。而徒皇皇然曰。法治法治。雖授以

英美之良法吾恐其軏轄而不能期月守也

故夫法律道德之進化其初並出於一途無所謂法律道德之分也羣化既進則釐然劃其區域各自用治於羣俗之中羣化遞進則法律之界限癒嚴法律之範圍亦癒狹而道德之力乃大伸今夫羣演之朔也。所謂初人者。固與鳥獸草木樊然並生。競爭生存於奔蹄勁角之間不亟謀自存。則無以勝天行之酷烈。故殘殺以爲生攫奪以爲食不如是則且爲異種他羣之所剋而其種必無孑遺當其時固惟純粹之爲我心初無所謂愛類之德更無所謂善生之法也然方其與他族爲搏爭必號召同類以相扶助於是親睦聯合之群性已雜萌於獨立孤生之非群性中洎夫物競漸勝稍足以自存矣脫猶是殘殺攫奪仍向之所以剋他族者以剋同族則羣無由合而其種亦以不昌羣中一二知慮稍深遠者知如是必非吾羣所甚利則因用其親睦聯合之羣性稍抑其純粹之爲我心而稍稍易之以兼愛習之於羣居比伍導之於協力分勞知愛其類而道德乃始萌芽然其所謂道德者感於有利而始名爲善感於有害而始名爲惡僅辨苦樂而非能明邪正也然既有善惡之觀念則已劃爲我之分量使有畛域而勿相踰由是而可爲善不可不惡之感想浸生由是而若者爲善若者爲惡之判斷浸起所謂善者則愛之賞之所謂惡者則惡之罰之法律遂因緣而立蓋初人之所謂道德法律者固以利害之及於其羣者爲標準而法律者則附屬於道德以實行道德之命令者也彼羅馬學者舍爾哲士之言曰『法律者善與公正之術』而羅馬人法律之格言曰『法律者使人生活於正義不害他人而各得其所』由是言之則彼之所謂道德法律其範圍性質祈嚮殆混然而出於一途者矣

然而羣治者遞演遞蛻而日以進化者也受治者之民品既殊則所以爲治之羣制不能不與之俱變夫法律與道德同出一途則道德勢力所範圍亦即法律制裁之所普及其在淺化之民獷悍無知惟逞其爲我之私以縱於亡等之欲苟非有强制之權力撙節而整齊之以納之軌物之中則彼自治力之薄弱茫然無軌畔之可循必至放蕩無紀而其羣且可立渙逮民智漸瀹民品日隆被化向道之日深類能克其自利之私以護培公益節其跅弛之性以維持秩序向之待强力之制裁者今乃受範於良心之規律循循於繩墨之中如是猶守法律萬能之主義强制而干涉之則國家之權力漲

溢逾度而個人之自由將萎縮而日即銷亡丈夫而猶被以兒時之服成人而不免於師保之嚴勢必齟齬不安儳然不可終日然則嚮之所用以範進其羣者今則與羣相迕勢必不能相容於是民權自由之論囂囂遍於國中而法律遂不得不與道德判其區域

法律旣與道德判其區域然固非釐然絕爲二事也蓋自其無差別者觀之則法律固隸於道德之中爲所範圍而不過第自其差別者而觀之則性質互殊祈嚮互異範圍判其廣狹而界限亦至爲嚴明道德固無施而不可而法律則不能無限制於其間也法學者斷斷致辨。其說至紛繁矣。然約而言之。一曰種類之限制一曰程度之限制

自由者天賦之人權也。凡在血氣之倫。無不能享自由之幸福。然彼我錯處一羣之內。我溢量而取盈。彼必失直而受損。故獨立不羈之自由。必不能無所畛限。外部行事之規則與夫內部精神之規則皆所以畛限自由而爲之大坊者也然內部規則之道德自受制於良心耳故雖施之於衾影屋漏之隱微繩之於喜怒哀樂之未發要不過克已愼獨之功察密而於事無害若夫外部規則之法律則固行用國家之威力以強制

利人者也故必其人之罪惡顯見於行事之間且害著於人偶之交涉而弊可及於其羣然後規則得而繩之以爲令行禁止否則其人雖蓄敗羣之暴意懷不軌之野心而含意未伸其外形茫無實據則斷不能逆探其意之所在而曰事有必至乃遂濫加訶譴藉口於將則必誅蓋法律者維持公羣之秩序而亦擁護私人之自由苟干涉過度則自由將爲所蹂躪其民必蹙然深以爲苦而惡法綜釀變端故制外而不治內實法律與道德之鴻溝劃然而不可少渝者也斯曰種類之限制

不寗惟是。雖在外著之事而法律之施亦恒適如其量而止而不能有所深責而苛求且夫羣之相資以生也。豈徒冀其絕惡而羣爭以息亦將勸其進善而羣治以蒸故道德之所命令固非徒懲忿窒欲也乃將進之以公信親愛道之以睦婣任卹甚者至匹夫匹婦之饑溺皆若己推而納之溝壑而皇然不嗛於心乃至舍生取義殺身成仁皆爲道德所獎厲務躋之至善之途若夫法律。則但使循循繩墨勿相抵觸以賊其羣其有敢於爲賊者則以吾法格而齊之斯則已矣至於孝友以型家忠義以愛國仁任以善羣則一切放任其人之自爲俾自量其才力以自致其心而法律初不過問故質而

言之則法律之所祈固止禁人之惡而不能命人之善蓋不如是則法律之力且濫溢將煩擾尙不勝其害也斯曰程度之限制

是故道德者以良心之制裁定內部之意律而區域常寛法律者以强力之制裁定外部之身律而區域常狹而法律區域之廣狹又恒視其羣之道德爲進退而初無一定之程制法者時其宜而消息之不宜而强仍其舊制未宜而强進以良法皆必捍格而不利於羣者也今夫世主怙國家强制之權力以濫張其法律區域之範圍逞其干涉之私而無不藉口於道德民窘而不勝其苦乃至革命流血而不憚務減縮其强制之權力以爭此立法之權羣德進而羣制不易其弊誠不可以終日然徒謂法律與道德殊途其域宜狹而不宜廣遂不問民品之優劣民德之隆汚遽求縮減外部之制裁移用羣德已隆之羣制聞人謂長安樂則西向而笑吾固未敢謂其有當也孟的斯鳩之言曰『頽敗之風俗穢濁之人心必不能制立良美之法律』嗚呼何其言之深切著明也法國大革命時之人權宣言曰『苟非害羣之事則法律無禁之之權力法律之所不禁一切可任吾民之自由無論何人必不能强以法律所不命之事』彼其紕肆濫之

威權堅自由之保障是誠可謂無上之良法矣夫在文明開化之民內則姣然自好人人有士君子之行外則輿論制裁人人有畏淸議之心公德備而自治嚴誠無深待公力之強制若夫幼稚之民方日習於睢恣自治力之脆薄固未足制其祖性遺傳爲我之私若遽授以無上之良法竊恐培護自由之美憲適以揚其破壞秩序之狂瀾也且法律者以人能遵守與否以爲效力之厚薄者也人必先有敬重公益之良心然後能有服從法律之思想有服從法律之思想然後法律可以實行然彼方撤去道德之藩籬縱於無法之自由以爲樂人競其私以蹂法則法律之效力已弱不轉瞬即銷淪於無何有之鄉即法可幸存而羣德腐敗方墜落而靡知所終上旣肆其嗜利無恥之私下亦相尙以儇詐恣睢之行不橫決而放軼於法外則鬼蜮而巧遁於法中雖有白數十條故紙之空文寧能制初人純粹爲我之私而使之節制謹度舍道德而徒曰法律幾見徒法之足以自行也善夫英人威爾遜之言也曰法律者表著其民族之品行風俗而羣治民德之反影也羣制視民品爲隆汚雖絲毫不能假借我國民其有法律思想乎其亦先培此法律之根原也

政界時評

（內國之部）

▲商務部之設立

振貝子請立商部。政務處議覆其奏。請如外務部例。專設一商務部。制曰可。聞即以振貝子爲商務部尚書。而以伍廷芳爲左侍郎。陳璧爲右侍部。其下司員。悉如六部。部分四司。曰理財曰勸農曰保商曰惠工。我國二千年來。素持賤商主義。今忽有特設商部之。創舉。斯時勢所不得不然。而所謂新政者歟。

我國民以善商聞於天下。不藉國家保護之力。孑身轉鬥於萬國商戰之中。猶能綑載而歸。恒占優勢。其商才之精敏。商力之堅韌。誠西人所動色驚嘆者也。然卒以無國力保護之故。日受外人之窘虐囿制。商才雖美。商業終衰。乃至日求入他國之籍。以求庇他人之宇下。以堂堂帝國之國民。其流離無告。乃至如波蘭猶太人。今既有商部之設。保護商業。擴張商權。其庶有以慰流離無告之商民。而償其數十年之希望乎。

雖然。言其理則然耳。今日國家之力。其能任保護之責與否。振貝子伍陳兩侍郎之才。其能舉擴張之實與否者。非吾所敢知。且中國官民隔絕。吏例捍隔。任舉一事。百弊叢生。即使諸公果能諳熟商情。盡心商務。其能行其槃槃大才。於百事牽掣之中。挽回利權。振我積疲之商務。恐彼亦未敢自信。況其諳熟與否。盡心與否。尚在不可知之數。則商部之設。要亦不過於臺省之外。多開一遷轉之途。令袞袞諸公。坐糜大官之俸。姑敷衍以號於中外曰。新政新政而已。

批評門

▲成漢鐵道問題

成漢鐵道者。英人所竭力營謀承辦者也。法比二國抗阻。議遂暫緩。然英公使方與外部交涉。謂倘許承辦。當先授之英人。其他挾後援以營求者。踵日相錯。四川總督錫良。乃奏請招集內地之資股。與築此路。以握中國之事業。而保利權。內旨詢之外部。外務請責成新設之商部大臣。募股本於內地。一切資本。不可仰之外人云。其事之成否未可知。然中國達官。能有此愛護權利思想。亦難能而可貴者乎。

列強以鐵路政策。行其侵略。所謂中英公司。中俄公司。信用聯合公司。紛然並起。皆以攬奪路礦利權為專事。固與昔日英國之印度公司無以異。鐵路之發達。即中國之分割。英使沙道之所昌言者也。彼列強挾帝國主義。實行侵略。以擴張屬地。其解釋之曰。「世界之大部分。被掌握於愚野之民族。此等民族。不能發達其天然力。以供人類之用。貨棄於地。坐令文明之民族。人稠用困。無所措注。事至不平。故有力之民族。當擯斥弱力之民族。據有其地。然後可以隨地投置資本。以謀事業之發達。以增世界之公益。此固文明民族之天職也。不如是。是謂放棄責任」。彼既以奪攫礦路。拓闢屬地為天職為責任。是豈徒口舌空言所能卻拒。惟亟集內資。竭力以亟從事於開築。則庶有以塞彼之口。而杜其覬覦之心。彼族雖悍。固不能攫我已成之事業。已營之商務。奪之吾懷而取之。觀英人爭承成漢鐵路。政府以已許已國謝之。彼即無復他言。惟訂倘借資本。當先借之英國。我誠以己資築己路。彼固無說以攙奪也。故今日欲保權利。不在拒外人之要求。惟竭吾力以興事業。盡地利。庶可絕外人之要索。而更無後憂。嗚呼。路權礦利。強半已屬他人。今日始欲自謀。抑何見事之晚。然亡羊補牢。猶未爲失。政府諸公誠能終持斯議。則爲益尙未有量也。

錫良者外人所日詆爲頑固者也。其就任川督之際。猶復嘖有煩言。彼其人之才庸賢不肖。果爲頑固與否。吾均未能深知。然其任熱河都統則請自開礦山。以防利權外溢。今任四川總督。則請自築鐵路。勿仰外資承辦。以此二事言之則不可非謂庸中佼佼。嗚呼。庚子以來。舉國上下。無不以媚外爲惟一能事。以徼外人之稱譽。以博維新之美名。乃至賣地鬻權。而有所不顧。今錫良猶有頑鋼之目。則殆尙未中媚外之毒。而有以自守。然則今日所謂頑鋼者。固遠勝於所謂開通能識時務者矣。噫嘻。

（國際之部）

▲俄人改革滿洲之地方官制

俄廷新發敕令。新置遠東大總督。以黑龍江及滿洲一帶地方爲其治地。特賜璽書。授以無上之特權。其權限責任。準高加索大總督之制。凡東洋艦隊及屯駐滿洲之陸軍。悉隸麾下。咸受節制。與其隣國媾和宣戰。訂立條約。均許便宜行事。派駐東洋之外交官。一切聽其命令。特擢海軍大臣前關東總督亞歷歆希夫陞授斯職。亞歷歆希夫者。主戰論派之首領。素所持論。謂當以强力保持絕東所獲奪之權利者也。噫嘻。此固何等舉動耶。

俄人於戊戌之春。繼德而起。租借旅順大連灣二港。旋獲東清鐵路之敷設權。我國固以此區區者。亦何足道。政府俯首而不與爭。國人熟視而無所覩也。彼既得此根據。義和拳之亂。彼遂以重兵突入滿洲。藉口於保護利權。遂置關東總督。以統轄地方之軍事民政。我政府無暇過問。然彼懼列强之責言。則日宣言是不過一時權宜之計亂事底定即當歸之主人。且與我訂立歸地期限之約及撤兵之期而爽約矣。乃以八事要求爲藉口於是列强詰責彼又昌言明辯謂俄確無久占滿洲之心他日必當返之於中國。有以副列國之望言猶在耳乃忽特進關東總督之權位以鞏其領地之實權而姑飾虛詞以自解曰是不過吾地方官制之稍一改革嗚呼官制則誠俄國之官制然地方則果何人之地方耶我國自三月以來日狼狽蹶於俄國要求之約半年之間輟置百政無暇他顧日皇皇敝神於是事而舉國國民之視線亦咸注視不瞬以爲是固我之地方也嗚呼地方則誠我之地方矣然官制又果何國之官制耶

『滿洲者俄人之越南印度』此固吾國識者號戒之恒言然猶是未然危聳之詞耳乃今明畫領地特置專官附以大權命重臣以領之則試問此遠東總督之地位性質與英國之印度總督法人之越南總督曾何以異俄人已實置之掌中我乃方徐爭之紙上。是賊已鼾睡臥榻而主人乃瞑目哀求請其勿入我門而攫我物也嗚呼皮之不存毛將焉附即令俄人盡撤要求幾見印度之士酋越南之國王能行其權力政令於印度越南耶來車既覆後軌方遒吾恐諸國之改革地方官制者且紛紛踵俄而起也

▲英使權限之伸張與其鐵路計畫

英國北京公使沙道回國今自倫敦啓行歸任此一行也固與政府商定處分遠東之政策而擴張向來之權限將以强硬手段攫奪我國之利權者也英國外務大臣蘭士達文侯嘗於上院答某議員之問曰『今日我公使沙氏之歸任實禀承政府之果斷政

策。而授以實行政策之大權。且由政府與以强大之助力以爲其後援。此後沙使之一舉一動。皆大可注意者也。』英人邇年以來過於持重。其外交動輒失敗。勢力漸落俄德諸强之後。今怵於俄人之强悍。事急而亟思變計。固意中事。

英人之要求成都漢口之鐵道敷設權也。爲法比二國所撓阻。事遂暫輟。今沙道至上海。對支那協會代表人之問曰。『今日俄德諸國經營中國鐵路。其所祈嚮固非謀商業之繁盛。實皆出於軍事上之謀略。及政治上之野心。故鐵路之發達。即爲中國分割之實事可斷言也。吾英要求正定太原之鐵道。既得特許之權矣。今乃突爲中俄銀行所攫奪。且俄人假比利時之名。於河南敷設鐵路。是於我英在河南陝西及成都漢口之鐵路利權。大有妨害也。一千八百九十九年。我與俄國協商。明定條約。凡萬里長城以西。英人敷設之鐵道。俄人必不干涉。今突爲此舉。是不啻與我挑戰耳。吾今於英人鐵道之計畫。必竭力之所至以助其成。且謂他日交涉。必更用强硬主義以張我國之權利』由是觀之。英國對我之政略。亦可覩其大略矣。

列國對我之外交。亦數易其政策矣。通商之始。闇於內情。雖有恫喝。要皆和平主義也。一敗再敗而後至甲午。而情見勢絀。各國乃一變而出以强硬。非理相干。强奪豪取。勢力範圍亦既稍定矣。適有義和團之變。深恐操之過蹙。致生反動。於是外交政策又稍和平。撤兵問題紛擾以來。俄人首發難端。各國咸重足側目。其政策專視俄人爲進退。嗚呼。極東大陸。固東西諸國一競爭塲也。利益均沾。日求均勢。稍有畸重。務籌抵制之方。是以膠州一割。而大連灣旅順威海衛九龍廣州灣相繼立租借之約。承築鐵路之要求一諸而十八行省之路權接踵而入外人之手。勿讓他人之約一立。而山東兩廣揚子江流域福建諸省。悉爲他國勢力範圍。今俄人據有滿洲。悍然首難。諸國豈能斂手坐視。令他人着我先鞭。向者之和平。又是易爲强硬。英使表示政策。固已昌言不諱矣。嗚呼。一摘使瓜好。再摘使瓜稀。三摘猶自可。四摘抱蔓歸。寄語諸公。其一誦黃臺種瓜之詞。勿恣令他人攀折也。

▲俄人要求之新提議

旅順會議以來。俄國陸軍大臣格羅巴堅遄返俄都。未及旬日。遂有新置極東總督之敕。逾月而遂有新提議之要求。此固旅順會議所議決。請命於俄帝。令極東新總督行用其無上之權能。指揮俄公使而監撥其後者也。其新要求約爲八事。

(一)盛京省全部之俄兵。以今日十月八日如期撤畢。而吉林全省之撤兵展限六月。黑龍江全省之兵更展限一年。

(一)松花江沿岸一帶新設碼頭。俄國以保護船舶之故。可屯駐若干之兵隊於新設各碼頭。

(一)盛京吉林黑龍江三省之內。所有俄國置立之電線。一仍其舊。他日若有必需置立之電線。俄國仍得從新增設。

(一)凡自陸上輸入東三省之俄商物產。中國不得於現稅之外。別以釐金及他種籌欵之名目。更課新稅。亦不得於現定稅率之外。再增稅額。

(一)雖撤兵而後。東三省內各地凡中俄銀行支店。均保其舊。

(一)牛莊稅關之收稅司理關務及檢疫事宜。一切當仍用撤兵以前之舊制。不得更易。

(一)東三省全部之土地。雖撤兵而後。中國不得割讓或租借他國。

(一)自齊齊哈爾以至白拉哥陳斯克之間俄人可任意建設兵營。

此要求之大略也以視四月時之七事要求其詞意固似有所退讓然公然昌議以背撤兵之約多方脅制以圈限我國之主權其堅悍之意寧有少屈且屯防兵於松花江沿岸建兵營於齊齊哈爾諸地是直食撤兵之言永據吉林黑龍江兩省之地而藉口他事以飾為美詞耳以視七事之要求固猶朝四暮三之與朝三暮四彼蓋深知中國之易欺易其名彼必不能察其實故以狙公之術欺衆狙也俄人誠狡矣哉。

(外國之部)

▲俄人東方之兵力

俄人自滿洲問題紛議以來亟增兵備陽則日議撤兵陰則實張勢力派兵增艦徵調紛繁雖列強眈視彼固悍然不顧也東方兵力日增月盛最近一月以來其調赴大連灣及達爾尼之兵數如左。

第十四東部西伯利亞游擊聯隊之第三大隊

第四東部西伯利亞游擊聯隊之兵站部

第三東部西伯利亞游擊聯隊之第四大隊

第十三東部西伯利亞游擊聯隊之第五大隊

今以事變日亟聞將更調大兵藉詞於試驗鐵道之輸運調集三大師團於貝加爾鐵道沿路俟一旦有警可立馳赴滿洲其所調之兵將盡撥屯駐哈里科之第二旅團及砲兵旅團其不足之額則再徵之木斯科其軍需糗糧則已運集於海參威旅順諸港黑龍江總督已馳赴各驛巡閱新集之兵云若其東洋海軍則亦日增兵艦務厚集兵力足以抵制日本而

有餘。今備列其現在東洋艦隊之艦數。及其屯泊之地。具爲一表。

駐地	艦類	艘數
旅順口外	戰鬥艦	六
旅順口內	一等巡洋艦	一
	二等巡洋艦	十一
旅順附近	一等巡洋艦	二
	二等巡洋艦	十
	雷艇及運送艦	三

更列其豫備艦爲一表

駐地	艦類	艘數
旅順口內	一等巡洋艦	一
旅順附近	一等巡洋艦	三
船渠	一等巡洋艦	一
營口	巡洋艦	二
上海	巡洋艦	一
海參威	一等巡洋艦	三
關東灣	二等巡洋艦	四
仁川	巡洋艦	一
神戶	二等巡洋艦	一
北海航行中	巡洋艦	一

凡五十艘。邇來俄日戰爭之說。紛紜道路。二國之果出於戰與否。尚非吾所敢知。然俄人兵力已厚。一戰固非難事。且彼瘁十餘年之心力以經營滿洲。一旦握之掌中。其有撓而奪之者。誠彼所欲訴之兵力而不辭者也。嗚呼。人張重兵以脅我。而我曾無一卒一艦足以抵之。無後援之弱國。其外交誠爲束手。然擁二萬萬里之大國。乃至今無一卒一艦。而束手受制於他國。則又誰之咎邪。

▲朝鮮之外交

俄人租借龍岩浦於朝鮮。與趙性協既立草約矣。嗣英日二國迫脅朝鮮。議遂中輟。俄使乃更提議草案於外部。日使乃脅外部曰。『貴國若允俄人之要求。則我國將停止條約。而別索一適宜之內地。』韓廷傍徨未敢允俄。俄使則竭力迫求。外部大臣李道宰不知所爲。上表辭職。於是外交談判之機關。戛然中止。蓋韓廷之意。固欲允俄使之要求。而租借龍岩浦。亦欲將順日使之意。而開放義州。使二國各得所欲而去而已。之利害固不暇計也。然彼雖欲開放義州。而又欲鎖閉平壤以相抵。豫詢各國之意見。德使答以當無異議。而日本及我國公使以有切密之關係。力拒其請。日倉皇於列強要脅之間。無所措其手足。中國一大朝鮮也。朝鮮一小中國也。

雖然。二國之外交固有密切之關係者也。滿洲與朝鮮。皆俄日必爭之地。故俄要滿洲。而日本竭力抗之。俄租龍岩。日本亦竭力抗之。兩雄相厄。非出於決鬥。則必出於協商。頃者俄日協議之說。頗時露於報章。意者憚於兵事。果實行滿韓交換之說邪。然而滿大韓小。滿重韓輕。無滿則韓亦不保。日人終有所未甘。是以紛議彌年。而議終未就。蓋滿事定則韓事定。韓事定則滿事亦定。而二者皆聽命於俄日之決議。而中韓固無絲毫自動之主權者也。噫朝鮮彈丸。甚受命大國。情雖可哀。亦何足異。柰何以堂堂二萬萬里之大國。乃亦俯首束手。無以異於朝鮮之所爲耶。嗚呼。吾固不暇自哀。尚奚暇復哀朝鮮。

▲俄國內亂近聞

俄國之內部。固一慘黯紛擾之修羅場也。農民揭竿之暴舉。學生革命之運動。虛無黨狙伺之陰謀。警告紛紛。日接於耳。乃者欲佛之間。騷然倡亂。亟調軍隊馳鎮。擊殺十餘人。傷者不可數計。未及旬日。四境又復騷動。尼科米佛之知事受擊而首負重傷。警部官吏亦有負創幾斃者。是役也死者數十人。傷者一百餘人。而俄之南境。又以工業困難之故。五十萬之勞働者同盟罷工。其驚怖危急之情形。殆不可以言喻。孟的斯鳩之言曰。專制之國。雖太平之時。亦常含有擾亂之種子。俄廷雖挾重大之軍隊。嚴密之警察。然能止一時之亂。而不能絕其亂源也。然各國憲政。類皆以民間紛擾逼迫而成。俄皇讓步於農民學生。既發布自由敕詔矣。今者之亂。或更促其立憲之成乎。

或曰。俄國銳意侵略。竭全力以爭滿洲。今巴爾幹亂事。綴之於近東。今復內顧多憂。或者掣其飛揚之勢。而少殺其攫奪滿洲之野心乎。曰俄人之外略。固與其內亂兼行並進者也。彼其欝勃之野心。固非區區內亂所能牽掣。且其與大役於國外。固將驅其民於同仇敵愾。亟亟於對外之競爭。使無暇爲對內之紛擾。此固計之兩得者。豈徒其野心之不殺。竊恐其侵略之日亟也。

人物時評

○英國前總理大臣沙士勃雷

英前總理大臣沙士勃雷侯以病卒累年以來格蘭斯頓俾斯麥格里士比諸賢相繼淪逝惟沙士勃雷靈光巋然今又遽以不起老成徂謝又弱一個崇拜偉人者不能不嘆息政界之寂寥

沙士勃雷無俾斯麥之勳業沙士勃雷無格里士比之幹濟沙士勃雷無治士列里之才略沙士勃雷無格蘭斯頓之德性其翹然立於政界握英國十三年之政權者則其外交老練慮事審密卓然表異於衆足與羣雄相頡頏俾斯麥之評之曰『沙士勃雷殆如塗黝之木不知者徒觀其表則固以爲鐵也』沙侯之才誠不如鐵血宰相之雄斷然能與格蘭斯頓老雄相抵抗揮其外交手腕支柱地遍五洲之大廈爲大不列顛之棟梁者十有餘年鐵耶木耶俾斯麥之品藻其然豈其然耶

讀英國最近二十六年間之政治史凡一切內政與外交殆無一事無沙士勃雷揮腕掉舌於其間其政略之成功固非獨有天幸蓋彼自一千八百五十三年委身政界以來積數十年之閱歷其老謀遠略足以馳騁於政界而莫與爭衡也

沙侯者第二沙士勃雷侯之次子受教育於惡斯佛大學二十一歲受法學博士之位漫游世界者二三年一千八百五十三年自士丹科爾選爲保守黨之代議士此爲沙侯置身政治之始當時所稱爲羅德些爾卿者也翌年勒些爾卿提議惡斯佛大學案沙士勃雷抗議反對其議論之巧銳鼓動議場時人謂

爲『處女演說』於是聲名鵲起未及數年於下院遂爲有力之議員

沙侯優於文學之人也當其初爲議員常任新聞雜誌之記者常以急激雄駿駁擊論難之文刊布於『土曜評論』『四期評論』『隔週叢報』諸報中嘗著議會改革之學說痛論當時選舉之弊害反對自由黨之政見掊擊無餘偉異之政才已嶄然露頭角矣沙氏在國會之辨論也常好爲詭激之譚以摧擊他人之意旨而自家之政見常秘渾而不遽宣示於人人以此疑其外强中乾詭激好辨千八百六十年抗擊大藏大臣格公於議會詞鋒悍銳頗爲國會所詬病其後閱歷日深鋒鋩浸斂然其喜於駁難雖老而氣不少衰也

擴張選舉權問題之起也數百年之憲政一大改革實不啻爲英國政治國開一紀元一千八百六十六年三月十二日格蘭斯頓提議國會改定選舉權之資格市則七磅州則十四磅增加有權者四萬餘人法案既提出議院沙氏乃奮其强銳之論辨竭力攻之自總綱以至細目無不抉瑕剔弊幾無完膚然沙氏之攻格公議案也雖强悍不遺餘力然固非爭意見而好爲破壞漫然弁改革案而反對之也彼自懷一改革之意見於胸中思欲見之實事旣以强辨之力仆其政敵格公之政府而去之他卑卿組織內閣沙士勃雷遂入爲印度大臣然選舉法之改正案沙氏堅持己見與其同僚治士列里諸人格格不合遂與陸軍大臣比爾將軍殖民大臣加拿汪卿聯袂辭職

且夫政黨之互爭政見也初非好爲排觝以快一時之意氣也又非互相傾軋以謀一已之私也彼確然自信其議之足以利國便民不能枉所信以曲合則

雖同黨之好。不能不分道而背馳。然彼我之心固皆求有濟於國家而非競一人之私利。故境遷事過則又協力以謀公益。而不以一事之牴牾爲嫌疑。彼沙氏與治士列里。既相齟齬。乃至怒詈棄官而去矣。自常識觀之。彼其感情之創傷殆將不能復愈。然沙氏磊落之意。初不以此芥蒂胸中。而治士列里素傾倒於沙氏之異才。雖受其掊擊。然嫌怨之小忿終不能勝其愛才之盛心。且保守自由二黨之搧激於政界也。常如兩虎之相鬥。治士列里方與格公相持不下。不肯失一奇才。以殺吾黨勢也。乃復與沙士勃雷釋嫌交驩。更相提携。以飛躍於政界。

一千八百六十八年。格蘭斯頓提議廢止愛蘭國教之案於議會。沙士勃雷大不謂然。力攻其政策。奮然以愛蘭國教維持者自任。議未決。適第二沙士勃雷侯死。沙氏襲父爵。移其籍於上院。夫以沙氏縱橫之偉才利銳之雄辯。雖在下院。亦且脫穎而出。故一蹴足上院。遂爲貴族議員勢力之中心。方是時也。廢止愛蘭國教之案。既通過於下院。議案咨移上院。沙侯謂今日國民之意向。尚未能真知其所在。今乘閉會期近。遂倉卒以決此重大問題。於事不公。於情未允。上院贊之。閧然一致。然英國自中世以來。上院之權力已日縮而日以微弱。凡法案之通過下院者。上院之權止能贊成之。使得有成爲法律之資格。即間加修正。斷無否決拒絕之大權。今沙侯否拒下院已可之案。是濫張上院之權能。彼政敵所譁然而痛詆者也。然沙侯之豪氣終竭力抵抗。行其所信而曾不少撓。張上院之權力以拒下院之成議。固英國千年來未有之創例矣。

一千八百七十四年。格蘭斯頓解散議會。自由黨與保守黨大爭選舉。當是時也。格蘭斯頓與治士列里

批評門

兩雄。各奮其雄偉之政才。日掤鬥以決勝負。二黨之勢殆相敵也。沙侯當保守黨之前鋒。其在上院之中。恒爲保守黨員之統帥。以先登陷陣。總選擧之結果。保守黨遂占一千八百四十一年以來所未有之大多數。於是治士列里組織內閣。而沙士勃雷復入爲印度大臣。時方大饑。沙侯決行大膽之新政策。其膽畧才氣。爲一世所驚嘆。且侃侃持正。常與首相治士列里力爭宗教問題。然格治二豪皆有吐納萬流之才畧。而其麾下亦類絕世人豪。英方多才。沙侯雖意氣縱橫。世人僅視爲治士列里部下之驍將。未能盡知其才也。既而東歐之風雲日急。沙士勃雷始厠身於外交界內。以大展其驥足之長才。

（未完）

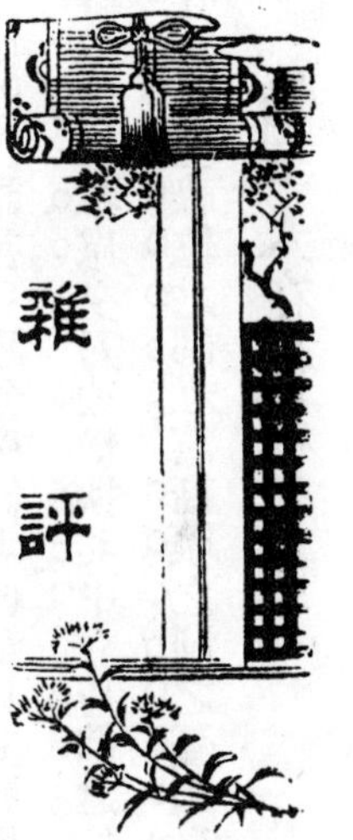

張之洞之狼狽

張之洞署兩江總督。未及數月。政府電促魏光燾迅赴新任。而無令張之洞回任之明文。張之洞進退維谷。無聊之極。乃請入京陛見。留京已半歲矣。復不飭其返任。而又不令入樞垣外部之要地。惟時派以會議學堂章程經濟特科閱卷閑冷無聊之差使。從來疆臣入覲。未見有如是之久留。亦未見有如是之冷落者。政府固舉玦以示之矣。然張之洞徘徊不能舍也。昔俾斯麥與德皇威廉二世齟齬。威廉嗛之。令人諷其辭職。且告以皇方立待其辭志。俾斯麥以無敕命之明文。拒之不肯去位。張之洞豈欲效西子之顰待敕命之明文而後去耶。駑馬戀棧豆。棧豆空矣。猶復戀戀其駕。誠不可及。

頃樊增祥至京師。樊增祥者。主謀廢立之人。而此次推翻經濟特科。謀起黨獄者也。張之洞極意交驩。且勤勤留其駐京數月。張之洞平日目中寧有樊增祥在。今忽殷勤結納其臭味之投耶。抑知其內有奧援而思得一援手耶。苟患失之無所不至。以至熱中之人。置之極冷落之境。其狼狽情狀。可笑可憐。

或曰。張之洞雖失權勢。然國事方艱。寧忍言去。雖以散員留京。亦將有所盡力。審如是也。張之洞固一熱誠憂國之人。固吾所敬慕崇拜。然滿洲問題。至今日而危急極矣。張之洞素主排俄。何以在京數月。未聞畫一策以應敵。并未聞抗一議以力爭。其語『日本報』之訪事員曰。『以第三國之干涉驅滿洲之俄兵。是誠甚善。然俄人一變其政策。轉向以侵略他國關係淺薄之伊犁諸地則又如何』誠如張之洞言則我國無他强國之保護干涉我國將無以自立乎誠如張之洞言則豫保伊犁諸地當以滿洲奉送俄人先飽其欲使無他覬乎誠如張之洞言則以滿洲賂俄人遂可永保俄人不再窺伺伊犁諸地乎吾誠不料張之洞之才識庸劣一至於是也然使止才識庸劣則其言猶不失爲憂國焦慮之言尙可恕也乃冥其用心則隱知宮廷權宦之袒俄言拒俄恐有不利乃故爲是言隱謂奪回滿洲且有後患以陰示拒俄之非計迎合內意以解脫我之弃非力主拒俄又知犯天下之不韙也則含糊隱約其詞以掩天下之耳目彼固自謂甚巧寧知旁觀者已如見其肺肝乎國事危急朝不慮夕乃彼猶挾其中立巧僞之故技以營其保全祿位之鄙私噫斯張之洞之憂國也已

●華人在暹羅之勢力

中國膨脹之力固世界之所驚嘆者也日所出入之區殆無不有華人之車轍馬跡而在暹羅之勢力則爲尤大

暹羅擧國之人口八百萬乃至九百萬人而我華人之數實爲三百萬人其盤谷府中之人數六十萬人而華人之數則實二十五萬有奇非但農商諸業握其中樞之勢力也乃至美術工藝殆無不占其大部蓋暹羅國於熱帶之地其人類惰緩而不及事雖其上流人士其才智或軼倫超羣而其多數之國民皆游手而不任勞苦且其國人惟分上下二等而我華人乃組成中流社會以介乎其間故一切商業工事轉運開墾無不待華人而舉行而其國之小民且多令其子弟改效華人之服色若臨華人而去之則暹羅殆不能一日立國故寧而言之直謂暹羅爲中國之暹羅殆無不可

然我國之殖民也。國家初不過問。任吾民之自生自滅於其間。固所謂無條約之國民也。既受治於暹羅法制之下。而暹羅之法律制度。偏缺苛急。常受其非理之淩虐。窮無所訴。至不能保其財産生命之安全。故常求附籍他。庇其蔭以謀一日之安。乃者日本人創立東亞商業公所。名曰兩國聯合。實則曰日人謀張勢力於暹羅。藉此以利用華人者也。小人何知。惟思求庇。於是爭先趨附。以求隸日本之籍者。浩然如水之就下。苟我政府膜置度外。不加保護。則數年而後。我國之商人。將盡爲日本所吸收。我國之商力。將悉爲日本所利用。數十年積成之勢力。直爲他人作嫁衣矣耳。嗚呼。各國日言殖民政略。務擴其國力之範圍。我乃積此固有之殖民。不能因而用之。反令窮無所之。至供他國之利用。是非政府之自棄其民耶。然吾民果有自治之才。果有愛國之心。則席此勢力。雖不倚賴國家。亦何嘗不可以翹然自立。顧至奔走趨附以供他國之利用耶。是固我國民所宜自省者矣。

●學校之自治政府

歐美諸國學制。犂然不出一途。各視其國之歷史風俗民智羣德。以爲殊異。自我東洋人視之。固皆已粹然完備矣。而諸國學制。日議改革。務相其民智羣德之所缺乏者。改良演進。務使日習於實用而不主故常。頃者美人毅爾倡於學校中立自治組織制度。彼以美國政治之美。猶有憾者。其原因在於學校制度之專制組織。欲救其弊。當於學校中立自治組織。以養成自尊自重之市民。先已實行於美屬古巴。已著成績。於是本國之紐約市拉特爾布亞哈巴拿諸校。漸採用之。其制度他日當可遍行國中。斯固毅氏之所豫期者也。

氏之言曰。今日吾國之學校。惟以諸學之原理原則爲教授。其教授之法。豈余之所敢非難。余所慊然不滿者。則曰學校管理法而已。今之學校管理法。徒知令學徒服從規律之必要。而不務養其自治之力。使咸知已與同胞之政府之關係。是不可謂非教育之一大缺點也。

毅氏籌救弊之方。乃創爲「學校都市」School City之制。所謂學校都市者。使各學之學徒。自爲市民之組織。由此市民。公撰市參事員。又由市參事員公撰市長。判事。及其他行政吏。司法吏。市署內之吏員。僚屬。皆由市長自由任免黜陟。蓋行此制度。實有數利焉。一則啓發其公益之良心。二則習成其自治之實力。三則培成其協力奉公之習慣。四則使尊重他人之權利。以習其規律秩序之舉動。五則使敬負職務之責任。以發其自尊自重之精神。乃者毅氏臚舉希拉特爾希亞之二十二公立學校。採用此制之成效。謂其皆有佳良之效果。而其效果多寡不一者。蓋學校都市之制。非如自動器械。以同一之轉動。即生同一之形式。蓋其程功之多寡。惟視其運用之校長及教師。誠善用而利道之。固足改良學徒之德性。而陶成國民之能力者也。

嗚呼。自治者自由之母也。必先地方能自治。然後立憲政治乃能完成。亦必先個人能自治。然後地方政治乃能成立。故自由界之寬狹。恒視其自治力之厚薄。以爲差。美固自由祖國。而今世界中民政之最完固者也。其亟亟於自治乃如是。今且欲豫養之於學校。然則渴望自由者。其亦先儲其自治之能力也。

評論之評論

○銀行與鐵道之侵略

日本週報

俄羅斯創立中俄銀行。布設東清鐵道。約投五億萬圓之資本於滿洲之中。五億萬圓。數固不少。然由此資本以獲此結果。是不啻以豚蹄而獲滿車也。亞腓律士的氏近刊「十九世紀之雜誌」有云。俄國於三倍英國本島之富饒地土。掌握其生計之大權。而以己國資本直接開發其富源。今滿洲之住民殆自信為俄羅斯人。棄其本國之龍旗而戴仰於俄國鷲旗之下。非獨占領其地之生計權。且以此五億萬圓。別購千哩之鐵道。建設二大都府。再得滿洲全部之鑛山採掘權。

士的氏謂此實為俄人侵略之前例。俄國既以此政策。侵略波斯。蓋銀行鐵道者。比其他侵略之手段。事半而功倍。最為得計。將來欲膨脹其國而占領他國者。不可不於所欲領之土地。布設鐵道。開建銀行。以銀行鐵道行其侵略。實為生計上之得策。既如士的之言。夫侵略云者。奪他人之所有物之謂。自德義上言之。則以開拓文明為口實。然以銀行鐵道為侵略。與藉攻城野戰而侵略。其孰是孰非。吾人頗難下判語也。

關東清鐵道之中俄條約。為保護鐵道公司之財產。附以任命警察官之權利。於是鐵道公司任俄國之將校兵士。以當警察之任。稱為鐵道警備隊。鐵道之財政。則為中俄銀行所掌握。中俄銀行。每歲詳其財政之狀況。報告俄國之大藏大臣而聽其指揮。合觀前後。是俄國之占領滿洲之事業。至今日可謂完成矣。

此等政策。異於從前之侵畧手段者。只流血稍少耳。然俄國於鐵道沿途。每一哩間。必駐屯軍隊。其實與從前之侵畧手段。初無以異於他國土地而植樹權利得如此其堅牢不拔者。殆未之見也。

日英美三國宣言。非德義上之問題。乃事實上之問題也。徒詰俄國之占領滿洲如何。不知俄國之占領滿洲。非在一時。乃在長久。以外交手段之不能排斥俄國。固有明徵矣。

以干戈而排除俄國。固非不能。然俄國既盡握兵畧上之便宜。欲以兵力擊退之。談何容易。即能擊退俄國。而滿洲之通商。固仍須十數倍于戰事之費用也。雖然。若非擊退俄國。則俄國掌握滿洲。於可以欺瞞各國之條件。雖或承諾。然此後滿洲。遂爲俄國侵畧之發源地矣。嗚呼、滿洲問題。果如何終其局乎。大統領路綴卑爾有言。非欲射擊。則勿以鎗相向。美國實未有射擊之决心也。

記者按、俄人承彼得大帝之遺志。常懷席捲歐亞之野心。既不得志於西方。遂萃全力以求東出。乘老朽帝國之酣睡。僅以數年之日力。五億萬圓之資本。不費一兵。不折一鏃。遂囊括數萬里膏腴之地。納之懷中。北方之根據既堅。渟滀數年。將决黃河以南注。波瀾壯濶。寧復能禦以堤防。蓋滿洲之問題。非俄人侵畧之成功。實俄人侵畧之發源也。列國嫉視俄人。固亦諱言排斥。然排斥之道。非兵力財力無所藉手。與其費財力兵力以排斥俄人。勝負尚在不可知之數。則何若以此財力兵力。注之膏腴萬里放棄無主之神州。烏乎。銀行鐵路之侵畧。列强皆同此政策。俄人行以强橫。故成功較捷。然列國之布畫已定。亦固各有滿洲在其掌握。而無所歆羨於俄人也。一人善射。百夫玦拾。東西諸國。固皆引滿待發矣。爲衆矢之的者。其將何以待之。

○俄美之帝國主義

日本週報

俄國之南下。固屬可恐。而美國之膨脹。尤爲可駭。俄國之帝國主義。其中尙有不健全之分子。至美國之帝國主義。所謂乘十九世紀之大勢。以共和主義。與統一主義調和而出。而得二十世紀風潮之眞髓。其將來之勢力。殆未可量也。

美國採用帝國主義以來。視其各殖民地之成績。於非律賓雖未覩成效。然以百折不撓之精神。併力經營。不待數年。必將大效。若至古巴則成效卓著。據精通古巴事情之海軍大佐康那之言。謂古巴於衛生及教育制度。殆達完全之域。是島黃熱之病勢本猖獗。今已滅絕。學校教員之數約三千四百餘人。學生之數。則約十五萬人。仍日增無已。千九百〇二年四月古巴財政之餘額。實六十八萬九千百九十一弗〇八仙。今年四月。增至二百六十九萬九千十七弗十五仙。康那又曰。古巴之政府。實精勤正直節儉才畧之代表。大統領瑪爾瑪雖大與有力。然苟非得美國之保護扶植。曷克臻此耶。

帝國主義之種類雖多。帝國主義雖爲二十世紀之大勢。然妄以膨脹爲乘此大勢者。實爲危險。考之往昔。則有埃及巴比倫波斯等帝國。亞歷山大之帝國。該撒之帝國。拿破崙之帝國。帝國主義本極平常。欲據此主義以膨脹者。多不善終。不轉瞬間便即消滅。古來如許帝國旋起旋滅之故。實由只以國家之威力。壓伏繁雜之人種。而統治廣漠之領土。被壓服者。

必有反動之一日。然國家之壓力。亦必有薄弱之一日。故一有反動。便即崩潰。今俄國之帝國主義。非類是耶。以無教育之國民。及未開之產業。爲其基礎。以强硬兵力借金政策而擴張領土。欲不蹈埃及巴比倫波斯之覆轍。其可得耶。

至美國之帝國主義。則以生計之膨脹。征服之膨脹。爲之基礎。且加以民族之膨脹。既有紀律。復有實力。更能統一調和共和主義與統一主義。而不事壓制。專據建設主義而逐漸擴張。俄國之南下。今爲燃眉之急。固不待言。然他日永久之大敵。其爲俄爲美。今日固未可豫決也。

記者案、帝國主義之風潮。軒然突湧於十九世紀之末業。斯固時勢所不得不然者也。歐洲諸國民力之充實。實業之膨脹。彪緲而不能自已。求一尾閭而洩之。遂注集於國無主權人無實力之土地。斯又事理之所必然者也。美國波盪於此風潮。遂易其百年來門羅主義。而務張國力於他洲。乃者旣縣菲律賓。以通道於東亞。挾其膨脹之民族。漫天捲地而來。不擴領土於亞洲。其勢力何所宣洩。若夫俄人內政俶擾。民智幼稚。務肆其侵略之雄心。以實行十九世紀以前之舊帝國主義。其於時勢或有不適。然彼踞形勝之地勢。驅堅悍之民族。以逞其累世相傳國民一致之野心。其卒蹈該撒拿破侖諸人不能善終之覆轍與否。吾未敢知。然以斯拉夫民族之獷悍堅忍。奔突以肆其蹂躪。所謂革車四千乘。雖以無道行之。必可畏也。噫帝國主義之盛行。國於東亞者且有戒心。况地無主權。人無實力。而腴饒沃富之土。最適於尾閭之宣洩。而又適當諸國國力集注之衝者耶。前狼後虎。咄咄逼人。我國民不速謀自立。竊恐茫茫禹域。更無我黃人立足之塲也。

紹介新書

人羣進化論　順德麥仲華譯

上海廣智書局本　定價五角

是書爲日本法學博士有賀長雄所著。中分人羣發生、人羣發達、國家盛衰三篇。上二篇原本英國碩學斯賓塞之說。後一篇則著者之意見。採大家之哲理而折衷之。於優勝劣敗之理與夫群治進發之故。反覆推闡。淵淵入微。而挈領提綱。條分縷析。使繁賾深奧之學理。燦若列眉。言約理博。可稱善本。譯者久學東邦。素優文學。故譯文雅潔透達。援證歷史。尤爲深切著明。欲治羣學者。誠不可不一讀是書也。

政治汎論前編　順德麥鼎華譯

上海廣智書局本　定價一元

原著者爲美國普連士頓大學政治學教授文學博士域魯威爾遜。美國新派學者中之泰斗也。積數年之研究。以著此書。自古代之希臘羅馬以至近世歐美諸大國。其政治制度。無不條分國別。詳爲論述。於諸國之憲法、行政法、地方制度。靡不遠窮其發生之源。近徵其現行之制。而於其變遷沿革之間。尤爲精審詳盡。務詳其政制變革之蹟。以著其國家盛衰之故。本精確之學識。輔以詳密之考證。故讀是書者。非但可以知政治學之原理。且可以比較各國制度之得失。洵稱傑構。譯文尤正確雅暢。前編已出版。敢以紹介於我國民。

世界通史上卷　特社譯

上海通社刊　定價一元二角

是書爲德國布列氏原著。上始太古。下迄近代。於

批評門

人種國勢。一覽瞭然。最爲讀史簡要之書。原書英譯和譯皆重數版。其聲價可知。譯者更照德文原本參訂增刪。於名詞下悉載英譯本文。尤便檢攷。至遇事之可資參攷者。分列小注。而篇末各加按語。尤能抉擿精義。洵史學界所當歡迎之書也。上卷已出。下卷續出。

生理學粹甲編　奉化孫海環編輯

上海通社刊　定價特製一元六角 並製一元四角

是書搜輯各種生理學書而成。備載人身之搆造生理之學說。及衛生等事。簡當賅備。插圖百二十餘幅。能醒閱者之目。度量衡照中國所通用者列表。尤爲合用。於書中固有名詞。概注英語。並足以資專門學者之參攷。洵言生理學之善本焉。

華年閣雜談

觀雲

神話歷史養成之人物

一國之神話與一國之歷史皆於人心上有莫大之影響印度之神話深玄故印度多深玄之思希臘之神話優美故希臘尙優美之風摩奇弁理曰凡人者皆追躡前人之跡者也鵬爾曰欲爲偉大之人物者不能不有模範而後其精力有所向而不至於衰退尼幾愛曰歷史者造就人才之目的物也諸賢之言如是夫社會萬事之顯現若活板之印刷文字然撮其種種之植字排列而成而古往今來英雄豪傑其一言一行一舉一動即鑄成之植字而留以爲後世排列文字之用者也植字淸明其印成之書亦淸明植字漫漶其印成之書亦漫漶而薈萃此植字者於古爲神話於今爲歷史神話

歷史者能造成一國之人才然神話歷史之所由成即其一國人天才所發顯之處其神話歷史不足以增長人之興味鼓動人之志氣則其國人天才之短可知也神話之事世界文明多以爲荒誕而不足道然近世歐洲文學之思潮多受影響於北歐神話與歌謠之復活而風靡於保爾亨利馬來氏 Paut Henri Wallot 之著 The Introduction al、Histore de Donnemarck 及 Histoire de Dannemarck 等書蓋人心者不能無一物以鼓盪之鼓盪之有力者恃乎文學而歷史與神話（以近世言之可易爲小說）其重要之首端矣中國神話如『盤古開闢天地頭爲山岳肉爲原野血爲江河毛髮爲草木目爲日月聲爲雷霆呼吸爲風雲』等類最簡枯而乏崇大高秀莊嚴靈異之致至歷史又呆舉事實爲泥塑木雕之歷史非龍跳虎躑之歷史故人才之生其規模志趣代降而愈趨于狹小（如漢不及周唐不及漢宋不及唐明不及宋清不及明是其徵）蓋無歷史以引其趣嚮也（如近世曾文正之所造止此者其眼光全爲中國歷史上之人物所囿）且以其無興象無趣味也不能普及於全社會由是起而代歷史者則有三國演義水滸傳起而代神話者則有封神傳西游記而後世用兵多仿三國水滸蓋三國水滸產出之人物也若近時之義和團則封神傳西游記產出之人物也故欲改進其一國之人心者必

先改進其能教導一國人心之書始

四岳荐舜之失辭

爲天子者非獨恃其有德行而已也才略膽勇智識謀慮與夫一切可以濟世利民建邦定國之道必當無一之不備如徒曰德行而已或能保其不至作惡而不能保其必至有功異哉四岳之荐舜其辭僅曰。『父頑母嚚弟傲。能和以孝。烝烝治不至姦』(據古文記)而無一辭以及乎其他。如四岳之所言。舜不過一孝子而已。世固有至性過人終身孺慕可以入孝子之傳而不足以正南面治萬民者堯之欲遜位也。而諮之四岳求其有能爲人君之人非求其有能爲人子之人即云舜之孝行聞於一時不能不首稱述。然稱述之是也稱述其孝而外此更無一辭則固不足以知其人果能勝天子之任否也幸而舜之立朝有齊七政巡四方治水伐苗立刑法命官二十二人等事不愧爲大有爲之主(無爲而治者其舜也歟夫何爲哉恭已正南面而已矣是偶像之君主也東方學說處君於積極之位治亂興衰皆由於君之一人而以木偶示爲君之道啓後世人君委靡之機而不知興作者由此設)也舜於紹堯而後於天性純篤而外一無所表見吾不知當時之天下何所賴於舜而堯又何故而必行此破格之舉也彼四岳者其又何顏以對堯與夫當時天下之人耶即曰四岳者固深知舜之才故能荐不失人然果如是其於荐辭固已失體矣抑夫後之作史者其見之短不及此而有漏載四岳之言耶顧吾人於此。更得於古史中而窺見一理曰中國崇拜祖先教之風俗蓋自唐虞時而已然故禪讓者關一國之大事而當時之典禮則曰受終於文祖蓋隱然含有家族之意味後世天子之廟號遂有用孝字者蓋美其能守先業以不失天下則有無慚於祖之道此而以國家之義律之其背舛實多而不知其由崇拜祖先教之倫理而出者也觀四岳荐舜之辭。而可以見中國最古倫理之思想矣

託爾斯泰伯之論人法

所謂君子小人者一定之名詞若既爲君子無所往而不爲君子既爲小人無所往而不爲小人而若丹之不能指爲素圓之不能用爲方歟抑夫君子小人者非一定之名詞君子之人不能保其無往而非君子小人之人不能斷其無時而非小人而當視其地與時與事與位而千態萬狀參差無極也此二說者。各含眞理。然而前之一說。已爲世人所公認而後之一說尙屬微芒而世或不甚注意此亦人類智識界之未盡發達

也茲述俄國託爾斯泰伯之說。世之學者欲論世知人其必有取於是歟

託爾斯泰伯曰。世人之所信者謂人各有特殊確定之性質也而遂謂若人爲仁愛人若人爲殘忍人若人爲賢明人若人爲愚鈍人若人爲敏活人若人爲無感覺人夫人之品第豈眞劃然不相通融若此者哉吾人之評人也寧曰若人者殘忍之心不如其仁愛之心多若人者愚鈍之事不如其賢明之事多若人者無感覺之時不如其敏活之時多而其言稱爲得當不若徑分某爲殘忍某爲仁愛某爲愚鈍某爲賢明某爲無感覺某爲敏活者之多含過誤也夫殘忍仁愛愚鈍賢明無感覺敏活之詞吾人常以之分人類雖然欲知人眞實　相斷非可用若是之籠統詞也

人之入世也譬之其猶河流之水歟河者皆同載是水而初無所異者也然而有廣狹疾徐淸濁之不同此非關乎水有不同也因其河而異也惟人亦然人者各性質之萌芽皆含有之然而或一時也此性質之萌芽顯或一時也他性質之萌芽顯故有同一人而始終相同者有同一人而始終不相同者蓋以此也

託爾斯泰伯者。今世之偉人。處俄國專制壓抑之下。而以其高尚之品行眞誠之血

性精博之學識粹美之文字與其政府相反抗而能轉移其風氣各國人聞伯之名。皆望若山斗。我國文字中。論述之者倘少。其行傳事實。玆不及敘。附誌於此。欲使我國學界中知其爲可模範而當嚮往之人云爾

美人手

法國某著
香葉閣鳳仙女史譯述

第一回 捕黨人分頭泒偵探 盜金庫失手露機關

世界上各國人類。因爲爭一個本分自由的權限。古今來遂演出許多奇奇怪怪的活劇。斷送了無數英雄豪傑的生命。看官啊。試想吓。這是何苦來由呢。西人有句話說得好。不自由毋寧死。人生世上總有一個應該享受的界限比如他國的人民享受一世。何等自由。我國的人民。也同一樣在世數十年。怎麼這等掣肘。這等跼蹐。就使生在富貴之家。頤指氣使。享用也算滿足。但除非總不出來見那世面就罷了。如果出來世界上走動走動想要佔個平等的地位。試將那文明國度的人民與自己細細比較便覺得滿心都不自在起來此外中下等的人家更自不消說了惟是我徒然艷羨那文明國度的自由亦曾知到他們的自由是怎麼樣掙得來的呢。平白白地由這個享受慣了的專制政府自已送回來。諒看官也知到無此便宜的事。如此就要拿出强硬的手段問他討這個頑賬。那是一定的道理了。但是他既然佔了專制的勢力。一向可以把我們本分的自由圈禁得住。到如今一旦想跳出他這個圈限。那是極不容易的。此何以故。因爲世界上有許多的阻力。不獨對家佔着勢力的地步。不容易把這個九九八十一路的梅花庄打得過。就說自已一個人帶來的根性。也常被一種急功近名見小利無遠慮的魔障。牽引出許多阻力來。即如作者所譯這部故事。其中人才智慧不可謂不周全。手段布置不可謂不巧密。而從中阻力竟生出種種波折。卒至無法可解。看官啊。試想一想。阻力二字是容易輕心掉得過的麼。如今閒話且休絮繁。請轉入本書的正文罷。話說歐洲各國。自從民黨得勝之後。或變民主。或變君民共主。人民漸漸都把自由的權利爭了過來。獨俄羅斯一國。仍然行君權專制主義。因此國中人民。個個抑鬱不平。想着把强權的魁首掀翻他落地來。暗中結成一個祕密社會。叫做希利尼黨。時時伺隙行事。一日俄王亞歷山大第二坐車還宮。黨人就在半途上。用炸葯將俄王轟傷。即晚殞命。後人有詩歎曰。

漫云勢力佔强權。博浪沙椎幸可觸。野火一星烟一霎。史家贏得早編年。

後來其子亞歷山大第三即位。想着將希利尼黨人一網打盡。暗中頒出密旨。打發心腹能員到處訪查該黨蹤跡。希利尼黨中各頭目早已知到風聲緊急。不能安居俄地。因此個個投奔他國。其時法蘭西已改了民主。人人都講民權自由。凡犯了公罪投來的人。一體照例保護。因此希利尼黨人投奔法國的最多。卻說當時俄王密派的偵探高手。有一個名叫荷理別夫。乃是大尉的武職。此人也有點本事。自從受了密旨。聞得希利尼黨人。多半竄匿在法國。他也追蹤到法國來。不知他用了甚麼的手段。將希利尼黨人的花名册子弄了一本到手。怎麼叫做花名册呢。就是希利尼黨當日拜會結盟的人名部。得了這本册子。就可以按圖追索。逐個跟尋的了。當時荷理別夫大尉得了這本册子。十分鄭重。想着希利尼黨人羽翼極多。本領極大。這部册子。放在屋裡究竟不穩。不如找個極安穩的去處存放。較爲妥當。因此用一個小鐵箱裝好。寄頓在一間私立的內國銀行去了。話分兩頭。卻說法國京城巴黎有間圖理舍銀行。內國私立銀行之中。這是個最有名的行主圖理舍謩。是一個最好交結的應酧家。每逢禮拜四日。必開夜宴招集一班豪客。酒肉徵逐。膝下有個女兒名喚霞。那生得眞個是花朶兒似的。他常時當作掌珠兒一般愛的了不得。臨宴的時節。常叫他出來陪席。人人看見。自然要讚揚幾句。他聞人家稱讚他的女兒。更自高興。因此宴會的事。越發請得勤了。有一天。正當十一月第二個禮拜四的時候。是晚又應該是請客的日期了。到了四打鐘。行內早已收工。各夥計把會計賬部收拾妥當。人人都分頭遊耍運動去了。話說當黃昏時候。馬的盧街上。見有兩個少年。年紀約在廿四五左右。一個穿件卷珠絨的外套。一個穿件醬色斜呢的披風。兩家均將手揷在袋裡。唧唧噥噥說着。慢騰騰的踱將過來。那一個說道。坐馬車罷。今日天氣太冷。覺得有些發寒噤呢。這一個答道。此處沒有馬車可雇。不如大踏步跑一頓。將週身的血氣。運行起來。只怕汗也要逼出一點兒。那裡還怕甚麼寒嗎。那一個笑道。伊古那君。你眞可謂儉嗇的祖宗了。我舅父用你在行裏管賬。眞眞可謂知人善任的了。這個笑答道。你且漫笑話我。我勸你用錢的法子。亦宜省儉些纔好。我常時聞你舅父說、他心中很疼愛你。因爲你這使錢的手段太利害了。不對他老人家的脾胃。因此他老人家爲這個事。時常納悶兒。瑪琪拖亞君。我勸你不如事事檢點些。令你舅父安心。將來或者招你做個東牀的嬌婿。這分大大的家當。豈不是都要歸你的麼。瑪琪拖亞答道。我幷不願意作這個念頭。阿霞那雖然是個美人。但我幷不屬意於他。他給我做媳婦是不登對的。照我看來這門親事將來定然是閣下的。我幷非憑空杜撰。我也曾留心窺探舅父的意思。他不久定然要把你提拔起來。請你留神點兒用點心事巴結霞那。如果巴結得上。這個銀行就是你囊中物了。伊古那道。我不敢作此妄想。但得穩穩當當做一個管賬的頭目。顧住這個飯碗。也便罷了。我近日聞得霞那小姐。同我行裡這個高等的書記美治阿士。有婚姻之約呢。瑪琪拖亞聽着。沈吟了半晌道。哦是了。怪道那晚宴會的時候。阿霞那和美治阿士兩個非常的親熱。趁空兒講到一個不得開交的樣子呢。伊古那道。美治阿士和霞那小姐。眞眞是一對天生的可人兒呢。我聞美治阿士在行裡同事。大家好像骨月一般。我也很願意玉成他兩個的好事呢。瑪琪拖亞道。是不錯。你我同美治阿士大家都是極合心的朋友。外間人人都起我們一個綽號。叫做三把連呢。我很替美治阿士歡喜。阿霞那選得這個夫壻也算是很有眼力。我也替霞那安樂呢。但不知我舅父的意思是怎麼樣。伊古那道。可不是麼。我那東家願意。那便好了。我也是這樣替他們擔着心呢。一頭說。一頭走。不知不覺便打從這個圖理舍銀行的門前經過。却說行主圖理舍譽的住宅。就在這銀行的後邊。原來這間銀行地方極爲寬敞。將前邊做了銀行辦事的所在。後頭尚空着許多餘地。因此該行主就將後座做了住宅。是時瑪琪拖亞同伊古那到了門前。見大門處處的掩着。伊古那記起今晚是東人宴會的日期。這時候也該赴席去了。隨手便把大門推開。正欲舉步。瑪琪拖亞在後向裡便一張。忽然怪叫起來。用手拍着伊古那的肩。指着樓上道。你瞧見嗎。那個庫房裡便像有燈火的影子射出來呢。伊古那吃驚道。那奇怪了。這個金庫。不獨入夜裡沒有人進去。就是白天裡除了我同東主之外。也無別個能進去的。瑪琪拖亞接道。莫非有了盜賊麼。伊古那道。這也未可定了。但縱然有賊進去。倒也無妨。諒他必不能下手的。因爲庫房裡那個鐵櫃。有一度極祕密的機關。近鎖口的步位。兩邊隱着一個半邊月形的鐵叉子。如果不曉用這個機關。那鑰匙一撥動簧機。這兩個叉便跳將出來。把手腕箍牢了。瑪琪拖亞道。不錯。

不錯。我也聽舅父說過。若然被這機關把手腕箍着。任你有怎麽大的氣力也再沒法弄得脫的。伊古那道。可不是麽。若果眞是賊這時候恐怕已經被機械捉住也未可定了。瑪琪拖亞道。好歹我們只管上去瞧瞧罷。於是兩人進了大門。正欲上樓。突然見有兩個漢子。飛也似的從裡便走將出來。剛剛同他兩人撞個對面。一直向大門跑出去了。他二人一時認不淸那兩個的面目。只認得一個是身材高大的漢子。扶着一個是身材矮小的。好像是着了酒的一般。他兩人以爲是行主請酒的來客。幷不曾注意。疑到他兩個身上。一直望欄上踱將上去。果然見庫房的門也開了。左右一張。幷不見了那個守庫的人。瑪琪拖亞詫異道。伊古那君。怎麽這個守庫的人都不見了嗎。伊古那道。這個東西是劉伶部下的小鬼托生的。這時候一定又是被那麴孽的魔神拖去了。瑪琪拖亞道。這個人是要不得的。銀行重地。用着這樣沒心肝的人。那也奇怪了。就是趁着空兒也應該先把門戶留心關櫳妥當。斷不能丢着就走。金庫比不同別樣。萬一有失。可是頑的嗎。如今看這般光景。裡便的情形。却是難料的。快些到去瞧瞧罷。於是兩人再走進室內一看。只見桌上放着一枝洋蠟燭。點得光亮亮的。瑪琪拖亞道。

庫房內地。夜裡點起火來。那也奇怪得很了。一頭說。一頭把這枝洋蠟燭拿在手裡。到鐵櫃前一照。嚇了一跳道。你瞧你瞧。這一定是有賊來偷開鐵櫃呢。你看這兩個叉子都跳了出來了。伊古那道。這就奇怪得不可思議了。機關既然跳得出來。怎麼盜賊竟然捉不着呢。莫非死機關捉不得活盜賊麼。瑪琪拖亞向機關穴裡仔細的照了一照。直着脖子驚叫道。快來快來你瞧瞧。賊已捉在這裡呢。你看這機關裡便吊着一隻手兒。可不是麼。想必這個賊人。被機關捉住。掙脫不得。因此把這隻手割斷丟在這裡呢。伊古那聽說。留神一看。見這個機關。果然不端不正把一隻手挾得緊緊在裏面吊着。伊古那伸着舌頭道。這個賊也能彀發得狠了。瑪琪拖亞再朝着穴裡細細的把這隻手打量了一回。忽然眉開眼笑嬉嬉的說道。啊啊這個眞是妙手空空兒啊。這個眞是妙妙妙的手的空空兒啊。要知瑪琪拖亞驚喜的緣故。且聽下回分解。

詩界潮音集

烏之珠歌

人境廬主人

毅皇帝御馬頷侍衛某所進西安將軍所購也宮車宴駕馬悲鳴于景山林樹之間卒以不食斃微臣聞而感焉

北風雨雪門不開景山暫作金粟堆黃竹歌停八駿沓一馬鳴訴悲風哀此馬遠自流沙至鐵花滿身黑雲被將軍甫奏天馬徠雄姿已有淩雲意鳳臆麟身人未知內官頻促黃門試天顏一顧喜出羣便入天閑登上駟春郊三月楊柳絲九衢夾道飛龍旗臥瓜吾仗引金鉞霓幢羽葆隨黃麾烏皮靴聲地橐橐龍紋蓋影雲遲遲十五善射作前導親王貝勒相追隨中一天人御飛鞚躡電追風塵不動黃韉朱氈鏒金鞍顧影不鳴更矜寵路旁遙指衣黃人側睞龍媒神亦悚沙平風軟四蹄輕不聞人聲惟馬聲銀

花佩紛露黃帶紅絨結頂飄朱纓少年天子萬民看望塵不及人皆驚鑾儀校尉獨惆悵輕車步輦空隨行從官爭費千金產苦索飛龍求上選奚官善相阿敦調有此神駿無此穩一朝忽泣天花雨日慘雲冥愁楚楚都是攀髯不逮人拌鮮慰情勝無女萬花淚濺柳愁含御床不掃空垂簾六宮共拖蒼梧痛舉國還驚白奈簪多時不見宮車駕一馬悲嘶夜復夜自蒙拂拭衆人驚奚啻黃金長聲價青絲絡頭伏道旁反因受寵叢譏罵何如死殉侍昭陵風雨靈旗馳石馬先皇御宇十三年金牀玉几少晏眠黃巾甫平白帽擾戰馬每歲從周旋望雖禮拜木蘭返十年往事猶目前中興未集弓劍閟豈獨此馬哀呼天即今兵革猶未息羣胡化鬼擾西域玉師出關萬虎羆衆馬從人同殺賊汝獨一死報君恩吁嗟龍性故難測烏珠烏珠努力肯飽食諒汝立功能報國

城南行

劉光第遺稿

驪車過城南。草綠波如鏡。御夫指天橋。告余車馬競。朱門騁豪貴。王侯多綠鬢。奇服識明璫。豪奴挾挺刄長。眉柳葉青。赤面桃花映。髻上縮瑤簪。腰中佩金印。綵轡飛飆連。香輪流波迅。火雷助聲燄。沙塵動紛霽。路有毆死人可抵螻蟻命將相勒馬過台諫盡阿順余曰輦轂下乃有此暴橫想見天上人天心爲傾震平時不法事此間猶謹慎復言天不容其敗一轉瞬先皇赫斯怒降謂諸侯訊穴社技已亡肆朝法終正吁嗟勞力徒粗鹵識綱柄國朝好家法祖宗實神聖

感事二首 庚子　　出雲館主人

回首華亭鶴淚高士衡匡難已徒勞新陳事業如雲散多少英雄被浪淘海外孤臣衣帶詔宮中詞客鬱輪袍夢夢一視天沈醉禮樂何能抵六韜

民氣卑微久不伸低顏虎豹咤麒麟狐鳴未必能張楚鶉首如何竟賜秦黯淡中朝冠帶色倉皇西道輅車塵尊攘亦有天忠黨莫向東鄰更效顰

預言一首 庚子　　同

十一年前子午纖幾來未信口能箝寰中莽莽思分鼎宮裏遲遲議撤簾禱地有靈醻馬湩攀天無計墮龍髯元黃血海陰陽戰換取神州赤日炎

論學詩四首 癸卯　　同

六藝銷沈教術疏誰從姬孔覓余初塵羹土飯飢難飽篆刻雕蟲實亦虛淡泊程門三

尺雪寂寥揚子一床書試看四海風雲變忍誤羣英作蠹魚
光明寶藏晦埃塵混混誰知教育眞面壁九年終悟道心齋三月不違仁言非救世休饒舌學要存誠只反身解道衆生同佛性天涯地角有天民
一千三百年科第惘惘雞蟲亦可憐欲毀英雄徒自苦不除奴隷更無權皇輿敗績思匡濟歷史潛輝賴發宣大帝國民天職在留情珊鶴未應然
萬派奔流萬馬驤也須從此問津梁虛懷雪亮應知白至道淵微孰測黃任使醉歐亦何害不愁演孔更無方（僕常持眞理不滅之說）駟虬乘鷖吾行矣遠上崑崙覽故鄉

黍離之辭哀板蕩之情苦繁霜之心憂詩以言志不可誣也惺菴讀式微之章憂從中來不可斷絕詠歎紬繹至於無窮爰竊取其語而長歎之哀歟苦歟憂歟其誰知之歟敢自比於風人之旨云爾　惺菴

式微式微胡不歸景陽宮漏夢依稀如何玉女窺窗笑不見君王見子規
式微式微胡不歸江南草長亂鶯飛臨春結綺荒荊棘爲問當年孔貴妃
式微式微胡不歸投荒斷髮淚沾衣故人勤勸加餐飯加得餐時帶減圍

式微式微胡不歸。獨憐少婦理殘機。舊時涼月重相照。掩抑空閨淚暗垂。

式微式微胡不歸。翾翾車乘故人稀。驚聞柴市多新鬼。月黑楓林衰草低。

式微式微胡不歸。五陵裘馬自輕肥。雲中亦有閒雞犬。夢冷波濤百丈飛。

式微式微胡不歸。空持羅帶恨依依。玉龍哀怨無消息。零落鈿箏人未知。

式微式微胡不歸。我東歸矣我心悲。江關搖落哀秋客。腸斷西園胡蝶飛。

惺菴感式微之詩斷取其語爲詩八章哀感頑艷悱惻動人蜺菴讀而悲之輒亦繼作河上之歌不自知其幽抑也　蜺菴

式微式微胡不歸。十年塵土漬征衣。雄心未死桓郎老。搖落江潭柳十圍。

式微式微胡不歸。觚稜雲氣夢依稀。止愁丁令歸來後。城郭人民有是非。

式微式微胡不歸。河山風景未全非。蓬山青鳥無消息。春草江南鶯亂飛。

式微式微胡不歸。青山一髮認依稀。中原萬里無消息。白草黃塵日易西。

式微式微胡不歸。北山猿鶴故依依。萋萋綠遍江南草。春盡王孫苦未知。

式微式微胡不歸。側身西望淚霑衣。涉江欲採夫容去。採得芳馨卻贈誰。

式微式微胡不歸。月明烏鵲自南飛。孤鴻更在沙洲外。揀盡寒枝未肯棲。
式微式微胡不歸。天涯芳草自低迷。有八悵倚粧樓望。卜盡金錢減帶圍。

讀惺菴作感不絕於余心酒後耳熱起而繼聲勞者自歌工拙所不計也

瑤齋

式微式微胡不歸。人民城郭是耶非。棘中剩有銅駝在。應識當年老令威。
式微式微胡不歸。山河滿目不勝悲。傷心莫說南朝事。禁苑春深杜宇啼。
式微微式胡不歸。隋隄小立黯斜暉。殷勤種得千株柳。飛絮濛濛撲面飛。
式微式微胡不歸。春殘忍見亂紅飛。西風且障王公扇。爲怕緇塵汚素衣。
式微式微胡不歸。娉婷自惜五銖衣。瓊樓玉宇高寒處。露重風多不自知。
式微式微胡不歸。西園黃蝶故飛飛。思君夜夜淸輝減。老盡紅顏君未知。
式微式微胡不歸。千金駿骨古來稀。五陵裘馬諸年少。豈識東門有布衣。
式微式微胡不歸。多情誰與說相思。佳期已誤薔薇約。回首東風淚暗垂。

華年閣雜錄

觀雲

▲十九世紀戰爭之軍費

戰爭之目的何爲乎亦曰爲一國之權利而已雖然。或有權利未得而國之虧損已不可支試從經濟之一方面以觀凡經一次戰爭其政府之支出及人民工商業之減損統計額數誠可令人惶駭者未來之世界或者因兵戈之事與經濟有絕大之關繫而爭奪或稍止歟是亦人事牽連而互相消長之理也兹有人調查十九世紀各次戰爭其人民之損失未易精覈就其軍費所支出之項列表如左。

法俄之戰

法蘭西	二三一、二五〇、〇〇〇
俄羅斯	六六八、八五〇、〇〇〇
計	九〇〇、一〇〇、〇〇〇

苦利米亞之戰

俄羅斯	一六〇〇、〇〇〇、〇〇〇
英吉利	七四三、〇〇〇、〇〇〇
法蘭西	六六四、五〇〇、〇〇〇
土耳其及瓦斯爾亞	二五六、八〇〇、〇〇〇
奧地利亞	一三七、三〇〇、〇〇〇
計	三、四〇一、六〇〇、〇〇〇

意奧法之戰

奧地利亞	二五七、〇〇〇、〇〇〇
法蘭西	一五五、〇〇〇、〇〇〇
意大利	一〇一、五〇〇、〇〇〇
計	五一三、五〇〇、〇〇〇

叢錄門

南北美洲之戰

北部諸州	五、五八五、五〇〇、〇〇〇
南部諸州	五、〇〇〇、〇〇〇、〇〇〇
計	一〇、五八五、五〇〇、〇〇〇

德法之戰

德意志	二、〇〇〇、〇〇〇、〇〇〇
法蘭西	五、〇六七、三〇〇、〇〇〇
計	七、〇六七、三〇〇、〇〇〇

俄土之戰

俄羅斯	一、六三二、〇〇〇、〇〇〇
土耳其	一、〇〇〇、〇〇〇、〇〇〇
計	二、六三二、〇〇〇、〇〇〇

中日之戰

中國	三〇〇、〇〇〇、〇〇〇
日本	三五五、〇〇〇、〇〇〇
計	六五五、〇〇〇、〇〇〇

美西之戰

美國	一、二〇〇、〇〇〇、〇〇〇
西班牙	七〇〇、〇〇〇、〇〇〇
計	一、九〇〇、〇〇〇、〇〇〇

英杜之戰

英吉利	二、四〇〇、〇〇〇、〇〇〇
杜蘭斯哇	未詳

▲蘇彝士河近況

蘇彝士河長僅九十九哩。而從日本至英約可縮短路程四千哩。當昨千九百二年通過船舶之噸數共四十二萬四千五百七十三噸。比前年增加百五十一萬二百六十一噸。收入之通河船舶費計昨年共收一億三百七十二萬二十弗。爲自運河開通後未曾有之巨額云。

▲美國游客之金額

自輪船鐵路電氣鐵路種種利便而出游之人日多。中國不乏佳山水若鐵路電路四通八達而旅館華美精潔善能應客計中國當每年夏令可吸收西人避暑之游貲不少是亦大有益於全國人民之生產也。日本各名勝處道路既便利而旅館又極壯宏有電話有溫泉浴所每當暑期其國人皆以旅行爲樂。歐美人亦麕至焉計所收入之旅費實成巨額若是者皆所以活潑其鄉間人民之生計而地方亦於是有進步焉曾有人計算美國游客消費之數以紐約一埠計之。每年自五月至八月從美國往歐羅巴者有一等滊船六十七隻旅客八萬六千人與從他港赴歐洲者合計其人數當不下十二萬五千船金當有六千二百萬圓消費金額以一人一千圓計當有一億二千五百萬圓而旅客中一人用費亦多有出一萬圓以上者估計每年漫游之貲當有三億圓云。

▲美國購阿拉斯喀地之利益

昔年俄羅斯跨白令海峽頗有北美洲名阿拉斯喀之地美國於一千八百六十七年以七百二十萬弗。向俄羅斯購入當時係荒瘠之地不能預計日後利益之若何。爾經四十年來日有進步計今日每年輸出鑵頭之鮭已達八百四十萬一千百二十四弗而閣能庫金礦每年達一千四百萬弗餘之產金額其獲利之巨誠非初購地時所能料及然非經營之善又何能致此若中國得新疆諸地徒有疆宇恢濶之名而年年消耗行政防護之費於國計無益分毫甚矣得土地者不可不知增殖之法否則如獲石田而已彼歐美列强能得領土而致富强者固恃有此能事也。

▲變光星

恒星散布於天空中有依一定之週期而變化其光色者。其數約有五百。烏利綸氏近發見九等二分之恒星雷臘星座中其第十九星者。亦係一變光星。氏於英國之可臨基天文臺研究。見該星之光從九等星八七。(該星光色極大之度)減至十一等星二三。(該星光色極小之度)不過經六十一分時間。(一時一分) 若從極小之光。達至極大之光。須經過十一時十五分時間。方能復舊。該星之位置。當赤經十八度三十八分赤緯三十二度三十九分。居銀河之傍。而少偏於織女星之南方云。

▲丫髻星

天空中各星體。有一星分而爲二。成雙星之狀。而其運動。仍同依其本軸者。天文家發見南方一星。每七時間。其星影變化。有示丫髻之狀。殆係一星分而爲二者。又發見有一星。現時析爲二體。其進行之方向。二者相反。數年之後。其距離可至非常之遠云。

▲地球燬滅之豫言

美國大學教授麥林古氏。謂地球將來有運行不合規則之時。呈泥醉蹣跚之狀。其時夏則劇熱。冬則劇寒。人類不堪其過寒過熱。有或凍死或燒死者。至最後之期。與彗星相衝突。則生類全歸絕滅云云。而教授烏阿加氏則謂月向地球回轉。取螺旋狀而進。其距離次第接近。而其接近之速力。以距離之近而益見增加。終則直與地面切合。山嶺崩壞。市街毀損。月與地球各發非常之高熱氣。其時陸地溶解。生類絕滅。此一大災害之事。今尚未能推算其時期。然以今日科學之進步。二十世紀之內。當有人能測定云。

▲人體之磁氣力

美國心理學教授白度省氏。多年研究。發見各個人中。有一種潛伏之磁力。遂究其性質作用。及其使用傳達之法。依其說明。近則隣家。遠則數千里。人與人之意思。可得不思議之交通。又若人之性行材幹高下强弱。并其胸中秘密懷藏之意。不難一見即知。以自身所發之磁力。感通於他人之身。不待藥劑手術。可得矯正其心念。其詳細說明者。具見於氏所著之The Secret of Power.（人體之潛力）書。世界學者。可取而研索云。

▲瘖之元因

世界文明各國。無不有盲瘖學校。其中敎盲生之凸字。書敎瘖生之指頭法。凡可以適敎盲瘖之用者。無不備。故雖生而盲瘖之人。敎導之餘。無不知世界各國之大勢。并鍊習其盲瘖人可得爲之工藝。及所以爲養生樂生之事。以不夭閼其天年。人類之相互相助。一分子之有賴於團體。而團體之不能棄其分子者。於此亦畧可見矣。其中研求之法。亦日加精密。有說明瘖之原理者。謂非由於其人咽喉机之不備。以生來之聾。不得聞聲音之變化。遂祇能發一二音而止。以是漸成爲瘖。此事曾有人試驗。以一嬰兒之聾者。置之山中無人之地。爲無言之敎育。其結果全與瘖者無異。以是遂得發明瘖由聾成之理云。

▲朝氣爽人之理

人感朝氣。每覺心地鮮爽。曾有人研究其故。謂由於空氣中電氣作用與化學變化之結果。其時空氣中含多量之養氣。以溫度之適合。結而成霧與露。或散而爲雲。當其結合之餘。出過酸化物阿娑等。能添生物之活氣。吾人鮮爽之感。蓋由於是云。

▲虫造風船

據博物學者之考究。蜘蛛能造風船。近法國有二博物學者。發見有虫一種。其所造之風船。比蜘蛛尤爲巧便。其船有四分一尺之長。橢圓形。以從口出之分泌泡被造。有粘着性。虫以足倒懸於下。依風勢而遥其行。途中雌雄風船。有互相游戲之樂。其風船中必帶有其同類中之死者一匹。即以供旅行中之資糧云。

▲奏樂辟蚊

美國馬薩諸塞士州之摩士敦府衛生局。發明吹奏樂器。能使蚊失飛行之力。其狀有若痺痲。或奏急調。發見蚊從壁上簌簌落下。其樂器中如吹奏喇叭。即有此效。然其因原在音調振動之間。幷不拘何種樂器云。

▲帖木兒陵墓之崩壞

征服中亞細亞大陸。威名赫赫之蒙古大帝帖木兒者。其陵墓於距今六百年前建設於薩馬爾干地方。近頃不知何故。全部崩壞。亦一異事云。

紀事

（內國之部）

◎侍御特識　有某侍御者擬上一封奏。大意謂日本留學生自編成義勇隊。以拒强俄。而政府謂其爲革命。閙學生等因不爲政府所諒。多心喪氣沮。甚於學界有礙。且爲各省出洋游學者加一層阻力。請明降諭旨。以慰學生之心。謂朝廷所忌惡者爲革命黨。如果該學生等實非革命。專心向學。朝廷絕不無故加以罪名。待學成歸國。仍當優予出身云云。聞洋洋數千言。頗足動聽。甫經脫稿。尙未繕清呈遞云。

◎按名拿辦　有某大員面奏皇太后云。現在外間因查拿會黨。以致謠言四起。人心惶惶。有謂長江一帶會黨已潛圖起事者。有謂朝廷欲將一切新政盡行推翻者。若長此情形。恐人民解體。大非中國前途之福。皇太后云。我本無心追究此事。然既有人指名舉報。自不得不按名拿辦云云。

◎課添經史　張之洞欲將經史一門添入京師大學堂章程內。爲緊要課程。凡門生故舊奔走其間者。皆仰承其旨。條陳經史之事。惟自管學大臣以下。皆不謂然。故會議多次。未能定議。至日本各教習。則尤引爲笑柄。謂中國界於列强之間。情見勢絀。只得以經史戰勝於各國云。之洞則成竹在胸。决不爲時議所動。現時各教習皆紛紛辭退云。

◎請美調停　皇太后皇上近日因東三省之事。頗爲焦慮。故日前特召軍機大臣及各部堂司各官至頤和園會議。時慶王極言現在時事日亟。惟有請美國出爲調停。或且易於結局。皇上頗韙其言。遂電致美國大統領略謂中國現在時局日促。甚盼貴國仗義出爲調停云云。

又慶親王日前特至美國使署會晤康格氏。謂東三省之問題。中國處置甚難。我政府深願貴國出爲調停。以冀挽回事局。務祈貴公使將此意電商貴國政府。聞康格氏已將此意電禀大統領矣。

◎張督意見　內田公使頃往晤張之洞。互談良久。張言敝政府之意。一俟俄國撤兵之後。即將滿洲開放。又言刻擬籌一鼓勵留學生之法。凡留學生已由日本政府指定學校卒業者。歸國之後定行錄用云。

◎密員入京　奉天將軍增祺近特密遣某旗員來京。至慶邸面陳東三省近日情形。謂俄人不特不肯退兵。且有實行佔領地方之概。現在我之一舉一動。俄人無不掣肘。而彼則獨斷獨行。而且不令告知政府。增某不敢擔此重任。故特遣員至京請示辦法云。

又增祺因在奉天諸事皆受俄人挾制。凡出入公文。皆須由俄人拆閱而後准行。其電奏等事。更須由俄人經手。以故不能與政府一通欵曲。此次因有要事。必須面陳。故密遣此員微服來京。徑達府邸云。

◎俄兵入藏　西藏喇嘛自游俄之後。立意欲去中國之覊軛。以求獨立。近聞俄國又派哥薩克馬兵前往藏地。其意何居。殊不可測也。

◎籠絡蒙人　俄國每以測量土地爲名。派兵侵入蒙古。近者益增其數。即如庫倫貝加爾州已有旅團步兵三千。騎兵二千。工砲兵各一千。共計軍隊七千名。且於該處建築堅固兵營。貯藏軍需。爲永久駐兵之計。其他步騎礮各兵之駐烏里雅蘇臺者有五千人。駐嗊順者有三千人。以虎狼之威。壓制土民。而保護俄國商民。有時或以柔軟手段。散給衣食。以濟貧民。或設學堂以教土民子弟。恩威並行。足見俄國籠絡之術之巧妙也。

◎俄使之言　滿洲事件。中國頗望美國出爲調停。美國亦嘗示以欲爲調停之意。日前慶王輕車減從。往俄使署詰之曰。若美國出來調停滿洲事。貴國政府將用何言答之。俄使答曰。我國於滿洲事。雖不願他國出而干涉。然欲維持東洋平和。亦不便深拂美國之好意。苟美國能調停得體。我國亦甚樂從也云。

◎法使詰問　近日法公使以廣西巡撫王之春被劾落職。曾向外部詰問王之春任內所議中法交涉一切條約。是否承認。外部王大臣當答以王之春曾訂何項條約。無從查考。俟行文兩廣總督查明。再行奉復。

◎擬招商股　傳聞政府近有廣招商股辦理路礦之議。蓋因有人條陳南洋各處華商多係巨富。倘善爲勸募。必能集成巨欵。較之與洋人合股。大爲有益。云云。頃召見張振勳。聞即係議論此事。

（外國之部）

西歷七月大事記

▲二日路透電。英國公議院會議稅政時。有共和黨五十四人與保守黨反對。謂張伯倫所定之稅政新章。不獨有碍各項自由貿易。即於國計亦不無妨害云。然共和黨之贊成者有一百五十八人。統計反對者僅七十五人。是贊成者已多一倍。民心之服從可推知。其議遂定。

▲三日路透電。英國海軍大臣科士打氏在議院對衆宣言曰。我英海部尚未改訂商船則例。預備戰時調用。

同日電。南非喇厲近議訂立一新例。禁止亞細亞洲之人登岸。議員皆同心贊成。而人民亦於希打比地方聚會。統領布打氏對衆演說云。此例無非盧亞人越境起見。其有學問及能操和語與夫白人。均不在此例。

同日電。英前內務府大臣米古氏。現已舉爲自由商會共和黨之領袖。米古氏嘗對自由各商聲言。爾等保全同黨之利益。原係應盡之義務。所尤要保全者。如糧食等物是也。上議院議論稅政之時。賞爵羅士巴利氏嘗言政府須留心查察有涉疑惑各欵云云。公爵地溫斯氏駁之曰。凡內閣人員。於張大臣之政策。莫不悅服。蓋已實地調查。毫無疑慮矣。內閣既已查核完妥。一俟奉有諭旨。再行復查。乃能決斷。彼等多有各存己見。或恐稅及糧食。不便於民云。

▲四日路透電。英京士丹達報論云。俄人佔據滿洲。實爲各國現在最所宜注意之一大問題。俄人今日之在滿洲。勢力日漲。與英美日三國之利害。大有關係。俄國政治家常言我俄欲據滿洲。須窺英美日等國意見如何。因勢利導。方可如願以償云。

同日電。英屬印度之賓針步兵。已於去月二十七號由孟買乘輪前往非洲素瑪勒。旣有如此雄兵。又得衣目頓氏爲之統領。想必易收服回人矣。

同日電。前內務府大臣米古氏。近爲自由黨舉爲領袖議員。專查張伯倫新擬財政章程是否可行。

▲七日路透電。張伯倫所擬財政新章。彼此辯論。已有時日。今自由黨領袖已決意不再派員查考。總此事有碍自由商黨之臣僚。故公議派員查考一節已作罷論。

同日電。太平洋之海電。現已工竣。開遞電報。該公司總理人麥歧氏嘗發一電周歷環球。僅需十分鐘而已。路透局按環球一周爲七萬二千里。是每分鐘能行七千二百里。可謂速矣。

同日電。土耳其政府已電復各國云。巴國所責各欵。我國皆不任受。至於撤退邊界之兵隊。亦不能率行云。

▲九日路透電。比京各糖商。現已聚議。禁止糖斤出口。運往英俄澳葡德法比荷等國。糖商意見皆同。現已決定實行。以保歐洲糖斤價值。刻英國糖斤已高抬時價由一佛郎至二佛郎云。

同日電。南非洲拿他之立法院。已將禁止華工入口之例刪除。自此以後。華人又多一謀食之地矣。

▲十日路透電。伯林賽艇會。已在軒利地方競賽。首奪錦標者。獎以銀牌。此次獲勝者。以外國人爲多。

▲十一日路透電。巴國蘇非亞地方函言。土巴兩國交涉。勢將決裂。俄人已允保護巴國。不使爲土耳其欺凌云。

同日電。羅馬教皇病勢甚危。恐無挽回之望。又云德皇嘗親擬御書慰問教皇病狀。

▲十三日路透電。英京電稱英兵此次痛擊回人。係由沿邊而進。僅留小隊守衛打幕及布河度二處。又云料此兵事須至明年西二月方可平靖。又云已有印度兵五百名在加利路地方駐紮。又云電工五十八均已載往素馬勒以充電役。

同日電。法國外部大臣地爾基士氏。嘗對其友言曰。英政府此次敬禮法總統。實出於至誠。又云余之至英。亦爲敦睦邦交起見云。

▲十四日路透電。共和自由各商。已開大會。舉米古氏爲領袖。議定先將張氏之意旨。在公議院辯論。然後集議。以定從違。又云。英德比各商。均由加拿大來信。謂加拿大商人。願從母國設施云云。以此推之。則英屬有名之南非洲。亦必附和。惟德國則

必加征英國貨物進口稅。以相抵制云。

▲十六日路透電。杜國統領布打氏。近詳論杜國情形。函致其友。囑將此函刊諸泰晤士報。略謂英國治理杜國。尙須大加布置。方臻妥善。前張伯倫氏到此考察。歷見情形。甚覺鬱悶云。又貴爵米拿氏來書。嘗言此處土地歸還原主一事。竟屬紙上空談云云。杜國預算明年支欵九十一萬磅。以爲內地之用。及首次攤還戰時償款利息。

同日電。素馬勒信云。近有數鄉落爲回人脅迫歸降。此事於大局甚有關係。英政府或因此分心多費財力。又云有兵二隊携帶驢子九百匹。輸送軍火等物。由担邊啓程。向素馬勒之巴巴亞地方進發。此行或可成功。

▲二十日路透電。日前所報日英兩國訂立通商條約一節。探明實係英國與波斯國議訂通商條約。經已簽押。幷非英日訂約。合亟更正。

同日電。路透局駐橫濱代理訪事電云。駐仁川英國領事佐頓氏。嘗請韓廷將義州開作各國通商埠頭。並云市府宜設於鴨綠江畔。事爲俄公使所知。即覲見韓王。抗阻此舉。

同日電。英國戶部尙書列彩氏。在議院宣言曰。英國財政。雖一時困難。然與大局無礙。可不必慮。並言前四年間每年庫中積存多至九兆磅。實爲從來所未有。又言英國財政之美備。尙足爲全球之冠云。

同日電。羅馬敎皇于前日駕崩。即於翌日正午邀集主敎公使神甫等。同進敎皇寢室行傅油大禮。

▲二十二日路透電。英皇及皇后巡游愛爾蘭國。昨日已由金斯湯登岸。嘗諭該處人民曰。敎皇新崩。朕心殊爲憂鬱云云。又言此來游歷甚望愛地太

福利云云。言畢。乃同皇后登專曰房百林進發。各處歡迎踴躍異常。

同日電。羅馬敎皇殯殮後。即移往聖彼得敎堂行祈禱禮。又意國政府極爲愼重其事。已安排一切禮儀云。

▲二十三日路透電。羅馬敎皇崩逝之後。所有產業。槪行捐入禮拜堂。以充公用。

同日電。英國學部新章。已在公議院宣讀三次。

同日電。法國商務代表人多名。昨至英京拜會上議院各員。並在公議院筵宴。陪座者爲上議員商務董理及巴勞利氏、張伯倫氏、軒利氏、金巴爾氏、等。各有演說。無非振與兩國商務之道云。

▲二十四日路透電。法國商務代表人。此次至英。英貴爵府尹嘗在大會堂設筵欵待。以盡東道之誼。

曰。近日德國因我國欲加新稅。甚爲皷噪。我政府所行政策。宜洽輿情。並須先行求合於我屬地。如保重加拿大地方之故事云云。張伯倫氏答云。我行我法。不容德人干預。又斯賓悉氏在上議院宣言曰。我深信公爵地汪沙氏執意不從張氏之策。是以現在政府尙候調査。地汪沙氏常云。張氏一言一語。政府黨中人未有一人與彼相合云。

同日電。英外部大臣加蘭般氏。昨在公議院宣言。謂英政府於滿洲問題。固宜注重及與俄人訂立條約。惟君等尙未知俄人用意之所在也云云。又云滿洲之事已甚危迫。俄人不踐條約撤兵。故日本甚爲不平。而美國亦因開放滿洲之故。頗覺憂慮。昨接土丹達天津訪事來電。謂俄人自西七月十五號以後。迭次增兵麕集旅順。絡繹不絕。

▲二十五日路透電。印度政府茲已議准代爲轉運軍火及大炮等至索馬勒地方。

同日電。英貴爵加蘭般氏昨在公議院宣言滿洲問題。我英之宜注重。夫人而知之矣。其間有關於英日盟約者。即日本在高麗之利權。我英在中國之利權云云。

▲二十七日路透電。英德兩國議訂通商條約。已在談判。不日即可定奪云。

▲二十八日路透電。英皇偕同皇后及隨扈各大臣。昨至巴爾花士地方。時民間之呈遞頌詞者甚多。民心之愛戴於此可見。英皇亦嘗慰諭國民。謂朕遵母后之遺訓。常以保守國家太平爲心云。

同日電。英國議院已將南非洲借欵之事宣布二次。

▲二十九日路透電。澳洲政府現已照會張伯倫氏。謂本政府已決議不准顏色人種充當郵船水手之役。事在必行。同保白人利權。並補救英人之執船役者。

▲三十日路透電。倫敦國民本日聚議。辯駁新稅之案。謂新稅不能抽及粮食等物。且駁張氏之政策。諸多錯悞。

同日電。英國糖稅則例。已聚議宣讀二次矣。計贊成者百四十四人。反對者二百二十四人。

▲三十一日路透電。英皇日前乘坐汽車。巡遊村落。視察貧民苦況。皇后賞給金五百磅。賙賑阿爾蘭窮黎。於此可見英皇皇后之德澤及民也。又云英皇至加爾威城時。民人迎迓。欣悅異常。英皇旋乘汽車。週遊該處左右一帶。

同日電。張伯倫所擬南非新稅則例。昨經藩院在議院核議准行。張氏函復南非統領布打氏。嘗將已之所定政策。大加評論。略言不能因布打氏內所云之小故而阻大局。幷將此信登之太晤士報。以供衆覽。

新民叢報

SEIN MIN CHOONG BOU

P. O. Box 255 YOKOHAMA JAPAN.

第參拾柒號

日本山本利喜雄著　順德麥鼎華譯

俄羅斯史

洋裝全二册

定價大洋八角

凡欲覘人國者必研究其國之歷史以知其盛衰興亡之故乃始得其眞相此書於俄羅斯之創造與成立改造與勃興皆詳細記述簡括無遺彼俄羅斯向爲專制政體之國與我國體正相類似其成敗得失皆可借鑑且西伯利亞鐵道旣成勢力駸駸南下我國實首當其衝若懵于國勢民情日言抵禦曷當于事本局特選此佳本急爲譯出以供我國民之稽考

發行所　上海南京路同樂里　廣智書局

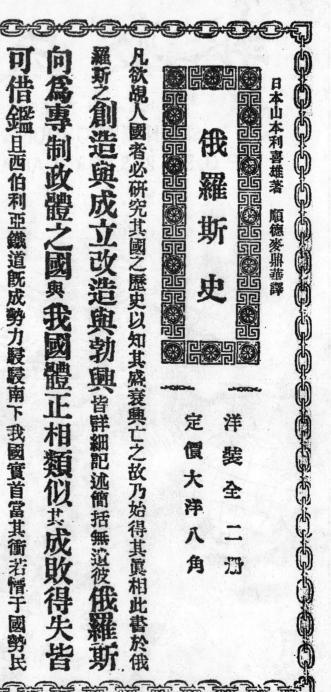

采〻流水蓬〻遠春
窈窕深谷時見美
人碧桃滿樹羣鶯
亂飛柳鶯路曲風
日水濱

民國二十二年遂筆跡

新民叢報第參拾柒號目錄

◎圖畫

●俄皇尼哥拉士及皇后
●俄國樞密院議長前大藏大臣域提
●俄國哥薩克馬隊

▲論著門

◎論說……一
●論功名心 彗庵

◎時局……九
●極東問題之滿洲問題（續卅六號） 觀雲
○黑龍江清俄交涉之開始

◎政治……二七
●中國古官制篇 明夷

◎歷史……三五
●中國人種攷（續卅五號） 觀雲
○中國人種西來之說

◎哲理……五五
●心理學綱要 內明
○緒論○第一章心理學名義○第二章心理學之研究法○第三章心理學之分派

▲批評門

◎政界時評……六一
●北京之鑄銀總局●巴拏馬運河計畫之一大頓挫●澳洲政界之反動

◎教育時評……六五
●學堂之突飛進步

◎人物時評……六七
●英國前總理大臣沙士勃雷（續卅六號）

◎雜評……七一
●亞美利加之新印度人●聖路易博覽會之待中國人

▲叢錄門

◎談叢……七七
●華年閣雜談 觀雲
●幾多古人之復活●文弱之亡國

●小說……八九

●美人手　香葉閣鳳仙女史譯述

●第二回　死機關苦了活美人　黃金釧殉着白玉手

●文苑……九七

●詩界潮音集

●逐客篇（人境廬主人）●雜詠（悍庵）●東遊雜感（西谿生）●重晉張忠烈公墓詩（劉光第）●楚楠大令有煤油之志因其乞詩作此以贈（仝）

●專件……一〇三

旅行俄京日記　鳴鶴山人

●雜俎……一〇七

●史界兎塵錄

●冒充將軍●賞有德者●沈着如在練兵塲●朕子不能免兵役●下士官與帝王●國會條例不命睡眠●名將多恩●希望總理大臣●立三日三夜●一賢相重於十夫人●與愛友永訣●鍛工謁大宰相●抱負驚人●英雄亦芥蔕乎

●紀事……一一三

●內國之部●外國之部

全年廿四冊	半年十二冊	每冊
六元	三元三角	三角

日本各地全年五元半年二元六角每冊二角五分日本及日郵已通之地每冊加郵費一分全年二角四分其餘各外埠每冊加郵費六分全年一元四角四分

編輯兼發行者　馮紫珊

印刷者　陳侶笙

發行所　橫濱山下町百六十番　新民叢報社

上海發行所　四馬路老巡捕房對面　新民叢報支店

印刷所　橫濱山下町百六十番　新民叢報活版部

俄皇尼哥拉士及皇后

T.he Emporer & Empress Nicholas of Russia

俄國哥薩克馬隊

論著門

新小說第六號目錄

◉圖畫
世界最肥胖者美梨▲世界最長頸者威廉多士▲生鬚婦人克黎士支爾卜▲獅面人來安努

◉法律小說
宜春苑

◉政治小說
回天綺談▲第十二回節婦貞誠上感天帝英雄邂逅相遇深山▲第十三回千里奇逢班荆話舊羣英相會救友同心▲第十四回政見參商賓勃侯演說憲章宣布改革黨成功

◉科學小說
海底旅行▲第十四回膺奇變羈人被困哭死黨豪傑多情▲第十五回悶胡盧三人滋異議眞本事一子顯專長

◉冒險小說
二勇少年▲第十二回赴友難▲第十三回戰

◉偵探小說
時病院▲第十四回機敏之計略

◉外交
離魂病（完）

◉廣東戲本
白絲線記
黃蕭養回頭

◉雜記
西事拾遺▲俾斯麥婚前十日與夫人書
新骨董錄
射覆叢錄
燈謎叢錄

◉雜歌謠
庚子時事雜詠廿二首
輶軒語三首

發行所 橫濱山下町百六十番 新小說社

論功名心

彗广

人自受形氣而現身於此世界。忽忽百數十年。無智無愚。無賢無不肖。誰能操木乃伊之妙術。令此有生軀殼。長存而不敗哉。是故高明之士。不肯以來無蹤去無跡者爲自足。而務於無自主權之生命之外。別求有所遺傳於社會。以慰此百年後之岑寂無聊。此事業家所爲蹈厲發揚。朝汲汲夕營營。常若懸一目的物於獨見獨知之地。誓必獲之而後快。問其所目的者爲何物。則固以見地不同。人人宗旨因之而生差別矣。然宗旨既立。生平行事。視此而出。則其結局之成敗利鈍。雖或不能與其初始之所期者無所逕庭。出入而精神以有所專注。而自奮卒使其人不失諠譁動物之天性。而社會蒙其影響。不致無歷史之可紀焉。此豈非功名心之爲用也哉。

或曰。向來非常之士。能立大事業於天下者。原發於一時不能自已之情。只求自盡其天職以無負天地之生成父師之教養是役於功名心而後肯出任事者在英雄豪傑雖或有然而以賢聖自居者則議其德之不純潔志之不高尚矣然就心理上而言功名心固不免於靡俗而就實際上而言功名心乃影響於社會盖人類之功名心薄者社會所成之事業必少人類之功名心厚者社會所成之事業必多法律之所不能强道德之所不及勸者一爲功名心之所鼓動而奮然興起若或導之于前策之於後不計利害不顧死生而必以遂其所志爲究竟此維持社會之秩序增進社會之幸福者所以舍人類之功名心末由也

人類之功名心何所因緣而後起乎或涎將來之利益如爲宮室之美妻妾之奉及因種種之利慾而欲藉此以濟其私願者有之又或畏他人之權力如受勢家之壓迫强者之淩虐及因種種之見欺而欲藉此以試其抵抗者有之然功名心之因此而起者其失志也固無難挫其鋭氣而流爲墮落即令得志亦易至於自滿自足而不可以持久是故功名心之勃發必與其人之學問見識之程度相應然後與尋常之慾望有所殊異盖讀偉人傳記而崇拜英雄之念油然自生覽天下形勢而馳騁中原之志無端

奮發人之學問淵博見識宏達者固當受外界之感觸而壯志飛動有不克自禁制者焉若夫村夫愚豎不知何者爲宇宙之大業不知何者爲古今之偉人眼光所照不踰十步意境所慮不出百年是其學識淺陋無以大異於野人宜其汲汲焉惟朝夕是謀苟衣食住三者稍足以自活即安於無所事事悠悠忽忽以送其生又豈知功名爲何物而有以動其志而奮其力乎故功名心者必因其人有學問見識而後能自然發動者也

夫功名心之足以鼓舞人事猶蒸滊電氣爲各種機器之主動力優能上下而左右之使之運行不已故社會上公利公益之事業無望其振興則已苟望其振興則所以獎勵天下之功名心者不可無術矣彼握教化天下統治天下之大權者或榮之以華袞之褒或重之以爵號之賞其所以策勵天下士使向於功名之途者蓋慮人人甘於獨善但求無過誤視宇宙內事爲性分外事而莫肯肩任則世界舞臺將無人登之而演種種之活劇豈不令全社會沈沈黑黑以終古乎顧人人之功名心太淡固非社會之福然使反此而熱過其度則膨脹所極或至專爲一己計盡置天下之利害得失於不

問或知吾道之不能見容而必强之以從我或知太平之不能驟致而不免操之以急激弱者熾其忿心强者逞其野志甚者激於一時之狂熱雖至伏尸百萬流血千里孤人之子寡人之妻以求成就其一已之功名者求諸東西史乘上下數千年間不乏其人蓋其心視功名過重抑欝不平之氣復有以乘之故常慷慨激昂或歌或泣或哀或樂或怒或狂在本人殆無以自持故其敝也每至流毒天下被禍生民使後世人心以不一見功名之士爲大幸此則功名心過盛之流弊而不得遂因此而薄功名心爲不足道也

今試觀於各國。或從事於探險遠行。或從事於新法試驗。一業求精持之以數十年一人不成繼之以若干輩常有輕其生命棄其身家竭其生平之心思才力以謀一不可必成之事業者豈非功名心之作用有以致之邪是故役於功名心者猶才子佳人之惑於情市井貪夫之溺於利其縱情一往有走馬平原不可收拾之勢雖以父子至親不能止之妻子至愛不能奪之驗諸靑史分羹絕裾烹子殺妻者尙有其人則是功名心之循直線而行者更有何物足以爲之阻力乎如今之被選爲議員者勞神傷財所

得不償所失然而人樂爲之且爭爲之其他公共事業有勞力而無報酬者正多而有志之士猶必以一就名譽爲榮是豈不足以証明此例哉

夫個人而無功名心則其人之才力必不奮國民而無功名心則其國之政事必不舉蓋憤嫉時世奔走國事其出於不忍人之心而引爲不可逃之大責者百人不得一二而中於功名心而自激厲者十居八九然而今者中國國民之於國家之事公衆之業。可謂痛癢不相關。冷視已極矣。睹民生之多艱。而不知救任外力之來襲。而不知屏此猶曰吾爲勢力所限。地位所拘。雖有志而莫之逮也。若夫舉鄉治修市政若教育之業交通之便改良風俗振興工藝之經營其以國民自力優能致功者正自綽綽有餘地而何以視爲度外放棄一切其精神僅注射於一身一家苟足以自供其衣食即伏而不動無所奮發雖至爲人奴隷爲人牛馬亦不遑顧。嗚呼何其自待太薄而恝然忘情於天下也豈非功名心太弱之所致邪夫中國人好自尊大豈必無功名心哉只以受社會上謬種相傳之影響誤投其心思材力於無用之地故反置經國濟民之事而不顧耳。今試問吾國中才以上其在家庭父兄之所督責其在學校師傅之所指導以至朋友聚處其互相勸勉互相期許者果爲何等事業乎豈不因誤視功名之爲物而謬以領一衿登一第獲一缺放一差諸數者爲足盡生人之義務又以爲人間世之安富尊榮再莫踰此故不憚竭其生平之心力自垂髫以訖白首堅苦刻厲以求之及其求而弗得方欲改其方針以向他途則耄氣已深老無能爲安復敢揚眉吐氣與天下英雄豪傑爭不世之功名哉不然中國衰亂如今日國家之不幸而正有志經世者千載一時建功立名之大機會也吾聞美之獨立也法國貴族奮身相助杜之抗戰也歐洲才士爲之後援日本後進文明其國人才僅勉强足以自持耳然自立憲以來國內粗安無事稍懷非常之志負斫弛之才者猶尚苦英雄無用武之地幸値吾國多事屢欲蹈吾華土以求所以自表其才吾自與日人接幾於無日不聞此論其中非無大言欺人本不足信然律以山田良政之例（會在暹羅以功名著）固不得謂其必無此情也夫外國人俯仰時勢尚欲借吾莫大之舞臺以立功名而吾國民反爲不痛不癢視國事日非而莫肯過問相形之下吾四百兆同胞能勿厚顏乎

雖然吾國民之功名心。特隱而未現。伏而未發耳。非全絕此萌芽也。不觀近來風潮之大變乎昔之以絕口不談時事爲高者今則朝語維新夕談革命聞風相悅倡一和百人人抱當今之世舍我其誰之偉志矣向日所謂少不更事當老其才而後用者今則乳臭小子尚抗顏而縱談天下事上指天下畫地大有旁若無人之概苟其沈默寡言或者稍自謙遜則羣起而攻之以其人爲無志無氣可恥莫甚矣夫不及數年而風氣忽一變而至於相反如此睹此現象者輒以爲國民功名心一旦爆發將相競以勳業自見不患任事無人而改造新國之偉績殆可以旦暮見之矣然吾見今之好談辦事者驟聆其論人人皆不落第二流人物及觀其結果則言行不掩前後若兩人者居多其平時雖高自位置視博功名如拾芥逮入人世見可欲而心亂則不免改其上人之志而習爲下達之行甚者流爲無賴一變其功名心而爲忌刻心嫉妬心見人之將有成事乃故爲攻擊以害其成推其心迹一若已之功名既無可望而惟恐他人有所成就相形以見其短此吾所爲憤今日之輕薄少年而不敢以眞有功名心輕許之也眞有功名心者栖栖焉皇皇焉惟以博得身後之一銅像一列傳爲其終身所慘淡經營尚恐不得一當夫奚暇妬人之功忌人之能而層出其陰險狡詐之術以中傷人哉

且吾嘗徵之於東洋諸國矣安南人柔脆偷惰毫無遠志雖已亡國猶墨守詩賦八股之禍物以度其生涯得法人用爲巡捕即沾沾自喜以爲莫大之榮此其所以國見滅而無救也又如朝鮮其所謂志士怵於國勢之瀕亡思有以改造之可謂識時務矣然因溺志功名之故反誤以把持國柄爲自植勢力之資故一旦得志輒不恤國事務去異已以攬大權以此爭奪相殺相尋不已而卒無補於國家由斯以談國民之功名心太淡者國以亡國民之功名心太濃者國以亂然則吾國志士之不願其國爲安南亦不願其國爲朝鮮者當知所以自處矣

極東問題之滿洲問題（續三十六號）

觀雲

黑龍江清俄交涉之開始

哈巴羅夫等諸人之相繼經營黑龍江也經千六百六十一年一度之蹉跌而俄人歛其足迹邊疆得慶無事滿人亦脫俄人之影響於腦中然未幾而俄人再度之來又見告矣

雅克薩城之建設也始於俄人堅浦斯客氏氏波蘭人以一六三八年被罪而竄謫於西伯利亞至同五十年頃得管理幾痾斯科水陸之通路（通烟尼塞河之要路）越二年又爲烏斯科製鹽所之監督於一六六五年（康熙四年）與格林斯科知事阿部呵夫以事結恨（或曰阿部呵夫辱其妹）遂殺之與其徒八十四人奔黑龍江避罪於途爲通古斯人害其五十人是年

冬。築雅克薩城據之。徵土民索倫之貢。是時當斯臺排那夫敗衂之後。俄之獵者交易者。與爲兵士者。凡殘留於黑龍江之人。皆來集。人數漸多。勢遂振。滿人聞之。修兵備。欲事討伐。會雅克薩八十人。入索倫。奪貂皮。淫婦女。滿洲將軍巴海。襲而殲其衆。然未及攻雅克薩也。又其時尼布楚亦再爲俄人所占據。二城相呼應。助聲勢。千六百六十九年。滿洲議發大兵。乘江凍伐之。以路遠不果。翌千六百七十年。（康熙九年）滿洲送書尼布楚城。詰其暴狀。命速退去。黑龍江城將以力尚不足。不利與戰。乃迎來意。而使密魯瓦諾至北京。獻貢物。稱於貿易之外。無他意。是時。滿人既掩有中國。於外國皆以藩屬視其先數年。俄政府曾遣使至北京。以爲俄人投誠入朝。（朔方備乘東華錄其他諸書皆書順治十七年俄國來聘奉表）今又得俄使奉書獻物。以爲歸順。欲示恩以籠絡其意。遂厚遇之。而遣孟格德送使者至尼布楚。會其城將。因索其交還於千六百六十七年。不快於淸之待遇。而自滿洲逸出之通古斯族酋長根特木爾。并約以後不得納逋逃。而許俄人以貿易。然俄人實無意與滿洲約。徒欲以計延其來攻。不遵其言。而乘滿人北邊注意之稍怠。征服其近傍通古斯人。且於千六百七十一二兩年。（康熙十年十一年）移殖多數之農民於雅克薩附近。拓土地。建村落。爲持久計。淸亦悟俄人之意。命巴海防邊彊。嚴守備。又從吉林移水師。分駐於黑龍江。是時俄人之在黑龍江者。以兵寡。慮不敵。欲求助於政府。而是時俄本國方與波蘭戰。無暇顧邊事。乃飾言謂滿人已以火軍來攻雅克薩。俄政府聞之驚。而又無力出兵。乃送二千留於雅克薩。且應城兵之請。而免堅浦斯客及其下諸人之罪。（此時已宣告堅浦斯客死刑之罪）使抗淸軍。又於千六百七十五年。（康熙一四）遣尼果賴罕伯里至北京修好。以結淸之歡心。爲彌縫一時之計。翌年七月。俄使達北京。淸人要俄人以不寇邊。且送還逋逃根特木爾。尼果賴諾之。於歸途。送書雅克薩使。嗣後航黑龍江下流及精吉里勿徵土民之貢。然對心勃勃之雅克薩人。不及顧此命。而於千六百七十六年至八十二年。（康熙二一）復建設諸處城塞。其著明者如左。

千六百七十八年（康熙一七）	精吉里江上流	一所
千六百七十九年（康熙一八）	色里模札河口	一所
	獨龍寨河口	一所
千六百八十一年（康熙二〇）	精吉里河口	一所

千六百八十二年（康熙二一）哈穆功河上一所

其中在精吉里河口者。名格牙寨。距愛琿上航僅半日程。滿人多來互市於其地。往來頗盛。此外在痾哥德海濱者有圖瑚爾斯科及烏底斯科塞。而黑龍江左岸之全境殆全爲俄人之所盤據。康熙二十一年。（一六八二）諭郎談曰。『羅刹犯我黑龍江一帶侵擾虜人戕害居民。昔我兵進討未翦除。歷年已久。近聞蔓延益甚。過牛滿恒滾諸處至赫哲飛牙喀虜人住所殺掠不已』云云。盖謂此也。當時以俄人之强橫因其音近。遂號之爲羅刹云。此堅浦斯客建雅克薩及諸城塞之事也。

方滿人之與俄人屢示衝突之勢於黑龍江也。然卒無大戰伐之事。其時俄人固未暇東顧。而滿洲起自蠻族。少文化。乘中國內亂。土崩瓦解之勢。進而占領其土地。中國血性男子不服。多倡義而起者。滿人雖恃其兵力屠滅之。然事未全定。且三藩之事動大兵革。前後亘數年。滿人亦注全力以壓平中國。無暇分力於邊疆。至乘天幸。康熙十七年。（一六七八）吳三桂死。二十年。（一六八一）鄭經死。中國已死灰不復燃。英雄盡喪。而一般蠛蠓小民惟以偷生免死爲幸。遂可不復用武。而長妥貼安置於滿人之足下。兵力有餘。乃欲逞威邊陲爲勦滅俄人之舉雖然俄人之敢與滿人抗者雖僅僅不過數人然固非孱弱委靡之中國人比也於時康熙二十一年（一六八二）八月命副都統郎談公彭春等率兵赴達瑚爾索倫之地送書尼布楚稱捕鹿而實密覘雅克薩且視水陸軍之進路十二月郎談等歸奏曰雅克薩兵少取之甚易不過三千人足矣於是先命寧古塔將軍巴海副都統薩布素建木城於愛琿呼瑪爾發烏喇寧古塔之兵一千五百守之翌二十二年（一六八三）夏巴海之兵至愛琿溯河築木城於一島分兵據之此時俄人之在哈穆功塞者爲富羅洛夫與痾哥德斯科之俄人合四出剽掠侵近傍之使犬使鹿諸種於閏六月彌勒可夫率兵六十七人發雅克薩合之在途於精吉里河上逢滿洲戰艦五百六十餘艘俄人狼狽陸遁清將遣使招彌勒可夫欲與相見有所問彌勒可夫即往清兵俄起縛彌勒可夫復捕其下三十餘人餘兵以身遁入色里檳扎獨龍寨之二塞告急俄人以清兵且大至遂棄塞奔未幾清兵鼓譟以來放火燒二塞又襲精吉里塞悉擒其塞兵翌二十三年（一六八四）薩布素又陷圖瑚爾塞富羅洛夫以力不能保亦棄塞航海而退于烏底斯科於是俄人所築之諸塞悉爲清兵所蕩洗惟雅克薩城尚孤立於

江上。滿洲致書於雅克薩。勸其撤去。書達。城將集衆議之。僉曰。願死守不屈。而請援兵於烟尼塞斯科。是時滿洲兵用烏喇阿達哈哈番等之策。命薩布素水陸並進。先刈雅克薩之田禾。使其無食而坐斃。已而薩布素之部下不用命。事遂不果。在雅克薩之俄人。日計清兵之來攻。久之不至。復乘間耕種其近傍地。於昂古黑阿山頂置哨兵五人。更番瞭望。城外設木闌。城加修築。編木實土。繞以小隍鹿砦。然其衆合農商之民僅四百五十人。兵器僅小銃三百挺。大砲三門。知不足以抗清之大軍。惟日待救援之至。康熙廿四年（一六八五）五月。薩布素公彭春等。以水陸軍一萬八千。野戰砲百五十門。攻城砲四十門。於廿一日進薄雅克薩。翌二十二日。遺書城將陀羅部伊。勸降不應。二十三日。分兵西路。列砲轟城。然城兵殊死鬬。城壞隨補禦而崩潰益甚。失兵且百。而外援不至。城中食垂盡。城將陀羅部伊不得已。遣使城外約降。請收軍而還尼布楚。許之。因即日行。惟副將巴什里等不願歸去者四十人。投清軍。先是普魯士貴族拜登曾從波蘭軍被捕。流謫西伯利亞。至是聞雅克薩急。欲往援之。於德波爾斯科募集哈薩克兵六百人。自率之而向雅克薩。而此時凌舍斯科府。亦應雅克薩之援。而輸糧食在途。及陀羅部伊之還尼布楚也於途未一日而逢尼布楚兵百人大砲五門小銃三百艇護來且云拜登已至尼布楚矣數日即赴援俄人切齒太息悔早降一日以爲遺恨千秋之事而清軍以俄人旣去乃燬雅克薩以薩布素駐紮新築之黑勒根城總攬黑龍江全部軍務此滿人攻勝雅克薩城之事也

晉文公之勝楚也而有憂色以楚患之未已也當雅克薩陷落之報之達於北京聖祖大喜顧謂侍臣曰『征勦羅刹衆皆以路遠爲難朕獨斷興師致討今荷天眷遂爾克之朕心嘉悅』云云孰知歡笑之聲未終而俄人再來之報已達於耳當是時俄人爲尼布楚長官者曰菩賴沙夫性豪宕不羈以雅克薩之敗爲俄人莫大之恥辱陀羅部伊之歸也未數日菩賴沙夫即派兵七十赴雅克薩使偵清軍之動靜時距雅克薩之陷落十有七日灰燼滿目惟留破墟殘壘認當時戰爭之遺跡而已清人以旣付一炬遂不留 兵而去乃歸報清軍退卻之狀即命拜登率部下二百人先占雅克薩城續派兵總六百七十人大砲八門再推陀羅部伊爲城將收田禾築城以木夾造而實以葦根泥土又以土蔽之寬二丈八尺高二丈三面繞壕壕外置木樁鹿角守備完固此

俄人再建雅克薩城之事也

雅克薩之摧燬也淸軍以爲無事矣不數十日而雅克薩城再現其報達於北京聖祖遣理藩院郎中滿丕等赴索倫偵探敵情命土酋烏木布爾代等稱納貢而覘雅克薩之虛實城兵亦疑之而探淸之形勢拜登以兵三百人視察江岸於康熙二十五年一六八六一月至呼瑪爾河口見滿洲兵四十騎向齊齊哈爾方面進行瞻望追而殺其三十人虜一人於是知淸軍方爲再征之計雅克薩益戒嚴充儲糧食城兵亦增其數總七百三十六人野戰砲八門臼砲一門爆裂彈大小五百個士衆皆扼腕撫髀欲一戰以雪前敗之辱二月淸命薩布素增修船艦俟冰消時發烏喇寧古塔水陸之衆進攻之四月薩布素等率陸軍三千舟師百五十艘迫雅克薩先畧其田稼奪船舶於雅克薩對岸之一島及額爾格河兩岸爲三營建砲台列砲以轟雅克薩兩軍相持以砲戰者八旬七月一日淸軍急薄雅克薩欲一舉拔之爲城兵所逆襲而大敗死傷無算然是月城將陀羅部伊亦觸彈丸負重傷又城中疫癘流行至八月時城兵之能堪戰鬬者僅不過百五十人而傲岸不屈如故淸將不敢攻而屢放契箭於城中約以放還而勸

之降。城兵不應。而遣人乞援於尼布楚。然普賴沙夫以事不赴援。於是雅克薩之運命。迫旦夕間。有再陷落之憂。而適清俄兩政府開和議。約清帝布告休戰。十月。清軍撤圍。移營三俄里外。城兵得出入自由。清軍又嚴禁士卒不得妄行。當是時。清軍中亦患疫。死者無算。清帝遣太醫院官二人賫藥往治。又使問城兵之病。拜登答曰。我湯藥具備。且軍中無一人病者。實則城中病勢猖獗。達其極點。生殘者僅六十六人。清俄既休戰。翌年四月。清軍更退數俄里外。至七月二十三日。全引去。此清軍再攻雅克薩而以媾和罷戰之事也。

清俄之媾和也。於千六百八十六年（康熙二五）一月。俄國命陸軍大將閣多文爲全權大臣。率騎兵一千五百人發莫斯科。千六百八十八年。（康熙二七）清以內大臣索額圖爲全權大臣。率騎兵一千。由清撰定色楞格斯科爲會地。及索額圖出發。行至喀爾噶之克勒阿祭拉罕道。逢百姓紛紛遷移。愈進愈多。詢之。云準噶爾之噶爾丹來寇。國王戰敗出奔。索額圖前往之途梗塞。未幾引還。於是更定尼布楚爲會地。翌千六百八十九年（康熙二八）七月。索額圖先至尼布楚而待俄使。是先清帝已命薩布素等調黑龍江兵一千五百人從水路赴尼布楚。合使節護衛兵并僕從使价之屬。人垂萬數。方黑龍江兵之達尼布楚也。直前圍城。刈田禾。爲攻擊之狀以示威武。城將遣使訴其無狀。乃命舟師遠徙。示無他意。至八月十八日。俄使至。遂以二十二日爲會期。會議數次。於九月七日協議。條約共六項。是時也清兵多形勢便。故條約多從清人之意。照約應毀除雅克薩城。（條約第三項云一將雅克薩地方鄂羅斯所修之城盡行除毀雅克薩所居鄂羅斯人民及諸物盡行撤往察罕汗之地）俄使命守將拜登先撤退。已而清兵從水陸兩途道雅克薩。破壞其城而去。惟根特木爾。俄不允送還。從條約（條約第五項云一從前一切舊事不議外中國所有鄂羅斯之人鄂羅斯所有中國之人仍留不必遣還嗣後有逃亡者不許收留即行送還）已爲俄之臣民。自是約後。俄人不占勢力於黑龍江。至十九世紀中葉。英以戰勝清兵。樹勢力於中國。於是遠東之事。復惹俄人之注目。然自尼布楚條約至結愛琿條約。其間已閱百七十年間。故清俄交涉。以結尼布楚條約爲開始一大段落之事。而當日者清人實强於俄人。此不能不追溯其朔而爲論時局者一攷其盛衰之迹也

附尼布楚訂約時之情形　兩國使節。於未會見之前。先定會議時條項如下。一會見所定尼布楚城與什耳喀河中央之地。一會見之日兩國使節。各得伴四十人

之隨員。一兩國共出五百人之兵。俄兵列於城下。清兵列於河岸。一兩國使節護衛兵。各以二百六十人爲限。且除刀劍外。不得攜帶一切武器。 會見所分二部。兩國各專用其一。俄國會見所。以土耳其產華麗之毛氈。波斯製金系之絹。張天幕。中央爲兩使節之桌。桌上精巧之時計。中國名鐘錶及文房具。桌後安樂椅。爲兩使之凭所。桌之側又一机。爲秘書官席。清會見所。極質素。張幕。幕內置一大盤。上設七使節坐。按是時使節七人、爲內大臣索額圖、都統公國舅終國綱、尚書阿爾尼、左都御史馬齊、護軍統領馬喇、督捕理事官張鵬、兵科給事中陳世安此外通事按是時通譯官、一倍伊賴、一賽必倫、皆宣教師、此次訂約周旋斡旋皆二人之力、條約文亦由二人起草、賽必倫日記敘述會事始末甚詳、今史家多珍視之、之席在兩使節間。而近清使之地。隨員班次在各使節之後。於八月二十二日開議。是日清使渡什耳喀河赴會所。以衛兵擁護之。俄使以軍樂隊先奏喇叭之譜。既均至會所。座定。俄使先言曰。爾後以黑龍江爲兩國之境界。互不相犯。清使拒之曰。黑龍江一帶至色楞格之左岸。本屬清之版圖。土民朝貢不絕。其後俄人來蠶食我邊境。侵害我權利。俄當以雅克薩、尼布楚、色楞格斯科、其所屬地。今歸還清。俄使不應。堅持前議。當日以無何等之決議而散。翌二十三日。二次會見。而清國前日之二通譯官不至。以一蒙古人爲通事。蓋前日之會。俄使待二宣教師極慇懃。清使不平而心疑之。因易通事。而此蒙古人語極拙劣。不能達相互之意志。交涉益陷於困難。俄使先言而駁清之主張曰。清以尼布楚以下各地爲屬清。證左何在。若有請速示。不然其所言全屬虛搆。清使卒不能答。乃曰。俄若欲取尼布楚及色楞格斯科。我不敢拒。雖然惟爲貿易。勿貯兵。俄使答曰。敢拜無言之辱。清若於此處廢田獵者。吾人可得安枕而寢。次又主張前說。以黑龍江爲疆界。清使大怒。蹴席而立。欲即收幕引去。會亦散。二十五日。俄使遣一士齎書於清使。中云議已不協。請以兩日會議之顚末。詳記之而賜余。欲覆命於我皇。清使拒不與。是時和議頗已呈決裂。兩宣教師見形勢切迫。冀兩國之復歸于平和於相互之間。爲力講調停之策。是日先訪俄使曰。關黑龍江以北之地。清之意見我等雖不知之。然少必收回雅克薩。此奉清帝之勅命。俄若不讓此地者。議不協。且恐即生變。非俄人之利也。俄使未及答。次日俄遣使。欲聞清國最後之決心。索額圖即指地圖。以斯塔諾威（石大興安嶺）之山巓。及額爾古納河之江心。爲兩國之分界。翌二十七日。清遣宣教師至尼布楚。問清之決答。有同意否。俄使尙堅執。不肯讓雅克薩。於是清使大怒欲一舉陷尼布楚城集隨行之官僚水陸將校開大會議事決議圍尼布楚城又煽近傍之土民使背俄又別派兵五百往畧雅克薩之田禾大軍陸續渡河徹曉城兵見清兵之舉動倉皇增設炮台造墻壁出兵於城外扼道路要隘置哨戒嚴兩國咸準備血戰之事立見旦夕間。然俄人以兵單知戰不勝。派人請再會見且令逗意曰俄使有讓雅克薩之意。然以清之要求甚不當以騎虎之勢。不能不拒絕之。是言也。俄已示願遵從清人之議矣。二十八日俄又遣使告以可從額爾古納河爲兩國之境。雅克薩城亦全讓出。但在其地之俄人必令其安堵。以此爲約。清使漫不應。是日益渡兵什耳喀河而營於距尼布楚附近之一山中示決戰意。俄乃遣使告以悉從清人約請令宣教師入城。先議定大體要項。清使疑俄人欺己乘隙完防禦。且恐誘出宣教師奪之而去。不肯即諾。切請。乃使賽必倫一人入城賽遂與俄使議定大畧而歸。二十九日俄使於條約面更附加諸項。　一爾後從清國送俄帝之文書。必寫俄帝尊號全文。少亦當記其畧號。並文中不可有顯分兩國皇帝尊卑之事。　一兩國互優遇使節。其所齎之國書。可自手捧呈皇帝。　一兩國臣民之商業。一切可予自由。清使答之曰第一及第二項未奉訓示。不能承諾。且中國素未派使節於他國。若關己國使節之事。不必預設規定。況臣子之分如議定皇帝禮儀之事。於義不可。惟優遇俄國使節。吾人堅可保證。請安意可也。第三項要求雖無異議。然吾人爲議定彊界大事而來。議及商賈之事。甚覺其不倫。（按上文所答全係大一統國不知外交且見重君權輕商務之意當時習氣可以想見）九月四日。俄人復提出八月二十八日之要求。請擔保雅克薩不築城壘。清固無築城意。然且漫不許。而是時素爲俄所征服之喀爾喀諸部。皆率所屬陸續來投清。清軍勢益振。俄若抗清命者。直進一擊。而屠其城。俄無如何。乃一惟清國之命是從。於九月七日。（康熙二十八年七月二十三日）交換條約。是日清國全權大臣索額圖。寺率騎兵一千五百隨員數十人。大小旌旗。蔽什耳喀河。金鼓鞳鞺。服金絲龍紋之朝服。簇擁而來。俄國全權大臣亦服大禮服。金線峨帽。佩劍率步兵二三百。以騎馬之軍樂隊先。既偕至座。定兩國使節各展約文署名鈐印。堅誓不背約而交換。互相擁而表友誼。開晚宴。盡歡握手而別。翌日俄使贈索額圖以珍貴之時計。望遠鏡。銀製器皿。貂衣。其他使節諸人。贈時計、鏡、面刀、劍等有差。清使答禮。贈俄使以馬具一式。馬尾二。金盃二。

衣服八領絹三十二卷又以同樣之物贈其餘之俄人有差條約以滿俄拉丁語書三通總六項附約三條按附約第三條有用滿漢俄拉丁四國語書條約全文勒石建兩國之境上俄使已命雅克薩之守將退出而於尼布楚修築城壁以軍隊之一半駐屯於尼布楚色楞格斯科及烏金斯科而後歸以功列男爵任輜重總監

清俄兩國於黑龍江之初試衝突也清人占勝手而俄人反不利者固由於俄之國勢偏於歐洲東方窵遠爲其注力不及之處兼之黑龍江爲探險初得之土非關重要而又國內多事實亦未暇他顧故以屈從和議爲上而一賽干戈爭勝負於遠東不可爲國計而翻觀清之地位其發迹本自滿洲黑龍江脣齒之地所謂臥榻之側不容他人之鼾睡且入關而後曾不數年已占領中國全土而孱羸懦弱之漢人暫試兵鋒已搖尾貼耳震懾威靈奉爲神聖若牛馬之甘羈轄惟主人之所爲而威武既揚內顧無憂遂能以全力外向欲去其實逼處此之害且不僅此俄人之在尼布楚雅克薩者常不過數十人或數百人而滿洲用兵動以大軍其人數或以數千或且過萬又俄人之待應援兵也以兵法言之距離點過遠且從亞古德斯科達黑龍江道路險難從哈巴羅

夫取阿來古莫河之捷徑大半逆流而不能曳小船從拜喀耳湖發見之捷逕又以兵士移居俱少不能爲遺援之地反之而從滿洲達黑龍江有大道出松花江烏蘇里甚易故在俄者雖有一二人出其艱苦卓絕之力而卒爲滿人之所擢敗非夫滿人之性質及其謀國用兵之道均有以勝於俄人也形勢便故奏功易其故蓋由此也

俄人蠻暴之事其先多使個人爲之敗則個人受其責政府置不與聞或政府出而調停於其間而使無事成則歸其事於政府而政府乃出而受其成此慣用之長技而於近日尤屢見不一見者或謂此係俄人中央統制系之微弱缺駕馭之力雖然俄之政府固亦有利乎此而後乃因而縱其所爲也觀于前二三百年黑龍江之遺事而俄日今日之狀態已悉可槩見矣

尼布楚之訂約也滿人陳大軍耀武威示形勢狡黠强悍之俄人勢力所制不能不讋伏于一時而聽命顧其視此條約也則直以爲要盟苟機會可陳前言固視爲無物觀于結愛琿條約時淸屢援尼布楚之約俄使怒曰淸尚欲挾此以爲口實耶當日俄人從使節者祇警衛之士而淸人共使節送軍隊示攻擊之態度直以威嚇而訂前約耳

盖俄之不信非條議所能約束不特近事居撤兵而不撤約言全歸於無用即當日所遵行之條約亦祗屈于勢力而然斯塔諾威山上額爾古納河沿之碑碣不待風雨銷沈而俄人早已不懸諸心目中矣

事無論成敗而必視其能力之如何其能力固有以異於人者雖屢失敗而終可有成事之一日（近日有操作事不必求成功之論者雖然亦視其能力何如若無能力而失敗是亦不足取也）若能力無以過人雖徼時之幸亦有告成功者而久後卒不能存立方黑龍江交涉之始其事迹滿人勝而俄人敗然攷俄人之性質其堅忍鷙悍殆未易及迄今日而俄人卒操鞭撻滿洲之權然則通古斯民族固不能與斯拉夫諸人種爭優劣耶而欲較族種競爭之勝敗者撫此往事沈沈亦當世得失之林焉此所爲論時局問題而姑插以最初交涉之一事也

（未完）

政治

中國古官制篇

官制議篇二

明夷

中國官制。自堯舜以上。殆不可考。所云以龍鳥雲火名官。皆出左傳劉歆竄僞書。不可信據。唯堯時百揆四岳九官九牧。而百揆爲兼官。凡二十二人。體制最備。一設司皆爲民事。一分職甚多。一外吏有所統。一每職只有大臣一員。不用多人以分權掣肘。一分統外藩。設專官于京師。一宰相只用一人。一四岳會議。凡此七美。雖今歐美之制不能外此者也。其立九官。第一爲平水土官。在當時經洪水汎濫之後。若水土未奠。民不能康厥居。固當以平水土官爲第一義。即在後世河流時溢。曠土未闢。地邑民居未適。道路未修。原隰未審。探檢地理。以爲殖民之宜。尚未盡。在歐美似在內務部殖民部之比。然謂之平水土。尤爲精切。禹以司空兼百揆。蓋如普魯士澳地利意大利葡萄牙因之以總理大臣兼內務大臣也其時無敵國故無外部亦無兼外部之制既無敵國外患則兵財非所注重故亦不如法國宰相之兼陸軍亦不如英比璉宰相之兼度支也二爲農官洪範八政首曰食貨故水土之後次以此官以非食則無以立國也九官中無收稅度支之官必以農兼之孔子刪書專重民事故九官皆偏重于民而理財爲人情之所必尙故不欲繁言及之今各國皆爲競爭之候不當一統之時既立國尤必以理財爲重故各國有農部亦別有藏部此乃事之宜然也名曰百穀則凡草木植物之宜皆當阜繁之矣後世亦時立勸農之使但勸一二稻麥之穀而已其與古人百穀之意亦已遠甚三曰敎官各國皆有文部以崇敎育法則有敎部以司法兼之普匈希臘則以文部兼敎部俄意突厥波斯皆專立敎部蓋重敎之國無不然也契之司敎蓋在敎部文部之間蓋文與敎原相近而中國之爲敎並非如各國之托於神道令人迷信但在人倫日用之間各國以佛回耶穌之法皆托于神遂幾若言敎必托于神舍神言人若無敎者甚且以中國爲無敎眞不可解也豈知中國之立敎設部乃在四千年前乎四曰理官書稱皐陶作士又曰皐陶作理蓋制法施刑皆本于理也今各國皆有司法

之官。而阿利士多德創三官鼎立之法。及美國法官定得審大統領之制。然皐陶爲士。而瞽瞍殺人。皐陶能執之。則司法之獨立不撓並不爲大統領枉法之義中國已先立矣後世名曰刑部一開口而有慘刻酷毒之意且不分民事刑法固爲背理若各國之以法名法。何所本乎。不本于理而何從也名之曰理則其行法施刑皆本於理而協于中矣其名曰士蓋兼管兵而不別設部者夫兵刑皆爲殺人之物堯舜時天下一統無國防之事又貴禪讓而崇太平孔子惡兵而欲弭故不表彰兵制也今各國角立競爭兵不精治則自致滅亡故孔子之答子貢曰足食足兵此爲諸國並立之時說法與堯舜太平一統之時故當相反也五曰工官掌制器用。以利物前民。今之鉄道電線機器製造是也。今俄法普意葡美皆專設部。德則有鉄道部。比利時則有鐵道郵電部。雖在郵政。亦工部也。荷蘭匈牙利則工部兼商。西班牙則工部兼于文農工。其太學皆設工科。其餘皆立技師技手之官。但隸於內部耳。工之爲要政固矣六曰虞官掌草木鳥獸今各國森林畜牧水產皆多設專官。而歸農部。唐虞爲太平時略于殺而詳于生并兵于刑而分農虞爲二官蓋爲時既美故立官之詳略亦美也七曰禮官八曰樂官皆今歐美各國之文學部也樂官專敎習。尤爲文部專職。亦近于法波斯之美術部也。禮官掌祭祀。兼神敎實近於今歐洲之敎部。盖唐虞文致太平故畧于兵戎而重于文敎故八官中水土農工虞半爲養民之官敎法禮樂半爲敎民之官八部之繁乃至無一爲國之官焉不止無一奉君之官而已此眞太平一統之制也其視德奧英俄日匈之有宮內省以供奉君主者過之遠矣納言爲後世御史臺都察院之本在各國則有樞密元老院行政裁判官之比主彈劾議論在行政官之外者四岳之官分主四方藩政而駐于京師以爲中央集權尤爲雄重盖中國當唐虞時九州之地未逾江南然比之歐洲諸國大逾數倍集權實爲不易今移四岳於京以遙統外事則全部之事轉運輕易如使臂使指矣周設分陜二伯則地過大而勢過重不如四岳之尤妥今英有印度部。有殖民部。又有阿爾蘭蘇格蘭兩大臣皆在京師深得四岳之意俄有芬蘭事務大臣。德議會有丫路沙斯羅利吾二州專員。匈牙利有栖羅亞爹疎及斯拉呵呢疎二州事務大臣。皆參政府之事而爲內相皆四岳之意也又凡大事大疑用人立法乃至舉大統領皆咨四岳則四岳乃兼立法舉人之權矣如日耳曼之司選侯焉雖不若歐美民

舉之善而有貴族大臣公議公舉之美勝于後世專制之政多矣故中國數千年官制
莫如唐虞時之美也夏以禪讓承虞官制。猶昔記稱夏后氏官百。天子有三公九卿二
十七大夫。說苑稱湯有三公九卿。王制亦稱三公九卿。王制之九卿。一曰司空二曰司
徒三曰司馬四曰樂正五曰司寇六曰司市七曰太史八曰司會九曰冢宰司空掌量
地居民。興事任力。俾無曠土游民。蓋三代時地尚空曠故以殖民爲第一義此當今歐
洲之殖民部也司徒修六禮。明七教。參八政。一道德尚耆老。卹孤寡。嚴士伍。蓋後世之
戶禮兩部近歐洲教部內部之間但中國早脫野蠻故立教主人事而不尙神道矣司
馬論官材。教車冑。決射御。轄技力。蓋後世之吏兵兩部近歐美之陸軍而兼職甚多矣
下言百官獻成。質于三官。則此三官之統屬甚多可見也今各國亦有一官兼數部者。
如西班牙之合文農工商爲一部是也。其餘合農工商爲一部。兼文教爲一部。兼法教
爲一部多矣。樂正崇四術立四教。以造士。蓋歐美之文部司寇爲歐美之法部司市爲
歐美之商務部太史典禮執簡記則即唐虞之納言秩宗後世之禮部御史臺合爲一
官者司會蓋歐美之會計檢查院冢宰制用則以總理大臣兼管度支如英比璉之制

矣其曰百官則分職甚多蓋撥亂之際故爲民雖多而亦爲國不如唐虞分職之明爲民之切其以二伯分主天下亦不如四岳之妥孔子蓋兼存兩法以備後人因時制宜而擇用之也然亦無奉君之一官者比今各國之立宮內省過之遠矣曲禮云。天子建官有六太。曰太宰太宗太史太祝太士太卜。又有五官。曰司徒司馬司空司士司寇又有六府官。曰司土司木司水司草司器司貨。又有六工官。曰土工金工石工木工獸工草工。說者以爲殷制。其虛實不可考。要必三代時有此制也。太士者歐洲之大僧正也宗祝卜史皆爲神道蓋太古崇鬼神之敎故六太居其五以事神五官則司民事矣亦如今歐洲之僧官也府主賦稅工制器用當時乃各設六官以主之直隸天子雖稍失於繁瑣而切于一國之實用實爲精詳蓋當時立國未久土地不大故切寔有益如此也司土者地稅屋稅也司木者森林稅也司水者海澤稅船稅漁稅也司草者穀稅菓稅也古人無折色納總納秷千倉萬箱畧與今之倉塲總督同矣司器者工商稅也司貨者礦稅也今德國十三部。而司度支、司郵政、司鐵道、司收稅、司銀行、司公債、司老兵院資金。凡爲七府之大部矣。即英有度支部、出納部、商部、農部。亦分爲四部。大概分之有故者必理之至精德國地本瘠苦養兵又多故其理財之法注意理財一部至立七大部故能支持眞得商人六府之遺意矣若夫六工之制則土工木工爲土木部各國多設于州郡爲專官隸內部以技師技手數十人充之自道路市埸河海橋梁船塢衙署皆工製之合大地之精製備其雛形以資模倣故大工之成見者驚猶鬼神所以利民生而濟國用其益大矣中國自用老子之說以儉陋苟簡爲主故工程不講國體日陋民生日瘠皆此之由雖特立工部而無鼓勵之方徒司案牘而已亦由核官不精故也金工石工則製鐵所造幣局今歐美日本皆以大官爲之鐵製所造幣局長官至用一等官與侍郎同等德國則以鐵道立部亦可謂至重大矣其他取山石製江門塞土皆有專門技師督之故能精益致精獸工草工則凡百製造所皆有專官督之或立專賣特許之官要之於六府六工精治者國皆能强三國志之稱諸葛亮亦不過工械技巧物究其極而已後世官制疎濶乃逐于府工二官不講故財用不足而工械不精故無以利民濟國略由於此也

（未完）

中國人種攷（二）續三十五號

觀雲

中國人種西來之說

今全地球著名之各人種溯其始無非由遷徙而來從始爲人類一無變動而直爲土著以至今日此殆人種中絕無之例然則中國人種其原始不生於中國此固可與他人種以同一之例相推雖然今日吾人所欲定遷徙之迹者不在遼遠之時而直當問中國五帝時代之文明爲已住中國人種單獨發生之文明乎抑此時之文明即從遷從而來自他國而移植於中國者乎今日之所欲論究者此也

以吾人今日所知太古之文明一在埃及其發生殆在紀元前五千五百年之間而迦勒底之文明證以古碑亦當在前歷四千五百年以前又悉底斯 Hittites 之文明爲近

日所發見其文字尙不能讀。其年代亦無能推斷。或者更古於埃及迦勒底之文明亦未可知。而當此時代。其相距離先後之間。又有若巴比崙、若小亞細亞猶太非尼基等。然而其地域之接近不出一方今日溯鴻濛太古時代之文明國咸湊集於亞之極西歐之極東非之極北之一隅以其地勢相鄰而謂太古文明之發生悉有互相干繫之故者其言固近理也

希臘之文明幾多學者所論。謂與印度波斯埃及有同一之點。而以其地勢氣候之異也。又生特異之點。或者海拉斯民族之思潮不無受影響於印度波斯埃及乎未可知也。且也今日之論基督教者謂其原或同於佛教。嘉巴海威爾舉新約之化身主義爲證。又謂其厭世之倫理。原本於印度禁慾之道德。而亦有反對嘉氏之論者。謂基督教決與印度厭世之教不合。惟當耶穌誕生之時。猶太國有三派之宗教。一巴力薩。一薩陀加。一曷舍訥斯。曷舍訥斯教者。持厭世主義。以都會爲無道德之中心點。故必避之而住於山林。以商業爲貪慾之職業。故賤之而營農業。禁婚姻及男女之情交。廢止動物爲犧牲等事。而是等教派皆起於猶太人脫巴比崙歸來而後故或謂其受巴比崙

之感化或謂其受波斯之感化而又有謂其受印度之感化而攷其立教之元素僉謂其自外國而來而不能移以指基督教雖然世亦有論基督教之所謂造物主者即婆羅門之言梵天婆羅門教云梵天者世界之造物主也又曰梵天者世界萬有之原因。又曰梵天者不可見不可知之實體。又曰梵天者全智者也。又曰梵天者常住不滅。又曰萬物依梵天而居住。又曰梵天者光明者也。梵天不借他之援助而有智覺。一切萬有之智覺皆賴梵天之光明。此與基督教之言上帝殆無所異或者基督說教之旨不能無受影響於印度教乎亦未可知也

人心思想之潮流其特別發生則必有相異之點其互相接觸則必有同一之證。試以近事論之。從今世以前東西洋分。故其立說之旨各異。從今世以後。東西洋通各家立說。必有互相混合之處。由是言之。即埃及太古思想之潮流。亦有可畧引者。試舉舍排斯古墳中所發見之古文書。此古文書爲紀元前二千六百年頃所製造之物。蒐集道德之格言。其一部在紀元前三千九百年。一部在紀元前三千五百年。今述其中所言一二條如云。『汝勿誇智識。與愚者語。當如與賢者語。夫智識之範圍無際限也。雖學

至若何不能至於無所不知之境』又曰『汝遇強敵彼力勝汝則汝垂首彼不使汝容喙汝則從命而不與彼之事』又曰『汝若爲衆人之長定彼等之運命者則當求勿蒙非難之策毋使衆人生恐怖心不然人將反對汝』又曰『對大人者問則如其所問之言而答毋多語汝不知彼之意而多語或失言而彼則不悅傳大人之命傳其言而止不雜以己語』又曰『使父母爭鬪兄弟姊妹乖離夫婦不和者可悲之病痾也汝若賢莫若使汝家多畜財使妻子足食煖衣而滿足其所必要則彼將以愛情遇汝』略述一二如此此與夫西洋之思潮其性質殆絕不相同而以觀吾中國之舊道德及徵之人心風俗之間何其多酷肖而脗合也其偶同耶抑夫埃及太古之文明早流播於迦勒底巴比崙諸國而當日即受其影響而然耶是則中國與埃及固不僅上古之畫文字及文字之縱讀與夫以三百有六旬五日爲一歲之諸事謂其有相同之點也矣

顧或者謂文化之同一必有互相接觸之故是則然矣然或者由於彼此之交通而未可以爲人種遷徙之證雖然此在後世其本國已具文化之根柢者而後一與他邦交通能攝引其文化而來如中國之通印度而受佛教日本之通中國而受佛教與儒教

是其例也若上古時代忽發現文化於草昧之地或者即伴其人種之足迹而來如婆羅門爲阿利安人種有婆羅門而印度始發生文明則謂印度之文明由阿利安人種之遷入可也日本古昔之居民爲顆羅克爾人。先住日本之矮小人種本蝦夷人語款冬葉下人之意與蝦夷人至和人布居於日本而其文化始勝於顆羅克爾人蝦夷人則謂日本之文明由和人種之遷入可也然則上古之中國於五帝時代而忽呈燦爛之觀謂爲單獨發生之文明既不能無疑謂其由交通而輸入毋寧謂其由一人種之遷徙而文化乃隨之而倶來者其言爲近理也

世界一事一物之發明也必經過若干人之心思而又必費若干之歲月於其間此殆古今之通例也然以觀吾五帝時代其文化發生之速力既驚其驟而又多本於一世一人之事試以黃帝言之創歷象。史稱黃帝始造甲子則今之甲子是也又大橈作甲子羲和作占日常儀作占月后益作占歲又黃帝爲蓋天或曰命容成爲之又黃帝始受河圖門苞授規日月星辰之象又黃帝得蓍以推算歷數知節氣日辰之將來明醫藥。黃帝命俞跗岐伯雷公察明堂究息脈巫彭桐君處方餌立算數。命隸首作算數造樂器。軍歌兵器。伶倫造律呂榮緩鑄十二鐘岐伯作軍樂凱歌大容作咸池之樂揮作弓夷牟作矢立史官制文字。始立史官倉頡沮誦孔甲居其職作圖。史皇作圖作衣裳冕服。扉履。杵臼。舟車。室。陶正。木正。符契。帝作旃冕伐蚩尤時盖服袞冕又伯余胡曹作衣于則作扉履雍父作杵臼赤冀作臼共鼓化狐刳

木爲舟又虞姁作舟乘雅作駕臣胲作服牛相土作駕馬邑夷法斗周旋作大輅蒿元作室甯封爲陶正赤將爲木正合符釜山謂以符契圭瑞朝諸侯也與夫龍圖龜書等事。若夫磁極之發明。羅盤之創見。非尼基人航海時已有羅盤古代文明史上以爲珍奇之事。而黃帝作指南車又作旁羅。史記旁羅日月星辰以黃帝僅不過一百有十一歲之日月而文明程度如是其膨脹而發達謂必盡出於一時之創闢乎不能不生學者之懷疑心蓋以世界文化無此頓進之率也若曰是即由遷徙而來因祖國之所有以栽植之於中國猶夫今者歐人之至中國而布設其電線鐵道與夫一切新法之事故不待數十年而已煥然改觀設也地球再絕而東西不通則後人讀史不知其所從來亦必訝其發見之驟而不知其固自移徙而來也五帝時代之文化殆可作如是觀矣且夫自黃帝以前西亞種族必已漸來先已植其文化之端倪而黃帝爲英雄之主得此偉麗之大地可大施其展拓之才遂欲現一華胥華胥之國當是太古西亞之文明國故黃帝思之非如所稱烏托邦之類也特果爲何地不能確指之國於東方駕乎西方之母國而上之故所謂命某作某事命某作某事者不過因舊製之所固有而因地制宜以斟酌損益於其間而遂覺不出百年荒荒大陸若是其燦爛而繁備也

一民族入於一民族之間必有不能融洽者而階級之制往往由是而生阿利安人種

之入印度也。其上等人曰婆羅門。掌事神治人之事。次曰刹帝力。掌軍事。三曰毗舍。人民之義。當服兵役。四曰戍陀。最下之人。服農工商。其前三者皆屬阿利安人。其後一者。屬印度土著之人。以中國古事攷之略亦分四階級。一曰百姓。一曰萬民。一曰萬國。一曰蠻夷戎狄。而百姓與民每爲對擧之詞。如書云『平章百姓。黎民於變時雍』。『黃帝問於岐伯曰。吾子百姓養萬民』。然其於百姓也多親睦之情於萬民也多懷柔之詞至其對萬國也查當時官制有左右大監監於萬國其意蓋防檢之若其蠻夷戎狄則在斥逐之例由今思之百姓者一族之人故必從其優厚後世親親之義蓋由此出萬民者歸化之人故撫綏之後世仁民之制始於是親親之殺則仁民也萬國者降服之國而不奪其土地猶今之置土司然至親族而分王土地者則爲諸侯若靑陽之降居江水昌意之降居若水蓋在諸侯之列若國有戰伐則徵師於諸侯以取親親相衛之義而推戴天子亦在諸侯而無與於萬民萬國之事諸侯者蓋當屬於百姓之內但指其有土地者而言之耳若蠻夷戎狄爲未被征服之人故攘除而不使其與我種人相雜以爲子孫憂後世嚴中外之防者始此凡此皆顯見一種人與他種人有特別之界限

向使非由外來之族而爲土著之人則混合既久羣相安於無事而此種階級殆無由而發生也

百姓之族當時盖甚尊貴其後遂有賜姓之事故曰黃帝二十五子其得姓者十四人而夷攷之當時則執掌政治之權殆亦不出一族以外如堯舜禹稷契載之古史其譜牒皆歷歷可稽雖不可盡憑而要之爲一族之人殆可無疑夫既屬一族之人則當日之爲天子者殆不過一族之酋長如摩西約書亞之爲以色列族長無異即舜之登庸似屬選自民間然其實則由四岳之推荐與夫希臘之元老院 Areopagus 高等議會 Boule 普通民會 Ecclesia 羅馬之民會 Comitia Centuriata 平民議會 Cemitia Tributa 後世之議會 Parliament State general Reichistag 固有異且也以窮居之人而孝行得以上聞盖亦由一族之人其耳目易周故堯不疑而羣臣不忌仍由一族之撰擇而使居上位已耳夫當日中國之地居民盖已甚多而獨此一族之人若占特別之位置則必有其所由來之原因者盖可知也

研求中國民族從亞洲西方而來之證據其言之嶄新而驚闢者莫若千八百九十四

年出版之拉克伯里Terrien de Lacouperie所著之支那太古文明西元論Western origin of the early Chines Civilization一書。其所引皆據亞洲西方古史與中國有同一之點。於此得窺見中國民族之西來。於西方尙留其痕迹而爲霾沒之太古時代。放一線之光。其全書於我國尙無有迻譯者。茲不暇覼縷。而節述一二於下。

奈亨臺Nakhunte者。即近世Nai Hwang ti與愛雷米特Elamite歷史所稱之Kudur Nakhunte相同。於底格里士河邊有戰功。當紀元前二千二百八十二年。或謂當紀元前二十四世紀至二十七世紀率巴克Bak民族東徙。從土耳其斯坦。經喀什噶爾Kashgar即疏勒沿塔里木河。Taryn達於崑崙山脉之東方。其一族者與其本族分離。向北方近烟尼塞河流域旅行。今日於河邊。發見其用當日文字所成之古銘。而同時又有未達東方者。與北西藏之民族結合。而爲一部族。此東徙之酋長。以中國古史證之。即黃帝也。又曰莎公。Sargon者。於當日民族未知文字。爲記事實。用火焰形之符號。按中國史稱神農用火德王以火命官故曰炎帝是即中國所謂神農也。又曰但克Dankit者。近世Tsanghieh。迦勒底語爲Dungi。亞爾多Chaldea。人曾傳其製文字象鳥獸爪之形。是即中國所謂倉頡也。

巴克者。本當時命其首府及都邑之名。而西方亞細亞一民族。用以爲其自呼之稱號。今此語之存於西亞細亞古史者。如云巴克[illegible] Bakhdi 巴克脫雷 Bactra 巴克坦 Bakhtan 巴克雅 Bakthyari 巴克大 Bacdad 巴克斯坦 Bagistan（Fag or Fak stan 即巴克之陸 Land of Bak 巴克美乃齊 Eakmesnagi 即巴克之國。Country of Bak 此民族其後有東徙者。是即中國所謂百姓也。

崑崙 Kuenln. 者。即「花國」Flowery land 以其地之豐饒。示後世子孫之永不能忘。既達東方。以此自名其國。是即中國所謂中華也。

至其事之相同者。如一年十二分法、一年二十四小別法、一年分四季法、置閏月法、五日累積法、（木火土金水）以十二年爲世運之一循環、二根元陰陽之義、用八十筮竹音樂十二律、十干十二支之循環、十二甲子之循環、六十年爲一紀、溝渠運河堤防、金屬之使用及鑄造、用戰車駕二頭以上之馬、君主之冠裳用特別之紋章、（中國袞冕黼黻從）事農業、得小麥之種、（波斯灣之北及北東所自生者移植於中國）座尊右、四海之稱名、置天文之官、四岳、（迦勒底四個州國之王）十二牧、六宗、（穌西安那之六少神）視君主有半神之觀念等是也。

文字語言之相同者。如十紀計算法。大皇十三頭。地皇十一頭各一萬。八千歲。天皇二十三萬四千年。地皇十九萬八千年。總年數四十三萬二千年。巴比崙以此計算大洪水以前諸王之年數十紀之第一期者。九人治世。中國有九頭紀 次五紀。中國有五龍紀 又 Sumir。中國循蜚紀 Dintirki。中國因提紀 Tamdin 即波斯灣之北。中國禪通紀 Urban Urbagash Hot-Bak-Ket。中國伏羲 十二月名稱之符號。十二支名之符號。爾雅史記所稱者 等是也。

巴比崙之楔形文字。一變而爲畫卦。茲略舉楔形文字於下。

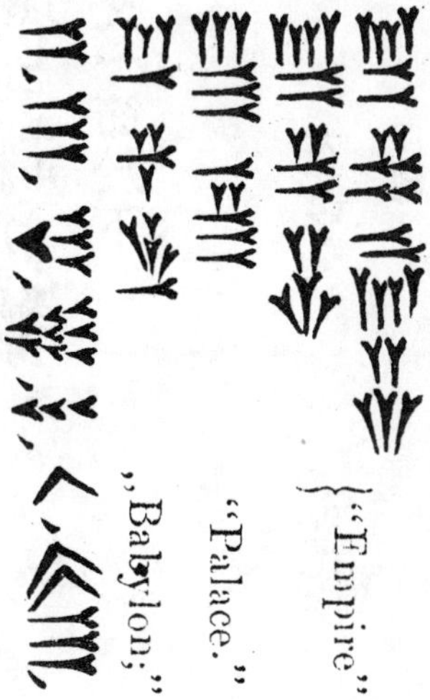

Sunkuk. {"Empire" "dominion" 帝國主權

Sunuk "Palace." 'Court." 宮闕 裁判所

Chifa. ,,Babylon;" 巴比倫

Bapilu 2.3.4.8 9.10.23, 二三四八九十廿三

卦者一種之古文字也。以字簡而事物繁。故於一字之中。包含衆多之意義。後世遂以此爲卦。寓天地萬物之理。而所謂易者。古文字之字典也。歷代時有增輯。故易不

一。當時欲治古文。不能不檢字典。孔子讀易而韋編三絕。蓋使用之勤以至此爾。易本爲古文之字典。而卜筮者。又假易以爲用。故於初九初六各爻之間。加以吉凶无咎等字。（如後人以唐詩作籤語而加以上上中中下下等字）

玆述離卦文一節於下。

☲

經文	古文字	近代字	意義
离	離		離者一字有數多之意義
畜牝牛	离		家畜之女牛
吉			
初九			
履	离	縭	靴鞋之物
錯	离	謧	誤也
然	离	⿰米离	燃也燃米
敬之	离	瞝	注意諦視

无咎			
六二			
黃離	离	離鵹(鸝)	黃鳥之名
元吉			
九三			
日昃之離	离	离	斜日之光耀
不鼓缶而歌	离	離	不拍瓦器而歌歌之一種
則大耋之嗟	离	嘀	老人之歎
凶			
九四			
突如	离	离	不意而來
其來如	离	離	同來相會(後爲涖)
焚如	离	焫	失火
死如	离	離	如死刖也
棄如	离	離	捨也拋也(今義離字同)

六五			
出涕沱若	离	漓	流涕及淚等
戚嗟若	离	[illegible]	斧伐木之音
吉			
上九			
王用出征	离	褵	王出征時所用之衣服
有嘉	离	[illegible]	婚姻之結合
折首	离	離	斷首
獲	离	[illegible]	猛獸
匪	离	籬	竹籃小籠
其	离	篱	掬簸穀物之籠
醜	离	离	醜物怪物
无咎			

以上所引。其是否未敢論定。（所引祇舉其畧尚有各條及其論議均未及詳）以今日者人類學日益昌明人情於其祖先之所由來決不肯安於茫昧（如日本人攷其人種所自來之書甚多）今我人種西來之說已爲世界之所

認然則我國人有起而攷其事者必先探檢巴比崙 Babylonia 迦勒底 Chaldaea 靄南 Elam. 即蘇西安那 Susiana 及幼發拉底底格里士兩河間美索不達尼亞之平原與夫中亞細亞各地而研求其碑碣器物文字語言及地層中之遺物而後是非眞僞可得有顯了之日而不能不有待於中國文明學術進步後也不解各學術者不能攷古中國攷古之事劣於西人以無各學科爲根柢故也

當百姓民族東來之日其道路所經今難確知以今之地勢推之旣橫斷中亞洲山脈由此東向其一道從葉爾羌即莎車 Yarkand 喀什噶爾即疏勒 Kashgar 而出吐魯蕃 Turfan 哈密 Hami 之邊達中國之西北部沿黃河而入中國其一道從西藏之北部青海邊而入中國然路稍險隘又從西藏之打箭爐亦爲一道然由此入中國者住蜀而入長江之流域以今思之大概出於首一道者爲多夫以靑史轟名之摩西世咸嘖嘖稱其率以色列族出埃及而建猶太之國爲不可及之事然其徘徊四十年卒不越紅海之濱即近日歐洲諸國殖民全球然亦因蒸滊船之製發明與恃其器物之利用而人類始得增一層之能力孰若我種人於上古四千年前世界草昧舟車未興而超越千萬里高山崱屴沙漠出沒之長道以開東方一大國是則我祖若宗志氣之偉大性質之勇

敢爲何如而其事業之雄奇又直爲他人種之所無足以鼓舞我後人之氣概者抑又何如也

中國古書多言崑崙而又述黃帝之所遊（莊子天地篇黃帝遊乎赤水之北登乎崑崙之丘（博雅崑崙虛赤水出其東南陬山海經流沙之濱赤水之後黑水之前有大山名崑崙之丘）而南望還歸遺其玄珠使知索之而不得使離朱索之而不得使喫詬索之而不得也乃使象罔象罔得之）及黃帝之行宮（列子周穆王篇別日升崑崙之丘以觀黃帝之宮而封之以詒後世又穆傳吉日辛酉天子升於崑崙之丘以觀黃帝之宮）至周之穆王欲騁八駿一巡游其地以爲快（穆王之行或未必實有其事而借此以記古說）而屈原作賦亦若不勝馳慕之情此明示中國古來於崑崙若有特別之關係

且觀古書所載述崑崙之形勢亦頗詳盡夫以吾人所知三代以後之事例之如所謂張騫玄奘之西行者其事蓋少何則以中國氣候之溫和物產之豐備土地之平易既無須出塞西行爲逐水草而謀生計而以其道路之險難亦足阻人旅行之情然則太古時代以何因由而反於往來西方之事獨密此而謂由中國西行以探其地毋寧謂由西東來而道路所經由因得熟悉其地形也且猶有不可解者古書所言西方之事何以皆歸之於黃帝而取百家之說以參差互證又俱言西方蓋有樂國即黃帝之夢華胥亦云在弇州之西台州之北又西王母之國早見於傳記而多贊美之詞以音譯

之甚近穌西安那是固百姓民族之在西方時曾受其教化者也而又云西方有聖人凡此皆於中國上古書中浮一離奇隱約之事或者故老之所流傳述其祖鄉風俗彼穆王者或因聞古說而心醉而屈原者亦因博覽古事因而流露於詞翰之間夫人情於去國離鄉每念游釣之所一丘一壑皆不勝其天上之思而况當日者初至東方所見土著都爲蠻夷之俗而母國之文化又未易發布於一時遂若回首西顧動人豔羨至其後基業已定而東方佳麗之地一植文明發達甚速而又以西道崄巇不生再往之心遂使西方之事淡忘於日久之間而口口相傳偶留古說百家摭拾錯雜互記遂若其事甚奇而不能解其原因之若何也

中國之民族果自西來則東西古史其稱名必有相同之據。拉克伯里之書。既已不乏攷證。又博士陀多剌士 Douglas 之研求。謂中國姓氏發見於西南亞細亞者不少。若至吾人瀏覽古史。蓋亦時多觸悟。姑以未得實驗。不敢多舉以涉附會。而略舉其一端。如西方古史云。率巴克（百姓）民族東徙之酋長爲底格里士 Tigris 河邊之人而中國古史云黃帝長於姬水西音 Ti 爲梯今譯爲底亦譯爲地（或作地吉利河）其音實與姬相近而日本所譯音亦作姬至以累名之詞而祇舉首之一字以爲全體之代表者凡簡稱之時皆然盖已不乏其例（如歐羅巴簡稱爲歐洲英吉利簡稱爲英國此例甚多不煩枚舉）且即促諸音而合讀爲一音亦可爲姬此在學理上論之謂爲偶然毋寧信爲不無關繫之說也

太古時代之人民曾雕刻玉之一種以爲頸飾今時歐羅巴及日本與其他各國時時從地質中發掘據學者所認定其玉爲崑崙山產出之物中國以人類學未明未發見此種遺物然既由亞洲以散見於日本則中國亦當有此物無疑而據此則可知由崑崙以至東方實爲古代之孔道度當日迦勒底巴比崙諸國必已早聞東方之名而遷徙之事或非權輿於黃帝特黃帝者若率一族之人而選拔其俊秀之才直大舉而爲立國東方之計故一入中國既戰勝其土人遂百務具舉而任官分職各得其人不啻取其懷中已具之計畫而敷陳之顧西來之事既大昌於黃帝而自堯以後反絕則其時必當有地理上一大變動之事夷攷其時無他殆所謂洪水焉耳當日西方傳聞必以東方爲盡在懷襄滔天之中故中西之通道開而復塞嗣後洪水既平中國又急急務爲內治其所布設一切皆東方之事而無與於西方而古代遷徙之事以文字艱難

不留一家之著錄而後世遂因此而無所攷見也
以亞細亞西方之人種遷徙而爲中國之土著者不乏其人如回回教徒爲阿剌伯人種河南抽筋之一族當爲猶太人種顧其來也較後其踪迹易于攷求之即其本種之人或亦乏記載之書而日久且忘其所自來然從其軀幹風俗宗教之各方面以觀不難一見區別若吾人種之來則事在遠古其顚末遂未易詳今亦未敢主一說爲定論然既發見與西方有諸多相同之事且中國太古之文明悉爲西方所已有則其言非盡無因而欲研求我人種之始來不能不用之以爲希卜梯西者也

（未完）

哲理

心理學綱要

內明

緒論

第一章　心理學名義

草木繁茂鳥獸飛走太陽發光熱蒼天起風雨雷霆等是爲外界之現象省曰物界現象(或名物質現象)觀花而樂聞樂而喜追懷往事想像未來等是爲內界之現象省曰心界現象(或名精神現象)物界現象固千形萬態心界現象亦千種萬類也

試就宇宙之現象所聞所見所知所識者規正之擴張之使成一系統是爲物界現象之科學即物理學化學博物學等是也同理就心內現象應有幾何之知識規正之擴張之使成一系統是爲心界現象之科學即心理學是也故心理學之名義可簡稱之

曰研究心界現象之科學

物界現象表著於外故必占幾何之方羃(空間)是曰物之延長雖山川之延長爲大而細菌（細菌西名扳克替里亞。黴菌之一種。而爲種種傳染病之根原者。）之延長爲小要非全無延長者是物界現象之特性也心界現象反是而全無延長之可名思慮喜怒哀樂愛惡欲名詞衆多終不能謂有如干之延長所謂大膽寸心者特罕譬之言耳然則心界現象之特性果如何曰依乎意識意識最純一定義爲難試擧例以明之有人焉卒倒於此他人喚之不聞觸之不覺而其手若足寂寂然不之動方此之際彼固全無意識也既而醫士施以術彼乃啓其眼簾視人咸集於左右問今如何乎謝各人之護持自起飲水於時彼之意識既已來復而此來復之意識即心界現象之特性也

物界現象立乎外域而通於吾心是吾人間接而知者也心界現象則爲心身之作用吾人直接而知者也故物界現象之科學爲間接經驗之科學心界現象之科學爲直接經驗之科學

第二章　心理學之研究法

物理學化學之類可依乎觀察外界之事物與施之實驗者而爲研究之方而心理學所研究者在乎各人之內界即所謂心狀是也故吾人當先研究一已之心狀進而及於他人之心狀研究一已之心狀是爲主觀法研究他人之心狀是爲客觀法心理學之研究當合主觀法與客觀法而互相爲用者也

一主觀法　記憶判斷之爲何物歟忿怒同情希望決意之作何用歟徵諸一已之經驗方能知其所以然外無可測知之捷法也假與一毫無同情者終日相對決不能表白同情爲何物故物理學化學等之研究肇端於觀察外界之事物而心理學之研究權輿於省察內界之心狀人之性質或適於外界之觀察或適於內界之省察後者最有當於研究心理學惟內界之所得研究者僅僅心意又爲自省自察故其研究之方方諸外界之觀察尤爲困難也

主觀法又僅以一已爲標準故不免有缺點存缺點云何即富於同情者以爲無論何人皆富於同情短於記憶力者以爲無論何人皆短於記憶力之類是也職是之故而敎育上之弊害踵趾相接焉故當依客觀法研究他人之心狀以討論普徧之心理

二客觀法　客觀法有二種一曰觀察法二曰實驗法何謂觀察法吾人忿怒時顏色聲音皆呈標徵則於他人呈此標徵時可知其人亦爲忿怒此吾人所以得觀察他人之心狀也而觀察之術徵特直接其人而可施行又可據依於傳記小說而間接施行之何謂實驗法自弗僖訥爾創唱實驗心理學（一名精神物理學）文篤擴充之大成之其法遂洋溢於歐美兩洲至今各大學莫不廣設實驗所盛置精密器械者由此法也以例明之如欲研究文明人何以智識宏遠野蠻人何以智識淺陋之問題則必將兩種人之腦質判別其容積各幾何重量各幾何始得知其崖畧故欲研究心理學者不可無精密器械以實驗之尤不可無生理學之知識及神經系統之知識

第三章　心理學之分派

兒童之心狀方諸成人爲簡單下等動物之心狀方諸兒童尤爲簡單據進化論則吾人人類由下等動物漸次進化者也而其所謂進化者徵特形體爲然精神界亦與俱進焉故欲明吾人複雜之精神現象必由其簡且單者比較對照以尋其發達進化之迹在心理學中涉於研究動物之心狀者曰比較心理學或稱精神動物學研究兒童

之心狀者曰兒童心理學外如研究病人之心狀者曰病人心理學研究人類所以成民族結團體之心狀者曰民族心理學是皆特殊心理學也所謂心理學者非特殊心理學之謂而普通心理學之謂即研究健全成人之心界現象者是也

上章所云實驗心理學爲依於實驗法之心理學故又稱精神物理學而專自生理上研究心界現象者曰生理的心理學或稱精神生理學（譯者案生理的心理學爲實驗心理學所包）

俾思太洛藉（泰西教育史譯作裴司塔若藉瑞士之大教育家也）曰『教育之基礎存乎人性』有志教育事業者不可不重念此言也是猶醫士當知所治療之人體機關與其作用也農夫當知所耕土壤之性質也工人當知其所應用土木金石之種類也夫人心之作用順應乎天賦之自然非外界所得激刺所得勉强故曰『教育當從自然』海爾巴脫氏者實以心理學示教育方法爲基本學科之山斗也如彼應用心理學於教育上教育焉得無效果而爲教授者尤不可不明兒童之心理方今兒童主義發見者半未發見者亦半人惟以兒童云云自爲思考猶不能知其果作何解使啓童蒙夫何能覩其成效故吾得一言斷之曰人苟不飫知兒童之果爲何物必不足任教育之事也

六

本書主義在指示普通心理學之要點而幷及兒童心理學與其他事項者欲爲任兒童教育之士指其方針導其正鵠也

（未完）

批評門

偵探小說 離魂病

全一冊

定價二角五分

小說者最能激刺人之腦筋而常善導人以遊于他境界者也蓋其變幻不測哀樂無端使人讀之而忘其現在所處之地位不啻置身于書中而爲書中之人也者小說之妙不可謂非窮神盡化乎而其尤奇者則莫如偵探小說筆端閃爍有神龍見首不見尾之觀眞令讀者如墮五里霧中也且讀此等小說能使人性靈敏活行事老成是又與他小說之徒托空言無補實際者有異是書連號譯印于本報大受閱者之歡迎茲已完竣特將版權售與上海廣智書局歸其另印單行本出售經已存案翻印必究即日出書愛讀者盍速購取

發行所 上海 廣智書局

橫濱 新小說社謹啓

政界時評

（中國之部）

▲北京之鑄銀總局

設鑄銀總局於京師之議。久爲當局者之所留意。近以採用金貨本位制之說漸盛。或謂不久當見諸實行。而又改鑄重一兩重五錢各等銀元。以爲補助貨。斯或我幣制一大革新之時機。已迫於目前乎。今聞吾政府已爲鑄銀總局。提出一百萬兩分存各銀行。以爲準備。是亦講求吾國幣制者之所當垂意者矣。夫各國幣制。莫不畫一。歸其大權於中央政府。除中央政府外。莫得鑄用者也。日本未維新之前。尙行封建制度。各藩殊治。卽如貨幣。亦各各異制。彼此不能通用。卒至紊亂萬分。幾於無可收拾。及明治維新。乃急改幣制。以爲整頓財政之基礎。其經濟界之不至。於一敗塗地者。實賴此耳。今我國欲以抵制洋銀之流入。乃棄其用馬蹄銀之舊習。命各省籌欵設局。鑄銀元。不十年間。設局者已有數省。今且將遍全矣。然所出銀元。各省殊制。成色互異。遂至一省之銀只能流通於本省。越境卽不復能用。夫外國之銀。尙能布滿於市上。而本國之銀。乃不能取信於鄰省。天下之奇事。豈有踰此者。此尙猶可言也。甚者本省所鑄之銀。本省之人。亦不肯用。如今吾粵人視廣東省所鑄七分二釐如芒刺。不肯受之以手。而見香港所用之鑄有洋人面目者。則欣然授受。莫有猜疑。嗚呼。是豈我國民心醉西風之流弊。一至於此極耶。抑亦幣制不亘加以司鼓鑄之大權者。隨意輕重。其量高低其色。致使民間懷疑。莫有信用而已。然則設總局於京師。盡收天下之舊有銀元。重新改鑄。使歸一律。然後以此頒行各省。使照値通用。即以納稅呈官。無庸補色。必如是而後可救吾國幣制之積弊。而毋爲商務之蠹也。然於京師總局。若所任不得其人。則不免從中作弊。蹈現時各直省之覆轍。或則低其成色。或則輕其分量。則其不能取信於民。使之通行無礙。與今日無異。而其影響遍於全國。則比之今日之弊在一省者。爲尤甚焉矣。

（外國之部）

▲巴拿馬運河計畫之一大頓挫

美國之經營巴拿馬運河。不知幾經論執。然後得決議開辦。今於其經費之所從出。亦既審定方案。殆進於萬事俱備之地位。天下皆意其興辦之期。當不在遠矣。乃其與哥倫比亞政府所訂條約。忽爲彼元老院之所拒絕。是於巴拿馬運河之計畫。生一大頓挫也。據西歷八月十八日之電報。在合衆國政府及巴拿馬運河公司。固不免觖望。而天下之渴想此運河成功。以利便交通者。亦當聞此報而爲之不樂矣。夫開通巴拿馬運河。全世界將俱受其利。而哥倫比亞元老院何以獨拒絕此條約而敗其成功哉。其一以該條約與哥倫比亞之憲法有所抵觸。其二以該運河所通地域。當以對于外人之司法權警察權授與他國。是不免讓其主權於人也。此二者實爲元老院所執。以反對該條約之大原因。或爲之說曰。第一障礙。可藉修正憲法而排除之。甚易易耳。第二障礙。當以下院之同心。搖動上院。使回其反對之意。雖然。政治上之事。向來不能以單純道理容易服人。至於和解上院之意。尤爲西班牙統系之亞美利加諸國。所難望其成功。以其向來以法律家爲政治家者居多。其宗旨既定者。不易說動也。加以哥倫比亞國人。俱均對於美國之膨脹政略。不勝猜忌之心。不甯惟是。彼凡見外國人之來住。皆大嫌惡之者也。又況巴拿馬運河若果開通。則當與美國之鐵路相聯絡。而在太平洋占航海事業之大利者。將必蒙其影響。則以此爲業者其心必不喜此運河之成功豈必無放反間之計以謀壞其事者。由此觀之。哥倫比亞之反對。豈易除去哉。

巴拿馬運河之障碍。既不容易排除。然則美國之不能不改用第二策也明矣。所謂第二策者。棄巴拿馬線而以尼加拉線代之也。美國當與尼加拉政府再開交涉。其必不至如巴拿馬之爲所拒絕。而反爲其國人民之所歡迎。故美國果用尼加拉線。吾知彼必能於沿線一帶。以幅廣十里之地。供運河之用也。雖尼加拉之工程。比之巴拿馬較爲繁難。費用亦較多。然使巴拿馬之議果不成。則雖欲不用尼加拉線。而不可得也。又據調查委員之所報告。尼加拉線比巴拿馬線須多用維持經費。又於桑條安河改修工程。十分困難。殊爲不便。雖然若就交通上之利益而言。則較之巴拿馬線。尤爲優勝。何以故。達於南美西海岸及澳洲之通路。雖以巴拿馬爲便。而於太平洋沿岸。反對於極東諸國。則以尼加拉線爲更得宜也。要之尼加拉線之優劣得失。實足與巴拿馬線相伯仲。今在美國之有名政治家。如摩兒安及俄爾曼。已贊成此策。將來因哥倫比亞之態度如何。或致使尼加拉案再復採用。亦不可料。

主張巴拿馬線者之中。尙有謂於此兩策之外。有第三策之可採者。如紐約某新聞。其主持是議者也。其所謂第三策者何。曰不承認哥倫比亞政府直接與巴拿馬交涉使讓出運河所必需之地域是也。吾想。

南美諸共和國之聯合甚爲脆弱巴拿馬不待言矣其他聯合諸國亦屢倡革命者也然則此等計策或可望其成功而其結果必致使巴拿馬自哥倫比亞離而自立是則以私人資格而營業者或能用此陰謀而以令衆國之公然舉動則必不能出於此策也以吾人之眼光觀之哥倫比亞之不贊成巴拿馬線不過一時之現象而已彼上院熟思審處之後必能翻其前議而至於承認該運河條約是吾人所敢逆料也蓋運河爲全世界之人之利且於美國與絕東之商務極爲握要今於巴拿馬及尼加拉之兩線雖互有優劣而至於成功之確實可望尼加拉線當輸巴拿馬線一着是其結局仍以巴拿馬爲優勝也哥倫比亞人雖嫌惡外國人而彼能知外國資本與及創興事業之價值今見其莫大利益將舍吾海岸而移置他處彼豈能默視哉故美國政府宜究其事之眞相與彼從容交涉細講善後之策巴拿馬線斷非絕無可望者也

四　▲澳洲政界之反動

英政府之於澳洲實行干涉政策與他屬地迥然殊異是不可掩之事實也今据「澳洲評論之評論」雜誌所載某博士之論文則以近頃各殖民地所行總選舉之結果而知反動之大勢漸相逼而來也如陀士馬尼亞使其舊有之閣員全行辭退而別以四大臣組織新內閣而代議院則以實業家及少年有爲之士充之蓋在澳洲議會之意見往往不能與輿情相浹洽故代議院常不能代表人民之精神也夫選舉人之所希望曰使政府之組織歸于簡易也曰尊重個人之自由也曰整理財政也曰罷公債政署也停止新事業也雖然非新人物不能使應新事情頑固之政治家不易使之一變其思想不能立一政策行一新制度故最近之總選舉各殖民地皆排斥臭腐頑梗之舊政治家而莫肯舉之職是故也而今而後守舊之徒必不能謀一立足地乃萬國之通例天下之公理也吾知此趨勢之萬無可挽也已

◎學堂之突飛進步

湖南紳士勢力之大。足與官吏抗衡。而左右一省之風氣。抑揚一省之事業。天下之所共認也。惜乎其所謂大紳士者。向來不知外情。頑固守舊者居多。故自時務學堂南學會散後。數年以來。能以新學提倡一時者。未之曾聞。湘中本多奇異之士。其人又尚氣可用。而以此故。不能首先丕變。以爲天下倡。論者輒爲中國惜之。至近年風潮漸改。去年以來。其以查察各種情形遊於日本者。絡繹不絕。及其歸也。乃盛倡新學。而尤汲汲於學務。於是師範武備高等普通小學各等學堂紛然創設。其他百事皆仿日本。甚至以小日本自稱。其驅于一時之狂熱。突飛進步。幾把湖南之學堂界而推倒之。近復於長沙城內設一半日學堂。專收貧民之不能入正科學堂者。授以半日功課。又將設女學堂幼稚園等。以盡養育婦孺之道。其巡撫又遍諭各府縣。使立中小學堂。今聞其告厥成功者。已有十餘縣。湖南教育事業之進步。眞可喜哉」

我國迫於時勢。知養育人才以救國危。非遍立學堂不可。於是上以此勸。下以此倡。教育教育之聲。幾徧全國。可謂識時務矣。雖然。各省之學堂紛紛設立矣。而以師範不得其人。管理未得其法。又銳進少年。未慣受治於法律。少不合意。即閧堂而散。觀於年來學堂鬧事之頻仍。稍留意於我國之教育者。莫不引爲大憂。以爲前此未立學堂。猶尚希望於將來。今學堂既設。而百無一效。反貽守舊者以攻擊之口實。則教育界之前途。將變爲荊棘。而無從更覓下手處矣。如

批評門

京師大學堂自去年開辦以來。頗著成效。在今年上半年。實可爲中國學堂之冠冕。人皆屬望。謂其必足爲天下式矣。乃基礎方立。而洪水决之。萌芽初茁。而風雨摧之。既因政府有種種之掣肘。局外有種種之疑忌。使當事者不得盡行其意。及派張之洞會商學務。重訂章程。識者早料其不能改良而改惡矣。自是之後。洋教習則苦口力爭。漢教習則見幾求退。學堂規模。已改觀矣。又以科舉不廢。學生中須乞假鄉試者。十居八九。其最遼遠者。非至年末不能歸京就業。如此辦法。無論重定章程之何如。而從前之名譽。已不可復保矣。今湖南新興學堂。其進極銳。其術甚多。其辦法或莫匪善。誠一大可喜之現象也。記者惟祝其善始善終。能立一國學堂之標準。而無與他省之辦無成效者。同揩一慨。則中國教育界之大本也。

人物時評

○英國前總理大臣沙士勃雷

沙士勃雷爲不世出之才在英國人莫不信之矣而未知其果能以非常手段折衝樽俎間使國體無所損辱而列強皆畏其外交之術否也適千八百七十六年土耳其有內亂延至列國出而干涉其争沙士勃雷乃藉此機會得以其外交長技演於東歐之舞臺蓋沙士勃雷當巴爾馬斯頓內閣之時知東歐風雲黑暗慘淡歐洲外交之局面將以此爲中心點乃自挺身巡行其地考查實情以預爲將來用武之地而今果於二十餘年之後始得占外交之地位而行其素日之所抱負也

塞爾維亞之亂既起病夫國之實力不足以鎮壓之於是德意志奧地利俄羅斯皆倡議以兵力借於土耳其政府助其削平內亂乃惟利是視之俄國忽翻前議公然祖庇亂黨於是各國大疑俄國之用心於其一言一動極爲留意而英國占莫大領地於亞洲以土耳其爲之通路若使君士但丁入於俄人手中於英大不利宜其不能默視也及交涉數次卒決議在君士但丁開一列國會議以治其事而代表英國以臨斯會者實沙士勃雷其人也

夫英俄之於土耳其其利害關係共立于水火冰炭之地位利於英必害於俄利於俄必害於英常爲反對不能並立然沙士勃雷此行實出常人見識之外卻欲與俄相親蓋知英雖雄視一時而以獨力與俄抗必非萬全必勝之策也沙士勃雷欲先探各國政府之深意審各國國民之輿情然後定其方針乃以

批評門　二

十一月二十日發倫敦。翌日訪笛喀圖公於巴黎。知法蘭西政府之於東方問題。確非有援土耳其排俄羅斯之意。二十二日之柏靈謁俾斯麥。窺其意似表同情於俄皇。及見德皇。則不特以叔姪關係。固欲贊成俄皇之所爲。且自公言往日與法國開仗時。俄國嚴守中立。使德國得成統一之治。今正以德報德之時也。沙士勃雷再赴維也納。見晏辣西伯。又訪甸牙利首相哲渣。兩人雖俱云俄土若有戰事。當援土國。而語極模稜。使沙士勃雷不得窺其眞意之所在。乃去維也納赴羅馬。二十九日見其外務大臣美列加利。聽其論旨。以爲土國瓦解之局。固當勉力扶持。惟其對於叛亂諸州。不可不實行寬大之改革。若一朝不幸而至於交戰。我國自當守中立之公法。雖然。他國或率然派兵在土耳其領內。占尺寸土。則我國必守外交之公道。而極力反抗之。沙士勃雷固以親俄爲得計者。及徧遊各國。歷訪各當局者而探其意。則果與已之政策無大相差。雖知不反對俄國。不洽英國之輿論。而沙士勃雷既獨具眼光。乃抉一定之宗旨。而竟赴君士但丁之會。

十二月初旬。各國使臣皆集於土京。代表俄國者爲伊挐支夫將軍。將軍知沙侯本非有意與俄爲難。乃務結其歡心。兩人之交情日益加密。於是沙侯之政敵。皆在本國攻擊沙侯。謂其將念朋友之交情。而犧牲國家之利益矣。而沙侯熱誠愛國。不因私情而忘公義。故其從容談判。不敢徇一毫私見。苟於政府所定之政略。及政府所授之訓令。有所違背。即必竭力而爭。以期無負於國家。此則審於當時事情者之所共認也。及君府會議。列强之意見不能相容。於是和平之局立破。而俄土兩國斷然以戎馬相見。當時英國政府之意。以爲兩國交兵。苟其利害不至影響之英國則雖守局外中立之例可也。若於埃及蘇彝士打打尼士之條約有不能十分遵守。若或君士但丁被逼太甚。淪於危亡。則英國不能不出而干預其事。其初開仗九月。英國利益尚未見侵也。逮戰局愈久愈大。俄兵將逼近君府。英國始憤其侵我利益。再不能袖手傍觀。乃以一八七七年十二月中旬。詰問俄國政府。叩其所以逼壓君府之故。再以翌年一月二十三日下令於艦隊。使即駛赴打打尼士海峽。及三閱月後。桑士特華諾之條約已成。於是英國知大勢已迫。不能不確定一實行之方針。以當此危局。卒以內閣會議之結果。笛爾奧伯上表辭職。而襲外務大臣之後任者。實為沙士勃雷沙侯。以桑士特華諾之條約。實使巴黎條約所定之國際關係驟然變動。其力量甚大。不可輕視。乃再四調查。究其內容。且以俄土戰爭之結果。必使國際之間生出一新關係。不可不預為討論也。乃公言歐洲列國不可不開會議。以善其後。且以此意照會俄國。

於時英國之保守黨。固以沙侯之外交政畧為得宜。翕然贊成。至於自由黨員。亦多熱中於東方之事。然則俄國政府其從沙侯之請乎。不然。是與英國不能免於一戰也。然俄國素知與英國戰之非利也。乃不得已從沙侯之提議。願以戰後之處置。附於柏靈會議。

當沙侯未赴柏靈之先。世間盛傳沙侯既與駐劄英國之俄國大使訂立密約。一時人言藉藉。沙侯乃親臨上議院。自辨此說之為子虛烏有。顧於沙侯與治士列里同赴柏靈後。外務部之臨時雇員某。乃以所稱英俄密約全文。揭於六月十四日之格羅布新聞。至使各國皆屬耳目。而此條約遂不能成立矣。然此條約聲明英國許俄國以兼併拔曾及加路士各地。

批評門

然則俄國雖占有此等地方。英國當無異議者。已爲俄國所藉口矣。以此之故。沙侯之在柏靈會議。每於拒絕俄國之要求大覺不便故自始至終其不能滿志之事甚多沙侯自不能不以此爲遺憾然就全局而言沙侯之於柏靈會議其外交之成績固足與治士列里相頡頏而一無所讓也。

（未完）

雜評

●亞美利加之新印度人

現於亞美利加有一種最著之現象爲吾人所不能輕易看過者亞美利加印度人種之消失是也此所謂消失猶日本之蝦夷中國之苗民非全然滅絕靡有孑遺之謂也蓋亞美利加印度人自往年白人移住以來蒙其影響受其感化今漸脫其野蠻之狀次第爲白人所化而遂失其本來之特性之謂也

所稱亞美利加印度人之中其最開化之種族有五Cherokees, Creeks, Choctows, Chickasaws Seminoles 共約八萬五千餘人實北美原住民之遺種也此外雖尙有Apaches, Comanches Arapahoes 之三種皆草昧未開依然太古之民大率羣居於西惡拉霍馬新墨西哥阿利左拏各地而能於已往三百年間與移住白人不時爭奪相殺直至前世紀之初其力量尙足與白人相持者實前五種族也其後一旦敗北退而處於密士失必河之西岸別立一國誓死共守七十年前美國無遠識之政治家嘗以彼等與白人相雜而奠居於美國之中央必將於國家發達之前途有所阻害曾議驅逐之於境外矣而今試觀彼等之進步能不令人與一驚乎彼等現能創立憲法以自治其於過去三十年間竟能完善其政治之組織殆足與白人相等借問白色美國人其能以此短日月得爲如此之發達否乎

蓋彼等印度人若使自始至終堅守其排外思想而不能去常與白人相隔絕而以孤立爲樂則彼安能致今日之進步耶幸彼等早知此陋見之不可不破

見白人之移住而大歡迎之。此其所以能與新來之白客久居同化。一變其生活之態度。卒至欣然願與白人結婚。其結果也。至使純粹之印度人。迄于今日不過占全種族十分之一五。彼等旣以此關係。大變動其有形無形之故態。而復逢一事。足使彼等大蒙其影響焉。蓋彼等向來擁有黑人甚衆。以買賣奴隸爲一大商務。及南北花旗之戰事旣起。往日奴隸悉蒙解放而爲自由之身。得與印度人混然雜處。於是兩者之間。忽以婚姻之緣。互受人種之感化。而別成一種之混合人種。然則今之印度人。全非昔日之印度人。殆盡失其祖先之遺習。而變爲一異種者也。近有一白人移住者嘗云。印度人大概可以分爲兩種。白人及黑人是也。其言可謂當矣。然印度人雖已經變種者居多。而純血印度人。亦未全絕也。今計其總數約有萬四五千人。其身材形貌。尙未失本來面目。縱施以白人之裝束。知其髮而易其服。而亦一望而能分別其爲印度人也。其智識其學力。雖或不劣於白色印度人。而大抵於輸入白人之文明。頗爲遲鈍者不少。然彼等於輸入文明雖遲鈍。而窺其經濟界及社會之狀態。則有不可輕侮者。雖以白色之美人。亦有不能企及者。如彼等之敎育兒童甚爲親切。又能於政治上。自有一種高尙之趣味者是也。

白人之移住於印度人之間者。旣已有三十萬過外。且尙有逐漸增加之勢焉。夫變種印度人之萬般進步。大抵得力於白人居多。故彼等視此等白人甚爲握要也。除少數純血印度人之外。莫不歡迎此等白人之移住。嘗無排斥之攻擊之者。獨有一最可怪者。彼等印度人之政府。待白人太冷淡。於其所言。常不爲意。然則白人之蒙其不便不利。實出意境之外。如住於印度人之間之白人。其學齡兒童之數。雖有九萬之多。而印度人不許其入自已之小學校。遂使此等兒童。不能受初級之敎育焉。吾意此等怪事。必不能久。其或有政治之變化。爲期當不在遠也。

今者新印度人既已出現矣。彼等之外貌雖尚存雜種之醜。而其內心以平和與希望充塞彌滿。昔白人曾誤解此赤色同胞。視之爲可卑可惡之種族。其結果至於演出當年之大慘劇。雖然。今既大變其面目矣。往年遭此大慘劇之翁媼。今且變爲少年之新。印度人。且挾其少年之新思想而生矣。彼等所住之屋。非其祖父之所居矣。彼等所用之武器。非其祖父之所持矣。彼等棄其祖傳之異式服制。而服白人之服。冠白人之冠。戴硬領垂頸帶。意氣揚揚矣。彼等今且讀英書。操英語。雖未能盡脫土音。而其純然變而用英國語言文字之日。必不遠也。

新印度人異常耐勞者也。彼或因不得已而然。然彼等之奮勉。實有足令人感服者。昔之印度人。大抵皆獵夫也。其平日之義務。除馳馬平原。射殺野牛外。無他業也。其妻則留守野營之內。宰野牛以爲食。剝其皮以爲衣。或以顧復兒女爲盡其能事。本不知農工之爲何業也。而今彼等乃居然勤勉之人也。即此而觀。吾人已知彼等大優於黑人。蓋黑人懶惰異常。非鞭撻從事。莫肯効力。而彼等則自能奮發勇猛精進。無論何事。苟信其有利於自己。莫不灑滿腔之熱血。而從事焉。

新印度人之於自已身體。固不待言。其於子孫身體之健康。亦甚留意。而特於與白人種族之事。彼等尤視爲有益無損。彼等信仰之念甚强。今既深信上帝。純然基督敎徒也。彼等具有美軀。愛自由與新鮮空氣。耐飢寒。有辯才。長於技藝。精於論理。剛毅勇邁。縱遇艱難。絕無畏避逡巡之色。

就其敎育而論。亦大有可觀者。現查其學於特有之小學者。已達於二萬七千人。其學校皆建設於公有地。分爲三級。其授業時間大抵自午前九點鐘至午後四點鐘。而午餐則由學校供給。是印度人小學校之最特色也。其就學年齡自六歲至十二歲。至十二歲讀第二讀本畢。稍習數及英文。略有頭緒。乃選拔而使入寄宿學校。寄宿學校。實與名稱。自學校用品。以至衣食醫藥。及一切必需之品。皆自學校供給。不勞學生自備。其每日功課。不止授以尋常之學校敎育。更敎以各種技術。以半日上堂受業。以半日從事實務。女子則使習製烹裁縫漿洗之事。男子則使習灌園力田牧畜之業。

寄宿學校之外。尚有一種學校。命曰練習學校。與前者稍異其制者也。此等學校。不設於公有地。現設於加里斯爾片西威尼亞、康沙士、桑陀夫亞、新墨西哥等處者是也。既入此等學校者。雖遇放假。不許歸鄉。必以三年或五年爲期。常留住於校中。其所授科目。亦兼學問藝術兩者。其宗旨所欲養成之學生。皆得藉此以謀衣食者也。然則此等練習學校。實爲印度人學校中之最高尚者。從前有一二間別有師範部之設。原以養成印度人之敎師爲宗旨。今則廢之。一意盡力於養成机器師及其他實用科學者焉。夫舊印度人漸絕其迹。而新印度人以受新敎育吸新空氣。而徐徐生來。然則學校敎育。實爲改造印度人之根本。致令今日幾不能復見當年之赤人焉。然則彼等廢其特有學校。而升於州立公學校。與白人並肩而坐於敎室。與白人同負義務。與白人同享權利。得達彼等願爲亞美利加眞市民之宿望之日。豈必在遠哉。

●聖路易博覧會之待中國人

凡開萬國博覽會者。必通知各國政府。勸其廣諭全國。務多選其國中之良物運至會所羅列以供衆覽。是在賽會之國。既可藉此以增聞見而資考証。而在與於賽會之國。亦可藉此以獲賞鑑而擴銷路。誠主客兩得之道。非客有益而主獨蒙其損也。明年美國聖路易開博覽會。合衆國政府。曾照會中國。勸其出品。是其望華人之能舉品物來賽者甚切矣。乃其對於貨主及遊覽之華人。則竟不肯以禮相待。欲仍用其刻薄章程。以侮辱吾華人。既定議於上岸時。須納美金五百元。以作擔保。又須以相片三幅。呈於稅關存案。再迫其當場發誓。一曰上陸後即赴聖路易。二曰博覽會事畢。即行歸國。三曰聖路易以外之地。一步不能行。是何蔑視我華人。無禮太甚。直與待奴隸無異。宜中國政府見此章程。不勝怨憤。而不樂於預其會也。美人約翰巴列爲勸人參預博覽會。曾遊中國日本及東洋諸國。今見其政府以此苛法待華人。知有損於兩國交情。且恐於華美商務。因此而生障礙。於是熱心運動。欲除此苛法以便華人。頃在奥斯陀比見大總統。與論此事。總統然其說。乃即下令於移民委員長。將來或能少寬其禁乎。日頃有華官某以預賽會。故帶貨物七十六箱。既已運至聖路易。復爲關吏所扣留。繼以大總統敎書之力。判以此官吏乃從美國之勸請而來。自宜以外交官同等之禮相待。於是始將其貨物交還原主云。

按歐洲之開大博覽會。自千八百五十一年至九百年。凡十一回。平均大約五年一回。今美國以明年開會於聖路易。實爲二十世紀首出之博覽會。亦空前之大博覽會也。今試將五十年來之大博覽會列爲一表。以備參考。

 六

年次	會所	會場面積（平方吉羅米達）	經費（千圓）	收入（千圓）
一八五一	倫敦	九六、〇〇〇	二、九五〇	五、〇八〇
一八五三	紐約	二五〇、〇〇〇	一、二八六	……
一八五五	巴黎	一六八、〇〇〇	四、六〇〇	一、二八〇
一八六二	倫敦	一二五、〇〇〇	四、五八八	四、一九六
一八六七	巴黎	六八七、八〇〇	九、三七六	一〇、五〇二
一八七三	維也納	一八三四、〇〇〇	一三、四〇〇	四、二五六
一八七六	費府	一一五〇、〇〇〇	一六、〇〇〇	七、七二五
一八七八	巴黎	七五〇、〇〇〇	二二、一六〇	九、四八〇
一八八九	巴黎	九五八、〇〇〇	一六、〇〇〇	二〇、〇〇〇
一八九三	芝加哥	三一六〇、〇〇〇	五六、五〇〇	三七、六四〇
一九〇〇	巴黎	一九五七、〇〇〇	四〇、〇〇〇	
一九〇四	聖路易	三九五〇、〇〇〇	一八〇、〇〇〇	

由是觀之。博覽會之業。自小而大。逐年進步。可以概見。今聖路易之會地及經費。實爲空前之舉。不可謂極盛哉。

叢錄門

壬寅年之新民叢報

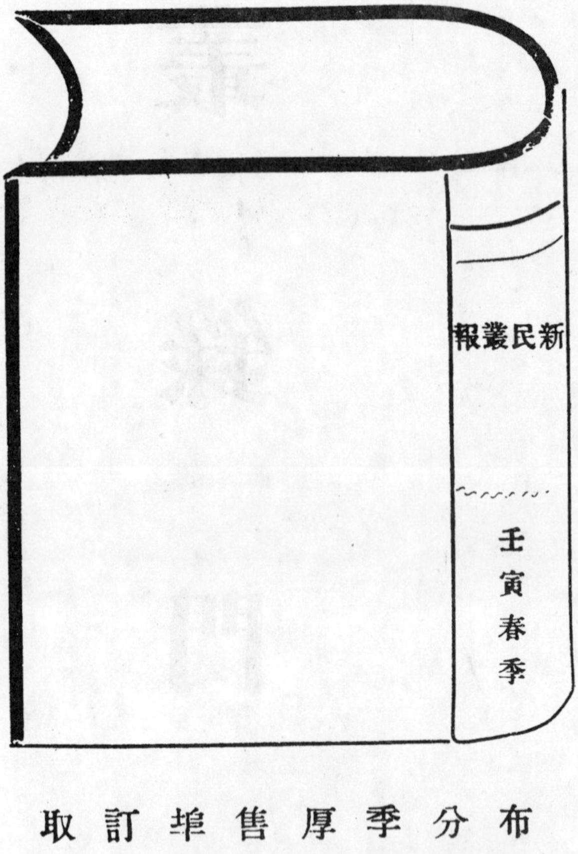

布皮金字精本分春夏秋冬四季裝訂合四大厚册照原價發售不加分文外埠郵費照加裝訂無多請速購取

橫濱山下町百六十番

新民叢報社

華年閣雜談

觀雲

幾多古人之復活

古人有言。蓋棺論定。此非至言也。英雄豪傑之生於一羣中其聲名之顯晦隆替悉視其一羣人之智識爲準其言其行與其一羣之人合者則其道行其志光反是而特立獨行則言高而霊行畸而否者多矣雖然爲一羣之人導進步者必賴有此等人尼幾愛曰『大人物者非時代之兒而時代之繼兒也』是故大思想家大宗教家大政治家大教育家未有不與一代之時勢相反抗者抗之而不勝殺戮葅醢人物之本分也抗之而勝則一羣之時勢者一二人物之所造也夫人羣者進化之物也進化之例雖經若干時停頓之結晶體若干時凹凸之浪紋態而必吐故納新不能亘古而不變者此例之無可逃者也故夫一羣之人物有黯淡於前而光明於後有崇拜於古而唾罵於今一羣中之時勢變而識量變識量變而批評亦變以文明之人而視野蠻之世其賤物而珍之珍物而賤之者爲不少矣試擧一二事以譬之埃及人用拜物教Fetichism崇奉猫犬狐牛蛙甲蟲鰐魚等類自他人視之以爲賤類之動物也自埃及人視之以爲神也布哇之哇缶島其海濱游戲之兒童拾龍涎香以爲燒物（龍涎香爲鯨族腸中產出之物入水不易融解凝若蠟塊因風向水流嘗漂積於一處其大有五十斤或至二百餘斤者種種色別以灰色及暗色者爲多布哇哇缶島哈乃海邊有人見小兒燒物以爲游戲視之乃龍涎香也拾而得二百餘磅聞該島昔時已發見有一萬餘弗之物其價一翁斯三十五弗）自彼視之猶糞土也自識者見之以爲希世之珍物也人物之生於世其所遭逢大抵如斯矣非獨於其生前然也於其死後亦然坵隴變爲田松柏摧爲薪下有陳死人杳杳即長暮而不知其言論行事之影響長留貽於人類之長日月間而其價格之高下貴賤且日抑揚反覆而未有已然則號爲死者亦祇死其形魄已耳自形魄外而悠久之壽命皆歸其所自造桃李之華於春而松柏之榮於冬亦各視其時會也而已中國自數十年以來丁時勢之潮流蒙晦之古人而復出現于當世者已略可指數最古者黃帝孔子述六經爲其所刪幸百家之文時時稱道至今而我族之偉人尚

如化石之仍留其形迹。又若鄭成功者。不甚掛於我國人之齒頰。甚者或且置與叛逆同科。而日本則以其爲半日本種人。多有傳記盛述其行事。近則鄭成功之行事。亦漸照耀於中國人之眼中。而數爲一代之人傑。是二者皆伴民族主義之發生而復活者也。而若張煌言、甘輝、朱舜水、王船山、林清諸人。皆其例也。又若黄梨洲之原君。近時稱爲特識。顧寧人匹夫有責之言。動輒引用。雖爲日本人所訕笑。（謂中國人動援古辭爲文字上之變法而不求實際）然以寥寥一語。而盛行若此。所謂因時運者非耶。是則伴民權主義之發生而復活者也又若於政治上受惡名之商鞅王安石。漸有從史筆詬病之中。而攷見其學術才略。皆秀出一時者。是則伴變法主義之發生而復活者也。又若知一切學説。皆宜以平等觀。而不當束縛迷信於一教之言。於是道德名法楊墨陰陽諸家。嚮爲儒家所壓制而不宣者。漸知其淵源各異。而初非有彼此邪正之別。而老子之學主自由。楊子之學主樂利。墨子之學主敢死。又主博愛平等。多與近日歐洲之學派合。而遂有唱中國之衰弱。爲原於墨子之教之不行者。是則伴思想自由言論自由信教自由主義之發生而復活者也。而若少正卯、孔融、李贄諸人。亦皆由是而顯者也。又若因研求地震學。而張衡復活。日本地震學室繪有張衡地動器圖 尙冒險探撿之風。而張騫、班超、玄奘、鄭和、諸人復活。夫以上諸人者嚮也或顯或隱、或蒙謗讟。受垢尤事與運會一旦拔泥塗之中而得翩於青雲之上而所奉爲金科玉律之書。若春秋則歐西學者評爲平凡。若論語則英國學者賴斯底氏置於無用書之列。賴氏列世界無用書各種有中國之論語 人之智識相越其度量顧不遠耶可蘭經者回教人所視爲天條者也而自他人視之足以付火而已矣新約者耶教人所視爲帝命也而自他人視之足以覆瓿而已矣善乎人之言曰。凡博一世之喝采者或非第一等之言多者其爲第二等第三等之言也彼終身思想界爲人之奴隸者或且有馨香道統攘斥異端之見存乎其中不知道統云者一教中自娛之帝號甲稱尊於甲乙稱尊於乙俄稱君爲柴英稱君爲鏗古夫何擇焉異端云者一教中嫉妬之偏言此足以詈彼彼足以詈此北稱南爲蠻南稱北爲索虜又何擇焉夫吾輩之於古人何怨而何親當無爲此左袒而爲彼右袒者矣平其心瑩其慮而後無魔於吾之心無蔀於吾之目得盡兩造之辭而準其衡量焉況乎我即有溺好之一人而時勢之所去雖以一人之力翊之而不足也我即有偏惡之一人而時勢之所歸雖以一人之力排之而亦不得也殆亦付諸物競天擇而各有自存其宜者在耶從而有辭以爲幾多復活之古人賀賀曰古人之墨墨兮吾疑其有寃也古人之昭昭兮吾又安知其果賢乘除成壞其種種兮翳不見乎滄海與桑田貞以待天之時兮恃吾精神以爲之淵羌不忮不求而內自完兮曰吾道其當然待世界末日之審判兮吾又安用乎矯揉焉視前賢吾遵乎大路兮蕿來者其着鞭

文弱之亡國

總古今亡國之原因文弱其一大病根歟夫政亂可治也法壞可理也民貧可富也土狹可廣也獨人民一流入於文弱則將與滅亡爲鄰而不可爲也德國學者蘇懷爾特氏其所著書曰愛耐盧尼（一種力之總名）學破從來學者言天地萬物之本原以物與力爲不可離之說而曰『天地萬物之本原者無物惟愛耐盧尼而已物者愛耐盧尼發宣之表象也』云云昔時言唯物者每苦於最朔之閫奧不能說明自唯力論出而爲學界溯一最上之遠源夫力之最大者莫如世界存立之事彼世界之所以存立者亦不外乎力一旦無力而恒星行星諸天體且立解散而歸於無以至萬物然萬事亦莫不然

顧力者概名也。理賅而義精。茲且無暇詳論。而但舉國家所以盛衰興亡之故。有關於武力者而言之。夫今日中國之見弱於歐西諸國者。固曰非獨彼之兵力强也。其文明我亦不及也。雖然中國之文明。今固不及歐洲。顧在昔日。不遠過乎其近傍諸蠻夷國乎。而且爲五胡爲契丹爲蒙古爲滿洲諸種人之所蹂躪。而至失亡其國土者。此何故乎。曰由于中國之文弱而已。夫由文弱之故。以文明國而爲野蠻國所傾覆者。地球上不乏其例。試略舉二三事以徵。古者國於底格里士幼發拉底兩河之間。有加勒底（亦作加爾特亞）者。最早以開化著之國也。其地處平原。繞河流。民務農業。而亞述者。處其國之北方。接近終年積雪之亞美尼高山。地多丘陵。民業狩獵。好征戰。常携弓及投槍。善騎馬之術。便捷輕利。其天性勇猛而殘酷。以殺敵人爲一種無上之快樂。出兵凱旋。於壁上圖戰鬥之狀。旁附說明。以誇耀其威武。初爲加勒底之屬邦。後反征服加勒底。又侵軼其旁諸民族。爲古代亞西一大霸國。無他。以其民族强故也。希臘。又古代文化轟名之國也。馬基頓爲其北方之一小國。希臘人常鄙之爲野蠻。爲半開。民皆務農業獵業。不好文學美術。質朴而勇敢。雅典人以市府爲生活。而馬基頓人以田舍爲生活。及亞歷山大王父子起。利用其民。以征伐南希臘各國。是時雅典市民。忌兵役。用雇兵。（雇兵亦爲亡國之一大端）其例甚多 而馬基頓以國民常備兵。又用新戰術。編制方形密接隊。希臘各國皆不能敵。遂以數代執希臘列國牛耳之雅典斯巴達皆匍伏於山間一僻小國之足下而聽其命。令亞歷山大王既征服希臘全境。遂爲希臘各國之總大元帥。率師伐波斯。沿道亡埃及既覆波斯兵。及印度。戰功赫赫。昭著於地中紅海裏海之間。至今爲地球上有數之英雄。無他亦以其民俗强故也。蒙古成吉思汗。全地球之最著武功者也。當日蒙古之風俗。堪勞苦忍缺乏。以游牧爲業。習於遠征。食物極粗。常食者不過肉、乳、乾酪、等。其貴重品。爲馬肉。及一種之蛇。飲料惟湩。其出征所携帶者。惟武器與天幕。又有二器。其一入乳。其一備盛食物。一切勞役之事。多婦人任之。（今黠戛斯人亦然黠戛斯亦作吉利吉思古之堅昆又爲契骨或作結骨今俄羅斯烟尼塞斯科多木斯科之地） 課稅亦多完自婦人。男子可不顧家。專事征伐。爲兵營之生活。凡男子十人爲一組。擇一人爲長。進而爲百人組。千人組。其牛馬毛織物等。歸長官。備馬甚多。過於人數幾倍。亦有砲火。用以攻城。當日蒙古人。幾統一亞細亞。亞洲之文明國。若中國。若印度。皆爲其所征服。驅俄羅斯於北海之濱。而肆奪其地。取攻勢以入歐洲。與日耳曼人大戰。至今成吉思汗戰伐之痕印。猶留歐洲人之腦中。而黃禍之來之時驚其夢。以未開化之蒙古人。而武功盛大若此無他亦以其民俗强故也夫以文明國若加勒底而見凌於亞述若希臘而見弱于馬基頓若中國印度而見夷於蒙古彼亞述馬基頓蒙古人者其文化固遠不及加勒底希臘中國印度也而征鞭所指諸文明國匍匐惶恐不能自救而卒爲其所鞭撻焉反之而若日本者亦小國當日之文化亦尙不及印度中國而當蒙古人之來伐今攷其古文書六十五歲尙自出而從軍至八十五歲以行步不自由而止何其有殉舉國以拚一死戰之勇也而卒敗蒙古兵能保全其國土以蒙古兵之强橫行亞洲所向夷滅而不能取區區數島國之日本然則國之所存立者其故可知已矣是又不必徵之域外史也徵之於中國史魯衛文物之邦秦以畜牧立國雜戎翟之俗也然而魯衛孱弱不能自存奔走聽命於盟主之下秦進而與中原抗衡爲霸主卒夷六國而致一統之業無他一文柔一强武故也故萬物之在天地間必以力能自衛爲第一義不能自衛謂之自辜負其天職其對于己已先負罪矣其滅亡豈足憐哉顧嘗攷之。中國人之入于文弱大都著自秦漢以下當黃帝時代其勢駸駸有膨脹四溢之勢降而唐虞以迄三代雖規模稍狹亦能充實其域內之勢力至秦漢以後歷級而降有代遞一代之勢是何也則由君主之用儒術以柔之也吾觀於日本論江戶時代之教育。而可以爲中國寫影矣。其言曰。

欲觀江戶時代教育之內容。觀其所行教育。而將使爲何等之國民。是可知矣。（第一）當時之教育獎勵消極之道德以進取活動之風氣變而爲退守柔順之風氣盖强悍奮烈戰國時代之國民而置於制度之下使爲依堦級循秩序而生活之國民勢不得不如此也（第二）當時之教育獎勵好學之風以國民尚武之氣象變而爲好文之氣象盖化有爲活潑之國民而使爲平靜安息之國民勢必收其野心使不得已而惟洩其才力於文藝中也（第三）當時之教育主張儒教之一種倫常說。與佛教之慈悲忍辱說以自由天才之性質變而爲軌轍步趨之性質盖化勇武殺伐之俗而使爲溫良恬退之俗勢又不得不如此也而其所用之文字。使學者能朗誦。能牢記。常觸事乘機。而能憶起。要之使我有進步可造就之人民。使有退嬰怯懦之風。豈非可憾之事乎。

噫是何其摹中國之教育而酷肖乎彼以變更之速故受其毒也尙淺而中國則沈迷陷溺幾二千年宜其失我種人固有絕特之性而易以習染卑劣之性也夫事有其因必見其果今者與歐洲民族遇一敗再敗宜圖奮飛而反顯現其委苶頹敗之實狀與夫歐種人之性質何其無一相似也彼英美國人之天性是可略舉其言論而想像之往時美國統領於桑港之演說其言曰

余所望於我國民者於臨大機而能有覺悟也夫我國民非好求安逸之道者於一八六一年任南北統一之破壞而安居家內是最容易而爲好安逸者之所擇而必居於是焉幸而我等之祖先此不好安逸之性爲其血中之鐵胸中之魂（喝采）偉大悲壯之林肯決然奮袂而起國中青年咸起而應其召喚手劍與楯欲爲保永久幸福之擁護神甚而國中之女子皆武裝而赴戰場任其所至難之任務我國之健男兒血戰四年而得最後之勝利者皆恃此力行之效而後能收此光榮照於吾輩之身且使青色服（北軍）之健兒與灰色服（南軍）兵士之子孫同享此同胞之權利也若吾等之祖先避力行而貪安逸或者如當時一輩人之言曰『吾等者從和平之道而

行。能保此統一。固所望也。雖然。欲以保之之故。而以血與苦痛爲代價。是所不欲爲也」云云。而從其說則今日者不能於此堂有抬高頭而步之男女不能於世界表有最大之自尊心於國家權利不敢後一步之男女也（喝采）余望我國民者。對萬事而必盡當前之義務。於事之未成。常鼓舞其不退步之心。爲政策而不欲我國民者。於將來有若何不幸之事閉眼而不顧而惟以保現在之平和爲得計也余望我國民者。數世之後。遂爲世界國民之模範。常以平和與正義勇氣與力行。以不懼强不虐弱爲的而行之也。

是數言也。可以見美國人之性質。而美國之所以致强盛者。蓋由此也。又英國之常言曰。「余事不成者則死」此言也。可以見英國人之堅忍不拔。一向其所定之目的而行。雖極若何之險阻危難。而不達其目的則不已。此其所以征印度戰南非而卒能成其功業者。蓋由此也。而與夫我國人之性質。何其不相似也。是彼之所以强而我之所以弱也。且夫中國之言變法也。與日本同。然而日本能鼓全國之動机而收改革之效。而中國所發洩之力若是其微弱者無他彼有薩派等之强藩浮浪輩之壯士若龍輿而雲從虎嘯而風生故能搖撼政界摧陷廓清其舊制度而後新機乃乘之以生其原本由於國人之性有爲而可用也中國則芟夷馴擾於百王之下而苟安偷息於累代以還動者一二人而睡者千萬人置一二人於千萬人之間其何力之可施而何事之能爲傳曰哀莫大於心死若中國者其心固已死矣夫人之所以生者以有活動力故也其所以死者以失活動力也活動力强則爲少壯之時代而萬事可成活動力衰則爲髦老之時代而萬事不能爲凡所謂勇往奮發果敢人生種種之美稱皆恃此活動力爲原因而顯其一種作用之態象而已世界之政教亦可以是分之曰能增進國人之活動力者爲善消阻國人之活動力者爲惡吾冥冥乎搜之中國之政教界而皆屬乎消阻活動力者一方之事也是故中國之亡不亡於今日而亡於人心風俗間初萌弱點時也昔遼之太祖嘗曰。吾能漢語。然絕口不言恐效漢而失柔弱誠哉漢不柔弱彼又安能至漢土也彼取我漢土故能知我所以致亡之原而因欲以我族之小影爲彼子孫之大戒我種人固未盡喪乎爲外界之事變所迫而後內部不能不生改變之事以求存立是萬物進化之公例我種人之性質其能因時運而改變乎不能因時運而改變乎是爲興盛亡滅之大問題是在今日矣是在今日矣

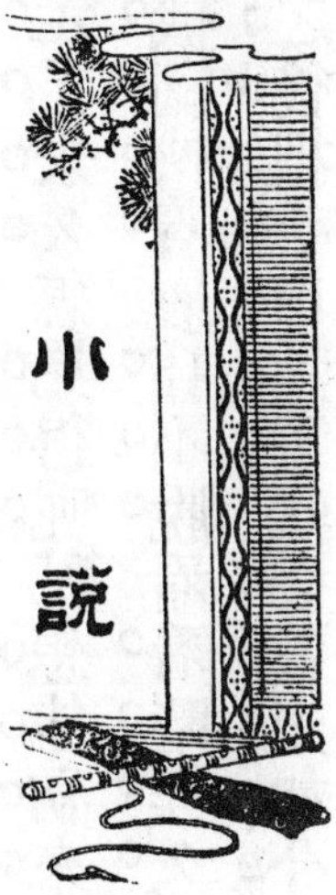

美人手

香葉閣鳳仙女史譯述

第二回　死機關苦了活美人　黃金釧殉着白玉手

却說被機關乂子挾着的手。原來不是男子漢的乃是一隻極輕巧嬌嫩的美人手。這個無名指上本來帶着個指環。他怕留了憑據被人窺破。因此設法把指環脫了去。所以纖指上第三節尙留有指環的痕迹。瑪琪拖亞看得親切。因自想道。這個一定是甚麼嬌貴的婦人了。我在巴黎京城日中同這貴家婦人來往也不少。或者這個婦人。就在我相識之內。也未可定。沒頭沒緒。把這件事弄出滿肚子的疑團來。伊古那是個沒胆氣的人。見了這樣鮮血淋漓的人手。由不得牙關打起個卦來。嚁嚁嚁嚁震個不住。瑪琪拖亞道。這個强盜。看來一定是個甚麼的貴婦人呢。伊古那道。這倒未必。如果是個貴婦人怎肯去做賊又怎能彀發這個狠心吃得起這苦瑪琪拖亞道。不然。做賊的、原因我雖猜不出惟是他既是個貴婦人恐怕敗露聲名要緊所以不顧生死也要發這狠心討個脫身法兒若果是平常盜賊。不知羞恥。只怕截他半個手指讓他逃去。他也不願意。依我看來。一定是個貴婦人無疑。像你這樣沒主意的人。怎能彀猜得出來。一頭說。一頭再把洋燭四邊端詳了一回。忽又道。這不是一個進來的還有甚麼同類的人一齊跟着這手定是同類的人替他截斷你明白了麼你看這裡的血迹想係當時同類的人替他將手截斷之後立刻把手巾同他掩着傷口你試瞧瞧這裡有一男子所用的手巾都把血迹染得通紅此可見他的同類是個男子漢了正說間又瞥見有一破爛絲巾指道那不是貴婦人所用的嗎想必他把這絲巾劈開紮住傷口就逃走的他那時的光景非常着忙所以這枝蜡燭都忘記熄滅你看這燭現時尚剩二寸有餘諒來正走了未久怎見得呢試想他初來的時候把燭點着然後拿出鑰匙來開鐵櫃後來被機關挾着屢掙不脫看看時候久了。恐怕敗露這纔商量把這手丢了及至將手切斷之後把手巾紮了然後逃走如今我們進來亦已有這一會兒可見這賊剛去了後我們就跟着進來了。又我們入門時候。與兩個男子打了個照面。或者那就是賊。也未可料。我還恍惚記得那個矮的。靠着那高的。好像被他參扶着的模樣。那定是個女扮男裝的賊婆子。可惜現時已經趕他不上了。這裡瑪琪拖亞自言自語口間心的不住的點頭。那邊站着的伊古那。并不答應。覺得滿心有點不安的模樣。驀地向瑪琪拖亞道。瑪琪拖亞君。我們快些同到後樓告訴東主罷。瑪琪拖亞正色道。傻兄弟。你若把這件事對舅父說知。那就不能破案了。此事必須慎密。若令外間知到。那時新聞紙上當了一件稀奇的事。登在報紙。你傳我說。豈不是教這賊留心防備麼。如今只有你我兩人知到。再沒有第三個曉得的。不如你把這事交給我。待我暗中向各家貰婦人處細細的查訪一番。或者有個水落石出也未可定。伊古那道。萬一洩漏。我怎能彀當得起東主的怪責。瑪琪拖亞道。東主怪責的話。你也不用操心。他日此事萬一洩漏。舅父罪責。我自願一人承當。斷不牽累到你身上。但求你始終秘密。那便好了。如今這裡黏着的血迹。待我拭抹乾淨。再看不出一點破綻兒。以後舅父倘或知到。我就問在你一人。你須緊記我的說話。纔好。瑪琪拖亞拿出東主親戚的勢子。伊古那不過是個受雇的人員。那裡敢逆他。因荅道。照這麼說。那就瞞着東主。暫不提起罷了。瑪琪拖亞道。那自然不用說了。無端端惹他一肚子氣。白白受他一場責罵。有甚麼益處呢。好兄弟。你先把這個庫門關上。更把鎖栓着。別要被人入來。我還有句密話要同你商量呢。伊古那聽說。摸不着頭腦。好似做夢的一般。無精打采。轉身閉了庫門。把鎖栓了。回身走到瑪琪拖亞旁邊站着。這時瑪琪拖亞用手攩着眼前燭火的光線。向庫門外張了一張。然後低聲說道。伊古那君。這個鐵櫃開闔的祕密法。那賊已經曉得的了。你看這五顆配合記號的數碼。已經對得准准。伊古那聽說。不覺耳邊轟的一聲。心裡突突的跳將起來。仔細把數碼一看。果然正正對着。因說道。可巧今日銀行收工的時候。我同東主在這裡談及要將那數碼暗號轉一轉新法兒。難道那賊也就聽見不成。瑪琪拖亞道。這倒未必。我打量此事定有行內人做線引子。比如日常這間庫房。別有人可以進來麼。伊古那道。除了我與東主使喚人及書記。也有常常進來的。但非允許。他也都不敢擅進。這個祕密的事。別人怎能彀知到。瑪琪拖亞道。那守門的細崽助摩祖呢。伊古那道。助摩祖嗎。這個不成材的懶東西。東主因爲憐他娘貧窮。留他在行裡供役。他每天一到午後三打鐘。便一溜烟跑到外頭。訪他的朋友。找他的頑意兒去了。我們所談祕密話的時候。他那裡還在行裡。瑪琪拖亞道。那賊雖然曉得開鎖的祕法。還有這個機關未曾下得手。也算徼倖的事。伊古那道。要知到這個機關。行內除了我同東主。就別無第三個了。瑪琪拖亞道。你且把這機關試開來瞧瞧。我想把這手拿出。認眞檢查一番。伊古那荅應着。就把側便那一行同樣的螺絲釘子。從中揀了第三那個。把釘頭轉了幾轉。却也奇怪。這機關的义子。撇的便縮了進去。那隻手撲的便掉將下來。於是瑪琪拖亞把這手取起。忽然寶光四射。亮閃閃的一件東西。環着這隻手腕。瑪琪拖亞一見。不禁喜得發狂起來。向燭火下細細一認。笑道。你看這件精工細緻的寶貝。尋常的人家。怎能彀戴得起。有了這件贓証。就可以跟出個蹤跡來了。看官。你道這件是甚麼的寶貝呢。原來這個女賊。戴着一隻鑽石嵌的鏤花金手釧。當時被那機關縮住。連這手釧也縮在裡頭。後來把這隻手割斷。大凡沒了生氣的肢體。那骨節便變硬起來。因此不能把這手釧脫去。如今留下這件禍根。後來遂弄出許多枝節。竟然把一個女豪傑的命都蹧蹋了。此是後話。且說是時伊古那見瑪琪拖亞。將手釧拿着。問道。你打算是靜悄悄的在外頭查訪麼。瑪琪拖亞荅道。那是一定的了。因爲我是個無事忙的閒人。每日除交接朋友。就別無事情。我天生的古怪脾氣。大凡世間有件新奇不易知的事。我偏偏要設法抽出他的頭緒來。這算是我的特質。如果我去做個包探。一定不肯讓英國的歇洛克。但是我礙着舅父的體面。不好做包探的職業。倘然我做着包探。斷不至惹人笑話的。伊古那道。這些事業。我是插手不來了。瑪琪拖亞道。也無庸你插手。但要你一力把這事祕着。不論那個。都不可走漏消息。伊古那道。你請放心。瑪琪拖亞又道。那賊刻下不曾得手。今夜或恐再來。此事不可不防。不如趁此時把那數碼暗號。再改轉別個法兒。古語道。有備那就無患呢。伊古那道。東主跟問起來。那就怎麼回荅。瑪琪拖亞道。如果舅父跟問起來。你就說昨日商量之時。恍惚聽得外頭有腳步聲響。覺得放心不下。所以再把這暗碼變轉了。以防不測。我諒舅父不特不起疑心。且一定讚你做事精細。伊古那聽着點頭荅應了幾個是字。遂把這數碼轉了幾轉。沈吟道。用個甚麼暗碼呢。瑪琪拖亞想了一想道。就用霞那的名字串成罷。於是伊古那果把那暗機照樣串成 Ohana 這五個字出來。然後把鐵櫃的門開了。逐細檢點過一遍。見所有存放的金子。及各種銀票匯票各家寄存的保單等件。完完全全。不曾短少。知道那賊被機關捉住。果然不曾將這鎖弄得開了。瑪琪拖亞又把旁邊那抽屜拉開看看。見有一個小小的鐵箱子。指着說道。這箱子是個甚麼東西。伊古那道。是一個大商家寄頓在這裡的。說是他的田地契約及先代遺像都放在裡。便是個極緊要的存件呢。瑪琪拖亞聽說。依舊把抽屜推進關攏了。囑他照舊鎖好。伊古那荅應着。就照霞那這五個字的暗碼。珍珍重重把櫃門關好。然後對瑪琪拖亞道。這也算一場徼倖。如今查過無事。大家也好收拾完了。趕到後頭趁你舅父的宴會。瑪琪拖亞道。此時差不多要散席了。不去也罷。不如趁着無人知覺。悄默聲兒的回了去。還好呢。伊古那道。倘東主明日問起來。因何不前往赴席。那怎麼說呢。瑪琪拖亞道。有罪總推歸我一人便是。倘若他問起時。你可說昨晚被瑪琪拖亞死拉到一間酒店。瑪琪拖亞飲得爛醉。抬也抬不動。我恐他胡亂睡着。着了風。因此把他送到家裡去。被這事纏個不清。因此遲了不及趕來。你照此說。那就無事了。伊古那也依着荅應了。於是瑪琪拖亞把所有血迹也都抹個乾淨。然後把那美人的手兒用手巾包好。把那鑽石的金釧放在夾縫的襟袋子裡同着伊古那一塊兒人不知鬼不覺的一溜烟向大門鑽出去了看官你知道這隻手是怎麼的來歷嗎如今不便說明且先把一首感事詩念與看官聽聽

拚得皮囊便眞俠也須旣濟憶韋編要知滿掌桃花血正是當頭一指禪

欲知後事如何且聽下回分解。

文苑

詩界潮音集

逐客篇

人境廬主人

華人往美利堅始於道咸間初由招工踵往者多數至二十萬衆土人以爭食故譁然議逐之光緒六年合衆國乃遣使三人來商訂限制華工之約約成至八年三月議院遂藉約設例禁止華工感而賦此

嗚呼民何辜値此國運剝。軒頊五千年到今種極弱。鬼蜮實難測魑魅乃不若。豈謂人非人竟作異類虐茫茫六合內何處足可託華人渡海初無異鑿空鑿團焦始蝸廬周防漸虎落藍縷啓山林邱墟變城郭金山蟹堁高伸手左右攫驩呼滿載歸羣誇國極樂招邀盡室行後脚踵前脚短衣結椎髻擔簦躡草屩酒人牽庖人執鉞偕執斲抵掌齊入秦諸毛紛繞詠後有紅巾賊刋章指名捉逋逃萃淵藪趨如蛇赴壑同室戈婁操入市双相斮助以國羅寬日長土風惡漸漸生妬爭時時縱謠詠謂彼外來丐只圖飽囊橐地皮足一踏有金盡跳躍腰纏得萬貫便騎歸去鶴誰肯解髮辮爲我供客作或言彼無賴初來盡袒膊喜如蟲樸緣怒則獸噬攜野蠻性嗜殺無端血染鍔此地非惡溪豈容食人鱷又言諸婁羅生性極齷齪居同狗國穢食等豕牢薄所需日百錢大穀難比較任彼賤値傭我輩坐脧削眼見手足傷誰能忍毒螫千口音讀讀萬目瞪灼灼聯名十上書上請王斟酌驟下逐客令恐倍通商約姑遣三人行藉免衆口鑠擲梟僞成盧聊比試蒲摴誰知糊塗相公然閉眼諾噫嘻六州鉄誰實鑄大錯從此懲厲禁多方設扃鑰丸泥便封關重門復擊柝去者鵲繞枝居者燕巢幕鬮讖到過客郊移及遊學國典與鄰交一切東高閣東望海漫漫絕遠踰大漢舟人呼卬須津吏唱公莫不持入關繻一來便就縛但是黃面人無罪亦箠掠慨想華盛頓頗具霸王略檄告美利堅廣土在西膜九夷及八蠻一任逋逃萃黃白紅黑種一律等土著逮今不百年食言曾不怍吁嗟五大洲種族紛各各外攘斥夷狄交惡詈島索今非大同世祇挾智力角芒碭紅番地知汝重開拓飛鷹倚天立半球悉在握華人雖後至豈不容一勺有國不養民譬爲叢敺爵四裔投不受流散更安着天地忽跼蹐人鬼共咀嚼皇華與大漢第供異族謔不如黑奴蠢隨處安渾噩堂堂龍節來叩關亦足躍倒傾四海水此恥難洗濯

他邦互效尤。無地容飄泊。遠步想章亥。近功陋衛霍。芒芒問禹迹。何時版圖廓。

雜詠

惺庵

惺庵性情孤嬾不甚作詩偶一作之不喜存稿與無詩同茲所錄年來之詩或記或不記若存若亡即所記者如是而已獨怪人之交惺庵者必徵其詩抑若專以詩人一席位置惺庵然乃嘆天下事有名無實大抵然矣□□素徵余詩久未應命因暫松島得少暇日漫書以爲別癸卯六月廿九日記

驪山鞭石挾風雷。我論人文重霸才。却恨時無王景略。九州風氣不全開。澥上與廬江吳彥復談及此

夢回雞塞念家山。一晌貪歡目等閒。誰分文人感哀豔。年年清淚濕青衫。朱竹垞書南唐父子詞卷江都史氏藏

睥睨九州縱奇氣。迺始刻意學奇字。文章至奇命亦窮。沈沈消息閩王子。懷閩縣王允雝

六朝門望最清華。品曲彈棋自一家。絕世承平好公子。劇憐生不屬乾嘉。聞宛平徐研芙病甚詩以傷之

遙遙秦歲築長城。兩戒山河萬古明。一例陸沈名士感。天留海島壯田橫。

惜誓哀歌託遠遊。不堪多難獨登樓。驚心余髮頻看鏡。慮負勳名到黑頭。酬譚彤士於梧州兩首

滄海橫流幾輩存。春來誰與共芳尊。蘭陵舊住青楊巷。無那花時晝掩門。過繩匠胡同楊叔嶠故宅

鶴鷟[illegible]驂意渺然。重瞳凝碧亦神僊。太平山頂頻頻顧。小別蓬萊三十年。香港太平山上書所見

箬篌小撥不勝愁。拋擲閑情似水流。忽憶去年今日事。畫船簫鼓醉揚州。柳橋席上酬長岡子爵

流水游龍赴九衢。中宵明露冷華裾。飄燈惘惘各歸去。問訊憑將片葉書。玉池軒夜宴陳謝石埭居士

廬陵賦刀張日本。秀水好事跋吾妻。風流文采如相映。袗服新粧此一題。海東訪學圖爲吳縣干翰臣

山中樹閱百千歲。天半雲垂十萬家。三過鶯亭人不識。小窗閒煞玉蓮花。過上野之鶯亭

明秀髻各自媚。連岡伏阜難爲雄。輕舟掠水浮萬象。披襟謖謖來松風。

聽風聽水招仙侶。懷古懷今發遠吟。浪打雲蠶山悄悄。詩人一舸自相尋。題松島二首

剩有山光接水光。平林一碧斷人腸。我來絕頂懷鄉國。時聽鐘聲出上方。書松島富山大仰寺壁一首

今朝景麗天中節。冷落靑袍草莽臣。獨媿東人獻嵩祝。周南留滯感京塵。泛宿松島六月二十八日館人爲言今日淸帝萬壽宜申慶祝甚感其語述詩一首

煙波淼淼鏡初平。便願乘風到帝京。最是參橫月落候。惱人情緒玉簫聲。

詩人例動滄洲興。病客仍思東越吟。三宿有情難一別。白鷗浩蕩五湖心。別松島一首

東遊雜感 西谿生

一角河山倚夕曛。枯棋著手亦成春。神州何處非蠻觸。媿煞從旁看奕人。觀棋

此世界非公世界舊朝廷是小朝廷老僧今夕難成寐急刼殘棋不忍聽老僧話棋

十年遺恨滿山河天子新聞日出歌一樣樓臺畫金碧無人解與笑銅駝

士女如雲香漬衣凉宵坐覺翠成帷誰知異地傷心客負手歡場獨自歸博覽會後門歸寓齋兩首

重葺張忠烈公墓詩弁序

劉光第遺稿

光緒十七年十月廿二日盜發明兵部侍郎總督張公同敞之墓獲之治如例廣西巡撫以聞奉旨下三法司議議如之墓在臨桂縣城外十里北坐南向骨殖猶全由是縣官殮而重葺之於是刑部廣西司主事劉光第裴村題稿愴然慨而賦之

暴雷虺虺風騷騷督師之頭三躍高血身挺立肉倔強掉落豪帥手中刀督師太岳之孫子與瞿留守同日死留守骸歸拂水岩督師就葬唐家里當時若無楊藝哭忠臣肉飽烏鳶矣里中生員唐兆祺世傳祭田祭督師自從乾隆賜謚後赴墓拜掃無年期日二十五月十一不知死日是生日昌平雲氣鬱槁山荆渚愁波連漆室何來地下摸金郎鬼氣所射綠眼芒手揮金錐唱青麥莫家兄弟不可當萬髏飲血傷陳魄忍動文武忠義骨此骨南撑半壁天前身北射中原日漢寢唐陵皆發掘玉魚金椀終銷闕青犢赤麋徒哽咽快哉三賊盡成禽寳鐲依然殉靈窟憶昔瞿公隔屋囚四十餘日詩相酬

叢錄門

形骸久已外天地留此大明士一邱虞山同弔忠宣墓陶公種梅賦詩句。欲乞吾師買桂花。補栽忠烈墳前樹。時張安圃師署桂按察使

楚楠大令有煤油之志因其乞詩作此以贈

黃生讀書無所用。天上玉堂眞昨夢。縣官雖好不救窮。何如貧人登破甕。男兒今日重錢刀。引商自穖亦自豪。不向人間鏟皮骨。端從地底吸脂膏。玉乳瓊漿向銀髓。言之津津兩眉喜。寶眼碧眼壓波斯利析秋毫走桑氏君今去過齊魯墟試弔夷吾訪逸書爲我一問魯中叟連騎弟子今何如欲說五洲彼龍戰將攀九天臣蟣賤儒林循吏皆掉頭惟有傾心貨殖傳梨栗棗菽抵侯色。况君千畝山四十。西州大賈推細胡。那愁穿背英俄入。郡守思營什一方。當時有鬼笑其旁。若把通商徒逐末。國家安得南北洋。宋家新法研紅穗。與君同抱光明志。待翦秋蟬照夜窗。便予細勘農書字。先是采芸子檢討將集股造洋蠟

旅行俄京日記

嗚鶴山人

壬寅秋九月朔旦。由旅順搭慢車起程。僅二日半到哈爾賓。（快車日半）經大連灣金州瓦房店熊岳城蓋州海城遼陽奉天鐵嶺昌圖府吉林等處。計大小四十二站。約華程一千八百餘里。

哈爾賓在吉林省之北。松花江之南岸。俄人以岸傍之秦家崗邊爲滿洲鐵路中心停車總站。彼處地勢洼低。俄人築高堤環繞之。以避河水冲刷。就堤內開通馬路。營造房舍街市。其敷設幹路枝線。如丁字形。東即浦鹽斯德（海參崴）分線。西即運西伯利至俄京分線。南即直貫滿洲中心。通營口大連灣旅順等處。彼處地名土人稱謂不一。俄人但以新城舊城分之。新城即車站秦家崗一帶。平野數千里。一望無際。其佈置區劃之街道衙署舖戶亭園醫院學堂。秩然整然。規模宏偉。非常仿彿莫斯科舊京。舊城向有製酒燒燭房戶口百餘。東省鐵路公司以數萬金購其地。從新營造樓舍局廠。而道勝銀行郵政電報諸局。大小官署及中國交涉局均設其中。另有公家花園。俄人以八千金購其地。而栽植點綴之費約四十萬云。冬則設冰嬉場。夏則有拋球場、鼓樂亭、酒水廠。遊人梳織。熱鬧非常。商業比旅順爲勝。而規模未備。良莠不齊。大商家祇有粵人華昌泰一家。此外貲本微薄。未大擴張。然向者一片荒土。人烟希疎。每地一畝取值數元無過問者。今則每俄沙先（約中國丁方七尺）動需十餘元。亦足驚矣。

今夏復經是地。景象不同。耳目一新。其鐵路公司與交涉局及大商家衙署局廠。陸續移出新城。去歲房屋僅有二千家。而今則逾萬。磚窑以千數。居民逾十萬。商旅增廣。遊客塞途。樓厦櫛比。市肆喧闐。俄人佈置之苦心。發達之迅速。眞令人舌咋而魂驚矣。

由哈爾賓搭慢車行三日。(快車二日)到滿洲站。(古名黑龍江西伯利交界處)經薩勒圖齊齊哈爾博興都興安嶺牙克什海喇爾等處。大小三十三站。計程約一千八百餘華里。站傍俄設關征稅。查驗極嚴。各國洋貨無物不稅。中國貨除茶葉外無稅。烟土嚴禁內運。華貨陸運雖無稅。而脚價過重。海運脚價雖廉。而又稅重。我中國各貨未能暢銷于俄。殆原于此。茶葉每砵(中國計廿八斤)征稅廿四俄元。約中國庫平銀廿二兩左右。關役查驗後。按例征稅。加封標誌。乃準登車。慢車行三日到呼喀爾湖。

由滿洲站至湖邊。約一千四百餘華里。沿途所經。但見牧場荒野林木。俄人沿鐵路近處。鋸伐樹木。大者作枕木。次者作薪。吉林以外至俄京。往來汽車用煤殊鮮。但見林木柴薪。沿鐵路兩傍。堆積如岡如陵。呼喀爾湖又名白海。面積萬餘方里。四周嵯峩峭壁。架橋則耗費過重。故俄人就尖狹處營築碼頭。置輪船兩艘。購自英國啱士蕩郎船廠。其運去之法。乃由該廠裝妥後。拆卸分配。用輪載至俄京。再由該處用車運載至湖邊。然後將原件配裝合成。其大者長二百九十英尺。寬五十七英尺。吃水十八尺五寸。計重四千七百五十噸。有三千七百五十匹馬力。全用堅固鋼片建造。船底兩層。船頭船尾均有碎冰機軸。抽出冰下之水。則數尺堅冰。沈墮解裂。船撞冰而行。湖傍碼頭營造躉駁。活動鐵路。高低如意。旋轉靈動。使火車可直駛進船內以渡湖。渡湖須三刻鐘。現俄人沿湖邊大施斧鑿爿營鐵路以繞之。以省船費。明年告成云。舍船登車行一百卅餘華里約三刻鐘到依路古士。（舊譯依爾庫次克）此路屬義爾古特省爲西伯利大城離張家口約五百餘華里戶口萬餘商旅蕃盛。然街道不整。生意平常。吾華有商店七家連住客寓小本營生之輩約七八十之衆均山西人以絲茶爲業者。據稱大利難求。徒藉此爲轉運恰克圖至俄內地貨物之所云。

由依路古士再登車經西伯利一片沙漠。雪地冰天。了無奇觀。及越烏喇大嶺外入歐界則山環水繞景象頓異。計程一萬二千餘華里共行十日快車八日到莫斯科。經大站三十餘起。（或見城邑大村落）小站二百餘起。（指人烟絕少但見車站而言）

查莫斯科古稱木司寇。爲俄之舊京。亦名中京。乃商滙之總區。街道非常寬整。闤闠極爲宏麗。入遊皇宮。錦牆雕壁。玉琢金裝。擧千餘年遺藏奇珍異寶。歷代帝王旒冕袍服羅列殿間。即前皇大彼得變姓名遊英習藝所手製自用木器亦畢陳一殿以誌不朽。前九十餘年即嘉慶十七年法皇拿破崙調集各國兵士。合七十萬衆以伐俄。俄堅壁清野以誘之。拿破崙墮其術中入據其宮。斯其御榻。今特別存之。其幃帳湖色貢緞繡工精緻。洵屬中國贈物。宮外環列所獲法人銅炮數百尊并各等軍械陳列一室以示武功。其禮拜堂密如鱗櫛。堂內點綴及室內尖頂如葫蘆形均以金片飾之。窮奢極麗。大者費數千萬。小者亦數十萬。至於博物院生物院無奇不有。戲園亭臺樓榭務極輝煌。即菓店茶室其裝修佈置有値貲本數十萬。其浴堂玉爲池。磁作壁。玉値過百萬者。其侈泰艶麗可想矣。吾華商業祇有山西人茶絲店三家。生意頗佳。惟茶葉一項俄商由漢口福州自行採辦用輪船裝運至俄。(今夏改由青連灣搭西伯利火車運去)其貲本厚商情熟。又放數月期賬故貨之消售易。我商茶貨乃用輪裝至通州再由張家口恰克圖用駝車載至依路古士然後裝火車運入俄地。計時甚久。耗費亦重且貲本微薄商情散渙。故難與俄商爭衡也。徒恃門市為彌補計然我華商專靠絲貨為銷場之大宗。每歲可銷數十萬疋。我中國土產諸貨如牙器磁器漆器玩器北京繡貨料器景泰佉鄉等物。俄人視同珍異均堪獲利。惜無人營運。又不知改良而山西人偏執拘泥。未能極力擴充故局面隘狹。鋪陳簡陋殊可惜也。查吾華往俄貨物據現在情形。徒恃絲茶兩項茶葉每俄磅征稅銀伍錢餘。照現在銀價核算。即每担征庫平銀八十貳兩左右業經萬分重累。及返華時又聞有增稅之議。至絲貨前數年每俄磅(中國十壹兩貳錢)征稅銀四錢餘。我華商之在俄者倏失倚恃。貲本蕩然。幾難收拾。後忽免征隨即復元緣俄之絲貨價值昂貴吾貨成本較輕。無稅則化算有利。一旦征稅。則彼優而我拙。難與爭衡矣窃謂茶稅既定在前諒難挽回而續增之議與絲貨征稅之說。(傳聞每俄磅議征稅二元云)是在商務大臣設法維持竭力爭辯。以收利權。以恤商艱。現在華商之在俄。與將來之推廣。徒恃此兩宗為生意之命脈。商務之根源。此外各省土產各貨可銷俄地者。屈指難數。若及早認眞整頓而推廣之。亟籌抵制而擴充之。因利乘便。力爭先鞭其中養活工藝不少。造福商賈匪輕也。

(未完)

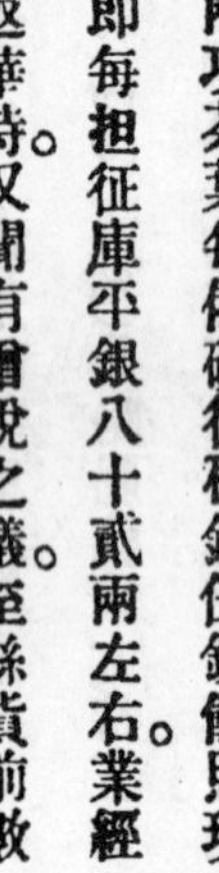

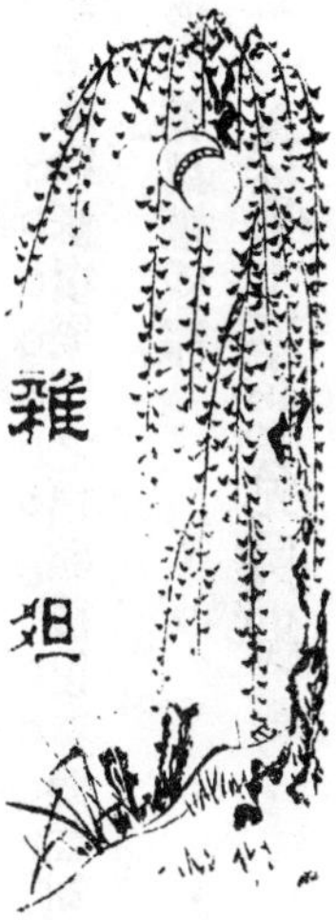

史界兎塵錄

▲冒充將軍

克蘭德將軍。屯兵于亞因命特地方。部下少尉烏尼茲夫。一日午飯之際。先將軍而至食場。自稱爲克蘭德將軍。盡食將軍之食而去。既而眞將軍至。命使女將食物出。女怪之。謂將軍曰。將軍頃來食畢了尙在。彼處今子亦云將軍。豈不奇哉。乃呈南瓜一片曰。所餘者惟此一片之南瓜耳。將軍乃與以半元。命將南瓜收存而去。既至傍晚。將軍整列衆兵于其前。朗讀下列之示文。衆皆抱腹絕倒。

因智也拿州騎兵少尉烏尼茲夫。本日經行亞因崙特波加潘打士、夫蘭支利巴、基剌德岬之道路時。于些魯支尼施婦人之家。除南瓜一片外。餘皆食盡。因此今特命彼護衛騎兵百名而歸。以此殘餘南瓜一片給爲糧食。此諭。

▲賞有德者

日耳曼帝智約些符第二世。一日得退職老士官某之嘆願書。召老士官數人問以知此人否。皆答以知之。極博愛仁慈之人也。于是帝召從者相隨。微服而訪某于烏尼拿之陋屋中。時值午餐。某與小兒十一人共桌而食。帝突然而入。卒爾問曰。曾聞貴家有小兒十人。今何以有十一人耶。老士官指末子一人曰。此孤兒乃近在宅前所拾得者。擬求富家托其養育。百方盡力。未得其人。故暫留于家。與小兒輩同其養育。少分粗食。所不計也。帝感其仁心。告以其實。且曰。朕每年給此小兒等每人以五十元。俾爲養育之。

費。又給汝以每年百金。以爲有德者之勸。汝明日可直往戶部支取一年期金。自今以後。汝爲彼等之師。朕爲彼等之父也。老士官拜此恩命。家族皆同感泣。帝亦喜極而下淚焉。乃親手與小兒等以物品少許而去。歸宮之後。告侍臣哥刺德伯曰。朕今日深謝神德之厚。賴神明指導于暗暗之中。發見有德之人也。

▲沈着如在練兵場

千八百十二年三月。英兵攻西班牙首府。至四月六日之夜。終拔之。此時英國陸軍步兵第七十四聯隊。有一吹笛手約翰孖魯剌。鼓勇先登。周巡城壁。以奏聯隊急進之譜。舉動沈着。恰如平日之在練兵場。忽笛管爲彈丸所中。不能奏樂。彼毫不以爲意。安坐砲車之上。徐徐修復樂器之損處。後復奏樂如初。觀其沈勇大膽。眞堪感服。

▲朕子不能免兵役

伊國有一貧婦人。單有一子。其子成年。當選兵役。婦人悲嘆。不知所措。伺帝之出。哀求免之。帝以溫顏慰之曰。朕有二子。皆服兵役。朕不能免之。此乃國家之義務也。與以若干金使去。

▲下士官與帝王

奧帝約瑟福二世。常好單身跨馬。逍遙于維也納近郊。一日驅馬車出遊。驟雨忽降。開帳遮之。遙見有一下士官急走而來。不知馬車之主人爲誰也。就請借其一端以避雨。且曰。決無妨害于君。不過愛其新着之軍服。不忍被雨之沾濕。故欲請暫避于車中耳。馬車主人曰。君愛軍服。當允貴諾。抑君自何處而來乎。下士官答曰。自同僚之守衛所而歸。因今朝往彼處喫新欵之朝食也。馬車主人曰。敢問其新欵者如何。下士官曰。君試猜之。馬車主人曰。愚性拙。無由知之。雖然。試爲一猜。肉汁乎。下士官曰否。麥酒乎。曰否。然則犢肉乎。曰否。馬車主人曰。如此、固無從猜矣。下士官進而拍其人之膝曰。余所謂新欵者。即是雉也。因獲天皇陛下遊獵之雉。豈非新欵乎。

驅車而行。將到府內。馬車主人詢下士官之住居。欲送其歸。下士官厚謝之。且欲詢知貴官之姓名。以爲紀念。馬車主人笑曰。此回君試猜之。下士官曰。君在陸軍乎。馬車主人曰否。下士官曰。大尉乎。曰否。佐官乎。曰否。然則君將官乎。曰否。下士官曰。果爾莫非皇帝陛下乎。此時馬車主人親解其外衣之鈕。示以服飾曰。即汝所食之新欵之雉之陛下也。于是下士官遽變顏色。驚皇失措。心亂魂飛。深謝其不敬之罪。乞停車而下。皇帝微笑曰。不然不然。汝食陛下之雉。陛下送汝歸家。亦得以此而誇示于人也。遂送下士官而歸。

▲國會條例不命睡眠

往昔歐洲各國。夜間置巡邏警吏。中央市府視爲嚴重之議案。提出下院。其中有「夜間巡邏之警吏晝間不得睡眠」一項。當朗讀于委員會時。一議員起而述曰。「本員推此規則。亦欲及于國會議員」滿堂爲之大笑。

▲名將多恩

拿破侖之愛兵卒。如慈母之愛其子。當遠征埃及之時。炎威如燒。瘴癘之氣逼人。衆卒之艱難。不等尋常。拿破侖乃出一令曰。騎者皆須步行。俾患者代乘其馬。偶有一卒馳來。而問元帥之乘馬又何擇焉。拿破侖叱之曰。汝未解余命令之意。余焉有不顧衆苦而獨忍騎行者乎。今請自余始。乃步行而傍于疲者患者之馬。勸以溫言。且慰且行。

又攻擊瑪支斯他之時。一兵卒枕于樹根。獨自睡眠。拿破侖乃肩其兵卒之銃以護之。凡歷半時許。兵卒偶醒見之大驚恐懼失措投身于拿破侖之足下乎伏叩頭拿破侖毫無怒狀徐徐諭之曰醒乎醒乎汝之銃吾能保有之實因汝遠涉長途且能苦戰故偶一假睡決非無理吾亦諒之雖然息間之怠慢實關係于全軍之勝敗吾今日幸代汝全其職分他日幸毋再蹈此轍以置全軍之存亡于度外也

阿斯里夫之役拿破侖進擊奧俄二帝既還戰場日既暮不辨人面乃命左右禁其發聲以聽察傷者之叫號聞有叫者乃降馬親自慰之飲以佛蘭地酒終夜巡視戰場既死者則解其外衣以被未死之傷兵且點火于傷者之旁盡送傷者于病院命其退散

馬基頓王亞力山大之過亞非利加沙漠也王及兵士等皆苦渴甚全軍疲憊備至寸步不能進時有一兵卒盛水兜中以呈于王兵士皆望而羨之王覆其水于地下曰汝之至誠朕深感謝雖然全軍苦渴朕獨飲此情何能忍縱令飲之亦通過于喉間耳衆卒聞之不堪歡喜忽而恢復勇氣揚言曰立于如此名將之下寧渴而死遂無事而經過沙漠

▲希望總理大臣

英國支斯剌利夙抱雄飛政治界之志欲爲衆議院議員屢爭撰舉失敗至于五回而其始念至終不輟時總理大臣米爾荷爾公爵嘗宴會時問之曰君何故屢欲入議院抑入議院有何事乎支斯剌利答之曰無他欲爲大不列顛之內閣總理大臣耳舉坐爲之大笑

▲立三日三夜

美國南北戰爭之際有一婦人其夫犯軍律將處死刑婦悲嘆不堪思如何救夫之法至于欲狂抱其赤子而至大統領林肯之館前欲乞哀免當時軍務旁午請謁大統領者日夜其門如市婦立三日三夜仍

不得聞其夫處死之期。愈近而心愈切。至四日之夜。不待傳見。直竊戶而入。扣一室。林肯不知也。慰以公事甚忙。請暫逍遙園中。少間乃見。忽聞呱呱小兒之啼聲。林肯呼僕問以何物。其僕往詢事之顛末。復命林肯。林肯乃召入己室。聽其哀訴。詞氣慘酸。語語悲酸。林肯慈愛之念不能制止。遂取筆而寫一赦免狀以賜之。斑斑之淚痕。點于帋面。滿幅皆爲之濕潤焉。

▲一賢相重于十夫人

法王軒利四世封嬖妾加夫耶之子于某地。在朝之貴族。皆媚附加夫耶。上相蒷爾利獨執「不可」。加夫耶大怒。詆蒷爾利爲奴隸。王聞之。一日語加夫耶曰。「若論夫人與宰相之輕重。寧遠十夫人而不欲黜一良相。」加夫耶聞此言。怨恨不已。遂發病而死。

▲與愛友永訣

亞爾然丁詩人加爾剌。嗜好「威士忌」酒。常自言不帶酒氣。不能發揮其思想。其後遂因飲酒發病而死。其將死也。尙欲飲威士忌。看護人等恐妨其病。頻止之。不與。加爾剌不肯。卒與以一杯。加爾剌數飲之。不能下咽。遂舍杯微笑曰。「余不爲一接吻。不忍與余之愛友永訣。今願已足矣。」言已遂瞑。

▲鍛工謁大宰相

格蘭斯頓爲首相時。有一鍛工。聞其有伐木之奇癖。乃抖擻精神。鍛一柯之斧。往謁其邸。欲以呈之。及至。懇懇述來意。請其面會。時適格公不在。稍待須臾。門者來告曰。主公今已歸邸。請即往見。鍛工惶恐之狀。自內而出。不能制止。乃逡巡而尾門者之後。至於一室。格公已先在。見鍛工至。乃進而握其手曰。余得汝之良斧。十分感謝。鍛工漸熟視格公之面。忽鼓其勇氣曰。「閣下。願閣下橫于施政之前途。斷障害猶以此斧而伐木也。」格公笑諾之。談論片時。命家人厚饗之鍛工醉飽而歸。

▲抱負驚人

拿破侖當被禁錮之時。有一友人寄書而慰其憂鬱。拿破侖答之曰。「余之蟄居此獄裡者分也雖然若非出而握大國之全權余寧終于此矣」

▲英雄亦芥蒂乎

毛奇將軍好門牌。每夜與外孫等對手賭些少之物。以此取樂。若少失敗。不快之狀。現于顏色。殆不可掩。英雄之胸襟。亦存芥蒂乎。

（內國之部）

◎奏請治罪　某御史上摺奏請將已革廣西巡撫王之春拿問交部治罪。摺中大意謂已革廣西提督蘇元春辜恩負國。養癰貽患。奉旨交部治罪。天下翕然。王之春蒙蔽欺罔。坐失機宜。其罪亦不亞於蘇元春。僅予革職。似不足以蔽其辜。應請飭交刑部治罪。以伸國法云云。

◎解運軍火　庚子和約禁止軍裝輸入中國二年。刻下雖屆限滿。然續禁弛禁。尚未議定。而北洋各屬砲臺防營。操演防堵。在在需用軍火。故袁世凱月前特商鄂督端芳飭廠代爲製造。昨日已由飛鷹運艦由鄂頒解頭批軍火若干。到滬後即由海天兵艦轉解赴津。飛鷹運艦則又溯江上駛至鄂接解。

◎敎習禮儀　張振勳侍都入京召見時。王文韶與之最契。其召見之日。王文韶在軍機處院中敎張曰。爾入見時。先向太后跪下。將大帽取去。放在地中。說請太后聖安。然後兩腿少移向皇上跪下。說請皇上聖安。太后皇上問話時。不可抬頭。對答時須加意謹愼。總以少說爲妙。一時軍機中傳爲笑談云。

◎中俄交涉　近日俄人約中又有內外蒙古及西藏等處之礦產鐵路。均歸俄國辦理。他人不得與聞一條。政府雖未應允。而俄人之意已堅。故東三省事終不能結局。論者咸以爲政府大員一味延宕。殊不知其中爲難情形也。

又奉天將軍增祺日前會同吉林將軍電致外務部。請俄國自有礦山不許他國開採之約之議後。即時有該國商人帶同礦師逕至奉天吉林等處開採。幷無照會議訂可否。請速議覆云云。聞外務部業已電復兩將軍。令其會同向俄國領事力爲分辨。總以收回前失爲要云云。

◎英使意見　英公使薩道義氏日前到京。有人往訪談東三省之事。問其政府之意若何。薩使答云。敝國外交家之意。向只願東三省開通商埠。如不失英國之利權。則不肯與俄失和。蓋東三省若果開通商埠。不惟不失敝國之利權。亦不致爲俄所攘云云。

◎詰問俄人　外務部自聞俄國駐旅順關東總督阿列克休將軍升任遠東總督消息。特電諭駐俄華使胡惟德氏。畧謂聞俄國新簡阿將軍爲遠東總督。不勝詫異。觀此則俄國視東三省爲囊中之物。不已昭然若揭乎。究竟其內容若何。望爲留意探悉電告云云。後胡惟德電覆政府。謂俄國已擇于哈爾賓建設督署云。

◎紀俄兵侵入西藏事　俄人侵畧東亞政策。不止滿洲蒙古新彊等處。其經營西藏。近亦大有進步。前有俄國某大佐率領俄兵一百八十名。越青海蒙古一帶侵入西藏。沿途測量地勢。月前業已行抵拉薩府。會晤清國駐藏大臣。迫令與以各種便宜利益。駐藏大臣以事出意外。即將此情電禀政府。政府遂與駐京俄使雷薩氏交涉。促其迅速飭令該兵撤去。雷薩氏答以並無其事。若有當速令撤去。嗣後駐藏大臣又連次電請政府速示對待之策。當由清廷傳諭。謂俄兵侵入國禁。有犯國威。可直迫其退去。不可陷彼巧言。以貽後日之悔云云。該大臣接電後。當即照知俄兵。命其從速退出。孰知慓悍强暴之俄人。全不應允。且言俄兵將由西比利亞接續前來。駐藏大臣聞之。恐怖不安。百方敷衍。於是彼等乘機頻迫。與以特別利益。其勢猛烈。該大臣因屢求清廷指揮。均無善策。不得已遂與以左載各項利益云(第一)俄兵於西藏除特別禁地外得以自由旅行。(第二)前記之兵數一年不得過三百名。(第三)俄兵如瀕於危。可使用其己國兵力。(第四)俄國兵房除禁制地外。得以自由建築。達其永久之目的。第五)俄兵有保護俄國民在西藏測量礦山土地之權。(第六)俄兵之食物。有令西藏人民供給。與以相當價值徵收之權。若西藏人民無理拒絕。俄兵得以强制。 由是俄於哈勒西司克地方。隱然示掌握軍事權之情態。其政策甚爲陰險。此等擧動。雖俄人所慣用之手段。豈非亦未關領土之最妙侵略方法乎。

(外國之部)

西歷八月大事記

▲二日路透電。英皇此次游歷阿爾蘭。君民共樂。上下同歡。雖無立法之處。實頗有行政之効云。

▲三日路透電。英貴爵埃維治氏。已將英金五萬磅。呈請英皇轉給度白林醫院。以爲經費之助。

▲六日路透電。英水師艦隊。刻擬加增。而巴爾復洪至馬打厘之水師。亦須推廣。(即阿爾蘭海邊)

同日電。英國學部所訂新章。已在上議院宣讀三次。

▲七日路透電。駐紮土耳其英俄兩國公使。已與土廷交涉。令其勿得殘虐亞氏亞地方土民。蓋因土廷每令其華利人壓制哥士人民云。

現有土兵八隊。已行抵馬基頓所屬之門拿士打地方。

▲八日路透電。有波人三名。忽至素馬瑪投營。充作嚮導。當蒙各賞功牌。羅蘭氏乃印度孟買之步隊也。已蒙賞給得勝十字功牌。因氏四月二十二號嘗助總兵葛氏之故。

同日電。阿爾蘭地租新章。既經上議院公允。即有貴族聯稟政府。謂公議院有不利於阿爾蘭之舉云。

▲十日路透電。殺害俄領事之兇手路士哥士忌氏。已被拿獲。駐君士但丁各國公使及土國宰相等。均至俄公使署慰唁。

▲十一日路透電。俄國溪爾夫地方民變。連日格殺死者六十人。傷者百人。

同日電。英兵前敵將至保路地方。此後將以該處為根據之地云。

▲十二日路透電。俄國工人倡亂。刻下尚未稍平。據確實消息。言此次俄國工黨之亂。係在南方工人聯團體五十萬人罷工。刻下鼓噪異常。聞俄國傭工者共有三百萬人云。

▲十三日路透電。土耳其礮隊四千人。圍攻哥勞四和地方。傳言亂黨曾與官軍交戰二次。均不得手。今已請降。惟土京來信則云政府謂亂黨請降。無可安置。又云亂黨近已日漸渙散。內巴爾加利之少年者。多已離去。各村落聯絡之隊伍。現均駐札大山之中。

同日電。丹俄亞三國議准糖斤不准運往英國。已定西九月一號起實行。

▲十四日路透電。貴族佐治氏報告公議院云。印度政府不願供給南非洲戍兵之費。兵部大臣因此將南非戍兵之議作罷。各處報紙。莫不歡欣贊成。

▲十六日路透電。近有多數軍火由基爾維亞運往

馬基頓。接濟亂黨。不料爲塞京巴耳加力稅關搜獲。遂將該軍火全數充公。聞該軍火箱面均畫書磁器等類。以期掩人耳目云。

爲土兵殺害俄領事之夫人某氏。已將土廷撫郵之欵四十萬佛郎。及土廷所贈之首飾等。一槪璧返。

俄國現已會商干預馬基頓亂事。要求土廷。令懲辦犯法之土耳其官。並令聘用外國人充當憲衛及警察兵官。

同日電。英前相沙士勃雷侯之病勢刻甚沈重。

▲十七日路透電。巴爾幹政府。照會各國。力言土耳其國人在馬基頓地方。虐待基督敎徒。慘酷異常。焚殺刼掠。擾害無辜平民。不知凡幾。敎堂書院。皆蒙封禁。損失不計其數。此款須向土政府索償云。

又云載運軍火之火車。已在夭士啓蘇郎尼加爲爆藥所焚。及奧國代表人嘗對巴國首相言。及此次照會各國。大有關係。蓋恐激動巴國平民。爲害不淺也。

馬基頓現在情形。極爲危迫。故在巴京蘇非亞之馬基頓委員。已催迫巴政府出爲調處。又馬基頓紳士桑車夫氏。近日爲人捉獲。拘禁巴爾幹地方。今已逃脫。又云近有軍火時常輸入馬基頓。俄人已告知巴爾幹政府。謂若係扶助革命黨。卽恐有碍於俄人在君士但丁堡之權勢。責令巴政府速爲彈壓。以止革命之風潮云。

▲十九日路透電。俄國政府近又有所要求於土耳其政府。其水師之舉動。頗能驚動君士但丁。現在俄國水師已侵入布士否留土海面矣。

▲二十日路透電。土耳其政府已接到俄國公文。其要索各欵。極爲嚴苛。而土廷請俄人將艦隊赶速

叢錄門

退去。再作商量云。

同日電。近有某兵隊在巴米地方大肆暴亂。將該地駐紮之防衛兵七百名。全行殺戮。其府尹及某某四官員。亦同時被害。又殺平民六十二人。按巴米在尼遮里之北云。

▲廿四日路透電。俄國向土耳其要求各欵。已經土廷一一概應允。間有一欵。謂須將馬基頓巡察官希徹總督懲辦云。又云土耳其首相已往馬基頓巡察併考查一切。

同日電。英前相沙侯于昨日薨逝。英皇十分悼惜。而各處國民亦哀悼逾恒。各國之致電吊唁者。絡繹不絕。各報紙均謂失去維多利亞時代之大政治家云。

▲二十五日路透電。英京得亞敦埠電云。非洲北岸之亞比辛尼亞國。因商稅立例過苛。故法人所管之朝八地鐵路不從其例。

▲二十七日路透電。土耳其國因馬基頓之亂。已調大兵馳往馬基頓地方應敵。刻下調往之兵計三百五十營。共三十三萬人云。

▲二十八日路透電。美國駐土耳其巴路地方副領事。已被土人謀害。美國總統故向土廷索償卹欵。在歐洲之美國水師艦隊。已奉命駛往地中海游弋巴路海面矣。

▲三十一日路透電。近來巴爾幹所傳之消息。多有不同。據土耳其人所傳。則謂門尼士打之亂黨。日就衰滅。大約一禮拜內即可一律肅清云。而保京蘇非亞來信。則謂亂黨日有起色。保爾加利亞政府近日頗爲狼狽。其調往邊界之兵隊。皆不發給軍械。又云凡革命黨之在亞連那部省者。甚爲得手。已將黑海沿邊一帶占據。併將土耳其之守城兵殺盡云。